DESCUBRE 2

Lengua y cultura del mundo hispánico

VISTA®
HIGHER LEARNING

Boston, Massachusetts

On the cover: Stained glass, La Boquería Market, Barcelona, Spain

Publisher: José A. Blanco

Professional Development Director: Norah Lulich Jones

Editorial Development: Brian Contreras, Diego García, Sharla Zwirek

Project Management: Kayli Brownstein, Hillary Gospodarek, Sharon Inglis

Rights Management: Ashley Dos Santos, Jorgensen Fernandez, Caitlin O'Brien

Technology Production: Jamie Kostecki, Fabián Montoya, Paola Ríos Schaaf

Design: Gabriel Noreña, Andrés Vanegas

Production: Manuela Arango, Sergio Arias, Oscar Díez

Student Text ISBN: 978-1-68004-322-8
Library of Congress Control Number: 2015948650

6 7 8 9 TC 20 19 18

Printed in Canada.

DESCUBRE 2

Lengua y cultura del mundo hispánico

Table of Contents

así somos	así lo hacemos

Lección preliminar

contextos	fotonovela

Lección 1

En el consultorio

Lección 2

La tecnología

cultura

así pasó

así nos gusta

cultura

estructura

adelante

Table of Contents

	contextos	**fotonovela**

cultura	estructura	adelante

Table of Contents

	contextos	fotonovela

Consulta

The Spanish-Speaking World

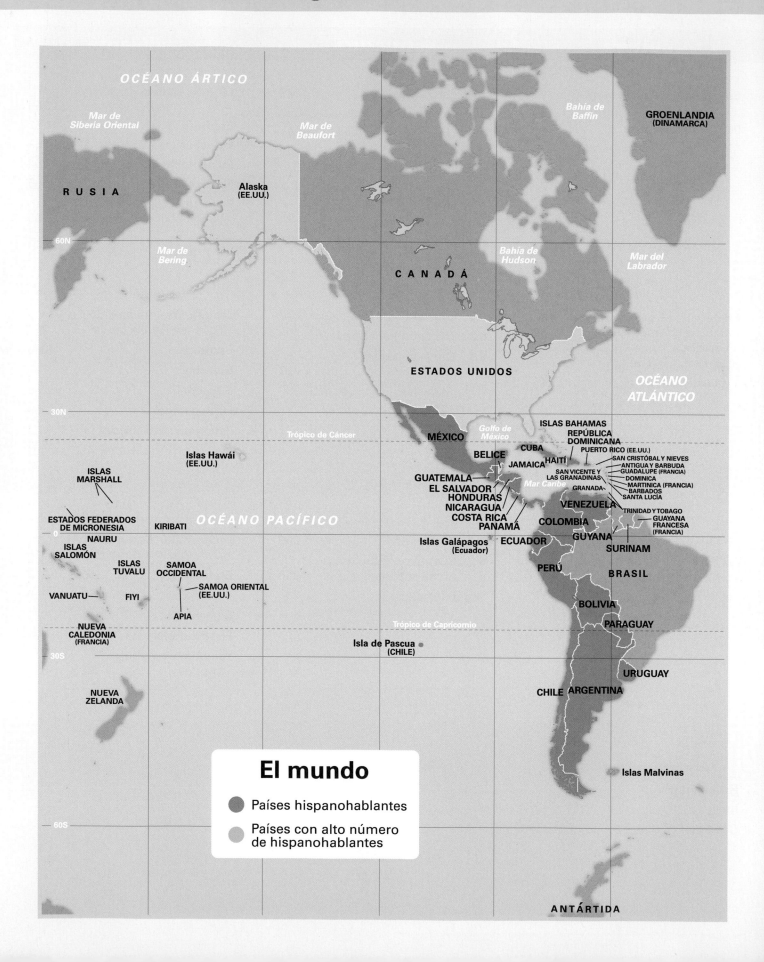

OCÉANO ÁRTICO

Mar de Siberia Oriental

Mar de Beaufort

Bahía de Baffin

GROENLANDIA (DINAMARCA)

RUSIA

Alaska (EE.UU.)

Mar de Bering

60N

CANADÁ

Bahía de Hudson

Mar del Labrador

ESTADOS UNIDOS

OCÉANO ATLÁNTICO

30N

Trópico de Cáncer

MÉXICO

Golfo de México

ISLAS BAHAMAS
REPÚBLICA DOMINICANA

CUBA

PUERTO RICO (EE.UU.)

Islas Hawái (EE.UU.)

BELICE

JAMAICA

HAITÍ

SAN CRISTÓBAL Y NIEVES
ANTIGUA Y BARBUDA
GUADALUPE (FRANCIA)

ISLAS MARSHALL

GUATEMALA

EL SALVADOR

SAN VICENTE Y
LAS GRANADINAS

DOMINICA
MARTINICA (FRANCIA)
BARBADOS
SANTA LUCÍA

HONDURAS

Mar Caribe

GRANADA

ESTADOS FEDERADOS DE MICRONESIA

KIRIBATI

OCÉANO PACÍFICO

NICARAGUA
COSTA RICA
PANAMÁ

VENEZUELA

TRINIDAD Y TOBAGO

NAURU

COLOMBIA

GUAYANA FRANCESA (FRANCIA)

ISLAS SALOMÓN

Islas Galápagos (Ecuador)

ECUADOR

GUYANA

SURINAM

ISLAS TUVALU

SAMOA OCCIDENTAL

PERÚ

BRASIL

VANUATU

FIYI

SAMOA ORIENTAL (EE.UU.)

APIA

BOLIVIA

NUEVA CALEDONIA (FRANCIA)

PARAGUAY

Trópico de Capricornio

Isla de Pascua (CHILE)

30S

URUGUAY

NUEVA ZELANDA

CHILE ARGENTINA

Islas Malvinas

El mundo

● Países hispanohablantes

● Países con alto número de hispanohablantes

60S

ANTÁRTIDA

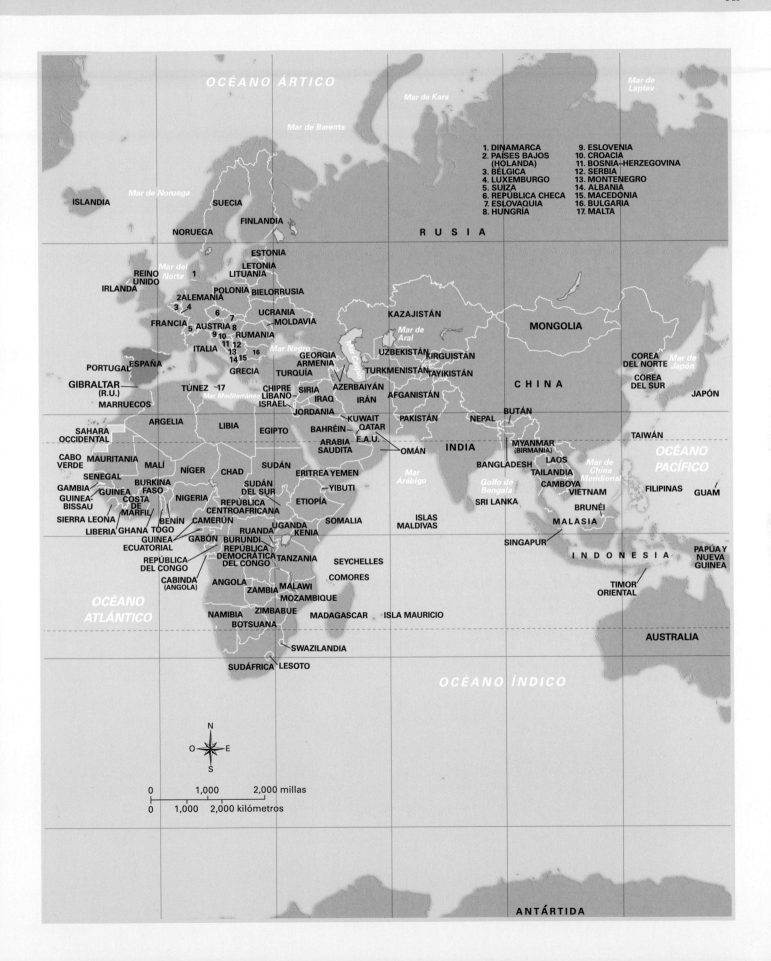

OCÉANO ÁRTICO

Mar de Kara

Mar de Laptev

Mar de Barents

1. DINAMARCA	9. ESLOVENIA
2. PAÍSES BAJOS (HOLANDA)	10. CROACIA
3. BÉLGICA	11. BOSNIA–HERZEGOVINA
4. LUXEMBURGO	12. SERBIA
5. SUIZA	13. MONTENEGRO
6. REPÚBLICA CHECA	14. ALBANIA
7. ESLOVAQUIA	15. MACEDONIA
8. HUNGRÍA	16. BULGARIA
	17. MALTA

Mar de Noruega

ISLANDIA

SUECIA

FINLANDIA

NORUEGA

RUSIA

ESTONIA

Mar del Norte

LETONIA

LITUANIA

REINO UNIDO

IRLANDA

POLONIA

BIELORRUSIA

ALEMANIA

UCRANIA

MOLDAVIA

KAZAJISTÁN

MONGOLIA

FRANCIA

AUSTRIA

RUMANIA

ITALIA

Mar de Aral

Mar Caspio

Mar Negro

GEORGIA

ARMENIA

UZBEKISTÁN

KIRGUISTÁN

COREA DEL NORTE

Mar de Japón

PORTUGAL

ESPAÑA

GRECIA

TURQUÍA

TURKMENISTÁN

TAYIKISTÁN

CHINA

COREA DEL SUR

GIBRALTAR (R.U.)

TÚNEZ

CHIPRE

SIRIA

AZERBAIYÁN

JAPÓN

MARRUECOS

Mar Mediterráneo

LÍBANO

ISRAEL

IRAQ

JORDANIA

IRÁN

AFGANISTÁN

ARGELIA

LIBIA

EGIPTO

KUWAIT

BAHRÉIN

QATAR

E.A.U.

PAKISTÁN

NEPAL

BUTÁN

TAIWÁN

SAHARA OCCIDENTAL

ARABIA SAUDITA

OMÁN

INDIA

MYANMAR (BIRMANIA)

OCÉANO PACÍFICO

CABO VERDE

MAURITANIA

MALÍ

NÍGER

CHAD

SUDÁN

ERITREA

YEMEN

Mar Arábigo

BANGLADESH

LAOS

Mar de China Meridional

SENEGAL

BURKINA FASO

SUDÁN DEL SUR

YIBUTI

Golfo de Bengala

TAILANDIA

CAMBOYA

FILIPINAS

GUAM

GAMBIA

GUINEA

NIGERIA

REPÚBLICA CENTROAFRICANA

ETIOPÍA

VIETNAM

GUINEA-BISSAU

COSTA DE MARFIL

SRI LANKA

BRUNÉI

SIERRA LEONA

LIBERIA

GHANA

TOGO

BENÍN

CAMERÚN

RUANDA

UGANDA

KENIA

SOMALIA

ISLAS MALDIVAS

MALASIA

GUINEA ECUATORIAL

GABÓN

BURUNDI

SINGAPUR

INDONESIA

PAPÚA Y NUEVA GUINEA

REPÚBLICA DEL CONGO

REPÚBLICA DEMOCRÁTICA DEL CONGO

TANZANIA

SEYCHELLES

CABINDA (ANGOLA)

ANGOLA

ZAMBIA

MALAWI

COMORES

TIMOR ORIENTAL

MOZAMBIQUE

OCÉANO ATLÁNTICO

NAMIBIA

ZIMBABUE

BOTSUANA

MADAGASCAR

ISLA MAURICIO

AUSTRALIA

SWAZILANDIA

SUDÁFRICA

LESOTO

OCÉANO ÍNDICO

N
O E
S

| 0 | 1,000 | 2,000 millas |
| 0 | 1,000 | 2,000 kilómetros |

ANTÁRTIDA

Mexico

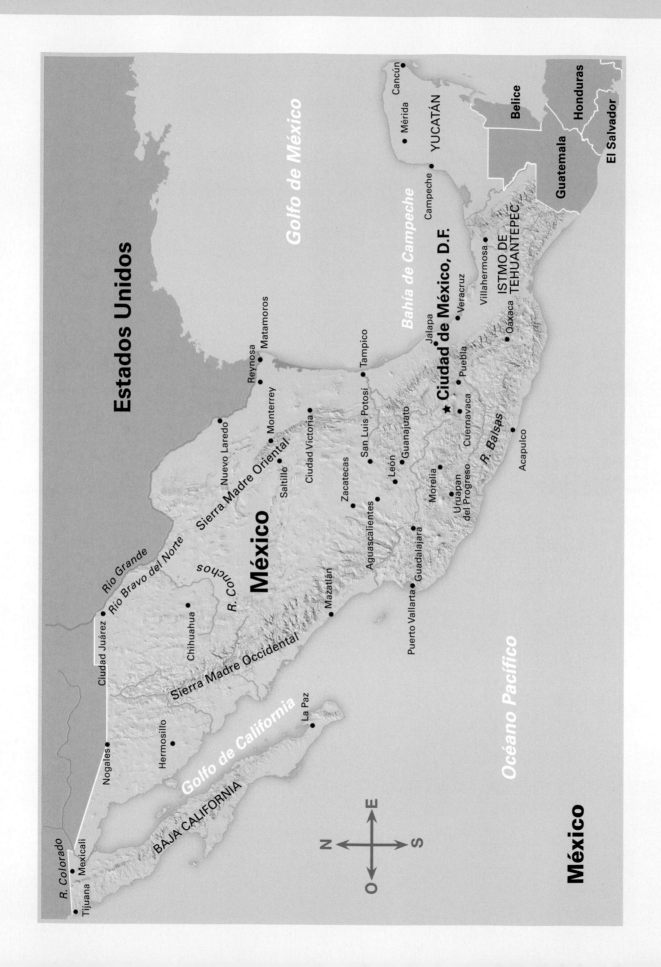

Central America and the Caribbean

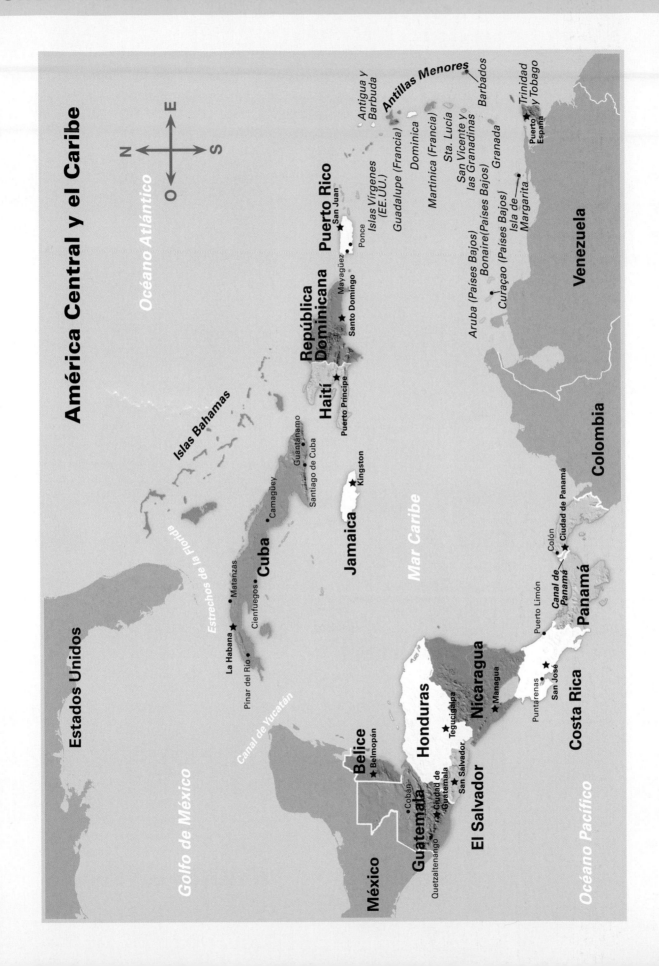

América Central y el Caribe

Estados Unidos

Golfo de México

Océano Atlántico

Islas Bahamas

Estrechos de la Florida

Canal de Yucatán

La Habana
Pinar del Río
Matanzas
Cienfuegos
Cuba
Camagüey
Santiago de Cuba
Guantánamo

Jamaica
Kingston

Mar Caribe

Haití
Puerto Príncipe

República Dominicana
Santo Domingo

Puerto Rico
San Juan
Mayagüez
Ponce

Islas Vírgenes (EE.UU.)

Antillas Menores

Antigua y Barbuda

Guadalupe (Francia)
Dominica
Martinica (Francia)
Sta. Lucía
San Vicente y las Granadinas
Granada
Barbados

Trinidad y Tobago
Puerto España

Aruba (Países Bajos)
Bonaire (Países Bajos)
Curaçao (Países Bajos)
Isla de Margarita

Venezuela

Colombia

México

Belice
Belmopán

Guatemala
Cobán
Ciudad de Guatemala
Quetzaltenango

Honduras
Tegucigalpa

El Salvador
San Salvador

Nicaragua
Managua

Costa Rica
San José
Puntarenas

Panamá
Puerto Limón
Colón
Ciudad de Panamá
Canal de Panamá

Océano Pacífico

N
E
S
O

South America

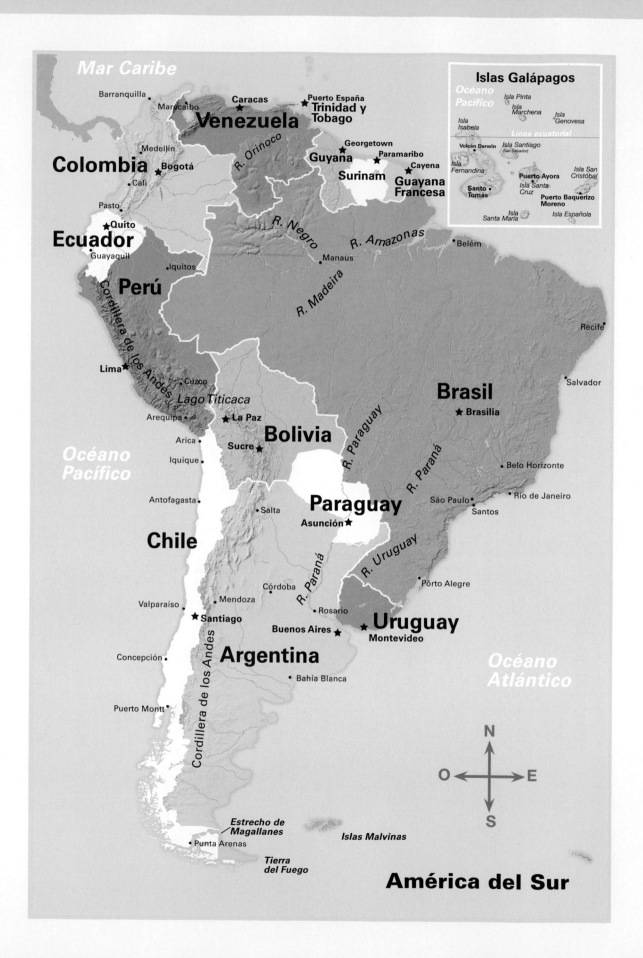

Mar Caribe

Islas Galápagos

Océano Pacífico

Isla Pinta
Isla Marchena
Isla Genovesa
Isla Isabela
Línea ecuatorial
Volcán Darwin
Isla Santiago (San Salvador)
Isla Fernandina
Puerto Ayora
Isla San Cristóbal
Santo Tomás
Isla Santa Cruz
Puerto Baquerizo Moreno
Isla Santa María
Isla Española

Barranquilla
Maracaibo
Caracas
Puerto España
Trinidad y Tobago

Venezuela

Medellín

Colombia

Bogotá

Cali

R. Orinoco

Georgetown

Guyana

Paramaribo

Surinam

Cayena

Guayana Francesa

Pasto

Quito

Ecuador

Guayaquil

R. Negro

R. Amazonas

Belém

Iquitos

Manaus

Perú

R. Madeira

Lima

Cuzco

Cordillera de los Andes

Lago Titicaca

Arequipa

Recife

Brasil

Brasilia

La Paz

Arica

Bolivia

Sucre

Iquique

R. Paraguay

Belo Horizonte

Océano Pacífico

Antofagasta

Salta

Paraguay

R. Paraná

São Paulo

Rio de Janeiro

Santos

Asunción

Chile

Córdoba

R. Paraná

R. Uruguay

Pôrto Alegre

Valparaíso

Mendoza

Rosario

Santiago

Buenos Aires

Uruguay

Montevideo

Concepción

Argentina

Océano Atlántico

Bahía Blanca

Cordillera de los Andes

Puerto Montt

N

O   E

S

Estrecho de Magallanes

Islas Malvinas

Punta Arenas

Tierra del Fuego

América del Sur

Spain

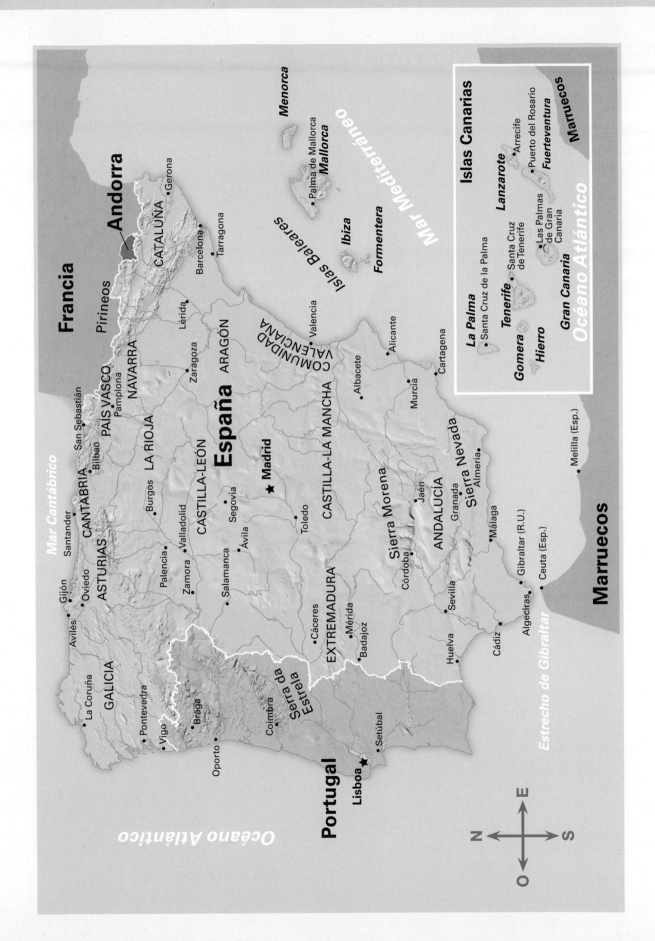

Video Programs

Fotonovela video program

The Cast

Here are the main characters you will meet in the **Fotonovela** Video:

 From Mexico,
Jimena Díaz Velázquez

 From Argentina,
Juan Carlos Rossi

 From the U.S.,
Marissa Wagner

 From Mexico,
Felipe Díaz Velázquez

 From Mexico,
María Eugenia (Maru)
Castaño Ricaurte

 From Spain,
Miguel Ángel
Lagasca Martínez

Fully integrated with your text, the **Descubre Fotonovela** Video is a dynamic and contemporary window into the Spanish language. The video centers around the Díaz family, whose household includes two college-aged children and a visiting student from the U.S. Over the course of an academic year, Jimena, Felipe, Marissa, and their friends explore **el D.F.** and other parts of Mexico as they make plans for their futures. Their adventures take them through some of the greatest natural and cultural treasures of the Spanish-speaking world, as well as the highs and lows of everyday life.

The **Fotonovela** section in each textbook lesson is actually an abbreviated version of the dramatic episode featured in the video. Therefore, each **Fotonovela** section can be done before you see the corresponding video episode, after it, or as a section that stands alone.

In each dramatic segment, the characters interact using the vocabulary and grammar you are studying. As the storyline unfolds, the episodes combine new vocabulary and grammar with previously taught language, exposing you to a variety of authentic accents along the way. At the end of each episode, the **Resumen** section highlights the grammar and vocabulary you are studying.

We hope you find the **Fotonovela** Video to be an engaging and useful tool for learning Spanish!

En pantalla video program

The *Descubre* Supersite features an authentic video clip for each lesson. Clip formats include commercials, TV shows, and even a short film. These clips have been carefully chosen to be comprehensible for students learning Spanish, and are accompanied by activities and vocabulary lists to facilitate understanding. More importantly, though, these clips are a fun and motivating way to improve your Spanish!

Here are the countries represented in each lesson in **En pantalla**:

Lesson 1 **Spain**	Lesson 4 **Argentina**	Lesson 7 **Uruguay**
Lesson 2 **Spain**	Lesson 5 **Uruguay**	Lesson 8 **Mexico**
Lesson 3 **Spain**	Lesson 6 **Mexico**	Lesson 9 **Mexico**

Flash cultura video program

In the dynamic **Flash cultura** Video, young people from all over the Spanish-speaking world share aspects of life in their countries with you. The similarities and differences among Spanish-speaking countries that come up through their adventures will challenge you to think about your own cultural practices and values. The segments provide valuable cultural insights as well as linguistic input; the episodes will introduce you to a variety of accents and vocabulary as they gradually move into Spanish.

Panorama cultural video program

The **Panorama cultural** Video is integrated with the **Panorama** section in each lesson. Each segment is 2–3 minutes long and consists of documentary footage from each of the countries featured. The images were specially chosen for interest level and visual appeal, while the all-Spanish narrations were carefully written to reflect the vocabulary and grammar covered in the textbook.

Supersite

Super**site**

Each section of your textbook comes with resources and activities on the *Descubre* Supersite. You can access them from any computer with an Internet connection. Visit vhlcentral.com to get started.

My Vocabulary **Tutorials**	**CONTEXTOS** Listen to audio of the **Vocabulary**, watch dynamic **Tutorials**, and practice using Flashcards.
Video: *Fotonovela*	**FOTONOVELA** Travel with Marissa to Mexico and meet her host family. Watch the **Video** again at home to see the characters use the vocabulary in a real context.
Audio	**PRONUNCIACIÓN** Improve your accent by listening to native speakers, then recording your voice and comparing it to the samples provided.
Additional Reading	**CULTURA** Explore cultural topics through the *Conexión Internet* activity or reading the *Más cultura* selection.
Tutorial	**ESTRUCTURA** Watch an animated **Tutorial**, and then answer *el profesor*'s questions to make sure you got it.
Audio: Reading **Additional Reading** **Audio** **Video: TV Clip** **Video:** *Flash cultura* **Video:** *Panorama cultural* **Interactive Map**	**ADELANTE** Listen along as the **reading** is read aloud. Read another selection related to the chapter's theme. Listen again to the audio from *Escuchar*. Watch the **En pantalla**, **Flash cultura**, and **Panorama cultural Videos** again outside of class so that you can pause and repeat to really understand what you hear. Use the **Interactive Map** to explore the places you might want to visit.
My Vocabulary **Diagnostics**	**VOCABULARIO - RECAPITULACIÓN** Just what you need to get ready for the test! Review the **vocabulary** with **audio**. Practice vocabulary with Flashcards in **My Vocabulary**. Complete the Diagnostic *Recapitulación* to see what you might still need to study. Get additional **Remediation Activities**.

Icons

Icons

Familiarize yourself with these icons that appear throughout *Descubre*.

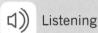 **Listening**

The listening icon indicates that audio is available. You will see it in the lesson's **Contextos**, **Pronunciación**, **Escuchar**, and **Vocabulario** sections.

 Pair Activities

Two heads indicate a pair activity.

 Handout

The activities marked with this icon require handouts that your teacher will give you to help you complete the activity.

 Activity Online

The mouse icon indicates when an activity is also available on the Supersite.

Group Activities

Three heads indicate a group activity.

Partner Chat/Virtual Chat Activities

Two heads with a speech bubble indicate that the activity may be assigned as a Partner Chat or a Virtual Chat activity on the Supersite.

Recursos

Recursos boxes let you know exactly which print and technology ancillaries you can use to reinforce and expand on every section of the lessons in your textbook. They even include page numbers when applicable.

vText
Materials also available in the interactive online textbook

CA Cuaderno de actividades comunicativas

CP Cuaderno de práctica

CH Cuaderno para hispanohablantes

Three workbooks with additional vocabulary and grammar practice; audio activities; and pre-, during-, and post-viewing activities for the video programs.

Supersite
Additional practice on the Supersite, not included in the textbook.

The Spanish-Speaking World

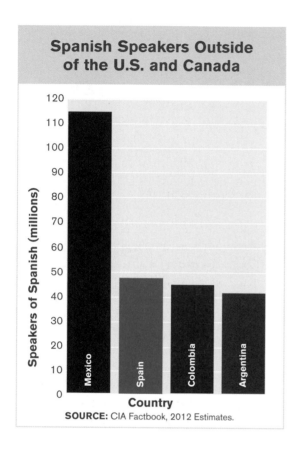

Spanish Speakers Outside of the U.S. and Canada

Speakers of Spanish (millions)

120 / 110 / 100 / 90 / 80 / 70 / 60 / 50 / 40 / 30 / 20 / 10 / 0

Mexico / Spain / Colombia / Argentina

Country

SOURCE: CIA Factbook, 2012 Estimates.

Do you know someone whose first language is Spanish? Chances are you do! More than approximately forty million people living in the U.S. speak Spanish; after English, it is the second most commonly spoken language in this country. It is the official language of twenty-two countries and an official language of the European Union and United Nations.

The Growth of Spanish

Have you ever heard of a language called Castilian? It's Spanish! The Spanish language as we know it today has its origins in a dialect called Castilian (**castellano** in Spanish). Castilian developed in the 9th century in north-central Spain, in a historic provincial region known as Old Castile. Castilian gradually spread towards the central region of New Castile, where it was adopted as the main language of commerce. By the 16th century, Spanish had become the official language of Spain and eventually, the country's role in exploration, colonization, and overseas trade led to its spread across Central and South America, North America, the Caribbean, parts of North Africa, the Canary Islands, and the Philippines.

Spanish in the United States

1500

1600

1700

16th Century
Spanish is the official language of Spain.

1565
The Spanish arrive in Florida and found St. Augustine.

PEDRO MENENDEZ DE AVILES.

1610
The Spanish found Santa Fe, today's capital of New Mexico, the state with the most Spanish speakers in the U.S.

Spanish in the United States

Spanish came to North America in the 16th century with the Spanish who settled in St. Augustine, Florida. Spanish-speaking communities flourished in several parts of the continent over the next few centuries. Then, in 1848, in the aftermath of the Mexican-American War, Mexico lost almost half its land to the United States, including portions of modern-day Texas, New Mexico, Arizona, Colorado, California, Wyoming, Nevada, and Utah. Overnight, hundreds of thousands of Mexicans became citizens of the United States, bringing with them their rich history, language, and traditions.

This heritage, combined with that of the other Hispanic populations that have immigrated to the United States over the years, has led to the remarkable growth of Spanish around the country. After English, it is the most commonly spoken language in 43 states. More than 12 million people in California alone claim Spanish as their first or "home" language.

You've made a popular choice by choosing to take Spanish in school. Not only is Spanish found and heard almost everywhere in the United States, but it is the most commonly taught foreign language in classrooms throughout the country! Have you heard people speaking Spanish in your community? Chances are that you've come across an advertisement, menu, or magazine that is in Spanish. If you look around, you'll find that Spanish can be found in some pretty common places. For example, most ATMs respond to users in both English and Spanish. News agencies and television stations such as **CNN** and **Telemundo** provide Spanish-language broadcasts. When you listen to the radio or download music from the Internet, some of the most popular choices are Latino artists who perform in Spanish. Federal government agencies such as the Internal Revenue Service and the Department of State provide services in both languages. Even the White House has an official Spanish-language webpage! Learning Spanish can create opportunities within your everyday life.

1800

1900

2010

1848
Mexicans who choose to stay in the U.S. after the Mexican-American War become U.S. citizens.

1959
After the Cuban Revolution, thousands of Cubans emigrate to the U.S.

2010
Spanish is the 2nd most commonly spoken language in the U.S., with more than approximately 40 million speakers.

Why Study Spanish?

Learn an International Language

There are many reasons to learn Spanish, a language that has spread to many parts of the world and has along the way embraced words and sounds of languages as diverse as Latin, Arabic, and Nahuatl. Spanish has evolved from a medieval dialect of north-central Spain into the fourth most commonly spoken language in the world. It is the second language of choice among the majority of people in North America.

Understand the World Around You

Knowing Spanish can also open doors to communities within the United States, and it can broaden your understanding of the nation's history and geography. The very names Colorado, Montana, Nevada, and Florida are Spanish in origin. Just knowing their meanings can give you some insight into, of all things, the landscapes for which the states are renowned. Colorado means "colored red;" Montana means "mountain;" Nevada is derived from "snow-capped mountain;" and Florida means "flowered." You've already been speaking Spanish whenever you talk about some of these states!

State Name	Meaning in Spanish
Colorado	"colored red"
Florida	"flowered"
Montana	"mountain"
Nevada	"snow-capped mountain"

Connect with the World

Learning Spanish can change how you view the world. While you learn Spanish, you will also explore and learn about the origins, customs, art, music, and literature of people in close to two dozen countries. When you travel to a Spanish-speaking country, you'll be able to converse freely with the people you meet. And whether in the U.S., Canada, or abroad, you'll find that speaking to people in their native language is the best way to bridge any culture gap.

Why Study Spanish?

Expand Your Skills

Studying a foreign language can improve your ability to analyze and interpret information and help you succeed in many other subject areas. When you first begin learning Spanish, your studies will focus mainly on reading, writing, grammar, listening, and speaking skills. You'll be amazed at how the skills involved with learning how a language works can help you succeed in other areas of study. Many people who study a foreign language claim that they gained a better understanding of English. Spanish can even help you understand the origins of many English words and expand your own vocabulary in English. Knowing Spanish can also help you pick up other related languages, such as Italian, Portuguese, and French. Spanish can really open doors for learning many other skills in your school career.

Explore Your Future

How many of you are already planning your future careers? Employers in today's global economy look for workers who know different languages and understand other cultures. Your knowledge of Spanish will make you a valuable candidate for careers abroad as well as in the United States or Canada. Doctors, nurses, social workers, hotel managers, journalists, businessmen, pilots, flight attendants, and many other professionals need to know Spanish or another foreign language to do their jobs well.

How to Learn Spanish

Start with the Basics!

As with anything you want to learn, start with the basics and remember that learning takes time! The basics are vocabulary, grammar, and culture.

Vocabulary | Every new word you learn in Spanish will expand your vocabulary and ability to communicate. The more words you know, the better you can express yourself. Focus on sounds and think about ways to remember words. Use your knowledge of English and other languages to figure out the meaning of and memorize words like **conversación, teléfono, oficina, clase,** and **música**.

Grammar | Grammar helps you put your new vocabulary together. By learning the rules of grammar, you can use new words correctly and speak in complete sentences. As you learn verbs and tenses, you will be able to speak about the past, present, or future, express yourself with clarity, and be able to persuade others with your opinions. Pay attention to structures and use your knowledge of English grammar to make connections with Spanish grammar.

Culture | Culture provides you with a framework for what you may say or do. As you learn about the culture of Spanish-speaking communities, you'll improve your knowledge of Spanish. Think about a word like **salsa**, and how it connects to both food and music. Think about and explore customs observed on **Nochevieja** (New Year's Eve) or at a **fiesta de quince años** (a girl's fifteenth birthday party). Watch people greet each other or say good-bye. Listen for idioms and sayings that capture the spirit of what you want to communicate!

Teenagers celebrating at a **fiesta de quince años.**

Listen, Speak, Read, and Write

Listening | Listen for sounds and for words you can recognize. Listen for inflections and watch for key words that signal a question such as **cómo** (*how*), **dónde** (*where*), or **qué** (*what*). Get used to the sound of Spanish. Play Spanish pop songs or watch Spanish movies. Borrow books on CD from your local library, or try to visit places in your community where Spanish is spoken. Don't worry if you don't understand every single word. If you focus on key words and phrases, you'll get the main idea. The more you listen, the more you'll understand!

Speaking | Practice speaking Spanish as often as you can. As you talk, work on your pronunciation, and read aloud texts so that words and sentences flow more easily. Don't worry if you don't sound like a native speaker, or if you make some mistakes. Time and practice will help you get there. Participate actively in Spanish class. Try to speak Spanish with classmates, especially native speakers (if you know any), as often as you can.

Reading | Pick up a Spanish-language newspaper or a pamphlet on your way to school, read the lyrics of a song as you listen to it, or read books you've already read in English translated into Spanish. Use reading strategies that you know to understand the meaning of a text that looks unfamiliar. Look for cognates, or words that are related in English and Spanish, to guess the meaning of some words. Read as often as you can, and remember to read for fun!

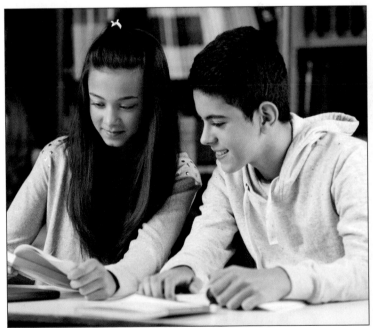

Writing | It's easy to write in Spanish if you put your mind to it. And remember that Spanish spelling is phonetic, which means that once you learn the basic rules of how letters and sounds are related, you can probably become an expert speller in Spanish! Write for fun—make up poems or songs, write e-mails or instant messages to friends, or start a journal or blog in Spanish.

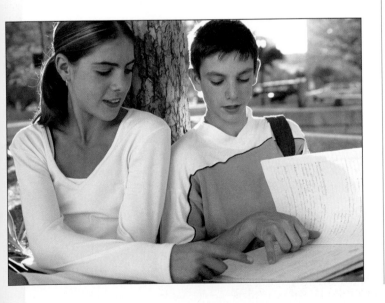

Tips for Learning Spanish

Practice, practice, practice!

Seize every opportunity you find to listen, speak, read, or write Spanish. Think of it like a sport or learning a musical instrument—the more you practice, the more you will become comfortable with the language and how it works. You'll marvel at how quickly you can begin speaking Spanish and how the world that it transports you to can change your life forever!

- **Listen** to Spanish radio shows. Write down words that you can't recognize or don't know and look up the meaning.

- **Watch** Spanish TV shows or movies. Read subtitles to help you grasp the content.

- **Read** Spanish-language newspapers, magazines, or blogs.

- **Listen** to Spanish songs that you like —anything from Shakira to a traditional mariachi melody. Sing along and concentrate on your pronunciation.

- **Seek** out Spanish speakers. Look for neighborhoods, markets, or cultural centers where Spanish might be spoken in your community. Greet people, ask for directions, or order from a menu at a Mexican restaurant in Spanish.

- **Pursue** language exchange opportunities (**intercambio cultural**) in your school or community. Try to join language clubs or cultural societies, and explore opportunities for studying abroad or hosting a student from a Spanish-speaking country in your home or school.

- **Connect** your learning to everyday experiences. Think about naming the ingredients of your favorite dish in Spanish. Think about the origins of Spanish place names in the U.S., like Cape Canaveral and Sacramento, or of common English words like *adobe, chocolate, mustang, tornado,* and *patio.*

- **Use** mnemonics, or a memorizing device, to help you remember words. Make up a saying in English to remember the order of the days of the week in Spanish (L, M, M, J, V, S, D).

- **Visualize** words. Try to associate words with images to help you remember meanings. For example, think of a **paella** as you learn the names of different types of seafood or meat. Imagine a national park and create mental pictures of the landscape as you learn names of animals, plants, and habitats.

- **Enjoy** yourself! Try to have as much fun as you can learning Spanish. Take your knowledge beyond the classroom and find ways to make the learning experience your very own.

Useful Spanish Expressions

The following expressions will be very useful in getting you started learning Spanish. You can use them in class to check your understanding or to ask and answer questions about the lessons. Read **En las instrucciones** ahead of time to help you understand direction lines in Spanish, as well as your teacher's instructions. Remember to practice your Spanish as often as you can!

Expresiones útiles — *Useful expressions*

¿Cómo se dice _____ en español?	How do you say _____ in Spanish?
¿Cómo se escribe _____?	How do you spell _____?
¿Comprende(n)?	Do you understand?
Con permiso.	Excuse me.
De acuerdo.	Okay.
De nada.	You're welcome.
¿De veras?	Really?
¿En qué página estamos?	What page are we on?
Enseguida.	Right away.
Más despacio, por favor.	Slower, please.
Muchas gracias.	Thanks a lot.
No entiendo.	I don't understand.
No sé.	I don't know.
Perdone.	Excuse me.
Pista	Clue
Por favor.	Please.
Por supuesto.	Of course.
¿Qué significa _____?	What does _____ mean?
Repite, por favor.	Please repeat.
Tengo una pregunta.	I have a question.
¿Tiene(n) alguna pregunta?	Do you have questions?
Vaya(n) a la página dos.	Go to page 2.

En las instrucciones — *In direction lines*

Cierto o falso	True or false
Completa las oraciones de una manera lógica.	Complete the sentences logically.
Con un(a) compañero/a...	With a classmate...
Contesta las preguntas.	Answer the questions.
Corrige la información falsa.	Correct the false information.
Di/Digan...	Say...
En grupos...	In groups...
En parejas...	In pairs...
Entrevista...	Interview...
Forma oraciones completas.	Create/Make complete sentences.
Háganse preguntas.	Ask each other questions.
Haz el papel de...	Play the role of...
Haz los cambios necesarios.	Make the necessary changes.
Indica/Indiquen si las oraciones...	Indicate if the sentences...
Lee/Lean en voz alta.	Read aloud.
...que mejor completa...	...that best completes...
Toma nota...	Take note...
Tomen apuntes.	Take notes.
Túrnense...	Take turns...

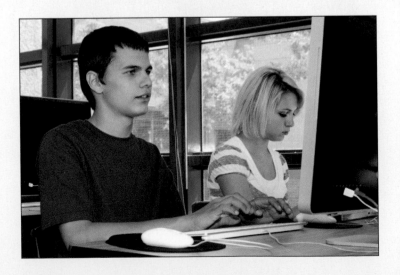

Common Names

Get started learning Spanish by using a Spanish name in class. You can choose from the lists on these pages, or you can find one yourself. How about learning the Spanish equivalent of your name? The most popular Spanish female names are Lucía, María, Paula, Sofía, and Valentina. The most popular male names in Spanish are Alejandro, Daniel, David, Mateo, and Santiago. Is your name, or that of someone you know, in the Spanish top five?

Más nombres masculinos	Más nombres femeninos
Alfonso	Alicia
Antonio (Toni)	Beatriz (Bea, Beti, Biata)
Carlos	Blanca
César	Carolina (Carol)
Diego	Claudia
Ernesto	Diana
Felipe	Emilia
Francisco (Paco)	Irene
Guillermo	Julia
Ignacio (Nacho)	Laura
Javier (Javi)	Leonor
Leonardo	Liliana
Luis	Lourdes
Manolo	Margarita (Marga)
Marcos	Marta
Oscar (Óscar)	Noelia
Rafael (Rafa)	Patricia
Sergio	Rocío
Vicente	Verónica

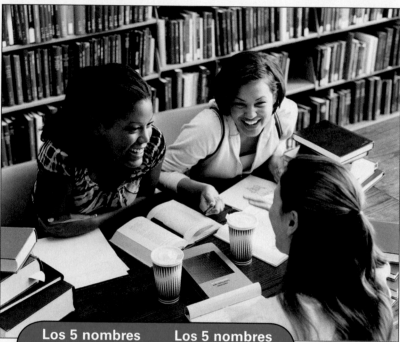

Los 5 nombres masculinos más populares	Los 5 nombres femeninos más populares
Alejandro	Lucía
Daniel	María
David	Paula
Mateo	Sofía
Santiago	Valentina

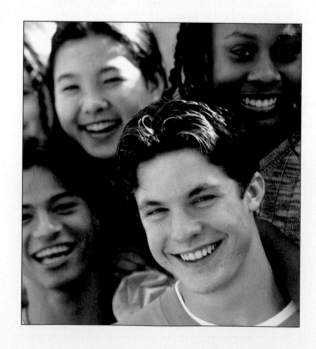

World-Readiness Standards for Learning Languages

This year you'll be building your language skills and learning about the lives of people who speak your new language every day. As you study, your teacher will be looking at standards that guide your learning, such as these.

THE FIVE C'S OF FOREIGN LANGUAGE LEARNING

Communication	**Students:** 1. Interact and negotiate meaning in spoken, signed, or written conversations to share information, reactions, feelings, and opinions. (Interpersonal mode) 2. Understand, interpret, and analyze what is heard, read, or viewed on a variety of topics. (Interpretive mode) 3. Present information, concepts, and ideas to inform, explain, persuade, and narrate on a variety of topics using appropriate media and adapting to various audiences of listeners, readers, or viewers. (Presentational mode)
Cultures	**Students use Spanish to investigate, explain, and reflect on:** 1. The relationship of the practices and perspectives of the culture studied. 2. The relationship of the products and perspectives of the culture studied.
Connections	**Students:** 1. Build, reinforce, and expand their knowledge of other disciplines while using Spanish to develop critical thinking and to solve problems creatively. 2. Access and evaluate information and diverse perspectives that are available through Spanish and its cultures.
Comparisons	**Students use Spanish to investigate, explain, and reflect on:** 1. The nature of language through comparisons of the Spanish language and their own. 2. The concept of culture through comparisons of the cultures studied and their own.
Communities	**Students:** 1. Use Spanish both within and beyond the school to interact and collaborate in their community and the globalized world. 2. Set goals and reflect on their progress in using languages for enjoyment, enrichment, and advancement.

Adapted from ACTFL's *Standards for Foreign Language Learning in the 21st Century*

"I Can" Statements

Reflect on your own learning, and find out where you excel and where you need help with "I Can" (or Can-Do) Statements. You (and your teacher) can find them on your Supersite, under Content ⟶ Resources.

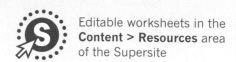

Editable worksheets in the
Content > Resources area
of the Supersite

"I Can" Statements

STUDENT OBJECTIVES
Lección 2 Descubre 2

Nombre _____   Fecha _____

Objetivos: Contextos	Fecha	¿Cómo voy?
1. I can recognize words and expressions about technology, electronics, and the Internet.		
2. I can describe cars and their accessories.		

¿Cómo voy?

4 ¡Excelente!: I know this well enough to teach it to someone.

3 Muy bien: I can do this with almost no mistakes.

2 Más o menos: I can do much of this but I have questions.

1 Es difícil: I can do this only with help.

0 ¡Ayúdame!: I can't do this, even with help.

Notas: _____

_____

_____

_____

About the Authors

José A. Blanco founded Vista Higher Learning in 1998. A native of Barranquilla, Colombia, Mr. Blanco holds degrees in Literature and Hispanic Studies from Brown University and the University of California, Santa Cruz. He has worked as a writer, editor, and translator for Houghton Mifflin and D.C. Heath and Company, and has taught Spanish at the secondary and university levels. Mr. Blanco is also the co-author of several other Vista Higher Learning programs: **Vistas, Panorama, Aventuras,** and **¡Viva!** at the introductory level; **Ventanas, Facetas**, **Enfoques, Imagina,** and **Sueña** at the intermediate level; and **Revista** at the advanced conversation level.

Philip Redwine Donley received his M.A. in Hispanic Literature from the University of Texas at Austin in 1986 and his Ph.D. in Foreign Language Education from the University of Texas at Austin in 1997. Dr. Donley taught Spanish at Austin Community College, Southwestern University, and the University of Texas at Austin. He published articles and conducted workshops about language anxiety management and the development of critical thinking skills, and was involved in research about teaching languages to the visually impaired. Dr. Donley was also the co-author of **Vistas, Aventuras,** and **Panorama**, three introductory college Spanish textbook programs published by Vista Higher Learning. Dr. Donley passed away in 2003.

About the Illustrators

Yayo, an internationally acclaimed illustrator, was born in Colombia. He has illustrated children's books, newspapers, and magazines, and has been exhibited around the world. He currently lives in Montreal, Canada.

Pere Virgili lives and works in Barcelona, Spain. His illustrations have appeared in textbooks, newspapers, and magazines throughout Spain and Europe.

Born in Caracas, Venezuela, **Hermann Mejía** studied illustration at the Instituto de Diseño de Caracas. Hermann currently lives and works in the United States.

Lección preliminar

Communicative Goals

I will be able to:
- Identify myself and others
- Describe people and things
- Discuss everyday activities
- Tell what happened in the past
- Express preferences

VOICE BOARD

1 Completar Complete the sentences with the correct form of the verb **ser**.

1. Maite _____ de España, ¿verdad?
2. ¿Quiénes _____ los chicos en el autobús?
3. Juan y yo _____ estudiantes.
4. ¿De dónde _____ tú?
5. _____ las nueve de la mañana.

2 El primer día de clases Fill in the blanks in the conversation below with the correct form of **estar**.

—Hola, Martín. ¿Cómo (1) _____ (tú)?

—Bien. Oye, ¿sabes dónde (2) _____ el gimnasio? Mis compañeros del equipo de béisbol (3) _____ allí.

—Pero, hombre, ¡yo también (4) _____ en el equipo! Vamos juntos al gimnasio, (5) (nosotros) _____ muy cerca.

3 ¿Ser o estar? Complete with the correct forms of **ser** or **estar**.

Me llamo Julio. Mis padres (1) _____ de México, pero mi familia (2) _____ en Arizona ahora. Mi padre (3) _____ médico en el hospital; la agencia de viajes de mi mamá (4) _____ cerca de nuestra casa. Nosotros tres (5) _____ altos y morenos. Yo (6) _____ estudiante de décimo grado. Mis clases (7) _____ buenas, pero a veces (yo) (8) _____ aburrido. Todos los estudiantes (9) _____ nerviosos hoy porque hoy empiezan los exámenes finales.

4 Género y número Add the appropriate definite or indefinite article for each noun.

Definidos

1. ___ comunidad
2. ___ pintores
3. ___ programa
4. ___ natación
5. ___ revistas

Indefinidos

6. ___ lápiz
7. ___ pasajeros
8. ___ computadoras
9. ___ traje de baño
10. ___ lección

1.1 Present tense of **ser** and **estar**

¿Y ustedes de dónde son?

Yo soy de Buenos Aires, Argentina. Miguel es de España.

ser			
yo	soy	nosotros/as	somos
tú	eres	vosotros/as	sois
Ud./él/ella	es	Uds./ellos/ellas	son

▶ **Uses of ser:** nationality, origin, profession or occupation, characteristics, generalizations, possession, what something is made of, time and date, time and place of events

estar			
yo	estoy	nosotros/as	estamos
tú	estás	vosotros/as	estáis
Ud./él/ella	está	Uds./ellos/ellas	están

▶ **Uses of estar:** location, health, physical states and conditions, emotional states, weather expressions, ongoing actions

▶ **Ser** and **estar** can both be used with many of the same adjectives, but the meaning will change.

Juan **es** delgado.
Juan is thin.

Juan **está** más delgado hoy.
Juan looks thinner today.

1.2 Articles

▶ Articles tell the gender (masculine/feminine) and number (singular/plural) of the nouns they precede.

Definite articles	
el libro	la lección
los programas	las profesoras

Indefinite articles	
un chico	una silla
unos chicos	unas sillas

1.3 Adjectives and agreement

Eres gordo, antipático y muy feo.

Yucatán es una península bonita. Los cenotes son hermosos.

▶ Adjectives are words that describe nouns. In Spanish, adjectives agree with, or match, the nouns they modify in both gender and number.

Descriptive Adjectives

Masculine		Feminine	
Singular	**Plural**	**Singular**	**Plural**
alto	altos	alta	altas
inteligente	inteligentes	inteligente	inteligentes
trabajador	trabajadores	trabajadora	trabajadoras

▶ Descriptive adjectives and adjectives of nationality follow the noun:

el chico rubio, la mujer española

▶ Adjectives of quantity precede the noun:

muchos libros, dos turistas

Note: When placed before a masculine noun, these adjectives are shortened.

bueno → buen   **malo → mal**   **grande → gran**

Possessive Adjectives

Singular		Plural	
mi	nuestro/a	mis	nuestros/as
tu	vuestro/a	tus	vuestros/as
su	su	sus	sus

▶ Possessive adjectives are always placed before the nouns they modify.

nuestros amigos   **mi madre**

---

5 Opuestos Complete the sentences with the appropriate form of **ser** or **estar** and an adjective with the opposite meaning of the adjective in italics.

> **modelo**
> La biblioteca está *cerrada* hoy, pero los bancos <u>están</u> <u>abiertos</u>.

1. La habitación de mi hermana siempre está *sucia*, pero mi habitación (ser/estar) _____ _____.
2. Estoy *contento* porque estamos de vacaciones, pero mis padres (ser/estar) _____ _____ porque tienen que trabajar.
3. Tu primo es *alto* y *moreno*, pero tú (ser/estar) _____ _____ y _____.
4. Mi amigo Fernando dice que las matemáticas son *difíciles*, pero yo creo que (ser/estar) _____ _____.

6 Entrevista Write down as many descriptive adjectives about yourself as you can in three minutes. Then, in pairs, use **ser** or **estar** to ask your partner if he/she has the same characteristics. Finally, tell the class what you have in common.

> **modelo**
> **(Yo):** delgada, morena, trabajadora, contenta, simpática.
> **(Preguntas):** ¿Tú eres trabajadora? ¿Estás contenta?
> **(Oraciones):** Somos morenas, estamos contentas y somos trabajadoras.

7 Posesivos Write the appropriate form of each possessive adjective. The first item has been done for you.

1. Él es ___mi___ (*my*) hermano.
2. _____ (*Your*, fam.) familia es muy simpática.
3. _____ (*Our*) sobrino es italiano.
4. ¿Ella es _____ (*his*) profesora?
5. _____ (*Your*, form.) maleta es de color verde.
6. _____ (*Her*) amigos son de Colombia.
7. Son _____ (*our*) compañeras de clase.
8. _____ (*My*) padres están en el trabajo.

8 Mi familia y mis amigos Write a brief description of your family, your relatives, and your friends. Use as many possessive adjectives as possible to identify the person or persons you are describing.

 Practice more at vhlcentral.com.

1 Completar Complete each sentence with the appropriate form of the verb.

1. Rosa _____ (bailar) un tango en el teatro.
2. Mis amigos _____ (hablar) francés muy bien.
3. Yo _____ (abrir) la ventana cuando hace calor.
4. Mi hermano y yo _____ (aprender) a nadar en la piscina.
5. ¿Dónde _____ (vivir) ustedes?
6. ¿Tú _____ (recibir) regalos el día de tu cumpleaños?
7. Los estudiantes _____ (correr) a casa por la tarde.
8. Nosotros _____ (mirar) la televisión.
9. Usted nunca _____ (comer) comida picante, ¿verdad?
10. Mis hermanos y yo _____ (practicar) el fútbol después de las clases.
11. Ustedes siempre _____ (desayunar) en la cafetería.
12. ¿_____ (Viajar) tus padres a Roma esta semana?

2 Tener Look at the drawings and describe these people, using an expression with **tener**.

1. _____

2. _____

3. _____

4. _____

5. _____

6. _____

2.1 Present tense of –ar, –er, –ir verbs

Tomo cuatro clases.

▶ To create the present-tense forms of most regular verbs, drop the infinitive endings (-ar, -er, -ir) and add the appropriate endings that correspond to the different subject pronouns.

hablar			
yo	hablo	nosotros/as	hablamos
tú	hablas	vosotros/as	habláis
Ud./él/ella	habla	Uds./ellos/ellas	hablan

comer		escribir	
como	comemos	escribo	escribimos
comes	coméis	escribes	escribís
come	comen	escribe	escriben

2.2 Present tense of **tener** and **venir**

Tengo una hermana que se llama Jimena.

tener		venir	
tengo	tenemos	vengo	venimos
tienes	tenéis	vienes	venís
tiene	tienen	viene	vienen

▶ **Tener** is used in many common phrases expressing feelings and age.

tener... años	to be... years old
tener calor	to be hot
tener frío	to be cold
tener ganas de + inf.	to feel like doing something
tener hambre	to be hungry
tener prisa	to be in a hurry
tener razón	to be right
tener sed	to be thirsty
tener que + inf.	to have to do something

2.3 Present tense of the verb **ir**

ir			
yo	voy	nosotros/as	vamos
tú	vas	vosotros/as	vais
Ud./él/ella	va	Uds./ellos/ellas	van

► **Ir** has many everyday uses, including expressing future plans:

ir a + [*infinitivo*] = *to be going to* + [*infinitive*]

vamos a [*infinitivo*] = *let's do something*

2.4 Verbs with stem changes and irregular **yo** forms

La familia almuerza
en Xochimilco.

e:ie o:ue u:ue stem-changing verbs

	empezar	volver	jugar
yo	empiezo	vuelvo	juego
tú	empiezas	vuelves	juegas
Ud./él/ella	empieza	vuelve	juega
nosotros/as	empezamos	volvemos	jugamos
vosotros/as	empezáis	volvéis	jugáis
Uds./ellos/ellas	empiezan	vuelven	juegan

Other e:ie verbs: **cerrar, comenzar, entender, pensar, perder, preferir, querer**

Other o:ue verbs: **almorzar, contar, dormir, encontrar, mostrar, poder, recordar**

e:i stem-changing verbs

pedir			
yo	pido	nosotros/as	pedimos
tú	pides	vosotros/as	pedís
Ud./él/ella	pide	Uds./ellos/ellas	piden

Other e:i verbs: **conseguir, decir, repetir, seguir**

Verbs with irregular yo forms

hacer	poner	salir	suponer	traer
hago	pongo	salgo	supongo	traigo

ver: veo, ves, ve, vemos, veis, ven
oír: oigo, oyes, oye, oímos, oís, oyen

---

3 **Ir** Complete this paragraph with the present-tense forms of **ir**.

El sábado yo (1) _____ al Museo de Bellas Artes porque mi artista favorito (2) _____ a presentar una exposición. Mis amigos no (3) _____ al museo conmigo porque todos (4) _____ a jugar al fútbol, pero yo (5) _____ a ir porque yo (6) _____ a ser artista. ¿(7) _____ (tú) al museo también? ¿Por qué no (8) _____ juntos?

4 **Verbos** Complete the chart with the correct verb forms.

Infinitive	yo	nosotros/as	ellos/as
	puedo		
comenzar		**comenzamos**	
		hacemos	**hacen**
oír			
	juego		
repetir			**repiten**

5 **Oraciones** Arrange the words in the correct order to form complete logical sentences. ¡**Ojo!** Remember to conjugate the verbs according to the subject.

1. amigos / unos / tener / interesantes / tú / muy

   _____

2. autobús / yo / en / comercial / centro / venir / del

   _____

3. tener / dinero / no / suficiente / ellos

   _____

4. sábados / cine / todos / los / ir / yo / al

   _____

6 **Conversación** Complete this conversation with the appropriate forms of the verbs. Then act it out with a partner.

PABLO Óscar, voy al centro ahora.

ÓSCAR ¿A qué hora (1)_____ (pensar) volver? El partido de fútbol (2)_____ (empezar) a las dos.

PABLO (3)_____ (Volver) a la una. (4)_____ (Querer) ver el partido.

ÓSCAR (5)¿_____ (Recordar) (tú) que nuestro equipo es muy bueno? (6)¡ _____ (Poder) ganar!

PABLO No, (7)_____ (pensar) que vamos a (8)_____ (perder). Los jugadores de Guadalajara son salvajes (*wild*) cuando (9)_____ (jugar).

7 **Un día típico** Complete the paragraph with the appropriate forms of the verbs in the word list. Not all verbs will be used. Some may be used more than once.

almorzar	ir	salir
cerrar	jugar	seguir
empezar	mostrar	ver
hacer	querer	volver

¡Hola! Me llamo Marta y vivo en Guadalajara, México. ¿Cómo es un día típico en mi vida? Pues, por la mañana desayuno con mis padres y juntos (1) _____ las noticias (*news*) en la televisión. A las siete y media, (yo) (2) _____ de mi casa y tomo el autobús. Es bueno llegar temprano a la escuela porque siempre (3) _____ a mis amigos en la cafetería. Conversamos y planeamos lo que (4) _____ hacer cada día. A las ocho y cuarto, mi amiga Susana y yo (5) _____ al laboratorio de lenguas. La clase de francés (6) _____ a las ocho y media. ¡Es mi clase favorita! A las doce y media (yo) (7) _____ en la cafetería con mis amigos. Después, (yo) (8) _____ con mis clases. Por las tardes, mis amigos (9) _____ a sus casas, pero yo (10) _____ al vóleibol con el equipo de mi escuela.

8 **Describir** Use a verb from the list to describe what these people are doing.

| almorzar | contar | encontrar |
| cerrar | dormir | mostrar |

1. las niñas

2. yo

3. nosotros

4. tú

5. Pedro

6. Teresa

9

Contestar Answer these questions.

> **modelo**
>
> ¿Qué pides en la cafetería?
> En la *cafetería, yo pido pizza.*

1. ¿Cuántas horas duermes cada noche? ¿Tienes sueño ahora?
2. ¿Cuándo haces la tarea de matemáticas?
3. ¿Adónde sales con tus amigos?
4. ¿Prefieres ver películas en el cine o en casa? Cuando ves películas en el cine, ¿con quién vas?
5. ¿Qué traes a la clase de español?
6. ¿Quién pone (*sets*) la mesa en tu casa?
7. ¿A qué hora almuerzas en la escuela? ¿Qué comes? ¿Traes comida de tu casa o compras comida?
8. ¿Oyes música cuando estudias? ¿Qué música tienes?
9. ¿Practicas deportes o prefieres los juegos (*games*) de mesa? ¿Qué juegas?
10. ¿Crees que esta clase va a ser fácil o difícil?

10

Preguntas Use four different verbs from the list to ask a partner four questions about his or her life. In total, you and your partner should use at least eight verbs.

almorzar	hacer	poder
dormir	ir	preferir
empezar	pedir	tener

> **modelo**
>
> **Estudiante 1:** ¿Tienes hermanos?
> **Estudiante 2:** Sí, tengo dos hermanos.

11

Una carta Write a letter to a friend describing what you do on a typical day and your plans for this weekend. Use at least six verbs from pages 4–5, **ir a** + *infinitive* to talk about your plans for the weekend, and **tener que** + *infinitive* to talk about your obligations. You may use the paragraph in **Actividad 7** as a model.

Un día típico

Hola, me llamo Julia y vivo
en Vancouver, Canadá. Por
la mañana, yo...

Practice more at
vhlcentral.com.

Unas vacaciones de
voluntario

¿Qué hiciste durante las vacaciones de verano? Muchos estudiantes de secundaria contestarían° esta pregunta con historias sobre cómo disfrutaron° su tiempo libre. Pero otra actividad ha ganado° atención recientemente: el trabajo voluntario durante las vacaciones.

En Latinoamérica, se le llama **aprendizaje-servicio°**, una combinación de educación formal y voluntariado°. En países como México, Argentina y Chile, los jóvenes reciben crédito académico mientras° usan su creatividad y su talento en beneficio de los demás°. Así se promueve° la participación activa de los jóvenes estudiantes en la sociedad. Los voluntarios también ganan experiencias que no podrían° obtener en el salón de clases: en Buenos Aires, un grupo de adolescentes de los colegios más exclusivos ayuda con las tareas en centros comunitarios; en una escuela de Resistencia, en Argentina, los chicos de barrios marginales° les enseñan computación a los adultos desocupados° de su propia comunidad.

En 2001, la Secretaría de Educación de Argentina creó el Programa Nacional de Escuela y Comunidad para los proyectos de aprendizaje-servicio por todo el país. ¿Hay algún requisito° de servicio comunitario para graduarse en tu escuela?

Otras vacaciones de voluntarios

En León, Nicaragua, 16 estudiantes costarricenses° construyeron casas para familias nicaragüenses como parte del programa Hábitat para la Humanidad. Adrián, un voluntario, dijo: "Fue una experiencia increíble. Podía° divertirme y al mismo tiempo hacer algo útil° y de beneficio para otros durante mis vacaciones".

Los estudiantes de la escuela técnica de Junín de los Andes adaptaron molinos de viento° a las necesidades de las poblaciones mapuches°. Por este proyecto ganaron un premio° en la Feria Mundial de Ciencias de 1999.

contestarían *would answer* disfrutaron *they enjoyed* ha ganado *has gained* aprendizaje-servicio *service learning* voluntariado *volunteerism* mientras *while* los demás *others* Así se promueve *Thus it promotes* no podrían *they could not* barrios marginales *disadvantaged neighborhoods* desocupados *unemployed* requisito *requirement* costarricenses *Costa Rican* Podía *I was able to* útil *useful* molinos de viento *windmills* mapuches *indigenous people of Central and Southern Chile and Southern Argentina* premio *prize*

1 **¿Cierto o falso?** Indica si lo que dice cada oración es cierto o falso. Corrige la información falsa.

1. El aprendizaje-servicio consiste en ir a cursos de verano.

2. En este programa, los jóvenes voluntarios aprenden cosas que no se aprenden en el salón de clases.

3. Los estudiantes de Resistencia, Argentina les enseñan computación a los chicos de los colegios más exclusivos.

4. En 2001, la Secretaría de Educación de Argentina creó un programa nacional de aprendizaje-servicio.

5. De su experiencia como voluntario en Nicaragua, el joven Adrián dijo: "Fue una experiencia horrible".

6. Los estudiantes de una escuela técnica adaptaron molinos de viento a las necesidades de las poblaciones indígenas de su país.

ASÍ SE DICE

el buceo	*diving*
el ciclismo	*cycling*
el colegio	*high school, elementary school, middle school*
la ola	*[ocean] wave*
los países hispanohablantes	*países donde se habla español*
surfear, hacer surf	*to surf*
el/la surfista, el/la surfero/a, el/la surfo/a, tablista	*surfer*

EL MUNDO HISPANO

Deportes importantes

No cabe duda° que el fútbol y el vóleibol son los deportes más populares en Latinoamérica. Sin embargo°, también se practican otros deportes en el mundo hispano.

Deporte	Lugar(es)
el béisbol	el Caribe (esp. la República Dominicana y Cuba), México, Venezuela
el ciclismo	Colombia, España y otras regiones montañosas
el rugby	Argentina, Chile
el baloncesto (básquetbol)	España, Puerto Rico, Colombia, Centroamérica
el jai-alai°	Originado en el País Vasco (España), también es popular en México
la equitación (montar a caballo)	México, Argentina, España
el surf	las Islas Canarias (España), México, Chile, Perú, etc.

no cabe duda *there is no doubt* **sin embargo** *nevertheless*
jai-alai *Basque sport played with a small ball hurled at high speeds*

PERFIL

Hacer surf al estilo hispano

"Hay que sentir la ola. Cuando la sientes, te paras en la tabla° y la agarras". La frase "agarrar° una ola" nunca tendrá° el mismo significado para alguien que no ha practicado° el deporte del surf. Originado en Hawai, es popular en muchas partes del mundo, incluso en el mundo hispano. Sólo necesitas una tabla y una costa marina.

La surfista argentina Ornella Pellizari

Gabriel Villarán es probablemente el surfista hispanoamericano más famoso del mundo. Nació en 1984 en Lima, Perú, donde su madre, su padre y su hermano eran° surfistas. Villarán fue el campeón° latinoamericano dos veces, ganó el primer lugar en los Juegos Panamericanos de Surf en 2006 y fue sub-campeón mundial en 2010.

A los once años, la argentina **Ornella Pellizari** se compró una tabla con el dinero que había ahorrado°. A los dieciocho años, ganó el Campeonato Latinoamericano de Surf Profesional femenino. Dice **Pellizari**: "Una vez que empecé a surfear, no salí más del agua".

te paras *you stand* **la tabla** *surfboard* **agarrar** *to grab* **nunca tendrá** *will never have* **no ha practicado** *has not practiced* **eran** *were* **el campeón** *champion* **había ahorrado** *she had saved*

ACTIVIDADES

2 **Comprensión** Completa las oraciones.

1. El deporte del surf se originó en _____.
2. Gabriel Villarán nació en _____.
3. Junto con el fútbol, el _____ es uno de los deportes más populares en Latinoamérica.
4. A los dieciocho años, Pellizari ganó el Campeonato Latinoamericano de Surf Profesional para _____.
5. El deporte del _____ tiene su origen en el País Vasco.

3 **¿Qué vamos a hacer?** Your class has the opportunity to go on a week's vacation. Working in a small group, decide whether **el aprendizaje-servicio** or **los deportes** best suits the group's talents and interests. Plan activities you can agree on, including where you might go, and the type of volunteering or sport activity. Present your vacation plans to the class.

 Practice more at **vhlcentral.com.**

1 Completar Complete each sentence with the appropriate preterite form.

1. Yo _____ (cerrar) las ventanas anoche.
2. Los estudiantes _____ (escribir) las respuestas en la pizarra.
3. María y yo _____ (nadar) en la piscina el sábado.
4. Tú _____ (vivir) en la casa amarilla, ¿no?
5. Mis abuelos no _____ (gastar) mucho dinero.
6. Enrique no _____ (beber) ni té ni café.
7. ¿_____ (Tomar) tú la última galleta?
8. Todos los jugadores _____ (oír) las malas noticias.
9. Yo _____ (decidir) comer más frutas y verduras.
10. Ellos _____ (olvidar) la dirección de la tienda.

2 El fin de semana pasado Complete the paragraph by choosing the correct verb and conjugating it in the appropriate preterite form.

El sábado a las diez de la mañana, mi hermano (1) _____ (costar, usar, ganar) un partido de tenis. A la una, yo (2) _____ (llegar, compartir, llevar) a la tienda con mis amigos y nosotros (3) _____ (costar, comprar, abrir) dos o tres cosas. A las tres, mi amigo Pepe (4) _____ (pasear, nadar, llamar) a su novia por teléfono. ¿Y el domingo? Mis primos me (5) _____ (salir, gastar, visitar) y nosotros (6) _____ (hablar, traer, pedir) por horas. Mi mamá (7) _____ (mostrar, leer, preparar) mi comida favorita y mis primos (8) _____ (vender, comer, empezar) con nosotros. Después, (yo) (9) _____ (salir, ver, servir) una película en la televisión.

3 ¿Ser o ir? Complete these sentences with the appropriate preterite form of **ser** or **ir**. Indicate the infinitive of each verb form.

1. Los viajeros _____ a Perú.
2. Usted _____ muy amable.
3. Yo _____ muy cordial.
4. Patricia _____ a la cafetería.
5. Guillermo y yo _____ a ver una película.
6. Ellos _____ simpáticos.
7. Yo _____ a su casa.
8. Él _____ a Machu Picchu.
9. Tú _____ pronto a clase.
10. Tomás y yo _____ muy felices.
11. Tú _____ muy generoso.
12. Este semestre los exámenes _____ muy difíciles.
13. Cuatro estudiantes no _____ a la fiesta.
14. La película _____ muy divertida.
15. Mi amiga y yo _____ al gimnasio el domingo.

3.1 Preterite tense of regular verbs

► The preterite tense is used to describe actions or states that were completed at a definite time in the past.

► The preterite of regular verbs is formed by dropping the infinitive ending (-ar, -er, -ir) and adding the preterite endings. Note that the endings of regular -er and -ir verbs are identical in the preterite tense.

comprar	vender	escribir
compré	vendí	escribí
compraste	vendiste	escribiste
compró	vendió	escribió
compramos	vendimos	escribimos
comprasteis	vendisteis	escribisteis
compraron	vendieron	escribieron

► These verbs have spelling changes in the preterite:

-**car**: buscar → yo busqué

-**gar**: llegar → yo llegué

-**zar**: empezar → yo empecé

creer: creí, creíste, creyó, creímos, creísteis, creyeron

leer: leí, leíste, leyó, leímos, leísteis, leyeron

oír: oí, oíste, oyó, oímos, oísteis, oyeron

ver: vi, viste, vio, vimos, visteis, vieron

► -ar and -er verbs that have a stem change in the present tense are regular in the preterite.

jugar (u:ue): Él **jugó** al fútbol ayer.

volver (o:ue): Ellas **volvieron** tarde anoche.

► -ir verbs that have a stem change in the present tense also have a stem change in the preterite.

pedir (e:i): La semana pasada, él **pidió** tacos.

3.2 Preterite of **ser** and **ir**

¿Por qué no te afeitaste por la mañana?

► The preterite forms of **ser** and **ir** are identical. Context will determine the meaning.

ser and ir	
fui	fuimos
fuiste	fuisteis
fue	fueron

3.3 Other irregular preterites

► The preterite forms of the following verbs are also irregular. Pay attention to the different stem changes.

Los amigos estuvieron de vacaciones en Yucatán.

u-stem	estar poder poner saber tener	estuv- pud- pus- sup- tuv-	-e, -iste, -o, -imos, -isteis, -ieron
i-stem	hacer querer venir	hic- quis- vin-	-e, -iste, -o, -imos, -isteis, -ieron
j-stem	conducir decir traducir traer	conduj- dij- traduj- traj-	-e, -iste, -o, -imos, -isteis, -eron

Preterite of **dar:** di, diste, dio, dimos, disteis, dieron

Preterite of **hay** (*inf.* **haber**): hubo

3.4 Verbs that change meaning in the preterite

Maru y Miguel se conocieron en la playa.

► The verbs **conocer, saber, poder,** and **querer** change meanings when used in the preterite.

	Present	Preterite
conocer	*to know*	*to meet*
saber	*to know information*	*to find out; to learn*
poder	*to be able; can*	*to succeed*
querer	*to want; to love*	*to try*

4 **¿Cuándo?** In pairs, use the time expressions from the word list to ask and answer questions about when you and others did the activities.

anoche	ayer	el año pasado	la semana pasada
anteayer	dos veces	el mes pasado	una vez

> **modelo**
>
> **Estudiante 1:** *¿Cuándo escribiste una carta?*
> **Estudiante 2:** *Yo escribí una carta anoche.*

1. mi compañero/a: llegar tarde a clase
2. mi mejor (*best*) amigo/a: volver de Brasil
3. mis padres: ver una película
4. yo: llevar un traje/vestido
5. el presidente de los EE.UU.: no escuchar a la gente
6. mis amigos y yo: comer en un restaurante

5 **Verbos** Complete the chart with the preterite form of the verbs.

Infinitive	yo	ella	nosotros
conducir			
hacer			
saber			

6 **Cambiar** Change each verb from present to preterite.

> **modelo**
>
> Escucho la canción.
> *Escuché la canción.*

1. **Tengo** que ayudar a mi padre. _____
2. La maestra **repite** la pregunta. _____
3. ¿**Vas** al cine con tu amigo? _____
4. Mis padres **piden** arroz en el restaurante del barrio. _____
5. El camarero les **sirve** papas fritas. _____
6. **Vengo** de la escuela en autobús. _____
7. El concierto **es** a las ocho. _____
8. ¿Dónde **pones** las llaves del auto? _____
9. ¿Y ellos cómo lo **saben**? _____
10. ¿Quién **trae** la comida? _____

7 **Oraciones** Form complete sentences using the information provided in the correct order. Use the preterite tense of the verbs.

1. ir / al / semana / pasada / yo / dentista / la

2. parque / Pablo / y / correr / perro / su / por / el

3. día / leer / ellos / periódicos / tres / cada

4. nunca / la historia / Doña Rita / la verdad / saber / de

8   **Escoger**   Choose the most logical option.

1. Ayer te llamé varias veces, pero tú no contestaste.
   a. Quise hablar contigo.   b. Pude hablar contigo.
2. Las chicas fueron a la fiesta. Cantaron y bailaron mucho.
   a. Ellas pudieron divertirse.   b. Ellas no supieron divertirse.
3. Yo no hice lo que ellos me pidieron. ¡Tengo mis principios!
   a. No supe hacerlo.   b. No quise hacerlo.

9   **¿Presente o pretérito?**   Choose the correct form of the verbs in parentheses.

1. Después de muchos intentos (*tries*), (podemos/pudimos) hacer una piñata.
2. —¿Conoces a Pepe?
   —Sí, lo (conozco/conocí) en tu fiesta.
3. Como no es de aquí, Cristina no (sabe/supo) mucho de las celebraciones locales.
4. Yo no (quiero/quise) ir a un restaurante grande, pero tú decides.
5. Ellos (quieren/quisieron) darme una sorpresa, pero Nina me lo dijo todo.
6. Mañana se terminan las clases; por fin (podemos/pudimos) divertirnos.
7. Ayer no (tengo/tuve) tiempo de llamarte.
8. ¿(Quieres/Quisiste) ir al cine conmigo esta tarde?
9. Todavía no sabemos quiénes lo (dicen/dijeron), pero mañana lo vamos a saber.
10. Dos veces al año, mi hermano y yo (hacemos/hicimos) algo especial juntos.

10   **Preguntas**   Pretend that your friend or parent keeps checking up on what you did. Respond that you already (**ya**) did what he/she asks. (Switch roles every two questions.)

> **modelo**
>
> leer la lección
> **Estudiante 1:** ¿Leíste la lección?
> **Estudiante 2:** Sí, ya la leí.

1. escribir el correo electrónico
2. lavar (*to wash*) la ropa
3. oír las noticias
4. practicar los verbos
5. empezar la tarea
6. buscar las llaves

11 **Una película** Working with a partner, prepare a brief summary of a movie you have seen. First, make a list of verbs you will use to describe the film's plot. Then present your summary to the class and have the other students guess what movie you described.

> **modelo**
>
> decidir, decir, llegar, tener miedo, traducir, ver
> Un día, Peter Quill decidió...

12 **Conversar** In small groups, ask each other what you did yesterday or last weekend. Use the word list and keep track of the activities that more than one person did so you can share them later with the class.

asistir a una reunión	ir al centro comercial
cenar en un restaurante	ir de compras
dar una fiesta	limpiar la habitación
dar un regalo	mirar la televisión
empezar una novela	pasarlo bien
escribir una carta	poner un anuncio en el periódico
escribir un correo electrónico	tener una idea
escuchar música	tener un sueño (*dream*)
hacer la tarea	traducir un poema
ir al cine	visitar a un amigo

13 **Escribir** Describe a dream (**un sueño**) you had recently, or invent one. Use at least six preterite verbs, including a minimum of two irregular verbs. You may write your description as a paragraph or as a poem.

AYUDA

soñar con =
to dream about

 Practice more at vhlcentral.com.

1 Vacaciones

Vacaciones Ramón is going to San Juan, Puerto Rico with his friends, Javier and Marcos. Express his thoughts more succinctly using direct object pronouns.

> **modelo**
>
> Quiero hacer una excursión.
> *Quiero hacerla./La quiero hacer.*

1. Voy a hacer mi maleta.
2. Necesitamos llevar los pasaportes.
3. Marcos está pidiendo el folleto turístico.
4. Javier debe llamar a sus padres.
5. Ellos esperan visitar el Viejo San Juan.
6. Puedo llamar a Javier por la mañana.
7. Prefiero llevar mi cámara.
8. No queremos perder nuestras reservaciones de hotel.

2 Oraciones

Oraciones Form complete sentences using the information provided. Use indirect object pronouns and the present tense of the verbs.

1. Javier / prestar / el abrigo / a Gabriel

   _____

2. nosotros / vender / ropa / a los clientes

   _____

3. el vendedor / traer / las camisetas / a mis amigos y a mí

   _____

4. yo / querer dar / consejos / a ti

   _____

5. ¿tú / ir a comprar / un regalo / a mí?

   _____

6. Carmen y Sofía / mostrar / las fotos / a Milena

   _____

3 ¿Directo o indirecto?

¿Directo o indirecto? Restate the sentences, replacing the underlined words with the correct direct or indirect object pronoun.

> **modelo**
>
> Lidia quiere ver <u>una película</u>. → *Lidia la quiere ver./*
> *Lidia quiere verla.*

1. Siempre digo la verdad <u>a mi madre</u>.
2. Juan Carlos puede traer <u>los refrescos</u> a la fiesta.
3. ¿No quieres ver <u>las pinturas</u> (*paintings*) en el museo?
4. Raquel va a comprar un regalo <u>para su prima</u>.
5. Leí <u>el último libro de Harry Potter</u> anoche.
6. Voy a regalar estos libros <u>a mis padres</u>.

4.1 Direct and indirect object pronouns

¿La bolsa? Acabo de comprarla.

▶ Direct and indirect object pronouns take the place of nouns.

▶ Direct object pronouns directly receive the action of the verb.

Direct object pronouns

Singular		Plural	
me	lo	nos	los
te	la	os	las

In affirmative sentences:

Adela practica el tenis. → Adela **lo** practica.

In negative sentences:

Adela **no lo** practica.

With an infinitive:

Adela **lo** va a practicar. / Adela va a practicar**lo**.

With the present progressive:

Adela **lo** está practicando. / Adela está practicándo**lo**.

▶ Indirect object pronouns identify *to whom* or *for whom* an action is done.

Jimena le dice a Felipe: "¡No seas grosero!"

Indirect object pronouns

Singular	Plural
me	nos
te	os
le	les

▶ Place an indirect object pronoun in a sentence in the same position where a direct object pronoun would go.

▶ Both the indirect object pronoun and the person to which it refers may be used together in a sentence for clarity or extra emphasis. Use the construction a + [*prepositional pronoun*].

Su madre **les** ofrece una solución **a los niños**.

4.2 Gustar and similar verbs

▸ Though **gustar** is translated as *to like*, its literal meaning is *to please*. **Gustar** is preceded by an indirect object pronoun indicating who is pleased. It is followed by a noun (the subject) indicating *the thing that pleases*. Many verbs follow this pattern.

> Me gusta viajar y salir con mis amigos.

aburrir	faltar	importar	molestar
encantar	fascinar	interesar	quedar

▸ With singular subjects or verbs in the infinitive, use the third person singular form.

Me **gusta** la clase.

No nos **interesó** el proyecto.

Les **fascina** ir al cine.

▸ With plural subjects, use the third person plural form.

Te **quedaron** diez dólares.

Le **aburren** los documentales.

▸ The construction **a** + [*noun/pronoun*] may be added for clarity or emphasis.

A mí me encanta bailar, ¿y a ti?

4.3 Double object pronouns

> ¿Me las vendes por 480?

▸ When direct and indirect object pronouns are used together, the indirect object pronoun always goes before the direct object pronoun.

Nos van a servir los platos. → **Nos los** van a servir. / Van a servír**noslos**.

▸ The indirect object pronouns **le** and **les** always change to **se** when they precede **lo, la, los,** and **las**.

Le escribí una carta. → **Se la** escribí.

▸ Spanish speakers often clarify to whom the pronoun **se** refers by adding **a usted, a él, a ella, a ustedes, a ellos,** or **a ellas.**

---

4 **La música** Complete each sentence with the correct indirect object pronoun and verb form. Use the present tense.

1. A Adela ____ _____ (gustar) la música de Enrique Iglesias.
2. A mí ____ _____ (encantar) las canciones (*songs*) de Maná.
3. A mis amigos no ____ _____ (molestar) la música alta (*loud*).
4. A nosotros ____ _____ (fascinar) los grupos de pop latino.
5. A mi padre no ____ _____ (interesar) los cantantes (*singers*) de hoy.
6. ¿Qué tipo de música ____ _____ (gustar) a ti?

5 **Descripciones** Look at the pictures and describe what is happening. Use the verbs from the word bank.

encantar	interesar	molestar	quedar

1. a ti

LIBROS DE ARTE MODERNO

2. a Sara

3. a Ramón

4. a nosotros

6 **En el restaurante** Complete each sentence with the missing direct or indirect object pronoun.

Objeto directo

1. ¿La ensalada? El camarero nos _la_ sirvió.
2. ¿El salmón? La dueña me ____ recomienda.
3. ¿La comida? Voy a preparárte____.
4. ¿Las bebidas? Estamos pidiéndose____.
5. ¿Los refrescos? Te ____ puedo traer ahora.

Objeto indirecto

1. ¿Puedes traerme tu plato? No, no _te_ lo puedo traer.
2. ¿Quieres mostrarle la carta? Sí, voy a mostrár____la ahora.
3. ¿Les serviste la carne? No, no ____ la serví.
4. ¿Vas a leerle el menú? No, no ____ lo voy a leer.
5. ¿Me recomiendas la langosta? Sí, ____ la recomiendo.

7

¿Quién? Ms. Cervallos had a dinner party and is now remembering the different things people did to help her. Change the underlined nouns to direct object pronouns and make any other necessary changes.

> **modelo**
>
> ¿Quién me trajo <u>la carne</u> del supermercado? (mi esposo)
> Mi *esposo me la trajo.*

1. ¿Quién mandó <u>las invitaciones</u> a mis sobrinas Raquel y María Eugenia? (mi hija)
2. No pude ir a la tienda para buscar bebidas. ¿Quién me compró <u>el agua mineral</u>? (mi hijo)
3. ¿Quién me prestó <u>los platos</u>? (mi mamá)
4. Los entremeses fueron todos muy ricos. ¿Quién nos preparó <u>los entremeses</u>? (Silvia y Renata)
5. No hubo suficientes sillas en el comedor (*dining room*). ¿Quién nos trajo <u>las sillas</u> que faltaban (*were lacking*)? (Héctor y Lorena)
6. No tuve tiempo de pedirle <u>la sal y la pimienta</u> a Mónica. ¿Quién le pidió <u>la sal y la pimienta</u> a Mónica? (mi hijo)
7. Muchas personas estuvieron en la fiesta. ¿Quién sirvió <u>el pastel de chocolate</u> a los invitados? (mis hijos)

8

Entrevista Interview a classmate (or friend/relative) using all the **gustar**-like verbs in the box on page 15. Write down his or her answers and report to the class. (There will be three sentences per verb, as in the model.)

> **modelo**
>
> **Pregunta:** ¿Qué te molesta mucho (a ti)?
> **Respuesta:** A mí me molestan las preguntas estúpidas.
> **A la clase:** A mi amigo Arturo le molestan las preguntas estúpidas.

9

En la tienda In groups of three, write a brief conversation between a salesperson and two friends who are out shopping. Each person should use at least two verbs like **gustar**, two direct and indirect object pronouns, and one sentence with double object pronouns. Use the instructions as a guide or invent your own details.

> **modelo**
>
> **Dependiente:** Buenas tardes. ¿En qué les puedo servir?
> **Clienta 1:** Hola, necesito un vestido, pero éstos no me gustan.
> **Dependiente:** ¡Ay, tengo unos que le van a quedar perfecto! Voy a traérselos.
> **Clienta 2:** A mí me fascinan estos zapatos. Los voy a comprar.

Dependiente/a	**Clientes/as**
Saluda a los/las clientes/as y pregúntales en qué les puedes servir.	Saluden al/a la dependiente/a y díganle (*tell him/her*) qué quieren comprar.
Habla de los gustos de los/las clientes/as y empieza a mostrarles la ropa.	Hablen de los colores y estilos que más les interesan.
Da opiniones favorables (las botas le quedan fantásticas)...	Decidan cuáles son las cosas que les gustan y qué van a comprar.

Practice more at vhlcentral.com.

En el consultorio

1

Communicative Goals

I will be able to:
• Describe how I feel physically
• Talk about health and medical conditions

contextos

fotonovela

cultura

estructura

adelante

A PRIMERA VISTA
• ¿Están en una farmacia o en un hospital?
• ¿El hombre es doctor o dentista?
• ¿Qué hace él, una operación o un examen médico?
• ¿Crees que la paciente está nerviosa?

En el consultorio

 My Vocabulary Tutorials

Más vocabulario

la clínica	clinic
el consultorio	doctor's office
el/la dentista	dentist
el examen médico	physical exam
la farmacia	pharmacy
el hospital	hospital
la operación	operation
la sala de emergencia(s)	emergency room
el cuerpo	body
el oído	(sense of) hearing; inner ear
el accidente	accident
la salud	health
el síntoma	symptom
caerse	to fall (down)
darse con	to bump into; to run into
doler (o:ue)	to hurt
enfermarse	to get sick
estar enfermo/a	to be sick
lastimarse (el pie)	to injure (one's foot)
poner una inyección	to give an injection
recetar	to prescribe
romperse (la pierna)	to break (one's leg)
sacar(se) un diente	to have a tooth removed
sufrir una enfermedad	to suffer an illness
torcerse (o:ue) (el tobillo)	to sprain (one's ankle)
toser	to cough

Variación léxica

gripe ⟷ gripa (*Col., Gua., Méx.*)

resfriado ⟷ catarro (*Cuba, Esp., Gua.*)

sala de ⟷ sala de urgencias
emergencia(s)   (*Arg., Col., Esp., Méx.*)

romperse ⟷ quebrarse (*Arg., Gua.*)

Síntomas y condiciones médicas

el dolor (de cabeza)	(head)ache; pain
la gripe	flu
la infección	infection
el resfriado	cold
la tos	cough
congestionado/a	congested; stuffed up
embarazada	pregnant
grave	grave; serious
mareado/a	dizzy; nauseated
médico/a	medical
saludable	healthy
sano/a	healthy
ser alérgico/a (a)	to be allergic (to)
tener dolor (m.)	to have pain
tener fiebre (f.)	to have a fever

el corazón

SALIDA

el paciente

el ojo

la nariz

la cabeza

la doctora

la oreja

el cuello

la boca

la garganta

el estómago

el dedo

la rodilla

el pie

el dedo del pie

la radiografía

el hueso

la enfermera

la paciente

Estornuda.

Toma la temperatura.

el brazo

la pierna

el tobillo

La medicina

el antibiótico	antibiotic
la aspirina	aspirin
la pastilla	pill; tablet
la receta	prescription

Práctica

1 **Escuchar** Escucha las preguntas y selecciona la respuesta más adecuada.

a. Tengo dolor de cabeza y fiebre.
b. No fui a la clase porque estaba (*I was*) enfermo.
c. Me caí la semana pasada jugando al tenis.
d. Debes ir a la farmacia.
e. Porque tengo gripe.
f. Sí, tengo mucha tos por las noches.
g. Lo llevaron directamente a la sala de emergencia.
h. No sé. Todavía tienen que tomarme la temperatura.

1. _____   3. _____   5. _____   7. _____
2. _____   4. _____   6. _____   8. _____

2 **Seleccionar** Escucha la conversación entre Daniel y su doctor y selecciona la respuesta que mejor complete cada oración.

1. Daniel cree que tiene ____.
   a. gripe   b. un resfriado   c. la temperatura alta
2. A Daniel le duele la cabeza, estornuda, tose y ____.
   a. se cae   b. tiene fiebre   c. está congestionado
3. El doctor le ____.
   a. pone una inyección   b. toma la temperatura
   c. mira el oído
4. A Daniel no le gustan ____.
   a. las inyecciones   b. los antibióticos   c. las visitas al doctor
5. El doctor dice que Daniel tiene ____.
   a. gripe   b. un resfriado   c. fiebre
6. Después de la consulta, Daniel va a ____.
   a. la sala de emergencia   b. la clínica   c. la farmacia

3 **Completar** Completa las oraciones con una palabra de la misma familia de la palabra subrayada. Usa la forma correcta de cada palabra.

1. Cuando <u>oyes</u> algo, usas el _____.
2. Cuando te <u>enfermas</u>, te sientes _____ y necesitas ir al consultorio para ver a la _____.
3. ¿Alguien _____? Creo que oí un <u>estornudo</u> (*sneeze*).
4. No puedo <u>arrodillarme</u> (*kneel down*) porque me lastimé la _____ en un accidente de coche.
5. ¿Vas al _____ para <u>consultar</u> al doctor?
6. Si te rompes un <u>diente</u>, vas al _____.

4 **Contestar** Mira los dibujos y contesta las preguntas.

1. ¿Qué hace la doctora?
2. ¿Qué hay en la pared (*wall*)?
3. ¿Qué hace la enfermera?
4. ¿Qué hace el paciente?
5. ¿A quién le duele la garganta?
6. ¿Qué tiene la paciente?

5 Asociaciones Trabajen en parejas para identificar las partes del cuerpo que ustedes asocian con estas actividades. Sigan el modelo.

> **modelo**
> nadar
> **Estudiante 1:** Usamos los brazos para nadar.
> **Estudiante 2:** Usamos las piernas también.

1. hablar por teléfono
2. tocar el piano
3. correr en el parque
4. escuchar música
5. ver una película
6. toser
7. llevar zapatos
8. comprar perfume
9. estudiar biología
10. comer lomo a la plancha

AYUDA

Remember that in Spanish, parts of the body are usually referred to with an article and not a possessive adjective: **Me duelen los pies.** The indirect object pronoun **me** is used to express the concept of *my*.

6 Cuestionario Contesta el cuestionario seleccionando las respuestas que reflejen mejor tus experiencias. Suma (*Add*) los puntos de cada respuesta y anota el resultado. Después, con el resto de la clase, compara y analiza los resultados del cuestionario y comenta lo que dicen de la salud y de los hábitos de todo el grupo.

¿Tienes buena salud?

27–30 puntos	Salud y hábitos excelentes
23–26 puntos	Salud y hábitos buenos
22 puntos o menos	Salud y hábitos problemáticos

1. ¿Con qué frecuencia te enfermas? (resfriados, gripe, etc.)
Cuatro veces por año o más. (1 punto)
Dos o tres veces por año. (2 puntos)
Casi nunca. (3 puntos)

2. ¿Con qué frecuencia tienes dolores de estómago o problemas digestivos?
Con mucha frecuencia. (1 punto)
A veces. (2 puntos)
Casi nunca. (3 puntos)

3. ¿Con qué frecuencia sufres de dolores de cabeza?
Frecuentemente. (1 punto)
A veces. (2 puntos)
Casi nunca. (3 puntos)

4. ¿Comes verduras y frutas?
No, casi nunca como verduras ni frutas. (1 punto)
Sí, a veces. (2 puntos)
Sí, todos los días. (3 puntos)

5. ¿Eres alérgico/a a algo?
Sí, a muchas cosas. (1 punto)
Sí, a algunas cosas. (2 puntos)
No. (3 puntos)

6. ¿Haces ejercicios aeróbicos?
No, casi nunca hago ejercicios aeróbicos. (1 punto)
Sí, a veces. (2 puntos)
Sí, con frecuencia. (3 puntos)

7. ¿Con qué frecuencia te haces un examen médico?
Nunca o casi nunca. (1 punto)
Cada dos años. (2 puntos)
Cada año y/o antes de empezar a practicar un deporte. (3 puntos)

8. ¿Con qué frecuencia vas al dentista?
Nunca voy al dentista. (1 punto)
Sólo cuando me duele un diente. (2 puntos)
Por lo menos una vez por año. (3 puntos)

9. ¿Qué comes normalmente por la mañana?
No como nada por la mañana. (1 punto)
Tomo una bebida dietética. (2 puntos)
Como cereal y fruta. (3 puntos)

10. ¿Con qué frecuencia te sientes mareado/a?
Frecuentemente. (1 punto)
A veces. (2 puntos)
Casi nunca. (3 puntos)

AYUDA

Remember that the word **médico/a** means *doctor*, and can be used interchangeably with **doctor(a)**. It can also be used as an adjective to mean *medical*, as in **examen médico**.

Comunicación

7 **¿Qué les pasó?** Trabajen en un grupo de dos o tres personas. Hablen de lo que les pasó y de cómo se sienten las personas que aparecen en los dibujos.

1. Adela

2. Francisco

3. Pilar

4. Pedro

5. Cristina

6. Félix

8   **Un accidente** Cuéntale a la clase de un accidente o una enfermedad que tuviste. Incluye información que conteste estas preguntas.

✔ ¿Qué ocurrió?

✔ ¿Dónde ocurrió?

✔ ¿Cuándo ocurrió?

✔ ¿Cómo ocurrió?

✔ ¿Quién te ayudó y cómo?

✔ ¿Tuviste algún problema después del accidente o después de la enfermedad?

✔ ¿Cuánto tiempo tuviste el problema?

9 **Crucigrama** Tu profesor(a) les va a dar a ti y a un(a) compañero/a un crucigrama (crossword) incompleto. Tú tienes las palabras que necesita tu compañero/a y él/ella tiene las palabras que tú necesitas. Tienen que darse pistas para completarlo. No pueden decir la palabra necesaria; deben utilizar definiciones, ejemplos y frases.

modelo

10 horizontal: La usamos para hablar.

14 vertical: Es el doctor que examina los dientes.

recursos

v̂Text

CA

pp. 1–2

¡Qué dolor!

Jimena no se siente bien y tiene que ir al doctor.

PERSONAJES

 ELENA

 JIMENA

Video: *Fotonovela*

ELENA ¿Cómo te sientes?

JIMENA Me duele un poco la garganta. Pero no tengo fiebre.

ELENA Creo que tienes un resfriado. Te voy a llevar a casa.

ELENA ¿Don Diego ya fue a la farmacia? ¿Cuánto tiempo hace que lo llamaste?

JIMENA Hace media hora. Ay, qué cosas, de niña apenas me enfermaba. No perdí ni un solo día de clases.

ELENA Yo tampoco.

ELENA Nunca tenía resfriados, pero me rompí el brazo dos veces. Mi hermana y yo estábamos paseando en bicicleta y casi me di con un señor que caminaba por la calle. Me caí y me rompí el brazo.

(La Sra. Díaz llama a Jimena.)

JIMENA Hola, mamá. Don Diego me trajo los medicamentos... ¿Al doctor? ¿Estás segura? Allá nos vemos. (*A Elena*) Mi mamá ya hizo una cita para mí con el Dr. Meléndez.

SRA. DÍAZ ¿Te pusiste un suéter anoche?

JIMENA No, mamá. Se me olvidó.

SRA. DÍAZ Doctor, esta jovencita salió anoche, se le olvidó ponerse un suéter y parece que le dio un resfriado.

DR. MELÉNDEZ Jimena, ¿cuáles son tus síntomas?

JIMENA Toso con frecuencia y me duele la garganta.

DR. MELÉNDEZ ¿Cuánto tiempo hace que tienes estos síntomas?

JIMENA Hace dos días que me duele la garganta.

DON DIEGO

SRA. DÍAZ

DR. MELÉNDEZ

4

JIMENA ¿Qué es esto?

ELENA Es té de jengibre. Cuando me dolía el estómago, mi mamá siempre me hacía tomarlo. Se dice que es bueno para el dolor de estómago.

JIMENA Pero no me duele el estómago.

5

JIMENA Hola, don Diego. Gracias por venir.

DON DIEGO Fui a la farmacia. Aquí están las pastillas para el resfriado. Se debe tomar una cada seis horas con las comidas. Y no se deben tomar más de seis pastillas al día.

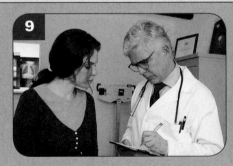

9

DR. MELÉNDEZ Muy bien. Aquí no tienes infección. No tienes fiebre. Te voy a mandar algo para la garganta. Puedes ir por los medicamentos inmediatamente a la farmacia.

10

SRA. DÍAZ Doctor, ¿cómo está? ¿Es grave?

DR. MELÉNDEZ No, no es nada grave. Jimena, la próxima vez, escucha a tu mamá. ¡Tienes que usar suéter!

Expresiones útiles

Discussing medical conditions
¿Cómo te sientes?
How do you feel?
Me duele un poco la garganta.
My throat hurts a little.
No me duele el estómago.
My stomach doesn't hurt.
De niño/a apenas me enfermaba.
As a child, I rarely got sick.
¡Soy alérgico/a a chile!
I'm allergic to chili powder!

Discussing remedies
Se dice que el té de jengibre es bueno para el dolor de estómago.
They say ginger tea is good for stomachaches.
Aquí están las pastillas para el resfriado.
Here are the pills for your cold.
Se debe tomar una cada seis horas.
You should take one every six hours.

Expressions with hacer
Hace + [*period of time*] que + [*present /preterite*]
¿Cuánto tiempo hace que tienes estos síntomas?
How long have you had these symptoms?
Hace dos días que me duele la garganta.
My throat has been hurting for two days.
¿Cuánto tiempo hace que lo llamaste?
How long has it been since you called him?
Hace media hora.
It's been a half hour (since I called).

Additional vocabulary
canela *cinnamon*
miel *honey*
terco/a *stubborn*

¿Qué pasó?

1 **¿Cierto o falso?** Decide si lo que dicen estas oraciones sobre Jimena es **cierto** o **falso**. Corrige las oraciones falsas.

	Cierto	Falso
1. Dice que de niña apenas se enfermaba.	○	☑
2. Tiene dolor de garganta y fiebre.	○	☑
3. Olvidó ponerse un suéter anoche.	☑	○
4. Hace tres días que le duele la garganta.	○	☑
5. El doctor le dice que tiene una infección.	○	☑ NO infeccion

2 **Identificar** Identifica quién puede decir estas oraciones.

1. Como dice tu mamá, tienes que usar suéter.   *Jimena*
2. Por pasear en bicicleta me rompí el brazo dos veces.
3. ¿Cuánto tiempo hace que toses y te duele la garganta?   *DR. Melendez*
4. Tengo cita con el Dr. Meléndez.   *Elena*
5. Dicen que el té de jengibre es muy bueno para los dolores de estómago.   *Dr melendez*
6. Nunca perdí un día de clases porque apenas me enfermaba.   *Jimena*

DR. MELÉNDEZ

ELENA

JIMENA

3 **Ordenar** Pon estos sucesos en el orden correcto.

a. Jimena va a ver al doctor. _1_
b. El doctor le dice a la Sra. Díaz que no es nada serio. _6_
c. Elena le habla a Jimena de cuando se rompió el brazo. _2_
d. El doctor le receta medicamentos. _5_
e. Jimena le dice a Elena que le duele la garganta. _3_
f. Don Diego le trae a Jimena las pastillas para el resfriado. _4_

4 **En el consultorio** Trabajen en parejas para representar los papeles de un(a) doctor(a) y su paciente. Usen las instrucciones como guía.

El/La doctor(a)	El/La paciente
Pregúntale al / a la paciente qué le pasó.	→ Dile que te caíste en casa. Describe tu dolor.
Pregúntale cuánto tiempo hace que se cayó.	→ Describe la situación. Piensas que te rompiste el dedo.
Mira el dedo. Debes recomendar un tratamiento (*treatment*) al / a la paciente.	→ Debes hacer preguntas al / a la doctor(a) sobre el tratamiento (*treatment*).

AYUDA

Here are some useful expressions:

¿Cómo se lastimó...?
¿Qué le pasó?
¿Cuánto tiempo hace que...?
Tengo...
Estoy...
¿Es usted alérgico/a a algún medicamento?
Usted debe...

Practice more at vhlcentral.com.

Ortografía y pronunciación
El acento y las sílabas fuertes

In Spanish, written accent marks are used on many words. Here is a review of some of the principles governing word stress and the use of written accents.

 Audio

---

as-pi-ri-na   gri-pe   to-man   an-tes

In Spanish, when a word ends in a vowel, **-n**, or **-s**, the spoken stress usually falls on the next-to-last syllable. Words of this type are very common and do not need a written accent.

a-sí   in-glés   in-fec-ción   hé-ro-e

When a word ends in a vowel, **-n**, or **-s**, and the spoken stress does *not* fall on the next-to-last syllable, then a written accent is needed.

---

hos-pi-tal   na-riz   re-ce-tar   to-ser

When a word ends in any consonant *other* than **-n** or **-s**, the spoken stress usually falls on the last syllable. Words of this type are very common and do not need a written accent.

---

lá-piz   fút-bol   hués-ped   sué-ter

When a word ends in any consonant *other* than **-n** or **-s** and the spoken stress does *not* fall on the last syllable, then a written accent is needed.

---

far-ma-cia   bio-lo-gí-a   su-cio   frí-o

Diphthongs (two weak vowels or a strong and weak vowel together) are normally pronounced as a single syllable. A written accent is needed when a diphthong is broken into two syllables.

---

sol   pan   mar   tos

Spanish words of only one syllable do not usually carry a written accent (unless it is to distinguish meaning: **se** and **sé**.)

CONSULTA

In Spanish, **a**, **e**, and **o** are considered strong vowels, while **i** and **u** are weak vowels.

 Práctica Busca las palabras que necesitan acento escrito y escribe su forma correcta.

1. sal-mon
2. ins-pec-tor
3. nu-me-ro
4. fa-cil
5. ju-go
6. a-bri-go
7. ra-pi-do

8. sa-ba-do
9. vez
10. me-nu
11. o-pe-ra-cion
12. im-per-me-a-ble
13. a-de-mas
14. re-ga-te-ar

15. an-ti-pa-ti-co
16. far-ma-cia
17. es-qui
18. pen-sion
19. pa-is
20. per-don

 El ahorcado Juega al ahorcado (*hangman*) para adivinar las palabras.

1. __ l __ __ __ __ __ a   Vas allí cuando estás enfermo.
2. __ __ __ __ e __ c __ __ n   Se usa para poner una vacuna (*vaccination*).
3. __ __ d __ o __ __ __ __ __ a   Permite ver los huesos.
4. __ __ __ i __ o   Trabaja en un hospital.
5. a __ __ __ b __ __ __ __ __ __ Es una medicina.

recursos

vText   CA   CH   vhlcentral
         p. 108   p. 3

EN DETALLE

Additional Reading

Servicios de salud

¿Sabías que en los países hispanos no necesitas pagar por los servicios de salud? Ésta es una de las diferencias que hay entre países como los Estados Unidos y los países hispanos.

En la mayor parte de estos países, el gobierno ofrece servicios médicos muy baratos o gratuitos° a sus ciudadanos°. Los turistas y extranjeros también pueden tener acceso a los servicios médicos a bajo° costo. La Seguridad Social y organizaciones similares son las responsables de gestionar° estos servicios.

Naturalmente, esto no funciona igual° en todos los países. En Ecuador, México y Perú, la situación varía según las regiones. Los habitantes de las ciudades y pueblos grandes tienen acceso a más servicios médicos, mientras que quienes viven en pueblos remotos sólo cuentan con° pequeñas clínicas.

Cruz verde de farmacia en Madrid, España

Por su parte, Costa Rica, Colombia, Cuba y España tienen sistemas de salud muy desarrollados°. En España, por ejemplo, la mayoría de la gente tiene acceso a ellos y en muchos casos son completamente gratuitos. Según un informe de la Organización Mundial de la Salud, el sistema de salud español ocupa uno de los primeros diez lugares del mundo. Esto se debe no sólo al buen funcionamiento° del sistema, sino también al nivel de salud general de la población. Impresionante, ¿no?

Consulta médica en la República Dominicana

Las farmacias

Farmacia de guardia: Las farmacias generalmente tienen un horario comercial. Sin embargo°, hay farmacias de guardia que abren las veinticuatro horas del día.

Productos farmacéuticos: Todavía hay muchas farmacias tradicionales que están más especializadas en medicinas y productos farmacéuticos. No venden una gran variedad de productos.

Recetas: Muchos medicamentos se venden sin receta médica. Los farmacéuticos aconsejan° a las personas sobre problemas de salud y les dan las medicinas.

Cruz° verde: En muchos países, las farmacias tienen como símbolo una cruz verde. Cuando la cruz verde está encendida°, la farmacia está abierta.

---

gratuitos *free (of charge)* ciudadanos *citizens* bajo *low* gestionar *to manage* igual *in the same way* cuentan con *have* desarrollados *developed* funcionamiento *operation* Sin embargo *However* aconsejan *advise* Cruz *Cross* encendida *lit (up)*

ACTIVIDADES

1 **¿Cierto o falso?** Indica si lo que dicen las oraciones es cierto o falso. Corrige la información falsa.

1. En los países hispanos los gobiernos ofrecen servicios de salud accesibles a sus ciudadanos.

2. En los países hispanos los extranjeros tienen que pagar mucho dinero por los servicios médicos.

3. El sistema de salud español es uno de los mejores del mundo.

4. Las farmacias de guardia abren sólo los sábados y domingos.

5. En los países hispanos las farmacias venden una gran variedad de productos.

6. Los farmacéuticos de los países hispanos aconsejan a los enfermos y venden algunas medicinas sin necesidad de receta.

7. En México y otros países, los pueblos remotos cuentan con grandes centros médicos.

8. Muchas farmacias usan una cruz verde como símbolo.

ASÍ SE DICE

La salud

el chequeo (Esp., Méx.)	el examen médico
la droguería (Col.)	la farmacia
la herida	*injury; wound*
la píldora	la pastilla
los primeros auxilios	*first aid*
la sangre	*blood*

EL MUNDO HISPANO

Remedios caseros° y plantas medicinales

- **Achiote°** En Suramérica se usa para curar inflamaciones de garganta. Las hojas° de achiote se cuecen° en agua, se cuelan° y se hacen gárgaras° con esa agua.

- **Ají** En Perú se usan cataplasmas° de las semillas° de ají para aliviar los dolores reumáticos y la tortícolis°.

- **Azúcar** En Nicaragua y otros países centroamericanos se usa el azúcar para detener° la sangre en pequeñas heridas.

- **Sábila°** En Latinoamérica, el jugo de las hojas de sábila se usa para reducir cicatrices°. Se recomienda aplicarlo sobre la cicatriz dos veces al día, durante varios meses.

Remedios caseros *Home remedies* Achiote *Annatto* hojas *leaves* se cuecen *are cooked* se cuelan *they are drained* hacer gárgaras *gargle* cataplasmas *pastes* semillas *seeds* tortícolis *stiff neck* detener *to stop* sábila *aloe vera* cicatrices *scars*

PERFIL

Curanderos° y chamanes

¿Quieres ser doctor(a), juez(a)°, político/a o psicólogo/a? En algunas sociedades de las Américas **los curanderos** y **los chamanes** no tienen que escoger entre estas profesiones porque ellos son mediadores de conflictos y dan consejos a la comunidad. Su opinión es muy respetada.

Códice Florentino, México, siglo XVI

Desde las culturas antiguas° de las Américas muchas personas piensan que la salud del cuerpo y de la mente sólo puede existir si hay un equilibrio entre el ser humano y la naturaleza. Los curanderos y los chamanes son quienes cuidan este equilibrio.

Los curanderos se especializan más en enfermedades físicas, mientras que los chamanes están más

relacionados con los males° de la mente y el alma°. Ambos° usan plantas, masajes y rituales y sus conocimientos se basan en la tradición, la experiencia, la observación y la intuición.

Cuzco, Perú

Curanderos *Healers* juez(a) *judge* antiguas *ancient* males *illnesses* alma *soul* Ambos *Both*

🔗 Conexión Internet

¿Cuáles son algunos hospitales importantes del mundo hispano?	Go to **vhlcentral.com** to find more cultural information related to this **Cultura** section.

ACTIVIDADES

2 **Comprensión** Contesta las preguntas.

1. ¿Cómo se les llama a las farmacias en Colombia?
2. ¿Qué parte del achiote se usa para curar la garganta?
3. ¿Cómo se aplica la sábila para reducir cicatrices?
4. En algunas partes de las Américas, ¿quiénes mantienen el equilibrio entre el ser humano y la naturaleza?
5. ¿Qué usan los curanderos y chamanes para curar?

3 **¿Qué haces cuando tienes gripe?** Escribe cuatro oraciones sobre las cosas que haces cuando tienes gripe. Explica si vas al doctor, si tomas medicamentos o si sigues alguna dieta especial. Después, comparte tu texto con un(a) compañero/a.

Practice more at vhlcentral.com.

recursos

ⓥText

CH
p. 4

vhlcentral

1.1 # The imperfect tense

ANTE TODO   In **Descubre, nivel 1,** you learned the preterite tense. You will now learn the imperfect, which describes past activities in a different way.

The imperfect of regular verbs

		cantar	beber	escribir
SINGULAR FORMS	yo	cant**aba**	beb**ía**	escrib**ía**
	tú	cant**abas**	beb**ías**	escrib**ías**
	Ud./él/ella	cant**aba**	beb**ía**	escrib**ía**
PLURAL FORMS	nosotros/as	cant**ábamos**	beb**íamos**	escrib**íamos**
	vosotros/as	cant**abais**	beb**íais**	escrib**íais**
	Uds./ellos/ellas	cant**aban**	beb**ían**	escrib**ían**

De niña apenas me enfermaba.

Cuando me dolía el estómago, mi mamá me daba té de jengibre.

▶ There are no stem changes in the imperfect.

entender (e:ie)

servir (e:i)

doler (o:ue)

Entendíamos japonés.
We used to understand Japanese.
El camarero les **servía** el café.
The waiter was serving them coffee.
A Javier le **dolía** el tobillo.
Javier's ankle was hurting.

▶ The imperfect form of **hay** is **había** *(there was; there were; there used to be).*

▶ **¡Atención!** **Ir, ser,** and **ver** are the only verbs that are irregular in the imperfect.

The imperfect of irregular verbs

		ir	ser	ver
SINGULAR FORMS	yo	**iba**	**era**	**veía**
	tú	**ibas**	**eras**	**veías**
	Ud./él/ella	**iba**	**era**	**veía**
PLURAL FORMS	nosotros/as	**íbamos**	**éramos**	**veíamos**
	vosotros/as	**ibais**	**erais**	**veíais**
	Uds./ellos/ellas	**iban**	**eran**	**veían**

CONSULTA

You will learn more about the contrast between the preterite and the imperfect in **Estructura 1.2**, pp. 32–33.

Uses of the imperfect

▶ As a general rule, the imperfect is used to describe actions that are seen by the speaker as incomplete or "continuing," while the preterite is used to describe actions that have been completed. The imperfect expresses what was happening at a certain time or how things used to be. The preterite, in contrast, expresses a completed action.

—¿Qué te **pasó**?
What happened to you?

—Me **torcí** el tobillo.
I sprained my ankle.

—¿Dónde **vivías** de niño?
Where did you live as a child?

—**Vivía** en San José.
I lived in San José.

▶ These expressions are often used with the imperfect because they express habitual or repeated actions: **de niño/a** (*as a child*), **todos los días** (*every day*), **mientras** (*while*).

Uses of the imperfect

1. Habitual or repeated actions	**Íbamos** al parque los domingos. *We used to go to the park on Sundays.*
2. Events or actions that were in progress	Yo **leía** mientras él **estudiaba**. *I was reading while he was studying.*
3. Physical characteristics	**Era** alto y guapo. *He was tall and handsome.*
4. Mental or emotional states	**Quería** mucho a su familia. *He loved his family very much.*
5. Telling time	**Eran** las tres y media. *It was 3:30.*
6. Age	Los niños **tenían** seis años. *The children were six years old.*

recursos

v Text

CA
p. 109

CP
pp. 3–4

CH
pp. 5–6

vhlcentral

¡INTÉNTALO! Indica la forma correcta de cada verbo en el imperfecto.

1. Mis hermanos _____veían_____ (ver) televisión todas las tardes.
2. Yo _____ (viajar) en el tren de las 3:30.
3. ¿Dónde _____ (vivir) Samuel de niño?
4. Tú _____ (hablar) con Javier.
5. Leonardo y yo _____ (correr) por el parque.
6. Ustedes _____ (ir) a la clínica.
7. Nadia _____ (bailar) merengue.
8. ¿Cuándo _____ (asistir) tú a clase de español?
9. Yo _____ (ser) muy feliz.
10. Nosotras _____ (comprender) las preguntas.

Práctica

1 **Completar** Primero, completa las oraciones con el imperfecto de los verbos. Luego, pon las oraciones en orden lógico y compáralas con las de un(a) compañero/a.

a. El doctor dijo que no _____ (ser) nada grave. _____
b. El doctor _____ (querer) ver la nariz del niño. _____
c. Su mamá _____ (estar) dibujando cuando Miguelito entró llorando. _____
d. Miguelito _____ (tener) la nariz hinchada (*swollen*). Fueron al hospital. _____
e. Miguelito no _____ (ir) a jugar más. Ahora quería ir a casa a descansar. _____
f. Miguelito y sus amigos _____ (jugar) al béisbol en el patio. _____
g. _____ (Ser) las dos de la tarde. _____
h. Miguelito le dijo a la enfermera que le _____ (doler) la nariz. _____

2 **Transformar** Forma oraciones completas para describir lo que hacían Julieta y César. Usa las formas correctas del imperfecto y añade todas las palabras necesarias.

1. Julieta y César / ser / paramédicos

2. trabajar / juntos y / llevarse / muy bien

3. cuando / haber / accidente, / siempre / analizar / situación / con cuidado

4. preocuparse / mucho / por / pacientes

5. si / paciente / tener / mucho / dolor, / ponerle / inyección

3 **En la escuela de medicina** Usa los verbos de la lista para completar las oraciones con las formas correctas del imperfecto. Algunos verbos se usan más de una vez.

caerse	enfermarse	ir	querer	tener
comprender	estornudar	pensar	sentirse	tomar
doler	hacer	poder	ser	toser

1. Cuando Javier y Victoria _____ estudiantes de medicina, siempre _____ que ir al doctor.
2. Cada vez que él _____ un examen, a Javier le _____ mucho la cabeza.
3. Cuando Victoria _____ ejercicios aeróbicos, siempre _____ mareada.
4. Todas las primaveras, Javier _____ mucho porque es alérgico al polen.
5. Victoria también _____ de su bicicleta camino a la escuela.
6. Después de comer en la cafetería, a Victoria siempre le _____ el estómago.
7. Javier _____ ser doctor para ayudar a los demás.
8. Pero no _____ por qué él _____ con tanta frecuencia.
9. Cuando Victoria _____ fiebre, no _____ ni leer el termómetro.
10. A Javier _____ los dientes, pero nunca _____ ir al dentista.
11. Victoria _____ mucho cuando _____ congestionada.
12. Javier y Victoria _____ que nunca _____ a graduarse.

Practice more at vhlcentral.com.

Comunicación

4

Entrevista Trabajen en parejas. Un(a) estudiante usa estas preguntas para entrevistar a su compañero/a. Luego compartan los resultados de la entrevista con la clase.

1. Cuando eras estudiante de primaria, ¿te gustaban tus profesores/as?
2. ¿Veías mucha televisión cuando eras niño/a?
3. Cuando tenías diez años, ¿cuál era tu programa de televisión favorito?
4. Cuando eras niño/a, ¿qué hacía tu familia durante las vacaciones?
5. ¿Cuántos años tenías en 2006?
6. Cuando estabas en el quinto año escolar, ¿qué hacías con tus amigos/as?
7. Cuando tenías once años, ¿cuál era tu grupo musical favorito?
8. Antes de tomar esta clase, ¿sabías hablar español?

5

Describir En parejas, túrnense para describir cómo eran sus vidas cuando eran niños. Pueden usar las sugerencias de la lista u otras ideas. Luego informen a la clase sobre la vida de su compañero/a.

> **modelo**
>
> De niña, mi familia y yo siempre íbamos a Tortuguero. Tomábamos un barco desde Limón, y por las noches mirábamos las tortugas (*turtles*) en la playa. Algunas veces teníamos suerte, porque las tortugas venían a poner (*lay*) huevos. Otras veces, volvíamos al hotel sin ver ninguna tortuga.

- las vacaciones
- ocasiones especiales
- qué hacías durante el verano
- celebraciones con tus amigos/as
- celebraciones con tu familia

- cómo era tu escuela
- cómo eran tus amigos/as
- los viajes que hacías
- a qué jugabas
- qué hacías cuando te sentías enfermo/a

Síntesis

recursos

v̂Text

CA

pp. 3–4

6

En el consultorio Tu profesor(a) te va a dar una lista incompleta con los pacientes que fueron al consultorio del doctor Donoso ayer. En parejas, conversen para completar sus listas y saber a qué hora llegaron las personas al consultorio y cuáles eran sus problemas.

1.2

The preterite and the imperfect

Tutorial

ANTE TODO Now that you have learned the forms of the preterite and the imperfect, you will learn more about how they are used. The preterite and the imperfect are not interchangeable. In Spanish, the choice between these two tenses depends on the context and on the point of view of the speaker.

Me rompí el brazo cuando estaba paseando en bicicleta.

Tenía dolor de cabeza, pero me tomé una aspirina y se me fue.

COMPARE & CONTRAST

Use the preterite to...

1. Express actions that are viewed by the speaker as completed

   Sandra **se rompió** la pierna.
   Sandra broke her leg.

   Fueron a Buenos Aires ayer.
   They went to Buenos Aires yesterday.

2. Express the beginning or end of a past action

   La película **empezó** a las nueve.
   The movie began at nine o'clock.

   Ayer **terminé** el proyecto para la clase de química.
   Yesterday I finished the project for chemistry class.

3. Narrate a series of past actions or events

   La doctora me **miró** los oídos, me **hizo** unas preguntas y **escribió** la receta.
   The doctor looked in my ears, asked me some questions, and wrote the prescription.

   Me di con la mesa, **me caí** y **me lastimé** el pie.
   I bumped into the table, I fell, and I injured my foot.

Use the imperfect to...

1. Describe an ongoing past action with no reference to its beginning or end

   Sandra **esperaba** al doctor.
   Sandra was waiting for the doctor.

   El médico **se preocupaba** por sus pacientes.
   The doctor worried about his patients.

2. Express habitual past actions and events

   Cuando **era** joven, **jugaba** al tenis.
   When I was young, I used to play tennis.

   De niño, Eduardo **se enfermaba** con mucha frecuencia.
   As a child, Eduardo used to get sick very frequently.

3. Describe physical and emotional states or characteristics

   La chica **quería** descansar. **Se sentía** mal y **tenía** dolor de cabeza.
   The girl wanted to rest. She felt ill and had a headache.

   Ellos **eran** altos y **tenían** ojos verdes.
   They were tall and had green eyes.

   Estábamos felices de ver a la familia.
   We were happy to see our family.

AYUDA

These words and expressions, as well as similar ones, commonly occur with the preterite: **ayer, anteayer, una vez, dos veces, tres veces, el año pasado, de repente.** They usually imply that an action has happened at a specific point in time.

AYUDA

These words and expressions, as well as similar ones, commonly occur with the imperfect: **de niño/a, todos los días, mientras, siempre, con frecuencia, todas las semanas.** They usually express habitual or repeated actions in the past.

▶ The preterite and the imperfect often appear in the same sentence. In such cases the imperfect describes what *was happening*, while the preterite describes the action that "interrupted" the ongoing activity.

Miraba la tele cuando **sonó** el teléfono.
I was watching TV when the phone rang.

Felicia **leía** el periódico cuando **llegó** Ramiro.
Felicia was reading the newspaper when Ramiro arrived.

▶ You will also see the preterite and the imperfect together in narratives such as fiction, news, and the retelling of events. The imperfect provides background information, such as time, weather, and location, while the preterite indicates the specific events that occurred.

Eran las dos de la mañana y el detective ya no **podía** mantenerse despierto. **Se bajó** lentamente del coche, **estiró** las piernas y **levantó** los brazos hacia el cielo oscuro.
It was two in the morning, and the detective could no longer stay awake. He slowly stepped out of the car, stretched his legs, and raised his arms toward the dark sky.

La luna **estaba** llena y no **había** en el cielo ni una sola nube. De repente, el detective **escuchó** un grito espeluznante proveniente del parque.
The moon was full and there wasn't a single cloud in the sky. Suddenly, the detective heard a piercing scream coming from the park.

Un médico colombiano desarrolló una vacuna contra la malaria

En 1986, el doctor colombiano Manuel Elkin Patarroyo creó la primera vacuna sintética para combatir la malaria. Esta enfermedad parecía haberse erradicado hacía décadas en muchas partes del mundo. Sin embargo, justo cuando Patarroyo terminó de elaborar la inmunización, los casos de malaria empezaban a aumentar de nuevo. En mayo de 1993, el doctor colombiano cedió la patente de la vacuna a la Organización Mundial de la Salud en nombre de Colombia. Los grandes laboratorios farmacéuticos presionaron a la OMS porque querían la vacuna. Las presiones no tuvieron éxito y, en 1995, el doctor Patarroyo y la OMS pactaron continuar con el acuerdo inicial: la vacuna seguía siendo propiedad de la OMS.

¡INTÉNTALO! Elige el pretérito o el imperfecto para completar la historia. Explica por qué se usa ese tiempo verbal en cada ocasión.

1. ___Eran___ (Fueron/Eran) las doce.
2. _____ (Hubo/Había) mucha gente en la calle.
3. A las doce y media, Tomás y yo _____ (entramos/entrábamos) en el restaurante Tárcoles.
4. Todos los días yo _____ (almorcé/almorzaba) con Tomás al mediodía.
5. El camarero _____ (llegó/llegaba) inmediatamente, para darnos el menú.
6. Nosotros _____ (empezamos/empezábamos) a leerlo.
7. Yo _____ (pedí/pedía) el pescado.
8. De repente, el camarero _____ (volvió/volvía) a nuestra mesa.
9. Y nos _____ (dio/daba) una mala noticia.
10. Desafortunadamente, no _____ (tuvieron/tenían) más pescado.
11. Por eso Tomás y yo _____ (decidimos/decidíamos) comer en otro lugar.
12. _____ (Llovió/Llovía) mucho cuando _____ (salimos/salíamos) del restaurante.
13. Así que _____ (regresamos/regresábamos) al restaurante Tárcoles.
14. Esta vez, _____ (pedí/pedía) arroz con pollo.

recursos

v̂Text

CA
p. 110

CP
pp. 5–8

CH
pp. 7–8

vhlcentral

Práctica

1 **En el periódico** Completa esta noticia con la forma correcta del pretérito o el imperfecto.

Un accidente trágico

Ayer temprano por la mañana (1)_____ (haber) un trágico accidente en el centro de San José cuando el conductor de un autobús no (2)_____ (ver) venir un carro. La mujer que (3)_____ (manejar) el carro (4)_____ (morir) al instante y los paramédicos (5)_____ (tener) que llevar al pasajero al hospital porque (6)_____ (sufrir) varias fracturas. El conductor del autobús (7)_____ (decir) que no (8)_____ (ver) el carro hasta el último momento porque (9)_____ (estar) muy nublado y (10)_____ (llover). Él (11)_____ (intentar) (*to attempt*) dar un viraje brusco (*to swerve*), pero (12)_____ (perder) el control del autobús y no (13)_____ (poder) evitar (*to avoid*) el accidente. Según nos informaron, no (14)_____ (lastimarse) ningún pasajero del autobús.

◄ **AYUDA**

Reading Spanish-language newspapers is a good way to practice verb tenses. You will find that both the imperfect and the preterite occur with great regularity. Many newsstands carry international papers, and many Spanish-language newspapers (such as Spain's ***El País***, Mexico's ***Reforma***, and Argentina's ***Clarín***) are on the Web.

2 **Seleccionar** Utiliza el tiempo verbal adecuado, según el contexto.

1. La semana pasada, Manolo y Aurora _____ (querer) dar una fiesta. _____ (Decidir) invitar a seis amigos y servirles mucha comida.

2. Manolo y Aurora _____ (estar) preparando la comida cuando Elena _____ (llamar). Como siempre, _____ (tener) que estudiar para un examen.

3. A las seis, _____ (volver) a sonar el teléfono. Su amigo Francisco tampoco _____ (poder) ir a la fiesta, porque _____ (tener) fiebre. Manolo y Aurora _____ (sentirse) muy tristes, pero _____ (tener) que preparar la comida.

4. Después de otros quince minutos, _____ (sonar) el teléfono. Sus amigos, los señores Vega, _____ (estar) en camino (*en route*) al hospital: a su hijo le _____ (doler) mucho el estómago. Sólo dos de los amigos _____ (poder) ir a la cena.

5. Por supuesto, _____ (ir) a tener demasiada comida. Finalmente, cinco minutos antes de las ocho, _____ (llamar) Ramón y Javier. Ellos _____ (pensar) que la fiesta _____ (ser) la próxima semana.

6. Tristes, Manolo y Aurora _____ (sentarse) a comer solos. Mientras _____ (comer), pronto _____ (llegar) a la conclusión de que _____ (ser) mejor estar solos: ¡La comida _____ (estar) malísima!

3 **Completar** Completa las frases de una manera lógica. Usa el pretérito o el imperfecto. En parejas, comparen sus respuestas.

1. De niño/a, yo…
2. Yo conducía el auto mientras…
3. Anoche mi hermano/a…
4. Ayer el/la profesor(a)…
5. La semana pasada un(a) amigo/a…
6. Con frecuencia mis padres…
7. Esta mañana en la cafetería…
8. Hablábamos con el doctor cuando…

Comunicación

4

Entrevista Usa estas preguntas para entrevistar a un(a) compañero/a acerca de la primera persona que conoció de un país hispanohablante. Si quieres, puedes añadir otras preguntas.

1. ¿Cómo se llamaba?
2. ¿Cuántos años tenían ustedes cuando se conocieron?
3. ¿Cómo era él/ella?
4. ¿Qué le gustaba hacer?
5. ¿Le interesaban los deportes?
6. ¿Por cuánto tiempo fueron amigos?
7. ¿Qué hacían ustedes juntos?
8. ¿Alguna vez se fueron de viaje?

5

La sala de emergencias En parejas, miren la lista e inventen qué les pasó a estas personas que están en la sala de emergencias.

> **modelo**
>
> Eran las tres de la tarde. Como todos los días, Pablo jugaba al fútbol con sus amigos. Estaba muy contento. De repente, se cayó y se rompió el brazo. Después fue a la sala de emergencias.

Paciente	Edad	Hora	Estado
1. Pablo Romero	9 años	15:20	hueso roto (el brazo)
2. Estela Rodríguez	45 años	15:25	tobillo torcido
3. Lupe Quintana	29 años	15:37	embarazada, dolores
4. Manuel López	52 años	15:45	infección de garganta
5. Marta Díaz	3 años	16:00	congestión, fiebre
6. Roberto Salazar	32 años	16:06	dolor de oído
7. Marco Brito	18 años	16:18	daño en el cuello, posible fractura
8. Ana María Ortiz	66 años	16:29	reacción alérgica a un medicamento

6

Situación Anoche alguien robó (*stole*) el examen de la **Lección 1** del escritorio de tu profesor(a) y tú tienes que averiguar quién lo hizo. Pregúntales a tres compañeros dónde estaban, con quién estaban y qué hicieron entre las ocho y las doce de la noche.

Síntesis

7

La primera vez En grupos, cuéntense cómo fue la primera vez que les pusieron una inyección, se rompieron un hueso, pasaron la noche en un hospital, estuvieron mareados/as, etc. Incluyan estos datos en su conversación: una descripción del tiempo que hacía, sus edades, qué pasó y cómo se sentían.

1.3 | # Constructions with se

 Tutorial

ANTE TODO In **Lección 7** of **Descubre, nivel 1** you learned how to use **se** as the third-person reflexive pronoun (**Él se despierta. Ellos se visten. Ella se baña.**). **Se** can also be used to form constructions in which the person performing the action is not expressed or is de-emphasized.

Se + verb

▶ In Spanish, verbs that are not reflexive can be used with **se** to form statements in which the person performing the action is not defined.

> **Se habla** español en Costa Rica.
> *Spanish is spoken in Costa Rica.*
>
> **Se hacen** operaciones aquí.
> *They perform operations here.*
>
> **Se puede leer** en la sala de espera.
> *You can read in the waiting room.*
>
> **Se necesitan** medicinas enseguida.
> *They need medicine right away.*

AYUDA

In English, the passive voice or indefinite subjects (*you, they, one*) are used where Spanish uses constructions with **se**.

▶ **¡Atención!** Note that the third person singular verb form is used with singular nouns and the third person plural form is used with plural nouns.

> **Se vende** ropa.   **Se venden** camisas.

▶ You often see **se** in signs, advertisements, and directions.

SE PROHÍBE NADAR

Se necesitan programadores
Grupo Tecno
Tel. 778-34-34

ENTRADA
Se entra por la izquierda

Se for unplanned events

¿Te pusiste un suéter anoche?

No, mamá. Se me olvidó.

▶ **Se** also describes accidental or unplanned events. In this construction, the person who performs the action is de-emphasized, implying that the accident or unplanned event is not his or her direct responsibility. Note this construction.

$$\text{se} + \begin{bmatrix}\text{INDIRECT}\\\text{OBJECT}\\\text{PRONOUN}\end{bmatrix} + \begin{bmatrix}\text{VERB}\end{bmatrix} + \begin{bmatrix}\text{SUBJECT}\end{bmatrix}$$

Se   me   cayó   la pluma.

▶ In this type of construction, what would normally be the direct object of the sentence becomes the subject, and it agrees with the verb, not with the indirect object pronoun.

I.O. PRONOUN	VERB		SUBJECT
	quedó		la receta.
	cayó	SINGULAR	la taza.
Se me, te, le	dañó		el radio.
nos, os, les	rompieron		las botellas.
	olvidaron	PLURAL	las pastillas.
	perdieron		las llaves.

▶ These verbs are the ones most frequently used with **se** to describe unplanned events.

Verbs commonly used with se

caer	to fall; to drop	perder (e:ie)	to lose
dañar	to damage; to break down	quedar	to be left behind
olvidar	to forget	romper	to break

Se me perdió el teléfono de la farmacia.   **Se nos olvidaron** los pasajes.
I lost the pharmacy's phone number.   *We forgot the tickets.*

▶ **¡Atención!** While Spanish has a verb for *to fall* (**caer**), there is no direct translation for *to drop*. **Dejar caer** (*To let fall*) or a **se** construction is often used to mean *to drop*.

El médico **dejó caer** la aspirina.   A mí **se me cayeron** los cuadernos.
The doctor dropped the aspirin.   *I dropped the notebooks.*

▶ To clarify or emphasize who the person involved in the action is, this construction commonly begins with the preposition **a** + [*noun*] or **a** + [*prepositional pronoun*].

Al paciente se le perdió la receta.   **A ustedes** se les quedaron los libros en casa.
The patient lost his prescription.   *You left the books at home.*

 ¡INTÉNTALO!   Completa las oraciones con **se** + la forma correcta del verbo.

A

1. <u>Se enseñan</u> (enseñar) cinco lenguas en esta escuela.
2. _____ (comer) muy bien en Las Delicias.
3. _____ (vender) muchas camisetas allí.
4. _____ (servir) platos exquisitos cada noche.

Completa las oraciones con **se** y los verbos en pretérito.

B

1. <u>Se me rompieron</u> (*I broke*) las gafas.
2. _____ (*You* (fam., sing.) *dropped*) las pastillas.
3. _____ (*They lost*) la receta.
4. _____ (*You* (form., sing.) *left*) aquí la radiografía.

Práctica

1

¿Cierto o falso? Lee estas oraciones sobre la vida en 1901. Indica si lo que dice cada oración es **cierto** o **falso**. Luego corrige las oraciones falsas.

1. Se veía mucha televisión.
2. Se escribían muchos libros.
3. Se viajaba mucho en tren.
4. Se montaba a caballo.
5. Se mandaba mucho correo electrónico.
6. Se preparaban muchas comidas en casa.
7. Se llevaban minifaldas.
8. Se pasaba mucho tiempo con la familia.

2

Traducir Traduce estos letreros (*signs*) y anuncios al español.

1. Nurses needed
2. Eating and drinking prohibited
3. Programmers sought
4. English is spoken
5. Computers sold
6. No talking
7. Teacher needed
8. Books sold
9. Do not enter
10. Spanish is spoken

3

¿Qué pasó? Mira los dibujos e indica lo que pasó en cada uno.

1. camarero / pastel   2. Sr. Álvarez / espejo

3. Arturo / tarea   4. Sra. Domínguez / llaves

5. Carla y Lupe / botellas de refresco   6. Juana / platos

Comunicación

4

¿Distraído/a yo? Trabajen en parejas y usen estas preguntas para averiguar cuál de los/las dos es más distraído (*absentminded*).

¿Alguna vez…
1. se te olvidó invitar a alguien a una fiesta o comida? ¿A quién?
2. se te quedó algo importante en la casa? ¿Qué?
3. se te perdió algo importante durante un viaje? ¿Qué?
4. se te rompió algo muy caro? ¿Qué?

¿Sabes…
5. si se permite el ingreso (*admission*) de perros al parque cercano a tu casa?
6. si en el supermercado se aceptan cheques?
7. dónde se arreglan zapatos y botas?
8. qué se sirve en la cafetería de la escuela los lunes?

5

Opiniones En parejas, terminen cada oración con ideas originales. Después, comparen los resultados con la clase para ver qué pareja tuvo las mejores ideas.

1. No se tiene que dejar propina cuando…
2. Antes de viajar, se debe…
3. Si se come bien, …
4. Para tener una vida sana, se debe…
5. Se sirve la mejor comida en…
6. Se hablan muchas lenguas en…

Síntesis

6

Anuncios En grupos, preparen dos anuncios de televisión para presentar a la clase. Usen el imperfecto y por lo menos dos construcciones con **se** en cada uno.

> **modelo**
>
> Se me cayeron unos libros en el pie y me dolía mucho. Pero ahora no, gracias a SuperAspirina 500. ¡Dos pastillas y se me fue el dolor! Se puede comprar SuperAspirina 500 en todas las farmacias Recetamax.

1.4 Adverbs

ANTE TODO Adverbs are words that describe how, when, and where actions take place. They can modify verbs, adjectives, and even other adverbs. In previous lessons, you have already learned many Spanish adverbs, such as the ones below.

aquí	hoy	nunca
ayer	mal	siempre
bien	muy	temprano

▶ The most common adverbs end in **-mente**, equivalent to the English ending *-ly*.

verdaderamente *truly, really* **generalmente** *generally* **simplemente** *simply*

▶ To form these adverbs, add **-mente** to the feminine form of the adjective. If the adjective does not have a special feminine form, just add **-mente** to the standard form. **¡Atención!** Adjectives do not lose their accents when adding **-mente**.

ADJECTIVE	FEMININE FORM	SUFFIX	ADVERB
seguro	segura	-mente	seguramente
fabuloso	fabulosa	-mente	fabulosamente
enorme		-mente	enormemente
fácil		-mente	fácilmente

▶ Adverbs that end in **-mente** generally follow the verb, while adverbs that modify an adjective or another adverb precede the word they modify.

Maira dibuja **maravillosamente**.
Maira draws wonderfully.

Sergio está **casi siempre** ocupada.
Sergio is almost always busy.

Common adverbs and adverbial expressions

a menudo	*often*	**así**	*like this; so*	**menos**	*less*
a tiempo	*on time*	**bastante**	*enough; rather*	**muchas**	*a lot; many*
a veces	*sometimes*	**casi**	*almost*	**veces**	*times*
además (de)	*furthermore; besides*	**con frecuencia**	*frequently*	**poco**	*little*
apenas	*hardly; scarcely*	**de vez en cuando**	*from time to time*	**por lo menos**	*at least*
		despacio	*slowly*	**pronto**	*soon*
				rápido	*quickly*

¡ATENCIÓN!
When a sentence contains two or more adverbs in sequence, the suffix **-mente** is dropped from all but the last adverb.
Ex: **El médico nos habló simple y abiertamente.** *The doctor spoke to us simply and openly.*

¡ATENCIÓN!
Rápido functions as an adjective (**Ella tiene una computadora rápida**) as well as an adverb (**Ellas corren rápido**). Note that as an adverb, **rápido** does not need to agree with any other word in the sentence. You can also use the adverb **rápidamente** (**Ella corre rápidamente**).

recursos
v̂Text
CA
p. 112
CP
pp. 11–12
CH
pp. 11–12
vhlcentral

¡INTÉNTALO! Transforma los adjetivos en adverbios.

1. alegre _alegremente_
2. constante _____
3. gradual _____
4. perfecto _____
5. real _____
6. frecuente _____
7. tranquilo _____
8. regular _____
9. maravilloso _____
10. normal _____
11. básico _____
12. afortunado _____

Práctica

1 **Escoger** Completa la historia con los adverbios adecuados.

1. La cita era a las dos, pero llegamos _____. (menos, nunca, tarde)
2. El problema fue que _____ se nos dañó el despertador. (aquí, ayer, despacio)
3. La recepcionista no se enojó porque sabe que normalmente llego _____. (a veces, a tiempo, poco)
4. _____ el doctor estaba listo. (Por lo menos, Muchas veces, Casi)
5. _____ tuvimos que esperar cinco minutos. (Así, Además, Apenas)
6. El doctor dijo que nuestra hija Irene necesitaba cambiar su rutina diaria _____. (temprano, menos, inmediatamente)
▶ 7. El doctor nos explicó _____ las recomendaciones del Secretario de Sanidad (*Surgeon General*) sobre la salud de los jóvenes. (de vez en cuando, bien, apenas)
8. _____ nos dijo que Irene estaba bien, pero tenía que hacer más ejercicio y comer mejor. (Bastante, Afortunadamente, A menudo)

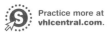

NOTA CULTURAL

La doctora Antonia Novello, de Puerto Rico, fue la primera mujer y la primera hispana en tomar el cargo de **Secretaria de Sanidad** (*Surgeon General*) de los Estados Unidos (1990–1993).

S Practice more at **vhlcentral.com**.

Comunicación

2 **Aspirina Alivirina** Lee el anuncio y responde a las preguntas con un(a) compañero/a.

NO HAY TIEMPO PARA EL DOLOR DE CABEZA.

Si tienes prisa, o simplemente quieres que tu dolor de cabeza se vaya muy pronto, piensa en **Alivirina**®. Se asimila mejor y actúa rápidamente. Ya no se puede perder tiempo por un dolor de cabeza.

ALIVIRINA

1. ¿Cuáles son los adverbios que aparecen en el anuncio?
2. Según el anuncio, ¿cuáles son las ventajas (*advantages*) de este tipo de aspirina?
3. ¿Tienen ustedes dolores de cabeza? ¿Qué toman para curarlos?
4. ¿Qué medicamentos ven con frecuencia en los anuncios de televisión? Escriban descripciones de varios de estos anuncios. Usen adverbios en sus descripciones.

Recapitulación

  Diagnostics

Completa estas actividades para repasar los conceptos de gramática que aprendiste en esta lección.

1 **Completar** Completa el cuadro con la forma correcta del imperfecto.

24 pts.

yo/Ud./él/ella	tú	nosotros	Uds./ellos/ellas
era			
	cantabas		
		veníamos	
			querían

2 **Adverbios** Escoge el adverbio correcto de la lista para completar estas oraciones. Lee con cuidado las oraciones; los adverbios sólo se usan una vez. No vas a usar uno de los adverbios. **16 pts.**

a menudo	apenas	fácilmente
a tiempo	casi	maravillosamente
además	despacio	por lo menos

1. Pablito se cae _____: un promedio (*average*) de cuatro veces por semana.

2. No me duele nada y no sufro de ninguna enfermedad; me siento _____ bien.

3. —Doctor, ¿cómo supo que tuve una operación de garganta?
   —Muy _____, lo leí en su historial médico (*medical history*).

4. ¿Le duele mucho la espalda? Entonces tiene que levantarse _____.

5. Ya te sientes mucho mejor, ¿verdad? Mañana puedes volver al trabajo; tu temperatura es _____ normal.

6. Es importante hacer ejercicio con regularidad, _____ tres veces a la semana.

7. El examen médico no comenzó ni tarde ni temprano. Comenzó _____, a las tres de la tarde.

8. Parece que ya te estás curando del resfriado. _____ estás congestionada.

RESUMEN GRAMATICAL

1.1 **The imperfect tense** *pp. 28–29*

The imperfect of regular verbs

cantar	beber	escribir
cantaba	bebía	escribía
cantabas	bebías	escribías
cantaba	bebía	escribía
cantábamos	bebíamos	escribíamos
cantabais	bebíais	escribíais
cantaban	bebían	escribían

► There are no stem changes in the imperfect:
entender (e:ie) → entendía; servir (e:i) → servía;
doler (o:ue) → dolía

► The imperfect of **hay** is **había**.

► Only three verbs are irregular in the imperfect.
ir: iba, ibas, iba, íbamos, ibais, iban
ser: era, eras, era, éramos, erais, eran
ver: veía, veías, veía, veíamos, veíais, veían

1.2 **The preterite and the imperfect** *pp. 32–33*

Preterite	Imperfect
1. Completed actions	1. Ongoing past action
Fueron a Buenos Aires ayer.	Usted miraba el fútbol.
2. Beginning or end of past action	2. Habitual past actions
La película empezó a las nueve.	Todos los domingos yo visitaba a mi abuela.
3. Series of past actions or events	3. Description of states or characteristics
Me caí y me lastimé el pie.	Ella era alta. Quería descansar.

1.3 **Constructions with se** *pp. 36–37*

	Se + verb
	prohíbe fumar.
Se	habla español.
	hablan varios idiomas.

Se for unplanned events

Se	me, te, le, nos, os, les	cayó la taza.
		dañó el radio.
		rompieron las botellas.
		olvidaron las llaves.

3

Un accidente Escoge el imperfecto o el pretérito según el contexto para completar esta conversación. **20 pts.**

NURIA Hola, Felipe. ¿Estás bien? ¿Qué es eso? ¿(1) (Te lastimaste/Te lastimabas) el pie?

FELIPE Ayer (2) (tuve/tenía) un pequeño accidente.

NURIA Cuéntame. ¿Cómo (3) (pasó/pasaba)?

FELIPE Bueno, (4) (fueron/eran) las cinco de la tarde y (5) (llovió/llovía) mucho cuando (6) (salí/salía) de la casa en mi bicicleta. No (7) (vi/veía) a una chica que (8) (caminó/caminaba) en mi dirección, y los dos (9) (nos caímos/nos caíamos) al suelo (*ground*).

NURIA Y la chica, ¿está bien ella?

FELIPE Sí. Cuando llegamos al hospital, ella sólo (10) (tuvo/tenía) dolor de cabeza.

1.4 Adverbs *p. 40*

Formation of adverbs

fácil	→	fácilmente
seguro	→	seguramente
verdadero	→	verdaderamente

4

Oraciones Escribe oraciones con **se** a partir de los elementos dados (*given*). Usa el tiempo especificado entre paréntesis y añade pronombres cuando sea necesario. **10 pts.**

> **modelo**
>
> Carlos / quedar / la tarea en casa (pretérito)
> *A Carlos se le quedó la tarea en casa.*

1. en la farmacia / vender / medicamentos (presente)

2. ¿(tú) / olvidar / las llaves / otra vez? (pretérito)

3. (yo) / dañar / la computadora (pretérito)

4. en esta clase / prohibir / hablar inglés (presente)

5. ellos / romper / las gafas / en el accidente (pretérito)

5

En la consulta Escribe al menos cinco oraciones sobre tu última visita al médico. Incluye cinco verbos en pretérito y cinco en imperfecto. Habla de qué te pasó, cómo te sentías, cómo era el/la doctor(a), qué te dijo, etc. Usa tu imaginación. **30 pts.**

6

Refrán Completa el refrán con las palabras que faltan. **¡2 puntos EXTRA!**

“ Lo que _____ (*well*) se aprende,
nunca _____ pierde. **”**

Lectura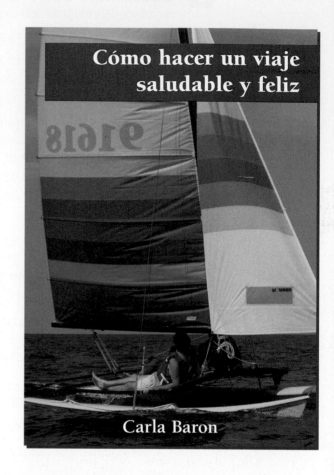

Audio: Reading
Additional Reading

Antes de leer

Estrategia

Activating background knowledge

Using what you already know about a particular subject will often help you better understand a reading selection. For example, if you read an article about a recent medical discovery, you might think about what you already know about health in order to understand unfamiliar words or concepts.

Examinar el texto

Utiliza las estrategias de lectura que tú consideras más efectivas para hacer algunas observaciones preliminares acerca del texto. Después trabajen en parejas para comparar sus observaciones acerca del texto. Luego contesten estas preguntas:

- Analicen el formato del texto: ¿Qué tipo de texto es? ¿Dónde creen que se publicó este artículo?
- ¿Quiénes son Carla Baron y Tomás Monterrey?
- Miren la foto del libro. ¿Qué sugiere el título del libro sobre su contenido?

Conocimiento previo

Ahora piensen en su conocimiento previo° sobre el cuidado de la salud en los viajes. Consideren estas preguntas:

- ¿Viajaron alguna vez a otro estado o a otro país?
- ¿Tuvieron problemas durante sus viajes con el agua, la comida o el clima del lugar?
- ¿Olvidaron poner en su maleta algún medicamento que después necesitaron?
- Imaginen que su compañero/a se va de viaje. Díganle por lo menos cinco cosas que debe hacer para prevenir cualquier problema de salud.

conocimiento previo *background knowledge*

recursos

vText | CH pp. 13–14 | vhlcentral

Libro de la semana

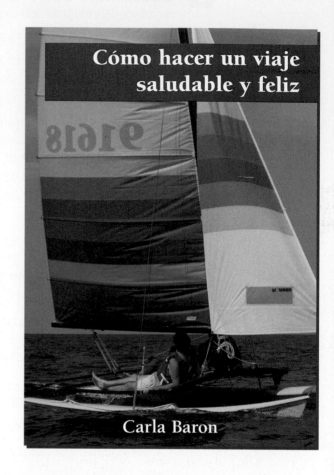

Cómo hacer un viaje saludable y feliz

Carla Baron

Después de leer

Correspondencias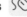

Busca las correspondencias entre los problemas y las recomendaciones.

Problemas

1. el agua _____
2. el sol _____
3. la comida _____
4. la identificación _____
5. el clima _____

Recomendaciones

a. Hay que adaptarse a los ingredientes desconocidos (*unfamiliar*).
b. Toma sólo productos purificados (*purified*).
c. Es importante llevar ropa adecuada cuando viajas.
d. Lleva loción o crema con alta protección solar.
e. Lleva tu pasaporte.

Entrevista a Carla Baron
por Tomás Monterrey

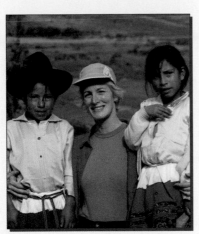

Tomás: ¿Por qué escribió su libro *Cómo hacer un viaje saludable y feliz?*

Carla: Me encanta viajar, conocer otras culturas y escribir. Mi primer viaje lo hice cuando era estudiante universitaria. Todavía recuerdo el día en que llegamos a San Juan, Puerto Rico. Era el panorama ideal para unas vacaciones maravillosas, pero al llegar a la habitación del hotel, bebí mucha agua de la llave° y luego pedí un jugo de frutas con mucho hielo°. El clima en San Juan es tropical y yo tenía mucha sed y calor. Los síntomas llegaron en menos de media hora: pasé dos días con dolor de estómago y corriendo al cuarto de baño cada diez minutos. Desde entonces, siempre que viajo sólo bebo agua mineral y llevo un pequeño bolso con medicinas necesarias como pastillas para el dolor y también bloqueador solar, una crema repelente de mosquitos y un desinfectante.

Tomás: ¿Son reales° las situaciones que se narran en su libro?

Carla: Sí, son reales y son mis propias° historias°. A menudo los autores crean caricaturas divertidas de un turista en dificultades. ¡En mi libro la turista en dificultades soy yo!

Tomás: ¿Qué recomendaciones puede encontrar el lector en su libro?

Carla: Bueno, mi libro es anecdótico y humorístico, pero el tema de la salud se trata° de manera seria. En general, se dan recomendaciones sobre ropa adecuada para cada sitio, consejos para protegerse del sol, y comidas y bebidas adecuadas para el turista que viaja al Caribe o Suramérica.

Tomás: ¿Tiene algún consejo para las personas que se enferman cuando viajan?

Carla: Muchas veces los turistas toman el avión sin saber nada acerca del país que van a visitar. Ponen toda su ropa en la maleta, toman el pasaporte, la cámara fotográfica y ¡a volar°! Es necesario tomar precauciones porque nuestro cuerpo necesita adaptarse al clima, al sol, a la humedad, al agua y a la comida. Se trata de° viajar, admirar las maravillas del mundo y regresar a casa con hermosos recuerdos. En resumen, el secreto es "prevenir en vez de° curar".

llave *faucet* hielo *ice* reales *true* propias *own* historias *stories*
se trata *is treated* ¡a volar! *Off they go!* Se trata de *It's a question of*
en vez de *instead of*

Seleccionar

Selecciona la respuesta correcta.

1. El tema principal de este libro es _____.
   a. Puerto Rico   b. la salud y el agua   c. otras culturas
   d. el cuidado de la salud en los viajes
2. Las situaciones narradas en el libro son _____.
   a. autobiográficas   b. inventadas
   c. ficticias   d. imaginarias
3. ¿Qué recomendaciones no vas a encontrar en este libro? _____
   a. cómo vestirse adecuadamente
   b. cómo prevenir las quemaduras solares
   c. consejos sobre la comida y la bebida
   d. cómo dar propina en los países del Caribe o de Suramérica

4. En opinión de la señorita Baron, _____.
   a. es bueno tomar agua de la llave y beber jugo de frutas con mucho hielo
   b. es mejor tomar solamente agua embotellada (*bottled*)
   c. los minerales son buenos para el dolor abdominal
   d. es importante visitar el cuarto de baño cada diez minutos
5. ¿Cuál de estos productos no lleva la autora cuando viaja a otros países? _____
   a. desinfectante   b. crema repelente
   c. detergente   d. pastillas medicinales

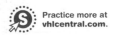
Practice more at vhlcentral.com.

Escritura

Estrategia
Mastering the simple past tenses

In Spanish, when you write about events that occurred in the past you will need to know when to use the preterite and when to use the imperfect tense. A good understanding of the uses of each tense will make it much easier to determine which one to use as you write.

Look at the summary of the uses of the preterite and the imperfect and write your own example sentence for each of the rules described.

Preterite vs. imperfect

Preterite
1. Completed actions
   _____
   _____
2. Beginning or end of past actions
   _____
   _____
3. Series of past actions
   _____
   _____

Imperfect
1. Ongoing past actions
   _____
   _____
2. Habitual past actions
   _____
   _____
3. Mental, physical, and emotional states and characteristics in the past
   _____
   _____

Get together with a few classmates to compare your example sentences. Then use these sentences and the chart as a guide to help you decide which tense to use as you are writing a story or other type of narration about the past.

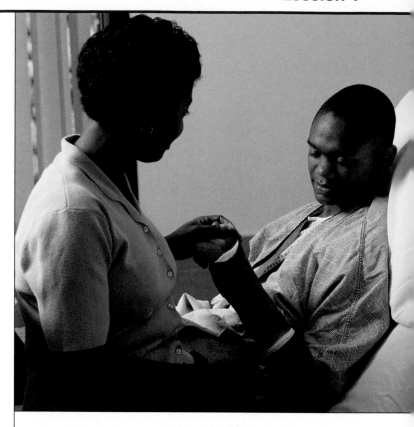

Tema

Escribir una historia

Escribe una historia acerca de una experiencia tuya° (o de otra persona) con una enfermedad, accidente o problema médico. Tu historia puede ser real o imaginaria y puede tratarse de un incidente divertido, humorístico o desastroso. Incluye todos los detalles relevantes. Consulta la lista de sugerencias° con detalles que puedes incluir.

▶ Descripción del/de la paciente
   nombre y apellidos
   edad
   características físicas
   historial médico°

▶ Descripción de los síntomas
   enfermedades
   accidente
   problemas médicos

▶ Descripción del tratamiento°
   tratamientos
   recetas
   operaciones

tuya *of yours* sugerencias *suggestions*
historial médico *medical history*
tratamiento *treatment*

recursos

v̂Text

CA
pp. 159–160

CH
pp. 15–16

vhlcentral

Escuchar Audio

Preparación

Mira la foto. ¿Con quién crees que está conversando Carlos Peña? ¿De qué están hablando?

Ahora escucha

Ahora escucha la conversación de la señorita Méndez y Carlos Peña. Marca las oraciones donde se mencionan los síntomas de Carlos.

1. ____ Tiene infección en los ojos.
2. ____ Se lastimó el dedo.
3. ____ No puede dormir.
4. ____ Siente dolor en los huesos.
5. ____ Está mareado.
6. ____ Está congestionado.
7. ____ Le duele el estómago.
8. ____ Le duele la cabeza.
9. ____ Es alérgico a la aspirina.
10. ____ Tiene tos.
11. ____ Le duele la garganta.
12. ____ Se rompió la pierna.
13. ____ Tiene dolor de oído.
14. ____ Tiene frío.

Comprensión

Preguntas

1. ¿Tiene fiebre Carlos?

2. ¿Cuánto tiempo hace que le duele la garganta a Carlos?

3. ¿Qué tiene que hacer el médico antes de recetarle algo a Carlos?

4. ¿A qué hora es su cita con el médico?

5. Después de darle una cita con el médico, ¿qué otra información le pide a Carlos la señorita del consultorio?

6. En tu opinión, ¿qué tiene Carlos? ¿Gripe? ¿Un resfriado? ¿Alergias? Explica tu opinión.

Diálogo

Con un(a) compañero/a, escribe el diálogo entre el Dr. Aguilar y Carlos Peña en el consultorio del médico. Usa la información del diálogo telefónico para pensar en lo que dice el médico mientras examina a Carlos. Imagina cómo responde Carlos y qué preguntas le hace al médico. ¿Cuál es el diagnóstico del médico?

Video:
TV Clip

Anuncio de Strepsils

... los problemas de garganta...

Preparación

Contesta las preguntas y después comparte tus respuestas con un par de compañeros/as.

1. Piensa en tus tres canciones favoritas. Identifica una emoción que te producen cuando las escuchas.
2. Ahora piensa en tus tres cosas favoritas. Identifica por qué cada una de ellas es importante en tu vida.

Interpretar los sentimientos

La música en los países hispanos es muy importante, no sólo para la diversión, sino también para expresar emociones. Probablemente ya conoces la **salsa**, que expresa la alegría y que oímos mucho en las fiestas. El **tango** expresa emociones profundas como el amor, el dolor y la pasión. En este anuncio vas a oír un tango como música de fondo°, usando un tocadiscos° que un bisabuelo compró en 1910. La tecnología más reciente es muy importante para los hispanos. Sin embargo°, a muchas personas les gusta conservar cosas que se quedan en una familia por varias generaciones, como este tocadiscos.

de fondo *background* **tocadiscos** *record player* **sin embargo** *however*

Vocabulario útil

alivio	*relief*
pinchazo	*sharp pain (lit. puncture)*
suaviza (suavizar)	*soothes (to soothe)*

Comprensión

Ordena las palabras o expresiones según aparecen en el anuncio. Tres de estas palabras no aparecen en el anuncio.

___ a. gargantas irritadas   ___ e. pastillas
___ b. receta   ___ f. alivio
___ c. comienzan   ___ g. a menudo
___ d. calma   ___ h. dolor

Conversación

Con un(a) compañero/a, relaciona un tipo de música y un objeto con cada una de estas situaciones.

- Te sientes mareado/a.
- Tienes un dolor de cabeza muy fuerte.
- Estás completamente saludable.

Aplicación

Con un(a) compañero/a, prepara un anuncio para vender un medicamento para uno de los problemas que identificaste en **Conversación**. Usa música y un objeto para ilustrar el problema y el medicamento que quieres vender.

Practice more at
vhlcentral.com.

recursos

v̂Text

vhlcentral

Video:
Flash cultura

Argentina tiene una gran tradición médica influenciada desde el siglo XIX por la medicina francesa. Tres de los cinco premios Nobel de esta nación están relacionados con investigaciones médicas que han hecho° grandes aportes° al avance de las ciencias de la salud. Además, existen otros adelantos° de médicos argentinos que han hecho historia. Entre ellos se cuentan el *bypass* coronario, desarrollado° por el cirujano° René Favaloro en 1967, y una técnica extraordinaria de cirugía cardiovascular desarrollada en 1978 por Federico Benetti, quien es considerado uno de los padres de la cirugía cardíaca moderna.

Vocabulario útil

la cita previa	*previous appointment*
la guardia	*emergency room*
Me di un golpe.	*I got hit.*
la práctica	*rotation (hands-on medical experience)*

Preparación
¿Qué haces si tienes un pequeño accidente o quieres hacer una consulta? ¿Visitas a tu doctor general o vas al hospital? ¿Debes pedir un turno (*appointment*)?

¿Cierto o falso?
Indica si las oraciones son **ciertas** o **falsas**.
1. Silvina tuvo un accidente en su automóvil.
2. Silvina fue a la guardia del hospital.
3. La guardia del hospital está abierta sólo durante el día y es necesario tener cita previa.
4. Los entrevistados (*interviewees*) tienen enfermedades graves.
5. En Argentina, los médicos reciben la certificación cuando terminan la práctica.

La salud

¿Le podría° pedir que me explique qué es la guardia?

Nuestro hospital público es gratuito para todas las personas.

... la carrera de medicina comienza con el primer año de la universidad.

Practice more at
vhlcentral.com.

recursos

v̂Text   CA
pp. 89–90   vhlcentral

han hecho *have done* aportes *contributions* adelantos *advances*
desarrollado *developed* cirujano *surgeon* podría *could*

Costa Rica

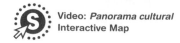

Video: *Panorama cultural*
Interactive Map

El país en cifras

▶ **Área:** 51.100 km² (19.730 millas²),
aproximadamente el área de Virginia Occidental°

▶ **Población:** 4.755.000
Costa Rica es el país de Centroamérica con la población más homogénea. El 94% de sus habitantes es blanco y mestizo°. Más del 50% de la población es de ascendencia° española y un alto porcentaje tiene sus orígenes en otros países europeos.

▶ **Capital:** San José—1.515.000

▶ **Ciudades principales:** Alajuela, Cartago, Puntarenas, Heredia

▶ **Moneda:** colón costarricense

▶ **Idioma:** español (oficial)

Bandera de Costa Rica

Costarricenses célebres

▶ **Carmen Lyra,** escritora (1888–1949)

▶ **Chavela Vargas,** cantante (1919–2012)

▶ **Óscar Arias Sánchez,** ex presidente de Costa Rica (1941–)

▶ **Laura Chinchilla Miranda,** ex presidenta de Costa Rica (1959–)

▶ **Claudia Poll,** nadadora° olímpica (1972–)

Óscar Arias recibió el Premio Nobel de la Paz en 1987.

Virginia Occidental *West Virginia* mestizo *of indigenous and white parentage* ascendencia *descent* nadadora *swimmer* ejército *army* gastos *expenditures* invertir *to invest* cuartel *barracks*

Niñas en el carnaval de Limón

Vista del volcán Arenal

Río Tempisque
Cordillera de Guanacaste
Río San Juan
Volcán Arenal
Cordillera Central
Cordillera de Tilarán
Alajuela
Puntarenas
Heredia
Río Grande de Tárcoles
Volcán Irazú
San José • Cartago
Cordillera

Océano Pacífico

Edificio Metálico en San José

Basílica de Nuestra Señora de los Ángeles en Cartago

ESTADOS UNIDOS
OCÉANO ATLÁNTICO
COSTA RICA
OCÉANO PACÍFICO
AMÉRICA DEL SUR

recursos
vText | CA pp. 65–66 | CP pp. 13–14 | vhlcentral

¡Increíble pero cierto!

Costa Rica es el único país latinoamericano que no tiene ejército°. Sin gastos° militares, el gobierno puede invertir° más dinero en la educación y las artes. En la foto aparece el Museo Nacional de Costa Rica, antiguo cuartel° del ejército.

Lugares • Los parques nacionales

El sistema de parques nacionales de Costa Rica ocupa aproximadamente el 12% de su territorio y fue establecido° para la protección de su biodiversidad. En los parques, los ecoturistas pueden admirar montañas, cataratas° y una gran variedad de plantas exóticas. Algunos ofrecen también la oportunidad de ver quetzales°, monos°, jaguares, armadillos y mariposas° en su hábitat natural.

Economía • Las plantaciones de café

Mar Caribe

Costa Rica fue el primer país centroamericano en desarrollar° la industria del café. En el siglo° XIX, los costarricenses empezaron a exportar esta semilla a Inglaterra°, lo que significó una contribución importante a la economía de la nación. Actualmente, más de 50.000 costarricenses trabajan en el cultivo del café. Este producto representa cerca del 15% de sus exportaciones anuales.

Puerto Limón

Sociedad • Una nación progresista

Costa Rica es un país progresista. Tiene un nivel de alfabetización° del 96%, uno de los más altos de Latinoamérica. En 1871, esta nación centroamericana abolió la pena de muerte° y en 1948 eliminó el ejército e hizo obligatoria y gratuita° la educación para todos sus ciudadanos.

nanca

PANAMÁ

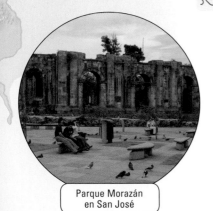

Parque Morazán en San José

¿Qué aprendiste? Contesta las preguntas con oraciones completas.

1. ¿Cómo se llama la capital de Costa Rica?

2. ¿Quién es Claudia Poll?

3. ¿Qué porcentaje del territorio de Costa Rica ocupan los parques nacionales?

4. ¿Para qué se establecieron los parques nacionales?

5. ¿Qué pueden ver los turistas en los parques nacionales?

6. ¿Cuántos costarricenses trabajan en las plantaciones de café hoy día?

7. ¿Cuándo eliminó Costa Rica la pena de muerte?

Conexión Internet Investiga estos temas en **vhlcentral.com**.

1. Busca información sobre Óscar Arias Sánchez. ¿Quién es? ¿Por qué se le considera *(is he considered)* un costarricense célebre?

2. Busca información sobre los artistas de Costa Rica. ¿Qué artista, escritor o cantante te interesa más? ¿Por qué?

Practice more at
vhlcentral.com.

establecido *established* cataratas *waterfalls* quetzales *type of tropical bird* monos *monkeys* mariposas *butterflies* en desarrollar *to develop* siglo *century* Inglaterra *England* nivel de alfabetización *literacy rate* pena de muerte *death penalty* gratuita *free*

My Vocabulary

El cuerpo

la boca	mouth
el brazo	arm
la cabeza	head
el corazón	heart
el cuello	neck
el cuerpo	body
el dedo	finger
el dedo del pie	toe
el estómago	stomach
la garganta	throat
el hueso	bone
la nariz	nose
el oído	(sense of) hearing; inner ear
el ojo	eye
la oreja	(outer) ear
el pie	foot
la pierna	leg
la rodilla	knee
el tobillo	ankle

La salud

el accidente	accident
el antibiótico	antibiotic
la aspirina	aspirin
la clínica	clinic
el consultorio	doctor's office
el/la dentista	dentist
el/la doctor(a)	doctor
el dolor (de cabeza)	(head)ache; pain
el/la enfermero/a	nurse
el examen médico	physical exam
la farmacia	pharmacy
la gripe	flu
el hospital	hospital
la infección	infection
el medicamento	medication
la medicina	medicine
la operación	operation
el/la paciente	patient
la pastilla	pill; tablet
la radiografía	X-ray
la receta	prescription
el resfriado	cold (illness)
la sala de emergencia(s)	emergency room
la salud	health
el síntoma	symptom
la tos	cough

Verbos

caerse	to fall (down)
dañar	to damage; to break down
darse con	to bump into; to run into
doler (o:ue)	to hurt
enfermarse	to get sick
estar enfermo/a	to be sick
estornudar	to sneeze
lastimarse (el pie)	to injure (one's foot)
olvidar	to forget
poner una inyección	to give an injection
prohibir	to prohibit
recetar	to prescribe
romper	to break
romperse (la pierna)	to break (one's leg)
sacar(se) un diente	to have a tooth removed
ser alérgico/a (a)	to be allergic (to)
sufrir una enfermedad	to suffer an illness
tener dolor (m.)	to have pain
tener fiebre (f.)	to have a fever
tomar la temperatura	to take someone's temperature
torcerse (o:ue) (el tobillo)	to sprain (one's ankle)
toser	to cough

Adjetivos

congestionado/a	congested; stuffed-up
embarazada	pregnant
grave	grave; serious
mareado/a	dizzy; nauseated
médico/a	medical
saludable	healthy
sano/a	healthy

Adverbios

a menudo	often
a tiempo	on time
a veces	sometimes
además (de)	furthermore; besides
apenas	hardly; scarcely
así	like this; so
bastante	enough; rather
casi	almost
con frecuencia	frequently
de niño/a	as a child
de vez en cuando	from time to time
despacio	slowly
menos	less
muchas veces	a lot; many times
poco	little
por lo menos	at least
pronto	soon
rápido	quickly
todos los días	every day

Conjunción

mientras	while

Expresiones útiles	See page 23.

recursos

v̂ Text

CA
p. 112

vhlcentral

La tecnología

Communicative Goals

I will be able to:
- Talk about using technology and electronics
- Use common expressions on the telephone
- Talk about car trouble

2

VOICE BOARD

A PRIMERA VISTA
- ¿Se llevan ellos bien o mal?
- ¿Crees que hace mucho tiempo que se conocen?
- ¿Son saludables?
- ¿Qué partes del cuerpo se ven en la foto?

La tecnología

My Vocabulary Tutorials

Más vocabulario

la cámara digital/de video	digital (video) camera
el canal	(TV) channel
el cargador	charger
el cibercafé	cybercafé
el correo de voz	voice mail
el estéreo	stereo
la pantalla táctil	touch screen
el reproductor de CD	CD player
la aplicación	application
el archivo	file
la arroba	@ symbol
el blog	blog
el buscador	browser
la conexión inalámbrica	wireless connection
la dirección electrónica	e-mail address
Internet	Internet
el mensaje de texto	text message
la página principal	home page
el programa de computación	software
la red	network; Web
el sitio web	website
apagar	to turn off
borrar	to erase
chatear	to chat
descargar	to download
escanear	to scan
funcionar	to work
grabar	to record
guardar	to save
imprimir	to print
llamar	to call
navegar (en Internet)	to surf (the Internet)
poner, prender	to turn on
sonar (o:ue)	to ring
descompuesto/a	not working; out of order
lento/a	slow
lleno/a	full

Variación léxica

computadora ←→ ordenador (Esp.),
computador (Col.)

descargar ←→ bajar (Arg., Col., Esp., Ven.)

Labels in illustration:
el televisor
la pantalla
el reproductor de DVD
la impresora
la computadora (portátil)
el monitor
el (teléfono) celular
el ratón
el teclado

recursos

vText · CA p. 113 · CP pp. 15–16 · CH pp. 17–18 · vhlcentral

Práctica

1 Escuchar Escucha la conversación entre dos amigas. Después completa las oraciones.

1. María y Ana están en _____.
   a. una tienda   b. un cibercafé   c. un restaurante
2. A María le encantan _____.
   a. los celulares   b. las cámaras digitales   c. los cibercafés
3. Ana y María _____ las fotos.
   a. escanean   b. borran   c. imprimen
4. María quiere tomar un café y _____.
   a. poner la computadora   b. sacar fotos digitales
   c. navegar en Internet
5. Ana paga por el café y _____.
   a. el uso de Internet   b. la impresora   c. la cámara

2 ¿Cierto o falso? Escucha las oraciones e indica si lo que dice cada una es **cierto** o **falso**, según el dibujo.

1. _____   5. _____
2. _____   6. _____
3. _____   7. _____
4. _____   8. _____

3 Oraciones Escribe oraciones usando estos elementos. Usa el pretérito y añade las palabras necesarias.

1. yo / descargar / fotos / Internet

2. tú / apagar / televisor / diez / noche

3. Daniel y su esposa / comprar / computadora portátil / ayer

4. Sara y yo / ir / cibercafé / para / navegar en Internet

5. Jaime / decidir / comprar / reproductor de MP3

6. teléfono celular / sonar / pero / yo / no contestar

4 Preguntas Mira el dibujo y contesta las preguntas.

1. ¿Qué tipo de café es?
2. ¿Cuántas impresoras hay? ¿Cuántos ratones?
3. ¿Por qué vinieron estas personas al café?
4. ¿Qué hace el camarero?
5. ¿Qué hace la mujer en la computadora? ¿Y el hombre?
6. ¿Qué máquinas están cerca del televisor?
7. ¿Dónde hay un cibercafé en tu comunidad?
8. ¿Por qué puedes tú necesitar un cibercafé?

Cibercafé CORRIENTES

el control remoto

el reproductor de MP3

el disco compacto

el capó, el cofre

el parabrisas

Revisa el aceite. (revisar)

el carro, el coche

Llena el tanque. (llenar)

REPSOL YPF

el radio

el navegador GPS

el baúl

la gasolina

el volante

la llanta

En la gasolinera

Más vocabulario

la autopista, la carretera	highway
la calle	street
la circulación, el tráfico	traffic
el garaje, el taller (mecánico)	garage; (mechanic's) repair shop
la licencia de conducir	driver's license
el/la mecánico/a	mechanic
la policía	police (force)
la velocidad máxima	speed limit
arrancar	to start
arreglar	to fix; to arrange
bajar(se) de	to get off of/out of (a vehicle)
conducir, manejar	to drive
estacionar	to park
parar	to stop
subir(se) a	to get on/into (a vehicle)

5 **Completar** Completa estas oraciones con las palabras correctas.

1. Para poder conducir legalmente, necesitas…
2. Puedes poner las maletas en…
3. Si tu carro no funciona, debes llevarlo a…
4. Para llenar el tanque de tu coche, necesitas ir a…
5. Antes de un viaje largo, es importante revisar…
6. Otra palabra para autopista es…
7. Mientras hablas por teléfono celular, no es buena idea…
8. Otra palabra para coche es…

6 **Conversación** Completa la conversación con las palabras de la lista. No vas a usar dos de las palabras.

el aceite	la gasolina	llenar	el parabrisas	el taller
el baúl	las llantas	manejar	revisar	el volante

EMPLEADO Bienvenido al _____ mecánico Óscar. ¿En qué le puedo servir?

JUAN Buenos días. Quiero _____ el tanque y revisar _____, por favor.

EMPLEADO Con mucho gusto. Si quiere, también le limpio _____.

JUAN Sí, gracias. Está un poquito sucio. La próxima semana tengo que _____ hasta Buenos Aires. ¿Puede cambiar _____? Están gastadas (*worn*).

EMPLEADO Claro que sí, pero voy a tardar (*it will take me*) un par de horas.

JUAN Mejor regreso mañana. Ahora no tengo tiempo. ¿Cuánto le debo por _____?

EMPLEADO Sesenta pesos. Y veinticinco por _____ y cambiar el aceite.

CONSULTA

For more information about **Buenos Aires**, see **Panorama,** p. 86.

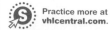

Practice more at **vhlcentral.com**.

Comunicación

7 **Preguntas** Trabajen en grupos y túrnense para contestar estas preguntas. Después compartan sus respuestas con la clase.

1. a. ¿Tienes un teléfono celular? ¿Para qué lo usas?
   b. ¿Qué utilizas más: el teléfono o el correo electrónico? ¿Por qué?
   c. En tu opinión, ¿cuáles son las ventajas (*advantages*) y desventajas de los diferentes modos de comunicación?
2. a. ¿Con qué frecuencia usas la computadora?
   b. ¿Para qué usas Internet?
   c. ¿Tienes tu propio blog? ¿Cómo es?
3. a. ¿Miras la televisión con frecuencia? ¿Qué programas ves?
   b. ¿Dónde miras tus programas favoritos, en la tele o en la computadora?
   c. ¿Ves películas en la computadora? ¿Cuál es tu película favorita de todos los tiempos (*of all time*)?
   d. A través de (*By*) qué medio escuchas música: ¿radio, estéreo, reproductor de MP3 o computadora?
4. a. ¿Tienes licencia de conducir?
   b. ¿Tienes carro? Descríbelo.

8 **Postal** En parejas, lean la tarjeta postal. Después contesten las preguntas.

19 julio de 1979

Hola, Paco:

¡Saludos! Estamos de viaje por unas semanas. La Costa del Sol es muy bonita. No hemos encontrado (*we haven't found*) a tus amigos porque nunca están en casa cuando llamamos. El teléfono suena y suena y nadie contesta. Vamos a seguir llamando.

Sacamos muchas fotos muy divertidas. Cuando regresemos y las revelemos (*get them developed*), te las voy a enseñar. Las playas son preciosas. Hasta ahora el único problema fue que la oficina en la cual reservamos un carro perdió nuestros papeles y tuvimos que esperar mucho tiempo.

También tuvimos un pequeño problema con el hotel. La agencia de viajes nos reservó una habitación en un hotel que está muy lejos de todo. No podemos cambiarla, pero no me importa mucho. A pesar de eso, estamos contentos.

Tu hermana, Gabriela

EUROPA 12ᵖᵗᵃˢ
ESPAÑA

Francisco Jiménez
San Lorenzo 3250
Rosario, Argentina 2000

1. ¿Cuáles son los problemas que ocurren en el viaje de Gabriela?
2. Con la tecnología de hoy, ¿existen los mismos problemas cuando se viaja? ¿Por qué?
3. Hagan una comparación entre la tecnología de los años 70 y 80 y la de hoy.
4. Imaginen que la hija de Gabriela escribe un mensaje electrónico sobre el mismo tema con fecha de hoy. Escriban ese mensaje, incorporando la tecnología actual (teléfonos celulares, Internet, cámaras digitales, etc.). Inventen nuevos problemas.

En el taller

El coche de Miguel está descompuesto y Maru tiene problemas con su computadora.

PERSONAJES MIGUEL JORGE

MIGUEL ¿Cómo lo ves?

JORGE Creo que puedo arreglarlo. ¿Me pasas la llave?

JORGE ¿Y dónde está Maru?

MIGUEL Acaba de enviarme un mensaje de texto: "Última noticia sobre la computadora portátil: todavía está descompuesta. Moni intenta arreglarla. Voy para allá".

JORGE ¿Está descompuesta tu computadora?

MIGUEL No, la mía no, la suya. Una amiga la está ayudando.

JORGE Un mal día para la tecnología, ¿no?

MARU Estamos en una triste situación. Yo necesito una computadora nueva, y Miguel necesita otro coche.

JORGE Y un televisor nuevo para mí, por favor.

MARU ¿Qué vamos a hacer, Miguel?

MIGUEL Tranquila, cariño. Por eso tenemos amigos como Jorge y Mónica. Nos ayudamos los unos a los otros.

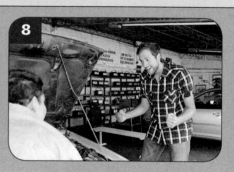

JORGE ¿No te sientes afortunada, Maru? No te preocupes. Sube.

MIGUEL ¡Por fin!

MARU Gracias, Jorge. Eres el mejor mecánico de la ciudad.

MARU

MIGUEL Ella está preparando un proyecto para ver si puede hacer sus prácticas profesionales en el Museo de Antropología.

JORGE ¿Y todo está en la computadora?

MIGUEL Y claro.

MARU Buenos días, Jorge.

JORGE ¡Qué gusto verte, Maru! ¿Cómo está la computadora?

MARU Mi amiga Mónica recuperó muchos archivos, pero muchos otros se borraron.

MIGUEL ¿Cuánto te debo por el trabajo?

JORGE Hombre, no es nada. Guárdalo para el coche nuevo. Eso sí, recomiéndame con tus amigos.

MIGUEL Gracias, Jorge.

JORGE No manejes en carretera. Revisa el aceite cada 1.500 kilómetros y asegúrate de llenarle el tanque... No manejes con el cofre abierto. Nos vemos.

¿Qué pasó?

1 **Seleccionar** Selecciona las respuestas que completan correctamente estas oraciones.

1. Jorge intenta arreglar _____.
   a. la computadora de Maru   b. el coche de Miguel   c. el teléfono celular de Felipe
2. Maru dice que se borraron muchos _____ de su computadora.
   a. archivos   b. sitios web   c. mensajes de texto
3. Jorge dice que necesita un _____.
   a. navegador GPS   b. reproductor de DVD   c. televisor
4. Maru dice que Jorge es el mejor _____.
   a. mecánico de la ciudad   b. amigo del mundo   c. compañero de la clase
5. Jorge le dice a Miguel que no maneje su coche en _____.
   a. el tráfico   b. el centro de la ciudad   c. la carretera

2 **Identificar** Identifica quién puede decir estas oraciones.

1. Cómprate un coche nuevo y recomiéndame con tus amigos.
2. El mensaje de texto de Maru dice que su computadora todavía está descompuesta.
3. Mi amiga Mónica me ayudó a recuperar muchos archivos, pero necesito una computadora nueva.
4. No conduzcas con el cofre abierto y recuerda que el tanque debe estar lleno.
5. Muchos de los archivos de mi computadora se borraron.

MARU

MIGUEL

JORGE

3 **Problema mecánico** Trabajen en parejas para representar los papeles de un(a) mecánico/a y un(a) cliente/a que está llamando al taller porque su carro está descompuesto. Usen las instrucciones como guía.

Mecánico/a	Cliente/a
Contesta el teléfono con un saludo y el nombre del taller.	→ Saluda y explica que tu carro está descompuesto.
Pregunta qué tipo de problema tiene exactamente.	→ Explica que tu carro no arranca cuando hace frío.
Di que debe traer el carro al taller.	→ Pregunta cuándo puedes llevarlo.
Ofrece una hora para revisar el carro.	→ Acepta la hora que ofrece el/la mecánico/a.

Ahora cambien los papeles y representen otra conversación. Ustedes son un(a) técnico/a y un(a) cliente/a. Usen estas ideas:

el celular no guarda mensajes   la impresora imprime muy lentamente
la computadora no descarga fotos   el reproductor de DVD está descompuesto

Ortografía y pronunciación
La acentuación de palabras similares

Although accent marks usually indicate which syllable in a
word is stressed, they are also used to distinguish between
words that have the same or similar spellings.

 Audio

Él maneja el coche.   **Sí, voy si quieres.**

Although one-syllable words do not usually carry written accents, some *do* have accent marks to
distinguish them from words that have the same spelling but different meanings.

Sé cocinar.   Se baña.   ¿Tomas té?   Te duermes.

Sé (*I know*) and **té** (*tea*) have accent marks to distinguish them from the pronouns **se** and **te**.

---

para mí   mi cámara   Tú lees.   tu estéreo

Mí (*Me*) and **tú** (*you*) have accent marks to distinguish
them from the possessive adjectives **mi** and **tu**.

¿Por qué vas?   Voy porque quiero.

Several words of more than one syllable also have accent marks to distinguish them from words
that have the same or similar spellings.

Éste es rápido.   Este módem es rápido.

Demonstrative pronouns may have accent marks to distinguish them from demonstrative adjectives.

¿Cuándo fuiste?   Fui cuando me llamó.
¿Dónde trabajas?   Voy al taller donde trabajo.

Adverbs have accent marks when they are used to convey a question.

Práctica Marca los acentos en las palabras que los necesitan.

ANA   Alo, soy Ana. ¿Que tal?
JUAN Hola, pero... ¿por que me llamas tan tarde?
ANA   Porque mañana tienes que llevarme a la escuela. Mi auto esta dañado.
JUAN ¿Como se daño?
ANA   Se daño el sabado. Un vecino (*neighbor*) choco con (*crashed into*) el.

Crucigrama Utiliza las siguientes pistas (*clues*) para completar el crucigrama. ¡Ojo con los acentos!

Horizontales

1. Él _____ levanta.
4. No voy _____ no puedo.
7. Tú _____ acuestas.
9. ¿_____ es el examen?
10. Quiero este video y _____.

Verticales

2. ¿Cómo _____ usted?
3. Eres _____ mi hermano.
5. ¿_____ tal?
6. Me gusta _____ suéter.
8. Navego _____ la red.

recursos

v̂ Text   CA   CH   vhlcentral
          p. 114   p. 19

Additional Reading

Las redes sociales

¿Cómo te comunicas con tu familia y con tus amigos? Al igual que° en los Estados Unidos, en los países hispanohablantes las redes sociales han tenido° un gran impacto en los últimos años. Los usos básicos de los teléfonos celulares ya no son las llamadas° y los mensajes de texto, sino el contacto entre amigos y familiares por medio de° redes sociales y de aplicaciones como Facebook, Twitter, Tuenti o Instagram.

La mayoría de los hispanos tiene un perfil° en Facebook o en Twitter, pero el método de comunicación más popular en los países hispanohablantes es Whatsapp. Por medio de esta aplicación de mensajería los usuarios° pueden crear grupos y enviarse° un número ilimitado de imágenes, videos y mensajes de texto y de audio. Su popularidad se debe a que es una forma rápida y prácticamente gratuita° de comunicarse.

Hoy en día, los teléfonos inteligentes y los contratos telefónicos son más asequibles°, por lo que la mayoría de los hispanos disfruta de estos celulares y de sus ventajas tecnológicas. Gracias a las redes sociales y a las aplicaciones, las personas pueden estar en constante comunicación con sus seres queridos° más lejanos°. La inevitable pregunta es: ¿Qué ocurre con los seres queridos que están cerca? La influencia que tienen las redes sociales en las relaciones humanas es cada vez un tema más polémico.

El español en las redes sociales

- El español es la tercera lengua más utilizada en las redes sociales.

- El español es la segunda lengua más usada en Twitter, con un crecimiento° de más de 800% en los últimos diez años.

- Facebook tiene 80 millones de usuarios hispanohablantes.

- Sólo en España, Whatsapp tiene 20 millones de usuarios que usan la aplicación un promedio° de 150 veces al día.

Al igual que *Like* han tenido *have had* llamadas *calls* por medio de *through* perfil *profile* usuarios *users* enviarse *send each other* gratuita *free* asequibles *affordable* seres queridos *loved ones* lejanos *distant* crecimiento *growth* promedio *average*

1 **¿Cierto o falso?** Indica si lo que dicen estas oraciones es **cierto** o **falso**. Corrige la información falsa.

1. Los hispanos prefieren las llamadas para comunicarse con sus familias y con sus amigos.

2. Twitter no se usa en Latinoamérica.

3. Whatsapp es un método de comunicación muy común en los países hispanos.

4. Whatsapp permite enviar fotos a los contactos del celular.

5. Pocos hispanos pueden comprar un teléfono inteligente.

6. Una ventaja de las redes sociales es el contacto con las personas que están lejos.

7. El español es la segunda lengua más utilizada en las redes sociales.

8. Los españoles visitan constantemente la aplicación de Whatsapp.

ASÍ SE DICE

La tecnología

los audífonos (Méx., Col.), los auriculares (Arg.), los cascos (Esp.)	*headset; earphones*
el móvil (Esp.)	el celular
el manos libres (Amér. S.)	*hands-free system*
la memoria	*memory*
mensajear (Méx.)	enviar y recibir mensajes de texto

EL MUNDO HISPANO

Las bicimotos

- **Argentina** El *ciclomotor* se usa mayormente° para repartir a domicilio° comidas y medicinas.

- **Perú** La *motito* se usa mucho para el reparto a domicilio de pan fresco todos los días.

- **México** La *Vespa* se usa para evitar° el tráfico en grandes ciudades.

- **España** La población usa el *Vespino* para ir y volver al trabajo cada día.

- **Puerto Rico** Una *scooter* es el medio de transporte favorito en las zonas rurales.

- **República Dominicana** Las *moto-taxis* son el medio de transporte más económico, ¡pero no olvides el casco°!

mayormente *mainly* repartir a domicilio *home delivery of* evitar *to avoid* casco *helmet*

PERFIL

Los mensajes de texto

¿Qué tienen en común un **mensaje de texto** y un telegrama?: la necesidad de decir lo máximo en el menor espacio posible —y rápidamente—. Así como los abuelos se las arreglaron° para hacer más baratos sus telegramas, que se cobraban° por número de palabras, ahora los jóvenes buscan ahorrar° espacio, tiempo y dinero, en sus mensajes de texto. Esta economía del lenguaje dio origen al **lenguaje chat**, una forma de escritura muy creativa y compacta. Olvídate de la gramática, la puntuación y la ortografía: es tan flexible que evoluciona° todos los días con el uso que cada quien° le da, aunque° hay muchas palabras y expresiones ya establecidas°. Fácilmente encontrarás° abreviaturas (**xq?**, "¿Por qué?"; **tkm**, "Te quiero mucho."), sustitución de sonidos por números (**a2**, "Adiós."; **5mntrios**, "Sin comentarios."), símbolos (**ad+**, "además") y omisión de vocales y acentos (**tb**, "también"; **k tl?**, "¿Qué tal?"). Ahora que lo sabes, si un amigo te envía: **cont xfa, m dbs \$!°**, puedes responderle: **ntp**, **ns vms + trd°**.

se las **arreglaron** *they managed to* se **cobraban** *were charged* **ahorrar** *to save* **evoluciona** *evolves* **cada quien** *each person* **aunque** *although* **establecidas** *fixed* **encontrarás** *you will find* **cont xfa, m dbs \$!** Contesta, por favor, ¡me debes dinero! **ntp, ns vms +trd** No te preocupes, nos vemos más tarde.

 Conexión Internet

¿Qué sitios web son populares entre los jóvenes hispanos?	Go to **vhlcentral.com** to find more cultural information related to this **Cultura** section.

ACTIVIDADES

2 **Comprensión** Responde a las preguntas.

1. ¿Cuáles son tres formas de decir *headset*?
2. ¿Para qué se usan las bicimotos en Argentina?
3. ¿Qué dio origen al "lenguaje chat"?
4. ¿Es importante escribir los acentos en los mensajes de texto?

3 **¿Cómo te comunicas?** Escribe un párrafo breve en donde expliques qué utilizas para comunicarte con tus amigos/as (correo electrónico, redes sociales, etc.) y de qué hablan cuando se llaman por teléfono.

recursos

ṽText

CH

p. 20

vhlcentral

2.1 Familiar commands

ANTE TODO In Spanish, the command forms are used to give orders or advice. You use **tú** commands (**mandatos familiares**) when you want to give an order or advice to someone you normally address with the familiar **tú**.

Affirmative **tú** commands

Infinitive	Present tense él/ella form	Affirmative **tú** command
hablar	habla	**habla** (tú)
guardar	guarda	**guarda** (tú)
prender	prende	**prende** (tú)
volver	vuelve	**vuelve** (tú)
pedir	pide	**pide** (tú)
imprimir	imprime	**imprime** (tú)

▶ Affirmative **tú** commands usually have the same form as the **él/ella** form of the present indicative.

> **Guarda** el documento antes de cerrarlo.
> *Save the document before closing it.*

> **Imprime** tu tarea para la clase de inglés.
> *Print your homework for English class.*

▶ The following verbs have irregular affirmative **tú** commands.

Irregular affirmative **tú** commands

decir	**di**	salir	**sal**
hacer	**haz**	ser	**sé**
ir	**ve**	tener	**ten**
poner	**pon**	venir	**ven**

> ¡**Sal** ahora mismo!
> *Leave at once!*

> **Haz** los ejercicios.
> *Do the exercises.*

▶ Since **ir** and **ver** have the same **tú** command (**ve**), context will determine the meaning.

> **Ve** al cibercafé con Yolanda.
> *Go to the cybercafé with Yolanda.*

> **Ve** ese programa... es muy interesante.
> *See that program... it's very interesting.*

Súbete al coche y préndelo.

No lo manejes en la carretera.

▶ The negative **tú** commands are formed by dropping the final -**o** of the **yo** form of the present tense. For -**ar** verbs, add -**es**. For -**er** and -**ir** verbs, add -**as**.

Negative **tú** commands

Infinitive	Present tense yo form	Negative **tú** command
hablar	hablo	**no hables** (tú)
guardar	guardo	**no guardes** (tú)
prender	prendo	**no prendas** (tú)
volver	vuelvo	**no vuelvas** (tú)
pedir	pido	**no pidas** (tú)

Héctor, **no pares** el carro aquí.   **No prendas** la computadora todavía.
Héctor, don't stop the car here.   *Don't turn on the computer yet.*

▶ Verbs with irregular **yo** forms maintain the same irregularity in their negative **tú** commands. These verbs include **conducir, conocer, decir, hacer, ofrecer, oír, poner, salir, tener, traducir, traer, venir,** and **ver**.

No pongas el disco en la computadora.   **No conduzcas** tan rápido.
Don't put the disk in the computer.   *Don't drive so fast.*

▶ Note also that stem-changing verbs keep their stem changes in negative **tú** commands.

No p**ie**rdas tu celular.   No v**ue**lvas a esa gasolinera.   No rep**i**tas las instrucciones.
Don't lose your cell phone.   *Don't go back to that gas station.*   *Don't repeat the instructions.*

▶ Verbs ending in -**car**, -**gar**, and -**zar** have a spelling change in the negative **tú** commands.

sa**car**	c ⟶ **qu**	no sa**qu**es
apa**gar**	g ⟶ **gu**	no apa**gu**es
almor**zar**	z ⟶ **c**	no almuer**c**es

▶ The following verbs have irregular negative **tú** commands.

Irregular negative **tú** commands

dar	**no des**
estar	**no estés**
ir	**no vayas**
saber	**no sepas**
ser	**no seas**

 ¡INTÉNTALO!   Indica los mandatos familiares afirmativos y negativos de estos verbos.

1. correr   ___*Corre*___ más rápido.   No ___*corras*___ más rápido.
2. llenar   _____ el tanque.   No _____ el tanque.
3. salir   _____ ahora.   No _____ ahora.
4. descargar   _____ ese documento.   No _____ ese documento.
5. levantarse   _____ temprano.   No _____ temprano.
6. hacerlo   _____ ya.   No _____ ahora.

Práctica

1 **Completar** Tu mejor amigo no entiende nada de tecnología y te pide ayuda. Completa los comentarios de tu amigo con el mandato de cada verbo.

1. No _____ en una hora. _____ ahora mismo. (venir)
2. _____ tu tarea después. No la _____ ahora. (hacer)
3. No _____ a la tienda a comprar papel para la impresora. _____ a la cafetería a comprarme algo de comer. (ir)
4. No _____ que no puedes abrir un archivo. _____ que el programa de computación funciona sin problemas. (decirme)
5. _____ generoso con tu tiempo y no _____ antipático si no entiendo fácilmente. (ser)
6. _____ mucha paciencia y no _____ prisa. (tener)
7. _____ tu teléfono celular, pero no _____ la computadora. (apagar)

2 **Cambiar** Pedro y Marina no pueden ponerse de acuerdo (*agree*) cuando viajan en el carro. Cuando Pedro dice que algo es necesario, Marina expresa una opinión diferente. Usa la información entre paréntesis para formar las órdenes que Marina le da a Pedro.

> **modelo**
> **Pedro:** Necesito revisar el aceite del carro. (seguir hasta el próximo pueblo)
> **Marina:** *No revises el aceite del carro. Sigue hasta el próximo pueblo.*

1. Necesito conducir más rápido. (parar el carro)
2. Necesito poner el radio. (hablarme)
3. Necesito almorzar ahora. (comer más tarde)
4. Necesito sacar los discos compactos. (manejar con cuidado)
5. Necesito estacionar el carro en esta calle. (pensar en otra opción)
6. Necesito volver a esa gasolinera. (arreglar el carro en un taller)
7. Necesito leer el mapa. (pedirle ayuda a aquella señora)
8. Necesito dormir en el carro. (acostarse en una cama)

3 **Problemas** Tú y tu compañero/a son voluntarios en el centro de computadoras de la escuela. Muchos estudiantes están llegando con problemas. Denles órdenes para ayudarlos a resolverlos.

> **modelo**
> **Problema:** No veo nada en la pantalla.
> **Tu respuesta:** *Prende la pantalla de tu computadora.*

apagar…	descargar…	funcionar…	guardar…	navegar…
borrar…	escanear…	grabar…	imprimir…	prender…

1. No me gusta este programa de computación.
2. Tengo miedo de perder mi documento.
3. Prefiero leer este sitio web en papel.
4. Mi correo electrónico funciona muy lentamente.
5. Busco información sobre los gauchos de Argentina.
6. Tengo demasiados archivos en mi computadora.
7. Mi computadora se congeló (*froze*).
8. Quiero ver las fotos del cumpleaños de mi hermana.

NOTA CULTURAL

Los gauchos (*nomadic cowboys*), conocidos por su habilidad (*skill*) para montar a caballo y utilizar el lazo, viven en la Región Pampeana, una llanura muy extensa ubicada en el centro de Argentina y dedicada a la agricultura (*agriculture*).

Practice more at **vhlcentral.com**.

Comunicación

4

Órdenes Intercambia mandatos negativos y afirmativos con tu compañero/a. Debes seguir los mandatos que él o ella te da o reaccionar apropiadamente.

> **modelo**
>
> **Estudiante 1:** Dame todo tu dinero.
> **Estudiante 2:** No, no quiero dártelo. Muéstrame tu cuaderno.
> **Estudiante 1:** Aquí está.
> **Estudiante 2:** Ve a la pizarra y escribe tu nombre.
> **Estudiante 1:** No quiero. Hazlo tú.

5

Anuncios Miren este anuncio. Luego, en grupos pequeños, preparen tres anuncios adicionales para tres escuelas que compiten (*compete*) con ésta.

INFORMÁTICA ARGENTINA

Toma nuestros cursos y aprende a usar la computadora

abre y lee tus archivos

imprime tus documentos

entra al campo de la tecnología

¡Ponte en contacto con nosotros llamando al **11-4-129-1508** HOY!

Síntesis

6

¡Tanto que hacer! Tu profesor(a) te va a dar una lista de diligencias (*errands*). Algunas las hiciste tú y algunas las hizo tu compañero/a. Las diligencias que ya hicieron tienen esta marca ✔. Pero quedan cuatro diligencias por hacer. Dale mandatos a tu compañero/a y él/ella responde para confirmar si hay que hacerla o si ya la hizo.

> **modelo**
>
> **Estudiante 1:** Llena el tanque.
> **Estudiante 2:** Ya llené el tanque. / ¡Ay, no! Tenemos que llenar el tanque.

2.2   Por and para

Tutorial

ANTE TODO   Unlike English, Spanish has two words that mean *for*: **por** and **para**. These two prepositions are not interchangeable. Study the following charts to see how they are used.

▶ **Por** and **para** are most commonly used to describe aspects of movement, time, and action, but in different circumstances.

Por	Para
Movement	
Through or by a place La excursión nos llevó **por** el centro. *The tour took us through downtown.*	**Toward a destination** Mis amigos van **para** el estadio. *My friends are going to the stadium.*
Time	
Duration of an event Ana navegó la red **por** dos horas. *Ana surfed the net for two hours.*	**Action deadline** Tengo que escribir un ensayo **para** mañana. *I have to write an essay by tomorrow.*
Action	
Reason or motive for an action or circumstance Llegué a casa tarde **por** el tráfico. *I got home late because of the traffic.*	**Indication of for whom something is intended or done** Estoy preparando una sorpresa **para** Eduardo. *I'm preparing a surprise for Eduardo.*

▶ Here is a list of the uses of **por** and **para**.

Por is used to indicate...

1. **Movement: Motion or a general location** ..
 (around, through, along, by)

   Pasamos **por** el parque y **por** el río.
 We passed by the park and along the river.

2. **Time: Duration of an action** ....
 (for, during, in)

   Estuve en la Patagonia **por** un mes.
 I was in Patagonia for a month.

3. **Action: Reason or motive for an action** ..
 (because of, on account of, on behalf of)

   Lo hizo **por** su familia.
 She did it on behalf of her family.

4. **Object of a search** ....
 (for, in search of)

   Vengo **por** ti a las ocho.
 I'm coming for you at eight.
 Manuel fue **por** su cámara digital.
 Manuel went in search of his digital camera.

5. **Means by which something is done** ...
 (by, by way of, by means of)

   Ellos viajan **por** la autopista.
 They travel by (by way of) the highway.

6. **Exchange or substitution** ....
 (for, in exchange for)

   Le di dinero **por** el reproductor de MP3.
 I gave him money for the MP3 player.

7. **Unit of measure** ....
 (per, by)

   José manejaba a 120 kilómetros **por** hora.
 José was driving 120 kilometers per hour.

¡ATENCIÓN!

Por is also used in several idiomatic expressions, including:
por aquí *around here*
por ejemplo *for example*
por eso *that's why; therefore*
por fin *finally*

AYUDA

Remember that when giving an exact time, **de** is used instead of **por** before **la mañana, la tarde,** or **la noche.**

La clase empieza a las nueve **de** la mañana.

• • •

In addition to **por**, **durante** is also commonly used to mean *for* when referring to time.

Esperé al mecánico **durante** cincuenta minutos.

> (**Para is used to indicate...**)

1. **Movement: Destination** . . . . (*toward, in the direction of*)	Salimos **para** Córdoba el sábado. *We are leaving for Córdoba on Saturday.*
2. **Time: Deadline or a specific time in the future** . . . . (*by, for*)	Él va a arreglar el carro **para** el viernes. *He will fix the car by Friday.*
3. **Action: Purpose or goal** + [*infinitive*] . . . . (*in order to*)	Juan estudia **para** (ser) mecánico. *Juan is studying to be a mechanic.*
4. **Purpose** + [*noun*] . . . . (*for, used for*)	Es una llanta **para** el carro. *It's a tire for the car.*
5. **The recipient of something** . . . . (*for*)	Compré una impresora **para** mi abuelo. *I bought a printer for my grandfather.*
6. **Comparison with others or an opinion**. . (*for, considering*)	**Para** un joven, es demasiado serio. *For a young person, he is too serious.* **Para** mí, esta lección no es difícil. *For me, this lesson isn't difficult.*
7. **In the employment of** . . . . (*for*)	Sara trabaja **para** Telecom Argentina. *Sara works for Telecom Argentina.*

▶ In many cases it is grammatically correct to use either **por** or **para** in a sentence. The meaning of the sentence is different, however, depending on which preposition is used.

Caminé **por** el parque.   Caminé **para** el parque.
I walked through the park.   *I walked to (toward) the park.*

Trabajó **por** su padre.   Trabajó **para** su padre.
He worked for (in place of) his father.   *He worked for his father('s company).*

recursos

v̂Text

CA
p. 116

CP
pp. 19–20

CH
pp. 25–26

vhlcentral

🖉 **¡INTÉNTALO!**   Completa estas oraciones con las preposiciones **por** o **para**.

1. Fuimos al cibercafé __por__ la tarde.
2. Necesitas un navegador GPS _____ encontrar la casa de Luis.
3. Entraron _____ la puerta.
4. Quiero un pasaje _____ Buenos Aires.
5. _____ arrancar el carro, necesito la llave.
6. Arreglé el televisor _____ mi amigo.
7. Estuvieron nerviosos _____ el examen.
8. ¿No hay una gasolinera _____ aquí?
9. El reproductor de MP3 es _____ usted.
10. Juan está enfermo. Tengo que trabajar _____ él.
11. Estuvimos en Canadá _____ dos meses.
12. _____ mí, el español es fácil.
13. Tengo que estudiar la lección _____ el lunes.
14. Voy a ir _____ la carretera.
15. Compré dulces _____ mi novia.
16. Compramos el auto _____ un buen precio.

Práctica

1 **Completar** Completa este párrafo con las preposiciones **por** o **para**.

El mes pasado mi familia y yo hicimos un viaje a Buenos Aires y sólo pagamos dos mil dólares (1)_____ los pasajes. Estuvimos en Buenos Aires (2)_____ una semana y paseámos por toda la ciudad. Durante el día caminamos (3)_____ la plaza San Martín, el microcentro y el barrio de La Boca, donde viven muchos artistas. (4)_____ la noche fuimos a una tanguería, que es una especie de teatro, (5)_____ mirar a la gente bailar tango. Dos días después decidimos hacer una excursión (6)_____ las pampas (7)_____ ver el paisaje y un rodeo con gauchos. Alquilamos (*We rented*) un carro y manejamos (8)_____ todas partes y pasamos unos días muy agradables. El último día que estuvimos en Buenos Aires fuimos a Galerías Pacífico (9)_____ comprar recuerdos (*souvenirs*) (10)_____ nuestros parientes. Compramos tantos regalos que tuvimos que pagar impuestos (*duties*) en la aduana al regresar.

2 **Oraciones** Crea oraciones originales con los elementos de las columnas. Une los elementos usando **por** o **para**.

> **modelo**
> Fuimos a Mar del Plata por razones de salud para visitar a un especialista. ◀

(no) fue al mercado	por/para	comprar frutas	por/para	¿?
(no) fuimos a las montañas	por/para	tres días	por/para	¿?
(no) fuiste a Mar del Plata	por/para	razones de salud	por/para	¿?
(no) fueron a Buenos Aires	por/para	tomar el sol	por/para	¿?

NOTA CULTURAL

Mar del Plata es un centro turístico en la costa de Argentina. La ciudad es conocida como "la perla del Atlántico" y todos los años muchos turistas visitan sus playas y casinos.

3 **Describir** Usa **por** o **para** y el tiempo presente para describir estos dibujos.

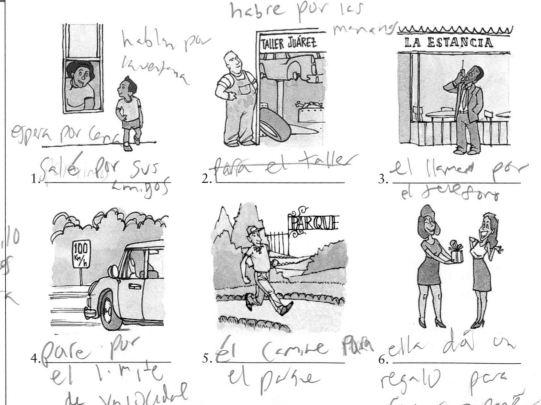

1. _____
2. _____
3. _____
4. _____
5. _____
6. _____

Practice more at vhlcentral.com.

Comunicación

4 **Descripciones** Usa **por** o **para** y completa estas frases de manera lógica. Luego, compara tus respuestas con las de un(a) compañero/a.

1. En casa, hablo con mis amigos…
2. Mi padre/madre trabaja…
3. Ayer fui al taller…
4. Los miércoles tengo clases…
5. A veces voy a la biblioteca…

6. Esta noche tengo que estudiar…
7. Necesito… dólares…
8. Compré un regalo…
9. Mi mejor amigo/a estudia…
10. Necesito hacer la tarea…

5 **Situación** En parejas, dramaticen esta situación. Utilicen muchos ejemplos de **por** y **para**.

Hijo/a	Padre/Madre

Pídele dinero a tu padre/madre. → Pregúntale a tu hijo/a para qué lo necesita.

Dile que quieres comprar un carro. → Pregúntale por qué necesita un carro.

Explica tres razones por las que necesitas un carro. → Explica por qué sus razones son buenas o malas.

Dile que por no tener un carro tu vida es muy difícil. → Decide si vas a darle el dinero y explica por qué.

Síntesis

6 **Una subasta (*auction*)** Cada estudiante debe traer a la clase un objeto o una foto del objeto para vender. En grupos, túrnense para ser el/la vendedor(a) y los postores (*bidders*). Para empezar, el/la vendedor(a) describe el objeto y explica para qué se usa y por qué alguien debe comprarlo.

> **modelo**
>
> **Vendedora:** Aquí tengo un reproductor de CD. Pueden usarlo para escuchar su música favorita o para escuchar canciones en español. Sólo hace un año que lo compré y todavía funciona perfectamente. ¿Quién ofrece $ 1.500 para empezar?
>
> **Postor(a) 1:** Pero los reproductores de CD son anticuados. Te doy $ 20.
>
> **Vendedora:** Ah, pero éste es muy especial porque viene con el CD que grabé cuando quería ser cantante de ópera.
>
> **Postor(a) 2:** Ah, ¡entonces te doy $ 100!

2.3   Tutorial

Reciprocal reflexives

ANTE TODO   You have learned that reflexive verbs indicate that the subject of a sentence does the action to itself. Reciprocal reflexives **(los reflexivos recíprocos)**, on the other hand, express a shared or reciprocal action between two or more people or things. In this context, the pronoun means *(to) each other* or *(to) one another*.

Luis y Marta **se** miran en el espejo.
Luis and Marta look at themselves in the mirror.

Luis y Marta **se** miran.
Luis and Marta look at each other.

▶ Only the plural forms of the reflexive pronouns (**nos**, **os**, **se**) are used to express reciprocal actions because the action must involve more than one person or thing.

Cuando **nos vimos** en la calle,
  nos abrazamos.
When we saw each other on the
  street, we hugged (one another).

Ustedes **se** van a **encontrar** en el
  cibercafé, ¿no?
You are meeting (each other) at
  the cybercafé, right?

Nos ayudamos cuando usamos
  la computadora.
We help each other when we use
  the computer.

Las amigas **se saludaron** y
  se besaron.
The friends greeted each other
  and kissed (one another).

¡ATENCIÓN!

Here is a list of common verbs that can express reciprocal actions:

abrazar(se) *to hug; to embrace (each other)*

ayudar(se) *to help (each other)*

besar(se) *to kiss (each other)*

encontrar(se) *to meet (each other); to run into (each other)*

saludar(se) *to greet (each other)*

∞ **¡INTÉNTALO!**   Indica el reflexivo recíproco adecuado y el presente o el pretérito de estos verbos.

presente

1. (escribir) Los novios ___se escriben___.
   Nosotros _____.
   Ana y Ernesto _____.
2. (escuchar) Mis tíos _____.
   Nosotros _____.
   Ellos _____.
3. (ver) Nosotros _____.
   Fernando y Tomás _____.
   Ustedes _____.
4. (llamar) Ellas _____.
   Mis hermanos _____.
   Pepa y yo _____.

pretérito

1. (saludar) Nicolás y tú ___se saludaron___.
   Nuestros vecinos _____.
   Nosotros _____.
2. (hablar) Los amigos _____.
   Elena y yo _____.
   Nosotras _____.
3. (conocer) Alberto y yo _____.
   Ustedes _____.
   Ellos _____.
4. (encontrar) Ana y Javier _____.
   Los primos _____.
   Mi hermana y yo _____.

recursos

v̂ **Text**

CA
p. 117

CP
pp. 21–22

CH
pp. 27–28

S
vhlcentral

Práctica

1 **Un amor recíproco** Describe a Laura y a Elián usando los verbos recíprocos.

> **modelo**
>
> Laura veía a Elián todos los días. Elián veía a Laura todos los días.
> Laura y Elián se veían todos los días.

1. Laura conocía bien a Elián. Elián conocía bien a Laura.

2. Laura miraba a Elián con amor. Elián la miraba con amor también.

3. Laura entendía bien a Elián. Elián entendía bien a Laura.

4. Laura hablaba con Elián todas las noches por teléfono. Elián hablaba con Laura todas las noches por teléfono.

5. Laura ayudaba a Elián con sus problemas. Elián la ayudaba también con sus problemas.

2 **Describir** Mira los dibujos y describe lo que estas personas hicieron.

1. Las hermanas _____.

2. Ellos _____.

3. Gilberto y Mercedes _____ / _____ / _____.

4. Tú y yo _____ / _____.

Practice more at
vhlcentral.com.

Comunicación

3 **Preguntas** En parejas, túrnense para hacerse estas preguntas.

1. ¿Se vieron tú y tu mejor amigo/a ayer? ¿Cuándo se ven ustedes normalmente?

2. ¿Dónde se encuentran tú y tus amigos?

3. ¿Se ayudan tú y tu mejor amigo/a con sus problemas?

4. ¿Se entienden bien tú y tu hermano/a menor?

5. ¿Dónde se conocieron tú y tu mejor amigo/a? ¿Cuánto tiempo hace que se conocen ustedes?

6. ¿Cuándo se dan regalos tú y tus amigos?

7. ¿Se escriben tú y tus amigos mensajes de texto o prefieren llamarse por teléfono?

8. ¿Siempre se llevan bien tú y tus parientes? Explica.

2.4 Stressed possessive adjectives and pronouns

Tutorial

ANTE TODO Spanish has two types of possessive adjectives: the unstressed (or short) forms you learned in **Descubre, nivel 1** and the stressed (or long) forms. The stressed forms are used for emphasis or to express *of mine*, *of yours*, and so on.

Stressed possessive adjectives

Masculine singular	Feminine singular	Masculine plural	Feminine plural	
mío	**mía**	**míos**	**mías**	*my; (of) mine*
tuyo	**tuya**	**tuyos**	**tuyas**	*your; (of) yours* (fam.)
suyo	**suya**	**suyos**	**suyas**	*your; (of) yours* (form.); *his; (of) his; her; (of) hers; its*
nuestro	**nuestra**	**nuestros**	**nuestras**	*our; (of) ours*
vuestro	**vuestra**	**vuestros**	**vuestras**	*your; (of) yours* (fam.)
suyo	**suya**	**suyos**	**suyas**	*your; (of) yours* (form.); *their; (of) theirs*

▶ **¡Atención!** Used with **un/una**, these possessives are similar in meaning to the English expression *of mine/yours/*etc.

> Juancho es **un** amigo **mío**.
> *Juancho is a friend of mine.*

> Ella es **una** compañera **nuestra**.
> *She is a classmate of ours.*

▶ Stressed possessive adjectives agree in gender and number with the nouns they modify. While unstressed possessive adjectives are placed before the noun, stressed possessive adjectives are placed after the noun they modify.

> **su** impresora
> *her printer*

> la impresora **suya**
> *her printer*

> **nuestros** televisores
> *our television sets*

> los televisores **nuestros**
> *our television sets*

▶ A definite article, an indefinite article, or a demonstrative adjective usually precedes a noun modified by a stressed possessive adjective.

Me encantan
{ **unos** discos compactos **tuyos**. *I love some of your CDs.*
{ **los** discos compactos **tuyos**. *I love your CDs.*
{ **estos** discos compactos **tuyos**. *I love these CDs of yours.*

▶ Since **suyo, suya, suyos,** and **suyas** have more than one meaning, you can avoid confusion by using the construction: [*article*] + [*noun*] + **de** + [*subject pronoun*].

> **el** teclado **suyo**

> el teclado **de él/ella/usted**
> *his/her/your keyboard*

> el teclado **de ustedes/ellos/ellas**
> *your/their keyboard*

Possessive pronouns

▶ Possessive pronouns **(los pronombres posesivos)** are used to replace a noun + [*possessive adjective*]. In Spanish, the possessive pronouns have the same forms as the stressed possessive adjectives, and they are preceded by a definite article.

la cámara **nuestra**   **la nuestra**
el navegador GPS **tuyo**   **el tuyo**
los archivos **suyos**   **los suyos**

▶ A possessive pronoun agrees in number and gender with the noun it replaces.

—Aquí está **mi coche**. ¿Dónde está **el tuyo**?
Here's my car. Where is yours?

—El **mío** está en el taller de mi hermano.
Mine is at my brother's garage.

—¿Tienes **las revistas** de Carlos?
Do you have Carlos' magazines?

—No, pero tengo **las nuestras**.
No, but I have ours.

¿También está descompuesta tu computadora?

No, la mía no, la suya.

¡INTÉNTALO! Indica las formas tónicas (*stressed*) de estos adjetivos posesivos y los pronombres posesivos correspondientes.

	adjetivos	pronombres
1. su cámara digital	la cámara digital suya	la suya
2. mi televisor		
3. nuestros discos compactos		
4. tus direcciones electrónicas		
5. su monitor		
6. mis videos		
7. nuestra impresora		
8. tu estéreo		
9. nuestro blog		
10. mi computadora		

Práctica

1 **Oraciones** Forma oraciones con estas palabras. Usa el presente y haz los cambios necesarios.

1. un / amiga / suyo / vivir / Mendoza
2. ¿me / prestar / computadora / tuyo?
3. el / coche / suyo / nunca / funcionar / bien
4. no / nos / interesar / problemas / suyo
5. yo / querer / cámara digital / mío / ahora mismo
6. un / amigos / nuestro / manejar / como / loco

2 **¿Es suyo?** Un policía ha capturado (*has captured*) al hombre que robó (*robbed*) en tu casa. Ahora quiere saber qué cosas son tuyas. Túrnate con un(a) compañero/a para hacer el papel del policía y usa las pistas (*clues*) para contestar las preguntas.

> **modelo**
> no/viejo
> **Policía:** Esta impresora, ¿es suya?
> **Estudiante:** No, no es mía. La mía era más vieja.

1. sí

2. no/pequeño

3. sí

4. sí

5. no/grande

6. no/caro

3 **Conversaciones** Completa estas conversaciones con las formas adecuadas de los pronombres posesivos.

1. —La casa de ellos estaba en la Avenida Alvear. ¿Dónde estaba la casa de ustedes?
   —_____ estaba en la calle Bolívar.
2. —A Carmen le encanta su monitor nuevo.
   —¿Sí? A José no le gusta _____.
3. —Puse mis discos aquí. ¿Dónde pusiste _____, Alfonso?
   —Puse _____ en el escritorio.
4. —Se me olvidó traer mis llaves. ¿Trajeron ustedes _____?
   —No, dejamos _____ en casa.
5. —Yo compré mi computadora en una tienda y Marta compró _____ en Internet. Y _____, ¿dónde la compraste?
   —_____ es de Cíbermax.

Comunicación

4 **Vendedores competitivos** Trabajen en grupos de tres. Uno/a de ustedes va a una tienda a comprar un aparato tecnológico (reproductor de MP3, computadora portátil, monitor, etc.). Los/Las otros/as dos son empleados/as de dos marcas rivales y compiten para convencer al/a la cliente/a de que compre su producto. Usen los adjetivos posesivos y túrnense para comprar y vender. ¿Quién es el/la mejor vendedor/a?

> **modelo**
>
> **Estudiante 1:** Buenos días, quiero comprar un reproductor de MP3.
> **Estudiante 2:** Tengo lo que necesita. El mío, tiene capacidad para 500 canciones.
> **Estudiante 3:** El tuyo es muy viejo, con el mío también puedes ver videos...

5 **Comparar** Trabajen en parejas. Intenta (*Try to*) convencer a tu compañero/a de que algo que tú tienes es mejor que lo que él/ella tiene. Pueden hablar de sus reproductores de MP3, teléfonos celulares, clases, horarios o amigos/as.

> **modelo**
>
> **Estudiante 1:** Mi computadora tiene una pantalla de quince
> pulgadas (*inches*). ¿Y la tuya?
> **Estudiante 2:** La mía es mejor porque tiene una pantalla
> de diecisiete pulgadas.
> **Estudiante 1:** Pues la mía...

Síntesis

6 **Inventos locos** En grupos pequeños, imaginen que construyeron un aparato tecnológico revolucionario. Dibujen su invento y descríbanlo contestando estas preguntas. Incluyan todos los detalles que crean (*that you believe*) necesarios. Luego, compártanlo con la clase. Utilicen los posesivos, **por** y **para** y el vocabulario de **Contextos**.

> **modelo**
>
> Nuestro aparato se usa para cocinar huevos y funciona
> de una manera muy fácil...

- ¿Para qué se usa?
- ¿Cómo es?

- ¿Cuánto cuesta?
- ¿Qué personas van a comprar este aparato?

Recapitulación

Diagnostics

Completa estas actividades para repasar los conceptos de gramática que aprendiste en esta lección.

1 **Completar** Completa la tabla con las formas de los mandatos familiares. **16 pts.**

Infinitivo	Mandato	
	Afirmativo	**Negativo**
comer	come	no comas
hacer		
sacar		
venir		
ir		

2 **Por y para** Completa el diálogo con **por** o **para**. **20 pts.**

MARIO Hola, yo trabajo (1) _____ el periódico de la escuela. ¿Puedo hacerte unas preguntas?

INÉS Sí, claro.

MARIO ¿Navegas mucho (2) _____ la red?

INÉS Sí, todos los días me conecto a Internet (3) _____ leer mi correo y navego (4) _____ una hora. También me gusta hablar (5) _____ Skype con mis amigos. Es muy bueno y, (6) _____ mí, es divertido.

MARIO ¿Y qué piensas sobre hacer la tarea en la computadora?

INÉS En general, me parece bien, pero (7) _____ ejemplo, anoche hice unos ejercicios (8) _____ la clase de álgebra y al final me dolieron los ojos. (9) _____ eso a veces prefiero hacer la tarea a mano.

MARIO Muy bien. Muchas gracias (10) _____ tu ayuda.

3 **Posesivos** Completa las oraciones y confirma de quién(es) son las cosas. **12 pts.**

1. —¿Éste es mi video? —Sí, es el _____ (fam.).

2. —¿Ésta es la cámara de tu papá? —Sí, es la _____.

3. —¿Ese teléfono es de Pilar? —Sí, es el _____.

4. —¿Éstos cargadores son de ustedes? —No, no son _____.

5. —¿Ésta es tu computadora portátil? —No, no es _____.

6. —¿Ésas son mis fotos? —Sí, son las _____ (form.).

2.1 **Familiar commands** *pp. 64–65*

tú commands		
Infinitive	**Affirmative**	**Negative**
guardar	guarda	no guardes
volver	vuelve	no vuelvas
imprimir	imprime	no imprimas

▶ Irregular **tú** command forms

dar → **no des**	saber → **no sepas**
decir → **di**	salir → **sal**
estar → **no estés**	ser → **sé, no seas**
hacer → **haz**	tener → **ten**
ir → **ve, no vayas**	venir → **ven**
poner → **pon**	

▶ Verbs ending in **-car, -gar, -zar** have a spelling change in the negative **tú** commands:

sacar → **no saques**
apagar → **no apagues**
almorzar → **no almuerces**

2.2 **Por and para** *pp. 68–69*

▶ Uses of **por**:

motion or general location; duration; reason or motive; object of a search; means by which something is done; exchange or substitution; unit of measure

▶ Uses of **para**:

destination; deadline; purpose or goal; recipient of something; comparison or opinion; in the employment of

2.3 **Reciprocal reflexives** *p. 72*

▶ Reciprocal reflexives express a shared or reciprocal action between two or more people or things. Only the plural forms (**nos, os, se**) are used.

Cuando **nos vimos** en la calle, **nos abrazamos**.

▶ Common verbs that can express reciprocal actions:

abrazar(se), ayudar(se), besar(se), conocer(se), encontrar(se), escribir(se), escuchar(se), hablar(se), llamar(se), mirar(se), saludar(se), ver(se)

4

Ángel y diablito A Juan le gusta pedir consejos a su ángel y a su diablito imaginarios. Completa las respuestas con mandatos familiares desde las dos perspectivas. **16 pts.**

1. Estoy manejando. ¿Voy más rápido?
   Á No, no _____ más rápido.
   D Sí, _____ más rápido.
2. Es el reproductor de MP3 favorito de mi hermana. ¿Lo pongo en mi mochila?
   Á No, no _____ en tu mochila.
   D Sí, _____ en tu mochila.
3. Necesito estirar (*to stretch*) las piernas. ¿Doy un paseo?
   Á Sí, _____ un paseo.
   D No, no _____ un paseo.
4. Mi amigo necesita imprimir algo. ¿Apago la impresora?
   Á No, no _____ la impresora.
   D Sí, _____ la impresora.

2.4 Stressed possessive adjectives and pronouns
pp. 74–75

Stressed possessive adjectives	
Masculine	**Feminine**
mío(s)	mía(s)
tuyo(s)	tuya(s)
suyo(s)	suya(s)
nuestro(s)	nuestra(s)
vuestro(s)	vuestra(s)
suyo(s)	suya(s)

la impresora **suya** → **la suya**
las llaves **mías** → **las mías**

5

Oraciones Forma oraciones para expresar acciones recíprocas con el tiempo indicado. **12 pts.**

modelo

tú y yo / conocer / bien (presente) *Tú y yo nos conocemos bien.*

1. José y Paco / llamar / una vez por semana (imperfecto)
2. mi novia y yo / ver / todos los días (presente)
3. los compañeros de clase / ayudar / con la tarea (pretérito)
4. tú y tu mamá / escribir / por correo electrónico / cada semana (imperfecto)
5. mis hermanas y yo / entender / perfectamente (presente)
6. los profesores / saludar / con mucho respeto (pretérito)

6

La tecnología Escribe al menos seis oraciones diciéndole a un(a) amigo/a qué hacer para tener "una buena relación" con la tecnología. Usa mandatos familiares afirmativos y negativos. **24 pts.**

7

Saber compartir Completa la expresión con los dos pronombres posesivos que faltan.
¡4 puntos EXTRA!

❝ Lo que° es _____ es _____. ❞

Lo que *What*

Lectura

Audio: Reading
Additional Reading

Antes de leer

Estrategia
Recognizing borrowed words

One way languages grow is by borrowing words from each other. English words that relate to technology often are borrowed by Spanish and other languages throughout the world. Sometimes the words are modified slightly to fit the sounds of the languages that borrow them. When reading in Spanish, you can often increase your understanding by looking for words borrowed from English or other languages you know.

Examinar el texto

Observa la tira cómica°. ¿De qué trata°? ¿Cómo lo sabes?

Buscar

Esta lectura contiene una palabra tomada° del inglés. Trabaja con un(a) compañero/a para encontrarla.

_____

Repasa° las palabras nuevas relacionadas con la tecnología que aprendiste en **Contextos** y expande la lista de palabras tomadas del inglés.

_____   _____
_____   _____
_____   _____

Sobre el autor

Juan Matías Loiseau (1974–). Más conocido como Tute, este artista nació en Buenos Aires, Argentina. Estudió diseño gráfico, humorismo y cine. Sus tiras cómicas se publican en los Estados Unidos, Francia y toda Latinoamérica.

tira cómica *comic strip* ¿De qué trata? *What is it about?*
tomada *taken* Repasa *Review*

recursos

v̂Text   C̲H̲   S
         pp. 30–32   vhlcentral

Después de leer

Comprensión 🔗

Indica si las oraciones son **ciertas** o **falsas**. Corrige las falsas.

Cierto	Falso	
✓		1. Hay tres personajes en la tira cómica: un usuario de teléfono, un amigo y un empleado de la empresa (*company*) telefónica.
	✓	2. El nuevo servicio de teléfono incluye las llamadas telefónicas únicamente.
	✓	3. El empleado duerme en su propia (*own*) casa.
✓		4. El contrato de teléfono dura (*lasts*) un año.
	✓	5. El usuario y el amigo están trabajando (*working*).

Preguntas 🔗

Responde a estas preguntas con oraciones completas. Usa el pretérito y el imperfecto.

1. ¿Al usuario le gustaba usar el teléfono celular todo el tiempo?

   No porque ellos olviden el teléfono.

2. ¿Por qué el usuario decidió tirar el teléfono al mar?

   el niño era enojado

3. Según el amigo, ¿para qué tenía el usuario que tirar el teléfono celular al mar?

   _____

4. ¿Qué ocurrió cuando el usuario tiró el teléfono?

   el nadé en el mar pare el tele.

5. ¿Qué le dijo el empleado al usuario cuando salió del mar?

   tiene razón!

Conversar

En grupos pequeños, hablen de estos temas.

1. ¿Se sienten identificados/as con el usuario de teléfono de la tira cómica? ¿Por qué?

2. ¿Cuáles son los aspectos positivos y los negativos de tener teléfono celular?

3. ¿Cuál es para ustedes el límite que debe tener la tecnología en nuestras vidas?

te viene *comes with* **tipo** *guy, dude* **te avisa** *alerts you* **escuchás** *hear (Arg.)* **distraídos** *people who are forgetful* **piso** *floor* **bolsa de dormir** *sleeping bag* **darle de baja** *to suspend* **harto** *fed up* **revolear** *throw (something) away* **bien hecho** *well done* **llamada perdida** *missed call*

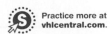

Escritura

Estrategia
Listing key words

Once you have determined a topic for a piece of writing, it is helpful to make a list of key words you can use while you write. If you were to write a description of your school's campus, for example, you would probably need a list of prepositions that describe location, such as **al lado de** and **detrás de.** Likewise, a list of descriptive adjectives would be useful to you if you were writing about the people and places of your childhood.

By preparing a list of potential words ahead of time, you will find it easier to avoid using the dictionary while writing your first draft. You will probably also learn a few new words in Spanish while preparing your list of key words.

Listing useful vocabulary is also a valuable organizational strategy, since the act of brainstorming key words will help you to form ideas about your topic. In addition, a list of key words can help you avoid redundancy when you write.

If you were going to help someone write a personal ad, what words would be most helpful to you? Jot a few of them down and compare your list with a partner's. Did you choose the same words? Would you choose any different or additional words, based on what your partner wrote?

1. _____
2. _____
3. _____
4. _____
5. _____
6. _____

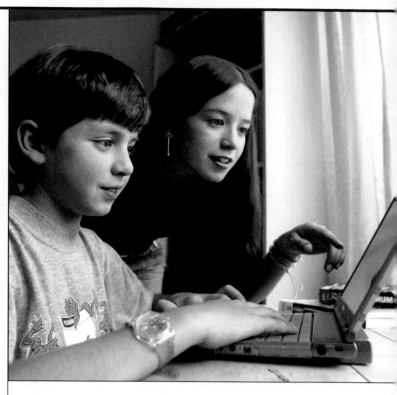

Tema

Escribir instrucciones

Uno de tus amigos argentinos quiere crear un sitio web sobre películas estadounidenses. Te pide sugerencias sobre qué información puede incluir y no incluir en su sitio web.

Escríbele un mensaje electrónico en el que le explicas claramente° cómo organizar el sitio web y qué información puede incluir.

Cuando escribas tu mensaje electrónico, considera esta información:

▶ una sugerencia para el nombre del sitio web

▶ mandatos afirmativos para describir en detalle lo que tu amigo/a puede incluir en el sitio web

▶ una lista de las películas americanas más importantes de todos los tiempos (en tu opinión)

▶ mandatos negativos para sugerirle a tu amigo/a qué información no debe incluir en el sitio web

claramente *clearly*

recursos

vText   CA   CH   vhlcentral
   pp. 161–162   pp. 33–34

Escuchar Audio

Preparación

Mira la foto de Ricardo Moreno. ¿Puedes imaginarte qué tipo de discurso vas a oír?

Ahora escucha

Mientras escuchas a Ricardo Moreno, responde a las preguntas.

1. ¿Qué tipo de discurso es?
   a. las noticias° por radio o televisión
   b. una conversación entre amigos
   c. un anuncio comercial
   d. una reseña° de una película

2. ¿De qué habla?
   a. del tiempo   c. de un producto o servicio
   b. de su vida   d. de algo que oyó o vio

3. ¿Cuál es el propósito°?
   a. informar   c. relacionarse con alguien
   b. vender   d. dar opiniones

noticias *news* reseña *review* propósito *purpose*

Comprensión

Identificar

Indica si esta información está incluida en el discurso; si está incluida, escribe los detalles que escuchaste.

	Sí	No
1. El anuncio describe un servicio.	○	○
2. Explica cómo está de salud.	○	○
3. Informa sobre la variedad de productos.	○	○
4. Pide tu opinión.	○	○
5. Explica por qué es la mejor tienda.	○	○
6. Informa sobre el tiempo para mañana.	○	○
7. Informa dónde se puede conseguir el servicio.	○	○
8. Informa sobre las noticias del mundo.	○	○

Haz un anuncio

Con tres o cuatro compañeros, hagan un anuncio comercial de algún producto. No se olviden de dar toda la información necesaria. Después presenten su anuncio a la clase.

BOOK

...sin necesidad de
usar las manos.

 Preparación

Contesta las preguntas y después comparte tus respuestas
con un grupo de compañeros/as.

1. ¿Para qué usas la tecnología? ¿Para qué usamos las
   computadoras, los teléfonos celulares y las tabletas?

2. ¿Te gusta más leer libros y revistas en papel o en
   formato electrónico? ¿Por qué? ¿Qué ventajas tiene
   cada uno de estos formatos?

Conocimiento bio-óptico organizado

¿Para qué sirven la tecnología y los aparatos digitales? La
tecnología cambia las actividades diarias y los deseos de las
personas. Las compañías que venden objetos tradicionales
necesitan imaginación para vender sus productos en el
mundo digital. La compañía **Popular libros**, un distribuidor
español de libros en Internet, hizo este video como un
proyecto cultural para promover los libros impresos y la
lectura, de una manera creativa y divertida.

Vocabulario útil	
atril	*stand*
búsqueda	*search*
colgarse	*to crash*
disfrutar (de)	*to enjoy*
recargarse	*to recharge*
reiniciar	*to restart, reboot*
toma de corriente	*(electric) outlet*
ventajas	*advantages*

 Comprensión

¿Para qué sirve? Empareja los elementos según el
contenido del video.

1. atril
2. índice
3. lapicero
4. marcapáginas
5. papel opaco

a. tomar notas personales
b. duplicar la información
c. abrir el libro en un punto exacto
d. leer sin usar las manos
e. señalar la localización exacta
   de información

 Aplicación

Este anuncio habla de cómo leer de manera
tradicional, pero de una manera cómica y usando el
vocabulario del mundo digital. Trabaja con un grupo
pequeño para hacer lo mismo con las actividades
siguientes: escribir cartas a los amigos, encontrar un
lugar en una ciudad, comprar música u otro tema que
consideren interesante.

 Conversación

Contesta las siguientes preguntas con un(a) compañero/a.

1. ¿Cuáles son algunos de los adjetivos que describen
   a BOOK? ¿Y algunas de sus características?

2. Según el video, ¿cuáles son las ventajas de BOOK
   en comparación con los aparatos de lectura digital?

 Practice more at
vhlcentral.com.

 recursos

vText   vhlcentral

Video:
Flash cultura

Maravillas de la tecnología

Hoy día, en cualquier ciudad grande latinoamericana puedes encontrar **un cibercafé.** Allí uno puede disfrutar de° un refresco o un café mientras navega en Internet, escribe mensajes electrónicos o chatea. De hecho°, el negocio° del cibercafé está mucho más desarrollado° en Latinoamérica que en los Estados Unidos. En una ciudad hispana, es común ver varios en una misma cuadra°. Los cibercafés ofrecen servicios especializados que permiten su coexistencia. Por ejemplo, mientras que el cibercafé Videomax atrae° a los niños con videojuegos, el Conécta-T ofrece servicio de chat con cámara para jóvenes, y el Mundo° Ejecutivo atrae a profesionales, todos en la misma calle.

... los cibercafés se conocen comúnmente como "cabinas de Internet" y están localizados por todo el país.

Vocabulario útil

comunidad indígena	*indigenous community*
localizados	*located*
usuarios	*users*

... el primer *hotspot* de Cuzco [...] permite a los usuarios navegar de manera inalámbrica...

Preparación

¿Con qué frecuencia navegas en Internet? ¿Dónde lo haces, en tu casa o en un lugar público?

 ### Elegir

Indica cuál de las dos opciones resume mejor este episodio.

a. En Cuzco, Internet es un elemento importante para las comunidades indígenas que quieren vender sus productos en otros países. Con Internet inalámbrica, estas comunidades chatean con clientes en otros países.

b. En Cuzco, la comunidad y los turistas usan la tecnología de los celulares e Internet para comunicarse con sus familias o vender productos. Para navegar en Internet, se pueden visitar las cabinas de Internet o ir a la Plaza de Armas con una computadora portátil.

Puedo usar Internet en medio de la plaza y nadie me molesta.

Practice more at vhlcentral.com.

recursos

v̂ Text | CA | (S)
pp. 91–92 | | vhlcentral

disfrutar de *enjoy* De hecho *In fact* negocio *business* desarrollado *developed*
cuadra *(city) block* atrae *attracts* Mundo *World*

Argentina

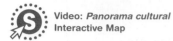

Video: *Panorama cultural*
Interactive Map

El país en cifras

▶ **Área:** 2.780.400 km² (1.074.000 millas²)
Argentina es el país de habla española más grande del mundo. Su territorio es dos veces el tamaño° de Alaska.

▶ **Población:** 43.024.000

▶ **Capital:** Buenos Aires (y su área metropolitana)—13.528.000 *En el gran Buenos Aires vive más del treinta por ciento de la población total del país. La ciudad es conocida° como el "París de Suramérica" por su estilo parisino°.*

Buenos Aires

▶ **Ciudades principales:**
Córdoba—1.493.000, Rosario—1.231.000, Mendoza—917.000

▶ **Moneda:** peso argentino

▶ **Idiomas:** español (oficial), lenguas indígenas

Bandera de Argentina

Argentinos célebres

▶ **Jorge Luis Borges,** escritor (1899–1986)

▶ **María Eva Duarte de Perón ("Evita"),** primera dama° (1919–1952)

▶ **Mercedes Sosa,** cantante (1935–2009)

▶ **Leandro "Gato" Barbieri,** saxofonista (1932–)

▶ **Adolfo Pérez Esquivel,** activista (1931–), Premio Nobel de la Paz en 1980

tamaño *size* conocida *known* parisino *Parisian* primera dama *First Lady*
anchas *wide* mide *it measures* campo *field*

Gaucho de las pampas

BOLIVIA

PARAGUAY

Las catar
del Igua

San Miguel
de Tucumán

Córdoba

La Cordillera
de los Andes

URUGUA

Río Paraná

Cerro Aconcagua
Mendoza

Rosario

CHILE

Buenos Aires ★

La Pampa

Mar
del Plata

Monte Fitz Roy (Chaltén)

San Carlos
de Bariloche

Océano
Atlántico

Patagonia

Vista de San Carlos
de Bariloche

Tierra del Fuego

recursos

vText | CA | CP | S
pp. 67–68 | pp. 25–26 | vhlcentral

¡Increíble pero cierto!

La Avenida 9 de Julio en Buenos Aires es una de las calles más anchas del mundo. De lado a lado mide° cerca de 140 metros, lo que es equivalente a un campo° y medio de fútbol. Su nombre conmemora el Día de la Independencia de Argentina.

BRASIL

Historia • Inmigración europea

Se dice que Argentina es el país más "europeo" de toda Latinoamérica. Después del año 1880, inmigrantes italianos, alemanes, españoles e ingleses llegaron para establecerse en esta nación. Esta diversidad cultural ha dejado° una profunda huella° en la música, el cine y la arquitectura argentinos.

Artes • El tango

El tango es uno de los símbolos culturales más importantes de Argentina. Este género° musical es una mezcla de ritmos de origen africano, italiano y español, y se originó a finales del siglo XIX entre los porteños°. Poco después se hizo popular entre el resto de los argentinos y su fama llegó hasta París. Como baile, el tango en un principio° era provocativo y violento, pero se hizo más romántico durante los años 30. Hoy día, este estilo musical tiene adeptos° en muchas partes del mundo°.

Lugares • Las cataratas del Iguazú

Las famosas cataratas° del Iguazú se encuentran entre las fronteras de Argentina, Paraguay y Brasil, al norte de Buenos Aires. Cerca de ellas confluyen° los ríos Iguazú y Paraná. Estas extensas caídas de agua tienen hasta 80 metros (262 pies) de altura° y en época° de lluvias llegan a medir 4 kilómetros (2,5 millas) de ancho. Situadas en el Parque Nacional Iguazú, las cataratas son un destino° turístico muy visitado.

¿Qué aprendiste? Responde a cada pregunta con una oración completa.

1. ¿Qué porcentaje de la población de Argentina vive en el gran Buenos Aires?

2. ¿Quién era Mercedes Sosa?

3. Se dice que Argentina es el país más europeo de Latinoamérica. ¿Por qué?

4. ¿Qué tipo de baile es uno de los símbolos culturales más importantes de Argentina?

5. ¿Dónde y cuándo se originó el tango?

6. ¿Cómo era el baile del tango originalmente?

7. ¿En qué parque nacional están las cataratas del Iguazú?

Artesano en Buenos Aires

 Conexión Internet Investiga estos temas en **vhlcentral.com**.

1. Busca información sobre el tango. ¿Te gustan los ritmos y sonidos del tango? ¿Por qué? ¿Se baila el tango en tu comunidad?

2. ¿Quiénes fueron Juan y Eva Perón y qué importancia tienen en la historia de Argentina?

ha dejado *has left* huella *mark* género *genre* porteños *people of Buenos Aires* en un principio *at first* adeptos *followers* mundo *world* cataratas *waterfalls* confluyen *converge* altura *height* época *season* destino *destination*

Practice more at vhlcentral.com.

La tecnología

la aplicación	*application*
la cámara digital/ de video	*digital/video camera*
el canal	*(TV) channel*
el cargador	*charger*
el cibercafé	*cybercafé*
el control remoto	*remote control*
el correo de voz	*voice mail*
el disco compacto	*CD*
el estéreo	*stereo*
la pantalla táctil	*touch screen*
el radio	*radio (set)*
el reproductor de CD	*CD player*
el reproductor de MP3	*MP3 player*
el (teléfono) celular	*cell phone*
el televisor	*television set*
apagar	*to turn off*
funcionar	*to work*
llamar	*to call*
poner, prender	*to turn on*
sonar (o:ue)	*to ring*
descompuesto/a	*not working; out of order*
lento/a	*slow*
lleno/a	*full*

Verbos

abrazar(se)	*to hug; to embrace (each other)*
ayudar(se)	*to help (each other)*
besar(se)	*to kiss (each other)*
encontrar(se) (o:ue)	*to meet (each other); to run into (each other)*
saludar(se)	*to greet (each other)*

La computadora

el archivo	*file*
la arroba	*@ symbol*
el blog	*blog*
el buscador	*browser*
la computadora (portátil)	*(portable) computer; (laptop)*
la conexión inalámbrica	*wireless (connection)*
la dirección electrónica	*e-mail address*
la impresora	*printer*
Internet	*Internet*
el mensaje de texto	*text message*
el monitor	*(computer) monitor*
la página principal	*home page*
la pantalla	*screen*
el programa de computación	*software*
el ratón	*mouse*
la red	*network; Web*
el reproductor de DVD	*DVD player*
el sitio web	*website*
el teclado	*keyboard*
borrar	*to erase*
chatear	*to chat*
descargar	*to download*
escanear	*to scan*
grabar	*to record*
guardar	*to save*
imprimir	*to print*
navegar (en Internet)	*to surf (the Internet)*

  My Vocabulary

El carro

la autopista, la carretera	*highway*
el baúl	*trunk*
la calle	*street*
el capó, el cofre	*hood*
el carro, el coche	*car*
la circulación, el tráfico	*traffic*
el garaje, el taller (mecánico)	*garage; (mechanic's) repair shop*
la gasolina	*gasoline*
la gasolinera	*gas station*
la licencia de conducir	*driver's license*
la llanta	*tire*
el/la mecánico/a	*mechanic*
el navegador GPS	*GPS*
el parabrisas	*windshield*
la policía	*police (force)*
la velocidad máxima	*speed limit*
el volante	*steering wheel*
arrancar	*to start*
arreglar	*to fix; to arrange*
bajar(se) de	*to get off of/out of (a vehicle)*
conducir, manejar	*to drive*
estacionar	*to park*
llenar (el tanque)	*to fill (the tank)*
parar	*to stop*
revisar (el aceite)	*to check (the oil)*
subir(se) a	*to get on/into (a vehicle)*

Otras palabras y expresiones

por aquí	*around here*
por ejemplo	*for example*
por eso	*that's why; therefore*
por fin	*finally*

Por and **para**	*See pages 68–69.*
Stressed possessive adjectives and pronouns	*See pages 74–75.*
Expresiones útiles	*See page 59.*

La vivienda

Communicative Goals

I will be able to:
- Welcome people to my home
- Describe my house or apartment
- Talk about household chores
- Give instructions

VOICE BOARD

contextos

fotonovela

cultura

estructura

adelante

A PRIMERA VISTA
- ¿Están los chicos en casa?
- ¿Viven en una casa o en un apartamento?
- ¿Ya comieron o van a comer?
- ¿Están de buen humor o de mal humor?

La vivienda

 My Vocabulary Tutorials

Más vocabulario

las afueras	suburbs; outskirts
el alquiler	rent (payment)
el ama (m., f.) de casa	housekeeper; caretaker
el barrio	neighborhood
el edificio de apartamentos	apartment building
el/la vecino/a	neighbor
la vivienda	housing
el balcón	balcony
la entrada	entrance
la escalera	stairs; stairway
el garaje	garage
el jardín	garden; yard
el pasillo	hallway
el patio	patio; yard
el sótano	basement; cellar
la cafetera	coffee maker
el electrodoméstico	electrical appliance
el horno (de microondas)	(microwave) oven
la lavadora	washing machine
la luz	light; electricity
la secadora	clothes dryer
la tostadora	toaster
el cartel	poster
la mesita de noche	night stand
los muebles	furniture
alquilar	to rent
mudarse	to move (from one house to another)

Variación léxica

dormitorio ⟷ cuarto (Arg.); aposento (Rep. Dom.); recámara (Méx.)

apartamento ⟷ departamento (Arg., Chile, Méx.); piso (Esp.)

lavar los platos ⟷ lavar/fregar los trastes (Amér. C., Rep. Dom.)

Los quehaceres domésticos

arreglar	to neaten; to straighten up
barrer el suelo	to sweep the floor
cocinar	to cook
ensuciar	to get (something) dirty
hacer quehaceres domésticos	to do household chores
lavar (el suelo, los platos)	to wash (the floor, the dishes)
limpiar la casa	to clean the house
planchar (la ropa)	to iron (the clothes)
quitar la mesa	to clear the table
quitar el polvo	to dust

el altillo

el dormitorio

la cómoda

el armario

el cuadro/la pintura

Hace la cama. (hacer)

la almohada

la manta

la sala

las cortinas

la lámpara

la mesita

el sofá

la alfombra

Pasa la aspiradora. (pasar)

Práctica

1 **Escuchar** Escucha la conversación y completa las oraciones.

1. Pedro va a limpiar primero _____.
2. Paula va a comenzar en _____.
3. Pedro va a _____ en el sótano.
4. Pedro también va a limpiar _____.
5. Ellos están limpiando la casa porque
   _____.

2 **Respuestas** Escucha las preguntas y selecciona la respuesta más adecuada. Una respuesta no se va a usar.

____ a. Sí, la alfombra estaba muy sucia.
____ b. No, porque todavía se están mudando.
____ c. Sí, sacudí la mesa y el estante.
____ d. Sí, puse el pollo en el horno.
____ e. Hice la cama, pero no limpié los muebles.
____ f. Sí, después de sacarla de la secadora.

3 **Escoger** Escoge la letra de la respuesta correcta.

1. Cuando quieres tener una lámpara y un despertador cerca de tu cama, puedes ponerlos en _____.
   a. el barrio   b. el cuadro   c. la mesita de noche
2. Si no quieres vivir en el centro de la ciudad, puedes mudarte _____.
   a. al alquiler   b. a las afueras   c. a la vivienda
3. Guardamos (*We keep*) los pantalones, las camisas y los zapatos en _____.
   a. la secadora   b. el armario   c. el patio
4. Para subir de la planta baja al primer piso, usamos _____.
   a. la entrada   b. el cartel   c. la escalera
5. Ponemos cuadros y pinturas en _____.
   a. las paredes   b. los quehaceres   c. los jardines

4 **Definiciones** En parejas, identifiquen cada cosa que se describe. Luego inventen sus propias descripciones de algunas palabras y expresiones de **Contextos**.

> **modelo**
> **Estudiante 1:** *Es donde pones los libros.*
> **Estudiante 2:** *el estante*

1. Es donde pones la cabeza cuando duermes.
2. Es el quehacer doméstico que haces después de comer.
3. Algunos de ellos son las cómodas y los sillones.
4. Son las personas que viven en tu barrio.
5. _____
6. _____

el comedor

Pone la mesa. (poner)

el vaso

la copa

la cuchara

la taza

la servilleta

el cuchillo

el tenedor

el plato

5

Completar Completa estas frases con las palabras más adecuadas.

1. Para comer una ensalada necesitas…
2. Para tomar café necesitas…
3. Para poner la comida en la mesa necesitas…
4. Para limpiarte la boca después de comer necesitas…
5. Para cortar (*to cut*) un bistec necesitas…
6. Para tomar agua necesitas…
7. Para tomar sopa necesitas…

6

Los quehaceres Trabajen en grupos para indicar quién hace estos quehaceres domésticos en sus casas. Luego contesten las preguntas.

barrer el suelo	lavar la ropa	planchar la ropa
cocinar	lavar los platos	sacar la basura
hacer las camas	pasar la aspiradora	sacudir los muebles

modelo

Estudiante 1: ¿Quién pasa la aspiradora en tu casa?

Estudiante 2: Mi hermano y yo pasamos la aspiradora.

1. ¿Quién hace más quehaceres, tú o tus compañeros/as?
2. ¿Quiénes hacen la mayoría de los quehaceres, los hombres o las mujeres?
3. ¿Piensas que debes hacer más quehaceres? ¿Por qué?

Comunicación

7

La vida doméstica En parejas, describan las habitaciones que ven en estas fotos. Identifiquen y describan cinco muebles o adornos (*accessories*) de cada foto y digan dos quehaceres que se pueden hacer en cada habitación.

8

Mi apartamento Dibuja el plano (*floor plan*) de un apartamento amueblado (*furnished*) imaginario y escribe los nombres de las habitaciones y de los muebles. En parejas, siéntense espalda contra espalda (*sit back to back*). Uno/a de ustedes describe su apartamento mientras su compañero/a lo dibuja según la descripción. Cuando terminen, miren el segundo dibujo. ¿Es similar al dibujo original? Hablen de los cambios que se necesitan hacer para mejorar el dibujo. Repitan la actividad intercambiando papeles.

9

¡Corre, corre! Tu profesor(a) va a darte una serie incompleta de dibujos que forman una historia. Tú y tu compañero/a tienen dos series diferentes. Descríbanse los dibujos para completar la historia.

modelo

Estudiante 1: Marta quita la mesa.
Estudiante 2: Francisco...

recursos

v̂ Text

CA

pp. 9–10

Los quehaceres

Jimena y Felipe deben limpiar el apartamento para poder ir de viaje con Marissa

PERSONAJES JIMENA FELIPE

 Video: *Fotonovela*

1

SR. DÍAZ Quieren ir a Yucatán con Marissa, ¿verdad?

SRA. DÍAZ Entonces, les sugiero que arreglen este apartamento. Regresamos más tarde.

SR. DÍAZ Les aconsejo que preparen la cena para las 8:30.

2

MARISSA ¿Qué pasa?

JIMENA Nuestros papás quieren que Felipe y yo arreglemos toda la casa.

FELIPE Y que, además, preparemos la cena.

MARISSA ¡Pues, yo les ayudo!

3

MARISSA Mis padres siempre quieren que mis hermanos y yo ayudemos con los quehaceres. No me molesta ayudar. Pero odio limpiar el baño.

JIMENA Lo que más odio yo es sacar la basura.

6

MARISSA Yo lleno el lavaplatos... después de vaciarlo.

DON DIEGO Juan Carlos, ¿por qué no terminas de pasar la aspiradora? Y Felipe, tú limpia el polvo. ¡Ya casi acaban!

7

(*Los chicos preparan la cena y ponen la mesa.*)

JUAN CARLOS ¿Dónde están los tenedores?

JIMENA Allá.

JUAN CARLOS ¿Y las servilletas?

MARISSA Aquí están.

8

FELIPE La sala está tan limpia. Le pasamos la aspiradora al sillón y a las cortinas. ¡Y también a las almohadas!

JIMENA Yucatán, ¡ya casi llegamos!

SRA. DÍAZ

SR. DÍAZ

MARISSA

JUAN CARLOS

DON DIEGO

JUAN CARLOS Hola, Jimena. ¿Está Felipe? (*a Felipe*) Te olvidaste del partido de fútbol.

FELIPE Juan Carlos, ¿verdad que mi papá te considera como de la familia?

JUAN CARLOS Sí.

(*Don Diego llega a ayudar a los chicos.*)

FELIPE Tenemos que limpiar la casa hoy.

JIMENA ¿Nos ayuda, don Diego?

DON DIEGO Claro. Recomiendo que se organicen en equipos para limpiar.

(*Papá y mamá regresan a casa.*)

SRA. DÍAZ ¡Qué bonita está la casa!

SR. DÍAZ Buen trabajo, muchachos. ¿Qué hay para cenar?

JIMENA Quesadillas. Vengan.

SRA. DÍAZ Don Diego, quédese a cenar con nosotros. Venga.

SR. DÍAZ Sí, don Diego. Pase.

DON DIEGO Gracias.

Expresiones útiles

Making recommendations
Le(s) sugiero que arregle(n) este apartamento.
I suggest you tidy up this apartment.
Le(s) aconsejo que prepare(n) la cena para las ocho y media.
I recommend that you have dinner ready for eight thirty.

Organizing work
Recomiendo que se organicen en equipos para limpiar.
I recommend that you divide yourselves into teams to clean.
Yo lleno el lavaplatos... después de vaciarlo.
I'll fill the dishwasher... after I empty it.
¿Por qué no terminas de pasar la aspiradora?
Why don't you finish vacuuming?
¡Ya casi acaban!
You're almost finished!
Felipe, tú quita el polvo.
Felipe, you dust.

Making polite requests
Don Diego, quédese a cenar con nosotros.
Don Diego, stay and have dinner with us.
Venga.
Come on.
Don Diego, pase.
Don Diego, come in.

Additional vocabulary
el plumero *duster*

recursos

vText

CA
pp. 51–52

vhlcentral

¿Qué pasó?

1 ¿Cierto o falso? Indica si lo que dicen estas oraciones es **cierto** o **falso**. Corrige las oraciones falsas.

	Cierto	Falso
1. Felipe y Jimena tienen que preparar el desayuno. *cena* *Marissa*	○	●
2. Don Diego ayuda a los chicos organizando los quehaceres domésticos.	●	○
3. Jimena le dice a Juan Carlos dónde están los tenedores.	●	○
4. A Marissa no le molesta limpiar el baño. *Sala* *odia*	○	●
5. Juan Carlos termina de lavar los platos. *pasa espidora*	●	○

2 Identificar Identifica quién puede decir estas oraciones.

1. Yo les ayudo, no me molesta hacer quehaceres domésticos. *Jimena* *Marisa*

2. No me gusta sacar la basura, pero es necesario hacerlo. *Don Diego*

3. Es importante que termines de pasar la aspiradora, Juan Carlos. *Felipe*

4. ¡La casa está muy limpia! ¡Qué bueno que pasamos la aspiradora! *Felipe* *Marissa*

5. ¡Buen trabajo, chicos! ¿Qué vamos a cenar? *Señor Díaz Felipe*

JIMENA   **DON DIEGO**   **FELIPE**   **SR. DÍAZ**   **MARISSA**

3 Completar Los chicos y don Diego están haciendo los quehaceres. Adivina en qué cuarto está cada uno de ellos.

1. Jimena limpia el congelador. Jimena está en _____ *cocina*
2. Don Diego limpia el escritorio. Don Diego está en _____. *dormitorio* *oficina*
3. Felipe pasa la aspiradora debajo de la mesa y las sillas. Felipe está en _____. *sala de esta* *comedor* *sala*
4. Juan Carlos sacude el sillón. Juan Carlos está en _____. *sala*
5. Marissa hace la cama. Marissa está en _____ *dorm. tor.o*

4 Mi casa Dibuja el plano de una casa o de un apartamento. Puede ser el plano de la casa o del apartamento donde vives o de donde te gustaría (*you would like*) vivir. Después, trabajen en parejas y describan lo que se hace en cuatro de las habitaciones. Para terminar, pídanse (*ask for*) ayuda para hacer dos quehaceres domésticos. Pueden usar estas frases en su conversación.

Quiero mostrarte…	Al fondo hay…
Ésta es (la cocina).	Quiero que me ayudes a (sacar la basura).
Allí yo (preparo la comida).	Por favor, ayúdame con…

Practice more at vhlcentral.com.

Ortografía y pronunciación
Mayúsculas y minúsculas

Here are some of the rules that govern the use of capital letters (**mayúsculas**) and lowercase letters (**minúsculas**) in Spanish.

 Audio

Los estudiantes llegaron al aeropuerto a las dos. Luego fueron al hotel.

In both Spanish and English, the first letter of every sentence is capitalized.

Rubén Blades   **Panamá**   **Colón**   **los Andes**

The first letter of all proper nouns (names of people, countries, cities, geographical features, etc.) is capitalized.

Cien años de soledad   ***Don Quijote de la Mancha***
El País   ***Muy Interesante***

The first letter of the first word in titles of books, films, and works of art is generally capitalized, as well as the first letter of any proper names. In newspaper and magazine titles, as well as other short titles, the initial letter of each word is often capitalized.

---

la señora Ramos   **don Francisco**
el presidente   **Sra. Vives**

Titles associated with people are *not* capitalized unless they appear as the first word in a sentence. Note, however, that the first letter of an abbreviated title is capitalized.

Último   **Álex**   **MENÚ**   **PERDÓN**

Accent marks should be retained on capital letters. In practice, however, this rule is often ignored.

---

lunes   **viernes**   **marzo**   **primavera**

The first letter of days, months, and seasons is <u>not</u> capitalized.

---

español   **estadounidense**   **japonés**   **panameños**

The first letter of nationalities and languages is <u>not</u> capitalized.

Profesor Herrera, ¿es cierto que somos venenosas°?

Sí, Pepito. ¿Por qué lloras?

Práctica Corrige las mayúsculas y minúsculas incorrectas.

1. soy lourdes romero. Soy Colombiana.
2. éste Es mi Hermano álex.
3. somos De panamá.
4. ¿es ud. La sra. benavides?
5. ud. Llegó el Lunes, ¿no?

Palabras desordenadas Lee el diálogo de las serpientes. Ordena las letras para saber de qué palabras se trata. Después escribe las letras indicadas para descubrir por qué llora Pepito.

m n a a P á   ⊔⊔⊔⊔⊔⊔
s t e m r a   ⊔⊔⊔⊔⊔⊔
i g s l é n   ⊔⊔⊔⊔⊔⊔
y a U r u g u   ⊔⊔⊔⊔⊔⊔⊔
r o ñ e s a   ⊔⊔⊔⊔⊔⊔

¡ ⊔orque ⊔e acabo de morder° la ⊔en ⊔u ⊔!

¡Porque me acabo de morder la lengua!
Respuestas: Panamá, martes, inglés, Uruguay, señora.

recursos

vText | CA p. 120 | CH p. 37 | vhlcentral

venenosas *venomous* **morder** *to bite*

Additional Reading

El patio central

En las tardes cálidas° de Oaxaca, México; Córdoba, España; o Popayán, Colombia, es un placer sentarse en **el patio central** de una casa y tomar un refresco disfrutando de° una buena conversación. De influencia árabe, esta característica arquitectónica° fue traída° a las Américas por los españoles. En la época° colonial, se construyeron casas, palacios, monasterios, hospitales y escuelas con patio central. Éste es un espacio privado e íntimo en donde se puede disfrutar del sol y de la brisa° estando aislado° de la calle.

Por esta razón y para disminuir° la temperatura, el agua en estas construcciones es muy importante. El agua y la vegetación ayudan a mantener la temperatura fresca y el patio proporciona° luz y ventilación a todas las habitaciones.

El centro del patio es un espacio abierto. Alrededor de° él, separado por columnas, hay un pasillo cubierto°. Así, en el patio hay zonas de sol y de sombra°. El patio es una parte importante de la vivienda familiar y su decoración se cuida° mucho. En el centro del patio muchas veces hay una fuente°, plantas e incluso árboles°. El agua es un elemento muy importante en la cultura islámica porque simboliza la purificación del cuerpo y del alma°.

La distribución

Las casas con patio central eran usualmente las viviendas de familias adineradas°. Son casas de dos o tres pisos. Los cuartos de la planta baja son las áreas comunes: cocina, comedor, sala, etc., y tienen puertas al patio. En los pisos superiores están las habitaciones privadas de la familia.

cálidas *hot* disfrutando de *enjoying* arquitectónica *architectural* traída *brought* época *era* brisa *breeze* aislado *isolated* Alrededor de *Surrounding* cubierto *covered* sombra *shade* se cuida *is looked after* fuente *fountain* árboles *trees* alma *soul* disminuir *lower* proporciona *provides* adineradas *wealthy*

1 **¿Cierto o falso?** Indica si lo que dicen las oraciones es cierto o falso. Corrige las falsas.

1. Los patios centrales de Latinoamérica tienen su origen en la tradición indígena.
2. Los españoles llevaron a América el concepto del patio.
3. En la época colonial las casas eran las únicas construcciones con patio central.
4. El patio es una parte importante en estas construcciones, y es por eso que se le presta atención a su decoración.
5. El patio central es un lugar de descanso que da luz y ventilación a las habitaciones.
6. Las fuentes en los patios tienen importancia por razones culturales y porque bajan la temperatura.
7. En la cultura española el agua simboliza salud y bienestar del cuerpo y del alma.
8. Las casas con patio central eran para personas adineradas.
9. Los cuartos de la planta baja son privados.
10. Los dormitorios están en los pisos superiores.

ASÍ SE DICE

La vivienda

el ático, el desván	el altillo
la cobija (Col., Méx.), la frazada (Arg., Cuba, Ven.)	la manta
el escaparate (Cuba, Ven.), el ropero (Méx.)	el armario
el fregadero	*kitchen sink*
el frigidaire (Perú); el frigorífico (Esp.), la nevera	el refrigerador
el lavavajillas (Arg., Esp., Méx.)	el lavaplatos

EL MUNDO HISPANO

Los muebles

- **Mecedora°** La mecedora es un mueble típico de Latinoamérica, especialmente de la zona del Caribe. A las personas les gusta relajarse mientras se mecen° en el patio.

- **Mesa camilla** Era un mueble popular en España hasta hace algunos años. Es una mesa con un bastidor° en la parte inferior° para poner un brasero°. En invierno, las personas se sentaban alrededor de la mesa camilla para conversar, jugar a las cartas o tomar café.

- **Hamaca** Se cree que los taínos hicieron las primeras hamacas con fibras vegetales. Su uso es muy popular en toda Latinoamérica para dormir y descansar.

Mecedora *Rocking chair* se mecen *they rock themselves* bastidor *frame* inferior *bottom* brasero *container for hot coals*

PERFIL

Las islas flotantes del lago Titicaca

Bolivia y Perú comparten **el lago Titicaca**, donde viven **los uros**, uno de los pueblos indígenas más antiguos de América. Hace muchos años, los uros fueron a vivir al lago escapando de **los incas**. Hoy en día, siguen viviendo allí en **islas flotantes** que ellos mismos hacen con unos juncos° llamados **totoras.** Primero tejen° grandes plataformas. Luego, con el mismo material, construyen

sus casas sobre las plataformas. La totora es resistente, pero con el tiempo el agua la pudre°. Los habitantes de las islas necesitan renovar continuamente las plataformas y las casas. Sus muebles y sus barcos también están hechos° de juncos. Los uros viven de la pesca y del turismo; en las islas hay unas tiendas donde venden artesanías° hechas con totora.

PERÚ

Lago Titicaca →

BOLIVIA

juncos *reeds* tejen *they weave* la pudre *rots it* hechos *made* artesanías *handcrafts*

Conexión Internet

¿Cómo son las casas modernas en los países hispanos?	Go to **vhlcentral.com** to find more cultural information related to this **Cultura** section.

ACTIVIDADES

1 **Comprensión** Responde a las preguntas.

1. Tu amigo mexicano te dice: "La **cobija** azul está en el **ropero**". ¿Qué quiere decir?
2. ¿Quiénes hicieron las primeras hamacas? ¿Qué material usaron?
3. ¿Qué grupo indígena vive en el lago Titicaca?
4. ¿Qué pueden comprar los turistas en las islas flotantes del lago Titicaca?

3 **Viviendas tradicionales** Escribe cuatro oraciones sobre una vivienda tradicional que conoces. Explica en qué lugar se encuentra, de qué materiales está hecha y cómo es.

Practice more at vhlcentral.com.

3.1 Relative pronouns

ANTE TODO In both English and Spanish, relative pronouns (**pronombres relativos**) are used to combine two sentences or clauses that share a common element, such as a noun or pronoun. Study this diagram.

Mis padres me regalaron **la pintura**.
My parents gave me the painting.

La pintura es muy bonita.
The painting is very beautiful.

La pintura **que** mis padres me regalaron es muy bonita.
The painting that my parents gave me is very beautiful.

Lourdes es muy inteligente.
Lourdes is very intelligent.

Lourdes estudia español.
Lourdes is studying Spanish.

Lourdes, **quien** estudia español, es muy inteligente.
Lourdes, who studies Spanish, is very intelligent.

Te olvidaste del partido que es a la una.

¿Dónde están las servilletas que estaban sobre el refrigerador?

▶ Spanish has three frequently used relative pronouns. **¡Atención!** Even though interrogative words (**qué**, **quién**, etc.) always carry an accent, relative pronouns never carry a written accent.

que	*that; which; who*
quien(es)	*who; whom; that*
lo que	*that which; what*

▶ **Que** is the most frequently used relative pronoun. It can refer to things or to people. Unlike its English counterpart, *that*, **que** is never omitted.

¿Dónde está la cafetera **que** compré?
Where is the coffee maker (that) I bought?

El hombre **que** limpia es Pedro.
The man who is cleaning is Pedro.

▶ The relative pronoun **quien** refers only to people, and is often used after a preposition or the personal **a. Quien** has two forms: **quien** (singular) and **quienes** (plural).

¿Son las chicas **de quienes** me hablaste la semana pasada?
Are they the girls (that) you told me about last week?

Eva, **a quien** conocí anoche, es mi nueva vecina.
Eva, whom I met last night, is my new neighbor.

¡LENGUA VIVA!

In English, it is generally recommended that *who(m)* be used to refer to people, and that *that* and *which* be used to refer to things. In Spanish, however, it is perfectly acceptable to use **que** when referring to people.

▶ **Quien(es)** is occasionally used instead of **que** in clauses set off by commas.

Lola, **quien** es cubana, es médica.
Lola, who is Cuban, is a doctor.

Su tía, **que** es alemana, ya llegó.
His aunt, who is German, already arrived.

▶ Unlike **que** and **quien(es)**, **lo que** doesn't refer to a specific noun. It refers to an idea, a situation, or a past event and means *what, that which,* or *the thing that.*

Lo que me molesta es el calor.
What bothers me is the heat.

Lo que quiero es una casa.
What I want is a house.

Este supermercado tiene todo **lo que** necesito.

A Samuel no le gustó **lo que** le dijo Violeta.

¡INTÉNTALO! Completa estas oraciones con pronombres relativos.

1. Voy a utilizar los platos ___*que*___ me regaló mi abuela.
2. Ana comparte un apartamento con la chica a _____ conocimos en la fiesta de Jorge.
3. Esta oficina tiene todo _____ necesitamos.
4. Puedes estudiar en el dormitorio _____ está a la derecha de la cocina.
5. Los señores _____ viven en esa casa acaban de llegar de Centroamérica.
6. Los niños a _____ viste en nuestro jardín son mis sobrinos.
7. La piscina _____ ves desde la ventana es la piscina de mis vecinos.
8. Úrsula, _____ ayudó a mamá a limpiar el refrigerador, es muy simpática.
9. El hombre de _____ hablo es mi padre.
10. _____ te dijo Pablo no es cierto.
11. Tengo que sacudir los muebles _____ están en el altillo una vez al mes.
12. No entiendo por qué no lavaste los vasos _____ te dije.
13. La mujer a _____ saludaste vive en las afueras.
14. ¿Sabes _____ necesita este dormitorio? ¡Unas cortinas!
15. No quiero volver a hacer _____ hice ayer.

recursos

vText

CA
p. 121

CP
pp. 29–30

CH
p. 39

vhlcentral

Práctica

1

Combinar Combina elementos de la columna A y la columna B para formar oraciones lógicas.

A

1. Ése es el hombre _____.
2. Rubén Blades, _____.
3. No traje _____.
4. ¿Te gusta la manta _____?
5. ¿Cómo se llama el programa _____?
6. La mujer _____.

B

a. con quien bailaba es mi vecina
b. que te compró Cecilia
c. quien es de Panamá, es un cantante muy bueno
d. que arregló mi lavadora
e. lo que necesito para la clase de matemáticas
f. que comiste en el restaurante
g. que escuchaste en la radio anoche

2

Completar Completa la historia sobre la casa que Jaime y Tina quieren comprar, usando los pronombres relativos **que, quien, quienes** o **lo que**.

1. Jaime y Tina son las personas a _____ conocí la semana pasada.

2. Quieren comprar una casa _____ está en las afueras de la ciudad.

3. Es una casa _____ era de una artista famosa.

4. La artista, a _____ yo conocía, murió el año pasado y no tenía hijos.

5. Ahora se vende la casa con todos los muebles _____ ella tenía.

6. La sala tiene una alfombra _____ ella trajo de Kuwait.

7. La casa tiene muchos estantes, _____ a Tina le encanta.

3

Oraciones Javier y Ana acaban de casarse y han comprado (*they have bought*) una casa y muchas otras cosas. Combina sus declaraciones para formar una sola oración con los pronombres relativos **que, quien(es)** y **lo que**.

> **modelo**
> Vamos a usar los vasos nuevos mañana. Los pusimos en el comedor.
> *Mañana vamos a usar los vasos nuevos que pusimos en el comedor.*

1. Tenemos una cafetera nueva. Mi prima nos la regaló.

2. Tenemos una cómoda nueva. Es bueno porque no hay espacio en el armario.

3. Esos platos no nos costaron mucho. Están encima del horno.

4. Esas copas me las regaló mi amiga Amalia. Ella viene a visitarme mañana.

5. La lavadora está casi nueva. Nos la regalaron mis suegros.

6. La vecina nos dio una manta de lana. Ella la compró en México.

Comunicación

4   **Entrevista** En parejas, túrnense para hacerse estas preguntas.

1. ¿Qué es lo que más te gusta de vivir en las afueras o en la ciudad?
2. ¿Cómo son las personas que viven en tu barrio?
3. ¿Cuál es el quehacer doméstico que menos te gusta? ¿Y el que más te gusta?
4. ¿Quién es la persona que hace los quehaceres domésticos en tu casa?
5. ¿Quiénes son las personas con quienes más sales los fines de semana? ¿Quién es la persona a quien más llamas por teléfono?
6. ¿De qué vecino es el coche que más te gusta?
7. ¿Cuál es el barrio de tu ciudad que más te gusta y por qué?
8. ¿Quién es la persona a quien más llamas cuando tienes problemas?
9. ¿Cuál es el lugar de la casa donde te sientes más cómodo/a?
10. ¿Qué es lo que más te gusta de tu barrio?
11. ¿Qué hace el vecino que más llama la atención?
12. ¿Qué es lo que menos te gusta de tu barrio?

5   **Adivinanza** En grupos, túrnense para describir distintas partes de una vivienda usando pronombres relativos. Los demás compañeros tienen que hacer preguntas hasta que adivinen (*they guess*) la palabra.

> **modelo**
>
> **Estudiante 1:** Es lo que tenemos en el dormitorio.
> **Estudiante 2:** ¿Es el mueble que usamos para dormir?
> **Estudiante 1:** No. Es lo que usamos para guardar la ropa.
> **Estudiante 3:** Lo sé. Es la cómoda.

Síntesis

6   **Definir** En parejas, definan las palabras. Usen los pronombres relativos **que, quien(es)** y **lo que.** Luego compartan sus definiciones con la clase.

alquiler	flan	patio	tenedor
amigos	guantes	postre	termómetro
aspiradora	jabón	sillón	vaso
enfermera	manta	sótano	vecino

> **modelo**
>
> lavadora Es lo que se usa para lavar la ropa.
> pastel Es un postre que comes en tu cumpleaños.

AYUDA

Remember that **de,** followed by the name of a material, means *made of.*

Es de algodón.
It's made of cotton.

•••

Es un tipo de means *It's a kind/sort of…*

Es un tipo de flor.
It's a kind of flower.

3.2 Formal (usted/ustedes) commands

🅢 Tutorial

ANTE TODO   As you learned in **Lección 2**, the command forms are used to give orders or advice. Formal commands are used with people you address as **usted** or **ustedes.** Observe these examples, then study the chart.

AYUDA

By learning formal commands, it will be easier for you to learn the subjunctive forms that are presented in **Estructura 3.3**, p. 108.

> **Hable** con ellos, don Francisco.
> *Talk with them, Don Francisco.*

> **Coma** frutas y verduras.
> *Eat fruits and vegetables.*

> **Laven** los platos ahora mismo.
> *Wash the dishes right now.*

> **Beban** menos té y café.
> *Drink less tea and coffee.*

Formal commands (Ud. and Uds.)

Infinitive	Present tense yo form	Ud. command	Uds. command
limpiar	limp**io**	limp**ie**	limp**ien**
barrer	barr**o**	barr**a**	barr**an**
sacudir	sacud**o**	sacud**a**	sacud**an**
decir (e:i)	dig**o**	dig**a**	dig**an**
pensar (e:ie)	piens**o**	piens**e**	piens**en**
volver (o:ue)	vuelv**o**	vuelv**a**	vuelv**an**
servir (e:i)	sirv**o**	sirv**a**	sirv**an**

▶ The **usted** and **ustedes** commands, like the negative **tú** commands, are formed by dropping the final **-o** of the **yo** form of the present tense. For **-ar** verbs, add **-e** or **-en**. For **-er** and **-ir** verbs, add **-a** or **-an**.

Don Diego, quédese a cenar con nosotros.

No se preocupen, yo los ayudo.

▶ Verbs with irregular **yo** forms maintain the same irregularity in their formal commands. These verbs include **conducir, conocer, decir, hacer, ofrecer, oír, poner, salir, tener, traducir, traer, venir,** and **ver.**

> **Oiga,** don Manolo...
> *Listen, Don Manolo...*

> **¡Salga** inmediatamente!
> *Leave immediately!*

> **Ponga** la mesa, por favor.
> *Set the table, please.*

> **Hagan** la cama antes de salir.
> *Make the bed before leaving.*

▶ Note also that verbs maintain their stem changes in **usted** and **ustedes** commands.

e:ie	o:ue	e:i
No **pierda** la llave.	**Vuelva** temprano, joven.	**Sirva** la sopa, por favor.
Cierren la puerta.	**Duerman** bien, chicos.	**Repitan** las frases.

AYUDA

It may help you to study the following five series of syllables. Note that within each series, the consonant sound doesn't change.

ca que qui co cu

za ce ci zo zu

ga gue gui go gu

ja ge gi jo ju

▶ Verbs ending in **-car, -gar,** and **-zar** have a spelling change in the command forms.

sa**car**	**c** ⟶ **qu**	sa**qu**e, sa**qu**en
ju**gar**	**g** ⟶ **gu**	jue**gu**e, jue**gu**en
almor**zar**	**z** ⟶ **c**	almuer**c**e, almuer**c**en

▶ These verbs have irregular formal commands.

Infinitive	Ud. command	Uds. command
dar	**dé**	**den**
estar	**esté**	**estén**
ir	**vaya**	**vayan**
saber	**sepa**	**sepan**
ser	**sea**	**sean**

▶ To make a formal command negative, simply place **no** before the verb.

No ponga las maletas en la cama.   **No ensucien** los sillones.
Don't put the suitcases on the bed.   *Don't dirty the armchairs.*

▶ In affirmative commands, reflexive, indirect, and direct object pronouns are always attached to the end of the verb.

Siénten**se**, por favor.   Acuésten**se** ahora.
Síga**me**, Laura.   Póngan**las** en el suelo, por favor.

▶ **¡Atención!** When a pronoun is attached to an affirmative command that has two or more syllables, an accent mark is added to maintain the original stress.

limpie ⟶ **límpielo**   **lean** ⟶ **léanlo**
diga ⟶ **dígamelo**   **sacudan** ⟶ **sacúdanlos**

▶ In negative commands, these pronouns always precede the verb.

No **se** preocupe.   No **los** ensucien.
No **me lo** dé.   No **nos las** traigan.

▶ **Usted** and **ustedes** can be used with the command forms to strike a more formal tone. In such instances, they follow the command form.

Muéstrele usted la foto a su amigo.   **Tomen ustedes** esta mesa.
Show the photo to your friend.   *Take this table.*

recursos

v̂Text

CA
pp. 11–12, 122

CP
pp. 31–32

CH
pp. 40–43

vhlcentral

¡INTÉNTALO!   Indica los mandatos (*commands*) afirmativos y negativos correspondientes.

1. escucharlo (Ud.) _Escúchelo_. _No lo escuche_.
2. decírmelo (Uds.) _____. _____.
3. salir (Ud.) _____. _____.
4. servírnoslo (Uds.) _____. _____.
5. barrerla (Ud.) _____. _____.
6. hacerlo (Ud.) _____. _____.

Práctica

1 **Completar** La señora González quiere mudarse de casa. Ayúdala a organizarse. Indica el mandato formal de cada verbo.

1. ~~Lea~~ los anuncios del periódico y ~~No~~ _____. (Leer, guardarlos)
2. ~~Vaya~~ personalmente y ~~es Vea~~ las casas usted misma. (Ir, ver)
3. Decida qué casa quiere y ~~llame~~ al agente. ~~Pídele~~ un contrato de alquiler. (llamar, Pedirle)
4. ~~Maneje~~ un camión (*truck*) para ese día y ~~espere~~ ~~pregúntales~~ la hora exacta de llegada. (Contratar, preguntarles) ~~Vuelva~~
5. El día de la mudanza (*On moving day*) ~~esté~~ tranquila. _____ a revisar su lista para completar todo lo que tiene que hacer. (estar, Volver)
6. Primero, ~~dígales~~ a todos en casa que usted va a estar ocupada. No ~~va les~~ que usted va a hacerlo todo. (decirles, decirles)
7. ~~msique~~ tiempo para hacer las maletas tranquilamente. No ~~ehaga~~ las maletas a los niños más grandes. (Sacar, hacerles)
8. No ~~pregúntate →~~ _____ que todo va a salir bien. (preocuparse, Saber) ~~Sepreocupe~~

2 **¿Qué dicen?** Mira los dibujos y escribe un mandato lógico para cada uno. Usa palabras que aprendiste en **Contextos**.

~~abran sus libros~~

1. ~~enséñenos~~

2. ~~Cierra la puerta~~

3. ~~tragirce la comida~~

4. ~~limpio la piso~~
~~Barran el suelo~~

5. ~~duérmase~~

6. ~~tome sus heros~~
~~pongan sus juegos~~
~~en sus dormitorios~~

Comunicación

3

Solucionar Trabajen en parejas. Un(a) estudiante presenta los problemas de la columna A y el/la otro/a los de la columna B. Usen mandatos formales y túrnense para ofrecer soluciones.

 modelo

> **Estudiante 1:** Vilma se torció un tobillo jugando al tenis. Es la tercera vez.
> **Estudiante 2:** *No juegue más al tenis. / Vaya a ver a un especialista.*

A

1. Se me perdió el libro de español con todas mis notas.
2. A Vicente se le cayó la botella de agua mineral para la cena.
3. ¿Cómo? ¿Se le olvidó traer el traje de baño a la playa?
4. Se nos quedaron los pasaportes en la casa. El avión sale en una hora.

B

1. Mis hermanas no se levantan temprano. Siempre llegan tarde a la escuela.
2. A mi abuela le robaron (*stole*) las maletas. Era su primer día de vacaciones.
3. Nuestra casa es demasiado pequeña para nuestra familia.
4. Me preocupo constantemente por Roberto. Trabaja demasiado.

4

Conversaciones En parejas, escojan dos situaciones y preparen conversaciones para presentar a la clase. Usen mandatos formales.

modelo

> **Lupita:**   Señor Ramírez, siento mucho llegar tan tarde.
>   Mi niño se enfermó. ¿Qué debo hacer?
> **Sr. Ramírez:** *No se preocupe. Siéntese y descanse un poco.*

SITUACIÓN 1 Profesor Rosado, no vine la semana pasada porque el equipo jugaba en Boquete. ¿Qué debo hacer para ponerme al día (*catch up*)?

SITUACIÓN 2 Los invitados de la boda llegan a las cuatro de la tarde, las mesas están sin poner y el champán sin servir. Son las tres de la tarde y los camareros apenas están llegando. ¿Qué deben hacer los camareros?

SITUACIÓN 3 Mi novio es un poco aburrido. No le gustan ni el cine, ni los deportes, ni salir a comer. Tampoco habla mucho. ¿Qué puedo hacer?

▶ **SITUACIÓN 4** Tengo que preparar una presentación para mañana sobre el Canal de Panamá. ¿Por dónde comienzo?

Síntesis

5

Presentar En grupos, preparen un anuncio de televisión para presentar a la clase. El anuncio debe tratar de un detergente, un electrodoméstico o una agencia inmobiliaria (*real estate agency*). Usen mandatos formales, los pronombres relativos **(que, quien(es)** o **lo que)** y el **se** impersonal.

modelo

> *Compre el lavaplatos Destellos. Tiene todo lo que usted desea.*
> *Es el lavaplatos que mejor funciona. Venga a verlo ahora mismo…*
> *No pierda ni un minuto más. Se aceptan tarjetas de crédito.*

3.3 The present subjunctive

Tutorial

ANTE TODO   With the exception of commands, all the verb forms you have been using have been in the indicative mood. The indicative is used to state facts and to express actions or states that the speaker considers to be real and definite. In contrast, the subjunctive mood expresses the speaker's attitude toward events, as well as actions or states the speaker views as uncertain or hypothetical.

> Por favor, quiten los platos de la mesa.

> Les aconsejo que preparen la cena.

▶ The present subjunctive is formed very much like **usted** commands, **ustedes** commands, and *negative* **tú** commands. From the **yo** form of the present indicative, drop the **-o** ending, and replace it with the subjunctive endings.

INFINITIVE	PRESENT INDICATIVE	VERB STEM	PRESENT SUBJUNCTIVE
hablar	**hablo**	**habl-**	**hable**
comer	**como**	**com-**	**coma**
escribir	**escribo**	**escrib-**	**escriba**

▶ The present subjunctive endings are:

-ar verbs		-er and -ir verbs	
-e	-emos	-a	-amos
-es	-éis	-as	-áis
-e	-en	-a	-an

Present subjunctive of regular verbs

		hablar	comer	escribir
SINGULAR FORMS	yo	habl**e**	com**a**	escrib**a**
	tú	habl**es**	com**as**	escrib**as**
	Ud./él/ella	habl**e**	com**a**	escrib**a**
PLURAL FORMS	nosotros/as	habl**emos**	com**amos**	escrib**amos**
	vosotros/as	habl**éis**	com**áis**	escrib**áis**
	Uds./ellos/ellas	habl**en**	com**an**	escrib**an**

▶ Verbs with irregular **yo** forms show the same irregularity in all forms of the present subjunctive.

Infinitive	Present indicative	Verb stem	Present subjunctive
conducir	conduzco	**conduzc-**	**conduzca**
conocer	conozco	**conozc-**	**conozca**
decir	digo	**dig-**	**diga**
hacer	hago	**hag-**	**haga**
ofrecer	ofrezco	**ofrezc-**	**ofrezca**
oír	oigo	**oig-**	**oiga**
parecer	parezco	**parezc-**	**parezca**
poner	pongo	**pong-**	**ponga**
tener	tengo	**teng-**	**tenga**
traducir	traduzco	**traduzc-**	**traduzca**
traer	traigo	**traig-**	**traiga**
venir	vengo	**veng-**	**venga**
ver	veo	**ve-**	**vea**

▶ To maintain the **c, g,** and **z** sounds, verbs ending in **-car, -gar,** and **-zar** have a spelling change in all forms of the present subjunctive.

sacar: sa**qu**e, sa**qu**es, sa**qu**e, sa**qu**emos, sa**qu**éis, sa**qu**en

jugar: jue**gu**e, jue**gu**es, jue**gu**e, ju**gu**emos, ju**gu**éis, jue**gu**en

almorzar: almuer**c**e, almuer**c**es, almuer**c**e, almor**c**emos, almor**c**éis, almuer**c**en

Present subjunctive of stem-changing verbs

AYUDA

Note that stem-changing verbs and verbs that have a spelling change have the same ending as regular verbs in the present subjunctive.

▶ **-Ar** and **-er** stem-changing verbs have the same stem changes in the subjunctive as they do in the present indicative.

pensar (e:ie): p**ie**nse, p**ie**nses, p**ie**nse, pensemos, penséis, p**ie**nsen

mostrar (o:ue): m**ue**stre, m**ue**stres, m**ue**stre, mostremos, mostréis, m**ue**stren

entender (e:ie): ent**ie**nda, ent**ie**ndas, ent**ie**nda, entendamos, entendáis, ent**ie**ndan

volver (o:ue): v**ue**lva, v**ue**lvas, v**ue**lva, volvamos, volváis, v**ue**lvan

▶ **-Ir** stem-changing verbs have the same stem changes in the subjunctive as they do in the present indicative, but in addition, the **nosotros/as** and **vosotros/as** forms undergo a stem change. The unstressed **e** changes to **i,** while the unstressed **o** changes to **u.**

pedir (e:i): p**i**da, p**i**das, p**i**da, p**i**damos, p**i**dáis, p**i**dan

sentir (e:ie): s**ie**nta, s**ie**ntas, s**ie**nta, s**i**ntamos, s**i**ntáis, s**ie**ntan

dormir (o:ue): d**ue**rma, d**ue**rmas, d**ue**rma, d**u**rmamos, d**u**rmáis, d**ue**rman

Irregular verbs in the present subjunctive

▶ These five verbs are irregular in the present subjunctive.

Irregular verbs in the present subjunctive						
		dar	**estar**	**ir**	**saber**	**ser**
SINGULAR FORMS	yo	**dé**	**esté**	**vaya**	**sepa**	**sea**
	tú	**des**	**estés**	**vayas**	**sepas**	**seas**
	Ud./él/ella	**dé**	**esté**	**vaya**	**sepa**	**sea**
PLURAL FORMS	nosotros/as	**demos**	**estemos**	**vayamos**	**sepamos**	**seamos**
	vosotros/as	**deis**	**estéis**	**vayáis**	**sepáis**	**seáis**
	Uds./ellos/ellas	**den**	**estén**	**vayan**	**sepan**	**sean**

▶ **¡Atención!** The subjunctive form of **hay** (*there is, there are*) is also irregular: **haya**.

General uses of the subjunctive

▶ The subjunctive is mainly used to express: 1) will and influence, 2) emotion, 3) doubt, disbelief, and denial, and 4) indefiniteness and nonexistence.

▶ The subjunctive is most often used in sentences that consist of a main clause and a subordinate clause. The main clause contains a verb or expression that triggers the use of the subjunctive. The conjunction **que** connects the subordinate clause to the main clause.

Main clause	Connector	Subordinate clause
Es muy importante	que	**vayas** al hotel ahora mismo.

▶ These impersonal expressions are always followed by clauses in the subjunctive:

Es bueno que...
It's good that...

Es mejor que...
It's better that...

Es malo que...
It's bad that...

Es importante que...
It's important that...

Es necesario que...
It's necessary that...

Es urgente que...
It's urgent that...

 ¡INTÉNTALO! Indica el presente del subjuntivo de estos verbos.

1. (alquilar, beber, vivir)   que yo *alquile, beba, viva*
2. (estudiar, aprender, asistir)   que tú _____
3. (encontrar, poder, tener)   que él _____
4. (hacer, pedir, dormir)   que nosotras _____
5. (dar, hablar, escribir)   que ellos _____
6. (pagar, empezar, buscar)   que ustedes _____
7. (ser, ir, saber)   que yo _____
8. (estar, dar, oír)   que tú _____

recursos

v̂Text

CA
p. 123

CP
pp. 33–34

CH
pp. 44–47

S
vhlcentral

Práctica y Comunicación

1 **Completar** Completa las oraciones con el presente del subjuntivo de los verbos entre paréntesis. Luego empareja las oraciones del primer grupo con las del segundo grupo.

A

1. Es mejor que _____ en casa. (nosotros, cenar) _____
2. Es importante que _____ las casas colgadas de Cuenca. (tú, visitar) _____
3. Señora, es urgente que le _____ el diente. Tiene una infección. (yo, sacar) _____
4. Es malo que Ana les _____ tantos dulces a los niños. (dar) _____
5. Es necesario que _____ a la una de la tarde. (ustedes, llegar) _____
6. Es importante que _____ temprano. (nosotros, acostarse) _____

> **NOTA CULTURAL**
>
> **Las casas colgadas** (*hanging*) de Cuenca, España, son muy famosas. Estas casas están situadas en un acantilado (*cliff*) y forman parte del paisaje de la ciudad.

B

a. Es importante que _____ más verduras. (ellos, comer)
b. No, es mejor que _____ a comer. (nosotros, salir)
c. Y yo creo que es bueno que _____ a Madrid después. (yo, ir)
d. En mi opinión, no es necesario que _____ tanto. (nosotros, dormir)
e. ¿Ah, sí? ¿Es necesario que me _____ un antibiótico también? (yo, tomar)
f. Para llegar a tiempo, es necesario que _____ temprano. (nosotros, almorzar)

2 **Minidiálogos** En parejas, completen los minidiálogos con expresiones impersonales de una manera lógica.

> **modelo**
>
> **Miguelito:** Mamá, no quiero arreglar mi cuarto.
> **Sra. Casas:** *Es necesario que lo arregles. Y es importante que sacudas los muebles también.*

1. **MIGUELITO** Mamá, no quiero estudiar. Quiero salir a jugar con mis amigos.
   SRA. CASAS _____
2. **MIGUELITO** Mamá, es que no me gustan las verduras. Prefiero comer pasteles.
   SRA. CASAS _____
3. **MIGUELITO** ¿Tengo que poner la mesa, mamá?
   SRA. CASAS _____
4. **MIGUELITO** No me siento bien, mamá. Me duele todo el cuerpo y tengo fiebre.
   SRA. CASAS _____

3 **Entrevista** Trabajen en parejas. Entrevístense usando estas preguntas. Expliquen sus respuestas.

1. ¿Es importante que los niños ayuden con los quehaceres domésticos?
2. ¿Es urgente que los norteamericanos aprendan otras lenguas?
3. Si un(a) norteamericano/a quiere aprender francés, ¿es mejor que lo aprenda en Francia?
4. En su escuela, ¿es necesario que los estudiantes coman en la cafetería?
5. ¿Es importante que todas las personas asistan a la universidad?

3.4 Subjunctive with verbs of will and influence

Tutorial

ANTE TODO   You will now learn how to use the subjunctive with verbs and expressions of will and influence.

Quiero que tengas dientes más blancos.

▶ Verbs of will and influence are often used when someone wants to affect the actions or behavior of other people.

Enrique **quiere** que salgamos a cenar.
Enrique wants us to go out to dinner.

Paola **prefiere** que cenemos en casa.
Paola prefers that we have dinner at home.

▶ Here is a list of widely used verbs of will and influence.

Verbs of will and influence

aconsejar	*to advise*	**pedir** (e:i)	*to ask (for)*
desear	*to wish; to desire*	**preferir** (e:ie)	*to prefer*
importar	*to be important; to matter*	**prohibir**	*to prohibit*
		querer (e:ie)	*to want*
insistir (en)	*to insist (on)*	**recomendar** (e:ie)	*to recommend*
mandar	*to order*	**rogar** (o:ue)	*to beg*
necesitar	*to need*	**sugerir** (e:ie)	*to suggest*

▶ Some impersonal expressions, such as **es necesario que, es importante que, es mejor que,** and **es urgente que,** are considered expressions of will or influence.

▶ When the main clause contains an expression of will or influence, the subjunctive is required in the subordinate clause, provided that the two clauses have different subjects.

Main clause	Connector	Subordinate clause
VERB OF WILL		SUBJUNCTIVE
Mi mamá **prefiere**	que	yo **saque** la basura.

> Les sugiero que arreglen este apartamento.

> Recomiendo que se organicen en equipos.

▶ Indirect object pronouns are often used with the verbs **aconsejar, importar, mandar, pedir, prohibir, recomendar, rogar,** and **sugerir.**

Te aconsejo que estudies.
I advise you to study.

Le sugiero que vaya a casa.
I suggest that he go home.

Les recomiendo que barran el suelo.
I recommend that you sweep the floor.

Le ruego que no venga.
I'm begging him not to come.

▶ Note that all the forms of **prohibir** in the present tense carry a written accent, except for the **nosotros/as** form: **prohíbo, prohíbes, prohíbe, prohibimos, prohibís, prohíben.**

Ella les **prohíbe** que miren la televisión.
She prohibits them from watching TV.

Nos **prohíben** que nademos en la piscina.
They prohibit that we swim in the swimming pool.

▶ The infinitive is used with words or expressions of will and influence if there is no change of subject in the sentence.

No quiero **sacudir** los muebles.
I don't want to dust the furniture.

Paco prefiere **descansar.**
Paco prefers to rest.

Es importante **sacar** la basura.
It's important to take out the trash.

No es necesario **quitar** la mesa.
It's not necessary to clear the table.

🔗 **¡INTÉNTALO!**   Completa cada oración con la forma correcta del verbo entre paréntesis.

1. Te sugiero que _____vayas_____ (ir) con ella al supermercado.
2. Él necesita que yo le _____ (prestar) dinero.
3. No queremos que tú _____ (hacer) nada especial para nosotros.
4. Mis papás quieren que yo _____ (limpiar) mi cuarto.
5. Nos piden que la _____ (ayudar) a preparar la comida.
6. Quieren que tú _____ (sacar) la basura todos los días.
7. Quiero _____ (descansar) esta noche.
8. Es importante que ustedes _____ (limpiar) los estantes.
9. Su tía les manda que _____ (poner) la mesa.
10. Te aconsejo que no _____ (salir) con él.
11. Mi tío insiste en que mi prima _____ (hacer) la cama.
12. Prefiero _____ (ir) al cine.
13. Es necesario _____ (estudiar).
14. Recomiendo que ustedes _____ (pasar) la aspiradora.

recursos

v̂Text

CA
p. 124

CP
pp. 35–36

CH
pp. 48–49

Ⓢ
vhlcentral

Práctica

1 **Completar** Completa el diálogo con palabras de la lista.

cocina	haga	quiere	sea
comas	ponga	saber	ser
diga	prohíbe	sé	vaya

IRENE Tengo problemas con Vilma. Sé que debo hablar con ella. ¿Qué me recomiendas que le (1)_____?

JULIA Pues, necesito (2)_____ más antes de darte consejos.

IRENE Bueno, para empezar me (3)_____ que traiga dulces a la casa.

JULIA Pero chica, tiene razón. Es mejor que tú no (4)_____ cosas dulces.

IRENE Sí, ya lo sé. Pero quiero que (5)_____ más flexible. Además, insiste en que yo (6)_____ todo en la casa.

JULIA Yo (7)_____ que Vilma (8)_____ y hace los quehaceres todos los días.

IRENE Sí, pero siempre que hay fiesta me pide que (9)_____ los cubiertos (*silverware*) y las copas en la mesa y que (10)_____ al sótano por las servilletas y los platos. ¡Es lo que más odio: ir al sótano!

JULIA Mujer, ¡Vilma sólo (11)_____ que ayudes en la casa!

2 **Aconsejar** En parejas, lean lo que dice cada persona. Luego den consejos lógicos usando verbos como **aconsejar**, **recomendar** y **prohibir**. Sus consejos deben ser diferentes de lo que la persona quiere hacer.

> **modelo**
> **Isabel:** Quiero conseguir un comedor con los muebles más caros del mundo.
> **Consejo:** *Te aconsejamos que consigas unos muebles menos caros.*

1. **DAVID** Pienso poner el cuadro del lago de Maracaibo en la cocina.
2. **SARA** Voy a ir en bicicleta a comprar unas copas de cristal.
3. **SR. ALARCÓN** Insisto en comenzar a arreglar el jardín en marzo.
4. **SRA. VILLA** Quiero ver las tazas y los platos de la tienda El Ama de Casa Feliz.
5. **DOLORES** Voy a poner servilletas de tela (*cloth*) para los cuarenta invitados.
6. **SR. PARDO** Pienso poner todos mis muebles nuevos en el altillo.
7. **SRA. GONZÁLEZ** Hay una fiesta en casa esta noche, pero no quiero limpiarla.
8. **CARLITOS** Hoy no tengo ganas de hacer las camas ni de quitar la mesa.

◄ **NOTA CULTURAL**

En el **lago de Maracaibo,** en Venezuela, hay casas suspendidas sobre el agua que se llaman **palafitos.** Este tipo de construcciones les recordó a los conquistadores la ciudad de Venecia, Italia, de donde viene el nombre "Venezuela", que significa "pequeña Venecia".

3 **Preguntas** En parejas, túrnense para contestar las preguntas. Usen el subjuntivo.

1. ¿Te dan consejos tus amigos/as? ¿Qué te aconsejan? ¿Aceptas sus consejos? ¿Por qué?
2. ¿Qué te sugieren tus profesores que hagas antes de terminar las clases que tomas?
3. ¿Insisten tus amigos/as en que salgas mucho con ellos?
4. ¿Qué quieres que te regalen tu familia y tus amigos/as en tu cumpleaños?
5. ¿Qué le recomiendas tú a un(a) amigo/a que no quiere salir los sábados con su novio/a?
6. ¿Qué les aconsejas a los nuevos estudiantes de tu escuela?

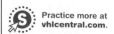
Practice more at
vhlcentral.com.

Comunicación

4 **Inventar** En parejas, preparen una lista de seis personas famosas. Un(a) estudiante da el nombre de una persona famosa y el/la otro/a le da un consejo.

> **modelo**
>
> **Estudiante 1:** Judge Judy.
> **Estudiante 2:** Le recomiendo que sea más simpática con la gente.
> **Estudiante 2:** Bradley Cooper.
> **Estudiante 1:** Le aconsejo que haga más películas.

5 **Hablar** En parejas, miren la ilustración. Imaginen que Gerardo es su hermano y necesita ayuda para arreglar su casa y resolver sus problemas románticos y económicos. Usen expresiones impersonales y verbos como **aconsejar, sugerir** y **recomendar.**

> **modelo**
>
> Es mejor que arregles el apartamento más a menudo.
> Te aconsejo que no dejes para mañana lo que puedes hacer hoy.

Síntesis

6 **La doctora Salvamórez** Hernán tiene problemas con su madre y le escribe a la doctora Salvamórez, columnista del periódico *Panamá y su gente.* Ella responde a las cartas de personas con problemas familiares. En parejas, lean el mensaje de Hernán y después usen el subjuntivo para escribir los consejos de la doctora.

> Estimada doctora Salvamórez:
>
> Mi madre nunca quiere que yo salga de casa. No le molesta que vengan mis amigos a visitarme. Pero insiste en que nosotros sólo miremos los programas de televisión que ella quiere. Necesita saber dónde estoy en cada momento, y yo necesito que ella me dé un poco de independencia. ¿Qué hago?
>
> Hernán

Recapitulación

 Diagnostics

Completa estas actividades para repasar los conceptos de gramática que aprendiste en esta lección.

RESUMEN GRAMATICAL

1 Completar
Completa el cuadro con la forma correspondiente del presente de subjuntivo. **24 pts.**

yo/él/ella	tú	nosotros/as	Uds./ellos/ellas
limpie			
	vengas		
		queramos	
			ofrezcan

2 El apartamento ideal
Completa este folleto (*brochure*) informativo con la forma correcta del presente de subjuntivo. **16 pts.**

> ### *¿Eres joven y buscas tu primera vivienda? Te ofrezco estos consejos:*
>
> ■ Te sugiero que primero (tú) (1) _____ (escribir) una lista de las cosas que quieres en un apartamento.
>
> ■ Quiero que después (2) _____ (pensar) muy bien cuáles son tus prioridades. Es necesario que cada persona (3) _____ (tener) sus prioridades claras, porque el hogar (*home*) perfecto no existe.
>
> ■ Antes de decidir en qué área quieren vivir, les aconsejo a ti y a tu futuro/a compañero/a de apartamento que (4) _____ (salir) a ver la ciudad y que (5) _____ (conocer) los distintos barrios y las afueras.
>
> ■ Pidan que el agente les (6) _____ (mostrar) todas las partes de cada casa.
>
> ■ Finalmente, como consumidores, es importante que nosotros (7) _____ (saber) bien nuestros derechos (*rights*); por eso, deben insistir en que todos los puntos del contrato (8) _____ (estar) muy claros antes de firmarlo (*signing it*).
>
> ### *¡Buena suerte!*

3.1 Relative pronouns pp. 100–101

Relative pronouns

que	that; which; who
quien(es)	who; whom; that
lo que	that which; what

3.2 Formal commands pp. 104–105

Formal commands (Ud. and Uds.)

Infinitive	Present tense yo form	Ud(s). command
limpiar	limpio	limpie(n)
barrer	barro	barra(n)
sacudir	sacudo	sacuda(n)

▶ Verbs with stem changes or irregular **yo** forms maintain the same irregularity in the formal commands:

hacer: yo **hago** → **Hagan** la cama.

Irregular formal commands

dar	dé (Ud.); den (Uds.)
estar	esté(n)
ir	vaya(n)
saber	sepa(n)
ser	sea(n)

3.3 The present subjunctive pp. 108–110

Present subjunctive of regular verbs

hablar	comer	escribir
hable	coma	escriba
hables	comas	escribas
hable	coma	escriba
hablemos	comamos	escribamos
habléis	comáis	escribáis
hablen	coman	escriban

3 **Relativos** Completa las oraciones con **lo que**, **que** 0 **quien(es)**. [16 pts.]

1. Me encanta la alfombra _____ está en el comedor.
2. Mi amiga Tere, con _____ trabajo, me regaló ese cuadro.
3. Todas las cosas _____ tenemos vienen de la casa de mis abuelos.
4. Hija, no compres más cosas. _____ debes hacer ahora es organizarlo todo.
5. La agencia de decoración de _____ le hablé se llama Casabella.
6. Esas flores las dejaron en la puerta mis nuevos vecinos, a _____ aún (*yet*) no conozco.
7. Leonor no compró nada, porque _____ le gustaba era muy caro.
8. Mi amigo Aldo, a _____ visité ayer, es un cocinero excelente.

Irregular verbs in the present subjunctive		
dar		dé, des, dé, demos, deis, den
estar	est- +	-é, -és, -é, -emos, -éis, -én
ir	vay- +	
saber	sep- +	-a, -as, -a, -amos, -áis, -an
ser	se- +	

3.4 **Subjunctive with verbs of will and influence**
pp. 112–113

▶ Verbs of will and influence: **aconsejar, desear, importar, insistir (en), mandar, necesitar, pedir** (e:i), **preferir** (e:ie), **prohibir, querer** (e:ie), **recomendar** (e:ie), **rogar** (o:ue), **sugerir** (e:ie)

4 **Los señores Mejía** Martín y Ángela Mejía van a hacer un curso de verano en Costa Rica y una vecina va a cuidarles (*take care of*) la casa mientras ellos no están. Completa las instrucciones de la vecina con mandatos formales. Usa cada verbo una sola vez y añade pronombres de objeto directo o indirecto si es necesario. [20 pts.]

arreglar	dejar	hacer	pedir	sacudir
barrer	ensuciar	limpiar	poner	tener

Primero, (1) _____ ustedes las maletas. Las cosas que no se llevan a Costa Rica, (2) _____ en el altillo. Ángela, (3) _____ las habitaciones y Martín, (4) _____ usted la cocina y el baño. Después, los dos (5) _____ el suelo y (6) _____ los muebles de toda la casa. Ángela, no (7) _____ sus joyas (*jewelry*) en el apartamento. (8) _____ cuidado ¡y (9) _____ nada antes de irse! Por último, (10) _____ a alguien que recoja (*pick up*) su correo.

5 **Los quehaceres** A tu hermano no le gusta ayudar con los quehaceres. Escribe al menos seis oraciones dándole consejos sobre cómo hacer más divertidos los quehaceres. [24 pts.]

modelo
Te sugiero que pongas música mientras lavas los platos…

6 **El circo** Completa esta famosa frase que tiene su origen en el circo (*circus*). [¡4 puntos EXTRA!]

"¡_____ (Pasar) ustedes y _____ (ver)! El espectáculo va a comenzar."

Lectura Audio: Reading Additional Reading

Antes de leer

Estrategia
Locating the main parts of a sentence

Did you know that a text written in Spanish is an average of 15% longer than the same text written in English? Since the Spanish language tends to use more words to express ideas, you will often encounter long sentences when reading in Spanish. Of course, the length of sentences varies with genre and with authors' individual styles. To help you understand long sentences, identify the main parts of the sentence before trying to read it in its entirety. First locate the main verb of the sentence, along with its subject, ignoring any words or phrases set off by commas. Then reread the sentence, adding details like direct and indirect objects, transitional words, and prepositional phrases.

Examinar el texto
Mira el formato de la lectura. ¿Qué tipo de documento es? ¿Qué cognados encuentras en la lectura? ¿Qué te dicen sobre el tema de la selección?

¿Probable o improbable?
Mira brevemente el texto e indica si estas oraciones son probables o improbables.

1. Este folleto° es de interés turístico.
2. Describe un edificio moderno cubano.
3. Incluye algunas explicaciones de arquitectura.
4. Espera atraer° a visitantes al lugar.

Oraciones largas
Mira el texto y busca algunas oraciones largas. Con un(a) compañero/a, identifiquen las partes principales de la oración y después examinen las descripciones adicionales. ¿Qué significan las oraciones?

folleto *brochure* **atraer** *to attract* **épocas** *time periods*

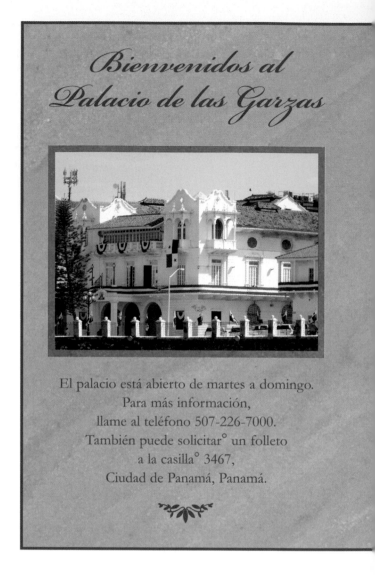

Bienvenidos al Palacio de las Garzas

El palacio está abierto de martes a domingo.
Para más información,
llame al teléfono 507-226-7000.
También puede solicitar° un folleto
a la casilla° 3467,
Ciudad de Panamá, Panamá.

Después de leer

Ordenar
Pon estos eventos en el orden cronológico adecuado.

_____ El palacio se convirtió en residencia presidencial.

_____ Durante diferentes épocas°, maestros, médicos y banqueros ejercieron su profesión en el palacio.

_____ El Dr. Belisario Porras ocupó el palacio por primera vez.

_____ Los españoles construyeron el palacio.

_____ Se renovó el palacio.

_____ Los turistas pueden visitar el palacio de martes a domingo.

recursos
v̂Text
CH
pp. 50–51
vhlcentral

El Palacio de las Garzas° es la residencia oficial del Presidente de Panamá desde 1903. Fue construido en 1673 para ser la casa de un gobernador español. Con el paso de los años fue almacén, escuela, hospital, aduana, banco y por último, palacio presidencial.

En la actualidad el edificio tiene tres pisos, pero los planos originales muestran una construcción de un piso con un gran patio en el centro. La restauración del palacio comenzó en el año 1922 y los trabajos fueron realizados por el arquitecto Villanueva-Meyer y el pintor Roberto Lewis. El palacio, un monumento al estilo colonial, todavía conserva su elegancia y buen gusto, y es una de las principales atracciones turísticas del barrio Casco Viejo°.

Planta baja

El Patio de las Garzas

Una antigua puerta de hierro° recibe a los visitantes. El patio interior todavía conserva los elementos originales de la construcción: piso de mármol°, columnas cubiertas° de nácar° y una magnífica fuente° de agua en el centro. Aquí están las nueve garzas que le dan el nombre al palacio y que representan las nueve provincias de Panamá.

Primer piso

El Salón Amarillo

Aquí el turista puede visitar una galería de cuarenta y un retratos° de gobernadores y personajes ilustres de Panamá. La principal atracción de este salón es el sillón presidencial, que se usa especialmente cuando hay cambio de presidente. Otros atractivos de esta área son el comedor Los Tamarindos, que se destaca° por la elegancia de sus muebles y sus lámparas de cristal, y el Patio Andaluz, con sus coloridos mosaicos que representan la unión de la cultura indígena y la española.

El Salón Dr. Belisario Porras

Este elegante y majestuoso salón es uno de los lugares más importantes del Palacio de las Garzas. Lleva su nombre en honor al Dr. Belisario Porras, quien fue tres veces presidente de Panamá (1912–1916, 1918–1920 y 1920–1924).

Segundo piso

Es el área residencial del palacio y el visitante no tiene acceso a ella. Los armarios, las cómodas y los espejos de la alcoba fueron comprados en Italia y Francia por el presidente Porras, mientras que las alfombras, cortinas y frazadas° son originarias de España.

solicitar *request* **casilla** *post office box* **Garzas** *Herons* **Casco Viejo** *Old Quarter*
hierro *iron* **mármol** *marble* **cubiertas** *covered* **nácar** *mother-of-pearl*
fuente *fountain* **retratos** *portraits* **se destaca** *stands out* **frazadas** *blankets*

Preguntas

Contesta las preguntas.

1. ¿Qué sala es notable por sus muebles elegantes y sus lámparas de cristal?
2. ¿En qué parte del palacio se encuentra la residencia del presidente?
3. ¿Dónde empiezan los turistas su visita al palacio?
4. ¿En qué lugar se representa artísticamente la rica herencia cultural de Panamá?
5. ¿Qué salón honra la memoria de un gran panameño?
6. ¿Qué partes del palacio te gustaría (*would you like*) más visitar? ¿Por qué?

Conversación

En grupos de tres o cuatro estudiantes, hablen sobre lo siguiente:

1. ¿Qué tiene en común el Palacio de las Garzas con otras residencias presidenciales u otras casas muy grandes?
2. ¿Te gustaría vivir en el Palacio de las Garzas? ¿Por qué?
3. Imagina que puedes diseñar tu palacio ideal. Describe los planos para cada piso del palacio.

Escritura

Estrategia
Using linking words

You can make your writing sound more sophisticated by using linking words to connect simple sentences or ideas and create more complex sentences. Consider these passages, which illustrate this effect:

Without linking words

En la actualidad el edificio tiene tres pisos. Los planos originales muestran una construcción de un piso con un gran patio en el centro. La restauración del palacio comenzó en el año 1922. Los trabajos fueron realizados por el arquitecto Villanueva-Meyer y el pintor Roberto Lewis.

With linking words

En la actualidad el edificio tiene tres pisos, pero los planos originales muestran una construcción de un piso con un gran patio en el centro. La restauración del palacio comenzó en el año 1922 y los trabajos fueron realizados por el arquitecto Villanueva-Meyer y el pintor Roberto Lewis.

Linking words

cuando	*when*
mientras	*while*
o	*or*
pero	*but*
porque	*because*
pues	*since*
que	*that; who; which*
quien	*who*
sino	*but (rather)*
y	*and*

Tema

Escribir un contrato de arrendamiento°

Eres el/la administrador(a)° de un edificio de apartamentos. Prepara un contrato de arrendamiento para los nuevos inquilinos°. El contrato debe incluir estos detalles:

▶ la dirección° del apartamento y del/de la administrador(a)

▶ las fechas del contrato

▶ el precio del alquiler y el día que se debe pagar

▶ el precio del depósito

▶ información y reglas° acerca de:
   la basura
   el correo
   los animales domésticos
   el ruido°
   los servicios de electricidad y agua
   el uso de electrodomésticos

▶ otros aspectos importantes de la vida comunitaria

contrato de arrendamiento *lease* administrador(a) *manager*
inquilinos *tenants* dirección *address* reglas *rules* ruido *noise*

recursos

v̂Text | CA pp. 163–164 | CH pp. 52–53 | vhlcentral

Escuchar Audio

Estrategia
Using visual cues

Visual cues like illustrations and headings provide useful clues about what you will hear.

🔊 To practice this strategy, you will listen to a passage related to the following photo. Jot down the clues the photo gives you as you listen.

Preparación

Mira el dibujo. ¿Qué pistas te da para comprender la conversación que vas a escuchar? ¿Qué significa *bienes raíces*?

Ahora escucha

Mira los anuncios de esta página y escucha la conversación entre el señor Núñez, Adriana y Felipe. Luego indica si cada descripción se refiere a la casa ideal de Adriana y Felipe, a la casa del anuncio o al apartamento del anuncio.

Oraciones	La casa ideal	La casa del anuncio	El apartamento del anuncio
Es barato.	___	___	___
Tiene cuatro dormitorios.	___	___	___
Tiene una oficina.	___	___	___
Tiene un balcón.	___	___	___
Tiene una cocina moderna.	___	___	___
Tiene un jardín muy grande.	___	___	___
Tiene un patio.	___	___	___

18G

Bienes raíces

Se vende.
4 dormitorios,
3 baños, cocina
moderna, jardín
con árboles frutales.
B/. 225.000

Se alquila.
2 dormitorios,
1 baño. Balcón.
Urbanización Las
Brisas. B/. 525

Comprensión

Preguntas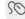

1. ¿Cuál es la relación entre el señor Núñez, Adriana y Felipe? ¿Cómo lo sabes?

2. ¿Qué diferencia de opinión hay entre Adriana y Felipe sobre dónde quieren vivir?

3. Usa la información de los dibujos y la conversación para entender lo que dice Adriana al final. ¿Qué significa "todo a su debido tiempo"?

Conversación

En parejas, túrnense para hacer y contestar las preguntas.

1. ¿Qué tienen en común el apartamento y la casa del anuncio con el lugar donde tú vives?

2. ¿Qué piensas de la recomendación del señor Núñez?

3. ¿Dónde prefieres vivir tú, en un apartamento o en una casa? Explica por qué.

 Practice more at vhlcentral.com.

 recursos vText vhlcentral

Video:
TV Clip

Preparación

Clasifica de 1 a 6 las características que debe tener
un buen electrodoméstico (como el refrigerador, la
lavadora, el lavaplatos o la aspiradora), de modo que 1
sea la más importante y 6 la menos importante. Luego
compara tu clasificación con un par de compañeros/as
y expliquen sus respuestas.

___ rápido   ___ silencioso   ___ moderno
___ fácil de usar   ___ barato   ___ elegante

Anuncio de
Balay

...un poco de silencio.

España como productor de electrodomésticos

Aunque el mercado de los electrodomésticos es en general
dominado por países como Estados Unidos, China o Alemania,
otros países intentan° convertirse° en productores importantes
de este tipo de artículos de uso doméstico. En el contexto
europeo, España es uno de los países que intentan competir en
la producción de aparatos electrodomésticos. Con rivales tan
grandes como Francia, Reino Unido o Italia, la competencia es
bastante difícil y demanda que los productores sean creativos
al momento de hacer nuevos artículos. Una de las compañías
productoras de electrodomésticos en España es Balay. Para
promocionar sus productos, los anuncios de Balay hacen énfasis
en las mejores características para sus clientes.

intentan *try to* convertirse *become*

Vocabulario útil

aislante	*insulating*
campana	*range hood*
lavavajillas	*dishwasher*
se agradece	*it is appreciated*

Comprensión

Escribe una S (Silencio) o una R (Ruido [*noise*]) al
lado de cada imagen del anuncio, según la sensación
correspondiente.

___ 1. reloj despertador   ___ 4. lavavajillas Balay
___ 2. oficina   ___ 5. construcciones
___ 3. niño durmiendo   ___ 6. mujer en la cocina

Aplicación

En grupos de tres, inventen un electrodoméstico nuevo
(por ejemplo, un refrigerador que exprima (*squeeze*)
naranjas y dispense jugo automáticamente, o un televisor
que se pueda controlar con los ojos). Sean creativos/as y
presenten su electrodoméstico a la clase explicando por
qué su aparato es diferente y cómo funciona.

Conversación

Discute esta pregunta con un(a) compañero/a:
¿Cómo pueden los aparatos electrónicos ayudarnos a
tener mejor calidad de vida?

Practice more at
vhlcentral.com.

recursos

v̂Text

vhlcentral

Video:
Flash cultura

La casa de Frida

En el sur de la Ciudad de México hay una construcción que fusiona° el funcionalismo con elementos de la cultura mexicana. Es la casa y estudio° en que el muralista Diego Rivera y su esposa, Frida Kahlo, vivieron desde 1934. El creador fue el destacado° arquitecto y pintor mexicano Juan O'Gorman, amigo de la pareja. Como Frida y Diego necesitaban cada uno un lugar tranquilo para trabajar, O'Gorman hizo dos casas, cada una con un taller°, conectadas por un puente° en la parte superior°. En 1981, años después de la muerte de los artistas, se creó ahí el Museo Casa Estudio Diego Rivera y Frida Kahlo. Este museo busca conservar, investigar y difundir° la obra° de estos dos mexicanos, como lo hace el Museo Casa de Frida Kahlo, que vas a ver a continuación.

1

El hogar en que nació la pintora Frida Kahlo en 1907 se caracteriza por su arquitectura típicamente mexicana...

Vocabulario útil

jardinero	*gardener*
muros	*walls*
la silla de ruedas	*wheelchair*
las valiosas obras	*valuable works*

2

Esta casa tiene varios detalles que revelan el amor de esta mexicana por la cultura de su país, por ejemplo, la cocina.

Preparación

Imagina que vives con un(a) artista, ¿cómo sería (*would be*) tu casa?

 ### ¿Cierto o falso?

Indica si lo que dicen estas oraciones es **cierto** o **falso**.

1. La casa de Frida Kahlo está en el centro de México, D.F.
2. La casa de Frida se transformó en un museo en los años 50.
3. Frida Kahlo vivió sola en su casa.
4. Entre las obras que se exhiben está el cuadro (*painting*) *Las dos Fridas*.
5. El jardinero actual (*current*) jamás conoció ni a Frida ni a Diego.
6. En el museo se exhiben la silla de ruedas y los aparatos ortopédicos de Frida.

3

Uno de los espacios más atractivos de esta casa es este estudio que Diego instaló...

fusiona *fuses* estudio *studio* destacado *prominent* taller *art studio*
puente *bridge* parte superior *top* difundir *to spread* obra *work*

Practice more at
vhlcentral.com.

recursos

vText   CA

pp. 93–94   vhlcentral

Panamá

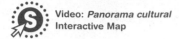

Video: *Panorama cultural*
Interactive Map

El país en cifras

▶ **Área:** 75.420 km² (29.119 millas²), *aproximadamente el área de Carolina del Sur*

▶ **Población:** 3.608.000

▶ **Capital:** La Ciudad de Panamá—1.346.000

▶ **Ciudades principales:** Colón, David

▶ **Moneda:** balboa; es equivalente al dólar estadounidense.

En Panamá circulan los billetes de dólar estadounidense. El país centroamericano, sin embargo, acuña° su propia moneda. "El peso" es una moneda grande equivalente a cincuenta centavos°. La moneda de cinco centavos es llamada frecuentemente "real".

▶ **Idiomas:** español (oficial), lenguas indígenas, inglés
Muchos panameños son bilingües. La lengua materna del 14% de los panameños es el inglés.

Bandera de Panamá

Panameños célebres

▶ **Mariano Rivera,** beisbolista (1969–)

▶ **Mireya Moscoso,** política (1946–)

▶ **Rubén Blades,** músico y político (1948–)

▶ **Danilo Pérez,** pianista (1966–)

▶ **Jorge Cham,** caricaturista (1976–)

acuña *mints* centavos *cents* peaje *toll* promedio *average*

Turistas pasan sobre un río en un bosque tropical.

Mujer kuna lavando una mola

Lago Gatún

Canal de Panamá

COSTA RICA

Islas San Blas

Bocas del Toro

Cordillera de San Blas

Río Chepo

Mar Caribe

Colón

Serranía de Tabasará

Ciudad de Panamá

David

Río Cobre

Isla del Rey

Océano Pacífico

Golfo de Panamá

Isla de Coiba

ESTADOS UNIDOS

OCÉANO ATLÁNTICO

PANAMÁ

AMÉRICA DEL SUR

recursos

v̂Text CA pp. 69–70 CP pp. 37–38 vhlcentral

Ruinas de un fuerte panameño

¡Increíble pero cierto!

¿Conocías estos datos sobre el Canal de Panamá?

• Gracias al Canal de Panamá, el viaje en barco de Nueva York a Tokio es 3.000 millas más corto.

• Su construcción costó 639 millones de dólares.

• Hoy lo usan en promedio 39 barcos al día.

• El peaje° promedio° cuesta 54.000 dólares.

Nueva York

Tokio

PANAMÁ

Lugares • El Canal de Panamá

El Canal de Panamá conecta el océano Pacífico con el océano Atlántico. La construcción de este cauce° artificial empezó en 1903 y concluyó diez años después. Es una de las principales fuentes° de ingresos° del país, gracias al dinero que aportan los más de 14.000 buques° que transitan anualmente por esta ruta y a las actividades comerciales que se han desarrollado° en torno a° ella.

Artes • La mola

La mola es una forma de arte textil de los kunas, una tribu indígena que vive principalmente en las islas San Blas. Esta pieza artesanal se confecciona con fragmentos de tela° de colores vivos. Algunos de sus diseños son abstractos, inspirados en las formas del coral, y otros son geométricos, como en las molas más tradicionales. Antiguamente, estos tejidos se usaban sólo como ropa, pero hoy día también sirven para decorar las casas.

Naturaleza • El mar

Panamá, cuyo° nombre significa "lugar de muchos peces°", es un país muy frecuentado por los aficionados del buceo y la pesca. El territorio panameño cuenta con una gran variedad de playas en los dos lados del istmo°, con el mar Caribe a un lado y el océano Pacífico al otro. Algunas zonas costeras están destinadas al turismo. Otras están protegidas por la diversidad de su fauna marina, en la que abundan los arrecifes° de coral, como el Parque Nacional Marino Isla Bastimentos.

COLOMBIA

Vista de la Ciudad de Panamá

¿Qué aprendiste? Contesta cada pregunta con una oración completa.

1. ¿Cuál es la lengua materna del catorce por ciento de los panameños?

2. ¿A qué unidad monetaria (*monetary unit*) es equivalente el balboa?

3. ¿Qué océanos une el Canal de Panamá?

4. ¿Quién es Mariano Rivera?

5. ¿Qué son las molas?

6. ¿Cómo son los diseños de las molas?

7. ¿Para qué se usan las molas?

8. ¿Cómo son las playas de Panamá?

9. ¿Qué significa "Panamá"?

Conexión Internet Investiga estos temas en **vhlcentral.com**.

1. Investiga la historia de las relaciones entre Panamá y los Estados Unidos y la decisión de devolver (*give back*) el Canal de Panamá. ¿Estás de acuerdo con la decisión? Explica tu opinión.

2. Investiga sobre los kunas u otro grupo indígena de Panamá. ¿En qué partes del país viven? ¿Qué lenguas hablan? ¿Cómo es su cultura?

Practice more at vhlcentral.com.

cauce *channel* fuentes *sources* ingresos *income*
buques *ships* han desarrollado *have developed*
en torno a *around* tela *fabric* cuyo *whose*
peces *fish* istmo *isthmus* arrecifes *reefs*

My Vocabulary

Las viviendas

las afueras	*suburbs; outskirts*
el alquiler	*rent (payment)*
el ama (*m., f.*) de casa	*housekeeper; caretaker*
el barrio	*neighborhood*
el edificio de apartamentos	*apartment building*
el/la vecino/a	*neighbor*
la vivienda	*housing*
alquilar	*to rent*
mudarse	*to move (from one house to another)*

Los cuartos y otros lugares

el altillo	*attic*
el balcón	*balcony*
la cocina	*kitchen*
el comedor	*dining room*
el dormitorio	*bedroom*
la entrada	*entrance*
la escalera	*stairs; stairway*
el garaje	*garage*
el jardín	*garden; yard*
la oficina	*office*
el pasillo	*hallway*
el patio	*patio; yard*
la sala	*living room*
el sótano	*basement; cellar*

Los muebles y otras cosas

la alfombra	*carpet; rug*
la almohada	*pillow*
el armario	*closet*
el cartel	*poster*
la cómoda	*chest of drawers*
las cortinas	*curtains*
el cuadro	*picture*
el estante	*bookcase; bookshelves*
la lámpara	*lamp*
la luz	*light; electricity*
la manta	*blanket*
la mesita	*end table*
la mesita de noche	*night stand*
los muebles	*furniture*
la pared	*wall*
la pintura	*painting; picture*
el sillón	*armchair*
el sofá	*couch; sofa*

Los electrodomésticos

la cafetera	*coffee maker*
la cocina, la estufa	*stove*
el congelador	*freezer*
el electrodoméstico	*electric appliance*
el horno (de microondas)	*(microwave) oven*
la lavadora	*washing machine*
el lavaplatos	*dishwasher*
el refrigerador	*refrigerator*
la secadora	*clothes dryer*
la tostadora	*toaster*

La mesa

la copa	*wineglass*
la cuchara	*(table or large) spoon*
el cuchillo	*knife*
el plato	*plate*
la servilleta	*napkin*
la taza	*cup*
el tenedor	*fork*
el vaso	*glass*

Los quehaceres domésticos

arreglar	*to neaten; to straighten up*
barrer el suelo	*to sweep the floor*
cocinar	*to cook*
ensuciar	*to get (something) dirty*
hacer la cama	*to make the bed*
hacer quehaceres domésticos	*to do household chores*
lavar (el suelo, los platos)	*to wash (the floor, the dishes)*
limpiar la casa	*to clean the house*
pasar la aspiradora	*to vacuum*
planchar (la ropa)	*to iron (the clothes)*
poner la mesa	*to set the table*
quitar la mesa	*to clear the table*
quitar el polvo	*to dust*
sacar la basura	*to take out the trash*
sacudir los muebles	*to dust the furniture*

Verbos y expresiones verbales

aconsejar	*to advise*
insistir (en)	*to insist (on)*
mandar	*to order*
recomendar (e:ie)	*to recommend*
rogar (o:ue)	*to beg*
sugerir (e:ie)	*to suggest*
Es bueno que…	*It's good that…*
Es importante que…	*It's important that…*
Es malo que…	*It's bad that…*
Es mejor que…	*It's better that…*
Es necesario que…	*It's necessary that…*
Es urgente que…	*It's urgent that…*

Relative pronouns	*See page 100.*
Expresiones útiles	*See page 95.*

La naturaleza

VOICE BOARD

A PRIMERA VISTA
• ¿Son estas personas excursionistas?
• ¿Es importante que usen zapatos deportivos?
• ¿Se llevan bien o mal?
• ¿Se divierten o no?

La naturaleza

 My Vocabulary Tutorials

el ave, el pájaro

el cráter

el volcán

el pez (sing.), los peces (pl.)

la vaca

el árbol

la hierba

la flor

el perro

el gato

recursos

vText

CA p. 125

CP pp. 41–42

CH pp. 55–56

vhlcentral

Más vocabulario

el animal	animal
el bosque (tropical)	(tropical; rain) forest
el desierto	desert
la naturaleza	nature
la planta	plant
la selva, la jungla	jungle
la tierra	land; soil
el cielo	sky
la estrella	star
la luna	moon
el calentamiento global	global warming
el cambio climático	climate change
la conservación	conservation
la contaminación (del aire; del agua)	(air; water) pollution
la deforestación	deforestation
la ecología	ecology
el/la ecologista	ecologist
el ecoturismo	ecotourism
la energía (nuclear; solar)	(nuclear; solar) energy
la extinción	extinction
la fábrica	factory
el medio ambiente	environment
el peligro	danger
el recurso natural	natural resource
la solución	solution
el gobierno	government
la ley	law
la (sobre)población	(over)population
ecologista	ecological
puro/a	pure
renovable	renewable

Variación léxica

hierba ←→ pasto (*Méx., Perú*);
grama (*Venez., Col.*)

el sol

la nube

el valle

el sendero

el lago

la piedra

el río

Práctica

1 **Escuchar** Mientras escuchas las frases, anota los sustantivos (*nouns*) que se refieren a las plantas, los animales, la tierra y el cielo.

Plantas	Animales	Tierra	Cielo
_____	_____	_____	_____
_____	_____	_____	_____
_____	_____	_____	_____

2 **¿Cierto o falso?** Escucha las oraciones e indica si lo que dice cada una es **cierto** o **falso**, según el dibujo.

1. _____   4. _____
2. _____   5. _____
3. _____   6. _____

3 **Seleccionar** Selecciona la palabra que no está relacionada.

1. estrella • gobierno • luna • sol
2. lago • río • mar • peligro
3. vaca • gato • pájaro • población
4. cielo • cráter • aire • nube
5. desierto • solución • selva • bosque
6. flor • hierba • renovable • árbol

4 **Definir** Trabaja con un(a) compañero/a para definir o describir cada palabra. Sigue el modelo.

> **modelo**
>
> **Estudiante 1:** *¿Qué es el cielo?*
> **Estudiante 2:** *El cielo está sobre la tierra y tiene nubes.*

1. la población   4. la naturaleza   7. la ecología
2. un valle   5. un desierto   8. un sendero
3. el calentamiento   6. la extinción
   global

5 **Describir** Trabajen en parejas para describir estas fotos.

El reciclaje

el envase
de plástico

Recicla la lata
de aluminio.
(reciclar)

Recoge la
botella de vidrio.
(recoger)

Más vocabulario

cazar	*to hunt*
conservar	*to conserve*
contaminar	*to pollute*
controlar	*to control*
cuidar	*to take care of*
dejar de (+ *inf.*)	*to stop (doing something)*
desarrollar	*to develop*
descubrir	*to discover*
destruir	*to destroy*
estar afectado/a (por)	*to be affected (by)*
estar contaminado/a	*to be polluted*
evitar	*to avoid*
mejorar	*to improve*
proteger	*to protect*
reducir	*to reduce*
resolver (o:ue)	*to resolve; to solve*
respirar	*to breathe*

6 **Completar** Selecciona la palabra o la expresión adecuada para completar cada oración.

contaminar	destruyen	reciclamos
controlan	están afectadas	recoger
cuidan	mejoramos	resolver
descubrir	proteger	se desarrollaron

1. Si vemos basura en las calles, la debemos _____.
2. Los científicos trabajan para _____ nuevas soluciones.
3. Es necesario que todos trabajemos juntos para _____ los problemas del medio ambiente.
4. Debemos _____ el medio ambiente porque hoy día está en peligro.
5. Muchas leyes nuevas _____ el nivel de emisiones que producen las fábricas.
6. Las primeras civilizaciones _____ cerca de los ríos y los mares.
7. Todas las personas _____ por la contaminación.
8. Los turistas deben tener cuidado de no _____ los lugares que visitan.
9. Podemos conservar los recursos si _____ el aluminio, el vidrio y el plástico.
10. La contaminación y la deforestación _____ el medio ambiente.

Practice more at
vhlcentral.com.

Comunicación

7 **¿Es importante?** En parejas, lean este párrafo y contesten las preguntas.

Los problemas del medio ambiente

importantísimo
muy importante
importante
poco importante
no es importante

la deforestación | los animales en peligro de extinción | la contaminación del aire | la contaminación del agua | la basura en las ciudades

Para celebrar el Día de la Tierra, una estación de radio colombiana hizo una pequeña encuesta entre estudiantes de escuela secundaria y les preguntaron sobre los problemas del medio ambiente. Se les preguntó cuáles creían que eran los cinco problemas más importantes del medio ambiente. Ellos también tenían que decidir el orden de importancia de estos problemas, del uno al cinco.

Los resultados probaron (*proved*) que la mayoría de los estudiantes están preocupados por la contaminación del aire. Muchos mencionaron que no hay aire puro en las ciudades. El problema número dos para los estudiantes es que los ríos y los lagos están afectados por la contaminación. La deforestación quedó como el problema número tres, la basura en las ciudades como el número cuatro y los animales en peligro de extinción como el número cinco.

1. Según la encuesta, ¿qué problema consideran el más grave? ¿Qué problema consideran el menos grave?

2. ¿Cómo creen que se puede evitar o resolver el problema más importante?

3. ¿Es necesario resolver el problema menos importante? ¿Por qué?

4. ¿Consideran ustedes que existen los mismos problemas en su comunidad? Den algunos ejemplos.

8 **Situaciones** Trabajen en grupos pequeños para representar estas situaciones.

1. Unos/as representantes de una agencia ambiental (*environmental*) hablan con el/la presidente/a de una fábrica que está contaminando un río o el aire.

2. Un(a) guía de ecoturismo habla con un grupo sobre cómo disfrutar (*enjoy*) de la naturaleza y conservar el medio ambiente.

3. Un(a) representante de la escuela habla con un grupo de nuevos estudiantes sobre la campaña (*campaign*) ambiental de la escuela y trata de reclutar (*tries to recruit*) miembros para un club que trabaja por la protección del medio ambiente.

9 **Escribir una carta** Trabajen en parejas para escribir una carta a una empresa real o imaginaria que esté contaminando el medio ambiente. Expliquen las consecuencias que sus acciones van a tener para el medio ambiente. Sugiéranle algunas ideas para que solucione el problema. Utilicen por lo menos diez palabras de **Contextos**.

Aventuras en la naturaleza

Las chicas visitan un santuario de tortugas,
mientras los chicos pasean por la selva.

PERSONAJES   **MARISSA**   **JIMENA**

 Video: *Fotonovela*

MARISSA Querida tía Ana María,
lo estoy pasando muy bien. Es
maravilloso que México tenga
tantos programas estupendos
para proteger a las tortugas.
Hoy estamos en Tulum, y ¡el
paisaje es espectacular!
Con cariño, Marissa.

MARISSA Estoy tan feliz de que
estés aquí conmigo.

JIMENA Es mucho más divertido
cuando se viaja con amigos.

(Llegan Felipe y Juan Carlos)

JIMENA ¿Qué pasó?

JUAN CARLOS No lo van a creer.

GUÍA A menos que protejamos a
los animales de la contaminación
y la deforestación, muchos van
a estar en peligro de extinción.
Por favor, síganme y eviten pisar
las plantas.

FELIPE Decidí seguir un río y...

MARISSA No es posible que
un guía continúe el recorrido
cuando hay dos personas
perdidas.

JIMENA Vamos a ver, chicos, ¿qué
pasó? Dígannos la verdad.

JUAN CARLOS Felipe se cayó.
Él no quería contarles.

JIMENA ¡Lo sabía!

FELIPE Y ustedes, ¿qué
hicieron hoy?

JIMENA Marissa y yo fuimos al
santuario de las tortugas.

JUAN CARLOS

FELIPE

GUÍA

FELIPE Nos retrasamos sólo cinco minutos... Qué extraño. Estaban aquí hace unos minutos.

JUAN CARLOS ¿Adónde se fueron?

FELIPE No creo que puedan ir muy lejos.

(*Se separan para buscar al grupo.*)

FELIPE Juan Carlos encontró al grupo. ¡Yo esperaba encontrarlos también! ¡Pero nunca vinieron por mí! Yo estaba asustado. Regresé al lugar de donde salimos y esperé. Me perdí todo el recorrido.

MARISSA Aprendimos sobre las normas que existen para proteger a las tortugas marinas.

JIMENA Pero no cabe duda de que necesitamos aprobar más leyes para protegerlas.

MARISSA Fue muy divertido verlas tan cerca.

JUAN CARLOS Entonces se divirtieron. ¡Qué bien!

JIMENA Gracias, y tú, pobrecito, pasaste todo el día con mi hermano. Siempre te mete en problemas.

Expresiones útiles

Talking about the environment
Aprendimos sobre las normas que existen para proteger a las tortugas marinas.
We learned about the regulations that exist to protect sea turtles.

Afortunadamente, ahora la población está aumentando.
Fortunately, the population is now growing.

No cabe duda de que necesitamos aprobar más leyes para protegerlas.
There is no doubt that we need to pass more laws to protect them.

Es maravilloso que México tenga tantos programas estupendos para proteger a las tortugas.
It's marvelous that Mexico has so many wonderful programs to protect the turtles.

A menos que protejamos a los animales de la contaminación y la deforestación, muchos van a estar en peligro de extinción.
Unless we protect animals from pollution and habitat loss, many of them will become endangered.

Additional vocabulary
aumentar
to grow; to get bigger
meterse en problemas
to get into trouble
perdido/a
lost
el recorrido
tour
sobre todo
above all

¿Qué pasó?

1   **Seleccionar** Selecciona la respuesta más lógica para completar cada oración.

1. México tiene muchos programas para _____ a las tortugas.
   a. destruir   b. reciclar   c. proteger

2. Según la guía, muchos animales van a estar en peligro de _____ si no los protegemos.
   a. reciclaje   b. extinción   c. deforestación

3. La guía les pide a los visitantes que eviten pisar _____.
   a. las plantas   b. las piedras   c. la tierra

4. Felipe no quería contarles a las chicas que se _____.
   a. divirtió   b. alegró   c. cayó

5. Jimena dice que debe haber más _____ para proteger a las tortugas.
   a. playas   b. leyes   c. gobiernos

2   **Identificar** Identifica quién puede decir estas oraciones. Puedes usar algunos nombres más de una vez.

1. Fue divertido ver a las tortugas y aprender las normas para protegerlas.

2. Tenemos que evitar la contaminación y la deforestación.

3. Estoy feliz de estar aquí, Tulum es maravilloso.

4. Es una lástima que me pierda el recorrido.

5. No es posible que esa historia que nos dices sea verdad.

6. No van a creer lo que le sucedió a Felipe.

7. Tenemos que cuidar las plantas y los animales.

8. Ojalá que mi hermano no se meta en más problemas.

FELIPE   **MARISSA**

JIMENA

GUÍA   **JUAN CARLOS**

3   **Preguntas** Contesta estas preguntas usando la información de **Fotonovela**.

1. ¿Qué lugar visitan Marissa y Jimena?

2. ¿Adónde fueron Juan Carlos y Felipe?

3. Según la guía, ¿por qué muchos animales están en peligro de extinción?

4. ¿Por qué Jimena y Marissa no creen la historia de Felipe?

5. ¿Qué esperaba Felipe cuando se perdió?

4   **El medio ambiente** En parejas, discutan algunos problemas ambientales y sus posibles soluciones. Usen estas preguntas y frases en su conversación.

- ¿Hay problemas de contaminación donde vives?
- Tenemos un problema muy grave de contaminación de...
- ¿Cómo podemos resolver los problemas de la contaminación?

Ortografía y pronunciación
Los signos de puntuación

In Spanish, as in English, punctuation marks are important because they help you express your ideas in a clear, organized way.

 Audio

> **No podía ver las llaves. Las buscó por los estantes, las mesas, las sillas, el suelo; minutos después, decidió mirar por la ventana. Allí estaban…**

The **punto y coma (;)**, the **tres puntos (…)**, and the **punto (.)** are used in very similar ways in Spanish and English.

> **Argentina, Brasil, Paraguay y Uruguay son miembros de Mercosur.**

In Spanish, the **coma (,)** is not used before **y** or **o** in a series.

| 13,5% | 29,2° | 3.000.000 | $2.999,99 |

In numbers, Spanish uses a **coma** where English uses a decimal point and a **punto** where English uses a comma.

Cómo te llamas   **¿Dónde está?**   **¡Ven aquí!**   **Hola**

Questions in Spanish are preceded and followed by **signos de interrogación (¿ ?)**, and exclamations are preceded and followed by **signos de exclamación (¡ !)**.

Práctica Lee el párrafo e indica los signos de puntuación necesarios.

Ayer recibí la invitación de boda de Marta mi amiga colombiana inmediatamente empecé a pensar en un posible regalo fui al almacén donde Marta y su novio tenían una lista de regalos había de todo copas cafeteras tostadoras finalmente decidí regalarles un perro ya sé que es un regalo extraño pero espero que les guste a los dos

¿Palabras de amor? El siguiente diálogo tiene diferentes significados (*meanings*) dependiendo de los signos de puntuación que utilices y el lugar donde los pongas. Intenta encontrar los diferentes significados.

JULIÁN	me quieres
MARISOL	no puedo vivir sin ti
JULIÁN	me quieres dejar
MARISOL	no me parece mala idea
JULIÁN	no eres feliz conmigo
MARISOL	no soy feliz

recursos

v̂Text | CA p. 126 | CH p. 57 | vhlcentral

Additional Reading

¡Los Andes se mueven!

Los Andes, la cadena° de montañas más extensa de América, son conocidos como "la espina dorsal° de Suramérica". Sus 7.240 kilómetros (4.500 millas) van desde el norte° de la región entre Venezuela y Colombia, hasta el extremo sur°, entre Argentina y Chile, y pasan por casi todos los países suramericanos. La cordillera° de los Andes, formada hace 27 millones de años, es la segunda más alta del mundo, después de la del Himalaya (aunque° esta última es mucho más "joven", ya que se formó hace apenas cinco millones de años).

Para poder atravesar° de un lado a otro de los Andes, existen varios pasos o puertos° de montaña. Situados a grandes alturas°, son generalmente estrechos° y peligrosos. En algunos de ellos hay, también, vías ferroviarias°.

De acuerdo con° varias instituciones científicas, la cordillera de los Andes se eleva° y se hace más angosta° cada año. La capital de Chile se acerca° a la capital de Argentina a un ritmo° de 19,4 milímetros por año. Si ese ritmo se mantiene°, Santiago y Buenos Aires podrían unirse° en unos... 63 millones de años, ¡casi el mismo tiempo que ha transcurrido° desde la extinción de los dinosaurios!

Los Andes en números

3 Cordilleras que forman los Andes: Las cordilleras Central, Occidental y Oriental

900 (A.C.°) Año aproximado en que empezó el desarrollo° de la cultura chavín, en los Andes peruanos

600 Número aproximado de volcanes que hay en los Andes

6.960 Metros (**22.835** pies) de altura del Aconcagua (Argentina), el pico° más alto de los Andes

Arequipa, Perú

cadena *range* espina dorsal *spine* norte *north* sur *south* cordillera *mountain range* aunque *although* atravesar *to cross* puertos *passes* alturas *heights* estrechos *narrow* vías ferroviarias *railroad tracks* De acuerdo con *According to* se eleva *rises* angosta *narrow* se acerca *gets closer* ritmo *rate* se mantiene *keeps going* podrían unirse *could join together* ha transcurrido *has gone by* A.C. *Before Christ* desarrollo *development* pico *peak*

1 **Escoger** Escoge la opción que completa mejor cada oración.

1. Los Andes son la cadena montañosa más extensa del…
   a. mundo.   b. continente americano.   c. hemisferio norte.

2. "La espina dorsal de Suramérica" es…
   a. los Andes.   b. el Himalaya.   c. el Aconcagua.

3. La cordillera de los Andes se extiende…
   a. de este a oeste.   b. de sur a oeste.   c. de norte a sur.

4. El Himalaya y los Andes tienen…
   a. diferente altura.   b. la misma altura.   c. el mismo color.

5. Es posible atravesar los Andes por medio de…
   a. montañas   b. puertos   c. metro

6. En algunos de los puertos de montaña de los Andes hay…
   a. puertas.   b. vías ferroviarias.   c. cordilleras.

7. En 63 millones de años, Buenos Aires y Santiago podrían…
   a. separarse.   b. desarrollarse.   c. unirse.

8. El Aconcagua es…
   a. una montaña.   b. un grupo indígena.   c. un volcán.

La naturaleza

el arco iris	*rainbow*
la catarata	*waterfall*
el cerro; la colina; la loma	*hill, hillock*
la cima; la cumbre; el tope (Col.)	*summit; mountaintop*
la maleza; los rastrojos (Col.); la yerba mala (Cuba); los hierbajos (Méx.); los yuyos (Arg.)	*weeds*
la niebla	*fog*

Cuerpos° de agua

- **Lago de Maracaibo** es el lago natural más grande de Suramérica y tiene una conexión directa y natural con el mar.

- **Lago Titicaca** es el lago navegable más alto del mundo. Se encuentra a más de 3.800 metros de altitud.

- **Bahía Mosquito** es una bahía bioluminiscente. En sus aguas viven unos microorganismos que emiten luz° cuando sienten que algo agita° el agua.

Cuerpos *Bodies* emiten luz *emit light* agita *shakes*

La Sierra Nevada de Santa Marta

La Sierra Nevada de Santa Marta es una cadena de montañas en la costa norte de Colombia. Se eleva abruptamente desde las costas del mar Caribe y en apenas 42 kilómetros llega a una altura de 5.775 metros (18.947 pies) en sus picos nevados°. Tiene las montañas más altas de Colombia y es la formación montañosa costera° más alta del mundo.

Los pueblos indígenas que habitan allí lograron° mantener los frágiles ecosistemas de estas montañas a través de° un sofisticado sistema de terrazas° y senderos empedrados° que

permitieron° el control de las aguas en una región de muchas lluvias, evitando así la erosión de la tierra. La Sierra fue nombrada Reserva de la Biosfera por la UNESCO en 1979.

nevados *snowcapped* costera *coastal* lograron *managed* a través de *by means of* terrazas *terraces* empedrados *cobblestone* permitieron *allowed*

Conexión Internet

¿Dónde se puede hacer ecoturismo en Latinoamérica?	Go to **vhlcentral.com** to find more cultural information related to this **Cultura** section.

2 **Comprensión** Indica si lo que dice cada oración es **cierto** o **falso**. Corrige la información falsa.

1. En Colombia, *weeds* se dice **hierbajos**.
2. El lago Titicaca es el más grande del mundo.
3. La Sierra Nevada de Santa Marta es la formación montañosa costera más alta del mundo.
4. Los indígenas destruyeron el ecosistema de Santa Marta.

3 **Maravillas de la naturaleza** Escribe un párrafo breve donde describas alguna maravilla de la naturaleza que has (*you have*) visitado y que te impresionó. Puede ser cualquier (*any*) sitio natural: un río, una montaña, una selva, etc.

Practice more at vhlcentral.com.

Tutorial

4.1 The subjunctive with verbs of emotion

ANTE TODO In the previous lesson, you learned how to use the subjunctive with expressions of will and influence. You will now learn how to use the subjunctive with verbs and expressions of emotion.

> **Main clause**
> Marta **espera** (que) yo **vaya** al lago este fin de semana.
> **Subordinate clause**

▶ When the verb in the main clause of a sentence expresses an emotion or feeling, such as hope, fear, joy, pity, or surprise, the subjunctive is required in the subordinate clause.

Nos alegramos de que te **gusten** las flores.
We are happy that you like the flowers.

Siento que tú no **puedas** venir mañana.
I'm sorry that you can't come tomorrow.

Temo que Ana no **pueda** ir mañana con nosotros.
I'm afraid that Ana won't be able to go with us tomorrow.

Le **sorprende** que Juan **sea** tan joven.
It surprises him that Juan is so young.

Es una lástima que ellos no estén aquí con nosotros.

Me alegro de que te diviertas.

Common verbs and expressions of emotion

alegrarse (de)	*to be happy*	**tener miedo (de)**	*to be afraid (of)*
esperar	*to hope; to wish*	**es extraño**	*it's strange*
gustar	*to be pleasing; to like*	**es una lástima**	*it's a shame*
molestar	*to bother*	**es ridículo**	*it's ridiculous*
sentir (e:ie)	*to be sorry; to regret*	**es terrible**	*it's terrible*
sorprender	*to surprise*	**es triste**	*it's sad*
temer	*to be afraid; to fear*	**ojalá (que)**	*I hope (that); I wish (that)*

Me molesta que la gente no **recicle** el plástico.
It bothers me that people don't recycle plastic.

Es triste que **tengamos** problemas como el cambio climático.
It's sad that we have problems like climate change.

▶ As with expressions of will and influence, the infinitive, not the subjunctive, is used after an expression of emotion when there is no change of subject. Compare these sentences.

Temo **llegar** tarde.
I'm afraid I'll arrive late.

Temo que mi novio **llegue** tarde.
I'm afraid my boyfriend will arrive late.

▶ The expression **ojalá (que)** means *I hope* or *I wish*, and it is always followed by the subjunctive. Note that the use of **que** with this expression is optional.

Ojalá (que) se conserven
nuestros recursos naturales.
I hope (that) our natural resources will be conserved.

Ojalá (que) recojan la
basura hoy.
I hope (that) they collect the garbage today.

Ojalá que
su aseguradora escuche sus necesidades con la misma atención.

COLMENA
salud - medicina
Con su familia, por su futuro.

Por fin usted se puede poner en manos de una compañía confiable.

⟨∞⟩ **¡INTÉNTALO!**   Completa las oraciones con las formas correctas de los verbos.

1. Ojalá que ellos __descubran__ (descubrir) nuevas formas de energía.
2. Espero que Ana nos _____ (ayudar) a recoger la basura en la carretera.
3. Es una lástima que la gente no _____ (reciclar) más.
4. Esperamos _____ (proteger) el aire de nuestra comunidad.
5. Me alegro de que mis amigos _____ (querer) conservar la naturaleza.
6. Espero que tú _____ (venir) a la reunión (*meeting*) del Club de Ecología.
7. Es malo _____ (contaminar) el medio ambiente.
8. A mis padres les gusta que nosotros _____ (participar) en la reunión.
9. Es terrible que nuestras ciudades _____ (estar) afectadas por la contaminación.
10. Ojalá que yo _____ (poder) hacer algo para reducir el calentamiento global.

Práctica

1

Completar Completa el diálogo con palabras de la lista. Compara tus respuestas con las de un(a) compañero/a. No vas a usar dos de las palabras.

Bogotá, Colombia

alegro	molesta	salga
encuentre	ojalá	tengo miedo de
estén	pueda	vaya
llegue	reduzcan	visitar

OLGA Me alegro de que tu hermana (1)_____ a Colombia. ¿Va a estudiar?

SARA Sí. Es una lástima que (2)_____ una semana tarde. Ojalá que la universidad la ayude a buscar casa. (3)_____ que no consiga dónde vivir.

OLGA Me (4)_____ que seas tan pesimista, pero sí, yo también espero que (5)_____ gente simpática y que hable mucho español.

SARA Sí, ojalá. Va a hacer un estudio sobre la deforestación en las costas. Es triste que en tantos países los recursos naturales (6)_____ en peligro.

OLGA Pues, me (7)_____ de que no se quede mucho en la capital por la contaminación. (8)_____ tenga tiempo de viajar por el país.

SARA Sí, espero que (9)_____ ir a Medellín.
Sé que también espera (10)_____ la Catedral de Sal de Zipaquirá.

NOTA CULTURAL

Los principales factores que determinan la temperatura de **Bogotá, Colombia,** son su proximidad al ecuador y su altitud, 2.640 metros (8.660 pies) sobre el nivel (*level*) del mar. Con un promedio (*average*) de 13° C (56° F), Bogotá disfruta de un clima templado (*mild*) durante la mayor parte del año. Hay, sin embargo, variaciones considerables entre el día (18° C) y la noche (7° C).

2

Transformar Transforma estos elementos en oraciones completas para formar un diálogo entre Sara y su madre. Añade palabras si es necesario. Luego, con un(a) compañero/a, presenta el diálogo a la clase.

1. Sara, / esperar / (tú) escribirle / Raquel. / Ser / tu / hermana. / Ojalá / no / sentirse / sola

2. molestarme / (tú) decirme / lo que / tener / hacer. / Ahora / mismo / le / estar / escribiendo

3. alegrarme / oírte / decir / eso. / Ser / terrible / estar / lejos / cuando / nadie / recordarte

4. mamá, / ¡yo / tener / miedo de / (ella) no recordarme / mí! / Ser / triste / estar / sin / hermana

5. ser / ridículo / (tú) sentirte / así. / Tú / saber / ella / quererte / mucho

6. ridículo / o / no, / sorprenderme / (todos) preocuparse / ella / y / (nadie) acordarse de / mí

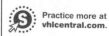

Practice more at vhlcentral.com.

Comunicación

3 **Comentar** En parejas, túrnense para formar oraciones sobre su comunidad, sus clases, su gobierno o algún otro tema, usando expresiones como **me alegro de que, temo que** y **es extraño que.** Luego, reaccionen a los comentarios de su compañero/a.

> **modelo**
>
> **Estudiante 1:** Me alegro de que vayan a limpiar el río.
> **Estudiante 2:** Yo también. Me preocupa que el agua del río esté tan sucia.

4 **Contestar** Lee el mensaje electrónico que Raquel le escribió a su hermano. Luego, en parejas, contesten el mensaje usando expresiones como **me sorprende que, me molesta que** y **es una lástima que.**

De:	Raquel
Para:	Juan
Asunto:	¡Hola!

Hola, Juan:

Siento no escribirte más frecuentemente. La verdad es que estoy muy ocupada todo el tiempo. No sabes cuánto me estoy divirtiendo en Colombia. Me sorprende haber podido adaptarme tan bien. Aprendo mucho más aquí que en el laboratorio de la universidad. Me encanta que me den responsabilidades y que compartan sus muchos conocimientos conmigo. Ay, pero pienso mucho en ti y en toda la familia. Qué triste es que no podamos hablar todos los días como antes. Ojalá que estés bien. Bueno, es todo por ahora. Escríbeme pronto.

Te extraño mucho,

Raquel

AYUDA

Echar de menos (a alguien) and **extrañar (a alguien)** are two ways of saying *to miss (someone).*

Síntesis

recursos

v̂Text

CA

pp. 13–14

5 **No te preocupes** Estás muy preocupado/a por los problemas del medio ambiente y le comentas a tu compañero/a todas tus preocupaciones. Él/Ella va a darte la solución adecuada a tus preocupaciones. Su profesor(a) les va a dar una hoja distinta a cada uno/a con la información necesaria para completar la actividad.

> **modelo**
>
> **Estudiante 1:** Me molesta que las personas tiren basura en las calles.
> **Estudiante 2:** Por eso es muy importante que los políticos hagan leyes para conservar las ciudades limpias.

4.2 The subjunctive with doubt, disbelief, and denial

 Tutorial

ANTE TODO   Just as the subjunctive is required with expressions of emotion, influence, and will, it is also used with expressions of doubt, disbelief, and denial.

Main clause		Subordinate clause
Dudan	que	su hijo les **diga** la verdad.

▶ The subjunctive is always used in a subordinate clause when there is a change of subject and the expression in the main clause implies negation or uncertainty.

No creo que puedan ir muy lejos.

No es posible que el guía continúe el recorrido sin ustedes.

▶ Here is a list of some common expressions of doubt, disbelief, or denial.

Expressions of doubt, disbelief, or denial

dudar	*to doubt*	**no es seguro**	*it's not certain*
negar (e:ie)	*to deny*	**no es verdad**	*it's not true*
no creer	*not to believe*	**es imposible**	*it's impossible*
no estar seguro/a (de)	*not to be sure*	**es improbable**	*it's improbable*
no es cierto	*it's not true;*	**(no) es posible**	*it's (not) possible*
	it's not certain	**(no) es probable**	*it's (not) probable*

El gobierno **niega** que el agua **esté** contaminada.
The government denies that the water is contaminated.

Dudo que el gobierno **resuelva** el problema.
I doubt that the government will solve the problem.

Es probable que **haya** menos bosques y selvas en el futuro.
It's probable that there will be fewer forests and jungles in the future.

No es verdad que mi hermano **estudie** ecología.
It's not true that my brother studies ecology.

¡LENGUA VIVA!

In English, the expression *it is probable* indicates a fairly high degree of certainty. In Spanish, however, **es probable** implies uncertainty and therefore triggers the subjunctive in the subordinate clause: **Es muy probable que venga Elena**.

▶ The indicative is used in a subordinate clause when there is no doubt or uncertainty in the main clause. Here is a list of some expressions of certainty.

Expressions of certainty

no dudar	*not to doubt*	**estar seguro/a (de)**	*to be sure*
no cabe duda de	*there is no doubt*	**es cierto**	*it's true; it's certain*
no hay duda de	*there is no doubt*	**es seguro**	*it's certain*
no negar (e:ie)	*not to deny*	**es verdad**	*it's true*
creer	*to believe*	**es obvio**	*it's obvious*

No negamos que **hay** demasiados carros en las carreteras.
We don't deny that there are too many cars on the highways.

Es verdad que Colombia **es** un país bonito.
It's true that Colombia is a beautiful country.

No hay duda de que el Amazonas **es** uno de los ríos más largos.
There is no doubt that the Amazon is one of the longest rivers.

Es obvio que las ballenas **están** en peligro de extinción.
It's obvious that whales are in danger of extinction.

▶ In affirmative sentences, the verb **creer** expresses belief or certainty, so it is followed by the indicative. In negative sentences, however, when doubt is implied, **creer** is followed by the subjunctive.

Creo que **debemos** usar exclusivamente la energía solar.
I believe we should use solar energy exclusively.

No creo que **haya** vida en el planeta Marte.
I don't believe that there is life on the planet Mars.

▶ The expressions **quizás** and **tal vez** are usually followed by the subjunctive because they imply doubt about something.

Quizás haga sol mañana.
Perhaps it will be sunny tomorrow.

Tal vez veamos la luna esta noche.
Perhaps we will see the moon tonight.

recursos

v Text

CA
p. 128

CP
pp. 45–46

CH
pp. 61–62

S
vhlcentral

∽ **¡INTÉNTALO!**   Completa estas oraciones con la forma correcta del verbo.

1. Dudo que ellos ___trabajen___ (trabajar).
2. Es cierto que él _____ (comer) mucho.
3. Es imposible que ellos _____ (salir).
4. Es probable que ustedes _____ (ganar).
5. No creo que ella _____ (volver).
6. Es posible que nosotros _____ (ir).
7. Dudamos que tú _____ (reciclar).
8. Creo que ellos _____ (jugar) al fútbol.
9. No niego que ustedes _____ (estudiar).
10. Es posible que ella no _____ (venir) a casa.
11. Es probable que Lucio y Carmen _____ (dormir).
12. Es posible que mi prima Marta _____ (llamar).
13. Tal vez Juan no nos _____ (oír).
14. No es cierto que Paco y Daniel nos _____ (ayudar).

Práctica

1

Escoger Escoge las respuestas correctas para completar el diálogo. Luego dramatiza el diálogo con un(a) compañero/a.

RAÚL   Ustedes dudan que yo realmente (1)_____ (estudio/estudie). No niego que a veces me (2)_____ (divierto/divierta) demasiado, pero no cabe duda de que (3)_____ (tomo/tome) mis estudios en serio. Estoy seguro de que cuando me vean graduarme van a pensar de manera diferente. Creo que no (4)_____ (tienen/tengan) razón con sus críticas.

PAPÁ   Es posible que tu mamá y yo no (5)_____ (tenemos/tengamos) razón. Es cierto que a veces (6)_____ (dudamos/dudemos) de ti. Pero no hay duda de que te (7)_____ (pasas/pases) toda la noche en Internet y oyendo música. No es nada seguro que (8)_____ (estás/estés) estudiando.

RAÚL   Es verdad que (9)_____ (uso/use) mucho la computadora pero, ¡piensen! ¿No es posible que (10)_____ (es/sea) para buscar información para mis clases? ¡No hay duda de que Internet (11)_____ (es/sea) el mejor recurso del mundo! Es obvio que ustedes (12)_____ (piensan/piensen) que no hago nada, pero no es cierto.

PAPÁ   No dudo que esta conversación nos (13)_____ (va/vaya) a ayudar. Pero tal vez esta noche (14)_____ (puedes/puedas) trabajar sin música. ¿Está bien?

2

Dudas Carolina es una chica que siempre miente. Expresa tus dudas sobre lo que Carolina está diciendo ahora. Usa las expresiones entre paréntesis para tus respuestas.

> **modelo**
>
> El próximo año Marta y yo vamos de vacaciones por diez meses. (dudar)
> *¡Ja! Dudo que vayan de vacaciones por ese tiempo. ¡Ustedes no son ricas!*

1. Estoy escribiendo una novela en español. (no creer)
2. Mi tía es la directora de *PETA*. (no ser verdad)
3. Dos profesores míos juegan para los Osos *(Bears)* de Chicago. (ser imposible)
4. Mi mejor amiga conoce al chef Bobby Flay. (no ser cierto)
5. Mi padre es dueño del Centro Rockefeller. (no ser posible)
6. Yo ya tengo un doctorado *(doctorate)* en lenguas. (ser improbable)

AYUDA

Here are some useful expressions to say that you don't believe someone.

¡Qué va!
¡Imposible!
¡No te creo!
¡Es mentira!

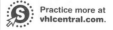

Comunicación

3 **Entrevista** En parejas, imaginen que trabajan para un periódico y que tienen que hacerle una entrevista a la ecologista Mary Axtmann, quien colaboró en la fundación del programa Ciudadanos Pro Bosque San Patricio, en Puerto Rico. Escriban seis preguntas para la entrevista después de leer las declaraciones de Mary Axtmann. Al final, inventen las respuestas de Axtmann.

Declaraciones de Mary Axtmann:

"... que el bosque es un recurso ecológico educativo para la comunidad."

"El Bosque San Patricio es un pulmón (lung) que produce oxígeno para la ciudad."

"El Bosque San Patricio está en medio de la ciudad de San Juan. Por eso digo que este bosque es una esmeralda (emerald) en un mar de concreto."

"El bosque pertenece (belongs) a la comunidad."

"Salvamos este bosque mediante (by means of) la propuesta (proposal) y no la protesta."

4 **Adivinar** Escribe cinco oraciones sobre tu vida presente y futura. Cuatro deben ser falsas y sólo una debe ser cierta. Presenta tus oraciones al grupo. El grupo adivina cuál es la oración cierta y expresa sus dudas sobre las oraciones falsas.

> **modelo**
>
> **Estudiante 1:** Quiero irme un año a la selva a trabajar.
> **Estudiante 2:** Dudo que te guste vivir en la selva.
> **Estudiante 3:** En veinte años voy a ser presidente de los Estados Unidos.
> **Estudiante 2:** No creo que seas presidente de los Estados Unidos en veinte años. ¡Tal vez en cuarenta!

Síntesis

5 **Intercambiar** En grupos, escriban un párrafo sobre los problemas del medio ambiente en su estado o en su comunidad. Compartan su párrafo con otro grupo, que va a ofrecer opiniones y soluciones. Luego presenten su párrafo, con las opiniones y soluciones del otro grupo, a la clase.

4.3   The subjunctive with conjunctions

Tutorial

ANTE TODO   Conjunctions are words or phrases that connect other words and clauses in sentences. Certain conjunctions commonly introduce adverbial clauses, which describe *how, why, when,* and *where* an action takes place.

Main clause	**Conjunction**	**Adverbial clause**
Vamos a visitar a Carlos	**antes de que**	**regrese** a California.

Muchos animales van a estar en peligro de extinción, a menos que los protejamos.

Marissa habla con Jimena antes de que lleguen los chicos.

▶ With certain conjunctions, the subjunctive is used to express a hypothetical situation, uncertainty as to whether an action or event will take place, or a condition that may or may not be fulfilled.

Voy a dejar un recado **en caso de que Gustavo me llame.**
I'm going to leave a message in case Gustavo calls me.

Voy al supermercado **para que tengas** algo de comer.
I'm going to the store so that you'll have something to eat.

▶ Here is a list of the conjunctions that always require the subjunctive.

Conjunctions that require the subjunctive

a menos que	*unless*	**en caso (de) que**	*in case*
antes (de) que	*before*	**para que**	*so that*
con tal (de) que	*provided that*	**sin que**	*without*

Algunos animales van a morir **a menos que** haya leyes para protegerlos.
Some animals are going to die unless there are laws to protect them.

Ellos nos llevan a la selva **para que** veamos las plantas tropicales.
They are taking us to the jungle so that we may see the tropical plants.

▶ The infinitive, not **que** + [*subjunctive*], is used after the prepositions **antes de, para,** and **sin** when there is no change of subject. **¡Atención!** While you may use a present participle with the English equivalent of these phrases, in Spanish you cannot.

Te llamamos **antes de salir** de la casa.
We will call you before leaving the house.

Te llamamos mañana **antes de que salgas.**
We will call you tomorrow before you leave.

Conjunctions with subjunctive or indicative

Voy a formar un club de ecología tan pronto como vuelva al D.F.

Cuando veo basura, la recojo.

Conjunctions used with subjunctive or indicative

cuando	*when*	**hasta que**	*until*
después de que	*after*	**tan pronto como**	*as soon as*
en cuanto	*as soon as*		

▶ With the conjunctions above, use the subjunctive in the subordinate clause if the main clause expresses a future action or command.

Vamos a resolver el problema **cuando desarrollemos** nuevas tecnologías.
We are going to solve the problem when we develop new technologies.

Después de que ustedes **tomen** sus refrescos, reciclen las botellas.
After you drink your soft drinks, recycle the bottles.

▶ With these conjunctions, the indicative is used in the subordinate clause if the verb in the main clause expresses an action that habitually happens, or that happened in the past.

Contaminan los ríos **cuando construyen** nuevos edificios.
They pollute the rivers when they build new buildings.

Contaminaron el río **cuando construyeron** ese edificio.
They polluted the river when they built that building.

¡INTÉNTALO! Completa las oraciones con las formas correctas de los verbos.

1. Voy a estudiar ecología cuando ___*vaya*___ (ir) a la universidad.
2. No podemos evitar el cambio climático a menos que todos _____ (trabajar) juntos.
3. No podemos conducir sin _____ (contaminar) el aire.
4. Siempre recogemos mucha basura cuando _____ (ir) al parque.
5. Elisa habló con el presidente del Club de Ecología después de que _____ (terminar) la reunión.
6. Vamos de excursión para _____ (observar) los animales y las plantas.
7. La contaminación va a ser un problema muy serio hasta que nosotros _____ (cambiar) nuestros sistemas de producción y transporte.
8. El gobierno debe crear más parques nacionales antes de que los bosques y ríos _____ (estar) completamente contaminados.
9. La gente recicla con tal de que no _____ (ser) difícil.

Práctica

1   **Completar** La señora Montero habla de una excursión que quiere hacer con su familia. Completa las oraciones con la forma correcta de cada verbo.

1. Voy a llevar a mis hijos al parque para que _____ (aprender) sobre la naturaleza.
2. Voy a pasar todo el día allí a menos que _____ (hacer) mucho frío.
3. Podemos explorar el parque en bicicleta sin _____ (caminar) demasiado.
4. Vamos a bajar al cráter con tal de que no se _____ (prohibir).
5. Siempre llevamos al perro cuando _____ (ir) al parque.
6. No pensamos ir muy lejos en caso de que _____ (llover).
7. Vamos a almorzar a la orilla (*shore*) del río cuando nosotros _____ (terminar) de preparar la comida.
8. Mis hijos van a dejar todo limpio antes de _____ (salir) del parque.

2   **Frases** Completa estas frases de una manera lógica.

1. No podemos controlar la contaminación del aire a menos que…
2. Voy a reciclar los productos de papel y de vidrio en cuanto…
3. Debemos comprar coches eléctricos tan pronto como…
4. Protegemos los animales en peligro de extinción para que…
5. Mis amigos y yo vamos a recoger la basura de la escuela después de que…
6. No podemos desarrollar nuevas fuentes (*sources*) de energía sin…
7. Hay que eliminar la contaminación del agua para…
8. No podemos proteger la naturaleza sin que…

3   **Organizaciones colombianas** En parejas, lean las descripciones de las organizaciones de conservación. Luego expresen en sus propias (*own*) palabras las opiniones de cada organización.

AYUDA

Here are some expressions you can use as you complete **Actividad 3**.

Se puede evitar… con tal de que…

Es necesario… para que…

Debemos prohibir… antes de que…

No es posible… sin que…

Vamos a… tan pronto como…

A menos que… no vamos a…

Organización:
Fundación Río Orinoco

Problema:
La destrucción de los ríos

Solución:
Programa para limpiar las orillas de los ríos y reducir la erosión y así proteger los ríos

Organización:
Oficina de Turismo Internacional

Problema:
Necesidad de mejorar la imagen del país en el mercado turístico internacional

Solución:
Plan para promover el ecoturismo en los 54 parques nacionales, usando agencias de publicidad e implementando un plan agresivo de conservación

Organización:
Asociación Nabusimake-Pico Colón

Problema:
Un lugar turístico popular en la Sierra Nevada de Santa Marta necesita mejor mantenimiento

Solución:
Programa de voluntarios para limpiar y mejorar los senderos

Practice more at
vhlcentral.com.

Comunicación

4 **Preguntas** En parejas, túrnense para hacerse estas preguntas.

1. ¿Qué haces cada noche antes de acostarte?
2. ¿Qué haces después de salir de la escuela?
3. ¿Qué piensas hacer tan pronto como te gradúes?
4. ¿Qué quieres hacer mañana, a menos que haga mal tiempo?
5. ¿Qué haces en tus clases sin que los profesores lo sepan?

5 **Comparar** En parejas, comparen una actividad rutinaria que ustedes hacen con algo que van a hacer en el futuro. Usen palabras de la lista.

antes de	después de que	hasta que	sin (que)
antes de que	en caso de que	para (que)	tan pronto como

modelo

Estudiante 1: El sábado vamos al lago. Tan pronto como volvamos, vamos a estudiar para el examen.

Estudiante 2: Todos los sábados llevo a mi primo al parque para que juegue. Pero el sábado que viene, con tal de que no llueva, lo voy a llevar a las montañas.

Síntesis

6 **Tres en raya (*Tic-Tac-Toe*)** Formen dos equipos. Una persona comienza una frase y otra persona de su equipo la termina usando palabras de la gráfica. El primer equipo que forme tres oraciones seguidas (*in a row*) gana el tres en raya. Hay que usar la conjunción o la preposición y el verbo correctamente. Si no, ¡no cuenta!

¡LENGUA VIVA!

Tic-Tac-Toe has various names in the Spanish-speaking world, including **tres en raya, tres en línea, ta-te-ti, gato, la vieja,** and **triqui-triqui.**

modelo

Equipo 1

Estudiante 1: Dudo que podamos eliminar la deforestación…

Estudiante 2: sin que nos ayude el gobierno.

Equipo 2

Estudiante 1: Creo que podemos conservar nuestros recursos naturales…

Estudiante 2: con tal de que todos hagamos algo para ayudar.

cuando	con tal de que	para que
antes de que	para	sin que
hasta que	en caso de que	antes de

Recapitulación

Diagnostics

Completa estas actividades para repasar los conceptos de gramática que aprendiste en esta lección.

1

Subjuntivo con conjunciones Escoge la forma correcta del verbo para completar las oraciones. **16 pts.**

1. En cuanto (empiecen/empiezan) las vacaciones, vamos a viajar.
2. Por favor, llámeme a las siete y media en caso de que no (me despierto/me despierte).
3. Toni va a usar su bicicleta hasta que los coches híbridos (cuesten/cuestan) menos dinero.
4. Tan pronto como supe la noticia (*news*) (te llamé/te llame).
5. Debemos conservar el agua antes de que no (queda/quede) nada para beber.
6. ¿Siempre recoges la basura después de que (terminas/termines) de comer en un picnic?
7. Siempre quiero vender mi camioneta cuando (yo) (piense/pienso) en la contaminación.
8. Estudiantes, pueden entrar al parque natural con tal de que no (tocan/toquen) las plantas.

2

Creer o no creer Completa estos diálogos con la forma correcta del presente de indicativo o de subjuntivo, según el contexto. **16 pts.**

CAROLA Creo que (1) _____ (nosotras, deber) escribir nuestra presentación sobre el reciclaje.

MÓNICA Hmm, no estoy segura de que el reciclaje (2) _____ (ser) un buen tema. No hay duda de que la gente ya (3) _____ (saber) reciclar.

CAROLA Sí, pero dudo que todos lo (4) _____ (practicar).

• • •

PACO ¿Sabes, Néstor? El sábado voy a ir a limpiar el río con un grupo de voluntarios. ¿Quieres venir?

NÉSTOR No es seguro que (5) _____ (yo, poder) ir. El lunes hay un examen y tengo que estudiar.

PACO ¿Estás seguro de que no (6) _____ (tener) tiempo? Es imposible que (7) _____ (ir) a estudiar todo el fin de semana.

NÉSTOR Pues sí, pero es muy probable que (8) _____ (llover).

RESUMEN GRAMATICAL

4.1 **The subjunctive with verbs of emotion**
pp. 138–139

Verbs and expressions of emotion	
alegrarse (de)	tener miedo (de)
esperar	es extraño
gustar	es una lástima
molestar	es ridículo
sentir (e:ie)	es terrible
sorprender	es triste
temer	ojalá (que)

Main clause		Subordinate clause
Marta espera	que	yo **vaya** al lago mañana.
Ojalá		**comamos** en casa.

4.2 **The subjunctive with doubt, disbelief, and denial**
pp. 142–143

Expressions of doubt, disbelief, or denial (used with subjunctive)	
dudar	no es verdad
negar (e:ie)	es imposible
no creer	es improbable
no estar seguro/a (de)	(no) es posible
no es cierto	(no) es probable
no es seguro	

Expressions of certainty (used with indicative)	
no dudar	estar seguro/a (de)
no cabe duda de	es cierto
no hay duda de	es seguro
no negar (e:ie)	es verdad
creer	es obvio

► The infinitive is used after these expressions when there is no change of subject.

4.3 **The subjunctive with conjunctions**
pp. 146–147

Conjunctions that require the subjunctive	
a menos que	en caso (de) que
antes (de) que	para que
con tal (de) que	sin que

▶ The infinitive is used after the prepositions **antes de**, **para**, and **sin** when there is no change of subject.

Te llamamos **antes de salir** de casa.

Te llamamos mañana **antes de que salgas**.

Conjunctions used with subjunctive or indicative	
cuando después de que en cuanto	hasta que tan pronto como

3 **Reacciones** Reacciona a estas oraciones según las pistas (*clues*). Sigue el modelo. **20 pts.**

> **modelo**
> Tú casi nunca reciclas nada.
> (yo, molestar)
> *A mí me molesta que tú casi nunca recicles nada.*

1. La Ciudad de México tiene un problema grave de contaminación. (ser una lástima)
2. En ese safari permiten tocar a los animales. (ser extraño)
3. Julia y Víctor no pueden ir a las montañas. (yo, sentir)
4. El nuevo programa de reciclaje es un éxito. (nosotros, esperar)
5. A María no le gustan los perros. (ser una lástima)
6. Existen leyes ecológicas en este país. (Juan, alegrarse de)
7. El gobierno no busca soluciones. (ellos, temer)
8. La mayoría de la población no cuida el medio ambiente. (ser triste)
9. Muchas personas cazan animales en esta región. (yo, sorprender)
10. La situación mejora día a día. (ojalá que)

4 **Oraciones** Forma oraciones con estos elementos. Usa el subjuntivo cuando sea necesario. **10 pts.**

1. ser ridículo / los coches / contaminar tanto
2. no caber duda de / tú y yo / poder / hacer mucho más
3. los ecologistas / temer / no conservarse / los recursos naturales
4. yo / alegrarse de / en mi ciudad / reciclarse / el plástico, el vidrio y el aluminio
5. todos (nosotros) / ir a respirar / mejor / cuando / (nosotros) llegar / a la montaña

5 **Escribir** Escribe un diálogo de al menos siete oraciones en el que un(a) amigo/a hace comentarios pesimistas sobre la situación del medio ambiente en tu región y tú respondes con comentarios optimistas. Usa verbos y expresiones de esta lección. **38 pts.**

6 **Canción** Completa estos versos de una canción de Juan Luis Guerra. **¡4 puntos EXTRA!**

" Ojalá que _____ (llover)
café en el campo
pa'° que todos los niños
_____ (cantar) en el campo. "

pa' *short for* para

Lectura

 Audio: Reading
Additional Reading

Antes de leer

Estrategia
Recognizing the purpose of a text

When you are faced with an unfamiliar text, it is important to determine the writer's purpose. If you are reading an editorial in a newspaper, for example, you know that the journalist's objective is to persuade you of his or her point of view. Identifying the purpose of a text will help you better comprehend its meaning.

Examinar los textos

Primero, utiliza la estrategia de lectura para familiarizarte con los textos. Después contesta estas preguntas y compara tus respuestas con las de un(a) compañero/a.

- ¿De qué tratan los textos?°
- ¿Son fábulas°, poemas, artículos de periódico…?
- ¿Cómo lo sabes?

Predicciones

Lee estas predicciones sobre la lectura e indica si estás de acuerdo° con ellas. Después compara tus opiniones con las de un(a) compañero/a.

1. Los textos son del género° de ficción.
2. Los personajes son animales.
3. La acción de los textos tiene lugar en un zoológico.
4. Hay alguna moraleja°.

Determinar el propósito

Con un(a) compañero/a, hablen de los posibles propósitos° de los textos. Consideren estas preguntas:

- ¿Qué te dice el género de los textos sobre los posibles propósitos de los textos?
- ¿Piensas que los textos pueden tener más de un propósito? ¿Por qué?

recursos

v̂ Text

· · · · · · · · · ·

CH

pp. 65–66

Ⓢ
vhlcentral

¿De qué tratan los textos? *What are the texts about?*
fábulas *fables*   **estás de acuerdo** *you agree*
género *genre*   **moraleja** *moral*   **propósitos** *purposes*

Sobre los autores

Félix María Samaniego (1745–1801) nació en España y escribió las *Fábulas morales* que ilustran de manera humorística el carácter humano. Los protagonistas de muchas de sus fábulas son animales que hablan.

El perro y el cocodrilo

Bebiendo un perro en el Nilo°,
al mismo tiempo corría.
"Bebe quieto°", le decía
un taimado° cocodrilo.

Díjole° el perro prudente:
"Dañoso° es beber y andar°;
pero ¿es sano el aguardar
a que me claves el diente°? "

¡Oh qué docto° perro viejo!
Yo venero° su sentir°
en esto de no seguir
del enemigo el consejo.

Tomás de Iriarte (1750–1791) nació en las islas Canarias y tuvo gran éxito° con su libro *Fábulas literarias*. Su tendencia a representar la lógica a través de° símbolos de la naturaleza fue de gran influencia para muchos autores de su época°.

El pato° y la serpiente

A orillas° de un estanque°,
diciendo estaba un pato:
"¿A qué animal dio el cielo°
los dones que me ha dado°?

"Soy de agua, tierra y aire:
cuando de andar me canso°,
si se me antoja, vuelo°;
si se me antoja, nado".

Una serpiente astuta
que le estaba escuchando,
le llamó con un silbo°,
y le dijo "¡Seo° guapo!

"No hay que echar tantas plantas°;
pues ni anda como el gamo°,
ni vuela como el sacre°,
ni nada como el barbo°;

"y así tenga sabido
que lo importante y raro°
no es entender de todo,
sino ser diestro° en algo".

Nilo *Nile* quieto *in peace* taimado *sly* Díjole *Said to him* Dañoso *Harmful* andar *to walk* ¿es sano... diente? *Is it good for me to wait for you to sink your teeth into me?* docto *wise* venero *revere* sentir *wisdom* éxito *success* a través de *through* época *time* pato *duck* orillas *banks* estanque *pond* cielo *heaven* los dones... dado *the gifts that it has given me* me canso *I get tired* si se... vuelo *if I feel like it, I fly* silbo *hiss* Seo *Señor* No hay... plantas *There's no reason to boast* gamo *deer* sacre *falcon* barbo *barbel (a type of fish)* raro *rare* diestro *skillful*

Después de leer

Comprensión

Escoge la mejor opción para completar cada oración.

1. El cocodrilo _____ perro.
   a. está preocupado por el   b. quiere comerse al
   c. tiene miedo del
2. El perro _____ cocodrilo.
   a. tiene miedo del   b. es amigo del
   c. quiere quedarse con el
3. El pato cree que es un animal _____.
   a. muy famoso   b. muy hermoso
   c. de muchos talentos
4. La serpiente cree que el pato es _____.
   a. muy inteligente   b. muy tonto   c. muy feo

Preguntas

Contesta las preguntas.

1. ¿Qué representa el cocodrilo?
   _____

2. ¿Qué representa el pato?
   _____

3. ¿Cuál es la moraleja (*moral*) de "El perro y el cocodrilo"?
   _____

4. ¿Cuál es la moraleja de "El pato y la serpiente"?
   _____

Coméntalo

En parejas, túrnense para hacerse estas preguntas. ¿Estás de acuerdo con las moralejas de estas fábulas? ¿Por qué? ¿Cuál de estas fábulas te gusta más? ¿Por qué? ¿Conoces otras fábulas? ¿Cuál es su propósito?

Escribir

Escribe una fábula para compartir con la clase. Puedes escoger algunos animales de la lista o escoger otros. ¿Qué características deben tener estos animales?

- una abeja (*bee*)
- un gato
- un burro
- un perro
- un águila (*eagle*)
- un pavo real (*peacock*)

Practice more at **vhlcentral.com**.

Escritura

Estrategia
Considering audience and purpose

Writing always has a specific purpose. During the planning stages, a writer must determine to whom he or she is addressing the piece, and what he or she wants to express to the reader. Once you have defined both your audience and your purpose, you will be able to decide which genre, vocabulary, and grammatical structures will best serve your literary composition.

Let's say you want to share your thoughts on local traffic problems. Your audience can be either the local government or the community. You could choose to write a newspaper article, a letter to the editor, or a letter to the city's governing board. But first you should ask yourself these questions:

1. Are you going to comment on traffic problems in general, or are you going to point out several specific problems?

2. Are you simply intending to register a complaint?

3. Are you simply intending to inform others and increase public awareness of the problems?

4. Are you hoping to persuade others to adopt your point of view?

5. Are you hoping to inspire others to take concrete actions?

The answers to these questions will help you establish the purpose of your writing and determine your audience. Of course, your writing can have more than one purpose. For example, you may intend for your writing to both inform others of a problem and inspire them to take action.

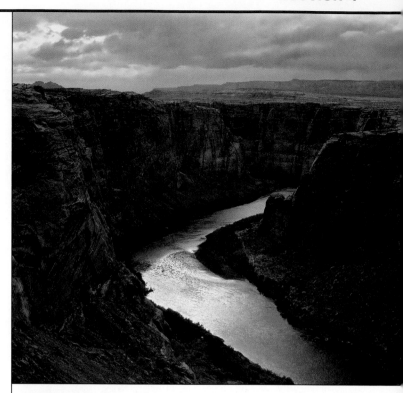

Tema

Escribir una carta o un artículo

Escoge uno de estos temas. Luego decide si vas a escribir una carta a un(a) amigo/a, una carta a un periódico, un artículo de periódico o de revista, etc.

1. Escribe sobre los programas que existen para proteger la naturaleza en tu comunidad. ¿Funcionan bien? ¿Participan todos los vecinos de tu comunidad en los programas? ¿Tienes dudas sobre el futuro del medio ambiente en tu comunidad?

2. Describe uno de los atractivos naturales de tu región. ¿Te sientes optimista sobre el futuro del medio ambiente en tu región? ¿Qué están haciendo el gobierno y los ciudadanos° de tu región para proteger la naturaleza? ¿Es necesario hacer más?

3. Escribe sobre algún programa para proteger el medio ambiente a nivel° nacional. ¿Es un programa del gobierno o de una empresa° privada°? ¿Cómo funciona? ¿Quiénes participan? ¿Tienes dudas sobre el programa? ¿Crees que debe cambiarse o mejorarse? ¿Cómo?

ciudadanos *citizens* **nivel** *level* **empresa** *company* **privada** *private*

recursos

v̂Text · CA pp. 165–166 · CH pp. 67–68 · S vhlcentral

Escuchar Audio

Estrategia
Using background knowledge/ Guessing meaning from context

Listening for the general idea, or gist, can help you follow what someone is saying even if you can't hear or understand some of the words. When you listen for the gist, you simply try to capture the essence of what you hear without focusing on individual words.

🔊 To practice these strategies, you will listen to a paragraph written by Jaime Urbinas, an urban planner. Before listening to the paragraph, write down what you think it will be about, based on Jaime Urbinas' profession. As you listen to the paragraph, jot down any words or expressions you don't know and use context clues to guess their meanings.

Preparación

Mira el dibujo. ¿Qué pistas° te da sobre el tema del discurso° de Soledad Morales?

Ahora escucha 🔊

Vas a escuchar un discurso de Soledad Morales, una activista preocupada por el medio ambiente. Antes de escuchar, marca las palabras y frases que tú crees que ella va a usar en su discurso. Después marca las palabras y frases que escuchaste.

Palabras	Antes de escuchar	Después de escuchar
el futuro	_____	_____
el cine	_____	_____
los recursos naturales	_____	_____
el aire	_____	_____
los ríos	_____	_____
la contaminación	_____	_____
las diversiones	_____	_____
el reciclaje	_____	_____

Comprensión

Escoger 🔗

Subraya° el equivalente correcto de cada palabra.
1. patrimonio (fatherland, heritage, acrimony)
2. ancianos (elderly, ancient, antiques)
3. entrelazadas (destined, interrupted, intertwined)
4. aguantar (to hold back, to destroy, to pollute)
5. apreciar (to value, to imitate, to consider)
6. tala (planting, cutting, watering)

Ahora ustedes 🔗

Trabaja con un(a) compañero/a. Escriban seis recomendaciones que creen que la señora Morales va a darle al gobierno colombiano para mejorar los problemas del medio ambiente.

1. _____
2. _____
3. _____
4. _____
5. _____
6. _____

 Practice more at vhlcentral.com.

recursos
vText vhlcentral

pistas *clues*　discurso *speech*　Subraya *Underline*

Anuncio de Edenor

www.Publi.TV

Tenemos información de que usted fue al más allá y volvió. ¿Es correcto?

Preparación

Contesta las preguntas. Luego comparte tus respuestas con la clase. Y entre todos hagan dos gráficos que muestren sus respuestas (puede ser un gráfico de barras o de torta [*pie*]).

1. En tu opinión, ¿cuáles son los cinco peligros más grandes para el planeta en nuestros días?
2. ¿Qué haces durante un día típico para cuidar y proteger el medio ambiente?

¡Que apague la luz!

En 1990, el periodista argentino Víctor Sueiro vio "un túnel oscuro°, una luz blanca intensa que se hizo más fuerte°" y sintió "una paz° total". Durante cuarenta segundos, una muerte clínica° causada por un paro cardíaco° lo llevó a tener esa famosa visión. Después de "volver de la muerte", se dedicó° a escribir sobre el fin de la vida, los ángeles y misterios similares, y sus libros tuvieron gran éxito. A continuación vas a ver a Sueiro en un anuncio que, con humor, nos hace una invitación ecológica.

oscuro *dark* más fuerte *stronger* paz *peace* muerte clínica *clinical death* paro cardíaco *cardiac arrest* se dedicó *he devoted himself*

Vocabulario útil

derrochar	*to waste*
el más allá	*the afterlife*

Comprensión

Contesta las preguntas con oraciones completas.

1. ¿Qué vio Víctor Sueiro cuando fue al más allá?
2. ¿Qué le piden que haga? ¿Por qué?
3. ¿Por qué es importante que apague la luz?
4. ¿Qué hace Víctor Sueiro cuando despierta?

Conversación

Discute esta pregunta con toda la clase.

1. ¿Qué podemos hacer individual y colectivamente para ayudar a conservar la energía?

Aplicación

Trabaja con un grupo pequeño para preparar un anuncio que sugiera una acción específica para mejorar el medio ambiente o proteger la naturaleza. Si es posible, usen humor en su anuncio. Presenten el anuncio a la clase, o hagan un video para su escuela o comunidad.

Video:
Flash cultura

Centroamérica es una región con un gran crecimiento° en el turismo, especialmente ecológico, y no por pocas razones°. Con solamente el uno por ciento° de la superficie terrestre°, esta zona tiene el ocho por ciento de las reservas naturales del planeta. Algunas de estas maravillas son la isla Coiba en Panamá, la Reserva de la Biosfera Maya en Guatemala, el volcán Mombacho en Nicaragua, el parque El Imposible en El Salvador y Pico Bonito en Honduras. En este episodio de *Flash cultura* vas a conocer más tesoros° naturales en un país ecológico por tradición: Costa Rica.

Vocabulario útil

aguas termales	*hot springs*
hace erupción	*erupts*
los poderes curativos	*healing powers*
rocas incandescentes	*incandescent rocks*

Preparación

¿Qué sabes de los volcanes de Costa Rica? ¿Y de sus aguas termales? Si no sabes nada, escribe tres predicciones sobre cada tema.

¿Cierto o falso?

Indica si estas oraciones son **ciertas** o **falsas**.

1. Centroamérica es una zona de pocos volcanes.
2. El volcán Arenal está en un parque nacional.
3. El volcán Arenal hace erupción pocas veces.
4. Las aguas termales cerca del volcán vienen del mar.
5. Cuando Alberto sale del agua, tiene calor.
6. Se pueden ver las rocas incandescentes desde algunos hoteles.

Naturaleza en Costa Rica

Aquí existen más de cien volcanes. Hoy visitaremos el Parque Nacional Volcán Arenal.

En los alrededores del volcán [...] nacen aguas termales de origen volcánico...

Puedes escuchar cada rugido° del volcán Arenal...

Practice more at
vhlcentral.com.

recursos

v̂Text   CA   vhlcentral
pp. 95–96

crecimiento *growth* razones *reasons* por ciento *percent*
superficie terrestre *earth's surface* tesoros *treasures* rugido *roar*

Colombia

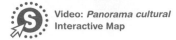

S Video: *Panorama cultural*
Interactive Map

El país en cifras

▶ **Área:** 1.138.910 km² (439.734 millas²),
tres veces el área de Montana

▶ **Población:** 46.245.000
*De todos los países de habla hispana, sólo México
tiene más habitantes que Colombia. Casi toda la
población colombiana vive en las áreas montañosas
y la costa occidental° del país. Aproximadamente el
55% de la superficie° del país está sin poblar°.*

▶ **Capital:** Bogotá—8.744.000

▶ **Ciudades principales:** Medellín—3.497.000,
Cali—2.352.000, Barranquilla—1.836.000,
Cartagena—978.600

Medellín

▶ **Moneda:** peso colombiano

▶ **Idiomas:** español (oficial); lenguas indígenas,
criollas y gitanas

Bandera de Colombia

Colombianos célebres

▶ **Edgar Negret,** escultor°, pintor (1920–2012)

▶ **Juan Pablo Montoya,** automovilista (1975–)

▶ **Fernando Botero,** pintor, escultor (1932–)

▶ **Shakira,** cantante (1977–)

▶ **Sofía Vergara,** actriz (1972–)

occidental *western* superficie *surface* sin poblar *unpopulated*
escultor *sculptor* dioses *gods* arrojaban *threw* oro *gold*
cacique *chief* llevó *led*

Baile típico de
Cartagena

Palacio de
San Francisco, Bogotá

Barranquilla

Sierra Nevada
de Santa Marta

Cartagena

Mar Caribe

PANAMÁ

VENEZUELA

ESTADOS UNIDOS

OCÉANO
ATLÁNTICO

COLOMBIA

OCÉANO
PACÍFICO

AMÉRICA DEL SUR

Cordillera Occidental de los Andes

Medellín

Río Magdalena

Río Meta

Cordillera Central de los Andes

★ Bogotá

Cali

Volcán
Nevado
del Huila

Cordillera Oriental
de los Andes

Océano
Pacífico

Cultivo de caña de
azúcar cerca de Cali

ECUADOR

PERÚ

recursos

vText | CA pp. 71–72 | CP pp. 49–50 | S vhlcentral

¡Increíble pero cierto!

En el siglo XVI los exploradores españoles oyeron
la leyenda de El Dorado. Esta leyenda cuenta que
los indios, como parte de un ritual en honor a los
dioses°, arrojaban° oro° a la laguna de Guatavita
y el cacique° se sumergía en sus aguas cubierto
de oro. Aunque esto era cierto, muy pronto la
exageración llevó° al mito de una ciudad de oro.

Laguna de Guatavita

Lugares • El Museo del Oro

El famoso Museo del Oro del Banco de la República fue fundado° en Bogotá en 1939 para preservar las piezas de orfebrería° de la época precolombina. Tiene más de 30.000 piezas de oro y otros materiales; en él se pueden ver joyas°, ornamentos religiosos y figuras que representaban ídolos. El cuidado con el que se hicieron los objetos de oro refleja la creencia° de las tribus indígenas de que el oro era la expresión física de la energía creadora° de los dioses.

Literatura • Gabriel García Márquez (1927–2014)

Gabriel García Márquez, ganador del Premio Nobel de Literatura en 1982, es considerado uno de los escritores más importantes de la literatura universal. García Márquez publicó su primer cuento° en 1947, cuando era estudiante universitario. Su libro más conocido, *Cien años de soledad,* está escrito en el estilo° literario llamado "realismo mágico", un estilo que mezcla° la realidad con lo irreal y lo mítico°.

Historia • Cartagena de Indias

Los españoles fundaron la ciudad de Cartagena de Indias en 1533 y construyeron a su lado la fortaleza° más grande de las Américas, el Castillo de San Felipe de Barajas. En la ciudad de Cartagena se conservan muchos edificios de la época colonial, como iglesias, monasterios, palacios y mansiones. Cartagena es conocida también por el Festival Internacional de Música y su prestigioso Festival Internacional de Cine.

Costumbres • El Carnaval

Durante el Carnaval de Barranquilla, la ciudad vive casi exclusivamente para esta fiesta. Este festival es una fusión de las culturas que han llegado° a las costas caribeñas de Colombia y de sus grupos autóctonos°. El evento más importante es la Batalla° de Flores, un desfile° de carrozas° decoradas con flores. En 2003, la UNESCO declaró este carnaval como Patrimonio de la Humanidad°.

BRASIL

¿Qué aprendiste? Contesta cada pregunta con una oración completa.

1. ¿Cuáles son las principales ciudades de Colombia?
2. ¿Qué país de habla hispana tiene más habitantes que Colombia?
3. ¿Quién era Edgar Negret?
4. ¿Cuándo oyeron los españoles la leyenda de El Dorado?
5. ¿Para qué fue fundado el Museo del Oro?
6. ¿Quién ganó el Premio Nobel de Literatura en 1982?
7. ¿Qué construyeron los españoles al lado de la ciudad de Cartagena de Indias?
8. ¿Cuál es el evento más importante del Carnaval de Barranquilla?

Conexión Internet Investiga estos temas en **vhlcentral.com**.

1. Busca información sobre las ciudades más grandes de Colombia. ¿Qué lugares de interés hay en estas ciudades? ¿Qué puede hacer un(a) turista en estas ciudades?
2. Busca información sobre pintores y escultores colombianos como Edgar Negret, Débora Arango o Fernando Botero. ¿Cuáles son algunas de sus obras más conocidas? ¿Cuáles son sus temas?

 Practice more at vhlcentral.com.

fundado *founded* orfebrería *goldsmithing* joyas *jewels* creencia *belief* creadora *creative* cuento *story* estilo *style* mezcla *mixes* mítico *mythical* fortaleza *fortress* han llegado *have arrived* autóctonos *indigenous* Batalla *Battle* desfile *parade* carrozas *floats* Patrimonio de la Humanidad *World Heritage*

My Vocabulary

La naturaleza

el árbol	tree
el bosque (tropical)	(tropical; rain) forest
el cielo	sky
el cráter	crater
el desierto	desert
la estrella	star
la flor	flower
la hierba	grass
el lago	lake
la luna	moon
la naturaleza	nature
la nube	cloud
la piedra	stone
la planta	plant
el río	river
la selva, la jungla	jungle
el sendero	trail; path
el sol	sun
la tierra	land; soil
el valle	valley
el volcán	volcano

Los animales

el animal	animal
el ave, el pájaro	bird
el gato	cat
el perro	dog
el pez (sing.), los peces (pl.)	fish
la vaca	cow

El medio ambiente

el calentamiento global	global warming
el cambio climático	climate change
la conservación	conservation
la contaminación (del aire; del agua)	(air; water) pollution
la deforestación	deforestation
la ecología	ecology
el/la ecologista	ecologist
el ecoturismo	ecotourism
la energía (nuclear, solar)	(nuclear, solar) energy
el envase	container
la extinción	extinction
la fábrica	factory
el gobierno	government
la lata	(tin) can
la ley	law
el medio ambiente	environment
el peligro	danger
la (sobre)población	(over)population
el reciclaje	recycling
el recurso natural	natural resource
la solución	solution
cazar	to hunt
conservar	to conserve
contaminar	to pollute
controlar	to control
cuidar	to take care of
dejar de (+ *inf.*)	to stop (doing something)
desarrollar	to develop
descubrir	to discover
destruir	to destroy
estar afectado/a (por)	to be affected (by)
estar contaminado/a	to be polluted
evitar	to avoid
mejorar	to improve
proteger	to protect
reciclar	to recycle
recoger	to pick up
reducir	to reduce
resolver (o:ue)	to resolve; to solve
respirar	to breathe
de aluminio	(made) of aluminum
de plástico	(made) of plastic
de vidrio	(made) of glass
ecologista	ecological
puro/a	pure
renovable	renewable

Las emociones

alegrarse (de)	to be happy
esperar	to hope; to wish
sentir (e:ie)	to be sorry; to regret
temer	to fear; to be afraid
es extraño	it's strange
es una lástima	it's a shame
es ridículo	it's ridiculous
es terrible	it's terrible
es triste	it's sad
ojalá (que)	I hope (that); I wish (that)

Las dudas y certezas

(no) creer	(not) to believe
(no) dudar	(not) to doubt
(no) negar (e:ie)	(not) to deny
es imposible	it's impossible
es improbable	it's improbable
es obvio	it's obvious
no cabe duda de	there is no doubt that
no hay duda de	there is no doubt that
(no) es cierto	it's (not) certain
(no) es posible	it's (not) possible
(no) es probable	it's (not) probable
(no) es seguro	it's (not) certain
(no) es verdad	it's (not) true

Conjunciones

a menos que	unless
antes (de) que	before
con tal (de) que	provided (that)
cuando	when
después de que	after
en caso (de) que	in case (that)
en cuanto	as soon as
hasta que	until
para que	so that
sin que	without
tan pronto como	as soon as

Expresiones útiles	*See page 133.*

En la ciudad

5

Communicative Goals

I will be able to:
- Give advice to others
- Give and receive directions
- Discuss daily errands and city life

VOICE BOARD

A PRIMERA VISTA
- ¿Dónde están ellos, en el campo o en la ciudad?
- ¿Crees que tienen frío o calor? ¿Por qué?
- ¿Crees que tienen prisa? ¿Por qué?
- ¿Cómo son los edificios que hay detrás?

En la ciudad

  My Vocabulary Tutorials

Más vocabulario

la frutería	fruit store
la heladería	ice cream shop
la pastelería	pastry shop
la pescadería	fish market
la cuadra	(city) block
la dirección	address
la esquina	corner
el estacionamiento	parking lot
derecho	straight (ahead)
enfrente de	opposite; facing
hacia	toward
cruzar	to cross
doblar	to turn
hacer diligencias	to run errands
quedar	to be located
el cheque (de viajero)	(traveler's) check
la cuenta corriente	checking account
la cuenta de ahorros	savings account
ahorrar	to save (money)
cobrar	to cash (a check)
depositar	to deposit
firmar	to sign
llenar (un formulario)	to fill out (a form)
pagar a plazos	to pay in installments
pagar al contado/ en efectivo	to pay in cash
pedir prestado/a	to borrow
pedir un préstamo	to apply for a loan
ser gratis	to be free of charge

Variación léxica

cuadra	⟷	manzana (*Esp.*)
estacionamiento	⟷	aparcamiento (*Esp.*)
doblar	⟷	girar; virar; dar vuelta
hacer diligencias	⟷	hacer mandados

la peluquería, el salón de belleza

el banco

el supermercado

la panadería

la joyería

el cajero automático

Indica cómo llegar. (indicar)

Está perdida. (estar)

recursos

v Text | CA p. 131 | CP pp. 51–52 | CH pp. 69–70 | vhlcentral

la carnicería

la zapatería

la lavandería

el letrero

Práctica

1

Escuchar Mira el dibujo. Luego escucha las oraciones e indica si lo que dice cada una es **cierto** o **falso**.

	Cierto	Falso		Cierto	Falso
1.	○	○	6.	○	○
2.	○	○	7.	○	○
3.	○	○	8.	○	○
4.	○	○	9.	○	○
5.	○	○	10.	○	○

2

¿Quién la hizo? Escucha la conversación entre Telma y Armando. Escribe el nombre de la persona que hizo cada diligencia o una X si nadie la hizo. Una diligencia la hicieron los dos.

1. abrir una cuenta corriente
2. abrir una cuenta de ahorros
3. ir al banco
4. ir a la panadería
5. ir a la peluquería
6. ir al supermercado

3

Seleccionar Indica dónde haces estas diligencias.

banco	joyería	pescadería
carnicería	lavandería	salón de belleza
frutería	pastelería	zapatería

1. comprar galletas
2. comprar manzanas
3. lavar la ropa

4. comprar mariscos
5. comprar pollo
6. comprar sandalias

4

Completar Completa las oraciones con las palabras más adecuadas.

1. El banco me regaló un reloj. Fue _____.
2. Me gusta _____ dinero, pero no me molesta gastarlo.
3. La cajera me dijo que tenía que _____ el cheque en el dorso (*on the back*) para cobrarlo.
4. Para pagar con un cheque, necesito tener dinero en mi _____.
5. Mi madre va a un _____ para obtener dinero en efectivo cuando el banco está cerrado.
6. Cada viernes, Julio lleva su cheque al banco y lo _____ para tener dinero en efectivo.
7. Ana _____ su cheque en su cuenta de ahorros.
8. Cuando viajas, es buena idea llevar cheques _____.

En el correo

la estampilla, el sello

Hacen cola. (hacer)

el cartero

el correo

el sobre

Echa una carta al buzón. (echar)

Manda/Envía un paquete. (mandar, enviar)

¡LENGUA VIVA!

Note that **correo** can mean either *mail* or *post office*. Other ways to say *post office* are **la oficina de correos** and **correos**.

---

5 **Conversación** Completa la conversación entre Juanita y el cartero con las palabras más adecuadas.

CARTERO Buenas tardes, ¿es usted la señorita Ramírez? Le traigo un (1) _____.

JUANITA Sí, soy yo. ¿Quién lo envía?

CARTERO La señora Brito. Y también tiene dos (2) _____.

JUANITA Ay, pero ¡ninguna es de mi novio! ¿No llegó nada de Manuel Fuentes?

CARTERO Sí, pero él echó la carta al (3) _____ sin poner un (4) _____ en el sobre.

JUANITA Entonces, ¿qué recomienda usted que haga?

CARTERO Sugiero que vaya al (5) _____. Con tal de que pague el costo del sello, se le puede dar la carta sin ningún problema.

JUANITA Uy, otra diligencia, y no tengo mucho tiempo esta tarde para (6) _____ cola en el correo, pero voy enseguida. ¡Ojalá que sea una carta de amor!

¡LENGUA VIVA!

In Spanish, **Soy yo** means *That's me* or *It's me*. ¿**Eres tú?**/ ¿**Es usted?** means *Is that you?*

---

6 **En el banco** Tú eres un(a) empleado/a de banco y tu compañero/a es un(a) estudiante que necesita abrir una cuenta corriente. En parejas, hagan una lista de las palabras que pueden necesitar para la conversación. Después lean estas situaciones y modifiquen su lista original según la situación.

- una pareja de recién casados quiere pedir un préstamo para comprar una casa
- una persona quiere información de los servicios que ofrece el banco
- un(a) estudiante va a estudiar al extranjero (*abroad*) y quiere saber qué tiene que hacer para llevar su dinero de una forma segura
- una persona acaba de ganar 50 millones de dólares en la lotería y quiere saber cómo invertirlos (*invest it*)

Ahora, escojan una de las cuatro situaciones y represéntenla para la clase.

Comunicación

7

Diligencias En parejas, decidan quién va a hacer cada diligencia y cuál es la manera más rápida de llegar a los diferentes lugares desde su escuela.

modelo

cobrar unos cheques

Estudiante 1: *Yo voy a cobrar unos cheques. ¿Cómo llego al banco?*

Estudiante 2: *Conduce hacia el norte hasta cruzar la calle Oak.*
El banco queda en la esquina a la izquierda.

1. enviar un paquete
2. comprar botas nuevas
3. comprar un pastel de cumpleaños
4. lavar unas camisas
5. comprar helado
6. cortarse (*to cut*) el pelo

8

El Hatillo Trabajen en parejas para representar los papeles de un(a) turista que está perdido/a en El Hatillo y de un(a) residente de la ciudad que quiere ayudarlo/la.

Plaza Bolívar
Plaza Sucre
banco
Casa de la Cultura
farmacia
iglesia
terminal
escuela
estacionamiento
joyería
zapatería
café Primavera

El Hatillo

modelo

Plaza Sucre, café Primavera

Estudiante 1: *Perdón, ¿por dónde queda la Plaza Sucre?*

Estudiante 2: *Del café Primavera, camine derecho por la calle Sucre hasta cruzar la calle Comercio…*

1. Plaza Bolívar, farmacia
2. Casa de la Cultura, Plaza Sucre
3. banco, terminal
4. estacionamiento (este), escuela
5. Plaza Sucre, estacionamiento (oeste)
6. joyería, banco
7. farmacia, joyería
8. zapatería, iglesia

9

Cómo llegar En grupos, escriban un minidrama en el que unos/as turistas están preguntando cómo llegar a diferentes sitios de la comunidad en la que ustedes viven.

Corriendo por la ciudad

Maru necesita entregar unos documentos en el Museo de Antropología.

PERSONAJES MARU MIGUEL

Video: *Fotonovela*

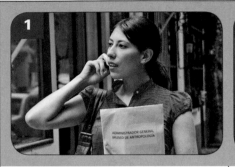

MARU Miguel, ¿estás seguro de que tu coche está estacionado en la calle de Independencia? Estoy en la esquina de Zaragoza y Francisco Sosa. OK. Estoy enfrente del salón de belleza.

MIGUEL Dobla a la avenida Hidalgo. Luego cruza la calle Independencia y dobla a la derecha. El coche está enfrente de la pastelería.

MARU ¡Ahí está! Gracias, cariño. Hablamos luego.

MARU Vamos, arranca. Pensé que podías aguantar unos kilómetros más. Necesito un coche que funcione bien. (*en el teléfono*) Miguel, tu coche está descompuesto. Voy a pasar al banco porque necesito dinero y luego me voy en taxi al museo.

MÓNICA ¿Estás bien? Te ves pálida. Sentémonos un minuto.

MARU ¡No tengo tiempo! Tengo que llegar al Museo de Antropología. Necesito entregar...

MÓNICA ¡Ah, sí! ¡Tu proyecto!

MÓNICA ¿Puedes mandarlo por correo? El correo está muy cerca de aquí.

MARU El plazo para mandarlo por correo se venció la semana pasada. Tengo que entregarlo personalmente.

MARU ¿Me podrías prestar tu coche?

MÓNICA Estás muy nerviosa para manejar con este tráfico. Te acompaño. ¡No, mejor yo te llevo! Mi coche está en el estacionamiento de la calle Constitución.

MÓNICA

4

5

MARU Hola, Moni. Lo siento, tengo que ir a entregar un paquete y todavía tengo que ir a un cajero.

MÓNICA ¡Uf! Y la cola está súper larga.

MARU ¿Me puedes prestar algo de dinero?

MÓNICA Déjame ver cuánto tengo. Estoy haciendo diligencias y me gasté casi todo el efectivo en la carnicería y en la panadería y en la frutería.

9

10

MARU En esta esquina dobla a la derecha. En el semáforo, a la izquierda y sigue derecho.

MÓNICA Hay demasiado tráfico. No sé si podemos...

MARU Hola, Miguel. No, no hubo más problemas. Lo entregué justo a tiempo. Nos vemos más tarde. (*a Mónica*) ¡Vamos a celebrar!

Expresiones útiles

Getting/giving directions

Estoy en la esquina de Zaragoza y Francisco Sosa.
I'm at the corner of Zaragoza and Francisco Sosa.
Dobla a la avenida Hidalgo.
Turn on Hidalgo Avenue.
Luego cruza la calle Independencia y dobla a la derecha.
Then cross Independencia Street and turn right.
El coche está enfrente de la pastelería.
The car is in front of the bakery.
En el semáforo, a la izquierda y sigue derecho.
Left at the light, then straight ahead.

Talking about errands

Voy a pasar al banco porque necesito dinero.
I'm going to the bank because I need money.
No tengo tiempo.
I don't have time.
Estoy haciendo diligencias, y me gasté casi todo el efectivo.
I'm running errands, and I spent most of my cash.

Asking for a favor

¿Me puedes prestar algo de dinero?
Could you lend me some money?
¿Me podrías prestar tu coche?
Could I borrow your car?

Talking about deadlines

Tengo que entregar mi proyecto.
I have to turn in my project.
El plazo para mandarlo por correo se venció la semana pasada.
The deadline to mail it in passed last week.

Additional vocabulary

acompañar *to accompany*
aguantar *to endure, to hold up*
ándale *come on*
pálido/a *pale*
¿Qué onda? *What's up?*

¿Qué pasó?

1

¿Cierto o falso? Decide si lo que dicen estas oraciones es **cierto** o **falso**. Corrige las oraciones falsas.

	Cierto	Falso
1. Miguel dice que su coche está estacionado enfrente de la carnicería.	○	○
2. Maru necesita pasar al banco porque necesita dinero.	○	○
3. Mónica gastó el efectivo en la joyería y el supermercado.	○	○
4. Maru puede mandar el paquete por correo.	○	○

2

Ordenar Pon los sucesos de la **Fotonovela** en el orden correcto.

a. Maru le pide dinero prestado a Mónica. _____

b. Maru entrega el paquete justo a tiempo (*just in time*). _____

c. Mónica dice que hay una cola súper larga en el banco. _____

d. Mónica lleva a Maru en su coche. _____

e. Maru dice que se va a ir en taxi al museo. _____

f. Maru le dice a Mónica que doble a la derecha en la esquina. _____

3

Otras diligencias En parejas, hagan una lista de las diligencias que Miguel, Maru y Mónica necesitan hacer para completar estas actividades.

1. enviar un paquete por correo
2. pedir una beca (*scholarship*)
3. visitar una nueva ciudad
4. abrir una cuenta corriente
5. celebrar el cumpleaños de Mónica
6. comprar una nueva computadora portátil

MARU

MIGUEL   **MÓNICA**

4

Conversación Un(a) compañero/a y tú son vecinos/as. Uno/a de ustedes acaba de mudarse y necesita ayuda porque no conoce la ciudad. Los/Las dos tienen que hacer algunas diligencias y deciden hacerlas juntos/as. Preparen una conversación breve incluyendo planes para ir a estos lugares.

> **modelo**
>
> **Estudiante 1:** *Necesito lavar mi ropa. ¿Sabes dónde queda una lavandería?*
> **Estudiante 2:** *Sí. Aquí a dos cuadras hay una. También tengo que lavar mi ropa. ¿Qué te parece si vamos juntos?*

▶ un banco

▶ una lavandería

▶ un supermercado

▶ una heladería

▶ una panadería

AYUDA

primero *first*
luego *then*
¿Sabes dónde queda…? *Do you know where…is?*
¿Qué te parece? *What do you think?*
¡Cómo no! *But of course!*

Practice more at
vhlcentral.com.

Ortografía y pronunciación

Las abreviaturas

In Spanish, as in English, abbreviations are often used in order to save space and time while writing. Here are some of the most commonly used abbreviations in Spanish.

 Audio

---

usted → Ud.   ustedes → Uds.

As you have already learned, the subject pronouns **usted** and **ustedes** are often abbreviated.

---

don → D.   doña → Dña.   doctor(a) → Dr(a).

señor → Sr.   señora → Sra.   señorita → Srta.

These titles are frequently abbreviated.

---

centímetro → cm   metro → m   kilómetro → km

litro → l   gramo → g, gr   kilogramo → kg

The abbreviations for these units of measurement are often used, but without periods.

---

por ejemplo → p. ej.   página(s) → pág(s).

These abbreviations are often seen in books.

---

derecha → dcha.   izquierda → izq., izqda.

código postal → C.P. número → n.°

These abbreviations are often used in mailing addresses.

Sra. Emilia F. Bazán
Cía. Romero, S.A.
3396
Calle Lozano, n.° 37
Caracas, Venezuela

Banco → Bco.   Compañía → Cía.

cuenta corriente → c/c. Sociedad Anónima (*Inc.*) → S.A.

These abbreviations are frequently used in the business world.

Práctica Escribe otra vez esta información usando las abreviaturas adecuadas.

1. doña María
2. señora Pérez
3. Compañía Mexicana de Inversiones
4. usted
5. Banco de Santander
6. doctor Medina
7. Código Postal 03697
8. cuenta corriente número 20-453

Emparejar En la tabla hay nueve abreviaturas. Empareja los cuadros necesarios para formarlas.

S.	c.	C.	c	co.	U
B	c/	Sr	A.	D	dc
ta.	P.	ña.	ha.	m	d.

recursos

v̂Text   CA p. 132   CH p. 71   vhlcentral

Additional Reading

Paseando en metro

Hoy es el primer día de Teresa en la Ciudad de México. Debe tomar el metro para ir del centro de la ciudad a Coyoacán, en el sur. Llega a la estación Zócalo y compra un pasaje por el equivalente a treinta y nueve centavos° de dólar, ¡qué ganga! Con este pasaje puede ir a cualquier° parte de la ciudad o del área metropolitana.

No sólo en México, sino también en ciudades de Venezuela, Chile, Argentina y España, hay sistemas de transporte público eficientes y muy económicos. También suele haber° varios tipos de transporte: autobús, metro, tranvía°, microbús y tren. Generalmente se pueden comprar abonos° de uno o varios días para un determinado tipo de transporte. En algunas ciudades también existen abonos de transporte combinados que permiten usar, por ejemplo, el metro y el autobús o el autobús y el tren. En estas ciudades, los metros, autobuses y trenes pasan con mucha frecuencia. Las paradas° y estaciones están bien señalizadas°.

Vaya°, Teresa ya está llegando a Coyoacán. Con lo que ahorró en el pasaje del metro, puede comprarse un helado de mango y unos esquites° en el jardín Centenario.

El metro

El primer metro de Suramérica que se abrió al público fue el de Buenos Aires, Argentina (1913); el último, el de Lima, Perú (2011).

Ciudad	Pasajeros/Día (aprox.)
México D.F., México	5.200.000
Madrid, España	2.700.000
Caracas, Venezuela	1.800.000
Buenos Aires, Argentina	1.000.000
Medellín, Colombia	500.000
Guadalajara, México	206.000

centavos *cents* cualquier *any* suele haber *there usually are* tranvía *streetcar* abonos *passes* paradas *stops* señalizadas *labeled* Vaya *Well* esquites *toasted corn kernels*

1 **¿Cierto o falso?** Indica si lo que dice cada oración es **cierto** o **falso**. Corrige la información falsa.

1. En la Ciudad de México, el pasaje de metro cuesta 39 dólares.
2. En México, un pasaje se puede usar sólo para ir al centro de la ciudad.
3. En Chile hay varios tipos de transporte público.
4. En ningún caso los abonos de transporte sirven para más de un tipo de transporte.
5. Los trenes, autobuses y metros pasan con mucha frecuencia.
6. Hay pocos letreros en las paradas y estaciones.
7. Los servicios de metro de México y España son los que mayor cantidad de viajeros transportan cada día.
8. La ciudad de Buenos Aires tiene el sistema de metro más viejo de Latinoamérica.
9. El metro que lleva menos tiempo en servicio es el de la ciudad de Medellín, Colombia.

ASÍ SE DICE

En la ciudad

el aparcamiento (Esp.); el parqueadero (Col., Pan.); el parqueo (Bol., Cuba, Amér. C.)	el estacionamiento
dar un aventón (Méx.); dar botella (Cuba)	to give (someone) a ride
el subterráneo, el subte (Arg.)	el metro

EL MUNDO HISPANO

Apodos de ciudades

Así como Nueva York es la Gran Manzana, muchas ciudades hispanas tienen un apodo°.

- **La tacita° de plata°** A Cádiz, España, se le llama así por sus edificios blancos de estilo árabe.

- **Ciudad de la eterna primavera** Arica, Chile; Cuernavaca, México; y Medellín, Colombia, llevan este sobrenombre por su clima templado° durante todo el año.

- **La docta°** Así se conoce a la ciudad argentina de Córdoba por su gran tradición universitaria.

- **La ciudad de los reyes** Así se conoce Lima, Perú, porque fue la capital del Virreinato° del Perú y allí vivían los virreyes°.

- **Curramba la Bella** A Barranquilla, Colombia, se le llama así por su gente alegre y espíritu festivo.

apodo *nickname* tacita *little cup* plata *silver* templado *mild* docta *erudite* Virreinato *Viceroyalty* virreyes *viceroys*

PERFIL

Luis Barragán: arquitectura y emoción

Para el arquitecto mexicano Luis Barragán (1902–1988) los sentimientos° y emociones que despiertan sus diseños eran muy importantes. Afirmaba° que la arquitectura tiene una dimensión espiritual. Para él, era belleza, inspiración, magia°, serenidad, misterio, silencio, privacidad, asombro°...

Las obras de Barragán muestran un suave° equilibrio entre la naturaleza y la creación humana. Su estilo también combina características de la arquitectura tradicional mexicana con conceptos modernos. Una característica de sus casas es las paredes envolventes° de diferentes colores con muy pocas ventanas.

Casa Barragán, Ciudad de México, 1947–1948

En 1980, Barragán obtuvo° el Premio Pritzker, algo así como el Premio Nobel de Arquitectura. Está claro que este artista logró° que sus casas transmitieran sentimientos especiales.

sentimientos *feelings* Afirmaba *He stated* magia *magic* asombro *amazement* suave *smooth* envolventes *enveloping* obtuvo *received* logró *managed*

Conexión Internet

¿Qué otros arquitectos combinan las construcciones con la naturaleza?	Go to **vhlcentral.com** to find more cultural information related to this **Cultura** section.

ACTIVIDADES

2 **Comprensión** Contesta las preguntas.

1. ¿En qué país estás si te dicen "Dame botella al parqueo"?
2. ¿Qué ciudades tienen clima templado todo el año?
3. ¿Qué es más importante en los diseños de Barragán: la naturaleza o la creación humana?
4. ¿Qué premio obtuvo Barragán y cuándo?

3 **¿Qué ciudad te gusta?** Escribe un párrafo breve sobre el sentimiento que despiertan las construcciones que hay en una ciudad o un pueblo que te guste mucho. Explica cómo es el lugar y cómo te sientes cuando estás allí. Inventa un apodo para este lugar.

 Practice more at **vhlcentral.com**.

5.1 The subjunctive in adjective clauses

Tutorial

ANTE TODO In **Lección 4**, you learned that the subjunctive is used in adverbial clauses after certain conjunctions. You will now learn how the subjunctive can be used in adjective clauses (**cláusulas adjetivas**) to express that the existence of someone or something is uncertain or indefinite.

¿Conoces una joyería que esté cerca?

No, no conozco ninguna joyería que esté cerca de aquí.

▶ The subjunctive is used in an adjective (or subordinate) clause that refers to a person, place, thing, or idea that either does not exist or whose existence is uncertain or indefinite. In the examples below, compare the differences in meaning between the statements using the indicative and those using the subjunctive.

Indicative	Subjunctive
Necesito **el libro** que **tiene** información sobre Venezuela. *I need **the book** that has information about Venezuela.*	Necesito **un libro** que **tenga** información sobre Venezuela. *I need **a book** that has information about Venezuela.*
Quiero vivir en **esta casa** que **tiene** jardín. *I want to live in **this house** that has a garden.*	Quiero vivir en **una casa** que **tenga** jardín. *I want to live in **a house** that has a garden.*
En mi barrio, hay **una heladería** que **vende** helado de mango. *In my neighborhood, **there's** **an ice cream shop** that sells mango ice cream.*	En mi barrio no hay **ninguna heladería** que **venda** helado de mango. *In my neighborhood, **there is** **no ice cream shop** that sells mango ice cream.*

▶ When the adjective clause refers to a person, place, thing, or idea that is clearly known, certain, or definite, the indicative is used.

Quiero ir **al supermercado** que **vende** productos venezolanos.
I want to go to the supermarket that sells Venezuelan products.

Busco **al profesor** que **enseña** japonés.
I'm looking for the professor who teaches Japanese.

Conozco **a alguien** que **va** a esa peluquería.
I know someone who goes to that beauty salon.

Tengo **un amigo** que **vive** cerca de mi casa.
I have a friend who lives near my house.

▶ The personal **a** is not used with direct objects that are hypothetical people. However, as you learned in **Descubre, nivel 1, alguien** and **nadie** are always preceded by the personal **a** when they function as direct objects.

Necesitamos **un empleado** que **sepa** usar computadoras.
We need an employee who knows how to use computers.

Necesitamos **al empleado** que **sabe** usar computadoras.
We need the employee who knows how to use computers.

Buscamos **a alguien** que **pueda** cocinar.
We're looking for someone who can cook.

No conocemos **a nadie** que **pueda** cocinar.
We don't know anyone who can cook.

▶ The subjunctive is commonly used in questions with adjective clauses when the speaker is trying to find out information about which he or she is uncertain. However, if the person who responds to the question knows the information, the indicative is used.

—¿Hay un parque que **esté** cerca de nuestro hotel?
Is there a park that's near our hotel?

—Sí, hay un parque que **está** muy cerca del hotel.
Yes, there's a park that's very near the hotel.

▶ **¡Atención!** Here are some verbs that are commonly followed by adjective clauses in the subjunctive:

Verbs commonly used with subjunctive

buscar	haber
conocer	necesitar
no encontrar	querer

SECCIÓN AMARILLA
Busque cualquier información que necesite.

¡INTÉNTALO! Escoge entre el subjuntivo y el indicativo para completar cada oración.

1. Necesito una persona que ___pueda___ (puede/pueda) cantar bien.
2. Buscamos a alguien que _____ (tiene/tenga) paciencia.
3. ¿Hay restaurantes aquí que _____ (sirven/sirvan) comida japonesa?
4. Tengo una amiga que _____ (saca/saque) fotografías muy bonitas.
5. Hay una carnicería que _____ (está/esté) cerca de aquí.
6. No vemos ningún apartamento que nos _____ (interesa/interese).
7. Conozco a un estudiante que _____ (come/coma) hamburguesas todos los días.
8. ¿Hay alguien que _____ (dice/diga) la verdad?

Práctica

1

Completar Completa estas oraciones con la forma correcta del indicativo o del subjuntivo de los verbos entre paréntesis.

1. Buscamos un hotel que _____ (tener) piscina.
2. ¿Sabe usted dónde _____ (quedar) el Correo Central?
3. ¿Hay algún buzón por aquí donde yo _____ (poder) echar una carta?
4. Ana quiere ir a la carnicería que _____ (estar) en la avenida Lecuna.
5. Encontramos un restaurante que _____ (servir) comida típica venezolana.
6. ¿Conoces a alguien que _____ (saber) mandar un *fax* por computadora?
7. Necesitas al empleado que _____ (entender) este nuevo programa de computación.
8. No hay nada en este mundo que _____ (ser) gratis.

2

Oraciones Marta está haciendo diligencias en Caracas con una amiga. Forma oraciones con estos elementos, usando el presente de indicativo o de subjuntivo. Haz los cambios que sean necesarios.

1. yo / conocer / un / panadería / que / vender / pan / cubano

2. ¿hay / alguien / que / saber / dirección / de / un / buen / carnicería?

3. yo / querer / comprarle / mi / hermana / un / zapatos / que / gustar

4. ella / no / encontrar / nada / que / gustar / en / ese / zapatería

5. ¿tener / dependientas / algo / que / ser / más / barato?

6. ¿conocer / tú / alguno / banco / que / ofrecer / cuentas / corrientes / gratis?

7. nosotras / no / conocer / nadie / que / hacer / tanto / diligencias / como / nosotras

8. nosotras / necesitar / un / línea / de / metro / que / nos / llevar / a / casa

> **NOTA CULTURAL**
>
> El **metro** de Caracas empezó a funcionar en 1983, después de varios años de intensa publicidad para promoverlo (*promote it*). El arte fue un recurso importante en la promoción del metro. En las estaciones se pueden admirar obras (*works*) de famosos escultores venezolanos como Carlos Cruz-Diez y Jesús Rafael Soto.

3

Anuncios clasificados En parejas, lean estos anuncios y luego describan el tipo de persona u objeto que se busca.

CLASIFICADOS

VENDEDOR(A) Se necesita persona dinámica y responsable con buena presencia. Experiencia mínima de un año. Horario de trabajo flexible. Llamar a Joyería Aurora de 10 a 13h y de 16 a 18h. Tel: 263-7553

PELUQUERÍA UNISEX Se busca persona con experiencia en peluquería y maquillaje para trabajar tiempo completo. Llamar de 9 a 13: 30h. Tel: 261-3548

COMPARTIR APARTAMENTO Se necesita compañera para compartir apartamento de 2 dormitorios en el Chaco. Alquiler $500 por mes. No fumar. Llamar al 951-3642 entre 19 y 22h.

CLASES DE INGLÉS Profesor de Inglaterra con diez años de experiencia ofrece clases para grupos o instrucción privada para individuos. Llamar al 933-4110 de 16:30 a 18:30.

SE BUSCA CONDOMINIO Se busca condominio en Sabana Grande con 3 dormitorios, 2 baños, sala, comedor y aire acondicionado. Tel: 977-2018.

EJECUTIVO DE CUENTAS Se requiere joven profesional con al menos dos años de experiencia en el sector financiero. Se ofrecen beneficios excelentes. Enviar currículum vitae al Banco Unión, Avda. Urdaneta 263, Caracas.

Practice more at **vhlcentral.com**.

Comunicación

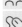

4 **Subjuntivo** Completa estas frases de una manera lógica. Luego, con un(a) compañero/a, túrnense para comparar sus respuestas.

> **modelo**
>
> **Estudiante 1:** Tengo una novia que sabe bailar tango. ¿Y tú?
> **Estudiante 2:** Yo tengo un novio que habla alemán.

1. Algún día deseo un trabajo (*job*) que...
2. Algún día espero tener un apartamento/una casa que...
3. Mis padres buscan un carro que..., pero yo quiero un carro que...
4. Tengo un(a) amigo/a que...
5. Un(a) consejero/a (*advisor*) debe ser una persona que...
6. Me gustaría (*I would like*) conocer a alguien que...
7. En esta clase no hay nadie que...
8. No tengo ningún profesor que...

5 **Encuesta** Tu profesor(a) va a darte una hoja de actividades. Circula por la clase y pregúntales a tus compañeros/as si conocen a alguien que haga cada actividad de la lista. Si responden que sí, pregúntales quién es y anota sus respuestas. Luego informa a la clase de los resultados de tu encuesta.

> **modelo**
>
> trabajar en un supermercado
> **Estudiante 1:** ¿Conoces a alguien que trabaje en un supermercado?
> **Estudiante 2:** Sí, conozco a alguien que trabaja en un supermercado. Es mi hermano menor.

Actividades	Nombres	Respuestas
1. conocer muy bien su ciudad		
2. hablar japonés		
3. graduarse este año		
4. necesitar un préstamo		
5. pedir prestado un carro		
6. odiar ir de compras		
7. ser venezolano/a		
8. manejar una motocicleta		
9. trabajar en una zapatería		
10. no tener tarjeta de crédito		

Síntesis

recursos

v̂Text

CA
pp. 17–21

6 **Busca los cuatro** Tu profesor(a) te va a dar una hoja con ocho anuncios clasificados y a tu compañero/a otra hoja con ocho anuncios distintos a los tuyos. Háganse preguntas para encontrar los cuatro anuncios de cada hoja que tienen su respuesta en la otra.

> **modelo**
>
> **Estudiante 1:** ¿Hay alguien que necesite una alfombra?
> **Estudiante 2:** No, no hay nadie que necesite una alfombra.

Tutorial

5.2 Nosotros/as commands

ANTE TODO   You have already learned familiar (**tú**) commands and formal (**usted/ustedes**) commands. You will now learn **nosotros/as** commands, which are used to give orders or suggestions that include yourself and other people.

▶ **Nosotros/as** commands correspond to the English *Let's.*

▶ Both affirmative and negative **nosotros/as** commands are generally formed by using the first-person plural form of the present subjunctive.

Crucemos la calle.
Let's cross the street.

No crucemos la calle.
Let's not cross the street.

▶ The affirmative *Let's* + [*verb*] command may also be expressed with **vamos a** + [*infinitive*]. However, remember that **vamos a** + [*infinitive*] can also mean *we are going to (do something).* Context and tone of voice determine which meaning is being expressed.

Vamos a cruzar la calle.
Let's cross the street.

Vamos a trabajar mucho.
We're going to work a lot.

▶ To express *Let's go,* the present indicative form of **ir** (**vamos**) is used, not the subjunctive. For the negative command, however, the subjunctive is used.

Vamos a la pescadería.   No **vayamos** a la pescadería.

Pensemos, ¿adónde fuiste hoy?

¡Eso es! ¡El carro de Miguel! Vamos.

▶ Object pronouns are always attached to affirmative **nosotros/as** commands. A written accent is added to maintain the original stress.

Firmemos el cheque.
Firmémoslo.

Escribamos a Ana y Raúl.
Escribámosles.

▶ Object pronouns are placed in front of negative **nosotros/as** commands.

No **les paguemos** el préstamo.   No **se lo digamos** a ellos.

CONSULTA

Remember that stem-changing **-ir** verbs have an additional stem change in the **nosotros/as** and **vosotros/as** forms of the present subjunctive. To review these forms, see **Estructura 3.3**, p. 109.

¡ATENCIÓN!

When **nos** or **se** is attached to an affirmative **nosotros/as** command, the final **-s** is dropped from the verb ending.
Sentémonos allí.
Démoselo a ella.
Mandémoselo a ellos.

• • •

The **nosotros/as** command form of **irse** is **vámonos**. Its negative form is **no nos vayamos**.

recursos

v̂ Text

CA
p. 134

CP
pp. 55–56

CH
p. 74

vhlcentral

¡INTÉNTALO!   Indica los mandatos afirmativos y negativos de la primera persona del plural (**nosotros/as**) de estos verbos.

1. estudiar _estudiemos, no estudiemos_
2. cenar _____
3. leer _____
4. decidir _____

5. decir _____
6. cerrar _____
7. levantarse _____
8. irse _____

Práctica

1 **Completar** Completa esta conversación con mandatos de **nosotros/as**. Luego, representa la conversación con un(a) compañero/a.

MARÍA Sergio, ¿quieres hacer diligencias ahora o por la tarde?

SERGIO No (1)_____ (dejarlas) para más tarde. (2)_____ (Hacerlas) ahora. ¿Qué tenemos que hacer?

MARÍA Necesito comprar sellos.

SERGIO Yo también. (3)_____ (Ir) al correo.

MARÍA Pues, antes de ir al correo, necesito sacar dinero de mi cuenta corriente.

SERGIO Bueno, (4)_____ (buscar) un cajero automático.

MARÍA ¿Tienes hambre?

SERGIO Sí. (5)_____ (Cruzar) la calle y (6)_____ (entrar) en ese café.

MARÍA Buena idea.

SERGIO ¿Nos sentamos aquí?

MARÍA No, no (7)_____ (sentarse) aquí; (8)_____ (sentarse) enfrente de la ventana.

SERGIO ¿Qué pedimos?

MARÍA (9)_____ (Pedir) café y pan dulce.

2 **Responder** Responde a cada mandato de **nosotros/as** según las indicaciones que están entre paréntesis. Sustituye los sustantivos por los objetos directos e indirectos.

modelo
Vamos a vender el carro. (sí)
Sí, vendámoslo.

1. Vamos a levantarnos a las seis. (sí)
2. Vamos a enviar los paquetes. (no)
3. Vamos a depositar el cheque. (sí)
4. Vamos al supermercado. (no)
5. Vamos a mandar esta postal a nuestros amigos. (no)
6. Vamos a limpiar la habitación. (sí)
7. Vamos a mirar la televisión. (no)
8. Vamos a bailar. (sí)
9. Vamos a pintar la sala. (no)
10. Vamos a comprar estampillas. (sí)

Practice more at vhlcentral.com.

Comunicación

3 **Preguntar** Tú y tu compañero/a están de vacaciones en Caracas con un grupo de la escuela y se hacen sugerencias para resolver las situaciones que se presentan. Inventen mandatos afirmativos o negativos de **nosotros/as.**

> **modelo**
> Se nos olvidaron las tarjetas de crédito.
> *Paguemos en efectivo./No compremos más regalos.*

A

1. El museo está a sólo una cuadra de aquí.
2. Tenemos hambre.
3. Hay una cola larga en el cine.

B

1. Tenemos muchos cheques de viajero.
2. Tenemos prisa para llegar al cine.
3. Estamos cansados y queremos dormir.

4 **Decisiones** Trabajen en grupos pequeños. Ustedes están en Caracas por dos días. Lean esta página de una guía turística sobre la ciudad y decidan qué van a hacer hoy por la mañana, por la tarde y por la noche. Hagan oraciones con mandatos afirmativos o negativos de **nosotros/as.**

> **modelo**
> *Visitemos el Museo de Arte Contemporáneo Sofía Imber esta tarde. Quiero ver las esculturas de Jesús Rafael Soto.*

◀ **NOTA CULTURAL**

Jesús Rafael Soto (1923–2005) fue un escultor y pintor venezolano. Sus obras cinéticas (*kinetic works*) frecuentemente incluyen formas que brillan (*shimmer*) y vibran. En muchas de ellas el espectador se puede integrar a la obra.

GUÍA DE Caracas

MUSEOS
- **Museo de Arte Colonial** Avenida Panteón
- **Museo de Arte Contemporáneo Sofía Imber** Parque Central. Esculturas de Jesús Rafael Soto y pinturas de Miró, Chagall y Picasso.
- **Galería de Arte Nacional** Parque Central. Colección de más de 4.000 obras de arte venezolano.

SITIOS DE INTERÉS
- **Plaza Bolívar**
- **Jardín Botánico** Avenida Interna UCV. De 8:00 a 5:00.
- **Parque del Este** Avenida Francisco de Miranda. Parque más grande de la ciudad con terrario.
- **Casa Natal de Simón Bolívar** Esquina de Sociedad de la avenida Universitaria. Casa colonial donde nació El Libertador.

RESTAURANTES
- **El Barquero** Avenida Luis Roche
- **Restaurante El Coyuco** Avenida Urdaneta
- **Restaurante Sorrento** Avenida Francisco Solano
- **Café Tonino** Avenida Andrés Bello

Síntesis

5 **Situación** Tú y un(a) compañero/a tienen problemas económicos. Cada uno/a quiere ahorrar más dinero. Describan cómo gastan el dinero y sugieran algunas ideas para ahorrarlo. Hagan oraciones con mandatos afirmativos o negativos de **nosotros/as.**

> **modelo**
> —Voy al cine mucho.
> —Yo también. Saquemos DVDs de la biblioteca para ahorrar dinero.

5.3 Past participles used as adjectives Tutorial

ANTE TODO In **Descubre, nivel 1**, you learned about present participles (**estudiando**). Both Spanish and English have past participles (**participios pasados**). The past participles of English verbs often end in **-ed** (*to turn → turned*), but many are also irregular (*to buy → bought; to drive → driven*).

▶ In Spanish, regular **-ar** verbs form the past participle with **-ado**. Regular **-er** and **-ir** verbs form the past participle with **-ido.**

INFINITIVE	STEM	PAST PARTICIPLE
bailar	bail-	**bailado**
comer	com-	**comido**
vivir	viv-	**vivido**

▶ **¡Atención!** The past participles of **-er** and **-ir** verbs whose stems end in **-a, -e,** or **-o** carry a written accent mark on the **i** of the **-ido** ending.

caer	**caído**	reír	**reído**
creer	**creído**	sonreír	**sonreído**
leer	**leído**	traer	**traído**
oír	**oído**		

Irregular past participles

abrir	**abierto**	morir	**muerto**
decir	**dicho**	poner	**puesto**
describir	**descrito**	resolver	**resuelto**
descubrir	**descubierto**	romper	**roto**
escribir	**escrito**	ver	**visto**
hacer	**hecho**	volver	**vuelto**

AYUDA

You already know several past participles used as adjectives: **aburrido, interesado, nublado, perdido**, etc.

• • •

Note that all irregular past participles except **dicho** and **hecho** end in **-to.**

▶ In Spanish, as in English, past participles can be used as adjectives. They are often used with the verb **estar** to describe a condition or state that results from an action. Like other Spanish adjectives, they must agree in gender and number with the nouns they modify.

En la entrada hay algunos letreros **escritos** en español.
In the entrance, there are some signs written in Spanish.

Tenemos la mesa **puesta** y la cena **hecha.**
We have the table set and dinner made.

recursos

v̂Text

CA
p. 135

CP
pp. 57–58

CH
p. 75

vhlcentral

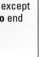 **¡INTÉNTALO!** Indica la forma correcta del participio pasado de estos verbos.

1. hablar ___hablado___
2. beber _____
3. decidir _____
4. romper _____

5. escribir _____
6. cantar _____
7. oír _____
8. traer _____

9. correr _____
10. leer _____
11. ver _____
12. hacer _____

Práctica

1 **Completar** Completa las oraciones con la forma adecuada del participio pasado del verbo que está entre paréntesis.

1. Hoy mi peluquería favorita está _____ (cerrar).
2. Por eso, voy a otro salón de belleza que está _____ (abrir) todos los días.
3. Queda en la Plaza Bolívar, una plaza muy _____ (conocer).
4. Todos los productos y servicios de esta tienda están _____ (describir) en un catálogo.
5. El nombre del salón está _____ (escribir) en el letrero y en la acera (*sidewalk*).
6. Cuando esta diligencia esté _____ (hacer), necesito pasar por el banco.

> **NOTA CULTURAL**
>
> **Simón Bolívar** (1783–1830) es considerado el "libertador" de cinco países de Suramérica: Venezuela, Perú, Bolivia, Colombia y Ecuador. Su apellido se ve en nombres como Bolivia, Ciudad Bolívar, la Universidad Simón Bolívar, el bolívar (la moneda venezolana) y en los nombres de muchas plazas y calles.

2 **Preparativos** Tú y tu compañero/a van a hacer un viaje. Túrnense para hacerse estas preguntas sobre los preparativos (*preparations*). Respondan afirmativamente y usen el participio pasado en sus respuestas.

> **modelo**
>
> **Estudiante 1:** ¿Firmaste el cheque de viajero?
> **Estudiante 2:** Sí, el cheque de viajero ya está firmado.

1. ¿Compraste los pasajes para el avión?
2. ¿Confirmaste las reservaciones para el hotel?
3. ¿Firmaste tu pasaporte?
4. ¿Lavaste la ropa?
5. ¿Resolviste el problema con el banco?
6. ¿Pagaste todas las cuentas?
7. ¿Hiciste todas las diligencias?
8. ¿Hiciste las maletas?

3 **El estudiante competitivo** En parejas, túrnense para hacer el papel de un(a) estudiante que es muy competitivo/a y siempre quiere ser mejor que los demás. Usen los participios pasados de los verbos subrayados.

> **modelo**
>
> **Estudiante 1:** A veces se me <u>daña</u> la computadora.
> **Estudiante 2:** Yo sé mucho de computadoras. Mi computadora nunca está <u>dañada</u>.

1. Yo no <u>hago</u> la cama todos los días.
2. Casi nunca <u>resuelvo</u> mis problemas.
3. Nunca <u>guardo</u> mis documentos importantes.
4. Es difícil para mí <u>terminar</u> mis tareas.
5. Siempre se me olvida <u>preparar</u> mi almuerzo.
6. Nunca <u>pongo</u> la mesa cuando ceno.
7. No quiero <u>escribir</u> la composición para mañana.
8. Casi nunca <u>lavo</u> mi carro.

Comunicación

4

Preguntas En parejas, túrnense para hacerse estas preguntas.

1. ¿Dejas alguna luz prendida en tu casa por la noche?
2. ¿Está ordenado tu cuarto?
3. ¿Prefieres comprar libros usados o nuevos? ¿Por qué?
4. ¿Tienes mucho dinero ahorrado?
5. ¿Necesitas pedirles dinero prestado a tus padres?
6. ¿Estás preocupado/a por el medio ambiente?
7. ¿Qué haces cuando no estás preparado/a para una clase?
8. ¿Qué haces cuando estás perdido/a en una ciudad?

5

Describir Tú y un(a) compañero/a son agentes de policía y tienen que investigar un crimen. Miren el dibujo y describan lo que encontraron en la habitación del señor Villalonga. Usen el participio pasado en la descripción. Luego, comparen su descripción con la de otra pareja.

La puerta del baño no estaba cerrada.

AYUDA

You may want to use the past participles of these verbs to describe the illustration:

abrir, desordenar, hacer, poner, tirar (*to throw*), **romper.**

Síntesis

6

Entre líneas En parejas, representen una conversación entre un empleado de banco y una clienta. Usen las primeras dos líneas para empezar y la última para terminar, pero inventen las líneas del medio (*middle*). Usen participios pasados.

EMPLEADO Buenos días, señora Ibáñez. ¿En qué la puedo ayudar?

CLIENTA Tengo un problema con este banco. ¡Todavía no está resuelto!

...

CLIENTA ¡No vuelvo nunca a este banco!

Recapitulación

Diagnostics

Completa estas actividades para repasar los conceptos de gramática que aprendiste en esta lección.

1 **Completar** Completa la tabla con la forma correcta de los verbos. **16 pts.**

Infinitivo	Participio (f.)	Infinitivo	Participio (m.)
completar	completada	hacer	
corregir		pagar	pagado
creer		pedir	
decir		perder	
escribir		poner	

2 **Los novios** Completa este diálogo entre dos novios con mandatos en la forma de **nosotros/as**. **20 pts.**

SIMÓN ¿Quieres ir al cine mañana?

CARLA Sí, ¡qué buena idea! (1) _____ (Comprar) los boletos (*tickets*) por Internet.

SIMÓN No, mejor (2) _____ (pedírselos) a mi prima, quien trabaja en el cine y los consigue gratis.

CARLA ¡Fantástico!

SIMÓN Y también quiero visitar la nueva galería de arte el fin de semana que viene.

CARLA ¿Por qué esperar? (3) _____ (Visitarla) esta tarde.

SIMÓN Bueno, pero primero tengo que limpiar mi apartamento.

CARLA No hay problema. (4) _____ (Limpiarlo) juntos.

SIMÓN Muy bien. ¿Y tú no tienes que hacer diligencias hoy? (5) _____ (Hacerlas) también.

CARLA Sí, tengo que ir al correo y al banco. (6) _____ (Ir) al banco hoy, pero no (7) _____ (ir) al correo todavía. Antes tengo que escribir una carta.

SIMÓN (8) _____ (Escribirla) ahora.

CARLA No, mejor no (9) _____ (escribirla) hasta que regresemos de la galería donde venden un papel reciclado muy lindo (*cute*).

SIMÓN ¿Papel lindo? Pues, ¿para quién es la carta?

CARLA No importa. (10) _____ (Empezar) a limpiar.

RESUMEN GRAMATICAL

5.1 **The subjunctive in adjective clauses**
pp. 172–173

▶ When adjective clauses refer to something that is known, certain, or definite, the indicative is used.

Necesito **el libro** que **tiene** fotos.

▶ When adjective clauses refer to something that is uncertain or indefinite, the subjunctive is used.

Necesito **un libro** que **tenga** fotos.

5.2 **Nosotros/as commands** *p. 176*

▶ Same as **nosotros/as** form of present subjunctive.

Affirmative	Negative
Démosle un libro a Lola.	No le demos un libro a Lola.
Démoselo.	No se lo demos.

▶ While the subjunctive form of the verb **ir** is used for the negative **nosotros/as** command, the indicative is used for the affirmative command.

No **vayamos** a la plaza. **Vamos** a la plaza.

5.3 **Past participles used as adjectives** *p. 179*

Past participles		
Infinitive	Stem	Past participle
bailar	bail-	bailado
comer	com-	comido
vivir	viv-	vivido

Irregular past participles			
abrir	abierto	morir	muerto
decir	dicho	poner	puesto
describir	descrito	resolver	resuelto
descubrir	descubierto	romper	roto
escribir	escrito	ver	visto
hacer	hecho	volver	vuelto

▶ Like common adjectives, past participles must agree with the noun they modify.

Hay unos letreros **escritos** en español.

3 **Verbos** Escribe los verbos en el presente del indicativo o del subjuntivo. **20 pts.**

1. —¿Sabes dónde hay un restaurante donde nosotros (1) _____ (poder) comer paella valenciana? —No, no conozco ninguno que (2) _____ (servir) paella, pero conozco uno que (3) _____ (especializarse) en tapas españolas.

2. Busco vendedores que (4) _____ (ser) bilingües. No estoy seguro de conocer a alguien que (5) _____ (tener) esa característica. Pero ahora que lo pienso, ¡sí! Tengo dos amigos que (6) _____ (trabajar) en el almacén Excelencia. Los voy a llamar. Debo decirles que necesitamos que (ellos) (7) _____ (saber) hablar inglés.

3. Se busca apartamento que (8) _____ (estar) bien situado, que (9) _____ (costar) menos de $800 al mes y que (10) _____ (permitir) tener perros.

4 **La mamá de Pedro** Completa las respuestas de Pedro a las preguntas de su mamá. **10 pts.**

> **modelo**
>
> **MAMÁ:** ¿Te ayudo a guardar la ropa?
> **PEDRO:** La ropa ya *está guardada*.

1. **MAMÁ** ¿Cuándo se van a vestir tú y tu hermano para la fiesta?
   PEDRO Nosotros ya _____ _____.

2. **MAMÁ** Hijo, ¿puedes ordenar tu habitación?
   PEDRO La habitación ya _____ _____.

3. **MAMÁ** ¿Ya se murieron tus peces?
   PEDRO No, todavía no _____ _____.

4. **MAMÁ** ¿Te ayudo a hacer tus diligencias?
   PEDRO Gracias, mamá, pero las diligencias ya _____ _____.

5. **MAMÁ** ¿Cuándo terminas tu proyecto?
   PEDRO El proyecto ya _____ _____.

5 **La ciudad ideal** Escribe un párrafo de al menos seis oraciones describiendo cómo es la comunidad ideal donde te gustaría (*you would like*) vivir en el futuro y compárala con la comunidad donde vives ahora. Usa cláusulas adjetivas y el vocabulario de esta lección. **34 pts.**

6 **Adivinanza** Completa la adivinanza y adivina la respuesta. **¡4 puntos EXTRA!**

"Me llegan las cartas y no sé _____ (*to read*) y, aunque° me las como, no mancho° el papel."
¿Quién soy? _____

aunque *although* no mancho *I don't stain*

Lectura

Audio: Reading
Additional Reading

Antes de leer

Estrategia
Identifying point of view

You can understand a narrative more completely if you identify the point of view of the narrator. You can do this by simply asking yourself from whose perspective the story is being told. Some stories are narrated in the first person. That is, the narrator is a character in the story, and everything you read is filtered through that person's thoughts, emotions, and opinions. Other stories have an omniscient narrator who is not one of the story's characters and who reports the thoughts and actions of all the characters.

Examinar el texto

Lee brevemente este cuento escrito por Marco Denevi. ¿Crees que se narra en primera persona o tiene un narrador omnisciente? ¿Cómo lo sabes?

_____

_____

Punto de vista

Éstos son fragmentos de *Esquina peligrosa* en los que se cambió el punto de vista° a primera persona. Completa cada oración de manera lógica.

1. Le _____ a mi chofer que me condujese hasta aquel barrio...
2. Al doblar la esquina _____ el almacén, el mismo viejo y sombrío almacén donde _____ había trabajado como dependiente...
3. El recuerdo de _____ niñez me puso nostálgico. Se _____ humedecieron los ojos.
4. Yo _____ la canasta de mimbre, _____ llenándola con paquetes [...] y _____ a hacer el reparto.

recursos

v̂ Text   CH   S
pp. 76–78   vhlcentral

punto de vista *point of view*

Marco Denevi (1922–1998) fue un escritor y dramaturgo argentino. Estudió derecho y más tarde se convirtió en escritor. Algunas de sus obras, como *Rosaura a las diez*, han sido° llevadas al cine. Denevi se caracteriza por su gran creatividad e ingenio, que jamás dejan de sorprender al lector°.

Esquina peligrosa

Marco Denevi

El señor Epidídimus, el magnate de las finanzas°, uno de los hombres más ricos del mundo, sintió un día el vehemente deseo de visitar el barrio donde había vivido cuando era niño y trabajaba como dependiente de almacén.

Le ordenó a su chofer que lo condujese hasta aquel barrio humilde° y remoto. Pero el barrio estaba tan cambiado que el señor Epidídimus no lo reconoció. En lugar de calles de tierra había bulevares asfaltados°, y las míseras casitas de antaño° habían sido reemplazadas por torres de departamentos°.

Al doblar una esquina vio el almacén, el mismo viejo y sombrío° almacén donde él había trabajado como dependiente cuando tenía doce años.

—Deténgase aquí —le dijo al chofer. Descendió del automóvil y entró en el almacén. Todo se conservaba igual que en la época de su infancia: las estanterías, la anticuada caja registradora°, la balanza de pesas° y, alrededor, el mudo asedio° de la mercadería.

El señor Epidídimus percibió el mismo olor de sesenta años atrás: un olor picante y agridulce a jabón han sido *have been* lector *reader* finanzas *finance* humilde *humble, modest* asfaltados *paved with asphalt* antaño *yesteryear* torres de departamentos *apartment buildings* sombrío *somber* anticuada caja registradora *old-fashioned cash register* balanza de pesas *scale* mudo asedio *silent siege* aserrín *sawdust* acaroína *pesticide* penumbra del fondo *half-light from the back* reparto *delivery* lodazal *bog*

amarillo, a aserrín° húmedo, a vinagre, a aceitunas, a acaroína°. El recuerdo de su niñez lo puso nostálgico. Se le humedecieron los ojos. Le pareció que retrocedía en el tiempo.

Desde la penumbra del fondo° le llegó la voz ruda del patrón:

—¿Estas son horas de venir? Te quedaste dormido, como siempre.

El señor Epidídimus tomó la canasta de mimbre, fue llenándola con paquetes de azúcar, de yerba y de fideos, y salió a hacer el reparto°.

La noche anterior había llovido y las calles de tierra estaban convertidas en un lodazal°.

(1974)

© Denevi, Marco, Cartas peligrosas y otros cuentos. Obras Completas, Tomo 5, Buenos Aires, Corregidor, L999, págs. L92–L93.

Después de leer

Comprensión

Indica si las oraciones son **ciertas** o **falsas**. Corrige las falsas.

Cierto   Falso

_____ _____ 1. El señor Epidídimus tiene una tienda con la que gana poco dinero.

_____ _____ 2. Epidídimus vivía en un barrio humilde cuando era pequeño.

_____ _____ 3. Epidídimus le ordenó al chofer que lo llevara a un barrio de gente con poco dinero.

_____ _____ 4. Cuando Epidídimus entró al almacén se acordó de experiencias pasadas.

_____ _____ 5. Epidídimus les dio órdenes a los empleados del almacén.

Interpretación

Contesta estas preguntas con oraciones completas.

1. ¿Es rico o pobre Epidídimus? ¿Cómo lo sabes?

_____

2. ¿Por qué Epidídimus va al almacén?

_____

3. ¿De quién es la voz "ruda" que Epidídimus escucha? ¿Qué orden crees que le dio a Epidídimus?

_____

4. ¿Qué hace Epidídimus al final?

_____

Coméntalo

En parejas, hablen de sus impresiones y conclusiones. Tomen como guía estas preguntas.

- ¿Te sorprendió el final de este cuento? ¿Por qué?
- ¿Qué va a hacer Epidídimus el resto del día?
- ¿Crees que Epidídimus niño estaba soñando o Epidídimus adulto estaba recordando?
- ¿Por qué crees que el cuento se llama *Esquina peligrosa*?

Escritura

Estrategia

Avoiding redundancies

Redundancy is the needless repetition of words or ideas. To avoid redundancy with verbs and nouns, consult a Spanish language thesaurus (**Diccionario de sinónimos**). You can also avoid redundancy by using object pronouns, possessive adjectives, demonstrative adjectives and pronouns, and relative pronouns. Remember that, in Spanish, subject pronouns are generally used only for clarification, emphasis, or contrast. Study the example below:

Redundant:

Susana quería visitar a su amiga. Susana estaba en la ciudad. Susana tomó el tren y perdió el mapa de la ciudad. Susana estaba perdida en la ciudad. Susana estaba nerviosa. Por fin, la amiga de Susana la llamó a Susana y le indicó cómo llegar.

Improved:

Susana, quien estaba en la ciudad, quería visitar a su amiga. Tomó el tren y perdió el mapa. Estaba perdida y nerviosa. Por fin, su amiga la llamó y le indicó cómo llegar.

Tema

Escribir un mensaje electrónico

Vas a visitar a un(a) amigo/a que vive con su familia en una ciudad que no conoces. Vas a pasar allí una semana. Quieres conocer la ciudad, pero también debes hacer un proyecto para tu clase de literatura.

Escríbele a tu amigo/a un mensaje electrónico describiendo lo que te interesa hacer allí y dale sugerencias de actividades que pueden hacer juntos/as. Menciona lo que necesitas para hacer tu trabajo. Puedes basarte en una visita real o imaginaria.

Considera esta lista de datos que puedes incluir:

▶ El nombre de la ciudad que vas a visitar

▶ Los lugares que más te interesa visitar

▶ Lo que necesitas para hacer tu trabajo:

    acceso a Internet

    saber cómo llegar a la biblioteca pública

    tiempo para estar solo/a

    libros para consultar

▶ Mandatos para las actividades que van a compartir

Escuchar Audio

Preparación

Describe la foto. Según la foto, ¿qué información
específica piensas que vas a oír en el diálogo?

Ahora escucha

Lee estas frases y luego escucha la conversación
entre Alberto y Eduardo. Indica si cada verbo
se refiere a algo en el pasado, en el presente o
en el futuro.

Acciones

1. Demetrio / comprar en Macro _____
2. Alberto / comprar en Macro _____
3. Alberto / estudiar psicología _____
4. carro / tener frenos malos _____
5. Eduardo / comprar un anillo para
   Rebeca _____
6. Eduardo / estudiar _____

Comprensión

Descripciones

Marca las oraciones que describen correctamente a Alberto.

1. _____ Es organizado en sus estudios.
2. _____ Compró unas flores para su novia.
3. _____ No le gusta tomar el metro.
4. _____ No conoce bien la zona de Sabana Grande
   y Chacaíto.
5. _____ No tiene buen sentido de la orientación°.
6. _____ Le gusta ir a los lugares que están de moda.

Preguntas

1. ¿Por qué Alberto prefiere ir en metro a Macro?

2. ¿Crees que Alberto y Eduardo viven en una ciudad
   grande o en un pueblo? ¿Cómo lo sabes?

3. ¿Va Eduardo a acompañar a Alberto? ¿Por qué?

Conversación

En grupos pequeños, hablen de sus tiendas favoritas y de
cómo llegar a ellas desde su escuela. ¿En qué lugares tienen
la última moda? ¿Los mejores precios? ¿Hay buenas tiendas
cerca de su escuela?

sentido de la orientación *sense of direction*

Video:
TV Clip

Preparación

Contesta las preguntas. Después, comparte tus respuestas con un(a) compañero/a.

1. ¿Cómo afectan las "urgencias de la vida moderna" la comunicación entre las personas?
2. ¿Puedes pasar el tiempo que quieres con tu familia y tus amigos? ¿Por qué?

Hacerse el tiempo...

El ritmo de las ciudades latinoamericanas ha venido cambiando° especialmente en las ciudades medianas y grandes, como la Ciudad de México, Bogotá o Buenos Aires. Antes, las personas dedicaban tiempo para compartir con sus amigos y familiares y para hablar con ellos (todavía en los pueblos pequeños lo hacen). Pero ahora las múltiples ocupaciones, las largas distancias y las urgencias de la vida moderna hacen que las personas ya no tengan tiempo para hablar con sus seres queridos°, expresar sus sentimientos o simplemente compartir un momento juntos.

ha venido cambiando *has been changing* seres queridos *loved ones*

Azucarlito

Dice Marcos que cada día te quiere más.

Vocabulario útil

al igual que...	*just like...*
dulzura	*sweetness*
gesto	*gesture, expression*
mensajero	*messenger*
provocar	*to bring on*
sentimientos	*feelings*
sonrisa	*smile*

Comprensión

Empareja las frases según el video.

1. Un gesto...
2. Los mejores regalos...
3. Una sonrisa...
4. Un "te quiero"...

a. ___ ...no se compran.
b. ___ ...nunca viene solo.
c. ___ ...provoca otra.
d. ___ ...dice mucho sin decir nada.

Conversación

Discute las preguntas con toda la clase.

En la comunidad que se presenta en el video hubo una transformación ¿Cómo y cuándo ocurrió? ¿Cómo cambió la vida de las personas? ¿Cómo mejoró?

Aplicación

Este anuncio usa un aspecto de su producto (la dulzura) de una manera imaginativa, y hace una conexión con el tema de las relaciones entre las personas. Trabaja con un grupo pequeño para escoger un producto y crear un anuncio. Usen un aspecto del producto para capturar la imaginación y dar un mensaje inolvidable. Presenten el producto a la clase.

Video:
Flash cultura

En una ciudad tan grande como el D.F., la vida es más fácil gracias al Sistema de Transporte Colectivo Metro y los viajes muchas veces pueden ser interesantes: en el metro se promueve° la cultura. Allí se construyó el primer museo del mundo en un transporte colectivo. También hay programas de préstamo de libros para motivar a los usuarios a leer en el tiempo muerto° que pasan dentro° del sistema. ¿Quieres saber más? Descubre qué hace tan especial al Metro del D.F. en este episodio de *Flash cultura*.

Vocabulario útil

concurrido	*busy, crowded*
se esconde	*is hidden*
transbordo	*transfer, change*
tranvía	*streetcar*

Preparación

Imagina que estás en México, D.F., una de las ciudades más grandes del mundo. ¿Qué transporte usas para ir de un lugar a otro? ¿Por qué?

Seleccionar

Selecciona la respuesta correcta.

1. El Bosque de Chapultepec es uno de los lugares más (solitarios/concurridos) de la ciudad.
2. En las estaciones (de transbordo/subterráneas) los pasajeros pueden cambiar de trenes para llegar fácilmente a su destino.
3. Algunas líneas del Metro no son subterráneas, sino superficiales, es decir, (paran/circulan) al nivel de la calle.
4. Dentro de algunas estaciones hay (danzas indígenas/exposiciones de arte).

El Metro del D.F.

1

Viajando en el Metro... puedes conocer más acerca de la cultura de este país.

2

Para la gente... mayor de 60 años, es el transporte totalmente gratuito.

3

...el Metro [...] está conectado con los demás sistemas de transporte...

 Practice more at
vhlcentral.com.

recursos

v̂Text　CA　S

pp. 97–98　vhlcentral

---

se promueve *is promoted* **tiempo muerto** *down time* **dentro** *inside*

Venezuela

Video: *Panorama cultural*
Interactive Map

El país en cifras

▶ **Área:** 916.445 km² (353.841 millas²), *aproximadamente dos veces el área de California*
▶ **Población:** 28.868.000
▶ **Capital:** Caracas—3.051.000
▶ **Ciudades principales:** Maracaibo—2.153.000, Valencia—1.738.000, Maracay—1.159.000, Barquisimeto—1.040.000
▶ **Moneda:** bolívar
▶ **Idiomas:** español (oficial), lenguas indígenas (oficiales)

El yanomami es uno de los idiomas indígenas que se habla en Venezuela. La cultura de los yanomami tiene su centro en el sur de Venezuela, en el bosque tropical. Son cazadores° y agricultores y viven en comunidades de hasta 400 miembros.

Bandera de Venezuela

Venezolanos célebres

▶ **Teresa Carreño,** compositora y pianista (1853–1917)
▶ **Rómulo Gallegos,** escritor y político (1884–1969)
▶ **Andrés Eloy Blanco,** poeta (1896–1955)
▶ **Gustavo Dudamel,** director de orquesta (1981–)
▶ **Baruj Benacerraf,** científico (1920–2011)

En 1980, Baruj Benacerraf, junto con dos de sus colegas, recibió el Premio Nobel por sus investigaciones en el campo° de la inmunología y las enfermedades autoinmunes. Nacido en Caracas, Benacerraf también vivió en París y los Estados Unidos.

cazadores *hunters* campo *field* caída *drop* Salto Ángel *Angel Falls*
catarata *waterfall* la dio a conocer *made it known*

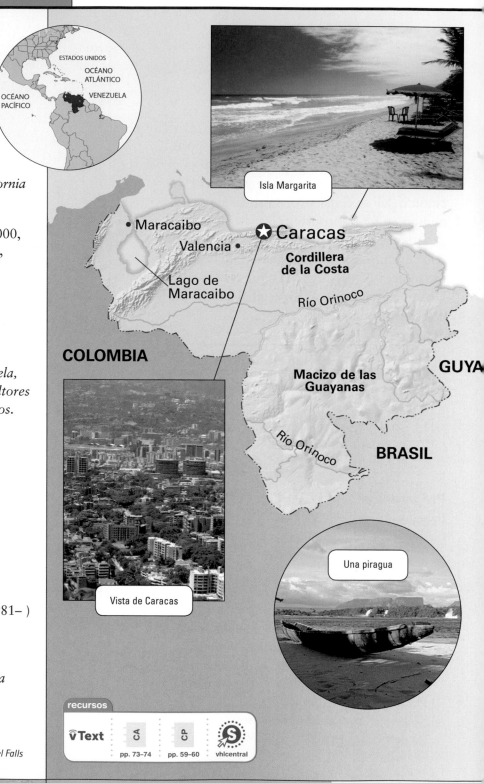

Isla Margarita

• Maracaibo
Valencia •
⭐ Caracas
Cordillera de la Costa
Río Orinoco
Lago de Maracaibo
COLOMBIA
Macizo de las Guayanas
GUYA
Río Orinoco
BRASIL
Vista de Caracas
Una piragua

ESTADOS UNIDOS
OCÉANO ATLÁNTICO
OCÉANO PACÍFICO
VENEZUELA

recursos
vText CA pp. 73–74 CP pp. 59–60 vhlcentral

¡Increíble pero cierto!

Con una caída° de 979 metros (3.212 pies) desde la meseta de Auyan Tepuy, Salto Ángel°, en Venezuela, es la catarata° más alta del mundo, ¡diecisiete veces más alta que las cataratas del Niágara! James C. Angel la dio a conocer° en 1935. Los indígenas de la zona la denominan "Kerekupai Merú".

Economía • **El petróleo**

La industria petrolera° es muy importante para la economía venezolana. La mayor concentración de petróleo del país se encuentra debajo del Lago de Maracaibo. En 1976 se nacionalizaron las empresas° petroleras y pasaron a ser propiedad° del estado con el nombre de *Petróleos de Venezuela*. Este producto representa más del 90% de las exportaciones del país, siendo los Estados Unidos su principal comprador°.

Actualidades • **Caracas**

El *boom* petrolero de los años cincuenta transformó a Caracas en una ciudad cosmopolita. Sus rascacielos° y excelentes sistemas de transporte la hacen una de las ciudades más modernas de Latinoamérica. El metro, construido en 1983, es uno de los más modernos del mundo y sus extensas carreteras y autopistas conectan la ciudad con el interior del país. El corazón de la capital es el Parque Central, una zona de centros comerciales, tiendas, restaurantes y clubes.

Historia • **Simón Bolívar (1783–1830)**

A principios del siglo° XIX, el territorio de la actual Venezuela, al igual que gran parte de América, todavía estaba bajo el dominio de la corona° española. El general Simón Bolívar, nacido en Caracas, es llamado "El Libertador" porque fue el líder del movimiento independentista suramericano en el área que hoy es Venezuela, Colombia, Ecuador, Perú y Bolivia.

 ¿Qué aprendiste? Contesta cada pregunta con una oración completa.

1. ¿Cuál es la moneda de Venezuela?

2. ¿Quién fue Rómulo Gallegos?

3. ¿Cuándo se dio a conocer el Salto Ángel?

4. ¿Cuál es el producto más exportado de Venezuela?

5. ¿Qué ocurrió en 1976 con las empresas petroleras?

6. ¿Cómo se llama la capital de Venezuela?

7. ¿Qué hay en el Parque Central de Caracas?

8. ¿Por qué es conocido Simón Bolívar como "El Libertador"?

Sombreros y hamacas
en Ciudad Bolívar

Conexión Internet Investiga estos temas en **vhlcentral.com**.

1. Busca información sobre Simón Bolívar. ¿Cuáles son algunos de los episodios más importantes de su vida? ¿Crees que Bolívar fue un estadista (*statesman*) de primera categoría? ¿Por qué?

2. Prepara un plan para un viaje de ecoturismo por el Orinoco. ¿Qué quieres ver y hacer durante la excursión?

 Practice more at
vhlcentral.com.

industria petrolera *oil industry* empresas *companies* propiedad *property* comprador *buyer* rascacielos *skyscrapers* siglo *century* corona *crown* Tejedor *Weaver* aldea *village*

En la ciudad

el banco	bank
la carnicería	butcher shop
el correo	post office
el estacionamiento	parking lot
la frutería	fruit store
la heladería	ice cream shop
la joyería	jewelry store
la lavandería	laundromat
la panadería	bakery
la pastelería	pastry shop
la peluquería, el salón de belleza	beauty salon
la pescadería	fish market
el supermercado	supermarket
la zapatería	shoe store
hacer cola	to stand in line
hacer diligencias	to run errands

En el banco

el cajero automático	ATM
el cheque (de viajero)	(traveler's) check
la cuenta corriente	checking account
la cuenta de ahorros	savings account
ahorrar	to save (money)
cobrar	to cash (a check)
depositar	to deposit
firmar	to sign
llenar (un formulario)	to fill out (a form)
pagar a plazos	to pay in installments
pagar al contado/ en efectivo	to pay in cash
pedir prestado/a	to borrow
pedir un préstamo	to apply for a loan
ser gratis	to be free of charge

My Vocabulary

Cómo llegar

la cuadra	(city) block
la dirección	address
la esquina	corner
el letrero	sign
cruzar	to cross
indicar cómo llegar	to give directions
doblar	to turn
estar perdido/a	to be lost
quedar	to be located
(al) este	(to the) east
(al) norte	(to the) north
(al) oeste	(to the) west
(al) sur	(to the) south
derecho	straight (ahead)
enfrente de	opposite; facing
hacia	toward

Past participles used as adjectives	See page 179.
Expresiones útiles	See page 167.

En el correo

el cartero	mail carrier
el correo	mail; post office
el paquete	package
la estampilla, el sello	stamp
el sobre	envelope
echar (una carta) al buzón	to put (a letter) in the mailbox; to mail
enviar, mandar	to send; to mail

El bienestar

6

Communicative Goals

I will be able to:
- **Talk about health, well-being, and nutrition**
- **Talk about physical activities**

A PRIMERA VISTA
- ¿Está la chica en un gimnasio o en un lugar al aire libre?
- ¿Practica ella deportes frecuentemente?
- ¿Es activa o sedentaria?
- ¿Es probable que le importe su salud?

El bienestar

My Vocabulary
Tutorials

Más vocabulario

adelgazar	to lose weight; to slim down
aliviar el estrés	to reduce stress
aliviar la tensión	to reduce tension
apurarse, darse prisa	to hurry; to rush
aumentar de peso, engordar	to gain weight
calentarse (e:ie)	to warm up
disfrutar (de)	to enjoy; to reap the benefits (of)
entrenarse	to train
estar a dieta	to be on a diet
estar en buena forma	to be in good shape
hacer gimnasia	to work out
llevar una vida sana	to lead a healthy lifestyle
mantenerse en forma	to stay in shape
sufrir muchas presiones	to be under a lot of pressure
tratar de (+ *inf.*)	to try (to do something)
la droga	drug
el/la drogadicto/a	drug addict
activo/a	active
débil	weak
en exceso	in excess
flexible	flexible
fuerte	strong
sedentario/a	sedentary
tranquilo/a	calm; quiet
el bienestar	well-being

Variación léxica

hacer ejercicios ⟷ hacer aeróbic (*Esp.*)
aeróbicos

el/la entrenador(a) ⟷ el/la monitor(a)

el teleadicto

GIMNASIO SUCRE

Hace ejercicios de estiramiento. (hacer)

la clase de ejercicios aeróbicos

Suda. (sudar)

Hace ejercicio. (hacer)

el entrenador

el músculo

la cinta caminadora

No fumar.

el masaje

Hacen ejercicios aeróbicos. (hacer)

Levanta pesas. (levantar)

Práctica

1 **Escuchar** Mira el dibujo. Luego escucha las oraciones e indica si lo que se dice en cada oración es **cierto** o **falso**.

	Cierto	Falso		Cierto	Falso
1.	○	○	6.	○	○
2.	○	○	7.	○	○
3.	○	○	8.	○	○
4.	○	○	9.	○	○
5.	○	○	10.	○	○

2 **Seleccionar** Escucha el anuncio del gimnasio Sucre. Marca con una **X** los servicios que se ofrecen.

_____ 1. dietas para adelgazar

_____ 2. programa para aumentar de peso

_____ 3. clases de gimnasia

_____ 4. entrenador personal

_____ 5. masajes

_____ 6. programa para dejar de fumar

3 **Identificar** Identifica el antónimo (*antonym*) de cada palabra.

apurarse	fuerte
disfrutar	mantenerse en forma
engordar	sedentario
estar enfermo	sufrir muchas presiones
flexible	tranquilo

1. activo
2. adelgazar
3. aliviar el estrés
4. débil

5. ir despacio
6. estar sano
7. nervioso
8. ser teleadicto

4 **Combinar** Combina elementos de cada columna para formar ocho oraciones lógicas sobre el bienestar.

1. David levanta pesas
2. Estás en buena forma
3. Felipe se lastimó
4. José y Rafael
5. Mi hermano
6. Sara hace ejercicios de
7. Mis primas están a dieta
8. Para llevar una vida sana,

a. aumentó de peso.
b. estiramiento.
c. porque quieren adelgazar.
d. porque haces ejercicio.
e. sudan mucho en el gimnasio.
f. un músculo de la pierna.
g. no se debe fumar.
h. y corre mucho.

La nutrición

la proteína

la grasa

los minerales

el colesterol

las vitaminas

Más vocabulario

la bebida alcohólica	*alcoholic beverage*
la cafeína	*caffeine*
la caloría	*calorie*
la merienda	*afternoon snack*
la nutrición	*nutrition*
el/la nutricionista	*nutritionist*
comer una dieta equilibrada	*to eat a balanced diet*
consumir alcohol	*to consume alcohol*
descafeinado/a	*decaffeinated*

---

5   **Completar** Completa cada oración con la palabra adecuada.

1. Después de hacer ejercicio, como pollo o bistec porque contienen _____.
   a. drogas   b. proteínas   c. grasa

2. Para _____, es necesario consumir comidas de todos los grupos alimenticios (*nutrition groups*).
   a. aliviar el estrés   b. correr   c. comer una dieta equilibrada

3. Mis primas _____ una buena comida.
   a. disfrutan de   b. tratan de   c. sudan

4. Mi entrenador no come queso ni papas fritas porque contienen _____.
   a. dietas   b. vitaminas   c. mucha grasa

5. Mi padre no come mantequilla porque él necesita reducir _____.
   a. la nutrición   b. el colesterol   c. el bienestar

6. Mi novio cuenta _____ porque está a dieta.
   a. las pesas   b. los músculos   c. las calorías

---

6   **La nutrición** En parejas, hablen de los tipos de comida que comen y las consecuencias que tienen para su salud. Luego compartan la información con la clase. ◄

AYUDA

Some useful words:

sano = saludable

en general = por lo general

estricto

normalmente

muchas veces

a veces

de vez en cuando

1. ¿Cuántas comidas con mucha grasa comes regularmente? ¿Piensas que debes comer menos comidas de este tipo? ¿Por qué?

2. ¿Comes comidas con muchos minerales y vitaminas? ¿Necesitas consumir más comidas que los contienen? ¿Por qué?

3. ¿Algún miembro de tu familia tiene problemas con el colesterol? ¿Qué haces para evitar problemas con el colesterol?

4. ¿Eres vegetariano/a? ¿Conoces a alguien que sea vegetariano/a? ¿Qué piensas de la idea de no comer carne u otros productos animales? ¿Es posible comer una dieta equilibrada sin comer carne? Explica.

5. ¿Tomas cafeína en exceso? ¿Qué ventajas (*advantages*) y desventajas tiene la cafeína? Da ejemplos de productos que contienen cafeína y de productos descafeinados.

6. ¿Llevas una vida sana? ¿Y tus amigos? ¿Crees que, en general, los estudiantes llevan una vida sana? ¿Por qué?

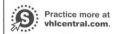

Practice more at
vhlcentral.com.

Comunicación

7

Un anuncio En grupos de cuatro, imaginen que son dueños/as de un gimnasio con un equipo (*equipment*) moderno, entrenadores calificados y un(a) nutricionista. Preparen y presenten un anuncio para la televisión que hable del gimnasio y atraiga (*attracts*) a una gran variedad de nuevos clientes. No se olviden de presentar esta información:

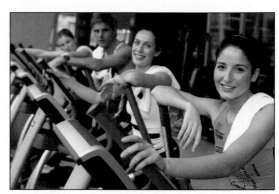

▶ las ventajas de estar en buena forma
▶ el equipo que tienen
▶ los servicios y clases que ofrecen
▶ las características únicas del gimnasio
▶ la dirección y el teléfono del gimnasio
▶ el precio para los socios (*members*) del gimnasio

8

Recomendaciones para la salud En parejas, imaginen que están preocupados/as por los malos hábitos de un(a) amigo/a que no está bien últimamente (*lately*). Escriban y representen una conversación en la cual hablen de lo que está pasando en la vida de su amigo/a y los cambios que necesita hacer para llevar una vida sana.

9

El teleadicto Con un(a) compañero/a, representen los papeles de un(a) nutricionista y un(a) teleadicto/a. La persona sedentaria habla de sus malos hábitos para la comida y de que no hace ejercicio. También dice que toma demasiado café y que siente mucho estrés. El/La nutricionista le sugiere una dieta equilibrada con bebidas descafeinadas y una rutina para mantenerse en forma. El/La teleadicto/a le da las gracias por su ayuda.

recursos

v̂Text

CA

pp. 23–24

10

El gimnasio perfecto Tú y tu compañero/a quieren encontrar el gimnasio perfecto. Su profesor(a) les va a dar a cada uno/a de ustedes el anuncio de un gimnasio. Túrnense para hacerse preguntas sobre las actividades que se ofrecen en cada uno. Al final, decidan cuál es el mejor gimnasio y compartan su decisión con la clase.

11

¿Quién es? Trabajen en grupos. Cada uno/a de ustedes va a elegir a una persona famosa en el área de la salud y el bienestar. Los demás miembros del grupo deben hacer preguntas hasta descubrir a quién eligió cada quien. Recuerden usar el vocabulario de la lección.

modelo

Estudiante 1: ¿Ayudas a otras personas a mantenerse en forma?
Estudiante 2: Sí. Trabajo con muchas personas que antes llevaban una vida sedentaria.
Estudiante 3: ¿Has trabajado en la televisión?
Estudiante 2: Sí. Antes trabajaba en tres diferentes programas de televisión.
Estudiante 1: ¡Ya sé! ¡Eres Jillian Michaels!

Chichén Itzá

Los chicos exploran Chichén Itzá y se relajan en un spa.

PERSONAJES   MARISSA   FELIPE

Video: *Fotonovela*

MARISSA ¡Chichén Itzá es impresionante! Qué lástima que Maru y Miguel no hayan podido venir. Sobre todo Maru.

FELIPE Ha estado bajo mucha presión.

MARISSA ¿Ustedes ya habían venido antes?

FELIPE Sí. Nuestros papás nos trajeron cuando éramos niños.

(*en otro lugar de las ruinas*)

JUAN CARLOS ¡Hace calor!

JIMENA ¡Sí! Hay que estar en buena forma para recorrer las ruinas.

FELIPE ¡Gané!

JIMENA Qué calor. Tengo una idea. Vamos.

EMPLEADA Ofrecemos varios servicios para aliviar el estrés: masajes, saunas...

FELIPE Me gustaría un masaje.

MARISSA Yo prefiero un baño mineral.

JUAN CARLOS

JIMENA

EMPLEADA

JUAN CARLOS Siempre había llevado una vida sana antes de entrar a la universidad.

JIMENA Tienes razón. La universidad hace que seamos muy sedentarios.

JUAN CARLOS ¡Busquemos a Felipe y a Marissa!

FELIPE El otro día le gané a Juan Carlos en el parque.

JUAN CARLOS Estaba mirando hacia otro lado; cuando me di cuenta, Felipe ya había empezado a correr.

JUAN CARLOS ¿Crees que tienes un poco de tiempo libre la semana que viene? Me gustaría invitarte a salir.

JIMENA ¿Sin Felipe?

JUAN CARLOS Sin Felipe.

EMPLEADA ¿Ya tomaron una decisión?

JIMENA Sí.

recursos

vText | CA | vhlcentral
pp. 57–58

¿Qué pasó?

1 **Seleccionar** Selecciona la respuesta que completa mejor cada oración.

1. Felipe y Marissa piensan que Maru _____.
   a. debe hacer ejercicio   b. aumentó de peso   c. ha estado bajo mucha presión
2. Felipe y Jimena visitaron Chichén Itzá _____.
   a. para aliviar el estrés   b. cuando eran niños   c. para llevar una vida sana
3. Jimena dice que la universidad hace a los estudiantes _____.
   a. comer una dieta equilibrada   b. ser sedentarios   c. levantar pesas
4. En el spa ofrecen servicios para _____.
   a. sudar   b. aliviar el estrés   c. ser flexibles
5. Felipe elige que le den un _____.
   a. baño mineral   b. almuerzo   c. masaje

2 **Identificar** Identifica quién puede decir estas oraciones.

1. No me di cuenta (*I didn't realize*) de que habías empezado a correr; por eso ganaste.
2. Miguel y Maru no visitaron Chichén Itzá, ¡qué lástima que no hayan podido venir!
3. Se necesita estar en buena forma para visitar este tipo de lugares.
4. Los masajes, saunas y baños minerales que ofrecemos alivian la tensión.
5. Si salimos, no invites a Felipe.
6. Yo corro más rápido que Juan Carlos.

MARISSA

FELIPE

JIMENA

JUAN CARLOS   **EMPLEADA**

3 **Inventar** En parejas, hagan descripciones de los personajes de la **Fotonovela**. Utilicen las oraciones, la lista de palabras y otras expresiones que sepan.

aliviar el estrés	hacer ejercicios de estiramiento	masaje
bienestar	llevar una vida sana	teleadicto/a
grasa	mantenerse en forma	vitamina

modelo

Estudiante 1: Felipe es activo, flexible y fuerte.

Estudiante 2: Marissa siempre hace ejercicios de estiramiento.
Está en buena forma y lleva una vida muy sana...

1. A Juan Carlos le duelen los músculos después de hacer gimnasia.
2. A veces, Maru sufre presiones y estrés en la universidad.
3. A Jimena le encanta salir con amigos o leer un buen libro.
4. Felipe trata de comer una dieta equilibrada.
5. Juan Carlos no es muy flexible.

Practice more at
vhlcentral.com.

Ortografía y pronunciación

Las letras b y v

Since there is no difference in pronunciation between the
Spanish letters **b** and **v**, spelling words that contain these
letters can be tricky. Here are some tips.

 Audio

nombre	**blusa**	**absoluto**	**descubrir**

The letter **b** is always used before consonants.

bonita   **botella**   **buscar**   **bienestar**

At the beginning of words, the letter **b** is
usually used when it is followed by the letter
combinations **-on, -or, -ot, -u, -ur, -us, -ien,**
and **-ene.**

adelgazaba   **disfrutaban**   **ibas**   **íbamos**

The letter **b** is used in the verb endings of the imperfect tense for **-ar** verbs and the verb **ir.**

voy   **vamos**   **estuvo**   **tuvieron**

The letter **v** is used in the present tense forms of **ir** and in the preterite forms of **estar** and **tener.**

octavo   **huevo**   **activa**   **grave**

The letter **v** is used in these noun and adjective endings: **-avo/a, -evo/a, -ivo/a, -ave, -eve.**

Práctica Completa las palabras con las letras **b** o **v.**

1. Una __ez me lastimé el __razo cuando esta__a __uceando.
2. Manuela se ol__idó sus li__ros en el auto__ús.
3. El nue__o gimnasio tiene clases educati__as.
4. Para tener una __ida sana y saluda__le, necesitas tomar __itaminas.
5. En mi pue__lo hay un __ule__ar que tiene muchos ár__oles.

El ahorcado (*Hangman*) Juega al ahorcado para adivinar las palabras.

1. __ u __ __ __ s   Están en el cielo.

2. __ u __ __ n   Relacionado con el correo

3. __ o __ e __ __ a   Está llena de líquido.

4. __ i __ __ e   Fenómeno meteorológico

5. __ e __ __ __ __ __ s   Los "ojos" de la casa

recursos

vText   CA p. 138   CH p. 83   vhlcentral

Additional Reading

Spas naturales

¿Hay algo mejor que un buen baño° para descansar y aliviar la tensión? Y si el baño se toma en una terma°, el beneficio° es mayor. Los tratamientos con agua y lodo° para mejorar la salud y el bienestar son populares en las Américas desde hace muchos siglos°. Las termas son manantiales° naturales de agua caliente. La temperatura facilita la absorción de minerales y otros elementos que contiene el agua y que son buenos para la salud. El agua de las termas se usa en piscinas, baños y duchas o en el sitio natural en el que surge°: pozas°, estanques° o cuevas°.

Volcán de lodo El Totumo, Colombia

En Baños de San Vicente, en Ecuador, son muy populares los tratamientos° con lodo volcánico.

Ecotermales en Arenal, Costa Rica

El lodo caliente se extiende por el cuerpo para dar masajes. Así también la piel° absorbe los minerales beneficiosos para la salud. La lodoterapia es útil para tratar varias enfermedades; además, hace que la piel se vea radiante.

En Costa Rica, la actividad volcánica también ha dado° origen a fuentes° y pozas termales. Si te gusta cuidarte y amas la naturaleza, recuerda estos nombres: Las Hornillas y Las Pailas. Son pozas naturales de aguas termales que están cerca del volcán Rincón de la Vieja. Un baño termal en medio de un paisaje tan hermoso es una experiencia única.

Otros balnearios°

Todos ofrecen piscinas, baños, pozas y duchas de aguas termales y además...

Lugar	Servicios
El Edén y Yanasara, Curgos (Perú)	cascadas° de aguas termales
Montbrió del Camp, Tarragona (España)	baños de algas°
Puyuhuapi (Chile)	duchas de agua de mar; baños de algas
Termas de Río Hondo, Santiago del Estero (Argentina)	baños de lodo
Tepoztlán, Morelos (México)	temazcales° aztecas
Uyuni, Potosí (Bolivia)	baños de sal

baño *bath* terma *hot spring* beneficio *benefit* lodo *mud* siglos *centuries* manantiales *springs* surge *springs forth* pozas *small pools* estanques *ponds* cuevas *caves* tratamientos *treatments* piel *skin* ha dado *has given* fuentes *springs* balnearios *spas* cascadas *waterfalls* algas *seaweed* temazcales *steam and medicinal herb baths*

ACTIVIDADES

1 **¿Cierto o falso?** Indica si lo que dicen las oraciones es **cierto** o **falso**. Corrige la información falsa.

1. Las aguas termales son beneficiosas para algunas enfermedades, incluido el estrés.
2. Los tratamientos con agua y lodo se conocen sólo desde hace pocos años.
3. Las termas son manantiales naturales de agua caliente.
4. La lodoterapia es un tratamiento con barro.
5. La temperatura de las aguas termales no afecta la absorción de los minerales.
6. Mucha gente va a Baños de San Vicente, Ecuador, por sus playas.
7. Las Hornillas son pozas de aguas termales en Costa Rica.
8. Montbrió del Camp ofrece baños de sal.
9. Es posible ver aguas termales en forma de cascadas.
10. Tepoztlán ofrece temazcales aztecas.

ASÍ SE DICE

El ejercicio

los abdominales	*sit-ups*
la bicicleta estática	*stationary bicycle*
el calambre muscular	*(muscular) cramp*
el (fisi)culturismo; **la musculación (Esp.)**	*bodybuilding*
las flexiones de pecho; **las lagartijas (Méx.; Col.);** **las planchas (Esp.)**	*push-ups*
la cinta (trotadora) **(Arg.; Chile)**	**la cinta caminadora**

EL MUNDO HISPANO

Creencias° sobre la salud

- **Colombia** Como algunos suelos son de baldosas°, se cree que si uno anda descalzo° se enfrían° los pies y esto puede causar un resfriado o artritis.

- **Cuba** Por la mañana, muchas madres sacan a sus bebés a los patios y a las puertas de las casas. La creencia es que unos cinco minutos de sol ayudan a fijar° el calcio en los huesos y aumentan la inmunidad contra las enfermedades.

- **México** Muchas personas tienen la costumbre de tomar a diario un vaso de jugo del cactus conocido como "nopal". Se dice que es bueno para reducir el colesterol y el azúcar en la sangre y que ayuda a adelgazar.

Creencias *Beliefs* baldosas *tiles* anda descalzo *walks barefoot* se enfrían *get cold* fijar *to set*

PERFIL

La quinua

La quinua es una semilla° de gran valor° nutricional. Se produce en los Andes de Bolivia, Perú, Argentina, Colombia, Chile y Ecuador, y también en los Estados Unidos. Forma parte de la dieta básica de esos países andinos desde hace más de 5.000 años.

La quinua es rica en proteínas, hierro° y magnesio. Contiene los ocho aminoácidos básicos para el ser humano; por esto es un alimento muy completo, ideal para vegetarianos y veganos. Otra de las ventajas de la quinua es que no contiene gluten, por lo que la pueden consumir personas con alergias e intolerancia a esta proteína.

Aunque es técnicamente una semilla, la quinua es considerada un cereal por su composición y por su uso. Los granos° de la quinua pueden ser tostados para hacer harina° o se pueden cocinar de múltiples maneras. Se utiliza como reemplazo° del arroz o de la pasta, con verduras, carnes, etc.,

 en ensaladas, o como reemplazo de la avena° en el desayuno.

semilla *seed* valor *value* hierro *iron* granos *grains* harina *flour* reemplazo *replacement* avena *oats*

 Conexión Internet

¿Qué sistemas de ejercicio son más populares entre los hispanos?	Go to **vhlcentral.com** to find more cultural information related to this **Cultura** section.

ACTIVIDADES

2 **Comprensión** Contesta las preguntas.

1. Una argentina te dice: "Voy a usar la cinta". ¿Qué va a hacer?
2. Según los colombianos, ¿qué efectos negativos tiene el no usar zapatos en casa?
3. ¿Qué es la quinua?
4. ¿Qué proteína no contiene la quinua?

3 **Para sentirte mejor** Entrevista a un(a) compañero/a sobre las cosas que hace todos los días y las cosas que hace al menos una o dos veces a la semana para sentirse mejor. Hablen sobre actividades deportivas, la alimentación y lo que hacen en sus ratos libres.

 Practice more at vhlcentral.com.

Tutorial

6.1 The present perfect

ANTE TODO In **Lección 5**, you learned how to form past participles. You will now learn how to form the present perfect indicative (**el pretérito perfecto del indicativo**), a compound tense that uses the past participle. The present perfect is used to talk about what someone *has done*. In Spanish, it is formed with the present tense of the auxiliary verb **haber** and a past participle.

Maru ha estado bajo mucha presión.

He querido regresar desde que leí el *Chilam Balam*.

Present indicative of haber

Singular forms		Plural forms	
yo	**he**	nosotros/as	**hemos**
tú	**has**	vosotros/as	**habéis**
Ud./él/ella	**ha**	Uds./ellos/ellas	**han**

Tú no **has aumentado** de peso.
You haven't gained weight.

Yo ya **he leído** esos libros.
I've already read those books.

¿**Ha asistido** Juan a la clase de yoga?
Has Juan attended the yoga class?

Hemos conocido al entrenador.
We have met the trainer.

CONSULTA

To review what you have learned about past participles, see **Estructura 5.3**, p. 179.

▶ The past participle does not change in form when it is part of the present perfect tense; it only changes in form when it is used as an adjective.

Clara **ha abierto** las ventanas.
Clara has opened the windows.

Yo **he cerrado** la puerta del gimnasio.
I've closed the door to the gym.

Las ventanas están **abiertas.**
The windows are open.

La puerta del gimnasio está **cerrada.**
The door to the gym is closed.

▶ In Spanish, the present perfect indicative generally is used just as in English: to talk about what someone has done or what has occurred. It usually refers to the recent past.

He trabajado cuarenta horas esta semana.
I have worked forty hours this week.

¿Cuál es el último libro que **has leído**?
What is the last book that you have read?

CONSULTA

Remember that the Spanish equivalent of the English *to have just* (*done something*) is **acabar de** + [*infinitive*]. Do not use the present perfect to express that English structure.
Juan acaba de llegar.
Juan has just arrived.

▶ In English, the auxiliary verb and the past participle are often separated. In Spanish, however, these two elements—**haber** and the past participle—cannot be separated by any word.

Siempre **hemos vivido** en Bolivia.
We have always lived in Bolivia.

Usted nunca **ha venido** a mi oficina.
You have never come to my office.

¿Y Juan Carlos todavía no te ha invitado a salir?

Últimamente hemos sufrido muchas presiones en la universidad.

▶ The word **no** and any object or reflexive pronouns are placed immediately before **haber**.

Yo **no he comido** la merienda.
I haven't eaten the snack.

¿Por qué **no la has comido**?
Why haven't you eaten it?

Susana ya **se ha entrenado**.
Susana has already practiced.

Ellos **no lo han terminado**.
They haven't finished it.

▶ Note that *to have* can be either a main verb or an auxiliary verb in English. As a main verb, it corresponds to **tener,** while as an auxiliary, it corresponds to **haber.**

Tengo muchos amigos.
I have a lot of friends.

He tenido mucho éxito.
I have had a lot of success.

▶ To form the present perfect of **hay,** use the third-person singular of **haber (ha) + habido.**

Ha habido muchos problemas con el nuevo profesor.
There have been a lot of problems with the new professor.

Ha habido un accidente en la calle Central.
There has been an accident on Central Street.

¡INTÉNTALO! Indica el pretérito perfecto del indicativo de estos verbos.

1. (disfrutar, comer, vivir) yo *he disfrutado, he comido, he vivido* _____
2. (traer, adelgazar, compartir) tú _____
3. (venir, estar, correr) usted _____
4. (leer, resolver, poner) ella _____
5. (decir, romper, hacer) ellos _____
6. (mantenerse, dormirse) nosotros _____
7. (estar, escribir, ver) yo _____
8. (vivir, correr, morir) él _____

Práctica

1

Completar Estas oraciones describen el bienestar o los problemas de unos estudiantes. Completa las oraciones con el pretérito perfecto del indicativo de los verbos de la lista. No vas a usar uno de los verbos.

adelgazar	comer	llevar
aumentar	hacer	sufrir

1. Luisa _____ muchas presiones este año.
2. Juan y Raúl _____ de peso porque no hacen ejercicio.
3. Pero María y yo _____ porque trabajamos en exceso y nos olvidamos de comer.
4. Desde siempre, yo _____ una vida muy sana.
5. Pero tú y yo no _____ gimnasia este semestre.

2

¿Qué has hecho? Indica si has hecho lo siguiente.

> **modelo**
> escalar una montaña
> *Sí, he escalado varias montañas./No, no he escalado nunca una montaña.*

1. jugar al baloncesto
2. viajar a Bolivia
3. conocer a una persona famosa
4. levantar pesas
5. comer un insecto
6. recibir un masaje
7. aprender varios idiomas
8. bailar salsa
9. ver una película en español
10. escuchar música latina
11. estar despierto/a 24 horas
12. bucear

◀ **AYUDA**

You may use some of these expressions in your answers:

una vez *once*

un par de veces *a couple of times*

algunas veces *a few times*

varias veces *several times*

muchas veces *many times, often*

3

La vida sana En parejas, túrnense para hacer preguntas sobre el tema de la vida sana. Sean creativos.

> **modelo**
> encontrar un gimnasio
> **Estudiante 1:** *¿Has encontrado un buen gimnasio cerca de tu casa?*
> **Estudiante 2:** *Yo no he encontrado un gimnasio, pero sé que debo buscar uno.*

1. tratar de estar en forma
2. estar a dieta los últimos dos meses
3. dejar de tomar refrescos
4. hacerse una prueba del colesterol
5. entrenarse cinco días a la semana
6. cambiar de una vida sedentaria a una vida activa
7. tomar vitaminas por las noches y por las mañanas
8. hacer ejercicio para aliviar la tensión
9. consumir mucha proteína
10. dejar de comer comidas grasosas

Practice more at
vhlcentral.com.

Comunicación

4

Descripción En parejas, describan lo que han hecho y no han hecho estas personas. Usen la imaginación.

1. Jorge y Raúl

2. Luisa

3. Jacobo

4. Natalia y Diego

5. Ricardo

6. Carmen

5

Describir En parejas, identifiquen a una persona que lleva una vida muy sana. Puede ser una persona que conocen o un personaje que aparece en una película o programa de televisión. Entre los dos, escriban una descripción de lo que esta persona ha hecho para llevar una vida sana.

▶ **modelo**

Mario López siempre ha hecho todo lo posible para mantenerse en forma. Él…

Síntesis

6

Situación Trabajen en parejas para representar una conversación entre un(a) enfermero/a de la escuela y un(a) estudiante.

- El/La estudiante no se siente nada bien.
- El/La enfermero/a debe averiguar de dónde viene el problema e investigar los hábitos del/de la estudiante.
- El/La estudiante le explica lo que ha hecho en los últimos meses y cómo se ha sentido.
- El/La enfermero/a le da recomendaciones de cómo llevar una vida más sana.

6.2 The past perfect

Tutorial

ANTE TODO   The past perfect indicative (**el pretérito pluscuamperfecto del indicativo**) is used to talk about what someone *had done* or what *had occurred* before another past action, event, or state. Like the present perfect, the past perfect uses a form of **haber**—in this case, the imperfect—plus the past participle.

Past perfect indicative			
	cerrar	**perder**	**asistir**
SINGULAR FORMS			
yo	**había** cerrado	**había** perdido	**había** asistido
tú	**habías** cerrado	**habías** perdido	**habías** asistido
Ud./él/ella	**había** cerrado	**había** perdido	**había** asistido
PLURAL FORMS			
nosotros/as	**habíamos** cerrado	**habíamos** perdido	**habíamos** asistido
vosotros/as	**habíais** cerrado	**habíais** perdido	**habíais** asistido
Uds./ellos/ellas	**habían** cerrado	**habían** perdido	**habían** asistido

Antes de 2012, **había vivido** en La Paz.
Before 2012, I had lived in La Paz.

Cuando llegamos, Luis ya **había salido**.
When we arrived, Luis had already left.

▶ The past perfect is often used with the word **ya** (*already*) to indicate that an action, event, or state had already occurred before another. Remember that, unlike its English equivalent, **ya** cannot be placed between **haber** and the past participle.

Ella **ya había salido** cuando llamaron.
She had already left when they called.

Cuando llegué, Raúl **ya se había acostado**.
When I arrived, Raúl had already gone to bed.

▶ **¡Atención!** The past perfect is often used in conjunction with **antes de** + [*noun*] or **antes de** + [*infinitive*] to describe when the action(s) occurred.

Antes de este año, nunca **había estudiado** química.
Before this year, I had never studied chemistry.

Luis **me había llamado antes de venir.**
Luis had called me before he came.

recursos

vText

CA
p. 140

CP
pp. 65–66

CH
p. 87

vhlcentral

¡INTÉNTALO!   Indica el pretérito pluscuamperfecto del indicativo de cada verbo.

1. Nosotros ya _habíamos cenado_ (cenar) cuando nos llamaron.
2. Antes de tomar esta clase, yo no _____ (estudiar) nunca el español.
3. Antes de ir a México, ellos nunca _____ (ir) a otro país.
4. Eduardo nunca _____ (entrenarse) tanto en el invierno.
5. Tú siempre _____ (llevar) una vida sana antes del año pasado.
6. Antes de conocerte, yo ya te _____ (ver) muchas veces.

Práctica

1

Completar Completa los minidiálogos con las formas correctas del pretérito pluscuamperfecto del indicativo.

1.   **SARA**   Antes de cumplir los 13 años, ¿_____ (estudiar) tú otra lengua?

   JOSÉ   Sí, _____ (tomar) clases de inglés y de italiano.

▶ 2.   **DOLORES**   Antes de ir a Argentina, ¿_____ (probar) tú y tu familia el mate?

   TOMÁS   Sí, ya _____ (tomar) mate muchas veces.

3.   **ANTONIO**   Antes de este año, ¿_____ (correr) usted en un maratón?

   SRA. VERA   No, nunca lo _____ (hacer).

4.   **SOFÍA**   Antes de su enfermedad, ¿_____ (sufrir) muchas presiones tu tío?

   IRENE   Sí... y él nunca _____ (mantenerse) en forma.

NOTA CULTURAL

El mate, una bebida similar al té, es muy popular en Argentina, Uruguay y Paraguay. Se dice que controla el estrés y la obesidad, y que estimula el sistema inmunológico.

2

Quehaceres Indica lo que ya había hecho cada miembro de la familia antes de la llegada de la madre, la señora Ferrer.

3

Tu vida Indica si ya habías hecho estas cosas antes de cumplir los doce años.

1. hacer un viaje en avión
2. escalar una montaña
3. escribir un poema
4. filmar un video
5. enamorarte

6. tomar clases de ejercicios aeróbicos
7. montar a caballo
8. ir de pesca
9. tomar café
10. cantar frente a más de cincuenta personas

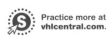

Comunicación

4 **Lo dudo** Tu profesor(a) va a darte una hoja de actividades. Escribe cinco oraciones, algunas ciertas y algunas falsas, sobre cosas que habías hecho antes de venir a esta escuela. Luego, en grupos, túrnense para leer sus oraciones. Cada miembro del grupo debe decir "es cierto" o "lo dudo" después de cada una. Escribe la reacción de cada compañero/a en la columna apropiada. ¿Quién obtuvo más respuestas ciertas?

recursos

v̂ Text

CA

p. 27

Oraciones	Miguel	Ana	Beatriz
1. Cuando tenía 10 años, ya había manejado el carro de mi papá.	Lo dudo.	Es cierto.	Lo dudo.
2.			
3.			
4.			
5.			

Síntesis

5 **Gimnasio Olímpico** En parejas, lean el anuncio y contesten las preguntas.

Hasta el año pasado, siempre había mirado la tele sentado en el sofá durante mis ratos libres. ¡Era sedentario y teleadicto! Jamás había practicado ningún deporte y había aumentado mucho de peso.

Este año, he empezado a comer una dieta equilibrada y voy al gimnasio todos los días. He comenzado a ser una persona muy activa y he adelgazado. Disfruto de una vida sana. ¡Me siento muy feliz!

Manténgase en forma.

¡Acabo de descubrir una nueva vida!

¡Venga al Gimnasio Olímpico **hoy mismo!**

1. Identifiquen los elementos del pretérito pluscuamperfecto del indicativo en el anuncio.
2. ¿Cómo era la vida del hombre cuando llevaba una vida sedentaria? ¿Cómo es ahora?
3. ¿Se identifican ustedes con algunos de los hábitos, presentes o pasados, de este hombre? ¿Con cuáles?
4. ¿Qué les recomienda el hombre del anuncio a los lectores? ¿Creen que les da buenos consejos?

6.3 The present perfect subjunctive   Tutorial

ANTE TODO The present perfect subjunctive (**el pretérito perfecto del subjuntivo**), like the present perfect indicative, is used to talk about what *has happened*. The present perfect subjunctive is formed using the present subjunctive of the auxiliary verb **haber** and a past participle.

Present perfect indicative		Present perfect subjunctive	
PRESENT INDICATIVE OF **HABER**	PAST PARTICIPLE	PRESENT SUBJUNCTIVE OF **HABER**	PAST PARTICIPLE
yo he hablado		yo haya hablado	

Present perfect subjunctive

		cerrar	perder	asistir
SINGULAR FORMS	yo	**haya** cerrado	**haya** perdido	**haya** asistido
	tú	**hayas** cerrado	**hayas** perdido	**hayas** asistido
	Ud./él/ella	**haya** cerrado	**haya** perdido	**haya** asistido
PLURAL FORMS	nosotros/as	**hayamos** cerrado	**hayamos** perdido	**hayamos** asistido
	vosotros/as	**hayáis** cerrado	**hayáis** perdido	**hayáis** asistido
	Uds./ellos/ellas	**hayan** cerrado	**hayan** perdido	**hayan** asistido

¡ATENCIÓN!

In Spanish the present perfect subjunctive is used to express a recent action.

No creo que lo **hayas dicho** bien.
I don't think that you have said it right.

Espero que él **haya llegado**.
I hope that he has arrived.

▶ The same conditions that trigger the use of the present subjunctive apply to the present perfect subjunctive.

Present subjunctive	Present perfect subjunctive
Espero que **duermas** bien.	Espero que **hayas dormido** bien.
I hope that you sleep well.	*I hope that you have slept well.*
No creo que **aumente** de peso.	No creo que **haya aumentado** de peso.
I don't think he will gain weight.	*I don't think he has gained weight.*

▶ The action expressed by the present perfect subjunctive is seen as occurring before the action expressed in the main clause.

Me alegro de que ustedes **se hayan reído** tanto esta tarde.
I'm glad that you have laughed so much this afternoon.

Dudo que tú **te hayas divertido** mucho con tu suegra.
I doubt that you have enjoyed yourself much with your mother-in-law.

recursos

v̂Text

CA
pp. 25–26, 141

CP
pp. 67–68

CH
p. 88

vhlcentral

¡INTÉNTALO! Indica el pretérito perfecto del subjuntivo de los verbos entre paréntesis.

1. Me gusta que ustedes ____hayan dicho____ (decir) la verdad.
2. No creo que tú _____ (comer) tanto.
3. Es imposible que usted _____ (poder) hacer tal (*such a*) cosa.
4. Me alegro de que tú y yo _____ (merendar) juntas.
5. Es posible que yo _____ (adelgazar) un poco esta semana.
6. Espero que ellas _____ (sentirse) mejor después de la clase.

Práctica

1 **Completar** Laura está preocupada por su familia y sus amigos/as. Completa las oraciones con la forma correcta del pretérito perfecto del subjuntivo de los verbos entre paréntesis.

1. ¡Qué lástima que Julio _____ (sentirse) tan mal en la competencia! Dudo que _____ (entrenarse) lo suficiente.
2. No creo que Lourdes y su amiga _____ (irse) de ese trabajo donde siempre tienen tantos problemas. Espero que Lourdes _____ (aprender) a aliviar el estrés.
3. Es triste que Nuria y yo _____ (perder) el partido. Esperamos que los entrenadores del gimnasio nos _____ (preparar) un buen programa para ponernos en forma.
4. No estoy segura de que Samuel _____ (llevar) una vida sana. Es bueno que él _____ (decidir) mejorar su dieta.
5. Me preocupa mucho que Ana y Rosa _____ (fumar) tanto de jóvenes. Es increíble que ellas todavía no _____ (enfermarse).
6. Me alegro de que mi abuela _____ (disfrutar) de buena salud toda su vida. Es maravilloso que ella _____ (cumplir) noventa años.

2 **Describir** Usa el pretérito perfecto del subjuntivo para hacer dos comentarios sobre la(s) persona(s) que hay en cada dibujo. Usa expresiones como **no creo que, dudo que, es probable que, me alegro de que, espero que** y **siento que.**

CONSULTA

To review verbs of will and influence, see **Estructura 3.4**, p. 112.
To review expressions of doubt, disbelief, and denial, see **Estructura 4.2**, p. 142.

modelo

Es probable que Javier haya levantado pesas por muchos años.

Me alegro de que Javier se haya mantenido en forma.

Javier

1. Rosa y Sandra

2. Roberto

3. Mariela

4. Lorena y su amigo

5. la señora Matos

6. Sonia y René

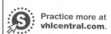
Practice more at vhlcentral.com.

Comunicación

3

¿Sí o no? En parejas, comenten estas afirmaciones (*statements*) usando las expresiones de la lista.

Dudo que…	Es imposible que…	Me alegro de que (no)…
Es bueno que (no)…	Espero que (no)…	No creo que…

modelo

Estudiante 1: Ya llegó el fin del año escolar.
Estudiante 2: Es imposible que haya llegado el fin del año escolar.

1. Recibí una A en la clase de español.
2. Tu mejor amigo/a aumentó de peso recientemente.
3. Beyoncé dio un concierto ayer con Jay-Z.
4. Mis padres ganaron un millón de dólares.
5. He aprendido a hablar japonés.
6. Nuestro/a profesor(a) nació en Bolivia.
7. Salí anoche con…
8. El año pasado mi familia y yo fuimos de excursión a…

4

Viaje por Bolivia Imaginen que sus amigos, Luis y Julia, están viajando por Bolivia y que les han mandado postales a ustedes. En grupos, lean las postales y conversen de lo que les han escrito Luis y Julia. Usen expresiones como **dudo que, espero que, me alegro de que, temo que, siento que** y **es posible que.**

1° de febrero

Hola:
Estamos aprendiendo sobre la antigua cultura aimará aquí en Tiahuanaco. Julia se enfermó, quizás por algo que comió ayer. Creo que no vamos a poder ir a la región amazónica.

Abrazos,
Luis

13 de febrero

Hola:
Llegamos a Oruro justo a tiempo para el carnaval. Hemos bailado, escuchado música y disfrutado de las fiestas. ¡Todo fenomenal!

Chau,
Julia

Recapitulación

 Diagnostics

Completa estas actividades para repasar los conceptos de gramática que aprendiste en esta lección.

1 **Completar** Completa cada tabla con el pretérito pluscuamperfecto del indicativo y el pretérito perfecto del subjuntivo de los verbos. **24 pts.**

PRETÉRITO PLUSCUAMPERFECTO

Infinitivo	tú	nosotros	ustedes
disfrutar			
apurarse			

PRETÉRITO PERFECTO DEL SUBJUNTIVO

Infinitivo	yo	él	ellas
tratar			
entrenarse			

2 **Preguntas** Completa las preguntas usando el pretérito perfecto del indicativo. **16 pts.**

> **modelo**
>
> —¿Has llamado a tus padres? —Sí, los llamé ayer.

1. —¿Tú _____ ejercicio esta mañana en el gimnasio?
   —No, hice ejercicio en el parque.

2. —Y ustedes, ¿_____ ya? —Sí, desayunamos en el hotel.

3. —Y Juan y Felipe, ¿adónde _____ ? —Fueron al cine.

4. —Paco, ¿(nosotros) _____ la cuenta del gimnasio?
   —Sí, la recibimos la semana pasada.

5. —Señor Martín, ¿_____ algo ya? —Sí, pesqué uno grande. Ya me puedo ir a casa contento.

6. —Inés, ¿_____ mi pelota de fútbol? —Sí, la vi esta mañana en el coche.

7. —Yo no _____ café todavía. ¿Alguien quiere acompañarme? —No, gracias. Yo ya tomé mi café en casa.

8. —¿Ya te _____ el doctor que puedes comer chocolate?
   —Sí, me lo dijo ayer.

RESUMEN GRAMATICAL

6.1 **The present perfect** *pp. 204–205*

Present indicative of **haber**	
he	hemos
has	habéis
ha	han

Present perfect: present tense of **haber** + past participle

Present perfect indicative	
he empezado	**hemos** empezado
has empezado	**habéis** empezado
ha empezado	**han** empezado

He empezado a ir al gimnasio con regularidad.
I have begun to go to the gym regularly.

6.2 **The past perfect** *p. 208*

Past perfect: imperfect tense of **haber** + past participle

Past perfect indicative	
había vivido	**habíamos** vivido
habías vivido	**habíais** vivido
había vivido	**habían** vivido

Antes de 2012, yo ya **había vivido** en tres países diferentes.
Before 2012, I had already lived in three different countries.

6.3 **The present perfect subjunctive** *p. 211*

Present perfect subjunctive: present subjunctive of **haber** + past participle

Present perfect subjunctive	
haya comido	**hayamos** comido
hayas comido	**hayáis** comido
haya comido	**hayan** comido

Espero que **hayas comido** bien.
I hope that you have eaten well.

3 **Oraciones** Forma oraciones completas con los elementos dados. Usa el pretérito pluscuamperfecto del indicativo y haz todos los cambios necesarios. Sigue el modelo. **8 pts.**

> *modelo*
>
> yo / ya / conocer / muchos amigos *Yo ya había conocido a muchos amigos.*

1. tú / todavía no / aprender / mantenerse en forma
2. los hermanos Falcón / todavía no / perder / partido de vóleibol
3. Elías / ya / entrenarse / para / maratón
4. nosotros / siempre / sufrir / muchas presiones

4 **Una carta** Completa esta carta con el pretérito perfecto del indicativo o del subjuntivo. **24 pts.**

Queridos papá y mamá:

¿Cómo (1) _____ (estar)? Mamá, espero que no (2) _____ (tú, enfermarse) otra vez. Yo sé que (3) _____ (tú, seguir) los consejos del doctor, pero estoy preocupada.

Y en mi vida, ¿qué (4) _____ (pasar) últimamente (*lately*)? Pues, nada nuevo, sólo trabajo. Los problemas en la compañía, yo los (5) _____ (resolver) casi todos. Pero estoy bien. Es verdad que (6) _____ (yo, adelgazar) un poco, pero no creo que (7) _____ (ser) a causa del estrés. Espero que no (8) _____ (ustedes, sentirse) mal porque no pude visitarlos. Es extraño que no (9) _____ (recibir) mis cartas. Tengo miedo de que (10) _____ (las cartas, perderse).

Me alegro de que papá (11) _____ (tomar) vacaciones para venir a visitarme. ¡Es increíble que nosotros no (12) _____ (verse) en casi un año!

Un abrazo y hasta muy pronto,

Belén

5 **Manteniéndote en forma** Escribe al menos cinco oraciones para describir cómo te has mantenido en forma este semestre. Di qué cosas han cambiado este semestre en relación con el año pasado. Usa las formas verbales que aprendiste en esta lección. **28 pts.**

6 **Poema** Completa este fragmento de un poema de Nezahualcóyotl con el pretérito perfecto del indicativo de los verbos. **¡4 puntos EXTRA!**

> " _____ (Llegar) aquí,
> soy Yoyontzin.
> Sólo busco las flores
> sobre la tierra, _____ (venir)
> a cortarlas. "

Lectura

Audio: Reading
Additional Reading

Antes de leer

Estrategia
Making inferences

For dramatic effect and to achieve a smoother writing style, authors often do not explicitly supply the reader with all the details of a story or poem. Clues in the text can help you infer those things the writer chooses not to state in a direct manner. You simply "read between the lines" to fill in the missing information and draw conclusions. To practice making inferences, read these statements:

A Liliana le encanta ir al gimnasio. Hace años que empezó a levantar pesas.

Based on this statement alone, what inferences can you draw about Liliana?

El autor

Ve a la página 159 de tu libro y lee la biografía de Gabriel García Márquez.

El título

Sin leer el texto del cuento (*story*), lee el título. Escribe cinco oraciones que empiecen con la frase "Un día de éstos".

El cuento

Éstas son algunas palabras que vas a encontrar al leer *Un día de éstos*. Busca su significado en el diccionario. Según estas palabras, ¿de qué piensas que trata (*is about*) el cuento?

alcalde	lágrimas
dentadura postiza	muela
displicente	pañuelo
enjuto	rencor
guerrera	teniente

Un día de éstos

Gabriel García Márquez

El lunes amaneció tibio° y sin lluvia. Don Aurelio Escovar, dentista sin título y buen madrugador°, abrió su gabinete° a las seis. Sacó de la vidriera° una dentadura postiza° montada aún° en el molde de yeso° y puso sobre la mesa un puñado° de instrumentos que ordenó de mayor a menor, como en una exposición. Llevaba una camisa a rayas, sin cuello, cerrada arriba con un botón dorado°, y los pantalones sostenidos con cargadores° elásticos. Era rígido, enjuto, con una mirada que raras veces correspondía a la situación, como la mirada de los sordos°.

Cuando tuvo las cosas dispuestas sobre la mesa rodó la fresa° hacia el sillón de resortes y se sentó a pulir° la dentadura postiza. Parecía no pensar en lo que hacía, pero trabajaba con obstinación, pedaleando en la fresa incluso cuando no se servía de ella.

Después de las ocho hizo una pausa para mirar el cielo por la ventana y vio dos gallinazos° pensativos que se secaban al sol en el caballete° de la casa vecina. Siguió trabajando con la idea de que antes del almuerzo volvería a llover°. La voz destemplada° de su hijo de once años lo sacó de su abstracción.

—Papá.

—Qué.

—Dice el alcalde que si le sacas una muela.

—Dile que no estoy aquí.

Estaba puliendo un diente de oro°. Lo retiró a la distancia del brazo y lo examinó con los ojos a medio cerrar. En la salita de espera volvió a gritar su hijo.

—Dice que sí estás porque te está oyendo.

El dentista siguió examinando el diente. Sólo cuando lo puso en la mesa con los trabajos terminados, dijo:

---

amaneció tibio *dawn broke warm* **madrugador** *early riser* **gabinete** *office* **vidriera** *glass cabinet* **dentadura postiza** *dentures* **montada aún** *still set* **yeso** *plaster* **puñado** *handful* **dorado** *gold* **sostenidos con cargadores** *held up by suspenders* **sordos** *deaf* **rodó la fresa** *he turned the drill* **pulir** *to polish* **gallinazos** *vultures* **caballete** *ridge* **volvería a llover** *it would rain again* **voz destemplada** *harsh voice* **oro** *gold* **te pega un tiro** *he will shoot you* **Sin apresurarse** *Without haste* **gaveta** *drawer* **Hizo girar** *He turned* **apoyada** *resting* **umbral** *threshold* **mejilla** *cheek* **hinchada** *swollen* **barba** *beard* **marchitos** *weary* **hervían** *were boiling* **pomos de loza** *ceramic bottles* **cancel de tela** *cloth screen* **se acercaba** *was approaching* **talones** *heels* **mandíbula** *jaw* **cautelosa** *cautious* **cacerola** *saucepan* **pinzas** *pliers* **escupidera** *spittoon* **aguamanil** *washstand* **cordal** *wisdom tooth* **gatillo** *pliers* **se aferró** *clung* **barras** *arms* **descargó** *unloaded* **vacío helado** *icy hollowness* **riñones** *kidneys* **no soltó un suspiro** *he didn't let out a breath* **muñeca** *wrist* **amarga ternura** *bitter tenderness* **teniente** *lieutenant* **crujido** *crunch* **a través de** *through* **sudoroso** *sweaty* **jadeante** *panting* **se desabotonó** *he unbuttoned* **a tientas** *blindly* **bolsillo** *pocket* **trapo** *cloth* **cielorraso desfondado** *ceiling with the paint sagging* **telaraña polvorienta** *dusty spiderweb* **haga buches de** *rinse your mouth out with* **vaina** *thing*

—Mejor.

Volvió a operar la fresa. De una cajita de cartón° donde guardaba las cosas por hacer, sacó un puente° de varias piezas y empezó a pulir el oro.

—Papá.

—Qué.

Aún no había cambiado de expresión.

—Dice que si no le sacas la muela te pega un tiro°.

Sin apresurarse°, con un movimiento extremadamente tranquilo, dejó de pedalear en la fresa, la retiró del sillón y abrió por completo la gaveta° inferior de la mesa. Allí estaba el revólver.

—Bueno —dijo—. Dile que venga a pegármelo.

Hizo girar° el sillón hasta quedar de frente a la puerta, la mano apoyada° en el borde de la gaveta. El alcalde apareció en el umbral°. Se había afeitado la mejilla° izquierda, pero en la otra, hinchada° y dolorida, tenía una barba° de cinco días. El dentista vio en sus ojos marchitos° muchas noches de desesperación. Cerró la gaveta con la punta de los dedos y dijo suavemente:

—Siéntese.

—Buenos días —dijo el alcalde.

—Buenos —dijo el dentista.

Mientras hervían° los instrumentos, el alcalde apoyó el cráneo en el cabezal de la silla y se sintió mejor. Respiraba un olor glacial. Era un gabinete pobre: una vieja silla de madera, la fresa de pedal y una vidriera con pomos de loza°. Frente a la silla, una ventana con un cancel de tela° hasta la altura de un hombre. Cuando sintió que el dentista se acercaba°, el alcalde afirmó los talones° y abrió la boca.

Don Aurelio Escovar le movió la cabeza hacia la luz. Después de observar la muela dañada, ajustó la mandíbula° con una presión cautelosa° de los dedos.

—Tiene que ser sin anestesia —dijo.

—¿Por qué?

—Porque tiene un absceso.

El alcalde lo miró en los ojos.

—Está bien —dijo, y trató de sonreír. El dentista no le correspondió. Llevó a la mesa de trabajo la cacerola° con los instrumentos hervidos y los sacó del agua con unas pinzas° frías, todavía sin apresurarse. Después rodó la escupidera° con la punta del zapato y fue a lavarse las manos en el aguamanil°. Hizo todo sin mirar al alcalde. Pero el alcalde no lo perdió de vista.

Era una cordal° inferior. El dentista abrió las piernas y apretó la muela con el gatillo° caliente. El alcalde se aferró a las barras° de la silla, descargó° toda su fuerza en los pies y sintió un vacío helado° en los riñones°, pero no soltó un suspiro°. El dentista sólo movió la muñeca°. Sin rencor, más bien con una amarga ternura°, dijo:

—Aquí nos paga veinte muertos, teniente°.

El alcalde sintió un crujido° de huesos en la mandíbula y sus ojos se llenaron de lágrimas. Pero no suspiró hasta que no sintió salir la muela. Entonces la vio a través de° las lágrimas. Le pareció tan extraña a su dolor, que no pudo entender la tortura de sus cinco noches anteriores. Inclinado sobre la escupidera, sudoroso°, jadeante°, se desabotonó° la guerrera y buscó a tientas° el pañuelo en el bolsillo° del pantalón. El dentista le dio un trapo° limpio.

—Séquese las lágrimas —dijo.

El alcalde lo hizo. Estaba temblando. Mientras el dentista se lavaba las manos, vio el cielorraso desfondado° y una telaraña polvorienta° con huevos de araña e insectos muertos. El dentista regresó secándose. "Acuéstese —dijo— y haga buches de° agua de sal." El alcalde se puso de pie, se despidió con un displicente saludo militar, y se dirigió a la puerta estirando las piernas, sin abotonarse la guerrera.

—Me pasa la cuenta —dijo.

—¿A usted o al municipio?

El alcalde no lo miró. Cerró la puerta, y dijo, a través de la red metálica:

—Es la misma vaina°.

Después de leer

Comprensión

Completa las oraciones con la palabra o expresión correcta.

1. Don Aurelio Escovar es _____ sin título.
2. Al alcalde le duele _____.
3. Aurelio Escovar y el alcalde se llevan _____.
4. El alcalde amenaza (*threatens*) al dentista con pegarle un _____.
5. Finalmente, Aurelio Escovar _____ la muela al alcalde.
6. El alcalde llevaba varias noches sin _____.

Interpretación

En parejas, respondan a estas preguntas. Luego comparen sus respuestas con las de otra pareja.

1. ¿Cómo reacciona don Aurelio cuando escucha que el alcalde amenaza con pegarle un tiro? ¿Qué les dice esta actitud sobre las personalidades del dentista y del alcalde?
2. ¿Por qué creen que don Aurelio y el alcalde no se llevan bien?
3. ¿Creen que era realmente necesario no usar anestesia?
4. ¿Qué piensan que significa el comentario "aquí nos paga veinte muertos, teniente"? ¿Qué les dice esto del alcalde y su autoridad en el pueblo?
5. ¿Cómo se puede interpretar el saludo militar y la frase final del alcalde "es la misma vaina"?

Practice more at
vhlcentral.com.

Escritura

Estrategia
Organizing information logically

Many times a written piece may require you to include a great deal of information. You might want to organize your information in one of three different ways:

▶ chronologically (e.g., events in the history of a country)

▶ sequentially (e.g., steps in a recipe)

▶ in order of importance

Organizing your information beforehand will make both your writing and your message clearer to your readers. If you were writing a piece on weight reduction, for example, you would need to organize your ideas about two general areas: eating right and exercise. You would need to decide which of the two is more important according to your purpose in writing the piece. If your main idea is that eating right is the key to losing weight, you might want to start your piece with a discussion of good eating habits. You might want to discuss the following aspects of eating right in order of their importance:

▶ quantities of food

▶ selecting appropriate foods

▶ healthy recipes

▶ percentage of fat in each meal

▶ calorie count

▶ percentage of carbohydrates in each meal

▶ frequency of meals

You would then complete the piece by following the same process to discuss the various aspects of the importance of getting exercise.

Tema

Escribir un plan personal de bienestar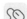

Desarrolla un plan personal para mejorar tu bienestar, tanto físico como emocional. Tu plan debe describir:

1. lo que has hecho para mejorar tu bienestar y llevar una vida sana
2. lo que no has podido hacer todavía
3. las actividades que debes hacer en los próximos meses

Considera también estas preguntas:

La nutrición

▶ ¿Comes una dieta equilibrada?

▶ ¿Consumes suficientes vitaminas y minerales? ¿Consumes demasiada grasa?

▶ ¿Quieres aumentar de peso o adelgazar?

▶ ¿Qué puedes hacer para mejorar tu dieta?

El ejercicio

▶ ¿Haces ejercicio? ¿Con qué frecuencia?

▶ ¿Vas al gimnasio? ¿Qué tipo de ejercicios haces allí?

▶ ¿Practicas algún deporte?

▶ ¿Qué puedes hacer para mejorar tu bienestar físico?

El estrés

▶ ¿Sufres muchas presiones?

▶ ¿Qué actividades o problemas te causan estrés?

▶ ¿Qué haces (o debes hacer) para aliviar el estrés y sentirte más tranquilo/a?

▶ ¿Qué puedes hacer para mejorar tu bienestar emocional?

Escuchar Audio

Estrategia
Listening for the gist/
Listening for cognates

Combining these two strategies is an easy way to get a good sense of what you hear. When you listen for the gist, you get the general idea of what you're hearing, which allows you to interpret cognates and other words in a meaningful context. Similarly, the cognates give you information about the details of the story that you might not have understood when listening for the gist.

To practice these strategies, you will listen to a short paragraph. Write down the gist of what you hear and jot down a few cognates. Based on the gist and the cognates, what conclusions can you draw about what you heard?

Preparación

Mira la foto. ¿Qué pistas° te da de lo que vas a oír?

Ahora escucha

Escucha lo que dice Ofelia Cortez de Bauer. Anota algunos de los cognados que escuchas y también la idea general del discurso°.

_____
_____
_____

Idea general: _____

Ahora contesta las siguientes preguntas.

1. ¿Cuál es el género° del discurso?
2. ¿Cuál es el tema?
3. ¿Cuál es el propósito°?

recursos ✓Text vhlcentral

Comprensión

¿Cierto o falso?
Indica si lo que dicen estas oraciones es **cierto** o **falso**. Corrige las oraciones que son falsas.

Cierto Falso

1. La señora Bauer habla de la importancia de estar en buena forma y de hacer ejercicio. ○ ○
2. Según ella, lo más importante es que lleves el programa sugerido por los expertos. ○ ○
3. La señora Bauer participa en actividades individuales y de grupo. ○ ○
4. El único objetivo del tipo de programa que ella sugiere es adelgazar. ○ ○

Preguntas
Responde a las preguntas.

1. Imagina que el programa de radio sigue. Según las pistas que ella dio, ¿qué vas a oír en la segunda parte?
2. ¿A qué tipo de público° le interesa el tema del que habla la señora Bauer?
3. ¿Sigues los consejos de la señora Bauer? Explica tu respuesta.
4. ¿Qué piensas de los consejos que ella da? ¿Hay otra información que ella debería haber incluido°?

pistas *clues* discurso *speech* género *genre*
propósito *purpose* público *audience*
debería haber incluido *should have included*

Practice more at vhlcentral.com.

Video:
Short Film

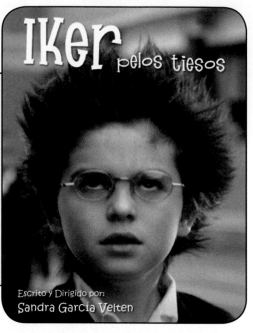

El secreto de Iker

Para Iker, cada persona se parece a un animal. Por ejemplo, su papá es un oso°. A Iker le habría gustado° ser un oso también, pero él es otro animal. Y eso es algo que nadie sabe en la escuela. Iker ha conseguido mantenerlo así gracias a algunos trucos°, pero tiene miedo de que los demás lo sepan. ¿Qué podría° pasar si sus compañeros descubren el secreto de Iker?

oso *bear* le habría gustado *he would have liked* trucos *tricks* podría *could*

Escrito y Dirigido por:
Sandra García Velten

Preparación

¿Cierto o falso?

Lee la lista de **Expresiones útiles** e indica si lo que dice cada oración es **cierto** o **falso**. Corrige las oraciones falsas.

_____ 1. Me prestaste tu reproductor de MP3 y yo te lo tengo que devolver.

_____ 2. Si quiero disimular algo, se lo digo a todos.

_____ 3. Es común que una hija salga igual a su madre.

_____ 4. Para hacerme un peinado especial, voy al salón de belleza.

_____ 5. Para cocinar el pan, lo meto en el congelador.

_____ 6. Si no hago ejercicios de estiramiento, me siento tieso.

Rasgos de familia

En parejas, túrnense para hacerse estas preguntas.

1. ¿Tienes rasgos particulares? ¿Cuáles son de tu apariencia física (*physical appearance*)? ¿Cuáles son de tu personalidad?

2. ¿Cuáles de tus rasgos particulares te hacen una persona única?

3. ¿Alguno de esos rasgos es común en tu familia? ¿Ha pasado de generación en generación?

4. ¿Tienes compañeros que comparten tus mismos rasgos? ¿Qué tienen en común ustedes?

5. ¿Qué animal crees que serías (*you would be*) según (*according to*) tus rasgos? Explica tu respuesta.

Expresiones útiles

devolver	*to return, to give back*
disimular	*to hide, to disguise*
me hubiera gustado	*I would have liked*
meter	*to put (something) in, to introduce*
el peinado	*hairstyle*
salir (igual) a	*to take after*
si supieran	*if they knew*
tieso/a	*stiff*

Para hablar del corto

burlarse (de)	*to make fun (of)*
esconder(se)	*to hide (onself)*
la fuerza	*strength*
orgulloso/a	*proud*
pelear(se)	*to fight (with one another)*
el rasgo	*feature, characteristic*
sentirse cohibido/a	*to feel self-conscious*

Escenas: Iker pelos tiesos

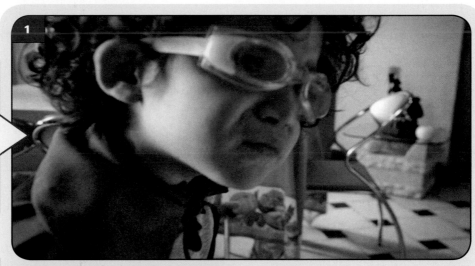

IKER: Tito es un mosquito; de esos que nunca dejan de molestar... ni en las noches.

IKER: Mi mamá es un perico (*parrot*), como todas las mamás.

NIÑO 3: Ey, no hay paso. (*Hey, there's no way through.*)

IKER: Pero, ¿por qué?

IKER: ...[yo] salí igual a mi abuelo... soy un puercoespín (*porcupine*).

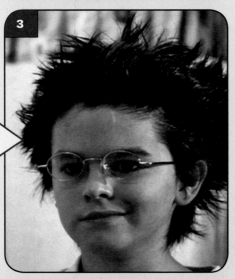

IKER: ¿Qué me dirían si supieran mi secreto?

IKER: ¿Y por qué ese niño está pasando?

NIÑO 5: Porque éste es nuestro territorio.

Comprensión

Escoger
Escoge la opción que mejor completa cada oración.

1. Iker siempre _____ su pelo tieso.
   a. muestra   b. corta   c. disimula

2. En la familia de Iker, _____ el mismo rasgo.
   a. no hay dos personas con   b. él y su abuelo comparten   c. el abuelo y Tito tienen

3. Para Iker, su _____ es un perico.
   a. hermana   b. mamá   c. maestra (*teacher*)

4. Para Iker, es probable que sus compañeros _____ si saben su secreto.
   a. lo acepten   b. se burlen de él   c. se escondan

5. Iker se sintió _____ cuando su compañero le dijo que le gustaba su peinado.
   a. aliviado (*relieved*) b. cohibido   c. enojado

6. Al final, Iker estaba _____ de mostrar su peinado natural.
   a. avergonzado   b. nervioso   c. orgulloso

Preguntas
En parejas, respondan a estas preguntas.

1. ¿En qué situaciones se le pone el pelo tieso a Iker?

2. ¿Por qué esconde Iker su peinado natural?

3. ¿Cómo se sintió Iker después de pelearse con los niños en el patio?

4. ¿Se han sentido ustedes cohibidos/as alguna vez?

5. ¿Cuáles son las consecuencias positivas de presentarse ante el mundo tal y como son?

6. ¿Creen que la percepción que tienen de ustedes mismos/as influye en (*influences*) la manera en que ven a los demás? Expliquen su respuesta.

Superhéroes

A. Imagina que un día descubres que tienes un superpoder (*superpower*). Escribe un párrafo donde describas tu experiencia. Pon tu párrafo donde toda la clase pueda verlo y leerlo. Incluye (*include*) esta información:

   ▶ cuál es tu superpoder

   ▶ cómo y cuándo lo descubriste

   ▶ qué características positivas y negativas implica (*involves*) tener ese superpoder

   ▶ cómo has usado tu superpoder para ayudar a otros

   ▶ si has decidido usar tu superpoder para mejorar el mundo

   ▶ cuál es tu nombre de superhéroe/superheroína

B. Lee los párrafos de tus compañeros/as. Decide con quiénes quieres trabajar (un grupo de tres o cuatro) para mejorar el mundo y combatir el mal. Habla con ellos y formen un "equipo". Preparen y presenten un drama corto de una situación en la que como equipo les ayudaron a personas que estaban en peligro. No se olviden de presentar:

   ▶ el nombre de su equipo

   ▶ cómo sus superpoderes se complementan y los hacen más fuertes

   ▶ el problema o peligro y la manera como ustedes lo resolvieron juntos

Video:
Flash cultura

¿Cómo sobrevivir° en la selva de concreto de una gran ciudad hispana? Sin duda, los parques públicos son la respuesta cuando se busca un oasis. Los Bosques de Palermo en Buenos Aires, el Bosque de Chapultepec en la Ciudad de México, el Parque Quinta Vergara en Viña del Mar o la Casa de Campo en Madrid son vitales para la salud física y mental de sus habitantes. Unos tienen museos, lagos y zoológicos, otros hasta parques de diversiones° y jardines. En ellos siempre vas a ver gente haciendo ejercicio, relajándose o reunida con familiares y amigos. A continuación conocerás uno de los muchos parques de Madrid, El Retiro, y vas a ver cómo se relajan los madrileños.

Vocabulario útil	
árabe	*Arab*
el bullicio	*hustle and bustle*
combatir el estrés	*to fight stress*
el ruido	*noise*

Preparación

¿Sufres de estrés? ¿Qué situaciones te producen estrés? ¿Qué haces para combatirlo?

¿Cierto o falso?

Indica si las oraciones son **ciertas** o **falsas**.

1. Madrid es la segunda ciudad más grande de España, después de Barcelona.

2. Madrid es una ciudad muy poco congestionada gracias a los policías de tráfico.

3. Un turista estadounidense intenta saltearse la cola (*cut the line*) para conseguir unos boletos para un espectáculo.

4. En el Parque del Retiro, puedes descansar, hacer gimnasia, etc.

5. Los baños termales Medina Mayrit son de influencia cristiana.

6. En Medina Mayrit es posible bañarse en aguas termales, tomar el té y hasta comer.

sobrevivir *to survive* parques de diversiones *amusement parks*

¿Estrés? ¿Qué estrés?

El tráfico, el ruido de las calles... Todos quieren llegar al trabajo a tiempo.

...es un lugar donde la gente viene a "retirarse", a escapar del estrés y el bullicio de la ciudad.

...en pleno centro de Madrid, encontramos los Baños Árabes [...]

 Practice more at vhlcentral.com.

recursos

v̂Text   CA   S
pp. 99–100   vhlcentral

Bolivia

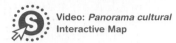

Video: *Panorama cultural*
Interactive Map

El país en cifras

▶ **Área:** 1.098.580 km² (424.162 millas²), *equivalente al área total de Francia y España*

▶ **Población:** 10.631.000

Los indígenas quechua y aimará constituyen más de la mitad° de la población de Bolivia. Estos grupos indígenas han mantenido sus culturas y lenguas tradicionales. Las personas de ascendencia° indígena y europea representan la tercera parte de la población. Los demás son de ascendencia europea nacida en Latinoamérica. Una gran mayoría de los bolivianos, más o menos el 70%, vive en el altiplano°.

▶ **Capital:** La Paz, sede° del gobierno, capital administrativa—1.715.000; Sucre, sede del Tribunal Supremo, capital constitucional y judicial

▶ **Ciudades principales:** Santa Cruz de la Sierra—1.584.000, Cochabamba, Oruro, Potosí

▶ **Moneda:** peso boliviano

▶ **Idiomas:** español (oficial), aimará (oficial), quechua (oficial)

Bandera de Bolivia

Bolivianos célebres

▶ **Jesús Lara,** escritor (1898–1980)
▶ **Víctor Paz Estenssoro,** político y presidente (1907–2001)
▶ **María Luisa Pacheco,** pintora (1919–1982)
▶ **Matilde Casazola,** poeta (1942–)
▶ **Edmundo Paz Soldán,** escritor (1967–)

mitad *half* ascendencia *descent* restante *remaining* altiplano *high plateau* sede *seat* paraguas *umbrella* cascada *waterfall*

Plaza 14 de Septiembre

Vista de la ciudad de Sucre

PERÚ
BRASIL
Río Beni
Río Mamoré
Illampu
Lago Titicaca
La Paz
Tiahuanaco
Cordillera Oriental de los Andes
Río Grande
Oruro
Cordillera Central de los Andes
Santa Cruz
Lago Poopó
Sucre
Cochabamba
Potosí
Río Pilcomayo
PARAGUAY
ARGENTINA
CHILE

Vista de la ciudad de Oruro

recursos

vText | CA pp. 75–76 | CP pp. 69–70 | vhlcentral

ESTADOS UNIDOS
OCÉANO ATLÁNTICO
OCÉANO PACÍFICO
BOLIVIA

¡Increíble pero cierto!

La Paz es la capital más alta del mundo. Su aeropuerto está situado a una altitud de 4.061 metros (13.325 pies). Ah, y si viajas en carro hasta La Paz, ¡no te olvides del paraguas°! En la carretera, que cruza 9.000 metros de densa selva, te encontrarás con una cascada°.

Lugares • El lago Titicaca

Titicaca, situado en los Andes de Bolivia y Perú, es el lago navegable más alto del mundo, a una altitud de 3.810 metros (12.500 pies). Con un área de más de 8.300 kilómetros² (3.200 millas²), también es el segundo lago más grande de Suramérica. La mitología inca cuenta que los hijos del dios° Sol emergieron de las profundas aguas del lago Titicaca para fundar su imperio°.

Artes • La música andina

La música andina, compartida por Bolivia, Perú, Ecuador, Chile y Argentina, es el aspecto más conocido de su folclore. Hay muchos conjuntos° profesionales que dan a conocer° esta música popular, de origen indígena, alrededor° del mundo. Algunos de los grupos más importantes y que llevan más de treinta años actuando en escenarios internacionales son Los Kjarkas (Bolivia), Inti Illimani (Chile), Los Chaskis (Argentina) e Illapu (Chile).

Historia • Tiahuanaco

Tiahuanaco, que significa "Ciudad de los dioses", es un sitio arqueológico de ruinas preincaicas situado cerca de La Paz y del lago Titicaca. Se piensa que los antepasados° de los indígenas aimará fundaron este centro ceremonial hace unos 15.000 años. En el año 1100, la ciudad tenía unos 60.000 habitantes. En este sitio se pueden ver el Templo de Kalasasaya, el Monolito Ponce, el Templete Subterráneo, la Puerta del Sol y la Puerta de la Luna. La Puerta del Sol es un impresionante monumento que tiene tres metros de alto y cuatro de ancho° y que pesa unas 10 toneladas.

 ¿Qué aprendiste? Responde a las preguntas con una oración completa.

1. ¿Cuáles son los tres idiomas oficiales de Bolivia?
2. ¿Dónde vive la mayoría de los bolivianos?
3. ¿Cuál es la capital administrativa de Bolivia?
4. Según la mitología inca, ¿qué ocurrió en el lago Titicaca?
5. ¿De qué países es la música andina?
6. ¿Qué origen tiene esta música?
7. ¿Cómo se llama el sitio arqueológico situado cerca de La Paz y el lago Titicaca?
8. ¿Qué es la Puerta del Sol?

 Conexión Internet Investiga estos temas en **vhlcentral.com**.

1. Busca información sobre un(a) boliviano/a célebre. ¿Cuáles son algunos de los episodios más importantes de su vida? ¿Qué ha hecho esta persona? ¿Por qué es célebre?
2. Busca información sobre Tiahuanaco u otro sitio arqueológico en Bolivia. ¿Qué han descubierto los arqueólogos en ese sitio?

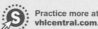 Practice more at **vhlcentral.com**.

dios *god* imperio *empire* conjuntos *groups* dan a conocer *make known* alrededor *around* antepasados *ancestors* ancho *wide*

El bienestar

el bienestar	*well-being*
la droga	*drug*
el/la drogadicto/a	*drug addict*
el masaje	*massage*
el/la teleadicto/a	*couch potato*
adelgazar	*to lose weight; to slim down*
aliviar el estrés	*to reduce stress*
aliviar la tensión	*to reduce tension*
apurarse, darse prisa	*to hurry; to rush*
aumentar de peso, engordar	*to gain weight*
disfrutar (de)	*to enjoy; to reap the benefits (of)*
estar a dieta	*to be on a diet*
(no) fumar	*(not) to smoke*
llevar una vida sana	*to lead a healthy lifestyle*
sufrir muchas presiones	*to be under a lot of pressure*
tratar de (+ inf.)	*to try (to do something)*
activo/a	*active*
débil	*weak*
en exceso	*in excess*
flexible	*flexible*
fuerte	*strong*
sedentario/a	*sedentary*
tranquilo/a	*calm; quiet*

En el gimnasio

la cinta caminadora	*treadmill*
la clase de ejercicios aeróbicos	*aerobics class*
el/la entrenador(a)	*trainer*
el músculo	*muscle*
calentarse (e:ie)	*to warm up*
entrenarse	*to train*
estar en buena forma	*to be in good shape*
hacer ejercicio	*to exercise*
hacer ejercicios aeróbicos	*to do aerobics*
hacer ejercicios de estiramiento	*to do stretching exercises*
hacer gimnasia	*to work out*
levantar pesas	*to lift weights*
mantenerse en forma	*to stay in shape*
sudar	*to sweat*

 My Vocabulary

La nutrición

la bebida alcohólica	*alcoholic beverage*
la cafeína	*caffeine*
la caloría	*calorie*
el colesterol	*cholesterol*
la grasa	*fat*
la merienda	*afternoon snack*
el mineral	*mineral*
la nutrición	*nutrition*
el/la nutricionista	*nutritionist*
la proteína	*protein*
la vitamina	*vitamin*
comer una dieta equilibrada	*to eat a balanced diet*
consumir alcohol	*to consume alcohol*
descafeinado/a	*decaffeinated*

Expresiones útiles	*See page 199.*

El mundo del trabajo

7

VOICE BOARD

Communicative Goals

I will be able to:
- Talk about my future plans
- Talk about and discuss work
- Interview for a job
- Express agreement and disagreement

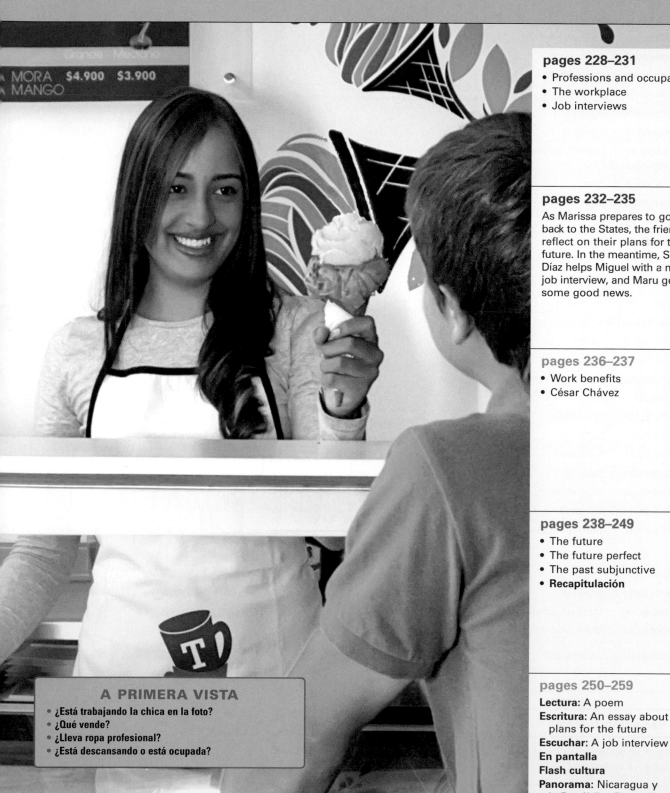

MORA $4.900
MANGO $3.900

A PRIMERA VISTA
- ¿Está trabajando la chica en la foto?
- ¿Qué vende?
- ¿Lleva ropa profesional?
- ¿Está descansando o está ocupada?

El mundo del trabajo

🔊 My Vocabulary Tutorials

Más vocabulario

el/la abogado/a	lawyer
el actor, la actriz	actor
el/la consejero/a	counselor; advisor
el/la contador(a)	accountant
el/la corredor(a) de bolsa	stockbroker
el/la diseñador(a)	designer
el/la electricista	electrician
el/la gerente	manager
el hombre/la mujer de negocios	businessperson
el/la jefe/a	boss
el/la maestro/a	teacher
el/la político/a	politician
el/la psicólogo/a	psychologist
el/la secretario/a	secretary
el/la técnico/a	technician
el ascenso	promotion
el aumento de sueldo	raise
la carrera	career
la compañía, la empresa	company; firm
el empleo	job; employment
los negocios	business; commerce
la ocupación	occupation
el oficio	trade
la profesión	profession
la reunión	meeting
el teletrabajo	telecommuting
el trabajo	job; work
la videoconferencia	videoconference
dejar	to quit; to leave behind
despedir (e:i)	to fire
invertir (e:ie)	to invest
renunciar (a)	to resign (from)
tener éxito	to be successful
comercial	commercial; business-related

Variación léxica

abogado/a ⟷ licenciado/a (Amér. C.)
contador(a) ⟷ contable (Esp.)

el carpintero

el pintor

el arquitecto

el peluquero

el científico

la arqueóloga

Práctica

la reportera

el cocinero

el bombero

1 **Escuchar** Escucha la descripción que hace Juan Figueres de su profesión y luego completa las oraciones con las palabras adecuadas.

1. El Sr. Figueres es _____.
   a. actor   b. hombre de negocios   c. pintor
2. El Sr. Figueres es el _____ de una compañía multinacional.
   a. secretario   b. técnico   c. gerente
3. El Sr. Figueres quería _____ con la cual pudiera (*he could*) trabajar en otros países.
   a. una carrera   b. un ascenso   c. un aumento de sueldo
4. El Sr. Figueres viaja mucho porque _____.
   a. tiene reuniones en otros países   b. es político
   c. toma muchas vacaciones

2 **¿Cierto o falso?** Escucha las descripciones de las profesiones de Ana y Marco. Indica si lo que dice cada oración es **cierto** o **falso**.

1. Ana es maestra de inglés.
2. Ana asiste a muchas reuniones.
3. Ana recibió un aumento de sueldo.
4. Marco hace muchos viajes.
5. Marco quiere dejar su empresa.
6. El jefe de Marco es cocinero.

3 **Escoger** Escoge la ocupación que corresponde a cada descripción.

la arquitecta	el científico	la electricista
el bombero	el corredor de bolsa	el maestro
la carpintera	el diseñador	la técnica

1. Desarrolla teorías de biología, química, física, etc.
2. Nos ayuda a iluminar nuestras casas.
3. Combate los incendios (*fires*) que destruyen edificios.
4. Ayuda a la gente a invertir su dinero.
5. Enseña a los niños.
6. Diseña ropa.
7. Arregla las computadoras.
8. Diseña edificios.

4 **Asociaciones** ¿Qué profesiones asocias con estas palabras?

> **modelo**
> emociones *psicólogo/a*

1. pinturas
2. consejos
3. elecciones
4. comida
5. leyes
6. teatro
7. pirámide
8. periódico
9. pelo

5 **Conversación** Completa la entrevista con el nuevo vocabulario que se ofrece en la lista de la derecha.

ENTREVISTADOR Recibí la (1)_____ que usted llenó y vi que tiene mucha experiencia.

ASPIRANTE Por eso decidí mandar una copia de mi (2)_____ cuando vi su (3)_____ en Internet.

ENTREVISTADOR Me alegro de que lo haya hecho. Pero dígame, ¿por qué dejó usted su (4)_____ anterior?

ASPIRANTE Lo dejé porque quiero un mejor (5)_____.

ENTREVISTADOR ¿Y cuánto quiere (6)_____ usted?

ASPIRANTE Pues, eso depende de los (7)_____ que me puedan ofrecer.

ENTREVISTADOR Muy bien. Pues, creo que usted tiene la experiencia necesaria, pero tengo que (8)_____ a dos aspirantes más. Le vamos a llamar la semana que viene.

ASPIRANTE Hasta pronto, y gracias por la (9)_____.

Más vocabulario

el anuncio	advertisement
el/la aspirante	candidate; applicant
los beneficios	benefits
el currículum	résumé
la entrevista	interview
el/la entrevistador(a)	interviewer
el puesto	position; job
el salario, el sueldo	salary
la solicitud (de trabajo)	(job) application
contratar	to hire
entrevistar	to interview
ganar	to earn
obtener	to obtain; to get
solicitar	to apply (for a job)

6 **Completar** Escoge la respuesta que completa cada oración.

1. Voy a _____ mi empleo.
   a. tener éxito   b. renunciar a   c. entrevistar
2. Quiero dejar mi _____ porque no me llevo bien con mi jefe.
   a. anuncio   b. gerente   c. puesto
3. Por eso, fui a una _____ con una consejera de carreras.
   a. profesión   b. reunión   c. ocupación
4. Ella me dijo que necesito revisar mi _____.
   a. currículum   b. compañía   c. aspirante
5. ¿Cuándo obtuviste _____ más reciente?, me preguntó.
   a. la reunión   b. la videoconferencia   c. el aumento de sueldo
6. Le dije que deseo trabajar en una empresa con excelentes _____.
   a. beneficios   b. entrevistas   c. solicitudes de trabajo
7. Y quiero tener la oportunidad de _____ en la nueva empresa.
   a. invertir   b. obtener   c. perder

¡LENGUA VIVA!

Trabajo, **empleo**, and **puesto** can be translated as *job*, but each has additional meanings: **trabajo** means *work*, **empleo** means *employment*, and **puesto** means *position*.

7 **Preguntas** Responde a cada pregunta con una respuesta breve.

1. ¿En qué te gustaría especializarte?
2. ¿Has leído los anuncios de empleo en el periódico o en Internet?
3. ¿Piensas que una carrera que beneficia a otros es más importante que un empleo con un salario muy bueno? Explica tu respuesta.
4. ¿Tus padres consiguen los puestos que quieren?
5. ¿Has tenido una entrevista de trabajo alguna vez?
6. ¿Crees que una persona debe renunciar a un puesto si no se ofrecen ascensos?
7. ¿Te gustaría (*Would you like*) más un teletrabajo o un trabajo tradicional en una oficina?
8. ¿Piensas que los jefes siempre tienen razón?
9. ¿Quieres crear tu propia empresa algún día? ¿Por qué?
10. ¿Cuál es tu carrera ideal?

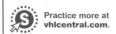

Practice more at vhlcentral.com.

Comunicación

8

Una entrevista Trabaja con un(a) compañero/a para representar los papeles de un(a) aspirante a un puesto y un(a) entrevistador(a).

El/La entrevistador(a) debe describir...
- ▶ el puesto,
- ▶ las responsabilidades,
- ▶ el salario,
- ▶ los beneficios.

El/La aspirante debe...
- ▶ presentar su experiencia y
- ▶ obtener más información sobre el puesto.

Entonces...
- ▶ el/la entrevistador(a) debe decidir si va a contratar al/a la aspirante y
- ▶ el/la aspirante debe decidir si va a aceptar el puesto.

9

Un(a) consejero/a de carreras En parejas, representen los papeles de un(a) consejero/a de carreras y una persona que quiere saber cuál es la mejor ocupación para él/ella. El/La consejero/a debe hacerle preguntas sobre su educación, su experiencia y sus intereses y debe sugerir dos o tres profesiones posibles. Después, intercambien los papeles.

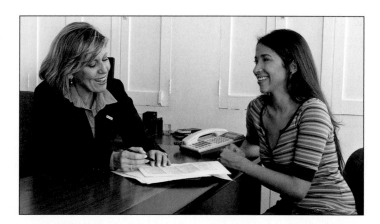

10

Una feria de trabajo La clase va a celebrar una feria (*fair*) de trabajo. Unos estudiantes van a buscar empleo y otros van a ser representantes de compañías que buscan empleados.

- • Los representantes deben preparar carteles con el nombre de su compañía y los puestos que ofrecen.
- • Los que buscan empleo deben circular por la clase y hablar con tres representantes sobre sus experiencias de trabajo y el tipo de trabajo que están buscando.
- • Los entrevistadores deben describir los puestos y conseguir los nombres y las referencias de los aspirantes.

La entrevista de trabajo

Los chicos hablan de sus planes para el futuro y la Sra. Díaz
prepara a Miguel para unas entrevistas de trabajo.

PERSONAJES MARISSA FELIPE

Video: *Fotonovela*

MARISSA En menos de dos meses, ya habré regresado a mi casa en Wisconsin.

FELIPE No pensé que el año terminara tan pronto.

JIMENA ¡Todavía no se ha acabado! Tengo que escribir tres ensayos.

MARISSA ¿Qué piensas hacer después de graduarte, Felipe?

JUAN CARLOS Vamos a crear una compañía de asesores de negocios.

FELIPE Les enseñaremos a las empresas a disminuir la cantidad de contaminación que producen.

MARISSA Estoy segura de que tendrán mucho éxito.

FELIPE También me gustaría viajar. Me muero por ir a visitarte a los Estados Unidos.

JIMENA Pues date prisa. Pronto estará lejos trabajando como arqueóloga.

SRA. DÍAZ Durante la entrevista, tienes que convencer al entrevistador de que tú eres el mejor candidato. ¿Estás listo para comenzar?

MIGUEL Sí.

MIGUEL Mucho gusto. Soy Miguel Ángel Lagasca Martínez.

SRA. DÍAZ Encantada, Miguel. Veamos. Hábleme sobre su trabajo en el Museo Guggenheim de Bilbao.

MIGUEL Estuve allí seis meses en una práctica.

SRA. DÍAZ ¿Cuáles son sus planes para el futuro?

MIGUEL Seguir estudiando historia del arte, especialmente la española y la latinoamericana. Me encanta el arte moderno. En el futuro, quiero trabajar en un museo y ser un pintor famoso.

JIMENA

JUAN CARLOS

MIGUEL

SRA. DÍAZ

4

5

MARISSA No sé cómo vaya a ser mi vida a los 30 años. Probablemente me habré ido de Wisconsin y seré arqueóloga en un país exótico.

JUAN CARLOS (a Jimena) Para entonces ya serás doctora.

(Mientras tanto, en la oficina de la Sra. Díaz)

MIGUEL Gracias por recibirme hoy.

SRA. DÍAZ De nada, Miguel. Estoy muy feliz de poder ayudarte con las entrevistas de trabajo.

9

10

SRA. DÍAZ ¿Qué te hace especial, Miguel?

MIGUEL ¿Especial?

SRA. DÍAZ Bueno. Paremos un momento. Necesitas relajarte. Vamos a caminar.

MIGUEL Estamos esperando noticias del museo. (al teléfono) Hola. ¿Maru? ¡Genial! (a la Sra. Díaz) ¡La aceptaron!

SRA. DÍAZ Felicidades. Ahora quiero que tomes ese mismo entusiasmo y lo lleves a la entrevista.

recursos

vText

CA

vhlcentral

pp. 59–60

Expresiones útiles

Talking about future plans

En menos de dos meses, ya habré regresado a mi casa en Wisconsin.
In less than two months, I'll have gone back home to Wisconsin.

¿Qué piensas hacer después de graduarte?
What do you plan to do after graduation?

Vamos a crear una compañía de asesores de negocios.
We're going to open a consulting firm.

Les enseñaremos a las empresas a disminuir la cantidad de contaminación que producen.
We'll teach businesses how to reduce the amount of pollution they produce.

No sé cómo vaya a ser mi vida a los treinta años.
I don't know what my life will be like when I am thirty.

Probablemente me habré ido de Wisconsin.
I'll probably have left Wisconsin.

Seré arqueóloga en un país exótico.
I'll be an archeologist in some exotic country.

Reactions

Estoy seguro/a de que tendrán mucho éxito.
I'm sure you'll be very successful.

¡Genial!
Great!

Additional vocabulary

ejercer *to practice/exercise (a degree/profession)*
enterarse *to find out*
establecer *to establish*
extrañar *to miss*
por el porvenir *for/to the future*
el título *title*

¿Qué pasó?

1 ¿**Cierto o falso?** Indica si lo que dicen estas oraciones es **cierto** o **falso**. Corrige las oraciones falsas.

	Cierto	Falso
1. Juan Carlos y Felipe quieren crear su propia empresa.	○	○
2. En el futuro, Marissa va a viajar porque va a ser psicóloga.	○	○
3. La Sra. Díaz ayuda a Miguel con su currículum.	○	○
4. Miguel quiere seguir estudiando historia del arte.	○	○

2 **Identificar** Identifica quién puede decir estas oraciones.

1. Nosotros vamos a ayudar a que se reduzca la contaminación.
2. Me gustan los hospitales, por eso quiero ser doctora.
3. No imagino cómo será mi vida en el futuro.
4. Quiero ser un pintor famoso, como Salvador Dalí.
5. Lleva ese entusiasmo a la entrevista y serás el mejor candidato.

SRA. DÍAZ

MIGUEL

JIMENA

FELIPE

MARISSA

NOTA CULTURAL

El pintor español **Salvador Dalí** es uno de los máximos representantes del **surrealismo**, tendencia estética que refleja el subconsciente (*subconscious*) del artista. Las obras de Dalí están llenas de símbolos e imágenes fantásticas que muestran sus sueños y su interpretación de la realidad.

3 **Profesiones** Los protagonistas de la **Fotonovela** mencionan estas profesiones. En parejas, túrnense para definir cada profesión.

1. arqueólogo/a
2. doctor(a)
3. administrador(a) de empresas
4. artista
5. hombre/mujer de negocios
6. abogado/a
7. pintor(a)
8. profesor(a)

4 **Mis planes** En grupos, hablen de sus planes para el futuro. Utilicen estas preguntas y frases.

- ¿Qué piensas hacer después de graduarte?
- ¿Quieres saber cuáles son mis planes para el futuro?
- ¿Cuáles son tus planes?
- ¿Dónde trabajarás?
- El próximo año/verano, voy a...
- Seré...
- Trabajaré en...

AYUDA

Remember that the indefinite article is not used with professions, unless they are modified by an adjective.

José es **pintor**.

José es **un buen pintor**.

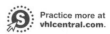

Practice more at vhlcentral.com.

Ortografía y pronunciación

y, ll y h

The digraph **ll** and the letter **y** were not pronounced alike in Old Spanish. Nowadays, however, **ll** and **y** have the same or similar pronunciations in many parts of the Spanish-speaking world. This results in frequent misspellings. The letter **h**, as you already know, is silent in Spanish, and it is often difficult to know whether words should be written with or without it. Here are some of the word groups that are spelled with each letter.

Audio

talla	**sello**	**botella**	**amarillo**

The digraph **ll** is used in these endings: **-allo/a, -ello/a, -illo/a**.

llave	**llega**	**llorar**	**lluvia**

The digraph **ll** is used at the beginning of words in these combinations: **lla-, lle-, llo-, llu-**.

cayendo	**leyeron**	**oye**	**incluye**

The letter **y** is used in some forms of the verbs **caer**, **leer**, and **oír** and in verbs ending in **-uir**.

hiperactivo	**hospital**	**hipopótamo**	**humor**

The letter **h** is used at the beginning of words in these combinations: **hiper-, hosp-, hidr-, hipo-, hum-**.

hiato	**hierba**	**hueso**	**huir**

The letter **h** is also used in words that begin with these combinations: **hia-, hie-, hue-, hui-**.

Práctica Llena los espacios con **h**, **ll** o **y**. Después escribe una oración con cada una de las palabras.

1. cuchi___o
2. ___ielo
3. cue___o
4. estampi___a
5. estre___a
6. ___uésped
7. destru___ó
8. pla___a

Adivinanza Aquí tienes una adivinanza (*riddle*). Intenta descubrir de qué se trata.

Una cajita chiquita, blanca como la nieve: todos la saben abrir, nadie la sabe cerrar.[1]

Pista: Es una comida.

1 El huevo

recursos

vText | CA p. 144 | CH p. 97 | vhlcentral

Additional Reading

Beneficios
en los empleos

Hasta la década de 1990, la mayoría de los países de Centroamérica y Suramérica tenía un sistema de jubilación público. Es decir, las personas no tenían que pagar directamente por su jubilación, sino que el Estado la administraba. Sin embargo, en los últimos años las cosas han cambiado en Hispanoamérica: desde hace más de una década, casi todos los países han incorporado el sistema privado° de jubilación, y en muchos países podemos encontrar los dos sistemas (público y privado) funcionando al mismo tiempo, como en Colombia, Perú o Costa Rica.

¿Qué piensas si te ofrecen un trabajo que te da treinta días de vacaciones pagadas? Los beneficios laborales° en los Estados Unidos, España e Hispanoamérica son diferentes en varios sentidos°. En España, por ejemplo, todos los empleados, por ley°, tienen treinta días de vacaciones pagadas al año. Otro ejemplo lo hallamos en las licencias por maternidad°. En los Estados Unidos se otorgan° doce semanas, dependiendo de cada empresa si esos días son pagados o no. En muchos países hispanoamericanos, sin embargo, las leyes dictan que esta licencia debe ser pagada. Países como Chile y Venezuela ofrecen a las madres trabajadoras° dieciocho semanas de licencia pagada.

Otra diferencia está en los sistemas de jubilación° de los países hispanoamericanos.

El currículum vitae

- El currículum vitae contiene información personal y es fundamental que sea muy detallado°. En ocasiones, mientras más páginas tenga, mejor.

- Normalmente incluye° la educación completa del aspirante, todos los trabajos que ha tenido e incluso sus gustos personales y pasatiempos.

- Puede también incluir detalles que no se suelen incluir en los Estados Unidos: una foto del aspirante, su estado civil e incluso si tiene auto y de qué tipo.

beneficios laborales *job benefits* varios sentidos *many ways* ley *law* licencias por maternidad *maternity leave* se otorgan *are given* madres trabajadoras *working mothers* jubilación *retirement* privado *private* detallado *detailed* incluye *includes*

1 **¿Cierto o falso?** Indica si lo que dicen estas oraciones es cierto o falso. Corrige la información falsa.

1. Los trabajadores de los Estados Unidos y los de España tienen beneficios laborales diferentes.

2. La licencia por maternidad es igual en Hispanoamérica y los Estados Unidos.

3. En Venezuela, la licencia por maternidad es de cuatro meses y medio.

4. En España, los empleados tienen treinta días de vacaciones al año.

5. Hasta 1990, muchos países hispanoamericanos tenían un sistema de jubilación privado.

6. En Perú sólo tienen un sistema de jubilación privado.

7. En general, el currículum vitae hispano y el estadounidense tienen contenido distinto.

8. En Hispanoamérica, es importante que el currículum vitae tenga pocas páginas.

ASÍ SE DICE

El trabajo

la chamba (Méx.); el curro (Esp.); el laburo (Arg.); la pega (Chi.)	el trabajo
el/la cirujano/a	*surgeon*
la huelga	*strike*
el/la niñero/a	*babysitter*
el impuesto	*tax*

EL MUNDO HISPANO

Igualdad° laboral

- **United Fruit Company** fue, por casi cien años, la mayor corporación estadounidense. Monopolizó las exportaciones de frutas de Hispanoamérica, e influenció enormemente la economía y la política de la región hasta 1970.

- **Fair Trade Coffee** trabaja para proteger a los agricultores° de café de los abusos de las grandes compañías multinacionales. Ahora, en lugares como Centroamérica, los agricultores pueden obtener mayores ganancias° a través del comercio directo y los precios justos°.

- **Oxfam International** trabaja en países como Guatemala, Ecuador, Nicaragua y Perú para concientizar a la opinión pública° de que la igualdad entre las personas es tan importante como el crecimiento° económico de las naciones.

Igualdad *Equality* agricultores *farmers* ganancias *profits* justos *fair* concientizar a la opinión pública *to make public opinion aware* crecimiento *growth*

PERFIL

César Chávez

César Estrada Chávez (1927–1993) nació cerca de Yuma, Arizona. De padres mexicanos, empezó a trabajar en el campo a los diez años de edad. Comenzó a luchar contra la discriminación en los años 40, mientras estaba en la Marina°. Fue en esos tiempos cuando se sentó en la sección para blancos en un cine segregacionista y se negó° a moverse.

Junto a su esposa, Helen Fabela, fundó° en 1962 la Asociación Nacional de Trabajadores del Campo° que después se convertiría en la coalición Trabajadores del Campo Unidos. Participó y organizó muchas huelgas en grandes compañías para lograr mejores condiciones laborales° y salarios más altos y justos para los trabajadores. Es considerado un héroe del movimiento laboral estadounidense. Desde el año 2000, la fecha de su cumpleaños es un día festivo pagado° en California y otros estados.

Marina *Navy* se negó *he refused* fundó *he established* Trabajadores del Campo *Farm Workers* condiciones laborales *working conditions* día festivo pagado *paid holiday*

 Conexión Internet

¿Qué industrias importantes hay en los países hispanos?	Go to **vhlcentral.com** to find more cultural information related to this **Cultura** section.

ACTIVIDADES

2 **Comprensión** Responde a las preguntas.
1. ¿Cómo dice un argentino "perdí mi trabajo"?
2. ¿Cuál es el principio fundamental del Fair Trade Coffee?
3. ¿Para qué César Chávez organizó huelgas contra grandes compañías?
4. ¿Qué día es un día festivo pagado en California?

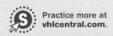 Practice more at vhlcentral.com.

3 **Sus ambiciones laborales** En parejas, hagan una lista con al menos tres ideas sobre las expectativas que tienen sobre su futuro como trabajadores/as. Pueden describir las ideas y ambiciones sobre el trabajo que quieren tener. ¿Conocen bien las reglas que deben seguir para conseguir un trabajo? ¿Les gustan? ¿Les disgustan? Luego van a exponer sus ideas ante la clase para un debate.

7.1 The future

🖊️ **S** Tutorial

ANTE TODO You have already learned ways of expressing the near future in Spanish. You will now learn how to form and use the future tense. Compare the different ways of expressing the future in Spanish and English.

Present indicative	Present subjunctive
Voy al cine mañana.	Ojalá **vaya al cine** mañana.
I'm going to the movies tomorrow.	*I hope I will go to the movies tomorrow.*

ir a + [*infinitive*]	Future
Voy a ir al cine.	**Iré** al cine.
I'm going to go to the movies.	*I will go to the movies.*

▶ In Spanish, the future is a simple tense that consists of one word, whereas in English it is made up of the auxiliary verb *will* or *shall*, and the main verb.

Future tense

		estudiar	aprender	recibir
SINGULAR FORMS	yo	estudiar**é**	aprender**é**	recibir**é**
	tú	estudiar**ás**	aprender**ás**	recibir**ás**
	Ud./él/ella	estudiar**á**	aprender**á**	recibir**á**
PLURAL FORMS	nosotros/as	estudiar**emos**	aprender**emos**	recibir**emos**
	vosotros/as	estudiar**éis**	aprender**éis**	recibir**éis**
	Uds./ellos/ellas	estudiar**án**	aprender**án**	recibir**án**

¡ATENCIÓN!

Note that -**ar**, -**er**, and -**ir** verbs all have the same endings in the future tense.

▶ **¡Atención!** Note that all of the future endings have a written accent except the **nosotros/as** form.

¿Cuándo **recibirás** el ascenso?	Mañana **aprenderemos** más.
*When **will you receive** the promotion?*	*Tomorrow **we will learn** more.*

▶ The future endings are the same for regular and irregular verbs. For regular verbs, simply add the endings to the infinitive. For irregular verbs, add the endings to the irregular stem.

Irregular verbs in the future

INFINITIVE	STEM	FUTURE FORMS
decir	dir-	dir**é**
hacer	har-	har**é**
poder	podr-	podr**é**
poner	pondr-	pondr**é**
querer	querr-	querr**é**
saber	sabr-	sabr**é**
salir	saldr-	saldr**é**
tener	tendr-	tendr**é**
venir	vendr-	vendr**é**

▶ The future of **hay** (*inf.* **haber**) is **habrá** (*there will be*).

La próxima semana **habrá** dos reuniones.	**Habrá** muchos gerentes en la videoconferencia.
Next week there will be two meetings.	*There will be many managers at the videoconference.*

▶ Although the English word *will* can refer to future time, it also refers to someone's willingness to do something. In this case, Spanish uses **querer** + [*infinitive*], not the future tense.

¿Quieres llamarme, por favor?	**¿Quieren ustedes escucharnos**, por favor?
Will you please call me?	*Will you please listen to us?*

COMPARE & CONTRAST

In Spanish, the future tense has an additional use: expressing conjecture or probability. English sentences involving expressions such as *I wonder, I bet, must be, may, might,* and *probably* are often translated into Spanish using the *future of probability*.

—¿Dónde **estarán** mis llaves?	—¿Qué hora **será**?
I wonder where my keys are.	*What time can it be? (I wonder what time it is.)*
—**Estarán** en la cocina.	—**Serán** las once o las doce.
They're probably in the kitchen.	*It must be (It's probably) eleven or twelve.*

Note that although the future tense is used, these verbs express conjecture about *present* conditions, events, or actions.

CONSULTA

To review these conjunctions of time, see **Estructura 4.3**, p. 146.

▶ The future may also be used in the main clause of sentences in which the present subjunctive follows a conjunction of time such as **cuando, después (de) que, en cuanto, hasta que,** and **tan pronto como.**

Cuando llegues a la oficina, **hablaremos**.	**Saldremos tan pronto como termine** su trabajo.
When you arrive at the office, we will talk.	*We will leave as soon as you finish your work.*

recursos

v̂Text

CA
p. 145

CP
pp. 75–76

CH
pp. 99–101

S
vhlcentral

¡INTÉNTALO! Conjuga en el futuro los verbos que están entre paréntesis.

1. (dejar, correr, invertir) yo ___*dejaré, correré, invertiré*___
2. (renunciar, beber, vivir) tú _____
3. (hacer, poner, venir) Lola _____
4. (tener, decir, querer) nosotros _____
5. (ir, ser, estar) ustedes _____
6. (solicitar, comer, repetir) usted _____
7. (saber, salir, poder) yo _____
8. (encontrar, jugar, servir) tú _____

Práctica

1

Planes Celia está hablando de sus planes. Repite lo que dice, usando el tiempo futuro.

> **modelo**
>
> Voy a consultar el índice de Empresas 500 en la biblioteca.
> *Consultaré el índice de Empresas 500 en la biblioteca.*

1. Álvaro y yo nos vamos a casar pronto.
2. Julián me va a decir dónde puedo buscar trabajo.
3. Voy a buscar un puesto con un buen sueldo.
4. Voy a leer los anuncios clasificados todos los días.
5. Voy a obtener un puesto en mi especialización.
6. Mis amigos van a estar contentos por mí.

2

La predicción inolvidable Completa el párrafo con el futuro de los verbos.

asustarse	conseguir	estar	olvidar	tener
casarse	escribir	hacerse	ser	terminar

Nunca (1) _____ lo que me dijo la vidente (*clairvoyant*) antes de que se quedara sin batería mi teléfono celular: "En diez años (2) _____ realidad todos tus deseos. (3) _____ tus estudios, (4) _____ un empleo rápidamente y tu éxito (5) _____ asombroso. (6) _____ con un hombre bueno y hermoso, del que (7) _____ enamorada. Pero, en realidad, (8) _____ una vida muy triste porque un día, cuando menos lo esperes…"

3

Preguntas Imaginen que han aceptado uno de los puestos de los anuncios. En parejas, túrnense para hablar sobre los detalles (*details*) del puesto. Usen las preguntas como guía y hagan también sus propias preguntas.

> **Laboratorios LUNA**
> Se busca científico con mucha imaginación para crear nuevos productos. Mínimo 3 años de experiencia. Puesto con buen sueldo y buenos beneficios. Tel: 492-38-67

> **SE BUSCA CONTADOR(A)**
> Mínimo 5 años de experiencia. Debe hablar inglés, francés y alemán. Salario: 120.000 dólares al año. Envíen currículum por fax al: 924-90-34.

> **SE BUSCAN**
> Actores y actrices con experiencia para telenovela. Trabajarán por las noches. Salario: 40 dólares la hora. Soliciten puesto en persona. Calle El Lago n. 24, Managua.

> **SE NECESITAN**
> Jóvenes periodistas para el sitio web de un periódico nacional. Horario: 4:30 a 20:30. Comenzarán inmediatamente. Salario 20.000 dólares al año. Tel. contacto: 245-94-30.

1. ¿Cuál será el trabajo?
2. ¿Qué harás?
3. ¿Cuánto te pagarán?
4. ¿Sabes si te ofrecerán beneficios?

5. ¿Sabes el horario que tendrás? ¿Es importante saberlo?
6. ¿Crees que te gustará? ¿Por qué?
7. ¿Cuándo comenzarás a trabajar?
8. ¿Qué crees que aprenderás?

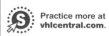

Practice more at **vhlcentral.com.**

Comunicación

4

Conversar Tú y tu compañero/a viajarán a la República Dominicana con un grupo de estudiantes por siete días. Indiquen lo que harán y no harán. Digan dónde, cómo, con quién o en qué fechas lo harán, usando el anuncio como guía. Pueden usar sus propias ideas también.

> **modelo**
>
> **Estudiante 1:** ¿Qué haremos el martes?
> **Estudiante 2:** Visitaremos el Jardín Botánico.
> **Estudiante 1:** Pues, tú visitarás el Jardín Botánico
> y yo caminaré por el Mercado Modelo.

¡Bienvenido a la República Dominicana!

Se divertirá desde el momento en que llegue al **Aeropuerto Internacional de las Américas**.

- Visite la ciudad colonial de **Santo Domingo** con su interesante arquitectura.
- Vaya al **Jardín Botánico** y disfrute de nuestra abundante naturaleza.
- En el **Mercado Modelo** no va a poder resistir la tentación de comprar artesanías.
- No deje de escalar el **Pico Duarte** (se recomiendan 3 días).
- ¿Le gusta bucear? **Cabarete** tiene todo el equipo que usted necesita.
- ¿Desea nadar? **Punta Cana** le ofrece hermosas playas.

5

Planear En parejas, hagan planes para formar una empresa privada. Usen las preguntas como guía. Después presenten su plan a la clase.

1. ¿Cómo se llamará y qué tipo de empresa será?
2. ¿Cuántos empleados tendrá y cuáles serán sus oficios o profesiones?
3. ¿Qué tipo de beneficios se ofrecerán?
4. ¿Quién será el/la gerente y quién será el jefe/la jefa? ¿Por qué?
5. ¿Permitirá su empresa el teletrabajo? ¿Por qué?
6. ¿Dónde pondrán anuncios para conseguir empleados?

Síntesis

6

El futuro de Cristina Tu profesor(a) va a darte una serie incompleta de dibujos sobre el futuro de Cristina. Tú y tu compañero/a tienen dos series diferentes. Háganse preguntas y respondan de acuerdo a los dibujos para completar la historia.

> **modelo**
>
> **Estudiante 1:** ¿Qué hará Cristina en el año 2025?
> **Estudiante 2:** Ella se graduará en el año 2025.

[7.2] The future perfect

ANTE TODO   Like other compound tenses you have learned, the future perfect (**el futuro perfecto**) is formed with a form of **haber** and the past participle. It is used to talk about what will have happened by some future point in time.

Future perfect

		hablar	comer	vivir
SINGULAR FORMS	yo	**habré** hablado	**habré** comido	**habré** vivido
	tú	**habrás** hablado	**habrás** comido	**habrás** vivido
	Ud./él/ella	**habrá** hablado	**habrá** comido	**habrá** vivido
PLURAL FORMS	nosotros/as	**habremos** hablado	**habremos** comido	**habremos** vivido
	vosotros/as	**habréis** hablado	**habréis** comido	**habréis** vivido
	Uds./ellos/ellas	**habrán** hablado	**habrán** comido	**habrán** vivido

En dos meses, ya habré regresado a Wisconsin.

Tendremos una compañía muy exitosa.

Sí, porque muchas empresas habrán solicitado nuestros servicios.

▶ The phrases **para** + [*time expression*] and **dentro de** + [*time expression*] are used with the future perfect to talk about what will have happened by some future point in time.

Para el lunes, habré hecho todas las preparaciones.
By Monday, I will have made all the preparations.

Dentro de un año, habré renunciado a mi trabajo.
Within a year, I will have resigned from my job.

¡INTÉNTALO!   Indica la forma apropiada del futuro perfecto.

1. Para el sábado, nosotros _habremos obtenido_ (obtener) el dinero.
2. Yo _____ (terminar) el trabajo para cuando lleguen mis amigos.
3. Silvia _____ (hacer) todos los planes para el próximo fin de semana.
4. Para el cinco de junio, ustedes _____ (llegar) a Quito.
5. Para esa fecha, Ernesto y tú _____ (recibir) muchas ofertas.
6. Para el ocho de octubre, nosotros ya _____ (llegar) a Colombia.
7. Para entonces, yo _____ (volver) de la República Dominicana.
8. Para cuando yo te llame, ¿tú _____ (decidir) lo que vamos a hacer?
9. Para las nueve, mi hermana _____ (salir).
10. Para las ocho, tú y yo _____ (limpiar) el piso.

Práctica y Comunicación

1

¿Qué habrá pasado? Forma oraciones lógicas combinando ambas (*both*) columnas.

A

1. Para el año 2050, la población del mundo
2. Para la semana que viene, el profesor
3. Antes de cumplir los 40 años, yo
4. Dentro de una semana, ellos
5. Para cuando se dé cuenta, el científico
6. Para fin de año, las termitas

B

a. me habré jubilado.
b. habrá corregido los exámenes.
c. habrá aumentado un 47%.
d. habrán destruido su casa.
e. habrán atravesado el océano Pacífico.
f. habré escrito un libro, plantado un árbol y tenido tres hijos.
g. habrá hecho un gran daño a la humanidad.

2

Escoger Juan Luis habla de lo que habrá ocurrido en ciertos momentos del futuro. Escoge los verbos que mejor completen cada oración y ponlos en el futuro perfecto.

casarse	graduarse	romperse	solicitar	viajar
comprar	leer	ser	tomar	

1. Para mañana por la tarde, yo ya _____ mi examen de biología.
2. Para la semana que viene, el profesor _____ nuestras composiciones.
3. Dentro de tres meses, Juan y Marisa _____ en Las Vegas.
4. Dentro de cinco meses, tú y yo _____ de la escuela secundaria.
5. Para finales (*end*) de mayo, yo _____ un trabajo de tiempo parcial.
6. Dentro de un año, tus tíos _____ una casa nueva.
7. Antes de cumplir los 50 años, usted _____ a Europa.
8. Dentro de 25 años, Emilia ya _____ presidenta de los EE.UU.

3

Encuesta Tu profesor(a) te va a dar una hoja de actividades. Pregúntales a tres compañeros/as para cuándo habrán hecho las cosas relacionadas con sus futuras carreras que se mencionan en la lista. Toma nota de las respuestas y luego comparte con la clase la información que obtuviste.

 Practice more at vhlcentral.com.

Síntesis

4

Competir En parejas, preparen una conversación hipotética (8 líneas o más) que ocurra en una fiesta. Una persona dice lo que habrá hecho para algún momento del futuro; la otra responde, diciendo cada vez algo más exagerado. Prepárense para representar la conversación delante de la clase.

modelo

Estudiante 1: Cuando tenga 30 años, habré ganado un millón de dólares.

Estudiante 2: Y yo habré llegado a ser multimillonaria.

Estudiante 1: Para el 2025, me habrán escogido como la mejor escritora (*writer*) del país.

Estudiante 2: Pues, yo habré ganado el Premio Nobel de Literatura.

7.3 The past subjunctive

Tutorial

ANTE TODO   You will now learn how to form and use the past subjunctive (**el pretérito imperfecto de subjuntivo**), also called the imperfect subjunctive. Like the present subjunctive, the past subjunctive is used mainly in multiple-clause sentences that express states and conditions such as will, influence, emotion, commands, indefiniteness, and non-existence.

The past subjunctive

		estudiar	aprender	recibir
SINGULAR FORMS	yo	estudia**ra**	aprendie**ra**	recibie**ra**
	tú	estudia**ras**	aprendie**ras**	recibie**ras**
	Ud./él/ella	estudia**ra**	aprendie**ra**	recibie**ra**
PLURAL FORMS	nosotros/as	estudiá**ramos**	aprendié**ramos**	recibié**ramos**
	vosotros/as	estudia**rais**	aprendie**rais**	recibie**rais**
	Uds./ellos/ellas	estudia**ran**	aprendie**ran**	recibie**ran**

▶ The past subjunctive endings are the same for all verbs.

-ra	**-ramos**
-ras	**-rais**
-ra	**-ran**

▶ The past subjunctive is formed using the **Uds./ellos/ellas** form of the preterite. By dropping the **-ron** ending from this preterite form, you establish the stem of all the past subjunctive forms. To this stem you then add the past subjunctive endings.

INFINITIVE	PRETERITE FORM	PAST SUBJUNCTIVE
hablar	ellos **habla~~ron~~**	habla**ra**, habla**ras**, hablá**ramos**
beber	ellos **bebie~~ron~~**	bebie**ra**, bebie**ras**, bebié**ramos**
escribir	ellos **escribie~~ron~~**	escribie**ra**, escribie**ras**, escribié**ramos**

▶ For verbs with irregular preterites, add the past subjunctive endings to the irregular stem.

INFINITIVE	PRETERITE FORM	PAST SUBJUNCTIVE
dar	**die~~ron~~**	die**ra**, die**ras**, dié**ramos**
decir	**dije~~ron~~**	dije**ra**, dije**ras**, dijé**ramos**
estar	**estuvie~~ron~~**	estuvie**ra**, estuvie**ras**, estuvié**ramos**
hacer	**hicie~~ron~~**	hicie**ra**, hicie**ras**, hicié**ramos**
ir/ser	**fue~~ron~~**	fue**ra**, fue**ras**, fué**ramos**
poder	**pudie~~ron~~**	pudie**ra**, pudie**ras**, pudié**ramos**
poner	**pusie~~ron~~**	pusie**ra**, pusie**ras**, pusié**ramos**
querer	**quisie~~ron~~**	quisie**ra**, quisie**ras**, quisié**ramos**
saber	**supie~~ron~~**	supie**ra**, supie**ras**, supié**ramos**
tener	**tuvie~~ron~~**	tuvie**ra**, tuvie**ras**, tuvié**ramos**
venir	**vinie~~ron~~**	vinie**ra**, vinie**ras**, vinié**ramos**

▶ **-Ir** stem-changing verbs and other verbs with spelling changes follow a similar process to form the past subjunctive.

INFINITIVE	PRETERITE FORM	PAST SUBJUNCTIVE
preferir	**prefirie**ron	prefirie**ra,** prefirie**ras,** prefirié**ramos**
repetir	**repitie**ron	repitie**ra,** repitie**ras,** repitié**ramos**
dormir	**durmie**ron	durmie**ra,** durmie**ras,** durmié**ramos**
conducir	**conduje**ron	conduje**ra,** conduje**ras,** condujé**ramos**
creer	**creye**ron	creye**ra,** creye**ras,** creyé**ramos**
destruir	**destruye**ron	destruye**ra,** destruye**ras,** destruyé**ramos**
oír	**oye**ron	oye**ra,** oye**ras,** oyé**ramos**

AYUDA

When a situation that triggers the subjunctive is involved, most cases follow these patterns:
main verb in present indicative →
subordinate verb in present subjunctive
Espero que María **venga** a la reunión.
main verb in past indicative →
subordinate verb in past subjunctive
Esperaba que María **viniera** a la reunión.

▶ The past subjunctive is used in the same contexts and situations as the present subjunctive and the present perfect subjunctive, except that it generally describes actions, events, or conditions that have already happened.

Me pidieron que no **llegara** tarde.
They asked me not to arrive late.

Salió antes de que yo **pudiera** hablar contigo.
He left before I could talk to you.

Me sorprendió que ustedes no **vinieran** a la cena.
It surprised me that you didn't come to the dinner.

Ellos querían que yo **escribiera** una novela romántica.
They wanted me to write a romantic novel.

Cuando llegaste, no creí que tuviéramos muchas cosas en común.

No pensé que el año terminara tan pronto.

recursos

v̂ Text

CA
pp. 31–32, 147

CP
pp. 78–80

CH
pp. 103–105

(S)
vhlcentral

¡INTÉNTALO! Indica la forma apropiada del pretérito imperfecto de subjuntivo de los verbos entre paréntesis.

1. Quería que tú ___vinieras___ (venir) más temprano.
2. Esperábamos que ustedes _____ (hablar) mucho más en la reunión.
3. No creían que yo _____ (poder) hacerlo.
4. No deseaba que nosotros _____ (invertir) el dinero ayer.
5. Sentí mucho que ustedes no _____ (estar) con nosotros anoche.
6. No era necesario que ellas _____ (hacer) todo.
7. Me pareció increíble que tú _____ (saber) dónde encontrarlo.
8. No había nadie que _____ (creer) tu historia.
9. Mis padres insistieron en que yo _____ (ir) a la universidad.
10. Queríamos salir antes de que ustedes _____ (llegar).

Práctica

1

Diálogos Completa los diálogos con el pretérito imperfecto de subjuntivo de los verbos entre paréntesis. Después representa los diálogos con un(a) compañero/a.

1. —¿Qué le dijo el consejero a Andrés? Quisiera saberlo.
   —Le aconsejó que _____ (dejar) los estudios de arte y que _____ (estudiar) una carrera que _____ (pagar) mejor.
   —Siempre el dinero. ¿No se enojó Andrés de que le _____ (aconsejar) eso?
   —Sí, y le dijo que no creía que ninguna otra carrera le _____ (ir) a gustar más.

2. —Qué lástima que ellos no te _____ (ofrecer) el puesto de gerente.
   —Querían a alguien que _____ (tener) experiencia en el sector público.
   —Pero, ¿cómo? ¿Y tu maestría? ¿No te molestó que te _____ (decir) eso?
   —No, no tengo experiencia en esa área, pero les gustó mucho mi currículum. Me pidieron que _____ (volver) en un año y _____ (solicitar) el puesto otra vez. Para entonces habré obtenido la experiencia que necesito y podré conseguir el puesto que quiera.

3. —Cuánto me alegré de que tus hijas _____ (venir) ayer a visitarte. ¿Cuándo se van?
   —Bueno, yo esperaba que se _____ (quedar) dos semanas, pero no pueden. Ojalá _____ (poder). Hace mucho que no las veo.

2

Año nuevo, vida nueva El año pasado, Juana y Manuel Sánchez querían cambiar de vida. Aquí tienen las listas con sus buenos propósitos para el Año Nuevo (*New Year's resolutions*). Ellos no consiguieron hacer realidad ninguno. En parejas, lean las listas y escriban por qué creen que no los consiguieron. Usen el pretérito imperfecto de subjuntivo.

> **modelo**
> obtener un mejor puesto de trabajo
> Era difícil que Manuel consiguiera un mejor puesto porque su esposa le pidió que no cambiara de puesto.

Manuel
pedir un aumento de sueldo
tener una vida más sana
visitar más a su familia
dejar de fumar

Juana
querer mejorar su relación de pareja
terminar los estudios con buenas notas
cambiar de casa
ahorrar más

Comunicación

3

Reaccionar Tu amigo acaba de llegar de Nicaragua. Reacciona a lo que te dice usando el pretérito imperfecto de subjuntivo. Escribe las oraciones y luego compáralas con las de un(a) compañero/a.

> **modelo**
>
> El día que llegué, me esperaban mi abuela y tres primos.
> *¡Qué bien! Me alegré de que vieras a tu familia después de tantos años.*

1. Fuimos al volcán Masaya. ¡Y vimos la lava del volcán!
2. Visitamos la Catedral de Managua, que fue dañada por el terremoto (*earthquake*) de 1972.
3. No tuvimos tiempo de ir a la playa, pero pasamos unos días en el Hotel Dariense en Granada.
4. Fui a conocer el nuevo museo de arte y también fui al Teatro Rubén Darío.
5. Nos divertimos haciendo compras en Metrocentro.
6. Eché monedas (*coins*) en la fuente (*fountain*) de la Plaza de la República y pedí un deseo.

Catedral de Managua, Nicaragua

4

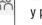

Oraciones Escribe cinco oraciones sobre lo que otros esperaban de ti en el pasado y cinco más sobre lo que tú esperabas de ellos. Luego, en grupos, túrnense para compartir sus propias oraciones y para transformar las oraciones de sus compañeros/as. Sigan el modelo.

> **modelo**
>
> **Estudiante 1:** *Mi profesora quería que yo fuera a Granada para estudiar español.*
> **Estudiante 2:** *Su profesora quería que Mark fuera a Granada para estudiar español.*
> **Estudiante 3:** *Yo deseaba que mis padres me enviaran a España.*
> **Estudiante 4:** *Cecilia deseaba que sus padres la enviaran a España.*

Síntesis

5

¡Vaya fiesta! Dos amigos/as fueron a una fiesta y se enojaron. Uno/a quería irse temprano, pero el/la otro/a quería irse más tarde porque estaba hablando con el/la chico/a que le gustaba a su amigo/a. En parejas, inventen una conversación en la que esos/as amigos/as intentan arreglar todos los malentendidos (*misunderstandings*) que tuvieron en la fiesta. Usen el pretérito imperfecto de subjuntivo y después representen la conversación delante de la clase.

> **modelo**
>
> **Estudiante 1:** *¡Yo no pensaba que fueras tan aburrido/a!*
> **Estudiante 2:** *Yo no soy aburrido/a, sólo quería que nos fuéramos temprano.*

Recapitulación

 Diagnostics

Completa estas actividades para repasar los conceptos de gramática que aprendiste en esta lección.

1 **Completar** Completa el cuadro con el futuro. `12 pts.`

Infinitivo	yo	ella	nosotros
decir	diré		
poner			pondremos
salir		saldrá	

2 **Verbos** Completa el cuadro con el pretérito imperfecto de subjuntivo. `12 pts.`

Infinitivo	tú	nosotras	ustedes
dar			dieran
saber		supiéramos	
ir	fueras		

3 **La oficina de empleo** La nueva oficina de empleo está un poco desorganizada. Completa los diálogos con expresiones de probabilidad, utilizando el futuro perfecto de los verbos. `10 pts.`

SR. PÉREZ No encuentro el currículum de Mario Gómez.

SRTA. MARÍN (1) _____ (Tomarlo) la secretaria.

LAURA ¿De dónde vienen estas ofertas de trabajo?

ROMÁN No estoy seguro. (2) _____ (Salir) en el periódico de hoy.

ROMÁN ¿Has visto la lista nueva de aspirantes?

LAURA No, (3) _____ (tú, ponerla) en el archivo.

SR. PÉREZ José Osorio todavía no ha recibido el informe.

LAURA (4) _____ (Nosotros, olvidarse) de enviarlo por correo.

SRTA. MARÍN ¿Sabes dónde están las solicitudes de los aspirantes?

ROMÁN (5) _____ (Yo, dejarlas) en mi carro.

7.1 **The future** *pp. 238–239*

Future tense of estudiar*

estudiaré	estudiaremos
estudiarás	estudiaréis
estudiará	estudiarán

*Same endings for -ar, -er, and -ir verbs.

Irregular verbs in the future

Infinitive	Stem	Future forms
decir	dir-	diré
hacer	har-	haré
poder	podr-	podré
poner	pondr-	pondré
querer	querr-	querré
saber	sabr-	sabré
salir	saldr-	saldré
tener	tendr-	tendré
venir	vendr-	vendré

▶ The future of **hay** is **habrá** (*there will be*).

▶ The future can also express conjecture or probability.

7.2 **The future perfect** *p. 242*

Future perfect of vivir

habré vivido	**habremos** vivido
habrás vivido	**habréis** vivido
habrá vivido	**habrán** vivido

▶ The future perfect can also express probability in the past.

7.3 **The past subjunctive** *pp. 244–245*

Past subjunctive of aprender*

aprendiera	aprendiéramos
aprendieras	aprendierais
aprendiera	aprendieran

*Same endings for -ar, -er, and -ir verbs.

Verbs with irregular preterites		
Infinitive	**Preterite form**	**Past subjunctive**
dar	di~~eron~~	diera
decir	dij~~eron~~	dijera
estar	estuvi~~eron~~	estuviera
hacer	hici~~eron~~	hiciera
ir/ser	fu~~eron~~	fuera
poder	pudi~~eron~~	pudiera
poner	pusi~~eron~~	pusiera
querer	quisi~~eron~~	quisiera
saber	supi~~eron~~	supiera
tener	tuvi~~eron~~	tuviera
venir	vini~~eron~~	viniera

4

Una decisión difícil Completa el párrafo con el pretérito imperfecto de subjuntivo de los verbos. **16 pts.**

aceptar	estudiar	ir
contratar	graduarse	poder
dejar	invertir	trabajar

Cuando yo tenía doce años, me gustaba mucho pintar y mi profesor de dibujo me aconsejó que (1) _____ a una escuela de arte cuando (2) _____ de la escuela secundaria. Mis padres, por el contrario, siempre quisieron que sus hijos (3) _____ en la empresa familiar, y me dijeron que (4) _____ el arte y que (5) _____ una carrera con más futuro. Ellos no querían que yo (6) _____ mi tiempo y mi juventud en el arte. Mi madre en particular nos sugirió a mi hermana y a mí la carrera de administración de empresas, para que los dos (7) _____ ayudarlos con los negocios en el futuro. No fue fácil que mis padres (8) _____ mi decisión de dedicarme a la pintura, pero están muy felices de tener mis obras en su sala de reuniones.

5

La semana de Rita Con el futuro de los verbos, completa la descripción que hace Rita de lo que hará la semana próxima. **20 pts.**

El lunes por la mañana (1) _____ (llegar) el traje que pedí por Internet y por la tarde Luis (2) _____ (invitar, a mí) a ir al cine. El martes mi consejero y yo (3) _____ (comer) en La Delicia y a las cuatro (yo) (4) _____ (tener) una entrevista de trabajo en Industrias Levonox. El miércoles por la mañana (5) _____ (ir) a mi clase de inglés y por la tarde (6) _____ (visitar) a Luis. El jueves por la mañana, los gerentes de Levonox (7) _____ (llamar, a mí) por teléfono para decirme si conseguí el puesto. Por la tarde (yo) (8) _____ (cuidar) a mi sobrino Héctor. El viernes Ana y Luis (9) _____ (venir) a casa para trabajar conmigo y el sábado por fin (yo) (10) _____ (descansar).

6

El futuro Escribe al menos cinco oraciones describiendo cómo será la vida de varias personas cercanas a ti dentro de diez años. Usa tu imaginación y verbos en futuro y en futuro perfecto. **30 pts.**

7

Canción Escribe las palabras que faltan para completar este fragmento de la canción *Lo que pidas* de Julieta Venegas. **¡4 puntos EXTRA!**

daré	fuera	quisiera	saldré

“ Lo que más (1) _____ pedirte
es que te quedes conmigo,
niño te (2) _____ lo que pidas
sólo no te vayas nunca. **”**

Lectura

Audio: Reading
Additional Reading

Antes de leer

Estrategia
Recognizing similes and metaphors

Similes and metaphors are figures of speech that are often used in literature to make descriptions more colorful and vivid.

In English, a simile (**símil**) makes a comparison using the words *as* or *like*. In Spanish, the words **como** and **parece** are most often used. Example: **Estoy tan feliz como un niño con zapatos nuevos.**

A metaphor (**metáfora**) is a figure of speech that identifies one thing with the attributes and qualities of another. Whereas a simile says one thing is like another, a metaphor says that one thing *is* another. In Spanish, **ser** is most often used in metaphors. Example: **La vida es sueño.** (*Life is a dream.*)

Examinar el texto

Lee el texto una vez usando las estrategias de lectura de las lecciones anteriores. ¿Qué te indican sobre el contenido de la lectura? Toma nota de las metáforas y los símiles que aparecen. ¿Qué significan? ¿Qué te dicen sobre el tema de la lectura?

¿Cómo son?

Las dos Fridas, de Frida Kahlo

En parejas, hablen sobre las diferencias entre el **yo interior** de una persona y su **yo social**. ¿Hay muchas diferencias entre su forma de ser "privada" y su forma de ser cuando están con otras personas?

A Julia de Burgos

Julia de Burgos

Julia de Burgos nació en 1914 en Carolina, Puerto Rico. Vivió también en La Habana, en Washington D.C. y en Nueva York, donde murió en 1953. Su poesía refleja temas como la muerte, la naturaleza, el amor y la patria°. Sus tres poemarios más conocidos se titulan Poema en veinte surcos (1938), Canción de la verdad sencilla (1939) y El mar y tú (publicado póstumamente).

Después de leer

Comprensión

Responde a las preguntas.

1. ¿Quiénes son las dos "Julias" presentes en el poema?
2. ¿Qué características tiene cada una?
3. ¿Quién es la que habla de las dos?
4. ¿Qué piensas que ella siente por la otra Julia?
5. ¿Cuáles son los temas más importantes del poema?

Ya las gentes murmuran que yo soy tu enemiga
porque dicen que en verso doy al mundo tu yo.   25

Mienten°, Julia de Burgos. Mienten, Julia de Burgos.
La que se alza° en mis versos no es tu voz°: es mi voz;
5   porque tú eres ropaje° y la esencia soy yo;
y el más profundo abismo se tiende° entre las dos.

Tú eres fría muñeca° de mentira social,
y yo, viril destello° de la humana verdad.

Tú, miel° de cortesanas hipocresías; yo no;
10   que en todos mis poemas desnudo° el corazón.

Tú eres como tu mundo, egoísta; yo no;
que en todo me lo juego° a ser lo que soy yo.

Tú eres sólo la grave señora señorona°;
yo no; yo soy la vida, la fuerza°, la mujer.

15   Tú eres de tu marido, de tu amo°; yo no;
yo de nadie, o de todos, porque a todos, a todos,
en mi limpio sentir y en mi pensar me doy.

Tú te rizas° el pelo y te pintas°; yo no;
a mí me riza el viento; a mí me pinta el sol.

20   Tú eres dama casera°, resignada, sumisa,
atada° a los prejuicios de los hombres; yo no;
que yo soy Rocinante* corriendo desbocado°
olfateando° horizontes de justicia de Dios.

Tú en ti misma no mandas°; a ti todos te mandan;
en ti mandan tu esposo, tus padres, tus parientes,
el cura°, la modista°, el teatro, el casino,
el auto, las alhajas°, el banquete, el champán,
el cielo y el infierno, y el qué dirán social°.

30   En mí no, que en mí manda mi solo corazón,
mi solo pensamiento; quien manda en mí soy yo.

Tú, flor de aristocracia; y yo la flor del pueblo.
Tú en ti lo tienes todo y a todos se lo debes,
mientras que yo, mi nada a nadie se la debo.

35   Tú, clavada° al estático dividendo ancestral°,
y yo, un uno en la cifra° del divisor social,
somos el duelo a muerte° que se acerca° fatal.

Cuando las multitudes corran alborotadas°
dejando atrás cenizas° de injusticias quemadas,
40   y cuando con la tea° de las siete virtudes,
tras los siete pecados°, corran las multitudes,
contra ti, y contra todo lo injusto y lo inhumano,
yo iré en medio de ellas con la tea en la mano.

*Rocinante: El caballo de Don Quijote de la Mancha, personaje
literario de fama universal que se relaciona con el idealismo y
el poder de la imaginación frente a la realidad.

patria *homeland* Mienten *They are lying* se alza *rises up* voz
voice ropaje *apparel* se tiende *lies* muñeca *doll* destello
sparkle miel *honey* desnudo *I uncover* me lo juego *I risk*
señorona *matronly* fuerza *strength* amo *master* te rizas *curl*
te pintas *put on makeup* dama casera *home-loving lady* atada
tied desbocado *wildly* olfateando *sniffing* no mandas *are
not the boss* cura *priest* modista *dressmaker* alhajas *jewelry*
el qué dirán social *what society would say* clavada *stuck*
ancestral *ancient* cifra *number* duelo a muerte *duel to the
death* se acerca *approaches* alborotadas *rowdy* cenizas *ashes*
tea *torch* pecados *sins*

Interpretación

Responde a las preguntas.

1. ¿Qué te resulta llamativo (*striking*) en el título
de este poema?

2. ¿Por qué crees que se repite el "tú" y el "yo"
en el poema? ¿Qué función tiene este
desdoblamiento (*split*)?

3. ¿Cómo interpretas los versos "tú eres fría muñeca
de mentira social / y yo, viril destello de la humana
verdad"? ¿Qué sustantivos (*nouns*) se contraponen
en estos dos versos?

4. ¿Es positivo o negativo el comentario sobre la vida
social: "miel de cortesanas hipocresías"?

5. Comenta la oposición entre "señorona" y "mujer" que
aparece en los versos trece y catorce. ¿Podrías decir
qué personas son las que dominan a la "señorona"
y qué caracteriza, en cambio, a la mujer?

Monólogo

Imagina que eres un personaje famoso de la historia, la
literatura o la vida actual. Escribe un monólogo breve
para presentar en clase. Debes escribirlo en segunda
persona. Para la representación necesitarás un espejo. Tus
compañeros/as deben adivinar quién eres. Sigue el modelo.

modelo

Eres una mujer que vivió hace más de 150 años. La gente piensa
que eres una gran poeta. Te gustaba escribir y pasar tiempo con tu
familia y, además de poemas, escribías muchas cartas. Me gusta
tu poesía porque es muy íntima y personal. (Emily Dickinson)

Escribe sobre estos temas:

▶ cómo lo/la ven las otras personas

▶ lo que te gusta y lo que no te gusta de él/ella

▶ lo que quieres o esperas que haga

Practice more at
vhlcentral.com.

Escritura

Estrategia
Using note cards

Note cards serve as valuable study aids in many different contexts. When you write, note cards can help you organize and sequence the information you wish to present.

Let's say you are going to write a personal narrative about a trip you took. You would jot down notes about each part of the trip on a different note card. Then you could easily arrange them in chronological order or use a different organization, such as the best parts and the worst parts, traveling and staying, before and after.

Here are some helpful techniques for using note cards to prepare for your writing:

▶ Label the top of each card with a general subject, such as **el avión** or **el hotel.**

▶ Number the cards in each subject category in the upper right corner to help you organize them.

▶ Use only the front side of each note card so that you can easily flip through them to find information.

Study the following example of a note card used to prepare a composition:

En el aeropuerto de Santo Domingo

Cuando llegamos al aeropuerto de Santo Domingo, después de siete horas de viaje, estábamos cansados pero felices. Hacía sol y viento.

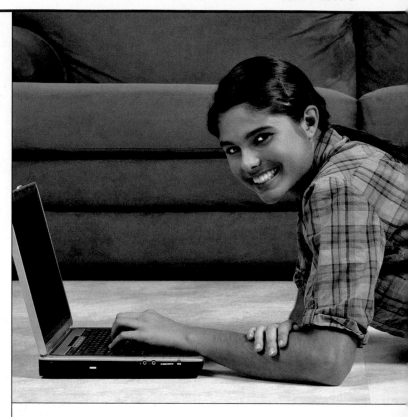

Tema

Escribir una composición

Escribe una composición sobre tus planes profesionales y personales para el futuro. Utiliza el tiempo futuro. No te olvides de hacer planes para estas áreas de tu vida:

Lugar

▶ ¿Dónde vivirás?
▶ ¿Vivirás en la misma ciudad siempre? ¿Te mudarás mucho?

Familia

▶ ¿Te casarás? ¿Con quién?
▶ ¿Tendrás hijos? ¿Cuántos?

Empleo

▶ ¿En qué profesión trabajarás?
▶ ¿Tendrás tu propia empresa?

Finanzas

▶ ¿Ganarás mucho dinero?
▶ ¿Ahorrarás mucho dinero? ¿Lo invertirás?

Termina tu composición con una lista de metas profesionales, utilizando el futuro perfecto.

Por ejemplo: **Para el año 2025, habré empezado mi propio negocio. Para el año 2035, habré ganado más dinero que Bill Gates.**

Escuchar Audio

Estrategia

**Using background knowledge/
Listening for specific information**

If you know the subject of something you are going to hear, your background knowledge will help you anticipate words and phrases you're going to hear, and will help you identify important information that you should listen for.

🔊 To practice these strategies, you will listen to a radio advertisement for the **Hotel El Retiro**. Before you listen, write down a list of the things you expect the advertisement to contain. Then make another list of important information you would listen for if you were a tourist considering staying at the hotel. After listening to the advertisement, look at your lists again. Did they help you anticipate the content of the advertisement and focus on key information? Explain your answer.

Preparación

Mira la foto. ¿De qué crees que van a hablar? Haz una lista de la información que esperas oír en este tipo de situación.

Ahora escucha 🔊 ∽

Ahora vas a oír una entrevista entre la señora Sánchez y Rafael Ventura Romero. Antes de escuchar la entrevista, haz una lista de la información que esperas oír según tu conocimiento previo° del tema.

1. _____
2. _____
3. _____
4. _____

Mientras escuchas la entrevista, llena el formulario con la información necesaria. Si no oyes un dato° que necesitas, escribe *Buscar en el currículum*. ¿Oíste toda la información que habías anotado en tu lista?

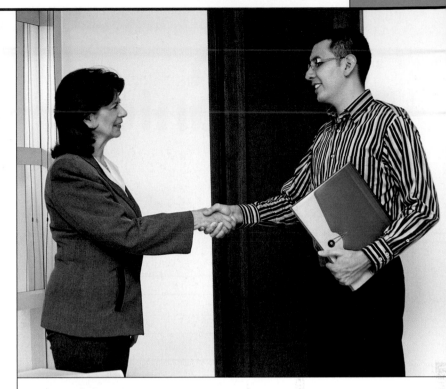

Comprensión ∽

Puesto solicitado	_____
Nombre y apellidos del solicitante	_____
Dirección _____	**Tel.** _____

- -

Educación
Experiencia profesional: Puesto _____
Empresa
¿Cuánto tiempo? _____
Referencias:
Nombre _____
Dirección _____ Tel. _____
Nombre _____
Dirección _____ Tel. _____

Preguntas ∽

1. ¿Cuántos años hace que Rafael Ventura trabaja para Dulces González?
2. ¿Cuántas referencias tiene Rafael?
3. ¿Cuándo se gradúa Rafael?
4. ¿Cuál es la profesión de Armando Carreño?
5. ¿Cómo sabes si los resultados de la entrevista han sido positivos para Rafael Ventura?

conocimiento previo *prior knowledge* **dato** *fact; piece of information*

recursos

v̂ Text

vhlcentral

 Practice more at **vhlcentral.com**.

en pantalla

Video:
TV Clip

Banco Comercial

Tengo una imprenta.

Preparación

Completa las oraciones. Después, comparte tus respuestas con un(a) compañero/a.

Cuando yo era chico/a...

1. ...quería ser _____.
2. ...quería tener _____.
3. ...quería viajar a _____.
4. ...quería vivir en _____.

Cumplir nuestros objetivos

Cuando queremos lograr nuestros objetivos financieros, los bancos son de gran ayuda. Con servicios como ahorro y crédito, ellos pueden ayudarnos a cumplir muchos proyectos, desde financiar nuestra carrera universitaria° hasta comprar un auto o la casa de nuestros sueños. Muchos bancos se han convertido en compañías multinacionales que prestan servicios en varios países a la vez°. Bancos como Santander (España), BBVA y Helm tienen sedes° en diversos países de Hispanoamérica.

carrera universitaria *college education* a la vez *at the same time* sedes *headquarters*

Vocabulario útil

banquero/a	*banker*
cumplir (lograr)	*achieve*
imprenta	*printing house*
limonero	*lemon tree*
máquinas	*machines*
proyectos	*projects*

Comprensión

Con base en el comercial, elige la respuesta correcta para cada pregunta. Cuando el hombre era chico...

1. ...quería ser:
   a. abogado.
   b. astronauta.

2. quería comprar:
   a. un auto 128.
   b. una imprenta.

3. ...quería casarse con:
   a. María.
   b. la maestra Adela.

4. ...quería que su casa tuviera:
   a. un jardín.
   b. un limonero en el frente.

Aplicación

Crea una línea de tiempo personal que muestre los proyectos y planes de tu vida cuando eras chico, en el presente y en el futuro. Ilustra tu línea claramente y escribe una leyenda (una oración) debajo de cada ilustración. No olvides usar verbos en los tiempos necesarios para indicar estas tres etapas de tu vida. Después, presenta tu línea de tiempo a la clase.

Conversación

¿Cómo te imaginas que será tu vida en veinte años? Haz una lista de los objetivos que quieres lograr. Luego reúnete con un(a) compañero/a para compartir sus proyectos futuros.

Practice more at **vhlcentral.com**.

recursos

vText

vhlcentral

Video:
Flash cultura

Viernes en la tarde, llega el esperado fin de semana… y si el lunes es día festivo°, ¡mejor aún!° En varios países hispanos, además de tener entre quince y treinta días de vacaciones pagadas, hay bastantes días festivos. Por ejemplo, Puerto Rico tiene veintiún días feriados°, Colombia tiene dieciocho y Argentina, México y Chile tienen más de trece. Aunque parece que se trabaja menos, no siempre es el caso: las jornadas laborales° suelen ser más largas en Latinoamérica. Así que la gente aprovecha° los **puentes**° para descansar e incluso para hacer viajes cortos.

Vocabulario útil	
el desarrollo	*development*
el horario	*schedule*
promover	*to promote*
las ventas	*sales*

Preparación
¿Trabajas? ¿Cuáles son tus metas (*goals*) profesionales?

Escoger
Escoge la opción correcta de cada par de afirmaciones.
1. a. Todos los ecuatorianos son muy felices en su trabajo.
   b. En Ecuador, como en todos los países del mundo, hay personas que aman su trabajo y hay otras que lo odian.
2. a. El objetivo principal de la agencia Klein Tours es mostrar al mundo las maravillas de Ecuador.
   b. La agencia de viajes Klein Tours quiere mostrar al mundo que tiene los empleados más fieles y profesionales de toda Latinoamérica.

El mundo del trabajo

Gabriela, ¿qué es lo más difícil de ser una mujer policía?

Amo mi trabajo. Imagínate, tengo la sonrisa del mundo entre mis manos.

Nuestra principal estrategia de ventas es promover nuestra naturaleza...

Practice more at
vhlcentral.com.

recursos

v̂Text   CA   vhlcentral

pp. 101–102

día festivo *holiday* **¡mejor aún!** *even better!* **días feriados** *holidays* **jornadas laborales** *working days* **aprovecha** *make the most of* **puentes** *long weekends*

Nicaragua

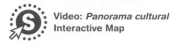 Video: *Panorama cultural*
Interactive Map

El país en cifras

▶ **Área:** 129.494 km² (49.998 millas²), *aproximadamente el área de Nueva York. Nicaragua es el país más grande de Centroamérica. Su terreno es muy variado e incluye bosques tropicales, montañas, sabanas° y marismas°, además de unos 40 volcanes.*

▶ **Población:** 5.848.000

▶ **Capital:** Managua—934.000
Managua está en una región de una notable inestabilidad geográfica, con muchos volcanes y terremotos°. En décadas recientes, los nicaragüenses han decidido que no vale la pena° construir rascacielos° porque no resisten los terremotos.

▶ **Ciudades principales:** León, Masaya, Granada

▶ **Moneda:** córdoba

▶ **Idiomas:** español (oficial); lenguas indígenas y criollas (oficiales); inglés

Bandera de Nicaragua

Nicaragüenses célebres

▶ **Rubén Darío,** poeta (1867–1916)

▶ **Violeta Barrios de Chamorro,** política y expresidenta (1929–)

▶ **Daniel Ortega,** político y presidente (1945–)

▶ **Gioconda Belli,** poeta (1948–)

▶ **Luis Enrique,** cantante y compositor (1962–)

sabanas *grasslands* marismas *marshes* Pintada *Political graffiti*
terremotos *earthquakes* no vale la pena *it's not worthwhile* rascacielos
skyscrapers agua dulce *freshwater* Surgió *Emerged* maravillas *wonders*

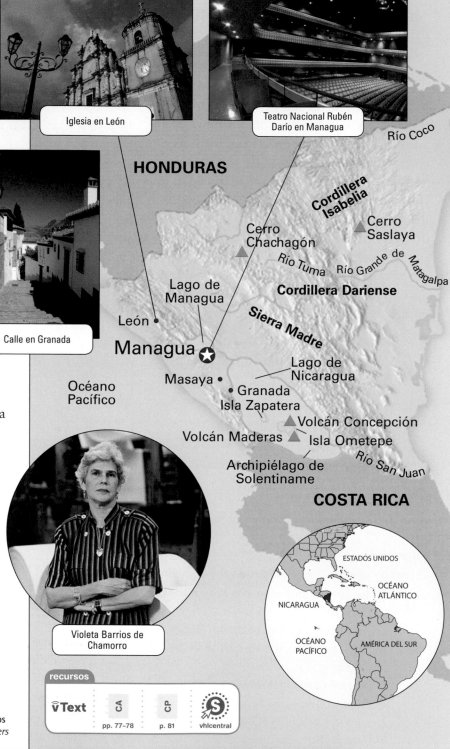

Iglesia en León

Teatro Nacional Rubén Darío en Managua

Calle en Granada

Río Coco

HONDURAS

Cordillera Isabelia

Cerro Chachagón

Cerro Saslaya

Río Tuma Río Grande de Matagalpa

Lago de Managua

Cordillera Dariense

León

Sierra Madre

Managua ☆

Masaya

Lago de Nicaragua

Océano Pacífico

Granada
Isla Zapatera

Volcán Concepción

Volcán Maderas Isla Ometepe

Archipiélago de Solentiname

Río San Juan

COSTA RICA

ESTADOS UNIDOS

OCÉANO ATLÁNTICO

NICARAGUA

OCÉANO PACÍFICO

AMÉRICA DEL SUR

Violeta Barrios de Chamorro

recursos

v̂Text | CA pp. 77–78 | CP p. 81 | vhlcentral

¡Increíble pero cierto!

Ometepe, que en náhuatl significa "dos montañas", es la isla más grande en un lago de agua dulce° en el mundo. Surgió° en el Gran Lago de Nicaragua por la actividad de los volcanes Maderas y Concepción. Por su valor natural y arqueológico, fue nominada para las nuevas siete maravillas° del mundo en 2009.

Historia • Las huellas° de Acahualinca

La región de Managua se caracteriza por tener un gran número de sitios prehistóricos. Las huellas de Acahualinca son uno de los restos° más famosos y antiguos°. Se formaron hace más de 6.000 años a orillas° del Lago de Managua. Las huellas, tanto de humanos como de animales, se dirigen° hacia una misma dirección, hacia el lago.

Artes • Ernesto Cardenal (1925–)

Ernesto Cardenal, poeta, escultor y sacerdote° católico, es uno de los escritores más famosos de Nicaragua, país conocido por sus grandes poetas. Ha escrito más de 35 libros y es considerado uno de los principales autores de Latinoamérica. Desde joven creyó en el poder de la poesía para mejorar la sociedad y trabajó por establecer la igualdad° y la justicia en su país. En los años 60, Cardenal estableció la comunidad artística del archipiélago de Solentiname en el Lago de Nicaragua. Fue ministro de cultura del país desde 1979 hasta 1988 y participó en la fundación de Casa de los Tres Mundos, una organización creada para el intercambio cultural internacional.

Naturaleza • El Lago de Nicaragua

El Lago de Nicaragua, con un área de más de 8.000 km² (3.100 millas²), es el lago más grande de Centroamérica. Tiene más de 400 islas e islotes° de origen volcánico, entre ellas la isla Zapatera. Allí se han encontrado numerosos objetos de cerámica y estatuas prehispánicos. Se cree que la isla era un centro ceremonial indígena.

¿Qué aprendiste? Responde a cada pregunta con una oración completa.

1. ¿Por qué no hay muchos rascacielos en Managua?

2. Nombra dos poetas de Nicaragua.

3. ¿Qué significa Ometepe en náhuatl?

4. ¿Cuándo y dónde se formaron las huellas de Acahualinca?

5. ¿Por qué es famoso el archipiélago Solentiname?

6. ¿Qué cree Ernesto Cardenal acerca de la poesía?

7. ¿Cómo se formaron las islas del lago de Nicaragua?

8. ¿Qué hay de interés arqueológico en la isla Zapatera?

Conexión Internet Investiga estos temas en **vhlcentral.com**.

1. ¿Dónde se habla inglés en Nicaragua y por qué?
2. ¿Qué información hay ahora sobre la economía y/o los derechos humanos en Nicaragua?

Practice more at vhlcentral.com.

huellas *footprints* restos *remains* antiguos *ancient* orillas *shores* se dirigen *are headed* sacerdote *priest* igualdad *equality* islotes *islets*

La República Dominicana

Video: *Panorama cultural*
Interactive Map

El país en cifras

▶ **Área:** 48.730 km² (18.815 millas²), *el área combinada de New Hampshire y Vermont*

▶ **Población:** 10.349.000

La isla La Española, llamada así tras° el primer viaje de Cristóbal Colón, estuvo bajo el completo dominio de la corona° española hasta 1697, cuando la parte oeste de la isla pasó a ser propiedad° francesa. Hoy día está dividida políticamente en dos países, la República Dominicana en la zona este y Haití en el oeste.

▶ **Capital:** Santo Domingo—2.191.000

▶ **Ciudades principales:** Santiago de los Caballeros, La Vega, Puerto Plata, San Pedro de Macorís

▶ **Moneda:** peso dominicano

▶ **Idiomas:** español (oficial), criollo haitiano

Bandera de la República Dominicana

Dominicanos célebres

▶ **Juan Pablo Duarte,** político y padre de la patria° (1813–1876)

▶ **Celeste Woss y Gil,** pintora (1891–1985)

▶ **Juan Luis Guerra,** compositor y cantante de merengue (1957–)

▶ **Pedro Martínez,** beisbolista (1971–)

▶ **Marcos Díaz,** nadador de ultradistancia (1975–)

tras *after* corona *crown* propiedad *property* padre de la patria *founding father* restos *remains* tumbas *graves* navegante *sailor* reemplazó *replaced*

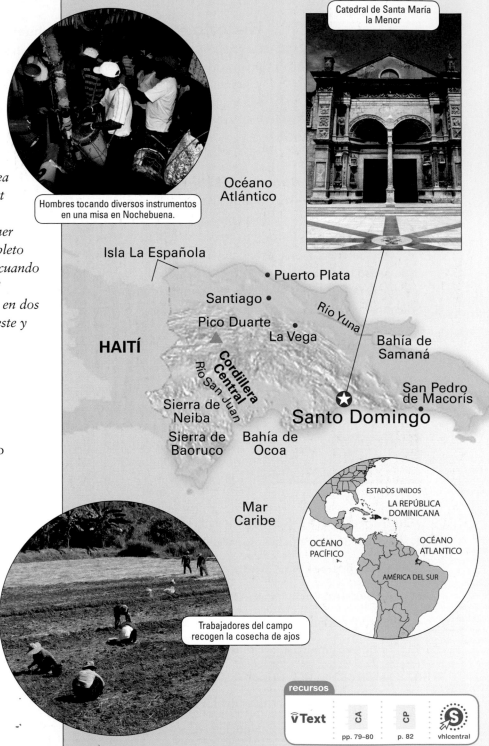

Catedral de Santa María la Menor

Océano Atlántico

Hombres tocando diversos instrumentos en una misa en Nochebuena.

Isla La Española

HAITÍ

Puerto Plata
Santiago
Pico Duarte
La Vega
Río Yuna
Bahía de Samaná

Cordillera Central
Río San Juan
Sierra de Neiba
Sierra de Baoruco
Bahía de Ocoa
Santo Domingo
San Pedro de Macorís

Mar Caribe

ESTADOS UNIDOS
LA REPÚBLICA DOMINICANA
OCÉANO PACÍFICO
OCÉANO ATLÁNTICO
AMÉRICA DEL SUR

Trabajadores del campo recogen la cosecha de ajos

¡Increíble pero cierto!

Los restos° de Cristóbal Colón pasaron por varias ciudades desde su muerte en el siglo XVI hasta el siglo XIX. Por esto, se conocen dos tumbas° de este navegante°: una en la Catedral de Sevilla, España, y otra en el Museo Faro a Colón en Santo Domingo, que reemplazó° la tumba inicial en la catedral de la capital dominicana.

Ciudades • Santo Domingo

La zona colonial de Santo Domingo, ciudad fundada en 1496, posee°
algunas de las construcciones más antiguas del hemisferio. Gracias a las
restauraciones°, la arquitectura de la ciudad es famosa no sólo por su
belleza sino también por el buen estado de sus edificios. Entre sus sitios más
visitados se cuentan° la Calle de las Damas, llamada así porque allí paseaban
las señoras de la corte del Virrey; el Alcázar de Colón, un palacio construido
entre 1510 y 1514 por Diego Colón, hijo de Cristóbal; y la Fortaleza Ozama,
la más vieja de las Américas, construida entre 1502 y 1508.

Deportes • El béisbol

El béisbol es un deporte muy practicado en el Caribe. Los primeros países hispanos en
tener una liga fueron Cuba y México, donde se empezó a jugar al béisbol en el siglo°
XIX. Hoy día este deporte es una afición° nacional en la República Dominicana.
Albert Pujols (foto, derecha), Carlos Gómez y David Ortiz son sólo tres de los
muchísimos beisbolistas dominicanos que han alcanzado° enorme éxito e inmensa
popularidad entre los aficionados.

Artes • El merengue

El merengue, un ritmo originario de la República Dominicana, tiene sus raíces°
en el campo. Tradicionalmente las canciones hablaban de los problemas
sociales de los campesinos°. Sus instrumentos eran la guitarra, el acordeón, el
guayano° y la tambora, un tambor° característico del lugar. Entre 1930 y 1960,
el merengue se popularizó en las ciudades; adoptó un tono más urbano, en el
que se incorporaron instrumentos como el saxofón y el bajo°, y empezaron a
formarse grandes orquestas. Uno de los cantantes y compositores de merengue
más famosos es Juan Luis Guerra.

 ¿Qué aprendiste? Responde a cada pregunta con una oración completa.
1. ¿Quién es Juan Luis Guerra?
2. ¿Cuándo se fundó la ciudad de Santo Domingo?
3. ¿Qué es el Alcázar de Colón?
4. Nombra dos beisbolistas famosos de la República Dominicana.
5. ¿De qué hablaban las canciones de merengue tradicionales?
6. ¿Qué instrumentos se utilizaban para tocar (*play*) el merengue?
7. ¿Cuándo se transformó el merengue en un estilo urbano?
8. ¿Qué cantante ha ayudado a internacionalizar el merengue?

Conexión Internet Investiga estos temas en **vhlcentral.com**.
1. Busca más información sobre la isla La Española. ¿Cómo son las relaciones entre la República Dominicana y Haití?
2. Busca más información sobre la zona colonial de Santo Domingo: la Catedral de Santa María, la Casa de Bastidas o el Panteón Nacional. ¿Cómo son estos edificios? ¿Te gustan? Explica tus respuestas.

 Practice more at vhlcentral.com.

posee *possesses* restauraciones *restorations*
se cuentan *are included* siglo *century* afición
pastime han alcanzado *have reached* raíces
roots campesinos *rural people* guayano *metal
scraper* tambor *drum* bajo *bass*

My Vocabulary

Las ocupaciones

el/la abogado/a	lawyer
el actor, la actriz	actor
el/la arqueólogo/a	archeologist
el/la arquitecto/a	architect
el/la bombero/a	firefighter
el/la carpintero/a	carpenter
el/la científico/a	scientist
el/la cocinero/a	cook; chef
el/la consejero/a	counselor; advisor
el/la contador(a)	accountant
el/la corredor(a) de bolsa	stockbroker
el/la diseñador(a)	designer
el/la electricista	electrician
el hombre/la mujer de negocios	businessperson
el/la maestro/a	teacher
el/la peluquero/a	hairdresser
el/la pintor(a)	painter
el/la político/a	politician
el/la psicólogo/a	psychologist
el/la reportero/a	reporter
el/la secretario/a	secretary
el/la técnico/a	technician

La entrevista

el anuncio	advertisement
el/la aspirante	candidate; applicant
los beneficios	benefits
el currículum	résumé
la entrevista	interview
el/la entrevistador(a)	interviewer
el puesto	position; job
el salario, el sueldo	salary
la solicitud (de trabajo)	(job) application
contratar	to hire
entrevistar	to interview
ganar	to earn
obtener	to obtain; to get
solicitar	to apply (for a job)

El mundo del trabajo

el ascenso	promotion
el aumento de sueldo	raise
la carrera	career
la compañía, la empresa	company; firm
el empleo	job; employment
el/la gerente	manager
el/la jefe/a	boss
los negocios	business; commerce
la ocupación	occupation
el oficio	trade
la profesión	profession
la reunión	meeting
el teletrabajo	telecommuting
el trabajo	job; work
la videoconferencia	videoconference
dejar	to quit; to leave behind
despedir (e:i)	to fire
invertir (e:ie)	to invest
renunciar (a)	to resign (from)
tener éxito	to be successful
comercial	commercial; business-related

Palabras adicionales

dentro de (diez años)	within (ten years)
en el futuro	in the future
el porvenir	the future
próximo/a	next

Expresiones útiles	See page 233.

Un festival de arte

VOICE BOARD

8

Communicative Goals

I will be able to:
- Talk about and discuss the arts
- Express what I would like to do
- Express hesitation

A PRIMERA VISTA
- ¿Estará trabajando la chica de la foto?
- ¿Es artista o arquitecta?
- ¿Tendrá un oficio?
- ¿Será una persona creativa o no?

Un festival de arte

My Vocabulary
Tutorials

Más vocabulario

el/la compositor(a)	composer
el/la director(a)	director; (musical) conductor
el/la dramaturgo/a	playwright
el/la escritor(a)	writer
el personaje (principal)	(main) character
las bellas artes	(fine) arts
el boleto	ticket
la canción	song
la comedia	comedy; play
el cuento	short story
la cultura	culture
el drama	drama; play
el espectáculo	show
el festival	festival
la historia	history; story
la obra	work (of art, music, etc.)
la obra maestra	masterpiece
la ópera	opera
la orquesta	orchestra
aburrirse	to get bored
dirigir	to direct
presentar	to present; to put on (a performance)
publicar	to publish
artístico/a	artistic
clásico/a	classical
dramático/a	dramatic
extranjero/a	foreign
folclórico/a	folk
moderno/a	modern
musical	musical
romántico/a	romantic
talentoso/a	talented

Variación léxica

banda ⟷ grupo musical (*Esp.*)
boleto ⟷ entrada (*Esp.*)

Hace el papel de Romeo. (hacer)

el público

El Teatro

el tejido

la estatua

Esculpe. (esculpir)

el escultor

La Artesanía

La Escultura

Aprecia. (apreciar)

la bailarina

el bailarín

Aplaude. (aplaudir)

La Danza

recursos

v̂Text

CA
p. 149

CP
pp. 83–84

CH
pp. 113–114

vhlcentral

La Pintura

**Pinta.
(pintar)**

la cerámica

el poeta

el poema

La Poesía

**El músico toca un
instrumento. (tocar)**

**La banda da un
concierto. (dar)**

la cantante

el baile

La Música

Práctica

1 **Escuchar** Escucha la conversación y contesta las preguntas.

1. ¿Adónde fueron Ricardo y Juanita?

2. ¿Cuál fue el espectáculo que más le gustó a Ricardo?

3. ¿Qué le gustó más a Juanita?

4. ¿Qué dijo Ricardo del actor?

5. ¿Qué dijo Juanita del actor?

6. ¿Qué compró Juanita en el festival?

7. ¿Qué compró Ricardo?

8. ¿Qué poetas le interesaron a Ricardo?

2 **Artes** Escucha las oraciones y escribe el número de cada oración debajo del arte correspondiente.

teatro	artesanía	poesía

música	danza

3 **¿Cierto o falso?** Indica si lo que dice cada oración es **cierto** o **falso**.

	Cierto	Falso
1. Las bellas artes incluyen la pintura, la escultura, la música, el baile y el drama.	○	○
2. Un boleto es un tipo de instrumento musical que se usa mucho en las óperas.	○	○
3. El tejido es un tipo de música.	○	○
4. Un cuento es una narración corta que puede ser oral o escrita.	○	○
5. Un compositor es el personaje principal de una obra de teatro.	○	○
6. Publicar es la acción de hablar en público ante grupos grandes.	○	○

4 **Artistas** Indica la profesión de cada uno de estos artistas.

1. Gael García Bernal
2. Frida Kahlo
3. Shakira
4. Octavio Paz
5. William Shakespeare
6. Miguel de Cervantes
7. Fernando Botero
8. Gustavo Dudamel
9. Toni Morrison
10. Fred Astaire

5 **Los favoritos** En parejas, túrnense para preguntarse cuál es su película o programa favorito de cada categoría.

> **modelo**
>
> película musical
> —¿Cuál es tu película musical favorita?
> —Mi película musical favorita es *Les Misérables*.

1. película de ciencia ficción
2. programa de entrevistas
3. telenovela
4. película de horror
5. película de acción
6. concurso
7. programa de realidad
8. película de aventuras
9. documental
10. programa de dibujos animados

El cine y la televisión

el canal	*channel*
el concurso	*game show; contest*
los dibujos animados	*cartoons*
el documental	*documentary*
la estrella (m., f.) de cine	*movie star*
el premio	*prize; award*
el programa de entrevistas/realidad	*talk /reality show*
la telenovela	*soap opera*
…de acción	*action*
…de aventuras	*adventure*
…de ciencia ficción	*science fiction*
…de horror	*horror*
…de vaqueros	*western*

6 **Completar** Completa las frases con las palabras adecuadas.

aburrirse	canal	estrella	musical
aplauden	de vaqueros	extranjera	romántica
artística	director	folclórica	talentosa

1. Una película que fue hecha en otro país es una película…
2. Si las personas que asisten a un espectáculo lo aprecian, ellos…
3. Una persona que puede hacer algo muy bien es una persona…
4. Una película que trata del amor y de las emociones es una película…
5. Una persona que pinta, esculpe y/o hace artesanía es una persona…
6. La música que refleja la cultura de una región o de un país es música…
7. Si la acción tiene lugar en el oeste de los EE.UU. durante el siglo XIX, probablemente es una película…
8. Una obra en la cual los actores presentan la historia por medio de (*by means of*) canciones y bailes es un drama…
9. Cuando una película no tiene una buena historia, el público empieza a…
10. Si quieres ver otro programa de televisión, es necesario que cambies de…

¡ATENCIÓN!

Apreciar means *to appreciate* only in the sense of evaluating what something is worth. Use **agradecer** to express the idea *to be grateful for*.

Ella **aprecia** la buena música.
She appreciates good music.

Le **agradezco** mucho su ayuda.
I am grateful for your help.

7 **Analogías** En parejas, completen las analogías con las palabras adecuadas. Después, preparen una conversación utilizando al menos seis de las palabras que han encontrado.

1. alegre ←→ triste ⊜ comedia ←→
2. escultor ←→ escultora ⊜ bailarín ←→
3. drama ←→ dramaturgo ⊜ pintura ←→
4. *Los Simpson* ←→ dibujos animados ⊜ *Jeopardy* ←→
5. de entrevistas ←→ programa ⊜ de vaqueros ←→
6. aplaudir ←→ público ⊜ hacer el papel ←→
7. poema ←→ literatura ⊜ tejido ←→
8. músico ←→ tocar ⊜ cantante ←→

¡LENGUA VIVA!

Remember that, in Spanish, last names do not have a plural form, although **los** may be used with a family name.

Los Simpson
The Simpsons

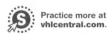

Practice more at
vhlcentral.com.

Comunicación

8 **Crucigrama** Tu profesor(a) les va a dar un crucigrama (*crossword puzzle*) incompleto. Tú tienes las palabras que necesita tu compañero/a y él/ella tiene las palabras que tú necesitas. Sin revelar las palabras, utilicen pistas (*clues*) que les permitan adivinar las respuestas.

> **modelo**
>
> **1 horizontal:** Fiesta popular que generalmente tiene lugar en las calles de las ciudades.
> **2 vertical:** Novelas que puedes ver en la televisión.

9 **Preguntas** Contesta estas preguntas sobre el arte en tu vida. Comparte tus respuestas con un(a) compañero/a de clase.

La música

1. ¿Qué tipo de música prefieres? ¿Por qué?
2. ¿Tocas un instrumento? ¿Cuál?
3. ¿Hay algún instrumento que quisieras aprender a tocar?

El cine

4. ¿Con qué frecuencia vas al cine?
5. ¿Qué tipos de películas prefieres?

Las bellas artes

6. ¿Haces algo que se pueda considerar artístico? ¿Pintas, dibujas, esculpes, haces artesanías, actúas en dramas, tocas un instrumento, cantas o escribes poemas?
7. ¿Con qué frecuencia vas a un museo de arte o asistes a conciertos, al teatro o a lecturas públicas de poesía?
8. ¿Es el arte una parte importante de tu vida? ¿Por qué?

10 **Programa** Trabajen en grupos pequeños para crear un programa de televisión o un corto (*short film*) para el canal de televisión de la escuela.

▶▶ Primero decidan el género y el propósito del programa o del corto. Cada grupo debe escoger un género distinto. Algunos de los géneros posibles: documental, concurso, programa de realidad, película de acción.

▶ Después, escriban el programa o el corto y preséntenlo a la clase.

LOS GEMELOS
LA HISTORIA DE UNA FAMILIA

Una producción de SARA SECADA Dirección CARLOS GARCÍA LLANES
Guión SARA SECADA/CARLOS GARCÍA LLANES/MERCEDES NORIEGA
Director de Fotografía JUAN VARELA Montaje HUMBERTO BLANCO
Música JORGE RODRÍGUEZ Sonido RUBÉN LÓPEZ Dirección de Arte JUANA VARGAS
Actores SILVIA GONZÁLEZ/MARTÍN HERNÁNDEZ/MARGARITA ISLAS

Una sorpresa para Maru

Miguel y Maru hacen una visita muy especial al Museo de Arte Popular.
Por otra parte, Jimena y Juan Carlos hablan sobre arte.

PERSONAJES JUAN CARLOS JIMENA

Video: *Fotonovela*

1

2

3

JUAN CARLOS Cuando era niño, iba con frecuencia a espectáculos culturales con mi mamá. A ella le gustan el teatro, los conciertos, la poesía y especialmente la danza.

JIMENA Mi mamá hubiera querido que tocara algún instrumento, pero la verdad es que no tengo nada de talento musical y Felipe tampoco.

JIMENA Aunque no tengamos talento artístico, mi mamá nos enseñó a apreciar la música.

JUAN CARLOS Creo que tu mamá y la mía se llevarían bien. Tal vez algún día lleguen a conocerse.

6

7

8

MIGUEL María Eugenia Castaño Ricaurte, ¿me harías el honor de casarte conmigo?

(*Juan Carlos y Jimena hablan de los espectáculos que les gustan*).

JUAN CARLOS ¿Qué clase de espectáculos te gustan?

JIMENA Me gusta la música en vivo y el teatro. Además, me encantan las películas.

JIMENA ¿Cuáles son tus películas favoritas?

JUAN CARLOS Las de ciencia ficción y las de terror.

MIGUEL

MARU

FELIPE

(*Mientras tanto, en el Museo de Arte Popular*)

MARU Siempre había querido venir aquí. Me encantan las artesanías de cerámica y sus tejidos. El arte folclórico nos cuenta la historia de su gente y su país.

MARU ¿Todo bien, Miguel? ¿Qué tienes allí?

MIGUEL ¿Podría pedirte algo?

MARU Claro.

JUAN CARLOS ¿Te gustan las películas de acción?

JIMENA Sí, me fascinan, y también los documentales.

JUAN CARLOS Bueno, podríamos ir a verlos juntos.

(*Y... en el museo*)

MARU Sí. ¡Sí acepto casarme contigo! Qué anillo tan hermoso.

Expresiones útiles

Talking about the arts

Mi mamá hubiera querido que tocara algún instrumento.
My mother would have wanted me to play some instrument.

Pero la verdad es que no tengo nada de talento musical.
But the truth is I don't have any musical talent.

Me encantan las artesanías de cerámica y los tejidos.
I love ceramic crafts and weavings.

El arte folclórico nos cuenta la historia de su gente y su país.
Folk art tells us the history of its people and its country.

Getting engaged

¿Podría pedirte algo?
Could I ask you for something?

¿Me harías el honor de casarte conmigo?
Would you do me the honor of marrying me?

Sí. ¡Sí acepto casarme contigo!
Yes. Yes, I'll marry you!

Qué anillo tan hermoso.
What a beautiful ring.

Additional vocabulary

(No) Estoy de acuerdo.
I (dis)agree.

recursos

vText | CA pp. 61–62 | vhlcentral

¿Qué pasó?

1 **Seleccionar** Selecciona la respuesta correcta.

1. Cuando era niño, Juan Carlos iba a los _____ culturales.
   a. premios   b. espectáculos   c. boletos
2. Jimena dice que no tiene talento _____.
   a. musical   b. moderno   c. folclórico
3. A Maru le encanta ver las _____ en cerámica y los tejidos.
   a. bailarinas   b. artesanías   c. bellas artes
4. A Jimena le gusta escuchar música en vivo e ir al _____.
   a. cine   b. festival   c. teatro
5. A Juan Carlos le gustan las películas de _____.
   a. acción y de vaqueros   b. aventuras y de drama   c. ciencia ficción y de terror

2 **Identificar** Identifica quién puede decir estas oraciones.

1. A mi mamá le gusta mucho la danza, pero también el teatro.
2. ¡Qué bonito es el arte folclórico que hay en este museo!
3. Me gustan mucho las películas.
4. Te voy a invitar a ver documentales, a mí también me gustan.
5. Nunca pude aprender a tocar un instrumento musical.
6. Me haces el hombre más feliz por querer casarte conmigo.

MARU

JIMENA

MIGUEL

JUAN CARLOS

3 **Correspondencias** ¿A qué eventos culturales asistirán juntos Jimena y Juan Carlos?

una exposición de cerámica precolombina	un concierto	una ópera
una exposición de pintura española	una telenovela	una tragedia

1. Escucharán música clásica y conocerán a un director muy famoso.
2. El público aplaudirá mucho a la señora que es soprano.
3. Como a Marissa le gusta la historia, la llevarán a ver esto.
4. Como a Miguel le gustaría ver arte, entonces irán con él.

4 **El fin de semana** Vas a asistir a dos eventos culturales el próximo fin de semana con un(a) compañero/a de clase. Comenten entre ustedes por qué les gustan o les disgustan algunas de las actividades que van sugiriendo. Escojan al final dos actividades que puedan realizar juntos/as. Usen estas frases y expresiones en su conversación.

▶ ¿Qué te gustaría ver/hacer este fin de semana?

▶ ¿Te gustaría asistir a...?

▶ ¡Me encanta(n)... !

▶ Odio..., ¿qué tal si...?

Ortografía y pronunciación

Las trampas ortográficas

Some of the most common spelling mistakes in Spanish occur when two or more words have very similar spellings. This section reviews some of those words.

 Audio

compro	**compró**	**hablo**	**habló**

There is no accent mark in the **yo** form of **–ar** verbs in the present tense. There is, however, an accent mark in the **Ud./él/ella** form of **–ar** verbs in the preterite.

este (adjective) **éste** (pronoun) **esté** (verb)

The demonstrative adjectives **esta** and **este** do not have an accent mark. The demonstrative pronouns **ésta** and **éste** have an accent mark on the first syllable. The verb forms **está** (*present indicative*) and **esté** (*present subjunctive*) have an accent mark on the last syllable.

jo-ven **jó-ve-nes** **bai-la-rín** **bai-la-ri-na**

The location of the stressed syllable in a word determines whether or not a written accent mark is needed. When a plural or feminine form has more syllables than the singular or masculine form, an accent mark must sometimes be added or deleted to maintain the correct stress.

No me gusta la ópera, sino el teatro.
No quiero ir al festival si no vienes conmigo.

The conjunction **sino** (*but rather*) should not be confused with **si no** (*if not*). Note also the difference between **mediodía** (*noon*) and **medio día** (*half a day*) and between **por qué** (*why*) and **porque** (*because*).

Práctica Completa las oraciones con las palabras adecuadas para cada ocasión.

1. Javier me explicó que _____ lo invitabas, él no iba a venir. (sino/si no)
2. Me gustan mucho las _____ folclóricas. (canciones/canciónes)
3. Marina _____ su espectáculo en El Salvador. (presento/presentó)
4. Yo prefiero _____. (éste/esté)

Palabras desordenadas Ordena las letras para descubrir las palabras correctas. Después, ordena las letras indicadas para descubrir la respuesta a la pregunta.

¿Adónde va Manuel?

y u n a s e d ó ⎵ⓐ ⎵ⓐ ⎵ ⎵ ⎵

q u e r o p ⎵ ⎵ⓐ ⎵ ⎵ ⎵

z o g a d e l a ⓐ ⎵ ⎵ⓐ ⎵ ⎵ ⎵ ⎵

á s e t ⎵ ⎵ⓐ ⎵

h a i t e s a b o n c i ⎵ ⎵ ⎵ ⎵ⓐ ⎵ ⎵ ⎵ⓐ ⎵ ⎵

Manuel va __ __   __ __ __ __ __ __ __.[1]

[1]Manuel va al teatro.

Respuestas: desayunó, porque, adelgazó, está, habitaciones

EN DETALLE

Museo de Arte
Contemporáneo de Caracas

 Additional Reading

Una visita al Museo de Arte Contemporáneo de Caracas (MACC) es una experiencia incomparable. Su colección permanente incluye unas 3.000 obras de artistas de todo el mundo. Además, el museo organiza exposiciones temporales° de escultura, dibujo, pintura, fotografía, cine y video. En sus salas se pueden admirar obras de artistas como Matisse, Miró, Picasso, Chagall, Tàpies y Botero.

Exposición Cuerpo plural, MACC

En 2004, el museo tuvo que cerrar a causa de un incendio°. Entonces, su valiosa° colección fue trasladada al Museo de

La lección de esquí, de Joan Miró

Bellas Artes, también en Caracas. Además, se realizaron exposiciones en otros lugares, incluso al aire libre, en parques y bulevares.

Cuando el MACC reabrió° sus puertas un año después, lo hizo con nuevos conceptos e ideas. Se dio más atención a las cerámicas y fotografías de la colección. También se creó una sala multimedia dedicada a las últimas tendencias° como video-arte y *performance*.

El MACC es un importante centro cultural. Además de las salas de exposición, cuenta con° un jardín de esculturas, un auditorio y una biblioteca especializada en arte. También organiza talleres° y recibe a grupos escolares. Un viaje a Caracas no puede estar completo sin una visita a este maravilloso museo.

Otros museos importantes

Museo del Jade (San José, Costa Rica): Tiene la colección de piezas de jade más grande del mundo. La colección tiene un gran valor° y una gran importancia histórica. Incluye muchas joyas° precolombinas.

Museo de Instrumentos Musicales (La Paz, Bolivia): Muestra más de 2.500 instrumentos musicales bolivianos y de otras partes del mundo. Tiene un taller de construcción de instrumentos musicales.

Museo Nacional de Culturas Populares (México, D.F., México): El museo investiga y difunde° las diferentes manifestaciones culturales de México, realiza exposiciones y organiza seminarios, cursos y talleres.

Museo del Cine Pablo Ducrós Hicken (Buenos Aires, Argentina): Dedicado a la historia del cine argentino, expone películas, libros, revistas, guiones°, carteles, fotografías, cámaras y proyectores antiguos.

exposiciones temporales *temporary exhibitions* incendio *fire* valiosa *valuable* reabrió *reopened* tendencias *trends* cuenta con *it has* talleres *workshops* valor *value* joyas *jewelry* difunde *spreads* guiones *scripts*

ACTIVIDADES

1 **¿Cierto o falso?** Indica si lo que dice cada oración es cierto o falso. Corrige la información falsa.

1. La colección permanente del MACC tiene sólo obras de artistas venezolanos.

2. Durante el tiempo que el museo cerró a causa de un incendio, se realizaron exposiciones al aire libre.

3. Cuando el museo reabrió, se dio más atención a la pintura.

4. En el jardín del museo también pueden admirarse obras de arte.

5. La importancia del Museo del Jade se debe a las joyas europeas que se exponen en él.

6. En el Museo de Instrumentos Musicales de La Paz también se hacen instrumentos musicales.

7. En Buenos Aires hay un museo dedicado a la historia del cine de Hollywood.

ASÍ SE DICE

Arte y espectáculos

las caricaturas (Col., El Salv., Méx.); los dibujitos (Arg.); los muñequitos (Cuba)	los dibujos animados
el coro	choir
el escenario	stage
el estreno	debut, premiere
el/la guionista	scriptwriter

EL MUNDO HISPANO

Artistas hispanos

- **Myrna Báez** (Santurce, Puerto Rico, 1931) Innovó las técnicas de la pintura y el grabado° en Latinoamérica. En 2001, el Museo de Arte de Puerto Rico le rindió homenaje° a sus cuarenta años de carrera artística.

- **Joaquín Cortés** (Córdoba, España, 1969) Bailarín y coreógrafo. En sus espectáculos une° sus raíces gitanas° a influencias musicales de todo el mundo.

- **Tania León** (La Habana, Cuba, 1943) Compositora y directora de orquesta. Fue cofundadora° y directora musical del *Dance Theater of Harlem* y ha compuesto numerosas obras.

- **Rafael Murillo Selva** (Tegucigalpa, Honduras, 1936) Dramaturgo. En su obra refleja preocupaciones sociales y la cultura hondureña.

grabado *engraving* rindió homenaje *paid homage* une *combines* raíces gitanas *gypsy roots* cofundadora *co-founder*

PERFIL

Fernando Botero: un estilo único

El dibujante°, pintor y escultor Fernando Botero es un colombiano de fama internacional. Ha expuesto sus obras en galerías y museos de las Américas, Europa y Asia.

La pintura siempre ha sido su pasión. Su estilo se caracteriza por un cierto aire ingenuo° y unas proporciones exageradas. Mucha gente dice que Botero "pinta gordos", pero esto no es correcto. En su obra no sólo las personas son exageradas; los animales y los objetos también. Botero dice que empezó a pintar personas y cosas voluminosas por intuición. Luego, estudiando la pintura de los maestros italianos, se reafirmó su interés por el volumen y comenzó a usarlo conscientemente° en sus pinturas y esculturas, muchas de las cuales se exhiben en ciudades de todo el mundo. Botero es un trabajador incansable° y es que, para él, lo más divertido del mundo es pintar y crear.

dibujante *drawer* ingenuo *naive* conscientemente *consciously* incansable *tireless*

Conexión Internet

¿Qué otros artistas de origen hispano son famosos?

Go to **vhlcentral.com** to find more cultural information related to this **Cultura** section.

ACTIVIDADES

2 **Comprensión** Contesta las preguntas.

1. ¿Cómo se dice en español "*The scriptwriter is on stage*"?
2. ¿Cuál fue la contribución de Myrna Báez al arte latinoamericano?
3. ¿En qué actividades artísticas trabaja Tania León?
4. ¿Qué tipo de obras realiza Fernando Botero?
5. ¿Cuáles son dos características del estilo de Botero?

3 **Sus artistas favoritos** En grupos pequeños, hablen sobre sus artistas favoritos (de cualquier disciplina artística). Hablen de la obra que más les gusta de estos artistas y expliquen por qué.

Practice more at vhlcentral.com.

recursos

v̂Text

CH

p. 116

vhlcentral

Tutorial

8.1 The conditional

ANTE TODO The conditional tense in Spanish expresses what you *would do* or what *would happen* under certain circumstances.

The conditional tense			
	visitar	**comer**	**aplaudir**
SINGULAR FORMS yo	visitar**ía**	comer**ía**	aplaudir**ía**
tú	visitar**ías**	comer**ías**	aplaudir**ías**
Ud./él/ella	visitar**ía**	comer**ía**	aplaudir**ía**
PLURAL FORMS nosotros/as	visitar**íamos**	comer**íamos**	aplaudir**íamos**
vosotros/as	visitar**íais**	comer**íais**	aplaudir**íais**
Uds./ellos/ellas	visitar**ían**	comer**ían**	aplaudir**ían**

> Creo que tu mamá y la mía se llevarían bien.

> Pensé que te gustaría el Museo de Arte Popular.

▶ The conditional tense is formed much like the future tense. The endings are the same for all verbs, both regular and irregular. For regular verbs, you simply add the appropriate endings to the infinitive. **¡Atención!** All forms of the conditional have an accent mark.

▶ For irregular verbs, add the conditional endings to the irregular stems.

INFINITIVE	STEM	CONDITIONAL	INFINITIVE	STEM	CONDITIONAL
decir	dir-	dir**ía**	querer	querr-	querr**ía**
hacer	har-	har**ía**	saber	sabr-	sabr**ía**
poder	podr-	podr**ía**	salir	saldr-	saldr**ía**
poner	pondr-	pondr**ía**	tener	tendr-	tendr**ía**
haber	habr-	habr**ía**	venir	vendr-	vendr**ía**

▶ While in English the conditional is a compound verb form made up of the auxiliary verb *would* and a main verb, in Spanish it is a simple verb form that consists of one word.

Yo no me **pondría** ese vestido.
I would not wear that dress.

¿**Vivirían** ustedes en otro país?
Would you live in another country?

▶ The conditional is commonly used to make polite requests.

¿Podrías abrir la ventana, por favor?
Would you open the window, please?

¿Sería tan amable de venir a mi oficina?
Would you be so kind as to come to my office?

AYUDA

Keep in mind the two parallel combinations shown in the example sentences:

1) present tense in main clause → future tense in subordinate clause

2) past tense in main clause → conditional tense in subordinate clause

▶ In Spanish, as in English, the conditional expresses the future in relation to a past action or state of being. In other words, the future indicates what *will happen* whereas the conditional indicates what *would happen*.

Creo que mañana **hará** sol.
I think it will be sunny tomorrow.

Creía que hoy **haría** sol.
I thought it would be sunny today.

▶ The English *would* is often used with a verb to express the conditional, but it can also mean *used to,* in the sense of past habitual action. To express past habitual actions, Spanish uses the imperfect, not the conditional.

Íbamos al parque los sábados.
We would go to the park on Saturdays.

De adolescentes, **comíamos** mucho.
As teenagers, we used to eat a lot.

Sin ti, no sé qué haría.

Sólo tú sabes ordenar mi vida.

Sin ti perdería la cabeza.
Sin ti no podría estar al día.
Todo lo resuelves con la mayor elegancia.
Sólo tú sabes ordenar mi vida.

COMPARE & CONTRAST

In **Lección 7**, you learned the *future of probability*. Spanish also has the *conditional of probability*, which expresses conjecture or probability about a past condition, event, or action. Compare these Spanish and English sentences.

Serían las once de la noche cuando Elvira me llamó.
It must have been (It was probably) 11 p.m. when Elvira called me.

Sonó el teléfono. **¿Llamaría** Emilio para cancelar nuestra cita?
The phone rang. I wondered if it was Emilio calling to cancel our date.

Note that English conveys conjecture or probability with phrases such as *I wondered if*, *probably*, and *must have been*. In contrast, Spanish gets these same ideas across with conditional forms.

¡INTÉNTALO!   Indica la forma apropiada del condicional de los verbos.

1. Yo _____escucharía, leería, esculpiría_____ (escuchar, leer, esculpir)
2. Tú _____ (apreciar, comprender, compartir)
3. Marcos _____ (poner, venir, querer)
4. Nosotras _____ (ser, saber, ir)
5. Ustedes _____ (presentar, deber, aplaudir)
6. Ella _____ (salir, poder, hacer)
7. Yo _____ (tener, tocar, aburrirse)
8. Tú _____ (decir, ver, publicar)

Práctica

1

De viaje A un grupo de artistas le gustaría hacer un viaje a Honduras. En estas oraciones nos cuentan sus planes de viaje. Complétalas con el condicional del verbo entre paréntesis.

1. Me _____ (gustar) llevar algunos libros de poesía de Leticia de Oyuela.
2. Ana _____ (querer) ir primero a Copán para conocer las ruinas mayas.
3. Yo _____ (decir) que fuéramos a Tegucigalpa primero.
4. Nosotras _____ (preferir) ver una obra del Grupo Dramático de Tegucigalpa. Luego _____ (poder) tomarnos un café.
5. Y nosotros _____ (ver) los cuadros del pintor José Antonio Velásquez. Y tú, Luisa, ¿qué _____ (hacer)?
6. Yo _____ (tener) interés en ver o comprar cerámica de José Arturo Machado. Y a ti, Carlos, ¿te _____ (interesar) ver la arquitectura colonial?

◄ **NOTA CULTURAL**

Leticia de Oyuela (1935–2008) fue una escritora hondureña. En sus obras, Oyuela combinaba la historia con la ficción y, a través de sus personajes, cuestionaba y desafiaba (*used to challenge*) las normas sociales.

2

¿Qué harías? En parejas, pregúntense qué harían en estas situaciones.

Estás en un concierto de tu banda favorita y la persona que está sentada delante no te deja ver.

Un amigo actor te invita a ver una película que acaba de hacer, y no te gusta nada cómo hace su papel.

Estás invitado/a a los Premios Ariel. Es posible que te vayan a dar un premio, pero ese día estás muy enfermo/a.

Te invitan, pagándote mucho dinero, para ir a un programa de televisión para hablar de tu vida privada y pelearte (*to fight*) con tu novio/a durante el programa.

NOTA CULTURAL

Los Premios Ariel de México son el equivalente a los Premios Oscar en los Estados Unidos. Cada año los entrega la Academia Mexicana de Ciencias y Artes Cinematográficas.

Algunas películas que han ganado un premio Ariel son *Amores perros* y *El laberinto del fauno*. ◄

3

Sugerencias Matilde busca trabajo. Dile seis cosas que tú harías si fueras ella. Usa el condicional. Luego compara tus sugerencias con las de un(a) compañero/a.

> **modelo**
> Si yo fuera tú, buscaría trabajo en el periódico.

◄ **AYUDA**

Here are two ways of saying *If I were you:*
Si yo fuera tú…
Yo en tu lugar…

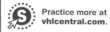

Comunicación

recursos

v̂Text

CA

pp. 39–40

4 **Conversaciones** Tu profesor(a) te dará una hoja de actividades. En ella se presentan dos listas con diferentes problemas que supuestamente tienen los estudiantes. En parejas, túrnense para explicar los problemas de su lista; uno/a cuenta lo que le pasa y el/la otro/a dice lo que haría en esa situación usando la frase "Yo en tu lugar...".

> **modelo**
>
> **Estudiante 1:** ¡Qué problema! Mi novio no me habla desde el domingo.
> **Estudiante 2:** Yo en tu lugar, no le diría nada por unos días para ver qué pasa.

5 **Luces, cámara y acción** En parejas, elijan una película que les guste y después hablen sobre cosas que habrían hecho de manera diferente si hubieran sido los directores.

Yo no contrataría a Robert Downey Jr. para ese papel.

Ni tampoco haría muchas películas sobre el mismo tema.

Tony Stark y Pepper Potts se casarían y tendrían hijos.

Yo cambiaría el final de la historia.

Síntesis

recursos

v̂Text

CA

p. 41

6 **Encuesta** Tu profesor(a) te dará una hoja de actividades. Circula por la clase y pregúntales a tres compañeros/as qué actividad(es) de las que se describen les gustaría realizar. Usa el condicional de los verbos. Anota las respuestas e informa a la clase de los resultados de la encuesta.

> **modelo**
>
> **Estudiante 1:** ¿Harías el papel de un loco en una obra de teatro?
> **Estudiante 2:** Sí, lo haría. Sería un papel muy interesante.

8.2 The conditional perfect

Felipe habría venido con nosotros, pero sigue molesto.

Sí, pensé que ya se le había pasado el enojo.

Tutorial

		pintar	comer	vivir
SINGULAR FORMS	yo	**habría** pintado	**habría** comido	**habría** vivido
	tú	**habrías** pintado	**habrías** comido	**habrías** vivido
	Ud./él/ella	**habría** pintado	**habría** comido	**habría** vivido
PLURAL FORMS	nosotros/as	**habríamos** pintado	**habríamos** comido	**habríamos** vivido
	vosotros/as	**habríais** pintado	**habríais** comido	**habríais** vivido
	Uds./ellos/ellas	**habrían** pintado	**habrían** comido	**habrían** vivido

▶ The conditional perfect is used to express an action that would have occurred, but didn't.

¿No fuiste al espectáculo?
¡Te **habrías divertido**!
You didn't go to the show?
You would have had a good time!

Sandra **habría preferido** ir a la ópera, pero Omar prefirió ir al cine.
Sandra would have preferred to go to the opera, but Omar preferred to see a movie.

¡INTÉNTALO! Indica las formas apropiadas del condicional perfecto de los verbos.

1. Nosotros _habríamos hecho_ (hacer) todos los quehaceres.
2. Tú _____ (apreciar) mi poesía.
3. Ellos _____ (pintar) un mural.
4. Usted _____ (tocar) el piano.
5. Ellas _____ (poner) la mesa.
6. Tú y yo _____ (resolver) los problemas.
7. Silvia y Alberto _____ (esculpir) una estatua.
8. Yo _____ (presentar) el informe.
9. Ustedes _____ (vivir) en el campo.
10. Tú _____ (abrir) la puerta.

recursos

v̂Text

CA
p. 152

CP
p. 87

CH
p. 119

vhlcentral

Práctica

1

Completar Completa los diálogos con la forma apropiada del condicional perfecto de los verbos de la lista. Luego, en parejas, representen los diálogos.

divertirse	presentar	sentir	tocar
hacer	querer	tener	venir

1. —Tú _____ el papel de Aída mejor que ella. ¡Qué lástima!
   —Sí, mis padres _____ desde California sólo para oírme cantar.
2. —Olga, yo esperaba algo más. Con un poco de dedicación y práctica la orquesta
   _____ mejor y los músicos _____ más éxito.
   —Menos mal que la compositora no los escuchó. Se _____ avergonzada.
3. —Tania _____ la comedia pero no pudo porque cerraron el teatro.
   —¡Qué lástima! Mi esposa y yo _____ ir a la presentación de la obra.
   Siempre veo tragedias y sé que _____.

2

Combinar En parejas, imaginen qué harían estas personas en las situaciones presentadas. Combina elementos de cada una de las tres columnas para formar seis oraciones usando el condicional perfecto.

A	B	C
con talento artístico	yo	estudiar…
con más tiempo libre	tú	pintar…
en otra especialización	la gente	esculpir…
con más aprecio de las artes	mis compañeros y yo	viajar…
con más dinero	los artistas	escribir…
en otra película	Alejandro González Iñárritu	publicar…

3

¿Qué habrías hecho? Estos dibujos muestran situaciones poco comunes. No sabemos qué hicieron estas personas, pero tú, ¿qué habrías hecho? Comparte tus respuestas con un(a) compañero/a.

1.

2.

3.

4.

Comunicación

4 **Preguntas** En parejas, imaginen que tienen cincuenta años y están hablando de sus años de juventud. ¿Qué habrían hecho de manera diferente? Túrnense para hacerse y contestar las preguntas.

> **modelo**
>
> ¿Te (interesar) aprender a tocar un instrumento?
> **Estudiante 1:** ¿Te habría interesado aprender a tocar un instrumento?
> **Estudiante 2:** Sí, habría aprendido a tocar el piano.

1. ¿Te (gustar) viajar por Latinoamérica?
2. ¿A qué escritores (leer)?
3. ¿Qué clases (tomar)?
4. ¿Qué tipo de música (escuchar)?
5. ¿Qué tipo de amigos/as (tener)?
6. ¿A qué fiestas o viajes no (ir)?
7. ¿Con qué tipo de persona (salir)?
8. ¿Qué tipo de ropa (llevar)?

5 **Pobre Mario** En parejas, lean la carta que Mario le escribió a Enrique. Digan qué cosas Mario habría hecho de una manera diferente, de haber tenido la oportunidad.

> **modelo**
>
> Mario no habría hecho este musical.

> Enrique:
>
>   Ya llegó el último día del musical. Yo creía que nunca iba a acabar. En general, los cantantes y actores eran bastante malos, pero no tuve tiempo de buscar otros, y además los buenos ya tenían trabajo en otras obras. Ayer todo salió muy mal. Como era la última noche, yo había invitado a unos críticos a ver la obra, pero no pudieron verla. El primer problema fue la cantante principal. Ella estaba enojada conmigo porque no quise pagarle todo el dinero que quería. Dijo que tenía problemas de garganta, y no salió a cantar. Conseguí otra cantante, pero los músicos de la orquesta todavía no habían llegado. Tenían que venir todos en un autobús no muy caro que yo había alquilado, pero el autobús salió a una hora equivocada. Entonces, el bailarín se enojó conmigo porque todo iba a empezar tarde. Quizás tenía razón mi padre. Seguramente soy mejor contador que director teatral.
>
>   Escríbeme,
>   Mario

¡LENGUA VIVA!

The useful expression **de haber tenido la oportunidad** means *if I/he/you/etc. had had the opportunity.* You can use this construction in similar instances, such as **De haberlo sabido ayer, te habría llamado.**

Síntesis

6 **Yo en tu lugar** Primero, cada estudiante hace una lista con tres errores que ha cometido o tres problemas que ha tenido en su vida. Después, en parejas, túrnense para decirse qué habrían hecho en esas situaciones.

> **modelo**
>
> **Estudiante 1:** El año pasado saqué una mala nota en el examen de biología.
> **Estudiante 2:** Yo no habría sacado una mala nota. Habría estudiado más.

8.3 The past perfect subjunctive Tutorial

ANTE TODO The past perfect subjunctive (**el pluscuamperfecto del subjuntivo**), also called the pluperfect subjunctive, is formed with the past subjunctive of **haber** + [*past participle*]. Compare the following subjunctive forms.

CONSULTA

To review the past perfect indicative, see **Estructura 6.2**, p. 208.
To review the present perfect subjunctive, see **Estructura 6.3**, p. 211.

Present subjunctive	Present perfect subjunctive
yo trabaje	yo haya trabajado

Past subjunctive	Past perfect subjunctive
yo trabajara	yo hubiera trabajado

Past perfect subjunctive

		pintar	comer	vivir
SINGULAR FORMS	yo	**hubiera** pintado	**hubiera** comido	**hubiera** vivido
	tú	**hubieras** pintado	**hubieras** comido	**hubieras** vivido
	Ud./él/ella	**hubiera** pintado	**hubiera** comido	**hubiera** vivido
PLURAL FORMS	nosotros/as	**hubiéramos** pintado	**hubiéramos** comido	**hubiéramos** vivido
	vosotros/as	**hubierais** pintado	**hubierais** comido	**hubierais** vivido
	Uds./ellos/ellas	**hubieran** pintado	**hubieran** comido	**hubieran** vivido

▶ The past perfect subjunctive is used in subordinate clauses under the same conditions that you have learned for other subjunctive forms, and in the same way the past perfect is used in English (*I had talked, you had spoken,* etc.). It refers to actions or conditions that had taken place before another action or condition in the past.

No había nadie que **hubiera dormido**.
There wasn't anyone who had slept.

Esperaba que Juan **hubiera ganado** el partido.
I hoped that Juan had won the game.

Dudaba que ellos **hubieran llegado**.
I doubted that they had arrived.

Llegué antes de que la clase **hubiera comenzado**.
I arrived before the class had begun.

recursos

v Text

CA
p. 153

CP
pp. 88–90

CH
p. 120

vhlcentral

¡INTÉNTALO! Indica la forma apropiada del pluscuamperfecto del subjuntivo de cada verbo.

1. Esperaba que ustedes ___hubieran hecho___ (hacer) las reservaciones.
2. Dudaba que tú _____ (decir) eso.
3. No estaba seguro de que ellos _____ (ir).
4. No creían que nosotros _____ (hablar) con Ricardo.
5. No había nadie que _____ (poder) comer tanto como él.
6. No había nadie que _____ (ver) el espectáculo.
7. Me molestó que tú no me _____ (llamar) antes.
8. ¿Había alguien que no _____ (apreciar) esa película?
9. No creían que nosotras _____ (bailar) en el festival.
10. No era cierto que yo _____ (ir) con él al concierto.

Práctica

1

Completar Completa las oraciones con el pluscuamperfecto del subjuntivo de los verbos.

1. Me alegré de que mi familia _____ (irse) de viaje.

2. Me molestaba que Carlos y Miguel no _____ (venir) a visitarme.

3. Dudaba que la música que yo escuchaba _____ (ser) la misma que escuchaban mis padres.

4. No creían que nosotros _____ (poder) aprender español en un año.

5. Los músicos se alegraban de que su programa le _____ (gustar) tanto al público.

6. La profesora se sorprendió de que nosotros _____ (hacer) la tarea antes de venir a clase.

2

Transformar María está hablando de las emociones que ha sentido ante ciertos acontecimientos (*events*). Transforma sus oraciones según el modelo.

modelo

Me alegro de que hayan venido los padres de Micaela.
Me alegré de que hubieran venido los padres de Micaela.

1. Es muy triste que haya muerto la tía de Miguel.

2. Dudo que Guillermo haya comprado una casa tan grande.

3. No puedo creer que nuestro equipo haya perdido el partido.

4. Me alegro de que mi novio me haya llamado.

5. Me molesta que el periódico no haya llegado.

6. Dudo que hayan cerrado el Museo de Arte.

¡LENGUA VIVA!

Both the preterite and the imperfect can be used to describe past thoughts or emotions. In general, the imperfect describes a particular action or mental state without reference to its beginning or end; the preterite refers to the occurrence of an action, thought, or emotion at a specific moment in time.

Pensaba que mi vida era aburrida.

Pensé que había dicho algo malo.

3

El regreso Durante 30 años, el astronauta Emilio Hernández estuvo en el espacio sin tener noticias de la Tierra. Usa el pluscuamperfecto del subjuntivo para indicar lo que Emilio esperaba que hubiera pasado.

modelo

su esposa / no casarse con otro hombre
Esperaba que su esposa no se hubiera casado con otro hombre.

1. su hija Diana / conseguir ser una pintora famosa

2. los políticos / acabar con todas las guerras (*wars*)

3. su suegra / irse a vivir a El Salvador

4. su hermano Ramón / tener un empleo por más de dos meses

5. todos los países / resolver sus problemas económicos

6. su esposa / ya pagar el préstamo de la casa

Comunicación

4

El robo La semana pasada desaparecieron varias obras del museo. El detective sospechaba (*suspected*) que los empleados del museo le estaban mintiendo. En parejas, siguiendo el modelo, digan qué era lo que pensaba el detective. Después, intenten descubrir qué pasó realmente. Presenten su teoría del robo a la clase.

> **modelo**
>
> El vigilante (*security guard*) le dijo que alguien había abierto las ventanas de una sala.
>
> *El detective dudaba (no creía, pensaba que no era cierto, etc.) que alguien hubiera abierto las ventanas de la sala.*

1. El carpintero le dijo que ese día no había encontrado nada extraño en el museo.
2. La abogada le dijo que ella no había estado en el museo esa tarde.
3. El técnico le dijo que había comprado una casa porque había ganado la lotería.
4. La directora del museo le dijo que había visto al vigilante hablando con la abogada.
5. El vigilante dijo que la directora había dicho que esa noche no tenían que trabajar.
6. El carpintero se acordó de que la directora y el vigilante habían sido novios.

5

Reacciones Imagina que estos acontecimientos (*events*) ocurrieron la semana pasada. Indica cómo reaccionaste ante cada uno. Comparte tu reacción con un(a) compañero/a.

> **modelo**
>
> Vino a visitarte tu tía de El Salvador.
>
> *Me alegré de que hubiera venido a visitarme.*

1. Perdiste tu mochila con tu teléfono celular.
2. Tus padres te dijeron que no puedes usar el auto por un mes entero.
3. Encontraste cincuenta mil dólares cerca del banco.
4. Tus amigos/as te hicieron una fiesta sorpresa.

Síntesis

6

Noticias En grupos, lean estos titulares (*headlines*) e indiquen cuáles hubieran sido sus reacciones si esto les hubiera ocurrido a ustedes. Luego escriban tres titulares más y compártanlos con los demás grupos. Utilicen el pluscuamperfecto del subjuntivo.

> **Un grupo de turistas se encuentra con Elvis en una gasolinera.**
> El cantante los saludó, les cantó unas canciones y después se marchó hacia las montañas, caminando tranquilamente.

> **Tres jóvenes estudiantes se perdieron en un bosque de Maine.**
> Después de estar tres horas perdidos, aparecieron en una gasolinera de un desierto de Australia.

> **Ayer, una joven hondureña, después de pasar tres años en coma, se despertó y descubrió que podía entender el lenguaje de los animales.**
> La joven, de momento, no quiere hablar con la prensa, pero una amiga suya nos dice que está deseando ir al zoológico.

Recapitulación

 Diagnostics

Completa estas actividades para repasar los conceptos de gramática que aprendiste en esta lección.

1 **Completar** Completa el cuadro con la forma correcta del condicional de los verbos. **24 pts.**

Infinitivo	tú	nosotros	ellas
pintar			
			querrían
		podríamos	
	habrías		

2 **Diálogo** Completa el diálogo con la forma adecuada del condicional de los verbos de la lista. **16 pts.**

dejar	gustar	ir	poder
encantar	hacer	llover	sorprender

OMAR ¿Sabes? El concierto al aire libre fue un éxito. Yo creía que (1) _____, pero hizo sol.

NIDIA Ah, me alegro. Te dije que Jaime y yo (2) _____, pero tuvimos un imprevisto (*something came up*) y no pudimos. Y a Laura, ¿la viste allí?

OMAR Sí, ella fue. A diferencia de ti, al principio me dijo que ella y su amiga no (3) _____ ir, pero al final aparecieron. Necesitaba relajarse un poco; está muy estresada con sus estudios.

NIDIA A mí no me (4) _____ que se enfermara. Yo, en su lugar, (5) _____ de estudiar obsesivamente y (6) _____ más actividades interesantes fuera de la escuela.

OMAR Estoy de acuerdo. Oye, esta noche voy a ir al teatro. ¿(7) _____ ir conmigo? Jaime también puede acompañarnos. Es una comedia familiar.

NIDIA A nosotros (8) _____ ir. ¿A qué hora es?

OMAR A las siete y media.

RESUMEN GRAMATICAL

8.1 **The conditional** *pp. 272–273*

The conditional tense* of **aplaudir**	
aplaudiría	aplaudiríamos
aplaudirías	aplaudiríais
aplaudiría	aplaudirían

*Same endings for **-ar**, **-er**, and **-ir** verbs.

Irregular verbs		
Infinitive	**Stem**	**Conditional**
decir	dir-	diría
hacer	har-	haría
poder	podr-	podría
poner	pondr-	pondría
haber	habr-	habría
querer	querr-	querría
saber	sabr-	sabría
salir	saldr-	saldría
tener	tendr-	tendría
venir	vendr-	vendría

8.2 **The conditional perfect** *p. 276*

pintar	
habría pintado	habríamos pintado
habrías pintado	habríais pintado
habría pintado	habrían pintado

8.3 **The past perfect subjunctive** *p. 279*

cantar	
hubiera cantado	hubiéramos cantado
hubieras cantado	hubierais cantado
hubiera cantado	hubieran cantado

▶ To form the past perfect subjunctive, take the **Uds./ellos/ellas** form of the preterite of **haber**, drop the ending (**-ron**), and add the past subjunctive endings (**-ra**, **-ras**, **-ra**, **-ramos**, **-rais**, **-ran**).

▶ Note that the **nosotros/as** form takes an accent.

3 **Fin de curso** El espectáculo de fin de curso de la escuela ha sido cancelado por falta de interés y ahora todos se arrepienten (*regret it*). Completa las oraciones con el condicional perfecto. **16 pts.**

1. La profesora de danza _____ (convencer) a los mejores bailarines de que participaran.
2. Tú no _____ (escribir) en el periódico que el comité organizador era incompetente.
3. Los profesores _____ (animar) a todos a participar.
4. Nosotros _____ (invitar) a nuestros amigos y familiares.
5. Tú _____ (publicar) un artículo muy positivo sobre el espectáculo.
6. Los padres de los estudiantes _____ (dar) más dinero y apoyo.
7. Mis compañeros de drama y yo _____ (presentar) una comedia muy divertida.
8. El director _____ (hacer) del espectáculo su máxima prioridad.

4 **El arte** Estos estudiantes universitarios están decepcionados (*disappointed*) con sus estudios de arte. Escribe oraciones a partir de los elementos dados. Usa el imperfecto del indicativo y el pluscuamperfecto del subjuntivo. Sigue el modelo. **12 pts.**

> **modelo**
>
> yo / esperar / la universidad / poner / más énfasis en el arte
> *Yo esperaba que la universidad hubiera puesto más énfasis en el arte.*

1. Sonia / querer / el departamento de arte / ofrecer / más clases
2. no haber nadie / oír / de ningún ex alumno / con éxito en el mundo artístico
3. nosotros / desear / haber / más exhibiciones de trabajos de estudiantes
4. ser una lástima / los profesores / no ser / más exigentes
5. Juanjo / dudar / nosotros / poder / escoger una universidad con menos recursos
6. ser increíble / la universidad / no construir / un museo más grande

5 **Una vida diferente** Piensa en un(a) artista famoso/a (pintor(a), cantante, actor/actriz, bailarín/bailarina, etc.) y escribe al menos cinco oraciones que describan cómo sería tu vida ahora si fueras esa persona. Usa las tres formas verbales que aprendiste en esta lección ¡y también tu imaginación! **32 pts.**

6 **Adivinanza** Completa la adivinanza con la forma correcta del condicional del verbo **ser** y adivina la respuesta. **¡4 puntos EXTRA!**

PISO
Nariz
Ricos
Feliz

“ Me puedes ver en tu piso,
y también en tu nariz;
sin mí no habría ricos
y nadie _____ (ser) feliz.
¿Quién soy? ”

_____

Lectura

Audio: Reading
Additional Reading

Antes de leer

Estrategia

Identifying stylistic devices

There are several stylistic devices (**recursos estilísticos**) that can be used for effect in poetic or literary narratives. *Anaphora* consists of successive clauses or sentences that start with the same word(s). *Parallelism* uses successive clauses or sentences with a similar structure. *Repetition* consists of words or phrases repeated throughout the text. *Enumeration* uses the accumulation of words to describe something. Identifying these devices can help you to focus on topics or ideas that the author chose to emphasize.

Contestar

1. ¿Cuál es tu instrumento musical favorito? ¿Sabes tocarlo? ¿Puedes describir su forma?
2. Compara el sonido de ese instrumento con algunos sonidos de la naturaleza. (Por ejemplo: El piano suena como la lluvia).
3. ¿Qué instrumento es el "protagonista" de estos poemas de García Lorca?
4. Localiza en estos tres poemas algunos ejemplos de los recursos estilísticos que aparecen en la **Estrategia**. ¿Qué elementos o temas se enfatizan mediante esos recursos?

Resumen

Completa el párrafo con palabras de la lista.

artesanía	música	poeta
compositor	poemas	talento

Los _____ se titulan *La guitarra, Las seis cuerdas* y *Danza*. Son obras del _____ Federico García Lorca. Estos textos reflejan la importancia de la _____ en la poesía de este escritor. Lorca es conocido por su _____.

recursos

vText

CH

pp. 121–124

vhlcentral

Federico García Lorca

El escritor español Federico García Lorca nació en 1898 en Fuente Vaqueros, Granada. En 1919 se mudó a Madrid y allí vivió en una residencia estudiantil, donde se hizo° amigo del pintor Salvador Dalí y del cineasta° Luis Buñuel. En 1920 estrenó° su primera obra teatral, El maleficio° de la mariposa°. En 1929 viajó a los Estados Unidos, donde asistió a clases en la Universidad de Columbia. Al volver a España, dirigió la compañía de teatro universitario "La Barraca", un proyecto promovido° por el gobierno de la República para llevar el teatro clásico a los pueblos españoles. Fue asesinado en agosto de 1936 en Víznar, Granada, durante la dictadura° militar de Francisco Franco. Entre sus obras más conocidas están Poema del cante jondo *(1931) y* Bodas de sangre *(1933). El amor, la muerte y la marginación son algunos de los temas presentes en su obra.*

Danza

EN EL HUERTO° DE LA PETENERA°

En la noche del huerto,
seis gitanas°,
vestidas de blanco
bailan.

En la noche del huerto,
coronadas°,
con rosas de papel
y biznagas°.

En la noche del huerto,
sus dientes de nácar°,
escriben la sombra°
quemada.

Y en la noche del huerto,
sus sombras se alargan°,
y llegan hasta el cielo
moradas.

Las seis cuerdas

La guitarra,
hace llorar° a los sueños°.
El sollozo° de las almas°
perdidas,
se escapa por su boca
redonda°.
Y como la tarántula
teje° una gran estrella
para cazar suspiros°,
que flotan en su negro
aljibe° de madera°.

La guitarra

Empieza el llanto°
de la guitarra.
Se rompen las copas
de la madrugada°.
Empieza el llanto
de la guitarra.
Es inútil
callarla°.
Es imposible
callarla.
Llora monótona
como llora el agua,
como llora el viento
sobre la nevada°.
Es imposible
callarla.
Llora por cosas
lejanas°.
Arena° del Sur caliente
que pide camelias blancas.
Llora flecha sin blanco°,
la tarde sin mañana,
y el primer pájaro muerto
sobre la rama°.
¡Oh guitarra!
Corazón malherido°
por cinco espadas°.

Después de leer

Comprensión

Completa cada oración con la opción correcta.

1. En el poema *La guitarra* se habla del "llanto" de la guitarra. La palabra "llanto" se relaciona con el verbo _____.
   a. llover b. cantar c. llorar
2. El llanto de la guitarra en *La guitarra* se compara con _____.
   a. el viento b. la nieve c. el tornado
3. En el poema *Las seis cuerdas* se personifica a la guitarra como _____.
   a. una tarántula b. un pájaro c. una estrella
4. En *Danza*, las gitanas bailan en el _____.
   a. teatro b. huerto c. patio

Interpretación

En grupos pequeños, respondan a las preguntas.

1. En los poemas *La guitarra* y *Las seis cuerdas* se personifica a la guitarra. Analicen esa personificación. ¿Qué cosas humanas puede hacer la guitarra? ¿En qué se parece a una persona?
2. ¿Creen que la música de *La guitarra* y *Las seis cuerdas* es alegre o triste? ¿En qué tipo de música te hace pensar?
3. ¿Puede existir alguna relación entre las seis cuerdas de la guitarra y las seis gitanas bailando en el huerto en el poema *Danza*? ¿Cuál?

Conversación

Primero, comenta con un(a) compañero/a tus gustos musicales (instrumentos favoritos, grupos, estilo de música, cantantes). Después, intercambien las experiencias más intensas o importantes que hayan tenido con la música (un concierto, un recuerdo asociado a una canción, etc.).

se hizo *he became* cineasta *filmmaker* estrenó *premiered* maleficio *curse; spell* mariposa *butterfly* promovido *promoted* dictadura *dictatorship* huerto *orchard* petenera *Andalusian song* gitanas *gypsies* coronadas *crowned* biznagas *type of plant* nácar *mother-of-pearl* sombra *shadow* se alargan *get longer* llorar *to cry* sueños *dreams* sollozo *sobbing* almas *souls* redonda *round* teje *spins* suspiros *sighs* aljibe *well* madera *wood* llanto *crying* madrugada *dawn* inútil callarla *useless to silence her* nevada *snowfall* lejanas *far-off* Arena *Sand* flecha sin blanco *arrow without a target* rama *branch* malherido *wounded* espadas *swords*

Escritura

Estrategia

Finding biographical information

Biographical information can be useful for a great variety of writing topics. Whether you are writing about a famous person, a period in history, or even a particular career or industry, you will be able to make your writing both more accurate and more interesting when you provide detailed information about the people who are related to your topic.

To research biographical information, you may wish to start with general reference sources, such as encyclopedias and periodicals. Additional background information on people can be found in biographies or in nonfiction books about the person's field or industry. For example, if you wanted to write about Sonia Sotomayor, you could find background information from periodicals, including magazine interviews. You might also find information in books or articles related to contemporary politics and Law.

Biographical information may also be available on the Internet, and depending on your writing topic, you may even be able to conduct interviews to get the information you need. Make sure to confirm the reliability of your sources whenever your writing includes information about other people.

You might want to look for the following kinds of information:

► date of birth
► date of death
► childhood experiences
► education
► family life
► place of residence
► life-changing events
► personal and professional accomplishments

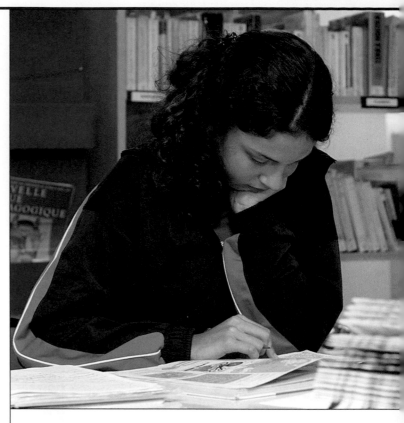

Tema

¿A quién te gustaría conocer?

Si pudieras invitar a cinco personas famosas a cenar en tu casa, ¿a quiénes invitarías? Pueden ser de cualquier (*any*) época de la historia y de cualquier profesión. Algunas posibilidades son:

► el arte
► la música
► el cine
► las ciencias
► la historia
► la política

Escribe una composición breve sobre la cena. Explica por qué invitarías a estas personas y describe lo que harías, lo que preguntarías y lo que dirías si tuvieras la oportunidad de conocerlas. Utiliza el condicional.

recursos

v Text   CA   CH   vhlcentral
pp. 173–174   pp. 125–126

Escuchar Audio

Preparación

Basándote en el dibujo, ¿qué palabras crees que usaría
un crítico en una reseña (*review*) de esta película?

Ahora escucha

Ahora vas a escuchar la reseña de la película.
Mientras escuches al crítico, recuerda que las
críticas de cine son principalmente descriptivas.
La primera vez que escuchas, identifica las
palabras clave (*key*) y escríbelas en la columna
A. Luego, escucha otra vez la reseña e identifica
el significado de las palabras en la columna B
mediante el contexto.

A	B
1. _____	1. estrenar
2. _____	2. a pesar de
3. _____	3. con reservas
4. _____	4. supuestamente
5. _____	5. la trama
6. _____	6. conocimiento

Comprensión

Cierto o falso

	Cierto	Falso
1. *El fantasma del lago Enriquillo* es una película de ciencia ficción.	○	○
2. Los efectos especiales son espectaculares.	○	○
3. Generalmente se ha visto a Jorge Verdoso en comedias románticas.	○	○
4. Jaime Rebelde es un actor espectacular.	○	○

Preguntas

1. ¿Qué aspectos de la película le gustaron al crítico?
2. ¿Qué no le gustó al crítico de la película?
3. Si a ti te gustaran los actores, ¿irías a ver esta película? ¿Por qué?
4. Para ti, ¿cuáles son los aspectos más importantes de una película? Explica tu respuesta.

Ahora ustedes

Trabajen en grupos. Escojan una película con actores muy
famosos que no fue lo que esperaban. Escriban una reseña
que describa el papel de los actores, la trama, los efectos
especiales, la cinematografía u otros aspectos importantes
de la película.

Video:
TV Clip

Lo que me prende

Tenía muy poco tiempo para dedicarle° [al piano].

Preparación

Contesta las preguntas. Después, comparte tus respuestas con un(a) compañero/a.

1. En tu vida, ¿qué es lo que te prende (*what rocks your world*)?
2. ¿Cuándo descubriste esta pasión? ¿Cómo?
3. ¿Cómo compartes esta pasión con el mundo?

Lo que me prende

Lo que me prende es un programa del canal mexicano Once TV que muestra lo que a los jóvenes les apasiona° desde su perspectiva, es decir°, como ellos lo ven. Los episodios muestran desde el gusto de un chico por el grafiti o la afición° de una chica por la natación, hasta la pasión de una joven por el piano, historia que te presentamos a continuación°. Montserrat es una mexicana que ama° tocar este instrumento. Aunque comenzó sus lecciones a los nueve años, la música ha estado dentro de ella desde antes de nacer y es ahora su estilo de vida°.

les apasiona *have a passion for* es decir *that is* afición *interest in* a continuación *next* ama *loves* estilo de vida *lifestyle* dedicarle *to devote to it*

Vocabulario útil

el detonante	*trigger*
majestuoso	*majestic*
la pieza	*piece*
la prepa(ratoria)	*high-school (Mex.)*
propedéutico	*preparatory (course)*
rebasa	*exceeds*

Comprensión

Indica las expresiones que escuches en el anuncio.

_____ 1. A mí lo que me prende es tocar el piano.

_____ 2. La música siempre me gustó.

_____ 3. Le prohibimos escuchar música clásica.

_____ 4. Estuve en el instrumento correcto.

_____ 5. Siempre tuve tiempo para ir a fiestas.

Conversación

En pequeños grupos, conversen sobre Montserrat, su vida y pasión, y compárenlas con los intereses y pasiones de las personas del grupo.

Aplicación

Prepara una presentación para explicarle a la clase lo que te prende y cómo esta pasión ha cambiado y definido tu vida. Si no tienes una pasión personal que quieras compartir, escoge a una persona que conozcas (uno/a de tus amigos/as, un familiar o una persona famosa) y presenta lo que le prende y cómo ha cambiado y definido su vida.

Practice more at
vhlcentral.com.

recursos

v̌ Text   vhlcentral

Video:
Flash cultura

Todos los países hispanos cuentan con una gran variedad de museos, desde arte clásico o contemporáneo, hasta los que se especializan en la rica historia local que puede venir desde las antiguas° culturas prehispánicas. El Museo de Arte Popular en la Ciudad de México, que viste en el episodio de **Fotonovela**, tiene como misión difundir°, preservar y continuar las técnicas tradicionales de la elaboración de artesanías mexicanas. Algunas de ellas son la cerámica, la joyería°, los textiles y el papel maché. A continuación vas a ver otro tipo de museos en España.

Vocabulario útil

el lienzo	*canvas*
la muestra	*exhibit*
la obra maestra	*masterpiece*
el primer plano	*foreground*

Preparación

¿Te interesa el arte? Cuando viajas, ¿visitas los museos del lugar al que vas? ¿Cuál es, de entre todas las artes, la que más te gusta o emociona?

¿Cierto o falso?

Indica si las oraciones son **ciertas** o **falsas**.

1. En Madrid, la oferta de arte es muy limitada.

2. En el Triángulo Dorado de los museos hay tres museos muy importantes de Madrid.

3. En la obra *Las meninas* de Velázquez, la perspectiva es muy real.

4. El Museo Reina Sofía está dedicado al arte contemporáneo y antiguo.

5. El lienzo *Guernica* de Picasso es pequeño.

6. La colección del Museo Thyssen era privada y luego fue donada (*donated*) al estado español.

7. El Greco era español.

antiguas *ancient* difundir *to spread* joyería *jewelry* aseguran *assure*

Palacios del arte

... una ciudad [...] con una riquísima y selecta oferta de hoteles, restaurantes [...] y especialmente... ¡arte!

El edificio fue [...] un hospital. Hoy en día, está dedicado al arte contemporáneo.

Muchos aseguran° que es el primer surrealista.

Practice more at
vhlcentral.com.

recursos

v̂ Text   CA   vhlcentral
pp. 103–104

El Salvador

Video: *Panorama cultural*
Interactive Map

El país en cifras

▸ **Área:** 21.040 km² (8.124 millas²),
el tamaño° de Massachusetts

▸ **Población:** 6.125.000

*El Salvador es el país centroamericano más
pequeño y el más densamente poblado. Su
población, al igual que la de Honduras, es muy
homogénea: casi el 90 por ciento es mestiza.*

▸ **Capital:** San Salvador—1.605.000

▸ **Ciudades principales:** Soyapango, Santa Ana,
San Miguel, Mejicanos

▸ **Moneda:** dólar estadounidense

▸ **Idiomas:** español (oficial), náhuatl, lenca

Bandera de El Salvador

Salvadoreños célebres

▸ **Óscar Romero,** arzobispo° y activista por
los derechos humanos° (1917–1980)

▸ **Claribel Alegría,** poeta, novelista y
cuentista (1924–)

▸ **Roque Dalton,** poeta, ensayista y novelista
(1935–1975)

▸ **María Eugenia Brizuela
de Ávila,** política (1956–)

▸ **Francesca Miranda,**
diseñadora (1957–)

Óscar Romero

tamaño *size* arzobispo *archbishop* derechos humanos *human rights*
laguna *lagoon* sirena *mermaid*

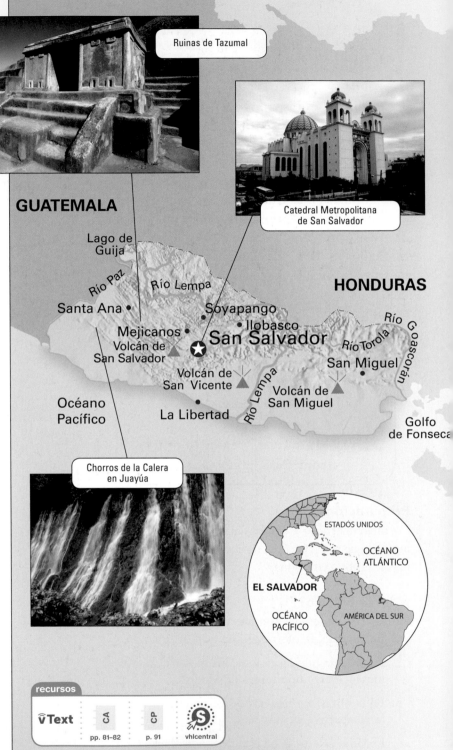

Ruinas de Tazumal

Catedral Metropolitana
de San Salvador

GUATEMALA

Lago de
Guija

Río Paz

Río Lempa

HONDURAS

Santa Ana •

Soyapango
• Ilobasco
Mejicanos • San Salvador

Río Torola

Río Goascorán

Volcán de
San Salvador

San Miguel

Volcán de
San Vicente

Río Lempa

Volcán de
San Miguel

Océano
Pacífico

La Libertad

Golfo
de Fonseca

Chorros de la Calera
en Juayúa

ESTADOS UNIDOS

OCÉANO
ATLÁNTICO

EL SALVADOR

OCÉANO
PACÍFICO

AMÉRICA DEL SUR

recursos

v̂Text

CA
pp. 81–82

CP
p. 91

vhlcentral

¡Increíble pero cierto!

El rico folclore salvadoreño se basa sobre todo
en sus extraordinarios recursos naturales. Por
ejemplo, según una leyenda, las muertes que
se producen en la laguna° de Alegría tienen
su explicación en la existencia de una sirena°
solitaria que vive en el lago y captura a los
jóvenes atractivos.

Deportes • El surfing

El Salvador es uno de los destinos favoritos en Latinoamérica para la práctica del surfing. Cuenta con 300 kilómetros de costa a lo largo del Océano Pacífico y sus olas° altas son ideales para quienes practican este deporte. De sus playas, La Libertad es la más visitada por surfistas de todo el mundo, gracias a que está muy cerca de la capital salvadoreña. Sin embargo, los fines de semana muchos visitantes prefieren viajar a la Costa del Bálsamo, donde se concentra menos gente.

Naturaleza • El Parque Nacional Montecristo

El Parque Nacional Montecristo se encuentra en la región norte del país. Se le conoce también como "El Trifinio" porque se ubica° en el punto donde se unen las fronteras de Guatemala, Honduras y El Salvador. Este bosque reúne muchas especies vegetales y animales, como orquídeas, monos araña°, pumas, quetzales y tucanes. Además, las copas° de sus enormes árboles forman una bóveda° que impide° el paso de la luz solar. Este espacio natural se encuentra a una altitud de 2.400 metros (7.900 pies) sobre el nivel del mar y recibe 200 centímetros (80 pulgadas°) de lluvia al año.

Artes • La artesanía de Ilobasco

Ilobasco es un pueblo conocido por sus artesanías. En él se elaboran objetos con arcilla° y cerámica pintada a mano, como juguetes°, adornos° y utensilios de cocina. Además, son famosas sus "sorpresas", que son pequeñas piezas° de cerámica en cuyo interior se representan escenas de la vida diaria. Los turistas realizan excursiones para conocer paso a paso° la fabricación de estos productos.

 ¿Qué aprendiste? Contesta cada pregunta con una oración completa.

1. ¿Qué tienen en común las poblaciones de El Salvador y Honduras?

2. ¿Qué es el náhuatl?

3. ¿Quién es María Eugenia Brizuela de Ávila?

4. Hay muchos lugares ideales para el surfing en El Salvador. ¿Por qué?

5. ¿A qué altitud se encuentra el Parque Nacional Montecristo?

6. ¿Cuáles son algunos de los animales y las plantas que viven en este parque?

7. ¿Por qué al Parque Nacional Montecristo se le llama también El Trifinio?

8. ¿Por qué es famoso el pueblo de Ilobasco?

9. ¿Qué se puede ver en un viaje a Ilobasco?

10. ¿Qué son las "sorpresas" de Ilobasco?

 Conexión Internet Investiga estos temas en **vhlcentral.com**.

1. El Parque Nacional Montecristo es una reserva natural. Busca información sobre otros parques o zonas protegidas en El Salvador. ¿Cómo son estos lugares? ¿Qué tipos de plantas y animales se encuentran allí?

2. Busca información sobre museos u otros lugares turísticos en San Salvador (u otra ciudad de El Salvador).

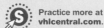
Practice more at **vhlcentral.com**.

olas *waves* se ubica *it is located* monos araña *spider monkeys* copas *tops* bóveda *cap* impide *blocks* pulgadas *inches* arcilla *clay* juguetes *toys* adornos *ornaments* piezas *pieces* paso a paso *step by step*

Honduras

S Video: *Panorama cultural*
Interactive Map

El país en cifras

▶ **Área:** 112.492 km^2 (43.870 millas^2),
un poco más grande que Tennessee

▶ **Población:** 8.598.000
*Cerca del 90 por ciento de la población de
Honduras es mestiza. Todavía hay pequeños
grupos indígenas como los jicaque, los miskito
y los paya, que han mantenido su cultura sin
influencias exteriores y que no hablan español.*

▶ **Capital:** Tegucigalpa—1.088.000

Tegucigalpa

▶ **Ciudades principales:**
San Pedro Sula, El Progreso, La Ceiba

▶ **Moneda:** lempira

▶ **Idiomas:** español (oficial), lenguas indígenas, inglés

Bandera de Honduras

Hondureños célebres

▶ **José Antonio Velásquez,** pintor (1906–1983)

▶ **Argentina Díaz Lozano,** escritora (1917–1999)

▶ **Carlos Roberto Reina,** juez° y presidente del
país (1926–2003)

▶ **Roberto Sosa,** escritor (1930–2011)

▶ **Salvador Moncada,** científico (1944–)

juez *judge* presos *prisoners* madera *wood* hamacas *hammocks*

Guacamayo

Mercado de artesanías
en Honduras

Islas de   Mar Caribe
la Bahía

Golfo de
Honduras

GUATEMALA   La Ceiba   • Santa Fe   Laguna
      Río Ulúa   de
San Pedro Sula   **Sierra de la Esperanza**   Caratasca

Sierra Espíritu   El Progreso   Río Patuca
Santo   **Montaña**   **Montañas de Colón**
      Sierra Grita   Lago de   **Villasanta**
            Yojoa   Río Guyambre   Río Coco

Tegucigalpa

EL SALVADOR   Río Choluteca

Océano   **NICARAGUA**
Pacífico

Baile tradicional

ESTADOS UNIDOS

OCÉANO
ATLÁNTICO

HONDURAS

OCÉANO   AMÉRICA DEL SUR
PACÍFICO

recursos

v̄Text   CA   CP   **S**
       pp. 83–84   p. 92   vhlcentral

¡Increíble pero cierto!

¿Irías de compras a una prisión? Hace un tiempo,
cuando la Penitenciaría Central de Tegucigalpa aún
funcionaba, los presos° hacían objetos de madera°,
hamacas° y hasta instrumentos musicales y los
vendían en una tienda dentro de la prisión. Allí,
los turistas podían regatear con este especial
grupo de artesanos.

Lugares • Copán

Copán es una zona arqueológica muy importante de Honduras. Fue construida por los mayas y se calcula que en el año 400 d. C. albergaba° una gran ciudad, con más de 150 edificios y una gran cantidad de plazas, patios, templos y canchas° para el juego de pelota°. Las ruinas más famosas del lugar son los edificios adornados con esculturas pintadas a mano, los cetros° ceremoniales de piedra y el templo Rosalila.

Economía • Las plantaciones de bananas

Desde hace más de cien años, las bananas son la exportación principal de Honduras y han tenido un papel fundamental en su historia. En 1899, la Standard Fruit Company empezó a exportar bananas del país centroamericano hacia Nueva Orleáns. Esta fruta resultó tan popular en los Estados Unidos que generó grandes beneficios° para esta compañía y para la United Fruit Company, otra empresa norteamericana. Estas transnacionales intervinieron muchas veces en la política hondureña gracias al enorme poder° económico que alcanzaron en la nación.

San Antonio de Oriente, 1957,
José Antonio Velásquez

Artes • José Antonio Velásquez (1906–1983)

José Antonio Velásquez fue un famoso pintor hondureño. Era catalogado como primitivista° porque en sus obras representaba aspectos de su vida cotidiana. En la pintura de Velásquez es notorio el énfasis en los detalles°, la falta casi total de los juegos de perspectiva y la pureza en el uso del color. Por todo ello, el artista ha sido comparado con importantes pintores europeos del mismo género°, como Paul Gauguin o Emil Nolde.

¿Qué aprendiste? Contesta cada pregunta con una oración completa.

1. ¿Qué es el lempira?

2. ¿Por qué es famoso Copán?

3. ¿Dónde está el templo Rosalila?

4. ¿Cuál es la exportación principal de Honduras?

5. ¿Qué fue la Standard Fruit Company?

6. ¿Cómo es el estilo de José Antonio Velásquez?

7. ¿Qué temas trataba Velásquez en su pintura?

Conexión Internet Investiga estos temas en **vhlcentral.com**.

1. ¿Cuáles son algunas de las exportaciones principales de Honduras, además de las bananas? ¿A qué países exporta Honduras sus productos?

2. Busca información sobre Copán u otro sitio arqueológico en Honduras. En tu opinión, ¿cuáles son los aspectos más interesantes del sitio?

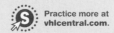

Practice more at
vhlcentral.com.

albergaba *housed* canchas *courts* juego de pelota
pre-Columbian ceremonial ball game cetros *scepters*
beneficios *profits* poder *power* primitivista *primitivist*
detalles *details* género *genre*

My Vocabulary

Las bellas artes

el baile, la danza	dance
la banda	band
las bellas artes	(fine) arts
el boleto	ticket
la canción	song
la comedia	comedy; play
el concierto	concert
el cuento	short story
la cultura	culture
el drama	drama; play
la escultura	sculpture
el espectáculo	show
la estatua	statue
el festival	festival
la historia	history; story
la música	music
la obra	work (of art, music, etc.)
la obra maestra	masterpiece
la ópera	opera
la orquesta	orchestra
el personaje (principal)	(main) character
la pintura	painting
el poema	poem
la poesía	poetry
el público	audience
el teatro	theater
la tragedia	tragedy
aburrirse	to get bored
aplaudir	to applaud
apreciar	to appreciate
dirigir	to direct
esculpir	to sculpt
hacer el papel (de)	to play the role (of)
pintar	to paint
presentar	to present; to put on (a performance)
publicar	to publish
tocar (un instrumento musical)	to touch; to play (a musical instrument)
artístico/a	artistic
clásico/a	classical
dramático/a	dramatic
extranjero/a	foreign
folclórico/a	folk
moderno/a	modern
musical	musical
romántico/a	romantic
talentoso/a	talented

Los artistas

el bailarín, la bailarina	dancer
el/la cantante	singer
el/la compositor(a)	composer
el/la director(a)	director; (musical) conductor
el/la dramaturgo/a	playwright
el/la escritor(a)	writer
el/la escultor(a)	sculptor
la estrella (m., f.) de cine	movie star
el/la músico/a	musician
el/la poeta	poet

El cine y la televisión

el canal	channel
el concurso	game show; contest
los dibujos animados	cartoons
el documental	documentary
el premio	prize; award
el programa de entrevistas/realidad	talk /reality show
la telenovela	soap opera
… de acción	action
… de aventuras	adventure
… de ciencia ficción	science fiction
… de horror	horror
… de vaqueros	western

La artesanía

la artesanía	craftsmanship; crafts
la cerámica	pottery
el tejido	weaving

Expresiones útiles	See page 267.

recursos

vText

CA
p. 153

vhlcentral

Communicative Goals

VOICE BOARD

I will be able to:
- Reflect on experiences, such as travel
- Discuss current events and issues
- Talk about and discuss the media

A PRIMERA VISTA
- ¿Qué profesión tendrá el hombre con un micrófono en la mano?
- ¿Está haciendo una entrevista o un reportaje?
- ¿Está hablando de una noticia política o deportiva?

Las actualidades

My Vocabulary
Tutorials

Más vocabulario

el acontecimiento	*event*
las actualidades	*news; current events*
el artículo	*article*
la encuesta	*poll; survey*
el informe	*report*
los medios de comunicación	*media; means of communication*
las noticias	*news*
la prensa	*press*
el reportaje	*report*
el desastre (natural)	*(natural) disaster*
el huracán	*hurricane*
la inundación	*flood*
el terremoto	*earthquake*
el desempleo	*unemployment*
la (des)igualdad	*(in)equality*
la discriminación	*discrimination*
la guerra	*war*
la libertad	*liberty; freedom*
la paz	*peace*
el racismo	*racism*
el sexismo	*sexism*
el SIDA	*AIDS*
anunciar	*to announce; to advertise*
comunicarse (con)	*to communicate (with)*
durar	*to last*
informar	*to inform*
luchar (por/contra)	*to fight; to struggle (for/against)*
transmitir, emitir	*to broadcast*
(inter)nacional	*(inter)national*
peligroso/a	*dangerous*

Variación léxica

informe ⟷ trabajo (*Esp.*)

noticiero ⟷ informativo (*Esp.*)

la tormenta

el ejército

el soldado

el discurso

la huelga

el candidato

el crimen

el choque

la violencia

VOTA POR DÍAZ

NO

La política

el/la ciudadano/a	*citizen*
el deber	*responsibility; obligation*
los derechos	*rights*
la dictadura	*dictatorship*
las elecciones	*election*
el impuesto	*tax*
la política	*politics*
el/la representante	*representative*
declarar	*to declare*
elegir (e:i)	*to elect*
obedecer	*to obey*
votar	*to vote*
político/a	*political*

el tornado

el incendio

el diario

el noticiero

la locutora

Práctica

1 **Escuchar** Escucha las noticias y selecciona la frase que mejor completa las oraciones.

1. Los ciudadanos creen que ____.
   a. hay un huracán en el Caribe
   b. hay discriminación en la imposición de los impuestos
   c. hay una encuesta en el Caribe

2. Los ciudadanos creen que los candidatos tienen ____.
   a. el deber de asegurar la igualdad en los impuestos
   b. el deber de hacer las encuestas
   c. los impuestos

3. La encuesta muestra que los ciudadanos ____.
   a. quieren desigualdad en las elecciones
   b. quieren hacer otra encuesta
   c. quieren igualdad en los impuestos

4. Hay ____ en el Caribe.
   a. un incendio grande b. una tormenta peligrosa c. un tornado

5. Los servicios de Puerto Rico predijeron anoche que ____ podrían destruir edificios y playas.
   a. los vientos b. los terremotos c. las inundaciones

2 **¿Cierto o falso?** Escucha las oraciones e indica si lo que dice cada una es **cierto** o **falso**, según el dibujo.

1. _____   3. _____   5. _____

2. _____   4. _____   6. _____

3 **Categorías** Mira la lista e indica la categoría de cada uno de estos términos. Las categorías son: **desastres naturales, política** y **medios de comunicación.**

1. reportaje   4. candidato/a   7. prensa

2. inundación   5. encuesta   8. elecciones

3. tornado   6. noticiero   9. terremoto

4 **Definir** Trabaja con un(a) compañero/a para definir estas palabras.

1. guerra   5. discurso   9. huelga

2. crimen   6. acontecimiento   10. racismo

3. ejército   7. sexismo   11. locutor(a)

4. desempleo   8. impuesto   12. libertad

5

Completar Completa la noticia con los verbos adecuados para cada oración. Conjuga los verbos en el tiempo verbal correspondiente.

1. El grupo _____ a todos los medios de comunicación que iba a organizar una huelga general de los trabajadores.
   a. durar   b. votar   c. anunciar

2. Los representantes les pidieron a los ciudadanos que _____ al presidente.
   a. comer   b. obedecer   c. aburrir

3. La oposición, por otro lado, _____ a un líder para promover la huelga.
   a. publicar   b. emitir   c. elegir

4. El líder de la oposición dijo que si el gobierno ignoraba sus opiniones, la huelga iba a _____ mucho tiempo.
   a. transmitir   b. obedecer   c. durar

5. Hoy día, el líder de la oposición declaró que los ciudadanos estaban listos para _____ por sus derechos.
   a. informar   b. comunicarse   c. luchar

6

Conversación Completa esta conversación con las palabras adecuadas.

artículo	derechos	peligrosa
choque	dictaduras	transmitir
declarar	paz	violencia

RAÚL   Oye, Agustín, ¿leíste el (1)_____ del diario *El País*?

AGUSTÍN   ¿Cuál? ¿El del (2)_____ entre dos autobuses?

RAÚL   No, el otro, sobre…

AGUSTÍN   ¿Sobre la tormenta (3)_____ que viene mañana?

RAÚL   No, hombre, el artículo sobre política…

AGUSTÍN   ¡Ay, claro! Un análisis de las peores (4)_____ de la historia.

RAÚL   ¡Agustín! Deja de interrumpir. Te quería hablar del artículo sobre la organización que lucha por los (5)_____ humanos y la (6)_____.

AGUSTÍN   Ah, no lo leí.

RAÚL   Parece que te interesan más las noticias sobre la (7)_____, ¿eh?

7

La vida civil ¿Estás de acuerdo con estas afirmaciones? Comparte tus respuestas con la clase.

1. Los medios de comunicación nos informan bien de las noticias.
2. Los medios de comunicación nos dan una visión global del mundo.
3. Los candidatos para las elecciones deben aparecer en todos los medios de comunicación.
4. Nosotros y nuestros representantes nos comunicamos bien.
5. Es importante que todos obedezcamos las leyes.
6. Es importante leer el diario todos los días.
7. Es importante mirar o escuchar un noticiero todos los días.
8. Es importante votar.

AYUDA

You may want to use these expressions:

En mi opinión…
Está claro que…
(No) Estoy de acuerdo.
Según mis padres…
Sería ideal que…

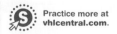

Practice more at
vhlcentral.com.

Comunicación

8 **Las actualidades** En parejas, describan lo que ven en las fotos. Luego, escriban una historia para explicar qué pasó en cada foto.

9 **Un noticiero** En grupos, trabajen para presentar un noticiero de la tarde. Presenten por lo menos tres reportajes sobre espectáculos, política, crimen y temas sociales.

10 **Las elecciones** Trabajen en parejas para representar una entrevista entre un(a) reportero/a de la televisión y un(a) político/a que va a ser candidato/a en las próximas elecciones.

▶ Antes de la entrevista, hagan una lista de los temas de los que el/la candidato/a va a hablar y de las preguntas que el/la reportero/a le va a hacer.

▶ Durante la entrevista, la clase va a hacer el papel del público.

▶ Después de la entrevista, el/la reportero/a va a hacerle preguntas y pedirle comentarios al público.

Hasta pronto, Marissa

Marissa debe regresar a Wisconsin y
quiere despedirse de sus amigos.

PERSONAJES MARISSA SR. DÍAZ

 Video: *Fotonovela*

1

MARISSA ¡Hola, don Roberto!
¿Dónde están todos?

SR. DÍAZ Todos me dijeron que te
pidiera una disculpa de su parte.

MARISSA (*triste*) Ah. No hay
problema. ¿Puedo poner la tele?

SR. DÍAZ Claro.

2

MAITE FUENTES Un incendio
en el centro ha ocasionado
daños en tres edificios. Los
representantes de la policía nos
informan que no hay heridos.
Aunque las elecciones son en
pocas semanas, las encuestas
no muestran un líder definido.

3

MARISSA Si hubiera sabido que
ellos no iban a estar aquí, me
habría despedido anoche.

SR. DÍAZ ¡Ánimo! No es un
adiós, Marissa. Vamos a seguir
en contacto. Pero, creo que
tenemos algo de tiempo antes
de que te vayas. Te llevo a comer
tu última comida mexicana.

6

SR. DÍAZ Chicos, me dicen que se
van a casar. Felicidades.

MIGUEL Nos casamos aquí en
México el año que viene. Ojalá
usted y su esposa puedan ir.
(*a Marissa*) Si tú no estás harta
de nosotros, nos encantaría
que también vinieras.

7

SRA. DÍAZ Marissa, ¿cuál fue tu
experiencia favorita en México?

MARISSA Bueno, si tuviera que
elegir una sola experiencia,
tendría que ser el Día de Muertos.
Chichén Itzá fue muy emocionante
también. No puedo decidirme.
¡La he pasado de película!

8

SRA. DÍAZ Mi hermana Ana María
me pidió que te diera esto.

MARISSA *No way!*

JUAN CARLOS ¿Qué es?

MARISSA La receta del mole
de la tía.

MAITE FUENTES

DON DIEGO

EMPLEADO

SRA. DÍAZ

JIMENA

MIGUEL

FELIPE

MARU

JUAN CARLOS

EMPLEADO Buenos días, señor Díaz. ¡Qué gusto verlo!

SR. DÍAZ Igualmente. Ella es Marissa. Pasó el año con nosotros. Quería que su última comida en México fuera la mejor de todas.

EMPLEADO Muy amable de su parte, señor. Su mesa está lista. Síganme, por favor.

(La familia Díaz y sus amigos sorprenden a Marissa en el restaurante).

MARISSA No tenía ni idea. (*a Jimena*) Tu papá me hizo creer que no podría despedirme de ustedes.

FELIPE Nosotros también tenemos algo para ti.

MARISSA ¡Mi diccionario! Lo dejo contigo, Felipe. Tenías razón. No lo necesito.

SR. DÍAZ Si queremos llegar a tiempo al aeropuerto, tenemos que irnos ya.

MARU Te veremos en nuestra boda.

MARISSA ¡Sí, seguro!

SR. DÍAZ Bueno, vámonos.

MARISSA (*a todos*) Cuídense. Gracias por todo.

recursos

vText · CA pp. 63–64 · vhlcentral

Expresiones útiles

Expressing delight and surprise

¡Qué gusto verlo/la!
How nice to see you! (form.)

¡Qué gusto verte!
How nice to see you! (fam.)

¡No tenía ni idea!
I had no idea!

¡Felicidades!
Congratulations!

Playing a joke on someone

Todos me dijeron que te pidiera una disculpa de su parte.
They all told me to ask you to excuse them / forgive them.

Tu papá me hizo creer que no podría despedirme de ustedes.
Your dad made me think I wouldn't be able to say goodbye to you.

Talking about past and future trips

Si tuviera que elegir una sola experiencia, tendría que ser el Día de Muertos.
If I had to pick just one experience, it would have to be the Day of the Dead.

¡La he pasado de película!
I've had an awesome time!

Ojalá usted y su esposa puedan ir.
I hope you and your wife can come.

Si tú no estás harta de nosotros, nos encantaría que también vinieras.
If you aren't sick of us, we'd love you to come, too.

Si queremos llegar a tiempo al aeropuerto, tenemos que irnos ya.
If we want to get to the airport on time, we should go now.

Additional vocabulary

despedirse *to say goodbye*

¿Qué pasó?

1 **¿Cierto o falso?** Decide si lo que se afirma en las oraciones es **cierto** o **falso.** Corrige las oraciones falsas.

		Cierto	Falso
1.	Según la reportera, las elecciones son la próxima semana.	○	○
2.	Marissa dice que una de sus experiencias favoritas en México fue el Día de Muertos.	○	○
3.	La reportera dice que hay una inundación en el centro.	○	○
4.	La Sra. Díaz le envía la receta de los tacos a Marissa.	○	○
5.	Marissa le deja su diccionario a Jimena.	○	○

2 **Identificar** Identifica quién puede hacer estas afirmaciones.

1. Espero que disfrutes de tu última comida en México.
2. Los voy a extrañar mucho, ¡lo he pasado maravillosamente!
3. El presidente habló sobre los candidatos en estas elecciones.
4. ¿Qué fue lo que más te gustó de México?
5. No faltes a nuestra boda, nos dará mucho gusto verte de nuevo.

MAITE FUENTES

SR. DÍAZ

MARU

MARISSA

SRA. DÍAZ

3 **Preguntas** Contesta las preguntas.

1. ¿Dónde y cuándo se casarán Miguel y Maru?
2. ¿Por qué Marissa no imaginaba que vería a sus amigos en el restaurante?
3. Según lo que dice Maite Fuentes, ¿qué ha ocasionado el incendio en el centro?
4. ¿Por qué el Sr. Díaz le dice a Marissa que tienen que irse ya?
5. ¿Qué dice Marissa sobre la experiencia que vivió en Chichén Itzá?

4 **Las experiencias de Marissa** Trabajen en parejas para representar una conversación en español entre Marissa y un(a) amigo/a con quien se encuentra cuando ella acaba de regresar de México. Hablen de las experiencias buenas y malas que tuvieron durante ese tiempo. Utilicen estas frases y expresiones en la conversación:

▶ ¡Qué gusto volver a verte!
▶ Gusto de verte.
▶ Lo pasé de película/maravillosamente/muy bien.

▶ Me divertí mucho.
▶ Lo mejor fue...
▶ Lo peor fue...

Ortografía y pronunciación
Neologismos y anglicismos

 Audio

As societies develop and interact, new words are needed to refer to inventions and discoveries, as well as to objects and ideas introduced by other cultures. In Spanish, many new terms have been invented to refer to such developments, and additional words have been "borrowed" from other languages.

bajar un programa *download*	**borrar** *to delete*	**correo basura** *junk mail*
en línea *online*	**enlace** *link*	**herramienta** *tool*
navegador *browser*	**pirata** *hacker*	**sistema operativo** *operating system*

Many Spanish neologisms, or "new words," refer to computers and technology. Due to the newness of these words, more than one term may be considered acceptable.

cederrón, CD-ROM	**escáner**	**fax**	**zoom**

In Spanish, many anglicisms, or words borrowed from English, refer to computers and technology. Note that the spelling of these words is often adapted to the sounds of the Spanish language.

jazz, yaz	**rap**	**rock**	**DJ, diyéi**

Music is another common source of anglicisms.

gángster	**hippy, jipi**	**póquer**	**whisky, güisqui**

Other borrowed words refer to people or things that are strongly associated with another culture.

chárter	**esnob**	**estrés**	**flirtear**
gol	**hall**	**hobby**	**iceberg**
jersey	**júnior**	**récord**	**yogur**

There are many other sources of borrowed words. Over time, some anglicisms are replaced by new terms in Spanish, while others are accepted as standard usage.

Práctica Completa el diálogo usando las palabras de la lista.

borrar	correo basura	esnob
chárter	en línea	estrés

GUSTAVO Voy a leer el correo electrónico.

REBECA Bah, yo sólo recibo _____. Lo único que hago con la computadora es _____ mensajes.

GUSTAVO Mira, cariño, hay un anuncio en Internet: un viaje barato a Punta del Este. Es un vuelo _____.

REBECA Últimamente tengo tanto _____. Sería buena idea que fuéramos de vacaciones. Pero busca un hotel muy bueno.

GUSTAVO Rebeca, no seas _____, lo importante es ir y disfrutar. Voy a comprar los boletos ahora mismo _____.

Dibujo Describe el dibujo utilizando por lo menos cinco anglicismos.

recursos

vText | CA | CH |
         | p. 156 | p. 129 | vhlcentral

EN DETALLE

Additional Reading

Protestas sociales

¿Cómo reaccionas ante° una situación injusta? ¿Protestas? Las huelgas y manifestaciones° son expresiones de protesta. Mucha gente asocia las huelgas con "no trabajar", pero no siempre es así.

Hay huelgas donde los empleados del gobierno aplican las regulaciones escrupulosamente, demorando° los procesos administrativos; en otras, los trabajadores aumentan la producción. En países como España, las huelgas muchas veces se anuncian con anticipación° y, en los lugares que van a ser afectados, se ponen carteles con información como: "Esta oficina cerrará el día 14 con motivo de la huelga. Disculpen las molestias°".

Las manifestaciones son otra forma de protesta: la gente sale a la calle llevando carteles con frases y eslóganes. Una forma original de manifestación son los "cacerolazos", en los cuales la gente golpea° cacerolas y sartenes°. Los primeros cacerolazos tuvieron lugar en Chile y más tarde pasaron a otros países. Otras veces,

el buen humor ayuda a confrontar temas serios y los manifestantes° marchan bailando, cantando eslóganes y tocando silbatos° y tambores°.

Actualmente° se puede protestar sin salir de casa. Lo único que necesitas es tener una computadora con conexión a Internet para poder participar en manifestaciones virtuales. Y no sólo de tu país, sino de todo el mundo.

Los eslóganes

El pueblo unido jamás será vencido°. Es el primer verso° de una canción que popularizó el grupo chileno Quilapayún.

Basta ya°. Se ha usado en el País Vasco en España durante manifestaciones en contra del terrorismo.

Agua para todos. Se ha gritado en manifestaciones contra la privatización del agua en varios países hispanos.

Ni guerra que nos mate°, ni paz que nos oprima°. Surgió° en la **Movilización Nacional de Mujeres contra la Guerra**, en Colombia (2002) para expresar un no rotundo° a la guerra.

Ni un paso° atrás. Ha sido usado en muchos países, como en Argentina por las Madres de la Plaza de Mayo*.

* Las Madres de la Plaza de Mayo es un grupo de mujeres que tiene hijos o familiares que desaparecieron durante la dictadura militar en Argentina (1976–1983).

ante *in the presence of* manifestaciones *demonstrations* demorando *delaying* con anticipación *in advance* Disculpen las molestias. *We apologize for any inconvenience.* golpea *bang* cacerolas y sartenes *pots and pans* manifestantes *demonstrators* silbatos *whistles* tambores *drums* Actualmente *Currently* vencido *defeated* verso *line* Basta ya. *Enough.* mate *kills* oprima *oppresses* Surgió *It arose* rotundo *absolute* paso *step*

ACTIVIDADES

1 **¿Cierto o falso?** Indica si lo que dice cada oración es cierto o falso. Corrige la información falsa.

1. En algunas huelgas las personas trabajan más de lo normal.
2. En España, las huelgas se hacen sin notificación previa.
3. En las manifestaciones virtuales se puede protestar sin salir de casa.
4. En algunas manifestaciones la gente canta y baila.
5. "Basta ya" es un eslogan que se ha usado en España en manifestaciones contra el terrorismo.
6. En el año 2002 se llevó a cabo la Movilización Nacional de Mujeres contra la Guerra en Argentina.
7. Los primeros "cacerolazos" se hicieron en Venezuela.
8. "Agua para todos" es un eslogan del grupo Quilapayún.

ASÍ SE DICE

Periodismo y política

el encabezado	*headline*
la prensa amarilla	*tabloid press*
el sindicato	*(labor) union*
el suceso, el hecho	el acontecimiento

EL MUNDO HISPANO

Hispanos en la historia

- **Sonia Sotomayor** (Nueva York, EE.UU., 1954–) Doctora en Derecho de ascendencia puertorriqueña. Es la primera mujer hispana en ocupar el cargo de Jueza Asociada en la Corte Suprema de los Estados Unidos.

- **Che Guevara** (Rosario, Argentina, 1928–La Higuera, Bolivia, 1967) Ernesto "Che" Guevara es una de las figuras más controversiales del siglo° XX. Médico de profesión, fue uno de los líderes de la revolución cubana y participó en las revoluciones de otros países.

- **Madres de Plaza de Mayo** En Argentina, durante la dictadura militar (1976–1983) desaparecieron muchas personas por sus ideas políticas. Desde 1977, las madres de los desaparecidos se reúnen todos los jueves frente a la Casa Rosada para reclamar a sus hijos y exigir que se castigue (*punish*) a los responsables.

- **José Martí** (La Habana, Cuba, 1853–Dos Ríos, Cuba, 1895) Fue periodista, filósofo, poeta, diplomático e independentista°. Desde su juventud se opuso al régimen colonialista español. Murió luchando por la independencia de Cuba.

siglo *century* **independentista** *supporter of independence*

PERFIL

Dos líderes suramericanos

En 2006, la chilena **Michelle Bachelet Jeria** y el boliviano **Juan Evo Morales Ayma** fueron proclamados presidentes de sus respectivos países. Para algunos, estos nombramientos fueron una sorpresa.

Michelle Bachelet estudió medicina y se especializó en pediatría y salud pública. Fue víctima de la represión de Augusto Pinochet, quien gobernó el país de 1973 a 1990, y vivió varios años exiliada. Regresó a Chile y en 2000 fue nombrada Ministra de Salud. En 2002 fue Ministra de Defensa Nacional. En 2006 se convirtió en la primera mujer presidente de Chile para el período 2006–2010. En marzo de 2014 fue elegida para un nuevo período como presidenta del país.

Evo Morales es un indígena del altiplano andino°. Su lengua materna es el aimará. De niño, trabajó como pastor° de llamas. Luego se trasladó a Cochabamba, donde participó en asociaciones campesinas°. Morales reivindicó la forma tradicional de vida y los derechos de los campesinos indígenas. En 2006 ascendió a la presidencia de Bolivia, y fue reelegido para el cargo en los años 2010 y 2014.

altiplano andino *Andean high plateau* **pastor** *shepherd* **campesinas** *farmers'*

⚬ Conexión Internet

¿Qué sabes de la blogger cubana Yoani Sánchez?	Go to **vhlcentral.com** to find more cultural information related to this **Cultura** section.

ACTIVIDADES

2 **Comprensión** Contesta las preguntas.
1. ¿Cuáles son los sinónimos de **acontecimiento**?
2. ¿En qué es pionera Sonia Sotomayor?
3. ¿Qué reclaman las Madres de Plaza de Mayo?
4. ¿Por qué es famoso José Martí?

3 **Líderes** ¿Quién es el/la líder de tu comunidad o región que más admiras? Primero, escribe un breve párrafo explicando quién es, qué hace y por qué lo/la admiras. Luego, lee tu texto a la clase.

recursos

v̂Text

CH
p. 130

vhlcentral

9.1 Si clauses

 Tutorial

ANTE TODO **Si** (*If*) clauses describe a condition or event upon which another condition or event depends. Sentences with **si** clauses consist of a **si** clause and a main (or result) clause.

Si pudieras, ¿irías a nuestra boda?

Sí, si tuviera la oportunidad, iría con mucho gusto.

▶ **Si** clauses can speculate or hypothesize about a current event or condition. They express what *would happen* if an event or condition *were to occur*. This is called a contrary-to-fact situation. In such instances, the verb in the **si** clause is in the past subjunctive while the verb in the main clause is in the conditional.

> Si **cambiaras** de empleo, **serías** más feliz.
> *If you changed jobs, you would be happier.*

> **Iría** de viaje a Suramérica si **tuviera** dinero.
> *I would travel to South America if I had money.*

▶ **Si** clauses can also describe a contrary-to-fact situation in the past. They can express what *would have happened* if an event or condition *had occurred*. In these sentences, the verb in the **si** clause is in the past perfect subjunctive while the verb in the main clause is in the conditional perfect.

> Si **hubiera sido** estrella de cine, **habría sido** rico.
> *If I had been a movie star, I would have been rich.*

> No **habrías tenido** hambre si **hubieras desayunado.**
> *You wouldn't have been hungry if you had eaten breakfast.*

▶ **Si** clauses can also express conditions or events that are possible or likely to occur. In such instances, the **si** clause is in the present indicative while the main clause uses a present, near future, future, or command form.

> Si **puedes** venir, **llámame.**
> *If you can come, call me.*

> Si **puedo** venir, **te llamo.**
> *If I can come, I'll call you.*

> Si **terminas** la tarea, **tendrás** tiempo para mirar la televisión.
> *If you finish your homework, you will have time to watch TV.*

> Si **terminas** la tarea, **vas a tener** tiempo para mirar la televisión.
> *If you finish your homework, you are going to have time to watch TV.*

¡ATENCIÓN!

Remember the difference between **si** (*if*) and **sí** (*yes*).

¡LENGUA VIVA!

Note that in Spanish the conditional is never used immediately following **si**.

▶ When the **si** clause expresses habitual past conditions or events, *not* a contrary-to-fact situation, the imperfect is used in both the **si** clause and the main (or result) clause.

Si Alicia me **invitaba** a una fiesta,
   yo siempre **iba**.
If (Whenever) Alicia invited me to a party,
   I would (used to) go.

Mis padres siempre **iban** a la playa
   si **hacía** buen tiempo.
My parents always went to the beach
   if the weather was good.

▶ The **si** clause may be the first or second clause in a sentence. Note that a comma is used only when the **si** clause comes first.

Si tuviera tiempo, iría contigo.
If I had time, I would go with you.

Iría contigo **si tuviera tiempo.**
I would go with you if I had time.

Summary of si clause sequences

Condition	Si clause	Main clause
Possible or likely	**Si** + present	Present Near future (**ir a** + infinitive) Future Command
Habitual in the past	**Si** + imperfect	Imperfect
Contrary-to-fact (present)	**Si** + past (imperfect) subjunctive	Conditional
Contrary-to-fact (past)	**Si** + past perfect (pluperfect) subjunctive	Conditional perfect

 ¡INTÉNTALO! Cambia los tiempos y modos de los verbos que aparecen entre paréntesis para practicar todos los tipos de oraciones con **si** que se muestran en la tabla anterior.

1. Si usted ___*va*___ (ir) a la playa, tenga cuidado con el sol.

2. Si tú _____ (querer), te preparo la merienda.

3. Si _____ (hacer) buen tiempo, voy a ir al parque.

4. Si mis amigos _____ (ir) de viaje, sacaban muchas fotos.

5. Si ella me _____ (llamar), yo la invitaría a la fiesta.

6. Si nosotros _____ (querer) ir al teatro, compraríamos los boletos antes.

7. Si tú _____ (levantarse) temprano, desayunarías antes de ir a clase.

8. Si ellos _____ (tener) tiempo, te llamarían.

9. Si yo _____ (ser) astronauta, habría ido a la Luna.

10. Si él _____ (ganar) un millón de dólares, habría comprado una mansión.

11. Si ustedes me _____ (decir) la verdad, no habríamos tenido este problema.

12. Si ellos _____ (trabajar) más, habrían tenido más éxito.

recursos

v̂Text

CA
pp. 43-44, 157

CP
pp. 95-96

CH
pp. 131-132

vhlcentral

Práctica

1 **Emparejar** Empareja frases de la columna A con las de la columna B para crear oraciones lógicas.

AYUDA

Remember these forms of **haber**:

(si) hubiera
(if) there were

habría
there would be

A

1. Si aquí hubiera terremotos, _____
2. Si me informo bien, _____
3. Si te doy el informe, _____
4. Si la guerra hubiera continuado, _____
5. Si la huelga dura más de un mes, _____

B

a. ¿se lo muestras al director?
b. habrían muerto muchos más.
c. muchos van a pasar hambre.
d. podré explicar el desempleo.
e. no permitiríamos edificios altos.

2 **Minidiálogos** Completa los minidiálogos entre Teresa y Anita.

TERESA ¿Qué (1)_____ hecho tú si tu papá te (2)_____ regalado un carro?
ANITA Me (3)_____ muerto de la felicidad.

ANITA Si (4)_____ a Paraguay, ¿qué vas a hacer?
TERESA (5)_____ a visitar a mis parientes.

TERESA Si tú y tu familia (6)_____ un millón de dólares, ¿qué comprarían?
ANITA Si nosotros tuviéramos un millón de dólares, (7)_____ tres casas nuevas.

ANITA Si tú (8)_____ tiempo, ¿irías al cine con más frecuencia?
TERESA Sí, yo (9)_____ con más frecuencia si tuviera tiempo.

¡LENGUA VIVA!

Paraguay es conocido como "El Corazón de América" porque está en el centro de Suramérica. Sus lugares más visitados son la capital Asunción, que está situada a orillas (*on the banks*) del río Paraguay y la ciudad de Itauguá, en donde se producen muchos textiles.

3 **Completar** En parejas, túrnense para completar las frases de una manera lógica. Luego lean sus oraciones a la clase.

1. Si tuviera un accidente de carro…
2. Me volvería loco/a (*I would go crazy*) si mi familia…
3. Me habría ido a un programa de intercambio en Paraguay si…
4. No volveré a ver las noticias en ese canal si…
5. Habría menos problemas si los medios de comunicación…
6. Si mis padres hubieran insistido en que tomara clases durante el verano…
7. Si me ofrecen un viaje a la Luna…
8. Me habría enojado mucho si…
9. Si hubiera un desastre natural en mi ciudad…
10. Mi familia y yo habríamos viajado a Latinoamérica…

Practice more at vhlcentral.com.

Comunicación

4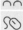

Situaciones Trabajen en grupos para contestar las preguntas. Después deben comunicar sus respuestas a la clase.

1. ¿Qué harían si fueran de vacaciones con su clase a Uruguay y al llegar no hubiera habitaciones en ningún hotel?
2. ¿Qué hacen si encuentran dinero en la calle?
3. Imaginen que estuvieron en Montevideo por tres semanas. ¿Qué habrían hecho si hubieran presenciado (*witnessed*) un crimen allí?
4. ¿Qué harían si fueran de viaje y las líneas aéreas estuvieran en huelga?
5. ¿Qué hacen si están en la calle y alguien les pide dinero?
6. ¿Qué harían si estuvieran en un país extranjero y un reportero los/las confundiera (*confused*) con unos actores o unas actrices de Hollywood?
7. ¿Qué dirían sus padres si los/las vieran ahora mismo?
8. ¿Qué haría cada uno/a de ustedes si fuera presidente/a o primer(a) ministro/a de este país?

5

¿Qué harían? En parejas, túrnense para hablar de lo que hacen, harían o habrían hecho en estas circunstancias.

1. si descubres que tienes un gran talento para la música
2. si hubieras ganado un viaje a Uruguay
3. si mañana tuvieras el día libre
4. si te robaran tu mochila
5. si tuvieras que cuidar a tus padres cuando sean mayores
6. si no tuvieras que preocuparte por el dinero
7. si fueras acusado/a de cometer un crimen
8. si hubieras vivido bajo una dictadura

Síntesis

6

Entrevista En grupos, preparen cinco preguntas para hacerle a un(a) candidato/a a la presidencia de su país. Luego, túrnense para hacer el papel de entrevistador(a) y de candidato/a. El/La entrevistador(a) reacciona a cada una de las respuestas del/de la candidato/a.

> **modelo**
>
> **Entrevistador(a):** ¿Qué haría usted sobre la obesidad infantil?
>
> **Candidato/a:** Pues, dudo que podamos decirles a los padres cómo alimentar a sus hijos. Creo que ellos deben preocuparse de darles comida saludable.
>
> **Entrevistador(a):** ¿Entonces usted no haría nada para combatir la obesidad infantil?
>
> **Candidato/a:** Si yo fuera presidente/a...

9.2 Summary of the uses of the subjunctive

ANTE TODO   Since **Lección 3**, you have been learning about subjunctive verb forms and practicing their uses. The following chart summarizes the subjunctive forms you have studied. The chart on the next page summarizes the uses of the subjunctive you have seen and contrasts them with uses of the indicative and the infinitive. These charts will help you review and synthesize what you have learned about the subjunctive in this book.

Espero que lo hayas pasado bien en México.

Sí, si hubiera podido, me habría quedado más tiempo.

Summary of subjunctive forms

CONSULTA

To review the subjunctive, refer to these sections:
Present subjunctive, **Estructura 3.3,** pp. 108–109.
Present perfect subjunctive, **Estructura 6.3,** p. 211.
Past subjunctive, **Estructura 7.3,** pp. 244–245.
Past perfect subjunctive, **Estructura 8.3,** p. 279.

-ar verbs

PRESENT SUBJUNCTIVE	PAST SUBJUNCTIVE
hable	hablara
hables	hablaras
hable	hablara
hablemos	habláramos
habléis	hablarais
hablen	hablaran

PRESENT PERFECT SUBJUNCTIVE

haya hablado
hayas hablado
haya hablado

hayamos hablado
hayáis hablado
hayan hablado

PAST PERFECT SUBJUNCTIVE

hubiera hablado
hubieras hablado
hubiera hablado

hubiéramos hablado
hubierais hablado
hubieran hablado

-er verbs

PRESENT SUBJUNCTIVE	PAST SUBJUNCTIVE
beba	bebiera
bebas	bebieras
beba	bebiera
bebamos	bebiéramos
bebáis	bebierais
beban	bebieran

PRESENT PERFECT SUBJUNCTIVE

haya bebido
hayas bebido
haya bebido

hayamos bebido
hayáis bebido
hayan bebido

PAST PERFECT SUBJUNCTIVE

hubiera bebido
hubieras bebido
hubiera bebido

hubiéramos bebido
hubierais bebido
hubieran bebido

-ir verbs

PRESENT SUBJUNCTIVE	PAST SUBJUNCTIVE
viva	viviera
vivas	vivieras
viva	viviera
vivamos	viviéramos
viváis	vivierais
vivan	vivieran

PRESENT PERFECT SUBJUNCTIVE

haya vivido
hayas vivido
haya vivido

hayamos vivido
hayáis vivido
hayan vivido

PAST PERFECT SUBJUNCTIVE

hubiera vivido
hubieras vivido
hubiera vivido

hubiéramos vivido
hubierais vivido
hubieran vivido

Tutorial

The subjunctive is used...

1. After verbs and/or expressions of will and influence, when the subject of the subordinate clause is different from the subject of the main clause

   Los ciudadanos **desean** que el candidato presidencial los **escuche.**

2. After verbs and/or expressions of emotion, when the subject of the subordinate clause is different from the subject of the main clause

   Alejandra **se alegró** mucho de que le **dieran** el trabajo.

3. After verbs and/or expressions of doubt, disbelief, and denial

   Dudo que **vaya** a tener problemas para encontrar su maleta.

4. After the conjunctions **a menos que, antes (de) que, con tal (de) que, en caso (de) que, para que,** and **sin que**

   Cierra las ventanas **antes de que empiece** la tormenta.

5. After **cuando, después (de) que, en cuanto, hasta que,** and **tan pronto como** when they refer to future actions

   Tan pronto como haga la tarea, podrá salir con sus amigos.

6. To refer to an indefinite or nonexistent antecedent mentioned in the main clause

   Busco **un** empleado que **haya estudiado** computación.

7. After **si** to express something impossible, improbable, or contrary to fact

   Si hubieras escuchado el noticiero, te habrías informado sobre el terremoto.

The indicative is used...

1. After verbs and/or expressions of certainty and belief

   Es cierto que Uruguay **tiene** unas playas espectaculares.

2. After the conjunctions **cuando, después (de) que, en cuanto, hasta que,** and **tan pronto como** when they do not refer to future actions

   Hay más violencia **cuando hay** desigualdad social.

3. To refer to a definite or specific antecedent mentioned in the main clause

   Busco a la señora que me **informó** del crimen que ocurrió ayer.

4. After **si** to express something possible, probable, or not contrary to fact

   Pronto habrá más igualdad **si luchamos** contra la discriminación.

The infinitive is used...

1. After expressions of will and influence when there is no change of subject

   Martín **desea ir** a Montevideo este año.

2. After expressions of emotion when there is no change of subject

   Me alegro de conocer a tu esposo.

recursos

v̂ Text

CA
p. 158

CP
pp. 97–100

CH
pp. 133–136

vhlcentral

Práctica

1 **Conversación** Completa la conversación con el tiempo verbal adecuado.

EMA Busco al reportero que (1)_____ (publicar) el libro sobre la dictadura de Stroessner.

ROSA Ah, usted busca a Miguel Pérez. Ha salido.

EMA Le había dicho que yo vendría a verlo el martes, pero él me dijo que (2)_____ (venir) hoy.

ROSA No creo que a Miguel se le (3)_____ (olvidar) la cita. Si usted le (4)_____ (pedir) una cita, él me lo habría mencionado.

EMA Pues no, no pedí cita, pero si él me hubiera dicho que era necesario yo lo (5)_____ (hacer).

ROSA Creo que Miguel (6)_____ (ir) a cubrir un incendio hace media hora. No pensaba que nadie (7)_____ (ir) a venir esta tarde. Si quiere, le digo que la (8)_____ (llamar) tan pronto como (9)_____ (llegar). A menos que usted (10)_____ (querer) dejar un recado… *(Entra Miguel)*

EMA ¡Miguel! Amor, si hubieras llegado cinco minutos más tarde, no me (11)_____ (encontrar) aquí.

MIGUEL ¡Ema! ¿Qué haces aquí?

EMA Me dijiste que viniera hoy para que (12)_____ (poder) pasar más tiempo juntos.

ROSA *(En voz baja)* ¿Cómo? ¿Serán novios?

> **NOTA CULTURAL**
>
> El general **Alfredo Stroessner** es el dictador que más tiempo ha durado en el poder en un país de Suramérica. Stroessner se hizo presidente de Paraguay en 1954 y el 3 de febrero de 1989 fue derrocado (*overthrown*) en un golpe militar (*coup*). Después de esto, Stroessner se exilió a Brasil, donde murió en 2006 a los 93 años.

2 **Escribir** Escribe uno o dos párrafos sobre tu participación en las próximas elecciones del consejo estudiantil. Usa por lo menos cuatro de estas frases.

- ▶ Votaré por… con tal de que…
- ▶ Quisiera saber…
- ▶ Si gana mi candidato/a…
- ▶ Espero que la economía…
- ▶ Estoy seguro/a de que…
- ▶ A menos que…
- ▶ Mis padres siempre me dijeron que…
- ▶ Si a la gente realmente le importara la familia…
- ▶ No habría escogido a ese/a candidato/a si…
- ▶ Si le preocuparan más los impuestos…
- ▶ Dudo que el/la otro/a candidato/a…
- ▶ En las próximas elecciones espero que…

3 **Explicar** En parejas, escriban una conversación breve sobre cada tema de la lista. Usen por lo menos un verbo en subjuntivo y otro en indicativo o en infinitivo. Sigan el modelo.

unas elecciones	una huelga	una inundación	prensa
una guerra	un incendio	la libertad	un terremoto

> **modelo**
>
> un tornado
>
> **Estudiante 1:** *Temo que este año haya tornados por nuestra zona.*
>
> **Estudiante 2:** *No te preocupes. Creo que este año no va a haber muchos tornados.*

> **AYUDA**
>
> Some useful expressions:
>
> **Espero que…**
> **Ojalá que…**
> **Es posible que…**
> **Es terrible que…**
> **Es importante que…**

Comunicación

4

Preguntas En parejas, túrnense para hacerse estas preguntas.

1. ¿Te irías a vivir a un lugar donde pudiera ocurrir un desastre natural? ¿Por qué?
2. ¿Te gustaría que tu vida fuera como la de tus padres? ¿Por qué? Y tus hijos, ¿preferirías que tuvieran experiencias diferentes a las tuyas? ¿Cuáles?
3. ¿Te parece importante que elijamos a una mujer como presidenta? ¿Por qué?
4. Si hubiera una guerra y te llamaran para entrar en el ejército, ¿obedecerías? ¿Lo considerarías tu deber? ¿Qué sentirías? ¿Qué pensarías?
5. Si sólo pudieras recibir noticias de un medio de comunicación, ¿cuál escogerías y por qué? Y si pudieras trabajar en un medio de comunicación, ¿escogerías el mismo?

5

Consejos En parejas, lean esta guía turística. Luego túrnense para representar los papeles de un(a) cliente/a y de un(a) agente de viajes. El/La agente le da consejos al/a la cliente/a sobre los lugares que debe visitar y el/la cliente/a da su opinión sobre los consejos.

¡Conozca Uruguay!

La **Plaza Independencia** en **Montevideo**, con su **Puerta de la Ciudadela**, forma el límite entre la ciudad antigua y la nueva. Si le interesan las compras, desde este lugar puede comenzar su paseo por la **Avenida 18 de Julio**, la principal arteria comercial de la capital.

No deje de ir a **Punta del Este**. Conocerá uno de los lugares turísticos más fascinantes del mundo. No se pierda las maravillosas playas, el **Museo de Arte Americano** y la **Catedral Maldonado** (1895) con su famoso altar, obra del escultor **Antonio Veiga**.

Sin duda, querrá conocer la famosa ciudad vacacional de **Piriápolis**, con su puerto que atrae barcos cruceros, y disfrutar de sus playas y lindos paseos.

Tampoco se debe perder la **Costa de Oro**, junto al **Río de la Plata**. Para aquéllos interesados en la historia, dos lugares favoritos son la conocida iglesia **Nuestra Señora de Lourdes** y el chalet de **Pablo Neruda**.

Síntesis

6

Dos artículos Tu profesor(a) les va a dar a ti y a tu compañero/a dos artículos. Trabajando en parejas, cada uno escoge y lee un artículo. Luego, háganse preguntas sobre los artículos.

Recapitulación

 Diagnostics

Completa estas actividades para repasar los conceptos de gramática que aprendiste en esta lección.

1 Condicionales
Empareja las frases de la columna A con las de la columna B para crear oraciones lógicas. **16 pts.**

A

_____ 1. Todos estaríamos mejor informados

_____ 2. ¿Te sentirás mejor

_____ 3. Si esos locutores no tuvieran tanta experiencia,

_____ 4. ¿Votarías por un candidato como él

_____ 5. Si no te gusta este noticiero,

_____ 6. El candidato Díaz habría ganado las elecciones

_____ 7. Si la tormenta no se va pronto,

_____ 8. Ustedes se pueden ir

B

a. cambia el canal.

b. ya los habrían despedido.

c. si leyéramos el periódico todos los días.

d. la gente no podrá salir a protestar.

e. si no tienen nada más que decir.

f. si te digo que ya terminó la huelga?

g. Leopoldo fue a votar.

h. si supieras que no ha obedecido las leyes?

i. si hubiera hecho más entrevistas para la televisión.

2 Escoger
Escoge la opción correcta para completar cada oración. **20 pts.**

1. Ojalá que aquí (hubiera/hay) un canal independiente.

2. Susana dudaba que (hubieras estudiado/estudias) medicina.

3. En cuanto (termine/terminé) mis estudios, buscaré trabajo.

4. Miguel me dijo que su familia nunca (veía/viera) los noticieros en la televisión.

5. Para estar bien informados, yo les recomiendo que (leen/lean) el diario *El Sol*.

6. Es terrible que en los últimos meses (haya habido/ha habido) tres desastres naturales.

7. Cuando (termine/terminé) mis estudios, encontré trabajo en un diario local.

8. El presidente no quiso (declarar/que declarara) la guerra.

9. Todos dudaban que la noticia (fuera/era) real.

10. Me sorprende que en el mundo todavía (exista/existe) la censura.

RESUMEN GRAMATICAL

9.1 Si clauses *pp. 306–307*

Summary of si clause sequences

Possible or likely	Si + present	+ present + ir a + infinitive + future + command
Habitual in the past	Si + imperfect	+ imperfect
Contrary-to-fact (present)	Si + past subjunctive	+ conditional
Contrary-to-fact (past)	Si + past perfect subjunctive	+ conditional perfect

9.2 Summary of the uses of the subjunctive
pp. 310–311

Summary of subjunctive forms

▶ **Present:** (-ar) hable, (-er) beba, (-ir) viva

▶ **Past:** (-ar) hablara, (-er) bebiera, (-ir) viviera

▶ **Present perfect: haya** + past participle

▶ **Past perfect: hubiera** + past participle

The subjunctive is used...
1. After verbs and/or expressions of: ▶ Will and influence (when subject changes) ▶ Emotion (when subject changes) ▶ Doubt, disbelief, denial
2. After **a menos que, antes (de) que, con tal (de) que, en caso (de) que, para que, sin que**
3. After **cuando, después (de) que, en cuanto, hasta que, tan pronto como** when they refer to future actions
4. To refer to an indefinite or nonexistent antecedent
5. After **si** to express something impossible, improbable, or contrary to fact

3 ⊘

Las elecciones Completa el diálogo con la forma correcta del verbo entre paréntesis eligiendo entre el subjuntivo, el indicativo y el infinitivo, según el contexto. [**24 pts.**]

SERGIO ¿Ya has decidido por cuál candidato vas a votar en las elecciones del sábado?

MARINA No, todavía no. Es posible que no (1) _____ (yo, votar). Para mí es muy difícil (2) _____ (decidir) quién será el mejor representante. Y tú, ¿ya has tomado una decisión?

SERGIO Sí. Mi amigo Julio nos aconsejó que (3) _____ (leer) la entrevista que le hicieron al candidato Rodríguez en el diario *Tribuna*. En cuanto la (4) _____ (yo, leer), decidí votar por él.

MARINA ¿Hablas en serio? Espero que ya lo (5) _____ (tú, pensar) muy bien. El diario *Tribuna* no siempre es objetivo. Dudo que (6) _____ (ser) una fuente fiable (*reliable source*). No vas a tener una idea clara de las habilidades de cada candidato a menos que (7) _____ (tú, comparar) información de distintas fuentes.

SERGIO Tienes razón, hoy día no hay ningún medio de comunicación que (8) _____ (decir) toda la verdad de forma independiente.

MARINA Tengo una idea. Sugiero que (9) _____ (nosotros, ir) esta noche a mi casa para (10) _____ (ver) juntos el debate de los candidatos por televisión. ¿Qué te parece?

SERGIO Es una buena idea, pero no creo que (11) _____ (yo, tener) tiempo.

MARINA No te preocupes. Voy a grabarlo para que (12) _____ (tú, poder) verlo.

4 ⊘

Escribir Hoy día, cada vez más personas se mantienen informadas a través de Internet. Piensa cómo cambiaría tu vida diaria si no existiera este medio de comunicación. ¿Cómo te informarías de las actualidades del mundo y de las noticias locales? ¿Cómo te llegarían noticias de tus amigos si no existieran el correo electrónico y las redes sociales en línea (*social networking websites*)? Escribe al menos siete oraciones con **si**. [**40 pts.**]

5 ⊘

Canción Completa estos versos de una canción de Juan Luis Guerra con el pretérito imperfecto de subjuntivo de los verbos en la forma **nosotros/as**. [**¡4 puntos EXTRA!**]

❝ Y si aquí, _____ (luchar) juntos por la sociedad y _____ (hablar) menos resolviendo más. **❞**

Lectura

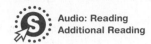 Audio: Reading Additional Reading

Antes de leer

Estrategia
Recognizing chronological order

Recognizing the chronological order of events in a narrative is key to understanding the cause-and-effect relationship between them. When you are able to establish the chronological chain of events, you will easily be able to follow the plot. In order to be more aware of the order of events in a narrative, you may find it helpful to prepare a numbered list of the events as you read.

Examinar el texto

Lee el texto usando las estrategias de lectura que has aprendido.

▶ ¿Ves palabras nuevas o cognados? ¿Cuáles son?
▶ ¿Qué te dice el dibujo sobre el contenido?
▶ ¿Tienes algún conocimiento previo° sobre don Quijote?
▶ ¿Cuál es el propósito° del texto?
▶ ¿De qué trata° la lectura?

Ordenar

Lee el texto otra vez para establecer el orden cronológico de los eventos. Luego ordena estos eventos según la historia.

_____ Don Quijote lucha contra los molinos de viento pensando que son gigantes.

_____ Don Quijote y Sancho toman el camino hacia Puerto Lápice.

_____ Don Quijote y Sancho descubren unos molinos de viento en un campo.

_____ El primer molino da un mal golpe a don Quijote, a su lanza y a su caballo.

_____ Don Quijote y Sancho Panza salen de su pueblo en busca de aventuras.

Don Quijote y los molinos de viento

Miguel de Cervantes

Fragmento adaptado de
El ingenioso hidalgo don Quijote de la Mancha

Miguel de Cervantes Saavedra, el escritor más universal de la literatura española, nació en Alcalá de Henares en 1547 y murió en Madrid en 1616, tras° haber vivido una vida llena de momentos difíciles, llegando a estar en la cárcel° más de una vez. Su obra, sin embargo, ha disfrutado a través de los siglos de todo el éxito que se merece. Don Quijote representa no sólo la locura° sino también la búsqueda° del ideal. En esta ocasión presentamos el famoso episodio de los molinos de viento°.

Entonces descubrieron treinta o cuarenta molinos de viento que había en aquel campo°. Cuando don Quijote los vio, dijo a su escudero°:

—La fortuna va guiando nuestras cosas mejor de lo que deseamos; porque allí, amigo Sancho Panza, se ven treinta, o pocos más, enormes gigantes con los que pienso hacer batalla y quitarles a todos las vidas, y comenzaremos a ser ricos; que ésta es buena guerra, y es gran servicio de Dios quitar tan malos seres° de la tierra.

—¿Qué gigantes?

—Aquéllos que ves allí —respondió su amo°— de los brazos largos, que algunos normalmente los tienen de casi dos leguas°.

Después de leer

¿Realidad o fantasía?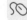

Indica si las afirmaciones sobre la lectura pertenecen a la realidad o la fantasía.

1. Don Quijote desea matar° a los enemigos.
2. Su escudero no ve a ningún ser sobrenatural.
3. El caballero ataca a unas criaturas cobardes y viles.
4. Don Quijote no ganó la batalla porque los gigantes fueron transformados en molinos de viento.
5. El sabio Frestón transformó los gigantes en molinos de viento.

conocimiento previo *prior knowledge* propósito *purpose*
¿De qué trata...? *What is... about?* matar *to kill*

—Mire usted —respondió Sancho— que aquéllos que allí están no son gigantes, sino molinos de viento, y lo que parecen brazos son las aspas°, que movidas por el viento, hacen andar la piedra del molino.

—Bien veo —respondió don Quijote— que no estás acostumbrado a las aventuras: ellos son gigantes; y si tienes miedo, quítate de ahí y reza° mientras yo voy a combatir con ellos en fiera° batalla.

Y diciendo esto, dio de espuelas° a su caballo Rocinante, sin oír las voces que su escudero Sancho le daba, diciéndole que, sin duda alguna, eran molinos de viento, y no gigantes, aquéllos que iba a atacar. Pero él iba tan convencido de que eran gigantes, que ni oía las voces de su escudero Sancho, ni se daba cuenta, aunque estaba ya muy cerca, de lo que eran; antes iba diciendo en voz alta:

—No huyáis°, cobardes° y viles criaturas, que sólo os ataca un caballero°.

Se levantó entonces un poco de viento, y las grandes aspas comenzaron a moverse, y cuando don Quijote vio esto, dijo:

—Pues aunque mováis más brazos que los del gigante Briareo, me lo vais a pagar.

Y diciendo esto, y encomendándose de todo corazón° a su señora Dulcinea, pidiéndole que le ayudase en esta difícil situación, bien cubierto de su rodela°, con la lanza en posición de ataque, fue a todo el galope de Rocinante y embistió° el primer molino que estaba delante: y dándole con la lanza en el aspa, el viento la giró con tanta furia, que la rompió en pequeños fragmentos, llevándose con ella al caballo y al caballero, que fue dando vueltas por el campo. Fue rápidamente Sancho Panza a ayudarle, todo lo rápido que podía correr su asno°, y cuando llegó encontró que no se podía mover: tan grande fue el golpe° que se dio con Rocinante.

—¡Por Dios! —dijo Sancho—. ¿No le dije yo que mirase bien lo que hacía, que sólo eran molinos de viento, y la única persona que podía equivocarse era alguien que tuviese otros molinos en la cabeza?

—Calla°, amigo Sancho —respondió don Quijote—, que las cosas de la guerra, más que otras, cambian continuamente; estoy pensando que aquel sabio° Frestón, que me robó el estudio y los libros, ha convertido estos gigantes en molinos por quitarme la gloria de su vencimiento°: tan grande es la enemistad que me tiene; pero al final, sus malas artes no van a poder nada contra la bondad de mi espada°.

—Dios lo haga como pueda —respondió Sancho Panza.

Y ayudándole a levantarse, volvió a subir sobre Rocinante, que medio despaldado estaba°. Y hablando de la pasada aventura, siguieron el camino del Puerto Lápice.

tras *after* cárcel *jail* locura *insanity* búsqueda *search* molinos de viento *windmills* campo *field* escudero *squire* seres *beings* amo *master* leguas *leagues (measure of distance)* aspas *sails* reza *pray* fiera *vicious* dio de espuelas *he spurred* No huyáis *Do not flee* cobardes *cowards* caballero *knight* encomendándose de todo corazón *entrusting himself with all his heart* rodela *round shield* embistió *charged* asno *donkey* golpe *blow (knock into)* Calla *Be quiet* sabio *magician* vencimiento *defeat* espada *sword* que medio despaldado estaba *whose back was half-broken*

Personajes

1. En este fragmento, se mencionan estos personajes. ¿Quiénes son?
   ▶ don Quijote
   ▶ Rocinante
   ▶ Dulcinea
   ▶ Sancho Panza
   ▶ los gigantes
   ▶ Frestón

2. ¿Qué puedes deducir de los personajes según la información que se da en este episodio?

3. ¿Quiénes son los personajes principales?

4. ¿Cuáles son las diferencias entre don Quijote y Sancho Panza? ¿Qué tienen en común?

¿Un loco o un héroe?

En un párrafo, da tu opinión del personaje de don Quijote, basándote en la aventura de los molinos de viento. Ten en cuenta las acciones, los motivos y los sentimientos de don Quijote en su batalla contra los molinos de viento.

Una entrevista

Trabajen en grupos de tres para preparar una entrevista sobre los acontecimientos de este fragmento de la novela de Cervantes. Un(a) estudiante representará el papel del/de la entrevistador(a) y los otros dos asumirán los papeles de don Quijote y de Sancho Panza, quienes comentarán el episodio desde su punto de vista.

Practice more at
vhlcentral.com.

Escritura

Estrategia

Writing strong introductions and conclusions

Introductions and conclusions serve a similar purpose: both are intended to focus the reader's attention on the topic being covered. The introduction presents a brief preview of the topic. In addition, it informs your reader of the important points that will be covered in the body of your writing. The conclusion reaffirms those points and concisely sums up the information that has been provided. A compelling fact or statistic, a humorous anecdote, or a question directed to the reader are all interesting ways to begin or end your writing.

For example, if you were writing a biographical report on Miguel de Cervantes, you might begin your essay with the fact that his most famous work, *Don Quijote de la Mancha*, is the second most widely published book ever. The rest of your introductory paragraph would outline the areas you would cover in the body of your paper, such as Cervantes' life, his works, and the impact of *Don Quijote* on world literature. In your conclusion, you would sum up the most important information in the report and tie this information together in a way that would make your reader want to learn even more about the topic. You could write, for example: "Cervantes, with his wit and profound understanding of human nature, is without peer in the history of world literature."

Introducciones y conclusiones

Trabajen en parejas para escribir una oración de introducción y otra de conclusión sobre estos temas.

1. el episodio de los molinos de viento de *Don Quijote de la Mancha*
2. la definición de la locura
3. la realidad y la fantasía en la literatura

Tema

Escribir una composición

Si tuvieras la oportunidad, ¿qué harías para mejorar el mundo? Escribe una composición sobre los cambios que harías en el mundo si tuvieras el poder° y los recursos necesarios. Piensa en lo que puedes hacer ahora y en lo que podrás hacer en el futuro. Considera estas preguntas:

▶ ¿Pondrías fin a todas las guerras? ¿Cómo?

▶ ¿Protegerías el medio ambiente? ¿Cómo?

▶ ¿Promoverías° la igualdad y eliminarías el sexismo y el racismo? ¿Cómo?

▶ ¿Eliminarías la corrupción en la política? ¿Cómo?

▶ ¿Eliminarías la escasez de viviendas° y el hambre?

▶ ¿Educarías a los demás sobre el SIDA? ¿Cómo?

▶ ¿Promoverías el fin de la violencia entre seres humanos?

▶ ¿Promoverías tu causa en los medios de comunicación? ¿Cómo?

▶ ¿Te dedicarías a alguna causa específica dentro de tu comunidad? ¿Cuál?

▶ ¿Te dedicarías a solucionar problemas nacionales o internacionales? ¿Cuáles?

recursos

v̂ Text

CA
pp. 175–176

CH
pp. 142–143

S
vhlcentral

poder *power* Promoverías *Would you promote*
escasez de viviendas *homelessness*

Escuchar Audio

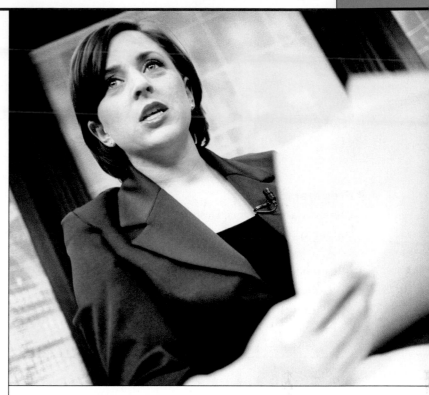

Preparación

Basándote en la foto, anticipa lo que vas a escuchar en el siguiente fragmento. Haz una lista y anota los diferentes tipos de información que crees que vas a oír.

Ahora escucha

Revisa la lista que hiciste para **Preparación.** Luego escucha el noticiero presentado por Sonia Hernández. Mientras escuchas, apunta los tipos de información que anticipaste y los que no anticipaste.

Tipos de información que anticipaste

1. _____
2. _____
3. _____

Tipos de información que no anticipaste

1. _____
2. _____
3. _____

Comprensión

Preguntas

1. ¿Dónde está Sonia Hernández?
   _____

2. ¿Quién es Jaime Pantufla?
   _____

3. ¿Dónde hubo una tormenta?
   _____

4. ¿Qué tipo de música toca el grupo Dictadura de Metal?
   _____

5. ¿Qué tipo de artista es Ugo Nespolo?
   _____

6. Además de lo que Sonia menciona, ¿de qué piensas que va a hablar en la próxima sección del programa?
   _____

Ahora ustedes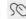

En parejas, usen la presentación de Sonia Hernández como modelo para escribir un breve noticiero para la comunidad donde viven. Incluyan noticias locales, nacionales e internacionales. Luego compartan el papel de locutor(a) y presenten el noticiero a la clase. Pueden grabar el noticiero si quieren.

 Practice more at vhlcentral.com.

Anuncio sobre **elecciones**

A ti no te gustaría que te dijeran...

Preparación

Contesta las preguntas. Después, comparte tus respuestas con un(a) compañero/a.

1. ¿Cuáles son las posiciones del liderazgo (*leadership*) estudiantil en tu escuela?
2. ¿Cómo eligen en tu escuela a los líderes estudiantiles?
3. ¿Para qué sirven las posiciones de liderazgo en una escuela? ¿Y para qué sirven en un país?

Tu rock es votar

Este anuncio forma parte de una campaña para motivar a los jóvenes a participar en las elecciones de 2006 en México. Estas elecciones fueron unas de las más reñidas de su historia; apenas las segundas elecciones después de más de setenta años de un gobierno federal encabezado° por un solo partido. Los votantes mexicanos, cada vez más involucrados y mejor informados, tuvieron que decidir entre los cinco candidatos contendientes, cuatro hombres y una mujer. A diferencia de los Estados Unidos, en México, como en muchos países de Latinoamérica, es muy común que haya cinco, seis o más candidatos a la presidencia.

encabezado *led*

Vocabulario útil

andar	*to go out with (Mex.)*
cállate	*be quiet*
campaña	*campaign*
concientizar	*to raise awareness*
mitad	*half*
reñidas	*hard-fought*
te quejas	*you complain*

Comprensión

Contesta las preguntas según el video.

1. ¿Qué no les gusta a los jóvenes que los demás les digan?
2. ¿Qué les están dejando los jóvenes a los demás para que decidan por ellos?
3. ¿Cuántos jóvenes hay en México? ¿Qué proporción de los votos representan los jóvenes mexicanos?

Conversación

Con un(a) compañero/a, identifiquen los tres problemas sociales o políticos más importantes hoy en el mundo, y propongan posibles soluciones. Discútanlas con la clase.

Aplicación

En pequeños grupos, creen un anuncio para su escuela o comunidad sobre un problema social o político que les preocupe. No se olviden de decir específicamente lo que quieren que hagan las personas que escuchan el anuncio. Presenten el anuncio a la clase o hagan un video para compartir el mensaje con la comunidad.

Practice more at
vhlcentral.com.

recursos

v̂Text

vhlcentral

Video:
Flash cultura

A principios del siglo XX, menos de 5.000 puertorriqueños vivían en Nueva York. Para el 2010 eran casi 725.000. Además de Nueva York, ciudades como Chicago, Philadelphia, Newark y Providence tienen grandes comunidades puertorriqueñas. Ahora son un poco más de 4.100.000 los que viven en todos los estados, principalmente en el noreste° del país y en el centro de Florida. Los boricuas° en los EE.UU. han creado nuevas manifestaciones de su cultura, como la música salsa en la ciudad de Nueva York y los multitudinarios° desfiles° que se realizan cada año en todo el país, una gran muestra del orgullo° y la identidad de los puertorriqueños.

Vocabulario útil	
la estadidad	statehood
la patria	homeland
las relaciones exteriores	foreign policy
la soberanía	sovereignty

Preparación

¿Qué sabes de Puerto Rico? ¿Sabes qué territorios estadounidenses tienen un estatus especial? ¿En qué se diferencian de un estado normal?

¿Cierto o falso?

Indica si las oraciones son **ciertas** o **falsas**.

1. Los puertorriqueños sirven en el ejército de los EE.UU.

2. Puerto Rico es territorio de los EE.UU., pero el congreso estadounidense no tiene autoridad en la isla.

3. En Puerto Rico se usa la misma moneda que en los EE.UU.

4. En la isla se pagan sólo impuestos locales.

5. El comercio de la isla está a cargo del gobernador de Puerto Rico.

6. La mayoría de los puertorriqueños quieren que la isla sea una nación independiente.

noreste *northeast* **boricuas** *people from Puerto Rico* **multitudinarios** *with mass participation* **desfiles** *parades* **orgullo** *pride*

Puerto Rico: ¿nación o estado?

Cuando estás aquí no sabes si estás en un país latinoamericano o si estás en los EE.UU.

... todo lo relacionado a la defensa, las relaciones exteriores [...] está a cargo del gobierno federal de los EE.UU.

**—¿Cuál es su preferencia política?
—Yo quiero la estadidad...**

 Practice more at
vhlcentral.com.

recursos

v̂Text   CA   vhlcentral
pp. 105–106

Paraguay

Video: *Panorama cultural*
Interactive Map

El país en cifras

▶ **Área:** 406.750 km² (157.046 millas²),
el tamaño° de California
▶ **Población:** 6.703.000
▶ **Capital:** Asunción—2.139.000
▶ **Ciudades principales:** Ciudad del Este,
San Lorenzo, Lambaré, Fernando de la Mora
▶ **Moneda:** guaraní
▶ **Idiomas:** español (oficial), guaraní (oficial)

Las tribus indígenas que habitaban la zona antes de la llegada de los españoles hablaban guaraní. Ahora el 90 por ciento de los paraguayos habla esta lengua, que se usa con frecuencia en canciones, poemas, periódicos y libros. Varios institutos y asociaciones, como el Teatro Guaraní, se dedican a preservar la cultura y la lengua guaraníes.

Bandera de Paraguay

Paraguayos célebres

▶ **Agustín Barrios,** guitarrista y compositor (1885–1944)
▶ **Josefina Plá,** escritora y ceramista (1903–1999)
▶ **Augusto Roa Bastos,** escritor (1917–2005)
▶ **Olga Blinder,** pintora (1921–2008)
▶ **Berta Rojas,** guitarrista (1966–)

tamaño *size*   multara *fined*

recursos

vText | CA pp. 85–86 | CP p. 101 | vhlcentral

BOLIVIA

ESTADOS UNIDOS

OCÉANO PACÍFICO

OCÉANO ATLÁNTICO

AMÉRICA DEL SUR

PARAGUAY

Paraguayo con alfombras típicas del país

BRASIL

Río Negro

Concepción

Río Paraguay

San Lorenzo

ARGENTINA

Asunción

Fernando de la Mora

Ciudad del Este

Río Iguazú

Lambaré

Río Paraná

Agricultor indígena de la tribu maca

Río Tebicuary

Cordillera de Caaguazú

Río Paraná

Itapúa

¡Increíble pero cierto!

¿Te imaginas qué pasaría si el gobierno multara° a los ciudadanos que no van a votar? En Paraguay, es una obligación. Ésta es una ley nacional, que otros países también tienen, para obligar a los ciudadanos a participar en las elecciones. En Paraguay los ciudadanos que no van a votar tienen que pagar una multa al gobierno.

Artesanía • El ñandutí

La artesanía más famosa de Paraguay se llama ñandutí y es un encaje°
hecho a mano originario de Itauguá. En guaraní, la palabra ñandutí significa
telaraña° y esta pieza recibe ese nombre porque imita el trazado° que crean
los arácnidos. Estos encajes suelen ser° blancos, pero también los hay de
colores, con formas geométricas o florales.

Ciencias • La represa Itaipú

La represa° Itaipú es una instalación hidroeléctrica que se encuentra en la
frontera entre Paraguay y Brasil. Su construcción inició en 1974 y duró 8 años.
La cantidad de concreto que se utilizó durante los primeros cinco años de esta
obra fue similar a la que se necesita para construir un edificio de 350 pisos.
Cien mil trabajadores paraguayos participaron en el proyecto. En 1984 se puso
en funcionamiento la Central Hidroeléctrica de Itaipú y gracias a su cercanía
con las famosas cataratas del Iguazú, muchos turistas la visitan diariamente.

Naturaleza • Los ríos Paraguay y Paraná

Los ríos Paraguay y Paraná sirven de frontera natural entre Argentina y
Paraguay, y son las principales rutas de transporte de este último país. El
Paraná tiene unos 3.200 kilómetros navegables y por esta ruta pasan barcos
de más de 5.000 toneladas, los cuales viajan desde el estuario° del Río de la
Plata hasta la ciudad de Asunción. El río Paraguay divide el Gran Chaco de
la meseta° Paraná, donde vive la mayoría de los paraguayos.

¿Qué aprendiste? Contesta cada pregunta con una oración completa.

1. ¿Quién fue Augusto Roa Bastos?

2. ¿Cómo se llama la moneda de Paraguay?

3. ¿Qué es el ñandutí?

4. ¿De dónde es originario el ñandutí?

5. ¿Qué forma imita el ñandutí?

6. En total, ¿cuántos años tomó la construcción de la represa Itaipú?

7. ¿A cuántos paraguayos dio trabajo la construcción de la represa?

8. ¿Qué países separan los ríos Paraguay y Paraná?

9. ¿Qué distancia se puede navegar por el Paraná?

Conexión Internet Investiga estos temas en **vhlcentral.com**.

1. Busca información sobre Alfredo Stroessner, el ex presidente de
   Paraguay. ¿Por qué se le considera un dictador?
2. Busca información sobre la historia de Paraguay. En tu opinión, ¿cuáles
   fueron los episodios decisivos en su historia?

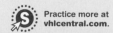

Practice more at
vhlcentral.com.

encaje *lace* telaraña *spiderweb* trazado *outline;*
design suelen ser *are usually* represa *dam*
estuario *estuary* meseta *plateau*

Uruguay

Video: *Panorama cultural*
Interactive Map

El país en cifras

▶ **Área:** 176.220 km² (68.039 millas²),
  el tamaño° del estado de Washington
▶ **Población:** 3.332.000
▶ **Capital:** Montevideo—1.672.000
  *Casi la mitad° de la población de Uruguay vive
  en Montevideo. Situada en la desembocadura° del
  famoso Río de la Plata, esta ciudad cosmopolita
  e intelectual es también un destino popular para
  las vacaciones, debido a sus numerosas playas de
  arena° blanca que se extienden hasta la ciudad de
  Punta del Este.*
▶ **Ciudades principales:**
  Salto, Paysandú, Las Piedras, Rivera
▶ **Moneda:** peso uruguayo
▶ **Idiomas:** español (oficial)

Bandera de Uruguay

Uruguayos célebres
▶ **Horacio Quiroga,** escritor (1878–1937)
▶ **Juana de Ibarbourou,** escritora
  (1892–1979)
▶ **Mario Benedetti,** escritor (1920–2009)
▶ **Cristina Peri Rossi,** escritora y
  profesora (1941–)
▶ **Jorge Drexler,** cantante y compositor
  (1964–)

tamaño *size* mitad *half* desembocadura *mouth* arena *sand*
avestruz *ostrich* no voladora *flightless* medir *measure* cotizado *valued*

recursos

vText   CA pp. 87–88   CP p. 102   vhlcentral

Gaucho uruguayo

ESTADOS UNIDOS
OCÉANO PACÍFICO   OCÉANO ATLÁNTICO
AMÉRICA DEL SUR
URUGUAY

Río Arapey Grande
Rivera
BRASIL
Salto
Cuchilla de Haedo
Río Uruguay
Río Negro
Paysandú
Embalse de Rincón del Bonete
Río Negro
Cuchilla Grande
Laguna Merín
Río Yí
Cuchilla Grande Inferior
Colonia
Río de la Plata
Las Piedras
Montevideo
Punta del Este

Entrada a la Ciudad Vieja,
Colonia del Sacramento

¡Increíble pero cierto!

En Uruguay hay muchos animales interesantes,
entre ellos el ñandú. De la misma familia del
avestruz°, el ñandú es el ave no voladora° más
grande del hemisferio occidental. Puede llegar a
medir° dos metros. Normalmente, van en grupos
de veinte o treinta y viven en el campo. Son muy
cotizados° por su carne, sus plumas y sus huevos.

Costumbres • La carne y el mate

En Uruguay y Argentina, la carne es un elemento esencial de la dieta diaria. Algunos platillos representativos de estas naciones son el asado°, la parrillada° y el chivito°. El mate, una infusión similar al té, también es típico de esta región. Esta bebida de origen indígena está muy presente en la vida social y familiar de estos países aunque, curiosamente, no se puede consumir en bares o restaurantes.

Deportes • El fútbol

El fútbol es el deporte nacional de Uruguay. El primer equipo de balompié uruguayo se formó en 1891 y, en 1930, el país suramericano fue la sede° de la primera Copa Mundial de esta disciplina. El equipo nacional ha conseguido grandes éxitos a lo largo de los años: dos campeonatos olímpicos, en 1923 y 1928, y dos campeonatos mundiales, en 1930 y 1950. De hecho, Uruguay y Argentina han presentado su candidatura binacional para que la Copa Mundial de Fútbol de 2030 se celebre en sus países.

Costumbres • El Carnaval

El Carnaval de Montevideo es el de mayor duración en el mundo. A lo largo de 40 días, los uruguayos disfrutan de los desfiles° y la música que inundan las calles de su capital. La celebración más conocida es el Desfile de Llamadas, en el que participan bailarines al ritmo del candombe, una danza de tradición africana.

¿Qué aprendiste? Contesta cada pregunta con una oración completa.

1. ¿Qué tienen en común cuatro de los uruguayos célebres mencionados en la página anterior (*previous*)?

2. ¿Cuál es el elemento esencial de la dieta uruguaya?

3. ¿En qué países es importante la producción ganadera?

4. ¿Qué es el mate?

5. ¿Cuándo se formó el primer equipo uruguayo de fútbol?

6. ¿Cuándo se celebró la primera Copa Mundial de fútbol?

7. ¿Cómo se llama la celebración más conocida del Carnaval de Montevideo?

8. ¿Cuántos días dura el Carnaval de Montevideo?

Edificio del Parlamento en Montevideo

Conexión Internet Investiga estos temas en **vhlcentral.com**.

1. Uruguay es conocido como un país de muchos escritores. Busca información sobre uno de ellos y escribe una biografía.

2. Investiga cuáles son las comidas y bebidas favoritas de los uruguayos. Descríbelas e indica cuáles te gustaría probar y por qué.

Practice more at
vhlcentral.com.

asado *barbecued beef* **parrillada** *barbecue* **chivito** *goat in Argentina; steak sandwich in Uruguay* **sede** *site* **desfiles** *parades*

My Vocabulary

Los medios de comunicación

el acontecimiento	*event*
las actualidades	*news; current events*
el artículo	*article*
el diario	*newspaper*
el informe	*report*
el/la locutor(a)	*(TV or radio) announcer*
los medios de comunicación	*media; means of communication*
las noticias	*news*
el noticiero	*newscast*
la prensa	*press*
el reportaje	*report*
anunciar	*to announce; to advertise*
comunicarse (con)	*to communicate (with)*
durar	*to last*
informar	*to inform*
transmitir, emitir	*to broadcast*
(inter)nacional	*(inter)national*
peligroso/a	*dangerous*

Las noticias

el choque	*collision*
el crimen	*crime; murder*
el desastre (natural)	*(natural) disaster*
el desempleo	*unemployment*
la (des)igualdad	*(in)equality*
la discriminación	*discrimination*
el ejército	*army*
la guerra	*war*
la huelga	*strike*
el huracán	*hurricane*
el incendio	*fire*
la inundación	*flood*
la libertad	*liberty; freedom*
la paz	*peace*
el racismo	*racism*
el sexismo	*sexism*
el SIDA	*AIDS*
el/la soldado	*soldier*
el terremoto	*earthquake*
la tormenta	*storm*
el tornado	*tornado*
la violencia	*violence*

La política

el/la candidato/a	*candidate*
el/la ciudadano/a	*citizen*
el deber	*responsibility; obligation*
los derechos	*rights*
la dictadura	*dictatorship*
el discurso	*speech*
las elecciones	*election*
la encuesta	*poll; survey*
el impuesto	*tax*
la política	*politics*
el/la representante	*representative*
declarar	*to declare*
elegir (e:i)	*to elect*
luchar (por/contra)	*to fight; to struggle (for/against)*
obedecer	*to obey*
votar	*to vote*
político/a	*political*

Expresiones útiles	*See page 301.*

recursos

v Text — CA p. 158 — vhlcentral

Glossary of Grammatical Terms

ADJECTIVE A word that modifies, or describes, a noun or pronoun.

muchos libros	un hombre **rico**
many books	*a rich man*
las mujeres **altas**	
the tall women	

Demonstrative adjective An adjective that specifies which noun a speaker is referring to.

esta fiesta	**ese** chico
this party	*that boy*
aquellas flores	
those flowers	

Possessive adjective An adjective that indicates ownership or possession.

mi mejor vestido	Éste es **mi** hermano.
my best dress	*This is my brother.*

Stressed possessive adjective A possessive adjective that emphasizes the owner or possessor.

Es un libro **mío**.
It's my book./It's a book of mine.

Es amiga **tuya**; yo no la conozco.
She's a friend of yours; I don't know her.

ADVERB A word that modifies, or describes, a verb, adjective, or other adverb.

Pancho escribe **rápidamente**.
Pancho writes quickly.

Este cuadro es **muy** bonito.
This picture is very pretty.

ARTICLE A word that points out a noun in either a specific or a non-specific way.

Definite article An article that points out a noun in a specific way.

el libro	**la** maleta
the book	*the suitcase*
los diccionarios	**las** palabras
the dictionaries	*the words*

Indefinite article An article that points out a noun in a general, non-specific way.

un lápiz	**una** computadora
a pencil	*a computer*
unos pájaros	**unas** escuelas
some birds	*some schools*

CLAUSE A group of words that contains both a conjugated verb and a subject, either expressed or implied.

Main (or Independent) clause A clause that can stand alone as a complete sentence.

Pienso ir a cenar pronto.
I plan to go to dinner soon.

Subordinate (or Dependent) clause A clause that does not express a complete thought and therefore cannot stand alone as a sentence.

Trabajo en la cafetería **porque necesito dinero para la escuela**.
I work in the cafeteria because I need money for school.

COMPARATIVE A construction used with an adjective or adverb to express a comparison between two people, places, or things.

Este programa es **más interesante que** el otro.
This program is more interesting than the other one.

Tomás no es **tan alto como** Alberto.
Tomás is not as tall as Alberto.

CONJUGATION A set of the forms of a verb for a specific tense or mood or the process by which these verb forms are presented.

Preterite conjugation of **cantar**:

cant**é**	cant**amos**
cant**aste**	cant**asteis**
cant**ó**	cant**aron**

CONJUNCTION A word used to connect words, clauses, or phrases.

Susana es de Cuba **y** Pedro es de España.
Susana is from Cuba and Pedro is from Spain.

No quiero estudiar, **pero** tengo que hacerlo.
I don't want to study, but I have to.

CONTRACTION The joining of two words into one. The only contractions in Spanish are **al** and **del**.

Mi hermano fue **al** concierto ayer.
*My brother went **to the** concert yesterday.*

Saqué dinero **del** banco.
*I took money **from the** bank.*

DIRECT OBJECT A noun or pronoun that directly receives the action of the verb.

Tomás lee **el libro.**   La pagó ayer.
*Tomás reads **the book.**   She paid **it** yesterday.*

GENDER The grammatical categorizing of certain kinds of words, such as nouns and pronouns, as masculine, feminine, or neuter.

Masculine
articles el, un
pronouns él, lo, mío, éste, ése, aquél
adjective simpático

Feminine
articles la, una
pronouns ella, la, mía, ésta, ésa, aquélla
adjective simpática

IMPERSONAL EXPRESSION A third-person expression with no expressed or specific subject.

Es muy importante.   **Llueve** mucho.
It's very important.   *It's raining hard.*

Aquí **se habla** español.
*Spanish **is spoken** here.*

INDIRECT OBJECT A noun or pronoun that receives the action of the verb indirectly; the object, often a living being, to or for whom an action is performed.

Eduardo **le** dio un libro **a Linda.**
*Eduardo gave a book **to Linda.***

La profesora **me** dio una C en el examen.
*The professor gave **me** a C on the test.*

INFINITIVE The basic form of a verb. Infinitives in Spanish end in **-ar, -er,** or **-ir.**

hablar   correr   abrir
to speak   *to run*   *to open*

INTERROGATIVE An adjective or pronoun used to ask a question.

¿**Quién** habla?   ¿**Cuántos** compraste?
Who is speaking?   *How many did you buy?*

¿**Qué** piensas hacer hoy?
What do you plan to do today?

INVERSION Changing the word order of a sentence, often to form a question.

Statement: Elena pagó la cuenta del restaurante.

Inversion: ¿Pagó Elena la cuenta del restaurante?

MOOD A grammatical distinction of verbs that indicates whether the verb is intended to make a statement or command or to express a doubt, emotion, or condition contrary to fact.

Imperative mood Verb forms used to make commands.

Di la verdad.   **Caminen** ustedes conmigo.
Tell the truth.   *Walk with me.*

¡**Comamos** ahora!
Let's eat now!

Indicative mood Verb forms used to state facts, actions, and states considered to be real.

Sé que **tienes** el dinero.
I know that you have the money.

Subjunctive mood Verb forms used principally in subordinate (dependent) clauses to express wishes, desires, emotions, doubts, and certain conditions, such as contrary-to-fact situations.

Prefieren que **hables** en español.
*They prefer that **you speak** in Spanish.*

Dudo que Luis **tenga** el dinero necesario.
*I doubt that Luis **has** the necessary money.*

NOUN A word that identifies people, animals, places, things, and ideas.

hombre   gato
man   *cat*

México   casa
Mexico   *house*

libertad   libro
freedom   *book*

NUMBER A grammatical term that refers to singular or plural. Nouns in Spanish and English have number. Other parts of a sentence, such as adjectives, articles, and verbs, can also have number.

Singular	Plural
una cosa	**unas** cosas
a thing	*some things*
el profesor	**los** profesores
the professor	*the professors*

NUMBERS Words that represent amounts.

Cardinal numbers Words that show specific amounts.

cinco minutos
five minutes

el año **dos mil siete**
the year 2007

Ordinal numbers Words that indicate the order of a noun in a series.

el **cuarto** jugador
*the **fourth** player*

la **décima** hora
*the **tenth** hour*

PAST PARTICIPLE A past form of the verb used in compound tenses. The past participle may also be used as an adjective, but it must then agree in number and gender with the word it modifies.

Han **buscado** por todas partes.
*They have **searched** everywhere.*

Yo no había **estudiado** para el examen.
*I hadn't **studied** for the exam.*

Hay una **ventana abierta** en la sala.
*There is an **open window** in the living room.*

PERSON The form of the verb or pronoun that indicates the speaker, the one spoken to, or the one spoken about. In Spanish, as in English, there are three persons: first, second, and third.

Person	Singular	Plural
1st	**yo** *I*	**nosotros/as** *we*
2nd	**tú, Ud.** *you*	**vosotros/as, Uds.** *you*
3rd	**él, ella** *he, she*	**ellos, ellas** *they*

PREPOSITION A word or words that describe(s) the relationship, most often in time or space, between two other words.

Anita es **de** California.
*Anita is **from** California.*

La chaqueta está **en** el carro.
*The jacket is **in** the car.*

Marta se peinó **antes de** salir.
*Marta combed her hair **before** going out.*

PRESENT PARTICIPLE In English, a verb form that ends in *-ing*. In Spanish, the present participle ends in **-ndo**, and is often used with **estar** to form a progressive tense.

Mi hermana está **hablando** por teléfono ahora mismo.
*My sister is **talking** on the phone right now.*

PRONOUN A word that takes the place of a noun or nouns.

Demonstrative pronoun A pronoun that takes the place of a specific noun.

Quiero **ésta**.
*I want **this one**.*

¿Vas a comprar **ése**?
*Are you going to buy **that one**?*

Juan prefirió **aquéllos**.
*Juan preferred **those** (over there).*

Object pronoun A pronoun that functions as a direct or indirect object of the verb.

Te digo la verdad.
*I'm telling **you** the truth.*

Me lo trajo Juan.
*Juan brought **it** to **me**.*

Reflexive pronoun A pronoun that indicates that the action of a verb is performed by the subject on itself. These pronouns are often expressed in English with *-self: myself, yourself*, etc.

Yo **me bañé** antes de salir.
*I **bathed (myself)** before going out.*

Elena **se acostó** a las once y media.
*Elena **went to bed** at eleven-thirty.*

Relative pronoun A pronoun that connects a subordinate clause to a main clause.

El chico **que** nos escribió viene a visitar mañana.
*The boy **who** wrote us is coming to visit tomorrow.*

Ya sé **lo que** tenemos que hacer.
*I already know **what** we have to do.*

Subject pronoun A pronoun that replaces the name or title of a person or thing, and acts as the subject of a verb.

Tú debes estudiar más.
***You** should study more.*

Él llegó primero.
***He** arrived first.*

SUBJECT A noun or pronoun that performs the action of a verb and is often implied by the verb.

María va al supermercado.
***María** goes to the supermarket.*

(Ellos) Trabajan mucho.
***They** work hard.*

Esos **libros** son muy caros.
*Those **books** are very expensive.*

SUPERLATIVE A word or construction used with an adjective or adverb to express the highest or lowest degree of a specific quality among three or more people, places, or things.

De todas mis clases, ésta es la **más interesante**.
*Of all my classes, this is the **most interesting**.*

Raúl es el **menos simpático** de los chicos.
*Raúl is the **least pleasant** of the boys.*

TENSE A set of verb forms that indicates the time of an action or state: past, present, or future.

Compound tense A two-word tense made up of an auxiliary verb and a present or past participle. In Spanish, there are two auxiliary verbs: **estar** and **haber**.

En este momento, **estoy estudiando**.
*At this time, **I am studying**.*

El paquete no **ha llegado** todavía.
*The package **has not arrived** yet.*

Simple tense A tense expressed by a single verb form.

María **estaba** mal anoche.
*María **was** ill last night.*

Juana **hablará** con su mamá mañana.
*Juana **will speak** with her mom tomorrow.*

VERB A word that expresses actions or states-of-being.

Auxiliary verb A verb used with a present or past participle to form a compound tense. **Haber** is the most commonly used auxiliary verb in Spanish.

Los chicos **han** visto los elefantes.
*The children **have** seen the elephants.*

Espero que **hayas** comido.
*I hope you **have** eaten.*

Reflexive verb A verb that describes an action performed by the subject on itself and is always used with a reflexive pronoun.

Me compré un carro nuevo.
*I **bought myself** a new car.*

Pedro y Adela **se levantan** muy temprano.
*Pedro and Adela **get (themselves) up** very early.*

Spelling change verb A verb that undergoes a predictable change in spelling, in order to reflect its actual pronunciation in the various conjugations.

practicar	c→qu	practico	practiqué
dirigir	g→j	dirigí	dirijo
almorzar	z→c	almorzó	almorcé

Stem-changing verb A verb whose stem vowel undergoes one or more predictable changes in the various conjugations.

entender (i:ie)	entiendo
pedir (e:i)	piden
dormir (o:ue, u)	duermo, durmieron

Verb Conjugation Tables

The verb lists

The list of verbs below and the model-verb tables that start on page 334 show you how to conjugate every verb taught in **DESCUBRE**. Each verb in the list is followed by a model verb conjugated according to the same pattern. The number in parentheses indicates where in the verb tables you can find the conjugated forms of the model verb. If you want to find out how to conjugate **divertirse**, for example, look up number 33, **sentir**, the model for verbs that follow the e:ie stem-change pattern.

How to use the verb tables

In the tables you will find the infinitive, present and past participles, and all the simple forms of each model verb. The formation of the compound tenses of any verb can be inferred from the table of compound tenses, pages 334–335, either by combining the past participle of the verb with a conjugated form of **haber** or by combining the present participle with a conjugated form of **estar**.

abrazar (z:c) like cruzar (37)
abrir like vivir (3) *except* past participle is abierto
aburrir(se) like vivir (3)
acabar de like hablar (1)
acampar like hablar (1)
acompañar like hablar (1)
aconsejar like hablar (1)
acordarse (o:ue) like contar (24)
acostarse (o:ue) like contar (24)
adelgazar (z:c) like cruzar (37)
afeitarse like hablar (1)
ahorrar like hablar (1)
alegrarse like hablar (1)
aliviar like hablar (1)
almorzar (o:ue) like contar (24) *except* (z:c)
alquilar like hablar (1)
andar like hablar (1) *except* preterite stem is anduv-
anunciar like hablar (1)
apagar (g:gu) like llegar (41)
aplaudir like vivir (3)
apreciar like hablar (1)
aprender like comer (2)
apurarse like hablar (1)
arrancar (c:qu) like tocar (43)
arreglar like hablar (1)
asistir like vivir (3)
aumentar like hablar (1)

ayudar(se) like hablar (1)
bailar like hablar (1)
bajar(se) like hablar (1)
bañarse like hablar (1)
barrer like comer (2)
beber like comer (2)
besar(se) like hablar (1)
borrar like hablar (1)
brindar like hablar (1)
bucear like hablar (1)
buscar (c:qu) like tocar (43)
caber (4)
caer(se) (5)
calentarse (e:ie) like pensar (30)
calzar (z:c) like cruzar (37)
cambiar like hablar (1)
caminar like hablar (1)
cantar like hablar (1)
casarse like hablar (1)
cazar (z:c) like cruzar(37)
celebrar like hablar (1)
cenar like hablar (1)
cepillarse like hablar (1)
cerrar (e:ie) like pensar (30)
cobrar like hablar (1)
cocinar like hablar (1)
comenzar (e:ie) (z:c) like empezar (26)
comer (2)
compartir like vivir (3)
comprar like hablar (1)
comprender like comer (2)

comprometerse like comer (2)
comunicarse (c:qu) like tocar (43)
conducir (c:zc) (6)
confirmar like hablar (1)
conocer (c:zc) (35)
conseguir (e:i) (gu:g) like seguir (32)
conservar like hablar (1)
consumir like vivir (3)
contaminar like hablar (1)
contar (o:ue) (24)
controlar like hablar (1)
correr like comer (2)
costar (o:ue) like contar (24)
creer (y) (36)
cruzar (z:c) (37)
cubrir like vivir (3) *except* past participle is cubierto
cuidar like hablar (1)
cumplir like vivir (3)
dañar like hablar (1)
dar (7)
deber like comer (2)
decidir like vivir (3)
decir (e:i) (8)
declarar like hablar (1)
dejar like hablar (1)
depositar like hablar (1)
desarrollar like hablar (1)
desayunar like hablar (1)

descansar like hablar (1)
descargar like llegar (41)
describir like vivir (3) *except* past participle is descrito
descubrir like vivir (3) *except* past participle is descubierto
desear like hablar (1)
despedirse (e:i) like pedir (29)
despertarse (e:ie) like pensar (30)
destruir (y) (38)
dibujar like hablar (1)
dirigir (g:j) like vivir (3) *except* (g:j)
disfrutar like hablar (1)
divertirse (e:ie) like sentir (33)
divorciarse like hablar (1)
doblar like hablar (1)
doler (o:ue) like volver (34) *except* past participle is regular
dormir(se) (o:ue) (25)
ducharse like hablar (1)
dudar like hablar (1)
durar like hablar (1)
echar like hablar (1)
elegir (e:i) like pedir (29) *except* (g:j)
emitir like vivir (3)
empezar (e:ie) (z:c) (26)

enamorarse like hablar (1)
encantar like hablar (1)
encontrar(se) (o:ue) like contar (24)
enfermarse like hablar (1)
engordar like hablar (1)
enojarse like hablar (1)
enseñar like hablar (1)
ensuciar like hablar (1)
entender (e:ie) (27)
entrenarse like hablar (1)
entrevistar like hablar (1)
enviar (envío) (39)
escalar like hablar (1)
escoger (g:j) like proteger (42)
escribir like vivir (3) *except* past participle is escrito
escuchar like hablar (1)
esculpir like vivir (3)
esperar like hablar (1)
esquiar (esquío) like enviar (39)
establecer (c:zc) like conocer (35)
estacionar like hablar (1)
estar (9)
estornudar like hablar (1)
estudiar like hablar (1)
evitar like hablar (1)
explicar (c:qu) like tocar (43)
explorar like hablar (1)
faltar like hablar (1)
fascinar like hablar (1)
firmar like hablar (1)
fumar like hablar (1)
funcionar like hablar (1)
ganar like hablar (1)
gastar like hablar (1)
grabar like hablar (1)
graduarse (gradúo) (40)
guardar like hablar (1)
gustar like hablar (1)
haber (hay) (10)
hablar (1)
hacer (11)
importar like hablar (1)
imprimir like vivir (3)
informar like hablar (1)
insistir like vivir (3)
interesar like hablar (1)
invertir (e:ie) like sentir (33)
invitar like hablar (1)
ir(se) (12)

jubilarse like hablar (1)
jugar (u:ue) (g:gu) (28)
lastimarse like hablar (1)
lavar(se) like hablar (1)
leer (y) like creer (36)
levantar(se) like hablar (1)
limpiar like hablar (1)
llamar(se) like hablar (1)
llegar (g:gu) (41)
llenar like hablar (1)
llevar(se) like hablar (1)
llover (o:ue) like volver (34) *except* past participle is regular
luchar like hablar (1)
mandar like hablar (1)
manejar like hablar (1)
mantener(se) (e:ie) like tener (20)
maquillarse like hablar (1)
mejorar like hablar (1)
merendar (e:ie) like pensar (30)
mirar like hablar (1)
molestar like hablar (1)
montar like hablar (1)
morir (o:ue) like dormir (25) *except* past participle is muerto
mostrar (o:ue) like contar (24)
mudarse like hablar (1)
nacer (c:zc) like conocer (35)
nadar like hablar (1)
navegar (g:gu) like llegar (41)
necesitar like hablar (1)
negar (e:ie) like pensar (30) *except* (g:gu)
nevar (e:ie) like pensar (30)
obedecer (c:zc) like conocer (35)
obtener (e:ie) like tener (20)
ocurrir like vivir (3)
odiar like hablar (1)
ofrecer (c:zc) like conocer (35)
oír (y) (13)
olvidar like hablar (1)
pagar (g:gu) like llegar (41)
parar like hablar (1)
parecer (c:zc) like conocer (35)
pasar like hablar (1)
pasear like hablar (1)
patinar like hablar (1)

pedir (e:i) (29)
peinarse like hablar (1)
pensar (e:ie) (30)
perder (e:ie) like entender (27)
pescar (c:qu) like tocar (43)
pintar like hablar (1)
planchar like hablar (1)
poder (o:ue) (14)
poner(se) (15)
practicar (c:qu) like tocar (43)
preferir (e:ie) like sentir (33)
preguntar like hablar (1)
preocuparse like hablar (1)
preparar like hablar (1)
presentar like hablar (1)
prestar like hablar (1)
probar(se) (o:ue) like contar (24)
prohibir like vivir (3)
proteger (g:j) (42)
publicar (c:qu) like tocar (43)
quedar(se) like hablar (1)
quemar like hablar (1)
querer (e:ie) (16)
quitar(se) like hablar (1)
recetar like hablar (1)
recibir like vivir (3)
reciclar like hablar (1)
recoger (g:j) like proteger (42)
recomendar (e:ie) like pensar (30)
recordar (o:ue) like contar (24)
reducir (c:zc) like conducir (6)
regalar like hablar (1)
regatear like hablar (1)
regresar like hablar (1)
reír(se) (e:i) (31)
relajarse like hablar (1)
renunciar like hablar (1)
repetir (e:i) like pedir (29)
resolver (o:ue) like volver (34)
respirar like hablar (1)
revisar like hablar (1)
rogar (o:ue) like contar (24) *except* (g:gu)
romper(se) like comer (2) *except* past participle is roto
saber (17)
sacar (c:qu) like tocar (43)
sacudir like vivir (3)

salir (18)
saludar(se) like hablar (1)
secar(se) (c:q) like tocar (43)
seguir (e:i) (32)
sentarse (e:ie) like pensar (30)
sentir(se) (e:ie) (33)
separarse like hablar (1)
ser (19)
servir (e:i) like pedir (29)
solicitar like hablar (1)
sonar (o:ue) like contar (24)
sonreír (e:i) like reír(se) (31)
sorprender like comer (2)
subir like vivir (3)
sudar like hablar (1)
sufrir like vivir (3)
sugerir (e:ie) like sentir (33)
suponer like poner (15)
temer like comer (2)
tener (e:ie) (20)
terminar like hablar (1)
tocar (c:qu) (43)
tomar like hablar (1)
torcerse (o:ue) like volver (34) *except* (c:z) and past participle is regular; e.g. yo tuerzo
toser like comer (2)
trabajar like hablar (1)
traducir (c:zc) like conducir (6)
traer (21)
transmitir like vivir (3)
tratar like hablar (1)
usar like hablar (1)
vencer (c:z) (44)
vender like comer (2)
venir (e:ie) (22)
ver (23)
vestirse (e:i) like pedir (29)
viajar like hablar (1)
visitar like hablar (1)
vivir (3)
volver (o:ue) (34)
votar like hablar (1)

Regular verbs: simple tenses

Infinitive	INDICATIVE					SUBJUNCTIVE		IMPERATIVE
	Present	Imperfect	Preterite	Future	Conditional	Present	Past	
1 hablar	hablo	hablaba	hablé	hablaré	hablaría	hable	hablara	
	hablas	hablabas	hablaste	hablarás	hablarías	hables	hablaras	habla tú (no hables)
Participles:	habla	hablaba	habló	hablará	hablaría	hable	hablara	hable Ud.
hablando	hablamos	hablábamos	hablamos	hablaremos	hablaríamos	hablemos	habláramos	hablemos
hablado	habláis	hablabais	hablasteis	hablaréis	hablaríais	habléis	hablarais	hablad (no habléis)
	hablan	hablaban	hablaron	hablarán	hablarían	hablen	hablaran	hablen Uds.
2 comer	como	comía	comí	comeré	comería	coma	comiera	
	comes	comías	comiste	comerás	comerías	comas	comieras	come tú (no comas)
Participles:	come	comía	comió	comerá	comerían	coma	comiera	coma Ud.
comiendo	comemos	comíamos	comimos	comeremos	comeríamos	comamos	comiéramos	comamos
comido	coméis	comíais	comisteis	comeréis	comeríais	comáis	comierais	comed (no comáis)
	comen	comían	comieron	comerán	comerían	coman	comieran	coman Uds.
3 vivir	vivo	vivía	viví	viviré	viviría	viva	viviera	
	vives	vivías	viviste	vivirás	vivirías	vivas	vivieran	vive tú (no vivas)
Participles:	vive	vivía	vivió	vivirá	viviría	viva	viviera	viva Ud.
viviendo	vivimos	vivíamos	vivimos	viviremos	viviríamos	vivamos	viviéramos	vivamos
vivido	vivís	vivíais	vivisteis	viviréis	viviríais	viváis	vivierais	vivid (no viváis)
	viven	vivían	vivieron	vivirán	vivirían	vivan	vivieran	vivan Uds.

All verbs: compound tenses

PERFECT TENSES						
INDICATIVE					SUBJUNCTIVE	
Present Perfect	Past Perfect	Future Perfect	Conditional Perfect	Present Perfect	Past Perfect
he	había	habré	habría	haya	hubiera
has	habías	habrás	habrías	hayas	hubieras
ha hablado	había hablado	habrá hablado	habría hablado	haya hablado	hubiera hablado
hemos comido	habíamos comido	habremos comido	habríamos comido	hayamos comido	hubiéramos comido
habéis vivido	habíais vivido	habréis vivido	habríais vivido	hayáis vivido	hubierais vivido
han	habían	habrán	habrían	hayan	hubieran

PROGRESSIVE TENSES						
INDICATIVE					SUBJUNCTIVE	
Present Progressive	Past Progressive	Future Progressive	Conditional Progressive		Present Progressive	Past Progressive
estoy	estaba	estaré	estaría		esté	estuviera
estás	estabas	estarás	estarías		estés	estuvieras
está _hablando_	estaba _hablando_	estará _hablando_	estaría _hablando_		esté _hablando_	estuviera _hablando_
estamos _comiendo_	estábamos _comiendo_	estaremos _comiendo_	estaríamos _comiendo_		estemos _comiendo_	estuviéramos _comiendo_
estáis _viviendo_	estabais _viviendo_	estaréis _viviendo_	estaríais _viviendo_		estéis _viviendo_	estuvierais _viviendo_
están	estaban	estarán	estarían		estén	estuvieran

Irregular verbs

Infinitive	INDICATIVE					SUBJUNCTIVE		IMPERATIVE
	Present	Imperfect	Preterite	Future	Conditional	Present	Past	
4 caber	**quepo**	cabía	**cupe**	**cabré**	**cabría**	**quepa**	**cupiera**	
	cabes	cabías	**cupiste**	**cabrás**	**cabrías**	**quepas**	**cupieras**	cabe tú (no **quepas**)
Participles:	cabe	cabía	**cupo**	**cabrá**	**cabría**	**quepa**	**cupiera**	**quepa** Ud.
cabiendo	cabemos	cabíamos	**cupimos**	**cabremos**	**cabríamos**	**quepamos**	**cupiéramos**	**quepamos**
cabido	cabéis	cabíais	**cupisteis**	**cabréis**	**cabríais**	**quepáis**	**cupierais**	cabed (no **quepáis**)
	caben	cabían	**cupieron**	**cabrán**	**cabrían**	**quepan**	**cupieran**	**quepan** Uds.
5 caer(se)	**caigo**	caía	caí	caeré	caería	**caiga**	**cayera**	
	caes	caías	**caíste**	caerás	caerías	**caigas**	**cayeras**	cae tú (no **caigas**)
Participles:	cae	caía	**cayó**	caerá	caería	**caiga**	**cayera**	**caiga** Ud.
cayendo	caemos	caíamos	**caímos**	caeremos	caeríamos	**caigamos**	**cayéramos**	**caigamos**
caído	caéis	caíais	**caísteis**	caeréis	caeríais	**caigáis**	**cayerais**	caed (no **caigáis**)
	caen	caían	**cayeron**	caerán	caerían	**caigan**	**cayeran**	**caigan** Uds.
6 conducir (c:zc)	**conduzco**	conducía	**conduje**	conduciré	conduciría	**conduzca**	**condujera**	
	conduces	conducías	**condujiste**	conducirás	conducirías	**conduzcas**	**condujeras**	conduce tú (no **conduzcas**)
	conduce	conducía	**condujo**	conducirá	conduciría	**conduzca**	**condujera**	**conduzca** Ud.
Participles:	conducimos	conducíamos	**condujimos**	conduciremos	conduciríamos	**conduzcamos**	**condujéramos**	**conduzcamos**
conduciendo	conducís	conducíais	**condujisteis**	conduciréis	conduciríais	**conduzcáis**	**condujerais**	conducid (no **conduzcáis**)
conducido	conducen	conducían	**condujeron**	conducirán	conducirían	**conduzcan**	**condujeran**	**conduzcan** Uds.

		INDICATIVE					SUBJUNCTIVE		IMPERATIVE
	Infinitive	Present	Imperfect	Preterite	Future	Conditional	Present	Past	
7	dar	doy	daba	di	daré	daría	dé	diera	
		das	dabas	diste	darás	darías	des	dieras	da tú (no des)
	Participles:	da	daba	dio	dará	daría	dé	diera	dé Ud.
	dando	damos	dábamos	dimos	daremos	daríamos	demos	diéramos	demos
	dado	dais	dabais	disteis	daréis	daríais	deis	dierais	dad (no deis)
		dan	daban	dieron	darán	darían	den	dieran	den Uds.
8	decir (e:i)	digo	decía	dije	diré	diría	diga	dijera	
		dices	decías	dijiste	dirás	dirías	digas	dijeras	di tú (no digas)
	Participles:	dice	decía	dijo	dirá	diría	diga	dijera	diga Ud.
	diciendo	decimos	decíamos	dijimos	diremos	diríamos	digamos	dijéramos	digamos
	dicho	decís	decíais	dijisteis	diréis	diríais	digáis	dijerais	decid (no digáis)
		dicen	decían	dijeron	dirán	dirían	digan	dijeran	digan Uds.
9	estar	estoy	estaba	estuve	estaré	estaría	esté	estuviera	
		estás	estabas	estuviste	estarás	estarías	estés	estuvieras	está tú (no estés)
	Participles:	está	estaba	estuvo	estará	estaría	esté	estuviera	esté Ud.
	estando	estamos	estábamos	estuvimos	estaremos	estaríamos	estemos	estuviéramos	estemos
	estado	estáis	estabais	estuvisteis	estaréis	estaríais	estéis	estuvierais	estad (no estéis)
		están	estaban	estuvieron	estarán	estarían	estén	estuvieran	estén Uds.
10	haber	he	había	hube	habré	habría	haya	hubiera	
		has	habías	hubiste	habrás	habrías	hayas	hubieras	
	Participles:	ha	había	hubo	habrá	habría	haya	hubiera	
	habiendo	hemos	habíamos	hubimos	habremos	habríamos	hayamos	hubiéramos	
	habido	habéis	habíais	hubisteis	habréis	habríais	hayáis	hubierais	
		han	habían	hubieron	habrán	habrían	hayan	hubieran	
11	hacer	hago	hacía	hice	haré	haría	haga	hiciera	
		haces	hacías	hiciste	harás	harías	hagas	hicieras	haz tú (no hagas)
	Participles:	hace	hacía	hizo	hará	haría	haga	hiciera	haga Ud.
	haciendo	hacemos	hacíamos	hicimos	haremos	haríamos	hagamos	hiciéramos	hagamos
	hecho	hacéis	hacíais	hicisteis	haréis	haríais	hagáis	hicierais	haced (no hagáis)
		hacen	hacían	hicieron	harán	harían	hagan	hicieran	hagan Uds.
12	ir	voy	iba	fui	iré	iría	vaya	fuera	
		vas	ibas	fuiste	irás	irías	vayas	fueras	ve tú (no vayas)
	Participles:	va	iba	fue	irá	iría	vaya	fuera	vaya Ud.
	yendo	vamos	íbamos	fuimos	iremos	iríamos	vayamos	fuéramos	vamos (no vayamos)
	ido	vais	ibais	fuisteis	iréis	iríais	vayáis	fuerais	id (no vayáis)
		van	iban	fueron	irán	irían	vayan	fueran	vayan Uds.
13	oír (y)	oigo	oía	oí	oiré	oiría	oiga	oyera	
		oyes	oías	oíste	oirás	oirías	oigas	oyeras	oye tú (no oigas)
	Participles:	oye	oía	oyó	oirá	oiría	oiga	oyera	oiga Ud.
	oyendo	oímos	oíamos	oímos	oiremos	oiríamos	oigamos	oyéramos	oigamos
	oído	oís	oíais	oísteis	oiréis	oiríais	oigáis	oyerais	oíd (no oigáis)
		oyen	oían	oyeron	oirán	oirían	oigan	oyeran	oigan Uds.

	Infinitive	INDICATIVE					SUBJUNCTIVE		IMPERATIVE
		Present	Imperfect	Preterite	Future	Conditional	Present	Past	
14	poder (o:ue)	puedo	podía	pude	podré	podría	pueda	pudiera	
		puedes	podías	pudiste	podrás	podrías	puedas	pudieras	puede tú (no puedas)
	Participles:	puede	podía	pudo	podrá	podría	pueda	pudiera	pueda Ud.
	pudiendo	podemos	podíamos	pudimos	podremos	podríamos	podamos	pudiéramos	podamos
	podido	podéis	podíais	pudisteis	podréis	podríais	podáis	pudierais	poded (no podáis)
		pueden	podían	pudieron	podrán	podrían	puedan	pudieran	puedan Uds.
15	poner	pongo	ponía	puse	pondré	pondría	ponga	pusiera	
		pones	ponías	pusiste	pondrás	pondrías	pongas	pusieras	pon tú (no pongas)
	Participles:	pone	ponía	puso	pondrá	pondría	ponga	pusiera	ponga Ud.
	poniendo	ponemos	poníamos	pusimos	pondremos	pondríamos	pongamos	pusiéramos	pongamos
	puesto	ponéis	poníais	pusisteis	pondréis	pondríais	pongáis	pusierais	poned (no pongáis)
		ponen	ponían	pusieron	pondrán	pondrían	pongan	pusieran	pongan Uds.
16	querer (e:ie)	quiero	quería	quise	querré	querría	quiera	quisiera	
		quieres	querías	quisiste	querrás	querrías	quieras	quisieras	quiere tú (no quieras)
	Participles:	quiere	quería	quiso	querrá	querría	quiera	quisiera	quiera Ud.
	queriendo	queremos	queríamos	quisimos	querremos	querríamos	queramos	quisiéramos	queramos
	querido	queréis	queríais	quisisteis	querréis	querríais	queráis	quisierais	quered (no queráis)
		quieren	querían	quisieron	querrán	querrían	quieran	quisieran	quieran Uds.
17	saber	sé	sabía	supe	sabré	sabría	sepa	supiera	
		sabes	sabías	supiste	sabrás	sabrías	sepas	supieras	sabe tú (no sepas)
	Participles:	sabe	sabía	supo	sabrá	sabría	sepa	supiera	sepa Ud.
	sabiendo	sabemos	sabíamos	supimos	sabremos	sabríamos	sepamos	supiéramos	sepamos
	sabido	sabéis	sabíais	supisteis	sabréis	sabríais	sepáis	supierais	sabed (no sepáis)
		saben	sabían	supieron	sabrán	sabrían	sepan	supieran	sepan Uds.
18	salir	salgo	salía	salí	saldré	saldría	salga	saliera	
		sales	salías	saliste	saldrás	saldrías	salgas	salieras	sal tú (no salgas)
	Participles:	sale	salía	salió	saldrá	saldría	salga	saliera	salga Ud.
	saliendo	salimos	salíamos	salimos	saldremos	saldríamos	salgamos	saliéramos	salgamos
	salido	salís	salíais	salisteis	saldréis	saldríais	salgáis	salierais	salid (no salgáis)
		salen	salían	salieron	saldrán	saldrían	salgan	salieran	salgan Uds.
19	ser	soy	era	fui	seré	sería	sea	fuera	
		eres	eras	fuiste	serás	serías	seas	fueras	sé tú (no seas)
	Participles:	es	era	fue	será	sería	sea	fuera	sea Ud.
	siendo	somos	éramos	fuimos	seremos	seríamos	seamos	fuéramos	seamos
	sido	sois	erais	fuisteis	seréis	seríais	seáis	fuerais	sed (no seáis)
		son	eran	fueron	serán	serían	sean	fueran	sean Uds.
20	tener	tengo	tenía	tuve	tendré	tendría	tenga	tuviera	
		tienes	tenías	tuviste	tendrás	tendrías	tengas	tuvieras	ten tú (no tengas)
	Participles:	tiene	tenía	tuvo	tendrá	tendría	tenga	tuviera	tenga Ud.
	teniendo	tenemos	teníamos	tuvimos	tendremos	tendríamos	tengamos	tuviéramos	tengamos
	tenido	tenéis	teníais	tuvisteis	tendréis	tendríais	tengáis	tuvierais	tened (no tengáis)
		tienen	tenían	tuvieron	tendrán	tendrían	tengan	tuvieran	tengan Uds.

Infinitive	INDICATIVE					SUBJUNCTIVE		IMPERATIVE
	Present	Imperfect	Preterite	Future	Conditional	Present	Past	
21 traer	**traigo**	traía	**traje**	traeré	traería	**traiga**	**trajera**	
	traes	traías	**trajiste**	traerás	traerías	**traigas**	**trajeras**	trae tú (no **traigas**)
Participles:	trae	traía	**trajo**	traerá	traería	**traiga**	**trajera**	**traiga** Ud.
trayendo	traemos	traíamos	**trajimos**	traeremos	traeríamos	**traigamos**	**trajéramos**	**traigamos**
traído	traéis	traíais	**trajisteis**	traeréis	traeríais	**traigáis**	**trajerais**	traed (no **traigáis**)
	traen	traían	**trajeron**	traerán	traerían	**traigan**	**trajeran**	**traigan** Uds.
22 venir	**vengo**	venía	**vine**	**vendré**	**vendría**	**venga**	**viniera**	
	vienes	venías	**viniste**	**vendrás**	**vendrías**	**vengas**	**vinieras**	**ven** tú (no **vengas**)
Participles:	**viene**	venía	**vino**	**vendrá**	**vendría**	**venga**	**viniera**	**venga** Ud.
viniendo	venimos	veníamos	**vinimos**	**vendremos**	**vendríamos**	**vengamos**	**viniéramos**	**vengamos**
venido	venís	veníais	**vinisteis**	**vendréis**	**vendríais**	**vengáis**	**vinierais**	venid (no **vengáis**)
	vienen	venían	**vinieron**	**vendrán**	**vendrían**	**vengan**	**vinieran**	**vengan** Uds.
23 ver	**veo**	**veía**	**vi**	veré	vería	**vea**	viera	
	ves	**veías**	viste	verás	verías	**veas**	vieras	ve tú (no **veas**)
Participles:	ve	**veía**	**vio**	verá	vería	**vea**	viera	**vea** Ud.
viendo	vemos	**veíamos**	vimos	veremos	veríamos	**veamos**	viéramos	**veamos**
visto	**veis**	**veíais**	visteis	veréis	veríais	**veáis**	vierais	ved (no **veáis**)
	ven	**veían**	vieron	verán	verían	**vean**	vieran	**vean** Uds.

Stem-changing verbs

Infinitive	INDICATIVE					SUBJUNCTIVE		IMPERATIVE
	Present	Imperfect	Preterite	Future	Conditional	Present	Past	
24 contar	**cuento**	contaba	conté	contaré	contaría	**cuente**	contara	
(o:ue)	**cuentas**	contabas	contaste	contarás	contarías	**cuentes**	contaras	**cuenta** tú (no **cuentes**)
	cuenta	contaba	contó	contará	contaría	**cuente**	contara	**cuente** Ud.
Participles:	contamos	contábamos	contamos	contaremos	contaríamos	contemos	contáramos	contemos
contando	contáis	contabais	contasteis	contaréis	contaríais	contéis	contarais	contad (no contéis)
contado	**cuentan**	contaban	contaron	contarán	contarían	**cuenten**	contaran	**cuenten** Uds.
25 dormir	**duermo**	dormía	dormí	dormiré	dormiría	**duerma**	**durmiera**	
(o:ue)	**duermes**	dormías	dormiste	dormirás	dormirías	**duermas**	**durmieras**	**duerme** tú (no **duermas**)
	duerme	dormía	**durmió**	dormirá	dormiría	**duerma**	**durmiera**	**duerma** Ud.
Participles:	dormimos	dormíamos	dormimos	dormiremos	dormiríamos	**durmamos**	**durmiéramos**	**durmamos**
durmiendo	dormís	dormíais	dormisteis	dormiréis	dormiríais	**durmáis**	**durmierais**	dormid (no **durmáis**)
dormido	**duermen**	dormían	**durmieron**	dormirán	dormirían	**duerman**	**durmieran**	**duerman** Uds.
26 empezar	**empiezo**	empezaba	**empecé**	empezaré	empezaría	**empiece**	empezara	
(e:ie) (z:c)	**empiezas**	empezabas	empezaste	empezarás	empezarías	**empieces**	empezaras	**empieza** tú (no **empieces**)
	empieza	empezaba	empezó	empezará	empezaría	**empiece**	empezara	**empiece** Ud.
Participles:	empezamos	empezábamos	empezamos	empezaremos	empezaríamos	**empecemos**	empezáramos	**empecemos**
empezando	empezáis	empezabais	empezasteis	empezaréis	empezaríais	**empecéis**	empezarais	empezad (no **empecéis**)
empezado	**empiezan**	empezaban	empezarán	empezarán	empezarían	**empiecen**	empezaran	**empiecen** Uds.

Infinitive	INDICATIVE					SUBJUNCTIVE		IMPERATIVE
	Present	Imperfect	Preterite	Future	Conditional	Present	Past	
27 entender (e:ie)	entiendo	entendía	entendí	entenderé	entendería	entienda	entendiera	
	entiendes	entendías	entendiste	entenderás	entenderías	entiendas	entendieras	entiende tú (no entiendas)
	entiende	entendía	entendió	entenderá	entendería	entienda	entendiera	entienda Ud.
Participles:	entendemos	entendíamos	entendimos	entenderemos	entenderíamos	entendamos	entendiéramos	entendamos
entendiendo	entendéis	entendíais	entendisteis	entenderéis	entenderíais	entendáis	entendierais	entended (no entendáis)
entendido	entienden	entendían	entendieron	entenderán	entenderían	entiendan	entendieran	entiendan Uds.
28 jugar (u:ue) (g:gu)	juego	jugaba	jugué	jugaré	jugaría	juegue	jugara	
	juegas	jugabas	jugaste	jugarás	jugarías	juegues	jugaras	juega tú (no juegues)
	juega	jugaba	jugó	jugará	jugaría	juegue	jugara	juegue Ud
Participles:	jugamos	jugábamos	jugamos	jugaremos	jugaríamos	juguemos	jugáramos	juguemos
jugando	jugáis	jugabais	jugasteis	jugaréis	jugaríais	juguéis	jugarais	jugad (no juguéis)
jugado	juegan	jugaban	jugaron	jugarán	jugarían	jueguen	jugaran	jueguen Uds.
29 pedir (e:i)	pido	pedía	pedí	pediré	pediría	pida	pidiera	
	pides	pedías	pediste	pedirás	pedirías	pidas	pidieras	pide tú (no pidas)
Participles:	pide	pedía	pidió	pedirá	pediría	pida	pidiera	pida Ud.
pidiendo	pedimos	pedíamos	pedimos	pediremos	pediríamos	pidamos	pidiéramos	pidamos
pedido	pedís	pedíais	pedisteis	pediréis	pediríais	pidáis	pidierais	pedid (no pidáis)
	piden	pedían	pidieron	pedirán	pedirían	pidan	pidieran	pidan Uds.
30 pensar (e:ie)	pienso	pensaba	pensé	pensaré	pensaría	piense	pensara	
	piensas	pensabas	pensaste	pensarás	pensarías	pienses	pensaras	piensa tú (no pienses)
	piensa	pensaba	pensó	pensará	pensaría	piense	pensara	piense Ud.
Participles:	pensamos	pensábamos	pensamos	pensaremos	pensaríamos	pensemos	pensáramos	pensemos
pensando	pensáis	pensabais	pensasteis	pensaréis	pensaríais	penséis	pensarais	pensad (no penséis)
pensado	piensan	pensaban	pensaron	pensarán	pensarían	piensen	pensaran	piensen Uds.
31 reír (e:i)	río	reía	reí	reiré	reiría	ría	riera	
	ríes	reías	reíste	reirás	reirías	rías	rieras	ríe tú (no rías)
Participles:	ríe	reía	rió	reirá	reiría	ría	riera	ría Ud.
riendo	reímos	reíamos	reímos	reiremos	reiríamos	riamos	riéramos	riamos
reído	reís	reíais	reísteis	reiréis	reiríais	riáis	rierais	reíd (no riáis)
	ríen	reían	rieron	reirán	reirían	rían	rieran	rían Uds.
32 seguir (e:i) (gu:g)	sigo	seguía	seguí	seguiré	seguiría	siga	siguiera	
	sigues	seguías	seguiste	seguirás	seguirías	sigas	siguieras	sigue tú (no sigas)
	sigue	seguía	siguió	seguirá	seguiría	siga	siguiera	siga Ud.
Participles:	seguimos	seguíamos	seguimos	seguiremos	seguiríamos	sigamos	siguiéramos	sigamos
siguiendo	seguís	seguíais	seguisteis	seguiréis	seguiríais	sigáis	siguierais	seguid (no sigáis)
seguido	siguen	seguían	siguieron	seguirán	seguirían	sigan	siguieran	sigan Uds.
33 sentir (e:ie)	siento	sentía	sentí	sentiré	sentiría	sienta	sintiera	
	sientes	sentías	sentiste	sentirás	sentirías	sientas	sintieras	siente tú (no sientas)
Participles:	siente	sentía	sintió	sentirá	sentiría	sienta	sintiera	sienta Ud.
sintiendo	sentimos	sentíamos	sentimos	sentiremos	sentiríamos	sintamos	sintiéramos	sintamos
sentido	sentís	sentíais	sentisteis	sentiréis	sentiríais	sintáis	sintierais	sentid (no sintáis)
	sienten	sentían	sintieron	sentirán	sentirían	sientan	sintieran	sientan Uds.

		INDICATIVE					SUBJUNCTIVE		IMPERATIVE
Infinitive	**Present**	**Imperfect**	**Preterite**	**Future**	**Conditional**	**Present**	**Past**	
34 volver	**vuelvo**	volvía	volví	volveré	volvería	**vuelva**	volviera	
(o:ue)	**vuelves**	volvías	volviste	volverás	volverías	**vuelvas**	volvieras	**vuelve** tú (no **vuelvas**)
	vuelve	volvía	volvió	volverá	volvería	**vuelva**	volviera	**vuelva** Ud.
Participles:	volvemos	volvíamos	volvimos	volveremos	volveríamos	volvamos	volviéramos	volvamos
volviendo	volvéis	volvíais	volvisteis	volveréis	volveríais	volváis	volvierais	volved (no volváis)
vuelto	**vuelven**	volvían	volvieron	volverán	volverían	**vuelvan**	volvieran	**vuelvan** Uds.

Verbs with spelling changes only

		INDICATIVE					SUBJUNCTIVE		IMPERATIVE
Infinitive	**Present**	**Imperfect**	**Preterite**	**Future**	**Conditional**	**Present**	**Past**	
35 conocer	**conozco**	conocía	conocí	conoceré	conocería	**conozca**	conociera	
(c:zc)	conoces	conocías	conociste	conocerás	conocerías	**conozcas**	conocieras	conoce tú (no **conozcas**)
	conoce	conocía	conoció	conocerá	conocería	**conozca**	conociera	**conozca** Ud.
Participles:	conocemos	conocíamos	conocimos	conoceremos	conoceríamos	**conozcamos**	conociéramos	**conozcamos**
conociendo	conocéis	conocíais	conocisteis	conoceréis	conoceríais	**conozcáis**	conocierais	conoced (no **conozcáis**)
conocido	conocen	conocían	conocieron	conocerán	conocerían	**conozcan**	conocieran	**conozcan** Uds.
36 creer (y)	creo	creía	creí	creeré	creería	crea	**creyera**	
	crees	creías	**creíste**	creerás	creerías	creas	**creyeras**	cree tú (no creas)
Participles:	cree	creía	**creyó**	creerá	creería	crea	**creyera**	crea Ud.
creyendo	creemos	creíamos	**creímos**	creeremos	creeríamos	creamos	**creyéramos**	creamos
creído	creéis	creíais	**creísteis**	creeréis	creeríais	creáis	**creyerais**	creed (no creáis)
	creen	creían	**creyeron**	creerán	creerían	crean	**creyeran**	crean Uds.
37 cruzar (z:c)	cruzo	cruzaba	**crucé**	cruzaré	cruzaría	**cruce**	cruzara	
	cruzas	cruzabas	cruzaste	cruzarás	cruzarías	**cruces**	cruzaras	cruza tú (no **cruces**)
Participles:	cruza	cruzaba	cruzó	cruzará	cruzaría	**cruce**	cruzara	**cruce** Ud.
cruzando	cruzamos	cruzábamos	cruzamos	cruzaremos	cruzaríamos	**crucemos**	cruzáramos	**crucemos**
cruzado	cruzáis	cruzabais	cruzasteis	cruzaréis	cruzaríais	**crucéis**	cruzarais	cruzad (no **crucéis**)
	cruzan	cruzaban	cruzaron	cruzarán	cruzarían	**crucen**	cruzaran	**crucen** Uds.
38 destruir (y)	**destruyo**	destruía	destruí	destruiré	destruiría	**destruya**	**destruyera**	
	destruyes	destruías	destruiste	destruirás	destruirías	**destruyas**	**destruyeras**	**destruye** tú (no **destruyas**)
Participles:	**destruye**	destruía	**destruyó**	destruirá	destruiría	**destruya**	**destruyera**	**destruya** Ud.
destruyendo	destruimos	destruíamos	destruimos	destruiremos	destruiríamos	**destruyamos**	**destruyéramos**	**destruyamos**
destruido	destruís	destruíais	destruisteis	destruiréis	destruiríais	**destruyáis**	**destruyerais**	destruid (no **destruyáis**)
	destruyen	destruían	**destruyeron**	destruirán	destruirían	**destruyan**	**destruyeran**	**destruyan** Uds.
39 enviar	**envío**	enviaba	envié	enviaré	enviaría	**envíe**	enviara	
(envío)	**envías**	enviabas	enviaste	enviarás	enviarías	**envíes**	enviaras	**envía** tú (no **envíes**)
	envía	enviaba	envió	enviará	enviaría	**envíe**	enviara	**envíe** Ud.
Participles:	enviamos	enviábamos	enviamos	enviaremos	enviaríamos	enviemos	enviáramos	enviemos
enviando	enviáis	enviabais	enviasteis	enviaréis	enviaríais	enviéis	enviarais	enviad (no enviéis)
enviado	**envían**	enviaban	enviaron	enviarán	enviarían	**envíen**	enviaran	**envíen** Uds.

| Infinitive | INDICATIVE | | | | | SUBJUNCTIVE | | IMPERATIVE |
	Present	Imperfect	Preterite	Future	Conditional	Present	Past	
40 graduarse	**gradúo**	graduaba	gradué	graduaré	graduaría	**gradúe**	graduara	
(gradúo)	**gradúas**	graduabas	graduaste	graduarás	graduarías	**gradúes**	graduaras	**gradúa** tú (no **gradúes**)
	gradúa	graduaba	graduó	graduará	graduaría	**gradúe**	graduara	**gradúe** Ud.
Participles:	graduamos	graduábamos	graduamos	graduaremos	graduaríamos	graduemos	graduáramos	graduemos
graduando	graduáis	graduabais	graduasteis	graduaréis	graduaríais	graduéis	graduarais	graduad (no graduéis)
graduado	**gradúan**	graduaban	graduaron	graduarán	graduarían	**gradúen**	graduaran	**gradúen** Uds.
41 llegar (g:gu)	llego	llegaba	**llegué**	llegaré	llegaría	**llegue**	llegara	
	llegas	llegabas	llegaste	llegarás	llegarías	**llegues**	llegaras	llega tú (no **llegues**)
Participles:	llega	llegaba	llegó	llegará	llegaría	**llegue**	llegara	**llegue** Ud.
llegando	llegamos	llegábamos	llegamos	llegaremos	llegaríamos	**lleguemos**	llegáramos	**lleguemos**
llegado	llegáis	llegabais	llegasteis	llegaréis	llegaríais	**lleguéis**	llegarais	llegad (no **lleguéis**)
	llegan	llegaban	llegaron	llegarán	llegarían	**lleguen**	llegaran	**lleguen** Uds.
42 proteger	**protejo**	protegía	protegí	protegeré	protegería	**proteja**	protegiera	
(g:j)	proteges	protegías	protegiste	protegerás	protegerías	**protejas**	protegieras	protege tú (no **protejas**)
	protege	protegía	protegió	protegerá	protegería	**proteja**	protegiera	**proteja** Ud.
Participles:	protegemos	protegíamos	protegimos	protegeremos	protegeríamos	**protejamos**	protegiéramos	**protejamos**
protegiendo	protegéis	protegíais	protegisteis	protegeréis	protegeríais	**protejáis**	protegierais	proteged (no **protejáis**)
protegido	protegen	protegían	protegieron	protegerán	protegerían	**protejan**	protegieran	**protejan** Uds.
43 tocar (c:qu)	toco	tocaba	**toqué**	tocaré	tocaría	**toque**	tocara	
	tocas	tocabas	tocaste	tocarás	tocarías	**toques**	tocaras	toca tú (no **toques**)
Participles:	toca	tocaba	tocó	tocará	tocaría	**toque**	tocara	**toque** Ud.
tocando	tocamos	tocábamos	tocamos	tocaremos	tocaríamos	**toquemos**	tocáramos	**toquemos**
tocado	tocáis	tocabais	tocasteis	tocaréis	tocaríais	**toquéis**	tocarais	tocad (no **toquéis**)
	tocan	tocaban	tocaron	tocarán	tocarían	**toquen**	tocaran	**toquen** Uds.
44 vencer (c:z)	**venzo**	vencía	vencí	venceré	vencería	**venza**	venciera	
	vences	vencías	venciste	vencerás	vencerías	**venzas**	vencieras	vence tú (no **venzas**)
Participles:	vence	vencía	venció	vencerá	vencería	**venza**	venciera	**venza** Ud.
venciendo	vencemos	vencíamos	vencimos	venceremos	venceríamos	**venzamos**	venciéramos	**venzamos**
vencido	vencéis	vencíais	vencisteis	venceréis	venceríais	**venzáis**	vencierais	venced (no **venzáis**)
	vencen	vencían	vencieron	vencerán	vencerían	**venzan**	vencieran	**venzan** Uds.

Guide to Vocabulary

Contents of the glossary

This glossary contains the words and expressions listed on the **Vocabulario** page found at the end of each lesson in **DESCUBRE,** as well as other useful vocabulary. The number following an entry indicates the **DESCUBRE** level and lesson where the word or expression was introduced. Check the **Estructura** sections of each lesson for words and expressions related to those grammar topics.

Abbreviations used in this glossary

adj.	adjective	*form.*	formal	*pl.*	plural
adv.	adverb	*indef.*	indefinite	*poss.*	possessive
art.	article	*interj.*	interjection	*prep.*	preposition
conj.	conjunction	*i.o.*	indirect object	*pron.*	pronoun
def.	definite	*m.*	masculine	*ref.*	reflexive
d.o.	direct object	*n.*	noun	*sing.*	singular
f.	feminine	*obj.*	object	*sub.*	subject
fam.	familiar	*p.p.*	past participle	*v.*	verb

Note on alphabetization

In current practice, for purposes of alphabetization, **ch** and **ll** are not treated as separate letters, but **ñ** still follows **n**. Therefore, in this glossary you will find that **año**, for example, appears after **anuncio**.

Spanish-English

A

a *prep.* at; to   1.1
  a bordo   aboard   1.1
  a dieta   on a diet   2.6
  a la derecha   to the right   1.2
  a la izquierda   to the left   1.2
  a la plancha   grilled   1.8
  a la(s) + *time*   at + *time*   1.1
  a menos que *conj.*
    unless   2.4
  a menudo *adv.* often   2.1
  a nombre de   in the name
    of   1.5
  a plazos   in installments   2.5
  ¿A qué hora...?   At what
    time...?   1.1
  A sus órdenes.   At your
    service.   2.2
  a tiempo *adv.* on time   2.1
  a veces *adv.* sometimes   2.1
  a ver   let's see   1.2
abajo *adv.* down
abeja *f.* bee
abierto/a *adj.* open   1.5, 2.5
abogado/a *m., f.* lawyer   2.7
abrazar(se) *v.* to hug; to embrace
  (each other)   2.2
abrazo *m.* hug
abrigo *m.* coat   1.6
abril *m.* April   1.5
abrir *v.* to open   1.3

abuelo/a *m., f.* grandfather;
  grandmother   1.3
abuelos *pl.* grandparents   1.3
aburrido/a *adj.* bored;
  boring   1.5
aburrir *v.* to bore   1.7
aburrirse *v.* to get bored   2.8
acabar de (+ *inf.*) *v.* to have just
  (*done something*)   1.6
acampar *v.* to camp   1.5
accidente *m.* accident   2.1
acción *f.* action   2.8
  de acción   action (*genre*)   2.8
aceite *m.* oil   1.8
ácido/a *adj.* acid   2.4
acompañar *v.* to go with; to
  accompany   2.5
aconsejar *v.* to advise   2.3
acontecimiento *m.* event   2.9
acordarse (de) (o:ue) *v.* to
  remember   1.7
acostarse (o:ue) *v.* to go to
  bed   1.7
activo/a *adj.* active   2.6
actor *m.* actor   2.7
actriz *f.* actor   2.7
actualidades *f., pl.* news;
  current events   2.9
acuático/a *adj.* aquatic   1.4
adelgazar *v.* to lose weight; to
  slim down   2.6
además (de) *adv.* furthermore;
  besides   2.1
adicional *adj.* additional
adiós *m.* good-bye   1.1

adjetivo *m.* adjective
administración de
  empresas *f.* business
  administration   1.2
adolescencia *f.* adolescence   1.9
¿adónde? *adv.* where (to)?
  (*destination*)   1.2
aduana *f.* customs   1.5
aeróbico/a *adj.* aerobic   2.6
aeropuerto *m.* airport   1.5
afectado/a *adj.* affected   2.4
afeitarse *v.* to shave   1.7
aficionado/a *adj.* fan   1.4
afirmativo/a *adj.* affirmative
afueras *f., pl.* suburbs;
  outskirts   2.3
agencia de viajes *f.* travel
  agency   1.5
agente de viajes *m., f.* travel
  agent   1.5
agosto *m.* August   1.5
agradable *adj.* pleasant
agua *f.* water   1.8
  agua mineral   mineral water
    1.8
ahora *adv.* now   1.2
  ahora mismo   right now   1.5
ahorrar *v.* to save (*money*)   2.5
ahorros *m.* savings   2.5
aire *m.* air   1.5
ajo *m.* garlic   1.8
al (*contraction of* **a + el**)   1.2
  al aire libre   open-air   1.6
  al contado   in cash   2.5
  al este   to the east   2.5

al fondo (de) at the end (of) 2.3
al lado de beside 1.2
al norte to the north 2.5
al oeste to the west 2.5
al sur to the south 2.5
alcoba *f.* bedroom 2.3
alegrarse (de) *v.* to be happy 2.4
alegre *adj.* happy; joyful 1.5
alegría *f.* happiness 1.9
alemán, alemana *adj.* German 1.3
alérgico/a *adj.* allergic 2.1
alfombra *f.* carpet; rug 2.3
algo *pron.* something; anything 1.7
algodón *m.* cotton 1.6
alguien *pron.* someone; somebody; anyone 1.7
algún, alguno/a(s) *adj.*, *pron.* any; some 1.7
alimentación *f.* diet
alimento *m.* food
aliviar *v.* to reduce 2.6
 aliviar el estrés/la tensión to reduce stress/tension 2.6
allí *adv.* there 1.5
 allí mismo right there 2.5
almacén *m.* department store 1.6
almohada *f.* pillow 2.3
almorzar (o:ue) *v.* to have lunch 1.4
almuerzo *m.* lunch 1.8
aló *interj.* hello (*on the telephone*) 2.2
alquilar *v.* to rent 2.3
alquiler *m.* rent (payment) 2.3
alternador *m.* alternator 2.2
altillo *m.* attic 2.3
alto/a *adj.* tall 1.3
aluminio *m.* aluminum 2.4
ama de casa *m., f.* housekeeper; caretaker 2.3
amable *adj.* nice; friendly 1.5
amarillo/a *adj.* yellow 1.6
amigo/a *m., f.* friend 1.3
amistad *f.* friendship 1.9
amor *m.* love 1.9
anaranjado/a *adj.* orange 1.6
andar *v.* **en patineta** to skateboard 1.4
animal *m.* animal 2.4
aniversario (de bodas) *m.* (wedding) anniversary 1.9
anoche *adv.* last night 1.6
anteayer *adv.* the day before yesterday 1.6
antes *adv.* before 1.7
 antes (de) que *conj.* before 2.4
 antes de *prep.* before 1.7
antibiótico *m.* antibiotic 2.1
antipático/a *adj.* unpleasant 1.3
anunciar *v.* to announce; to advertise 2.9

anuncio *m.* advertisement 2.7
año *m.* year 1.5
 año pasado last year 1.6
apagar *v.* to turn off 2.2
aparato *m.* appliance
apartamento *m.* apartment 2.3
apellido *m.* last name 1.3
apenas *adv.* hardly; scarcely 2.1
aplaudir *v.* to applaud 2.8
aplicación *f.* application 2.2
apreciar *v.* to appreciate 2.8
aprender (a + *inf.***)** *v.* to learn 1.3
apurarse *v.* to hurry; to rush 2.6
aquel, aquella *adj.* that (over there) 1.6
aquél, aquélla *pron.* that (over there) 1.6
aquello *neuter pron.* that; that thing; that fact 1.6
aquellos/as *pl. adj.* those (over there) 1.6
aquéllos/as *pl. pron.* those (ones) (over there) 1.6
aquí *adv.* here 1.1
 Aquí está... Here it is... 1.5
 Aquí estamos en... Here we are at/in... 1.2
 aquí mismo right here 2.2
árbol *m.* tree 2.4
archivo *m.* file 2.2
armario *m.* closet 2.3
arqueólogo/a *m., f.* archaeologist 2.7
arquitecto/a *m., f.* architect 2.7
arrancar *v.* to start (*a car*) 2.2
arreglar *v.* to fix; to arrange 2.2; to neaten; to straighten up 2.3
arriba *adv.* up
arroba *f.* @ symbol 2.2
arroz *m.* rice 1.8
arte *m.* art 1.2
artes *f., pl.* arts 2.8
artesanía *f.* craftsmanship; crafts 2.8
artículo *m.* article 2.9
artista *m., f.* artist 1.3
artístico/a *adj.* artistic 2.8
arveja *m.* pea 1.8
asado/a *adj.* roast 1.8
ascenso *m.* promotion 2.7
ascensor *m.* elevator 1.5
así *adv.* like this; so (*in such a way*) 2.1
 así así so-so
asistir (a) *v.* to attend 1.3
aspiradora *f.* vacuum cleaner 2.3
aspirante *m. f.* candidate; applicant 2.7
aspirina *f.* aspirin 2.1
atún *m.* tuna 1.8
aumentar de peso to gain weight 2.6
aumento *m.* increase 2.7
 aumento de sueldo *m.* pay raise 2.7

aunque *conj.* although
autobús *m.* bus 1.1
automático/a *adj.* automatic
auto(móvil) *m.* auto(mobile) 1.5
autopista *f.* highway 2.2
ave *f.* bird 2.4
avenida *f.* avenue
aventura *f.* adventure 2.8
 de aventura adventure (*genre*) 2.8
avergonzado/a *adj.* embarrassed 1.5
avión *m.* airplane 1.5
¡Ay! *interj.* Oh!
 ¡Ay, qué dolor! Oh, what pain!
ayer *adv.* yesterday 1.6
ayudar(se) *v.* to help (each other) 2.2, 2.3
azúcar *m.* sugar 1.8
azul *adj.* blue 1.6

B

bailar *v.* to dance 1.2
bailarín/bailarina *m., f.* dancer 2.8
baile *m.* dance 2.8
bajar(se) de *v.* to get off of/out of (*a vehicle*) 2.2
bajo/a *adj.* short (*in height*) 1.3
 bajo control under control 1.7
balcón *m.* balcony 2.3
baloncesto *m.* basketball 1.4
banana *f.* banana 1.8
banco *m.* bank 2.5
banda *f.* band 2.8
bandera *f.* flag
bañarse *v.* to bathe; to take a bath 1.7
baño *m.* bathroom 1.7
barato/a *adj.* cheap 1.6
barco *m.* boat 1.5
barrer *v.* to sweep 2.3
 barrer el suelo to sweep the floor 2.3
barrio *m.* neighborhood 2.3
bastante *adv.* enough; rather 2.1; pretty 2.4
basura *f.* trash 2.3
baúl *m.* trunk 2.2
beber *v.* to drink 1.3
bebida *f.* drink 1.8
béisbol *m.* baseball 1.4
bellas artes *f., pl.* fine arts 2.8
belleza *f.* beauty 2.5
beneficio *m.* benefit 2.7
besar(se) *v.* to kiss (each other) 2.2
beso *m.* kiss 1.9
biblioteca *f.* library 1.2
bicicleta *f.* bicycle 1.4
bien *adj., adv.* well 1.1

bienestar *m.* well-being 2.6
bienvenido(s)/a(s) *adj.* welcome 2.3
billete *m.* paper money; ticket
billón *m.* trillion
biología *f.* biology 1.2
bisabuelo/a *m.*, *f.* great-grandfather/great-grandmother 1.3
bistec *m.* steak 1.8
bizcocho *m.* biscuit
blanco/a *adj.* white 1.6
blog *m.* blog 2.2
bluejeans *m.*, *pl.* jeans 1.6
blusa *f.* blouse 1.6
boca *f.* mouth 2.1
boda *f.* wedding 1.9
boleto *m.* ticket 2.8
bolsa *f.* purse, bag 1.6
bombero/a *m.*, *f.* firefighter 2.7
bonito/a *adj.* pretty 1.3
borrador *m.* eraser 1.2
borrar *v.* to erase 2.2
bosque *m.* forest 2.4
　bosque tropical tropical forest; rain forest 2.4
bota *f.* boot 1.6
botella *f.* bottle 1.9
　botella de vino bottle of wine 1.9
botones *m.*, *f. sing.* bellhop 1.5
brazo *m.* arm 2.1
brindar *v.* to toast (*drink*) 1.9
bucear *v.* to scuba dive 1.4
buen, bueno/a *adj.* good 1.3, 1.6
　¡Buen viaje! Have a good trip! 1.6
　buena forma good shape (*physical*) 2.6
　Buena idea. Good idea. 1.4
　Buenas noches. Good evening. Good night. 1.1
　Buenas tardes. Good afternoon. 1.1
　buenísimo extremely good
　¿Bueno? Hello. (*on telephone*) 2.2
　Buenos días. Good morning. 1.1
bueno... *interj.* well... 1.2, 2.8
bulevar *m.* boulevard
buscador *m.* browser 2.2
buscar *v.* to look for 1.2
buzón *m.* mailbox 2.5

C

caballo *m.* horse 1.5
cabaña *f.* cabin 1.5
cabe: no cabe duda de there's no doubt 2.4
cabeza *f.* head 2.1
cada *adj.* each 1.6
caerse *v.* to fall (down) 2.1

café *m.* café 1.4; coffee 1.8; *adj.* brown 1.6
cafeína *f.* caffeine 2.5
cafetera *f.* coffeemaker 2.3
cafetería *f.* cafeteria 1.2
caído *p.p.* fallen 2.5
caja *f.* cash register 1.6
cajero/a *m.*, *f.* cashier 2.5
　cajero automático *m.* ATM 2.5
calcetín (calcetines) *m.* sock(s) 1.6
caldo *m.* soup
calentamiento global *m.* global warming 2.4
calentarse (e:ie) *v.* to warm up 2.6
calidad *f.* quality 1.6
calle *f.* street 2.2
calor *m.* heat 1.4
caloría *f.* calorie 2.6
calzar *v.* to take size... shoes 1.6
cama *f.* bed 1.5
cámara de video *f.* video camera 2.2
cámara digital *f.* digital camera 2.2
camarero/a *m.*, *f.* waiter; waitress 1.8
camarón *m.* shrimp 1.8
cambiar (de) *v.* to change 1.9
cambio climático *m.* climate change 2.4
cambio de moneda *m.* currency exchange
caminar *v.* to walk 1.2
camino *m.* road
camión *m.* truck; bus
camisa *f.* shirt 1.6
camiseta *f.* t-shirt 1.6
campo *m.* countryside 1.5
canadiense *adj.* Canadian 1.3
canal *m.* (TV) channel 2.2, 2.8
canción *f.* song 2.8
candidato/a *m.*, *f.* candidate 2.9
cansado/a *adj.* tired 1.5
cantante *m.*, *f.* singer 2.8
cantar *v.* to sing 1.2
capital *f.* capital city 1.1
capó *m.* hood 2.2
cara *f.* face 1.7
caramelo *m.* caramel 1.9
carne *f.* meat 1.8
　carne de res *f.* beef 1.8
carnicería *f.* butcher shop 2.5
caro/a *adj.* expensive 1.6
carpintero/a *m.*, *f.* carpenter 2.7
carrera *f.* career 2.7
carretera *f.* highway 2.2
carro *m.* car; automobile 2.2
carta *f.* letter 1.4; (playing) card 1.5
cartel *m.* poster 2.3
cartera *f.* wallet 1.6

cartero/a *m.*, *f.* mail carrier 2.5
casa *f.* house; home 1.2
casado/a *adj.* married 1.9
casarse (con) *v.* to get married (to) 1.9
casi *adv.* almost 2.1
catorce *n.*, *adj.* fourteen 1.1
cazar *v.* to hunt 2.4
cebolla *f.* onion 1.8
cederrón *m.* CD-ROM
celebrar *v.* to celebrate 1.9
celular *adj.* cellular 2.2
cena *f.* dinner 1.8
cenar *v.* to have dinner 1.2
centro *m.* downtown 1.4
　centro comercial *m.* shopping mall 1.6
cepillarse los dientes/el pelo *v.* to brush one's teeth/one's hair 1.7
cerámica *f.* pottery 2.8
cerca de *prep.* near 1.2
cerdo *m.* pork 1.8
cereales *m.*, *pl.* cereal; grains 1.8
cero *m.* zero 1.1
cerrado/a *adj.* closed 1.5, 2.5
cerrar (e:ie) *v.* to close 1.4
césped *m.* grass 2.4
ceviche *m.* marinated fish dish 1.8
　ceviche de camarón *m.* lemon-marinated shrimp 1.8
chaleco *m.* vest
champán *m.* champagne 1.9
champiñón *m.* mushroom 1.8
champú *m.* shampoo 1.7
chaqueta *f.* jacket 1.6
chatear *v.* to chat 2.2
chau *fam. interj.* bye 1.1
cheque *m.* (bank) check 2.5
　cheque de viajero *m.* traveler's check 2.5
chévere *adj.*, *fam.* terrific
chico/a *m.*, *f.* boy; girl 1.1
chino/a *adj.* Chinese 1.3
chocar (con) *v.* to run into
chocolate *m.* chocolate 1.9
choque *m.* collision 2.9
chuleta *f.* chop (*food*) 1.8
　chuleta de cerdo *f.* pork chop 1.8
cibercafé *m.* cybercafé
ciclismo *m.* cycling 1.4
cielo *m.* sky 2.4
cien(to) *n.*, *adj.* one hundred 1.2
ciencia *f.* science 1.2
　de ciencia ficción science fiction (*genre*) 2.8
científico/a *m.*, *f.* scientist 2.7
cierto/a *adj.* certain 2.4
　es cierto it's certain 2.4
　no es cierto it's not certain 2.4

cinco *n., adj.* five **1.1**
cincuenta *n., adj.* fifty **1.2**
cine *m.* movie theater **1.4**
cinta *f.* (audio)tape
cinta caminadora *f.* treadmill
   2.6
cinturón *m.* belt **1.6**
circulación *f.* traffic **2.2**
cita *f.* date; appointment **1.9**
ciudad *f.* city **1.4**
ciudadano/a *m., f.* citizen **2.9**
Claro (que sí). *fam.* Of
   course. **2.7**
clase *f.* class **1.2**
   clase de ejercicios aeróbicos
   f. aerobics class **2.6**
clásico/a *adj.* classical **2.8**
cliente/a *m., f.* customer **1.6**
clínica *f.* clinic **2.1**
cobrar *v.* to cash (*a check*) **2.5**
coche *m.* car; automobile **2.2**
cocina *f.* kitchen; stove **2.3**
cocinar *v.* to cook **2.3**
cocinero/a *m., f.* cook, chef **2.7**
cofre *m.* hood **2.5**
cola *f.* line **2.5**
colesterol *m.* cholesterol **2.6**
color *m.* color **1.3, 1.6**
comedia *f.* comedy; play **2.8**
comedor *m.* dining room **2.3**
comenzar (e:ie) *v.* to begin **1.4**
comer *v.* to eat **1.3**
comercial *adj.* commercial;
   business-related **2.7**
comida *f.* food; meal **1.8**
como *prep., conj.* like; as **1.8**
¿cómo? *adv.* what?; how? **1.1**
   ¿Cómo es...? What's... like?
   1.3
   ¿Cómo está usted? *form.*
   How are you? **1.1**
   ¿Cómo estás? *fam.* How are
   you? **1.1**
   ¿Cómo les fue...? *pl.* How
   did ... go for you? **2.6**
   ¿Cómo se llama (usted)?
   form. What's your name? **1.1**
   ¿Cómo te llamas (tú)? *fam.*
   What's your name? **1.1**
cómoda *f.* chest of drawers **2.3**
cómodo/a *adj.* comfortable **1.5**
compañero/a de clase *m., f.*
   classmate **1.2**
compañero/a de cuarto *m., f.*
   roommate **1.2**
compañía *f.* company; firm **2.7**
compartir *v.* to share **1.3**
completamente *adv.*
   completely **2.7**
compositor(a) *m., f.* composer
   2.8
comprar *v.* to buy **1.2**
compras *f., pl.* purchases **1.5**
   ir de compras to go shopping
   1.5

comprender *v.* to understand **1.3**
comprobar (o:ue) *v.* to check
comprometerse (con) *v.* to get
   engaged (to) **1.9**
computación *f.* computer
   science **1.2**
computadora *f.* computer **1.1**
   computadora portátil *f.*
   portable computer; laptop **2.2**
comunicación *f.*
   communication **2.9**
comunicarse (con) *v.* to
   communicate (with) **2.9**
comunidad *f.* community **1.1**
con *prep.* with **1.2**
   Con él/ella habla. This is
   he/she. (*on telephone*) **2.2**
   con frecuencia *adv.*
   frequently **2.1**
   Con permiso. Pardon me.;
   Excuse me. **1.1**
   con tal (de) que *conj.*
   provided (that) **2.4**
concierto *m.* concert **2.8**
concordar (o:ue) *v.* to agree
concurso *m.* game show;
   contest **2.8**
conducir *v.* to drive **1.6, 2.2**
conductor(a) *m., f.* driver **1.1**
conexión inalámbrica *f.*
   wireless (connection) **2.2**
confirmar *v.* to confirm **1.5**
   confirmar una reservación
   to confirm a reservation **1.5**
confundido/a *adj.* confused **1.5**
congelador *m.* freezer **2.3**
congestionado/a *adj.* congested;
   stuffed-up **2.1**
conmigo *pron.* with me **1.4, 1.9**
conocer *v.* to know; to be
   acquainted with **1.6**
conocido/a *adj.; p.p.* known
conseguir (e:i) *v.* to get; to
   obtain **1.4**
consejero/a *m., f.* counselor;
   advisor **2.7**
consejo *m.* advice
conservación *f.* conservation
   2.4
conservar *v.* to conserve **2.4**
construir *v.* to build
consultorio *m.* doctor's office **2.1**
consumir *v.* to consume **2.6**
contabilidad *f.* accounting **1.2**
contador(a) *m., f.* accountant **2.7**
contaminación *f.* pollution **2.4**
   contaminación del aire/del
   agua air/water pollution **2.4**
contaminado/a *adj.* polluted **2.4**
contaminar *v.* to pollute **2.4**
contar (o:ue) *v.* to count; to
   tell **1.4**
   contar con *v.* to count (on) **2.3**
contento/a *adj.* happy;
   content **1.5**

contestar *v.* to answer **1.2**
contigo *fam. pron.* with you **1.9**
contratar *v.* to hire **2.7**
control *m.* control **1.7**
   control remoto *m.* remote
   control **2.2**
controlar *v.* to control **2.4**
conversación *f.* conversation **1.2**
conversar *v.* to converse, to
   chat **1.2**
copa *f.* wineglass **2.3**
corazón *m.* heart **2.1**
corbata *f.* tie **1.6**
corredor(a) de bolsa *m., f.*
   stockbroker **2.7**
correo *m.* mail; post office **2.5**
   correo de voz *m.*
   voice mail **2.2**
   correo electrónico *m.* e-mail
   1.4
correr *v.* to run **1.3**
cortesía *f.* courtesy
cortinas *f., pl.* curtains **2.3**
corto/a *adj.* short (*in length*)
   1.6
cosa *f.* thing **1.1**
costar (o:ue) *f.* to cost **1.6**
cráter *m.* crater **2.4**
creer *v.* to believe **2.4**
   creer en *v.* to believe in **1.3**
   no creer en *v.* not to believe in
   2.4
creído/a *adj., p.p.* believed **2.5**
crema de afeitar *f.* shaving
   cream **1.7**
crimen *m.* crime; murder **2.9**
cruzar *v.* to cross **2.5**
cuaderno *m.* notebook **1.1**
cuadra *f.* (city) block **2.5**
cuadro *m.* picture **2.3**
¿cuál(es)? *pron.* which?; which
   one(s)? **1.2**
   ¿Cuál es la fecha de hoy?
   What is today's date? **1.5**
cuando *conj.* when **1.7, 2.4**
¿cuándo? *adv.* when? **1.2**
¿cuánto(s)/a(s)? *adj.* how much/
   how many? **1.1**
   ¿Cuánto cuesta...? How
   much does... cost? **1.6**
   ¿Cuántos años tienes? *fam.*
   How old are you? **1.3**
cuarenta *n., adj.* forty **1.2**
cuarto *m.* room **1.2, 1.7**
   cuarto de baño *m.*
   bathroom **1.7**
cuarto/a *n., adj.* fourth **1.5**
   menos cuarto quarter to (*time*)
   y cuarto quarter after (*time*)
   1.1
cuatro *n., adj.* four **1.1**
cuatrocientos/as *n., adj.* four
   hundred **1.2**
cubierto *p.p.* covered
cubiertos *m., pl.* silverware

cubrir *v.* to cover
cuchara *f.* tablespoon; large spoon **2.3**
cuchillo *m.* knife **2.3**
cuello *m.* neck **2.1**
cuenta *f.* bill **1.9**; account **2.5**
  cuenta corriente *f.* checking account **2.5**
  cuenta de ahorros *f.* savings account **2.5**
cuento *m.* short story **2.8**
cuerpo *m.* body **2.1**
cuidado *m.* care **1.3**
cuidar *v.* to take care of **2.4**
  ¡Cuídense! *form. pl.* Take care! **2.5**
cultura *f.* culture **2.8**
cumpleaños *m., sing.* birthday **1.9**
cumplir años *v.* to have a birthday **1.9**
cuñado/a *m., f.* brother-in-law; sister-in-law **1.3**
currículum *m.* résumé **2.7**
curso *m.* course **1.2**

D

danza *f.* dance **2.8**
dañar *v.* to damage; to break down **2.1**
dar *v.* to give **1.6, 1.9**
  dar un consejo to give advice
  darse con *v.* to bump into; to run into (*something*) **2.1**
  darse prisa to hurry; to rush **2.6**
de *prep.* of; from **1.1**
  de algodón (made) of cotton **1.6**
  de aluminio (made) of aluminum **2.4**
  de buen humor in a good mood **1.5**
  de compras shopping **1.5**
  de cuadros plaid **1.6**
  ¿De dónde eres? *fam.* Where are you from? **1.1**
  ¿De dónde es usted? *form.* Where are you from? **1.1**
  de excursión hiking **1.4**
  de hecho in fact
  de ida y vuelta roundtrip **1.5**
  de la mañana in the morning; A.M. **1.1**
  de la noche in the evening; at night; P.M. **1.1**
  de la tarde in the afternoon; in the early evening; P.M. **1.1**
  de lana (made) of wool **1.6**
  de lunares polka-dotted **1.6**
  de mal humor in a bad mood **1.5**
  de mi vida of my life **2.6**

de moda in fashion **1.6**
De nada. You're welcome. **1.1**
De ninguna manera. No way. **2.7**
de niño/a as a child **2.1**
de parte de on behalf of **2.2**
¿De parte de quién? Who is calling? (*on telephone*) **2.2**
de plástico (made) of plastic **2.4**
¿de quién...? *pron., sing.* whose...? **1.1**
¿de quiénes...? *pron., pl.* whose...? **1.1**
de rayas striped **1.6**
de repente *adv.* suddenly **1.6**
de seda (made) of silk **1.6**
de vaqueros western (*genre*) **2.8**
de vez en cuando from time to time **2.1**
de vidrio (made) of glass **2.4**
debajo de *prep.* below; under **1.2**
deber *m.* responsibility; obligation **2.9**
deber (+ *inf.*) *v.* should; must; ought to **1.3**
  Debe ser... It must be... **1.6**
debido a due to (the fact that)
débil *adj.* weak **1.5**
decidido/a *adj.* decided **2.5**
decidir (+ *inf.*) *v.* to decide **1.3**
décimo/a *n., adj.* tenth **1.5**
decir (e:i) *v.* to say; to tell **1.4, 1.9**
  decir la respuesta to say the answer **1.4**
  decir la verdad to tell the truth **1.4**
  decir mentiras to tell lies **1.4**
  decir que to say that **1.4**
declarar *v.* to declare; to say **2.9**
dedo *m.* finger **2.1**
dedo del pie *m.* toe **2.1**
deforestación *f.* deforestation **2.4**
dejar *v.* to let **2.3**; to quit; to leave behind **2.7**
  dejar de (+ *inf.*) *v.* to stop (*doing something*) **2.4**
  dejar una propina *v.* to leave a tip **1.9**
del (*contraction of* **de + el**) of the; from the
delante de *prep.* in front of **1.2**
delgado/a *adj.* thin; slender **1.3**
delicioso/a *adj.* delicious **1.8**
demás *adj.* the rest
demasiado/a *adj., adv.* too much **1.6**
dentista *m., f.* dentist **2.1**
dentro de (diez años) within (ten years) **2.7**; inside
dependiente/a *m., f.* clerk **1.6**

deporte *m.* sport **1.4**
deportista *m.* sports person
deportivo/a *adj.* sports-related **1.4**
depositar *v.* to deposit **2.5**
derecha *f.* right **1.2**
  a la derecha de to the right of **1.2**
derecho *adv.* straight (ahead) **2.5**
derechos *m.* rights **2.9**
desarrollar *v.* to develop **2.4**
desastre (natural) *m.* (natural) disaster **2.9**
desayunar *v.* to have breakfast **1.2**
desayuno *m.* breakfast **1.8**
descafeinado/a *adj.* decaffeinated **2.6**
descansar *v.* to rest **1.2**
descargar *v.* to download **2.2**
descompuesto/a *adj.* not working; out of order **2.2**
describir *v.* to describe **1.3**
descrito *p.p.* described **2.5**
descubierto *p.p.* discovered **2.5**
descubrir *v.* to discover **2.4**
desde *prep.* from **1.6**
desear *v.* to wish; to desire **1.2**
desempleo *m.* unemployment **2.9**
desierto *m.* desert **2.4**
desigualdad *f.* inequality **2.9**
desordenado/a *adj.* disorderly **1.5**
despacio *adv.* slowly **2.1**
despedida *f.* farewell; good-bye
despedir (e:i) *v.* to fire **2.7**
  despedirse (e:i) (de) *v.* to say good-bye (to)
despejado/a *adj.* clear (*weather*)
despertador *m.* alarm clock **1.7**
despertarse (e:ie) *v.* to wake up **1.7**
después *adv.* afterwards; then **1.7**
  después de *prep.* after **1.7**
  después de que *conj.* after **2.4**
destruir *v.* to destroy **2.4**
detrás de *prep.* behind **1.2**
día *m.* day **1.1**
  día de fiesta *m.* holiday **1.9**
diario *m.* diary **1.1**; newspaper **2.9**
diario/a *adj.* daily **1.7**
dibujar *v.* to draw **1.2**
dibujo *m.* drawing **2.8**
  dibujos animados *m., pl.* cartoons **2.8**
diccionario *m.* dictionary **1.1**
dicho *p.p.* said **2.5**
diciembre *m.* December **1.5**
dictadura *f.* dictatorship **2.9**
diecinueve *n., adj.* nineteen **1.1**
dieciocho *n., adj.* eighteen **1.1**

dieciséis *n., adj.* sixteen 1.1
diecisiete *n., adj.* seventeen 1.1
diente *m.* tooth 1.7
dieta *f.* diet 2.6
  comer una dieta equilibrada to eat a balanced diet 2.6
diez *n., adj.* ten 1.1
difícil *adj.* difficult; hard 1.3
Diga. Hello. (*on telephone*) 2.2
diligencia *f.* errand 2.5
dinero *m.* money 1.6
dirección *f.* address 2.5
  dirección electrónica *f.* e-mail address 2.2
direcciones *f., pl.* directions 2.5
director(a) *m., f.* director; (*musical*) conductor 2.8
dirigir *v.* to direct 2.8
disco compacto *m.* CD
discriminación *f.* discrimination 2.9
discurso *m.* speech 2.9
diseñador(a) *m., f.* designer 2.7
diseño *m.* design
disfrutar (de) *v.* to enjoy; to reap the benefits (of) 2.6
diversión *f.* fun activity; entertainment; recreation 1.4
divertido/a *adj.* fun 1.7
divertirse (e:ie) *v.* to have fun 1.9
divorciado/a *adj.* divorced 1.9
divorciarse (de) *v.* to get divorced (from) 1.9
divorcio *m.* divorce 1.9
doblar *v.* to turn 2.5
doble *adj.* double
doce *n., adj.* twelve 1.1
doctor(a) *m., f.* doctor 1.3, 2.1
documental *m.* documentary 2.8
documentos de viaje *m., pl.* travel documents
doler (o:ue) *v.* to hurt 2.1
dolor *m.* ache; pain 2.1
  dolor de cabeza *m.* headache 2.1
doméstico/a *adj.* domestic 2.3
domingo *m.* Sunday 1.2
don/doña title of respect used with a person's first name 1.1
donde *conj.* where
¿dónde? *adv.* where? 1.1
  ¿Dónde está...? Where is...? 1.2
dormir (o:ue) *v.* to sleep 1.4
dormirse (o:ue) *v.* to go to sleep; to fall asleep 1.7
dormitorio *m.* bedroom 2.3
dos *n., adj.* two 1.1
  dos veces *adv.* twice; two times 1.6
doscientos/as *n., adj.* two hundred 1.2
drama *m.* drama; play 2.8

dramático/a *m., f.* dramatic 2.8
dramaturgo/a *m., f.* playwright 2.8
droga *f.* drug 2.6
drogadicto/a *m., f.* drug addict 2.6
ducha *f.* shower 1.7
ducharse *v.* to shower; to take a shower 1.7
duda *f.* doubt 2.4
dudar *v.* to doubt 2.4
  no dudar *v.* not to doubt 2.4
dueño/a *m., f.* owner; landlord 1.8
dulces *m., pl.* sweets; candy 1.9
durante *prep.* during 1.7
durar *v.* to last 2.9

E

e *conj.* (used instead of y before words beginning with i and hi) and 1.4
echar *v.* to throw
  echar (una carta) al buzón to put (a letter) in the mailbox; to mail 2.5
ecología *f.* ecology 2.4
ecologista *m., f.* ecologist 2.4
economía *f.* economics 1.2
ecoturismo *m.* ecotourism 2.4
Ecuador *m.* Ecuador 1.1
ecuatoriano/a *adj.* Ecuadorian 1.3
edad *f.* age 1.9
edificio *m.* building 2.3
  edificio de apartamentos *m.* apartment building 2.3
(en) efectivo *m.* cash 1.6
ejercicio *m.* exercise 2.6
  ejercicios aeróbicos *m. pl.* aerobic exercises 2.6
  ejercicios de estiramiento *m. pl.* stretching exercises 2.6
ejército *m.* army 2.9
el *m., sing., def. art.* the 1.1
él *sub. pron.* he 1.1; *pron., obj. of prep.* him 1.9
elecciones *f. pl.* election 2.9
electricista *m., f.* electrician 2.7
electrodoméstico *m.* electric appliance 2.3
elegante *adj.* elegant 1.6
elegir (e:i) *v.* to elect 2.9
ella *sub. pron.* she 1.1; *pron., obj. of prep.* her 1.9
ellos/as *sub. pron.* they 1.1; *pron., obj. of prep.* them 1.9
embarazada *adj.* pregnant 2.1
emergencia *f.* emergency 2.1
emitir *v.* to broadcast 2.9
emocionante *adj.* exciting
empezar (e:ie) *v.* to begin 1.4
empleado/a *m., f.* employee 1.5
empleo *m.* job; employment 2.7

empresa *f.* company; firm 2.7
en *prep.* in; on; at 1.2
  en casa at home 1.7
  en caso (de) que *conj.* in case (that) 2.4
  en cuanto *conj.* as soon as 2.4
  en efectivo in cash 2.5
  en exceso in excess 2.6
  en línea inline 1.4
  ¡En marcha! Let's get going! 2.6
  en mi nombre in my name
  en punto on the dot; exactly; sharp (*time*) 1.1
  ¿en qué? in what?; how? 1.2
  ¿En qué puedo servirles? How can I help you? 1.5
enamorado/a (de) *adj.* in love (with) 1.5
enamorarse (de) *v.* to fall in love (with) 1.9
encantado/a *adj.* delighted; Pleased to meet you. 1.1
encantar *v.* to like very much; to love (*inanimate objects*) 1.7
  ¡Me encantó! I loved it! 2.6
encima de *prep.* on top of 1.2
encontrar (o:ue) *v.* to find 1.4
encontrar(se) (o:ue) *v.* to meet (each other); to run into (each other) 2.2
encuesta *f.* poll; survey 2.9
energía *f.* energy 2.4
  energía nuclear *f.* nuclear energy 2.4
  energía solar *f.* solar energy 2.4
enero *m.* January 1.5
enfermarse *v.* to get sick 2.1
enfermedad *f.* illness 2.1
enfermero/a *m., f.* nurse 2.1
enfermo/a *adj.* sick 2.1
enfrente de *adv.* opposite; facing 2.5
engordar *v.* to gain weight 2.6
enojado/a *adj.* mad; angry 1.5
enojarse (con) *v.* to get angry (with) 1.7
ensalada *f.* salad 1.8
enseguida *adv.* right away 1.9
enseñar *v.* to teach 1.2
ensuciar *v.* to get (*something*) dirty 2.3
entender (e:ie) *v.* to understand 1.4
entonces *adv.* then 1.7
entrada *f.* entrance 2.3; ticket 2.8
entre *prep.* between; among 1.2
entremeses *m., pl.* hors d'oeuvres; appetizers 1.8
entrenador(a) *m., f.* trainer 2.6
entrenarse *v.* to train 2.6
entrevista *f.* interview 2.7

entrevistador(a) *m., f.* interviewer 2.7
entrevistar *v.* to interview 2.7
envase *m.* container 2.4
enviar *v.* to send; to mail 2.5
equilibrado/a *adj.* balanced 2.6
equipado/a *adj.* equipped 2.6
equipaje *m.* luggage 1.5
equipo *m.* team 1.4
equivocado/a *adj.* wrong 1.5
eres *fam., sing.* you are 1.1
es he/she/it is 1.1
  Es bueno que... It's good that... 2.3
  Es de... He/She is from... 1.1
  es extraño it's strange 2.4
  Es importante que... It's important that... 2.3
  es imposible it's impossible 2.4
  es improbable it's improbable 2.4
  Es la una. It's one o'clock. 1.1
  Es malo que... It's bad that... 2.3
  Es mejor que... It's better that... 2.3
  Es necesario que... It's necessary that... 2.3
  es obvio it's obvious 2.4
  es ridículo it's ridiculous 2.4
  es seguro it's sure 2.4
  es terrible it's terrible 2.4
  es triste it's sad 2.4
  es una lástima it's a shame 2.4
  Es urgente que... It's urgent that... 2.3
  es verdad it's true 2.4
esa(s) *f., adj.* that; those 1.6
ésa(s) *f., pron.* that (one); those (ones) 1.6
escalar *v.* to climb 1.4
  escalar montañas to climb mountains 1.4
escalera *f.* stairs; stairway 2.3
escanear *v.* to scan 2.2
escoger *v.* to choose 1.8
escribir *v.* to write 1.3
  escribir un mensaje electrónico to write an e-mail message 1.4
  escribir una carta to write a letter 1.4
  escribir una postal to write a postcard
escrito *p.p.* written 2.5
escritor(a) *m., f* writer 2.8
escritorio *m.* desk 1.2
escuchar *v.* to listen (to)
  escuchar la radio to listen to the radio 1.2
  escuchar música to listen to music 1.2
escuela *f.* school 1.1

esculpir *v.* to sculpt 2.8
escultor(a) *m., f.* sculptor 2.8
escultura *f.* sculpture 2.8
ese *m., sing., adj.* that 1.6
ése *m., sing., pron.* that (one) 1.6
eso *neuter pron.* that; that thing 1.6
esos *m., pl., adj.* those 1.6
ésos *m., pl., pron.* those (ones) 1.6
España *f.* Spain 1.1
español *m.* Spanish (*language*) 1.2
español(a) *adj.* Spanish 1.3
espárragos *m., pl.* asparagus 1.8
especialización *f.* major 1.2
espectacular *adj.* spectacular 2.6
espectáculo *m.* show 2.8
espejo *m.* mirror 1.7
esperar *v.* to hope; to wish 2.4
  esperar (+ *inf.***)** *v.* to wait (for); to hope 1.2
esposo/a *m., f.* husband; wife; spouse 1.3
esquí (acuático) *m.* (water) skiing 1.4
esquiar *v.* to ski 1.4
esquina *m.* corner 2.5
está he/she/it is; you are 1.2
  Está bien. That's fine. 2.2
  Está (muy) despejado. It's (very) clear. (*weather*)
  Está lloviendo. It's raining. 1.5
  Está nevando. It's snowing. 1.5
  Está (muy) nublado. It's (very) cloudy. (*weather*) 1.5
esta(s) *f., adj.* this; these 1.6
esta noche tonight 1.4
ésta(s) *f., pron.* this (one); these (ones) 1.6
  Ésta es... *f.* This is... (*introducing someone*) 1.1
establecer *v.* to start, to establish 2.7
estación *f.* station; season 1.5
  estación de autobuses *f.* bus station 1.5
  estación del metro *f.* subway station 1.5
  estación de tren *f.* train station 1.5
estacionamiento *m.* parking lot 2.5
estacionar *v.* to park 2.2
estadio *m.* stadium 1.2 **estado civil** *m.* marital status 1.9
Estados Unidos (EE.UU.; E.U.) *m.* United States 1.1
estadounidense *adj.* from the United States 1.3
estampado/a *adj.* print

estampilla *f.* stamp 2.5
estante *m.* bookcase; bookshelves 2.3
estar *v.* to be 1.2
  estar a (veinte kilómetros) de aquí. to be (20 kilometers) from here 2.2
  estar a dieta to be on a diet 2.6
  estar aburrido/a to be bored 1.5
  estar afectado/a (por) to be affected (by) 2.4
  estar bajo control to be under control 1.7
  estar cansado/a to be tired 1.5
  estar contaminado/a to be polluted 2.4
  estar de acuerdo to agree 2.7
  estar de moda to be in fashion 1.6
  estar de vacaciones to be on vacation 1.5
  estar en buena forma to be in good shape 2.6
  estar enfermo/a to be sick 2.1
  estar listo/a to be ready 2.6
  estar perdido/a to be lost 2.5
  estar roto/a to be broken 2.1
  estar seguro/a to be sure 1.5
  estar torcido/a to be twisted; to be sprained 2.1
  Estoy (completamente) de acuerdo. I agree (completely). 2.7
  No estoy de acuerdo. I don't agree. 2.7
  No está nada mal. It's not bad at all. 1.5
estatua *f.* statue 2.8
este *m.* east 2.5; *interj.* um 2.8
este *m., sing., adj.* this 1.6
éste *m., sing., pron.* this (one) 1.6
  Éste es... *m.* This is... (*introducing someone*) 1.1
estéreo *m.* stereo 2.2
estilo *m.* style
estiramiento *m.* stretching 2.6
esto *neuter pron.* this; this thing 1.6
estómago *m.* stomach 2.1
estornudar *v.* to sneeze 2.1
estos *m., pl., adj.* these 1.6
  éstos m., pl., pron. these (ones) 1.6
estrella *f.* star 2.4
  estrella de cine *m., f.* movie star 2.8
estrés *m.* stress 2.6
estudiante *m., f.* student 1.1, 1.2

estudiantil *adj.* student 1.2
estudiar *v.* to study 1.2
estufa *f.* stove 2.3
estupendo/a *adj.* stupendous 1.5
etapa *f.* stage 1.9
evitar *v.* to avoid 2.4
examen *m.* test; exam 1.2
  examen médico *m.* physical exam 2.1
excelente *adj.* excellent 1.5
exceso *m.* excess; too much 2.6
excursión *f.* hike; tour; excursion
excursionista *m., f.* hiker
éxito *m.* success 2.7
experiencia *f.* experience 2.9
explicar *v.* to explain 1.2
explorar *v.* to explore
expresión *f.* expression
extinción *f.* extinction 2.4
extranjero/a *adj.* foreign 2.8
extraño/a *adj.* strange 2.4

F

fábrica *f.* factory 2.4
fabuloso/a *adj.* fabulous 1.5
fácil *adj., adv.* easy 1.3
falda *f.* skirt 1.6
faltar *v.* to lack; to need 1.7
familia *f.* family 1.3
famoso/a *adj.* famous 2.7
farmacia *f.* pharmacy 2.1
fascinar *v.* to fascinate 1.7
favorito/a *adj.* favorite 1.4
fax *m.* fax (machine)
febrero *m.* February 1.5
fecha *f.* date 1.5
feliz *adj.* happy 1.5
  ¡Feliz cumpleaños! Happy birthday! 1.9
¡Felicidades! Congratulations! (*for an event such as a birthday or anniversary*) 1.9
¡Felicitaciones! Congratulations! (*for an event such as an engagement or a good grade on a test*) 1.9
fenomenal *adj.* great, phenomenal 1.5
feo/a *adj.* ugly 1.3
festival *m.* festival 2.8
fiebre *f.* fever 2.1
fiesta *f.* party 1.9
fijo/a *adj.* fixed, set 1.6
fin *m.* end 1.4
  fin de semana *m.* weekend 1.4
finalmente *adv.* finally 2.6
firmar *v.* to sign (*a document*) 2.5
física *f.* physics 1.2
flan (de caramelo) *m.* baked (caramel) custard 1.9
flexible *adj.* flexible 2.6

flor *f.* flower 2.4
folclórico/a *adj.* folk; folkloric 2.8
folleto *m.* brochure
fondo *m.* end 2.3
forma *f.* shape 2.6
formulario *m.* form 2.5
foto(grafía) *f.* photograph 1.1
francés, francesa *adj.* French 1.3
frecuentemente *adv.* frequently 2.1
frenos *m., pl.* brakes
fresco/a *adj.* cool 1.5
frijoles *m., pl.* beans 1.8
frío/a *adj.* cold 1.5
frito/a *adj.* fried 1.8
fruta *f.* fruit 1.8
frutería *f.* fruit store 2.5
frutilla *f.* strawberry
fuente de fritada *f.* platter of fried food
fuera *adv.* outside
fuerte *adj.* strong 2.6
fumar *v.* to smoke 2.6
  no fumar *v.* not to smoke 2.6
funcionar *v.* to work 2.2; to function
fútbol *m.* soccer 1.4
fútbol americano *m.* football 1.4
futuro/a *adj.* future 2.7
  en el futuro in the future 2.7

G

gafas (de sol) *f., pl.* (sun)glasses 1.6
  gafas (oscuras) *f., pl.* (sun)glasses
galleta *f.* cookie 1.9
ganar *v.* to win 1.4; to earn (*money*) 2.7
ganga *f.* bargain 1.6
garaje *m.* garage; (mechanic's) repair shop 2.2; garage (*in a house*) 2.3
garganta *f.* throat 2.1
gasolina *f.* gasoline 2.2
gasolinera *f.* gas station 2.2
gastar *v.* to spend (*money*) 1.6
gato *m.* cat 2.4
gemelo/a *m., f.* twin 1.3
gente *f.* people 1.3
geografía *f.* geography 1.2
gerente *m., f.* manager 2.7
gimnasio *m.* gymnasium 1.4
gobierno *m.* government 2.4
golf *m.* golf 1.4
gordo/a *adj.* fat 1.3
grabadora *f.* tape recorder 1.1
grabar *v.* to record 2.2
gracias *f., pl.* thank you; thanks 1.1

Gracias por todo. Thanks for everything. 1.9, 2.6
Gracias una vez más. Thanks again. 1.9
graduarse (de/en) *v.* to graduate (from/in) 1.9
gran, grande *adj.* big; large 1.3
grasa *f.* fat 2.6
gratis *adj.* free of charge 2.5
grave *adj.* grave; serious 2.1
gravísimo/a *adj.* extremely serious 2.4
grillo *m.* cricket
gripe *f.* flu 2.1
gris *adj.* gray 1.6
gritar *v.* to scream 1.7
guantes *m., pl.* gloves 1.6
guapo/a *adj.* handsome; good-looking 1.3
guardar *v.* to save (*on a computer*) 2.2
guerra *f.* war 2.9
guía *m., f.* guide
gustar *v.* to be pleasing to; to like 1.2
  Me gustaría... I would like...
gusto *m.* pleasure 2.8
  El gusto es mío. The pleasure is mine. 1.1
  Gusto de verlo/la. *form.* It's nice to see you. 2.9
  Gusto de verte. *fam.* It's nice to see you. 2.9
  Mucho gusto. Pleased to meet you. 1.1
  ¡Qué gusto volver a verlo/la! *form.* I'm happy to see you again! 2.9
  ¡Qué gusto volver a verte! *fam.* I'm happy to see you again! 2.9

H

haber (*aux.*) *v.* to have (*done something*) 2.6
  Ha sido un placer. It's been a pleasure. 2.6
habitación *f.* room 1.5
  habitación doble *f.* double room 1.5
  habitación individual *f.* single room 1.5
hablar *v.* to talk; to speak 1.2
hacer *v.* to do; to make 1.4
  Hace buen tiempo. The weather is good. 1.5
  Hace (mucho) calor. It's (very) hot. (*weather*) 1.5
  Hace fresco. It's cool. (*weather*) 1.5
  Hace (mucho) frío. It's very cold. (*weather*) 1.5
  Hace (mucho) sol. It's (very) sunny. (*weather*) 1.5

Hace mal tiempo. The weather is bad. 1.5
Hace (mucho) viento. It's (very) windy. (*weather*) 1.5
hacer cola to stand in line 2.5
hacer diligencias to run errands 2.5
hacer ejercicio to exercise 2.6
hacer ejercicios aeróbicos to do aerobics 2.6
hacer ejercicios de estiramiento to do stretching exercises 2.6
hacer el papel (de) to play the role (of) 2.8
hacer gimnasia to work out 2.6
hacer juego (con) to match (with) 1.6
hacer la cama to make the bed 2.3
hacer las maletas to pack (one's) suitcases 1.5
hacer quehaceres domésticos to do household chores 2.3
hacer turismo to go sightseeing 2.5
hacer un viaje to take a trip 1.5
hacer una excursión to go on a hike; to go on a tour 2.5
hacia *prep.* toward 2.5
hambre *f.* hunger 1.3
hamburguesa *f.* hamburger 1.8
hasta *prep.* until 1.6; toward
Hasta la vista. See you later. 1.1
Hasta luego. See you later. 1.1
Hasta mañana. See you tomorrow. 1.1
hasta que *conj.* until 2.4
Hasta pronto. See you soon. 1.1
hay *v.* there is; there are 1.1
Hay (mucha) contaminación. It's (very) smoggy.
Hay (mucha) niebla. It's (very) foggy.
Hay que It is necessary that 2.5
No hay de qué. You're welcome. 1.1
No hay duda de There's no doubt 2.4
hecho *p.p.* done 2.5
heladería *f.* ice cream shop 2.5
helado *m.* ice cream 1.9
helado/a *adj.* iced 1.8
hermanastro/a *m., f.* stepbrother; stepsister 1.3
hermano/a *m., f.* brother; sister 1.3

hermano/a mayor/menor *m., f.* older/younger brother/ sister 1.3
hermanos *m., pl.* siblings (brothers and sisters) 1.3
hermoso/a *adj.* beautiful 1.6
hierba *f.* grass 2.4
hijastro/a *m., f.* stepson; stepdaughter 1.3
hijo/a *m., f.* son; daughter 1.3
hijo/a único/a *m., f.* only child 1.3
hijos *m., pl.* children 1.3
historia *f.* history 1.2; story 2.8
hockey *m.* hockey 1.4
hola *interj.* hello; hi 1.1
hombre *m.* man 1.1
hombre de negocios *m.* businessman 2.7
hora *f.* hour 1.1; the time
horario *m.* schedule 1.2
horno *m.* oven 2.3
horno de microondas *m.* microwave oven 2.3
horror *m.* horror 2.8
de horror horror (*genre*) 2.8
hospital *m.* hospital 2.1
hotel *m.* hotel 1.5
hoy *adv.* today 1.2
hoy día *adv.* nowadays
Hoy es... Today is... 1.2
huelga *f.* (*labor*) strike 2.9
hueso *m.* bone 2.1
huésped *m., f.* guest 1.5
huevo *m.* egg 1.8
humanidades *f., pl.* humanities 1.2
huracán *m.* hurricane 2.9

I

ida *f.* one way (*travel*)
idea *f.* idea 1.4
iglesia *f.* church 1.4
igualdad *f.* equality 2.9
igualmente *adv.* likewise 1.1
impermeable *m.* raincoat 1.6
importante *adj.* important 1.3
importar *v.* to be important to; to matter 1.7
imposible *adj.* impossible 2.4
impresora *f.* printer 2.2
imprimir *v.* to print 2.2
improbable *adj.* improbable 2.4
impuesto *m.* tax 2.9
incendio *m.* fire 2.9
increíble *adj.* incredible 1.5
indicar cómo llegar *v.* to give directions 2.4
individual *adj.* private (*room*) 1.5
infección *f.* infection 2.1
informar *v.* to inform 2.9

informe *m.* report 2.9
ingeniero/a *m., f.* engineer 1.3
inglés *m.* English (*language*) 1.2
inglés, inglesa *adj.* English 1.3
inodoro *m.* toilet 1.7
insistir (en) *v.* to insist (on) 2.3
inspector(a) de aduanas *m., f.* customs inspector 1.5
inteligente *adj.* intelligent 1.3
intercambiar *v.* to exchange
interesante *adj.* interesting 1.3
interesar *v.* to be interesting to; to interest 1.7
internacional *adj.* international 2.9
Internet *m., f.* Internet 2.2
inundación *f.* flood 2.9
invertir (e:ie) *v.* to invest 2.7
invierno *m.* winter 1.5
invitado/a *m., f.* guest (*at a function*) 1.9
invitar *v.* to invite 1.9
inyección *f.* injection 2.1
ir *v.* to go 1.4
ir a (+ *inf.*) to be going to (*do something*) 1.4
ir de compras to go shopping 1.5
ir de excursión (a las montañas) to go for a hike (in the mountains) 1.4
ir de pesca to go fishing
ir de vacaciones to go on vacation 1.5
ir en autobús to go by bus 1.5
ir en auto(móvil) to go by auto(mobile); to go by car 1.5
ir en avión to go by plane 1.5
ir en barco to go by boat 1.5
ir en metro to go by subway
ir en motocicleta to go by motorcycle 1.5
ir en taxi to go by taxi 1.5
ir en tren to go by train
irse *v.* to go away; to leave 1.7
italiano/a *adj.* Italian 1.3
izquierdo/a *adj.* left 1.2
a la izquierda de to the left of 1.2

J

jabón *m.* soap 1.7
jamás *adv.* never; not ever 1.7
jamón *m.* ham 1.8
japonés, japonesa *adj.* Japanese 1.3
jardín *m.* garden; yard 2.3
jefe, jefa *m., f.* boss 2.7
joven *adj.* young 1.3; *m., f.* youth; young person 1.1
joyería *f.* jewelry store 2.5

jubilarse *v.* to retire (*from work*) **1.9**
juego *m.* game
jueves *m., sing.* Thursday **1.2**
jugador(a) *m., f.* player **1.4**
jugar (u:ue) *v.* to play **1.4**
   jugar a las cartas to play cards **1.5**
jugo *m.* juice **1.8**
   jugo de fruta *m.* fruit juice **1.8**
julio *m.* July **1.5**
jungla *f.* jungle **2.4**
junio *m.* June **1.5**
juntos/as *adj.* together **1.9**
juventud *f.* youth **1.9**

K

kilómetro *m.* kilometer **2.2**

L

la *f., sing., def. art.* the **1.1**; *f., sing., d.o. pron.* her, it, *form.* you **1.5**
laboratorio *m.* laboratory **1.2**
lago *m.* lake **2.4**
lámpara *f.* lamp **2.3**
lana *f.* wool **1.6**
langosta *f.* lobster **1.8**
lápiz *m.* pencil **1.1**
largo/a *adj.* long **1.6**
las *f., pl., def. art.* the **1.1**; *f., pl., d.o. pron.* them; *form.* you **1.5**
lástima *f.* shame **2.4**
lastimarse *v.* to injure oneself **2.1**
   lastimarse el pie to injure one's foot **2.1**
lata *f.* (tin) can **2.4**
lavabo *m.* sink **1.7**
lavadora *f.* washing machine **2.3**
lavandería *f.* laundromat **2.5**
lavaplatos *m., sing.* dishwasher **2.3**
lavar *v.* to wash **2.3**
   lavar (el suelo/los platos) to wash (the floor/the dishes) **2.3**
lavarse *v.* to wash oneself **1.7**
   lavarse la cara to wash one's face **1.7**
   lavarse las manos to wash one's hands **1.7**
le *sing., i.o. pron.* to/for him, her, *form.* you **1.6**
   Le presento a... *form.* I would like to introduce you to (name). **1.1**
lección *f.* lesson **1.1**
leche *f.* milk **1.8**
lechuga *f.* lettuce **1.8**
leer *v.* to read **1.3**

leer correo electrónico to read e-mail **1.4**
leer un periódico to read a newspaper **1.4**
leer una revista to read a magazine **1.4**
leído *p.p.* read **2.5**
lejos de *prep.* far from **1.2**
lengua *f.* language **1.2**
   lenguas extranjeras *f., pl.* foreign languages **1.2**
lentes (de sol) *m. pl.* (sun)glasses
lentes de contacto *m., pl.* contact lenses
lento/a *adj.* slow **2.2**
les *pl., i.o. pron.* to/for them, *form.* you **1.6**
letrero *m.* sign **2.5**
levantar *v.* to lift **2.6**
   levantar pesas to lift weights **2.6**
levantarse *v.* to get up **1.7**
ley *f.* law **2.4**
libertad *f.* liberty; freedom **2.9**
libre *adj.* free **1.4**
librería *f.* bookstore **1.2**
libro *m.* book **1.2**
licencia de conducir *f.* driver's license **2.2**
limón *m.* lemon **1.8**
limpiar *v.* to clean **2.3**
   limpiar la casa to clean the house **2.3**
limpio/a *adj.* clean **1.5**
línea *f.* line
listo/a *adj.* ready; smart **1.5**
literatura *f.* literature **1.2**
llamar *v.* to call **2.2**
   llamar por teléfono to call on the phone
llamarse *v.* to be called; to be named **1.7**
llanta *f.* tire **2.2**
llave *f.* key **1.5**
llegada *f.* arrival **1.5**
llegar *v.* to arrive **1.2**
llenar *v.* to fill **2.2, 2.5**
   llenar el tanque to fill the tank **2.2**
   llenar (un formulario) to fill out (a form) **2.5**
lleno/a *adj.* full **2.2**
llevar *v.* to carry **1.2**; to wear; to take **1.6**
   llevar una vida sana to lead a healthy lifestyle **2.6**
   llevarse bien/mal (con) to get along well/badly (with) **1.9**
llover (o:ue) *v.* to rain **1.5**
   Llueve. It's raining. **1.5**
lluvia *f.* rain **2.4**
lo *m., sing. d.o. pron.* him, it, *form.* you **1.5**
   ¡Lo hemos pasado de película! We've had a great time! **2.9**

¡Lo hemos pasado maravillosamente! We've had a great time! **2.9**
lo mejor the best (thing) **2.9**
Lo pasamos muy bien. We had a good time. **2.9**
lo peor the worst (thing) **2.9**
lo que *conj.* that which; what **2.3**
Lo siento. I'm sorry. **1.1**
Lo siento muchísimo. I'm so sorry. **1.4**
loco/a *adj.* crazy **1.6**
locutor(a) *m., f.* (TV or radio) announcer **2.9**
lomo a la plancha *m.* grilled flank steak **1.8**
los *m., pl., def. art.* the **1.1**; *m., pl., d.o. pron.* them, *form.* you **1.5**
luchar (contra/por) *v.* to fight; to struggle (against/for) **2.9**
luego *adv.* then **1.7**; later **1.1**
lugar *m.* place **1.4**
luna *f.* moon **2.4**
lunares *m.* polka dots **1.6**
lunes *m., sing.* Monday **1.2**
luz *f.* light; electricity **2.3**

M

madrastra *f.* stepmother **1.3**
madre *f.* mother **1.3**
madurez *f.* maturity; middle age **1.9**
maestro/a *m., f.* teacher **2.7**
magnífico/a *adj.* magnificent **1.5**
maíz *m.* corn **1.8**
mal, malo/a *adj.* bad **1.3**
maleta *f.* suitcase **1.1**
mamá *f.* mom **1.3**
mandar *v.* to order **2.3**; to send; to mail **2.5**
manejar *v.* to drive **2.2**
manera *f.* way **2.7**
mano *f.* hand **1.1**
   ¡Manos arriba! Hands up!
manta *f.* blanket **2.3**
mantener *v.* to maintain **2.6**
   mantenerse en forma to stay in shape **2.6**
mantequilla *f.* butter **1.8**
manzana *f.* apple **1.8**
mañana *f.* morning, A.M. **1.1**; *adv.* tomorrow **1.1**
mapa *m.* map **1.2**
maquillaje *m.* makeup **1.7**
maquillarse *v.* to put on makeup **1.7**
mar *m.* sea **1.5**
maravilloso/a *adj.* marvelous **1.5**
mareado/a *adj.* dizzy; nauseated **2.1**

margarina *f.* margarine 1.8
mariscos *m., pl.* shellfish 1.8
marrón *adj.* brown 1.6
martes *m., sing.* Tuesday 1.2
marzo *m.* March 1.5
más *pron., adj., adv.* more 1.2
  más de (+ *number*) more
    than 1.8
  más tarde *adv.* later (on) 1.7
  más... que more... than 1.8
masaje *m.* massage 2.6
matemáticas *f., pl.*
  mathematics 1.2
materia *f.* course 1.2
matrimonio *m.* marriage 1.9
máximo/a *adj.* maximum 2.2
mayo *m.* May 1.5
mayonesa *f.* mayonnaise 1.8
mayor *adj.* older 1.3
  el/la mayor *adj.* the eldest
    1.8; the oldest
me *sing., d.o. pron.* me 1.5;
  sing., i.o. pron. to/for me 1.6
  Me duele mucho. It hurts
    me a lot. 2.1
  Me gusta... I like... 1.2
  Me gustaría(n)... I would
    like... 2.8
  Me llamo... My name
    is... 1.1
  Me muero por... I'm dying
    to (for)...
  No me gustan nada. I don't
    like them at all. 1.2
mecánico/a *m., f.* mechanic 2.2
mediano/a *adj.* medium
medianoche *f.* midnight 1.1
medias *f., pl.* pantyhose,
  stockings 1.6
medicamento *m.* medication 2.1
medicina *f.* medicine 2.1
médico/a *m., f.* doctor 1.3;
  adj. medical 2.1
medio/a *adj.* half 1.3
  medio ambiente *m.*
    environment 2.4
  medio/a hermano/a *m., f.*
    half-brother; half-sister 1.3
  mediodía *m.* noon 1.1
  medios de comunicación
    m., pl. means of
    communication; media 2.9
  y media thirty minutes past
    the hour (*time*) 1.1
mejor *adj.* better 1.8
  el/la mejor *adj.* the best 1.8
mejorar *v.* to improve 2.4
melocotón *m.* peach 1.8
menor *adj.* younger 1.3
  el/la menor *adj.* the youngest
    1.8
menos *adv.* less 2.1
  menos cuarto..., menos
    quince... quarter to...
    (*time*) 1.1

menos de (+ *number*) fewer
  than 1.8
menos... que less... than 1.8
mensaje de texto *m.* text
  message 2.2
mensaje electrónico *m.* e-mail
  message 1.4
mentira *f.* lie 1.4
menú *m.* menu 1.8
mercado *m.* market 1.6
  mercado al aire libre *m.*
    open-air market 1.6
merendar (e:ie) *v.* to
  snack 1.8; to have an
  afternoon snack
merienda *f.* afternoon snack 2.6
mes *m.* month 1.5
mesa *f.* table 1.2
mesita *f.* end table 2.3
  mesita de noche night
    stand 2.3
metro *m.* subway 1.5
mexicano/a *adj.* Mexican 1.3
México *m.* Mexico 1.1
mí *pron., obj. of prep.* me 1.9
mi(s) *poss. adj.* my 1.3
microonda *f.* microwave 2.3
  horno de microondas *m.*
    microwave oven 2.3
miedo *m.* fear 1.3
mientras *adv.* while
miércoles *m., sing.* Wednesday
  1.2
mil *m.* one thousand 1.2
  mil millones *m.* billion
  Mil perdones. I'm so sorry.
    (*lit.* A thousand pardons.) 1.4
milla *f.* mile 2.2
millón *m.* million 1.2
  millones (de) *m.* millions (of)
mineral *m.* mineral 2.6
minuto *m.* minute 1.1
mío(s)/a(s) *poss. adj. and*
  pron. my; (of) mine 2.2
mirar *v.* to look (at); to watch 1.2
  mirar (la) televisión to
    watch television 1.2
mismo/a *adj.* same 1.3
mochila *f.* backpack 1.2
moda *f.* fashion 1.6
módem *m.* modem
moderno/a *adj.* modern 2.8
molestar *v.* to bother; to
  annoy 1.7
monitor *m.* (computer)
  monitor 2.2
monitor(a) *m., f.* trainer
montaña *f.* mountain 1.4
montar a caballo to ride a
  horse 1.5
monumento *m.* monument 1.4
mora *f.* blackberry 1.8
morado/a *adj.* purple 1.6
moreno/a *adj.* brunet(te) 1.3
morir (o:ue) *v.* to die 1.8

mostrar (o:ue) *v.* to show 1.4
motocicleta *f.* motorcycle 1.5
motor *m.* motor
muchacho/a *m., f.* boy; girl 1.3
muchísimo *adj., adv.* very much
  1.2
mucho/a *adj., adv.* a lot of;
  much 1.2; many 1.3
  (Muchas) gracias. Thank you
    (very much).; Thanks (a lot).
    1.1
  muchas veces a lot; many
    times 2.1
  Muchísimas gracias. Thank
    you very, very much. 1.9
  Mucho gusto. Pleased to
    meet you. 1.1
mudarse *v.* to move (*from one*
  house to another) 2.3
muebles *m., pl.* furniture 2.3
muela *f.* tooth; molar
muerte *f.* death 1.9
muerto *p.p.* died 2.5
mujer *f.* woman 1.1
  mujer de negocios *f.*
    businesswoman 2.7
  mujer policía *f.* female police
    officer
multa *f.* fine
mundial *adj.* worldwide
mundo *m.* world 2.4
municipal *adj.* municipal
músculo *m.* muscle 2.6
museo *m.* museum 1.4
música *f.* music 1.2, 2.8
musical *adj.* musical 2.8
músico/a *m., f.* musician 2.8
muy *adv.* very 1.1
  Muy amable. That's very
    kind of you. 1.5
  (Muy) bien, gracias. (Very)
    well, thanks. 1.1

N

nacer *v.* to be born 1.9
nacimiento *m.* birth 1.9
nacional *adj.* national 2.9
nacionalidad *f.* nationality 1.1
nada *pron., adv.* nothing 1.1;
  not anything 1.7
  nada mal not bad at all 1.5
nadar *v.* to swim 1.4
nadie *pron.* no one, nobody, not
  anyone 1.7
naranja *f.* orange 1.8
nariz *f.* nose 2.1
natación *f.* swimming 1.4
natural *adj.* natural 2.4
naturaleza *f.* nature 2.4
navegador GPS *m.* GPS 2.2
navegar (en Internet) *v.* to surf
  (the Internet) 2.2
Navidad *f.* Christmas 1.9
necesario/a *adj.* necessary 2.3

necesitar (+ *inf*.) *v.* to need   1.2
negar (e:ie) *v.* to deny   2.4
  no negar *v.* not to
    deny   2.4
negativo/a *adj.* negative
negocios *m., pl.* business;
  commerce   2.7
negro/a *adj.* black   1.6
nervioso/a *adj.* nervous   1.5
nevar (e:ie) *v.* to snow   1.5
  Nieva. It's snowing.   1.5
ni… ni *conj.* neither… nor   1.7
niebla *f.* fog
nieto/a *m., f.* grandson;
  granddaughter   1.3
nieve *f.* snow
ningún, ninguno/a(s) *adj.,*
  pron. no; none; not any   1.7
  ningún problema no problem
niñez *f.* childhood   1.9
niño/a *m., f.* child   1.3
no *adv.* no; not   1.1
  ¿no? right?   1.1
  No cabe duda de… There is
    no doubt…   2.4
  No es así. That's not the way
    it is.   2.7
  No es para tanto. It's not a
    big deal.   2.3
  no es seguro it's not sure   2.4
  no es verdad it's not true   2.4
  No está nada mal. It's not
    bad at all.   1.5
  no estar de acuerdo to
    disagree
  No estoy seguro. I'm not
    sure.
  no hay there is not; there are
    not   1.1
  No hay de qué. You're
    welcome.   1.1
  No hay duda de… There is
    no doubt…   2.4
  No hay problema. No
    problem.   1.7
  ¡No me diga(s)! You don't
    say!   2.2
  No me gustan nada. I don't
    like them at all.   1.2
  no muy bien not very
    well   1.1
  No quiero. I don't want
    to.   1.4
  No sé. I don't know.
  No se preocupe. *form.* Don't
    worry.   1.7
  No te preocupes. *fam.* Don't
    worry.   1.7
  no tener razón to be
    wrong   1.3
noche *f.* night   1.1
nombre *m.* name   1.1
norte *m.* north   2.5
norteamericano/a *adj.* (North)
  American   1.3

nos *pl., d.o. pron.* us   1.5; *pl.,*
  i.o. pron. to/for us   1.6
  Nos divertimos mucho. We
    had a lot of fun.   2.9
  Nos vemos. See you.   1.1
nosotros/as *sub. pron.* we   1.1;
  pron., obj. of prep. us   1.9
noticias *f., pl.* news   2.9
noticiero *m.* newscast   2.9
novecientos/as *n., adj.* nine
  hundred   1.2
noveno/a *n., adj.* ninth   1.5
noventa *n., adj.* ninety   1.2
noviembre *m.* November   1.5
novio/a *m., f.* boyfriend;
  girlfriend   1.3
nube *f.* cloud   2.4
nublado/a *adj.* cloudy   1.5
  Está (muy) nublado. It's
    (very) cloudy.   1.5
nuclear *adj.* nuclear   2.4
nuera *f.* daughter-in-law   1.3
nuestro(s)/a(s) *poss. adj.* our
  1.3; *poss. adj. and pron.* (of)
  ours   2.2
nueve *n., adj.* nine   1.1
nuevo/a *adj.* new   1.6
número *m.* number   1.1;
  (shoe) size   1.6
nunca *adv.* never; not ever   1.7
nutrición *f.* nutrition   2.6
nutricionista *m., f.* nutritionist
  2.6

O

o *conj.* or   1.7
  o… o either… or   1.7
obedecer *v.* to obey   2.9
obra *f.* work (*of art, literature,*
  music, etc.)   2.8
  obra maestra *f.* masterpiece
    2.8
obtener *v.* to obtain; to get   2.7
obvio/a *adj.* obvious   2.4
océano *m.* ocean
ochenta *n., adj.* eighty   1.2
ocho *n., adj.* eight   1.1
ochocientos/as *n., adj.* eight
  hundred   1.2
octavo/a *n., adj.* eighth   1.5
octubre *m.* October   1.5
ocupación *f.* occupation   2.7
ocupado/a *adj.* busy   1.5
ocurrir *v.* to occur; to happen   2.9
odiar *v.* to hate   1.9
oeste *m.* west   2.5
oferta *f.* offer   2.3
oficina *f.* office   2.3
oficio *m.* trade   2.7
ofrecer *v.* to offer   1.6
oído *m.* (*sense*) hearing; inner ear
  2.1
oído *p.p.* heard   2.5
oír *v.* to hear   1.4

Oiga./Oigan. *form., sing./pl.*
  Listen. (*in conversation*)   1.1
Oye. *fam., sing.* Listen. (*in*
  conversation)   1.1
ojalá (que) *interj.* I hope (that); I
  wish (that)   2.4
ojo *m.* eye   2.1
olvidar *v.* to forget   2.1
once *n., adj.* eleven   1.1
ópera *f.* opera   2.8
operación *f.* operation   2.1
ordenado/a *adj.* orderly   1.5
ordinal *adj.* ordinal (number)
oreja *f.* (outer) ear   2.1
orquesta *f.* orchestra   2.8
ortografía *f.* spelling
ortográfico/a *adj.* spelling
os *fam., pl., d.o. pron.* you   1.5;
  fam., pl., i.o. pron. to/for
  you   1.6
otoño *m.* autumn   1.5
otro/a *adj.* other; another   1.6
  otra vez *adv.* again

P

paciente *m., f.* patient   2.1
padrastro *m.* stepfather   1.3
padre *m.* father   1.3
padres *m., pl.* parents   1.3
pagar *v.* to pay   1.6, 1.9
  pagar a plazos to pay in
    installments   2.5
  pagar al contado to pay in
    cash   2.5
  pagar en efectivo to pay in
    cash   2.5
  pagar la cuenta to pay the
    bill   1.9
página *f.* page   2.2
  página principal *f.* home
    page   2.2
país *m.* country   1.1
paisaje *m.* landscape   1.5
pájaro *m.* bird   2.4
palabra *f.* word   1.1
pan *m.* bread   1.8
  pan tostado *m.* toasted
    bread   1.8
panadería *f.* bakery   2.5
pantalla *f.* screen   2.2
  pantalla táctil *f.* touch
    screen   2.2
pantalones *m., pl.* pants   1.6
  pantalones cortos *m., pl.*
    shorts   1.6
pantuflas *f., pl.* slippers   1.7
papa *f.* potato   1.8
  papas fritas *f., pl.* fried
    potatoes; French fries   1.8
papá *m.* dad   1.3
papás *m., pl.* parents   1.3
papel *m.* paper   1.2;   role   2.8
papelera *f.* wastebasket   1.2
paquete *m.* package   2.5

par *m.* pair **1.6**
  par de zapatos *m.* pair of shoes **1.6**
para *prep.* for; in order to; by; used for; considering **2.2**
  para que *conj.* so that **2.4**
parabrisas *m., sing.* windshield **2.2**
parar *v.* to stop **2.2**
parecer *v.* to seem **1.6**
pared *f.* wall **2.3**
pareja *f.* (married) couple; partner **1.9**
parientes *m., pl.* relatives **1.3**
parque *m.* park **1.4**
párrafo *m.* paragraph
parte: de parte de on behalf of **2.2**
partido *m.* game; match (*sports*) **1.4**
pasado/a *adj.* last; past **1.6**
  pasado *p.p.* passed
pasaje *m.* ticket **1.5**
  pasaje de ida y vuelta *m.* roundtrip ticket **1.5**
pasajero/a *m., f.* passenger **1.1**
pasaporte *m.* passport **1.5**
pasar *v.* to go through **1.5**
  pasar la aspiradora to vacuum **2.3**
  pasar por el banco to go by the bank **2.5**
  pasar por la aduana to go through customs
  pasar tiempo to spend time
  pasarlo bien/mal to have a good/bad time **1.9**
pasatiempo *m.* pastime; hobby **1.4**
pasear *v.* to take a walk; to stroll **1.4**
  pasear en bicicleta to ride a bicycle **1.4**
  pasear por to walk around **1.4**
pasillo *m.* hallway **2.3**
pasta de dientes *f.* toothpaste **1.7**
pastel *m.* cake; pie **1.9**
  pastel de chocolate *m.* chocolate cake **1.9**
  pastel de cumpleaños *m.* birthday cake
pastelería *f.* pastry shop **2.5**
pastilla *f.* pill; tablet **2.1**
patata *f.* potato **1.8**
  patatas fritas *f., pl.* fried potatoes; French fries **1.8**
patinar (en línea) *v.* to (in-line) skate **1.4**
patineta *f.* skateboard **1.4**
patio *m.* patio; yard **2.3**
pavo *m.* turkey **1.8**
paz *f.* peace **2.9**
pedir (e:i) *v.* to ask for; to request **1.4**; to order (*food*) **1.8**

pedir prestado to borrow **2.5**
pedir un préstamo to apply for a loan **2.5**
peinarse *v.* to comb one's hair **1.7**
película *f.* movie **1.4**
peligro *m.* danger **2.4**
peligroso/a *adj.* dangerous **2.9**
pelirrojo/a *adj.* red-haired **1.3**
pelo *m.* hair **1.7**
pelota *f.* ball **1.4**
peluquería *f.* beauty salon **2.5**
peluquero/a *m., f.* hairdresser **2.7**
penicilina *f.* penicillin **2.1**
pensar (e:ie) *v.* to think **1.4**
  pensar (+ inf.) *v.* to intend to **1.4**; to plan to (*do something*)
  pensar en *v.* to think about **1.4**
pensión *f.* boardinghouse
peor *adj.* worse **1.8**
  el/la peor *adj.* the worst **1.8**
pequeño/a *adj.* small **1.3**
pera *f.* pear **1.8**
perder (e:ie) *v.* to lose; to miss **1.4**
perdido/a *adj.* lost **2.5**
Perdón. Pardon me.; Excuse me. **1.1**
perezoso/a *adj.* lazy
perfecto/a *adj.* perfect **1.5**
periódico *m.* newspaper **1.4**
periodismo *m.* journalism **1.2**
periodista *m., f.* journalist **1.3**
permiso *m.* permission
pero *conj.* but **1.2**
perro *m.* dog **2.4**
persona *f.* person **1.3**
personaje *m.* character **2.8**
  personaje principal *m.* main character **2.8**
pesas *f. pl.* weights **2.6**
pesca *f.* fishing
pescadería *f.* fish market **2.5**
pescado *m.* fish (*cooked*) **1.8**
pescador(a) *m., f.* fisherman; fisherwoman
pescar *v.* to fish **1.5**
peso *m.* weight **2.6**
pez (sing.), los peces (pl.) *m.* fish (*live*) **2.4**
pie *m.* foot **2.1**
piedra *f.* stone **2.4**
pierna *f.* leg **2.1**
pimienta *f.* black pepper **1.8**
pintar *v.* to paint **2.8**
pintor(a) *m., f.* painter **2.7**
pintura *f.* painting; picture **2.3, 2.8**
piña *f.* pineapple **1.8**
piscina *f.* swimming pool **1.4**
piso *m.* floor (*of a building*) **1.5**
pizarra *f.* blackboard **1.2**
placer *m.* pleasure **2.6**

Ha sido un placer. It's been a pleasure. **2.6**
planchar la ropa to iron the clothes **2.3**
planes *m., pl.* plans
planta *f.* plant **2.4**
  planta baja *f.* ground floor **1.5**
plástico *m.* plastic **2.4**
plato *m.* dish (*in a meal*) **1.8**; plate **2.3**
  plato principal *m.* main dish **1.8**
playa *f.* beach **1.5**
plaza *f.* city or town square **1.4**
plazos *m., pl.* installments **2.5**
pluma *f.* pen **1.2**
pobre *adj.* poor **1.6**
pobreza *f.* poverty
poco/a *adj.* little; few **1.5, 2.1**
poder (o:ue) *v.* to be able to; can **1.4**
poema *m.* poem **2.8**
poesía *f.* poetry **2.8**
poeta *m., f.* poet **2.8**
policía *f.* police (force) **2.2**
política *f.* politics **2.9**
político/a *m., f.* politician **2.7**; *adj.* political **2.9**
pollo *m.* chicken **1.8**
  pollo asado *m.* roast chicken **1.8**
ponchar *v.* to go flat
poner *v.* to put; to place **1.4**; to turn on (*electrical appliances*) **2.2**
  poner la mesa to set the table **2.3**
  poner una inyección to give an injection **2.1**
ponerse (+ adj.) *v.* to become (+ adj.) **1.7**; to put on **1.7**
por *prep.* in exchange for; for; by; in; through; around; along; during; because of; on account of; on behalf of; in search of; by way of; by means of **2.2**
  por aquí around here **2.2**
  por avión by plane
  por ejemplo for example **2.2**
  por eso that's why; therefore **2.2**
  por favor please **1.1**
  por fin *adv.* finally **2.2**
  por la mañana in the morning **1.7**
  por la noche at night **1.7**
  por la tarde in the afternoon **1.7**
  por lo menos *adv.* at least **2.1**
  ¿por qué? *adv.* why? **1.2**
  Por supuesto. Of course. **2.7**
  por teléfono by phone; on the phone
  por último *adv.* finally **1.7**
porque *conj.* because **1.2**

portátil *m.* portable **2.2**
porvenir *m.* future **2.7**
  ¡Por el porvenir! Here's to
    the future! **2.7**
posesivo/a *adj.* possessive **1.3**
posible *adj.* possible **2.4**
  es posible it's possible **2.4**
  no es posible it's not
    possible **2.4**
postal *f.* postcard
postre *m.* dessert **1.9**
practicar *v.* to practice **1.2**
  practicar deportes to play
    sports **1.4**
precio (fijo) *m.* (fixed; set) price
  1.6
preferir (e:ie) *v.* to prefer **1.4**
pregunta *f.* question
preguntar *v.* to ask (*a question*)
  1.2
premio *m.* prize; award **2.8**
prender *v.* to turn on **2.2**
prensa *f.* press **2.9**
preocupado/a (por) *adj.*
  worried (about) **1.5**
preocuparse (por) *v.* to worry
  (about) **1.7**
preparar *v.* to prepare **1.2**
preposición *f.* preposition
presentación *f.* introduction
presentar *v.* to introduce; to
  present **2.8**; to put on (*a
  performance*) **2.8**
  Le presento a… I would
    like to introduce (*name*) to
    you. *form.* **1.1**
  Te presento a… I would
    like to introduce (*name*) to
    you. *fam.* **1.1**
presiones *f., pl.* pressures **2.6**
prestado/a *adj.* borrowed
préstamo *m.* loan **2.5**
prestar *v.* to lend; to loan **1.6**
primavera *f.* spring **1.5**
primer, primero/a *n., adj.* first
  1.5
primo/a *m., f.* cousin **1.3**
principal *adj.* main **1.8**
prisa *f.* haste **1.3**
  darse prisa *v.* to hurry; to
    rush **2.6**
probable *adj.* probable **2.4**
  es probable it's probable **2.4**
  no es probable it's not
    probable **2.4**
probar (o:ue) *v.* to taste; to try
  1.8
probarse (o:ue) *v.* to try on **1.7**
problema *m.* problem **1.1**
profesión *f.* profession **1.3, 2.7**
profesor(a) *m., f.* teacher **1.1,
  1.2**
programa *m.* **1.1**
  programa de computación
    m. software **2.2**

**programa de entrevistas/
  realidad** *m.* talk/reality
  show **2.8**
programador(a) *m., f.* computer
  programmer **1.3**
prohibir *v.* to prohibit **2.1**; to
  forbid
pronombre *m.* pronoun
pronto *adv.* soon **2.1**
propina *f.* tip **1.9**
propio/a *adj.* own **2.7**
proteger *v.* to protect **2.4**
proteína *f.* protein **2.6**
próximo/a *adj.* next **2.7**
prueba *f.* test; quiz **1.2**
psicología *f.* psychology **1.2**
psicólogo/a *m., f.* psychologist
  2.7
publicar *v.* to publish **2.8**
público *m.* audience **2.8**
pueblo *m.* town **1.4**
puerta *f.* door **1.2**
Puerto Rico *m.* Puerto Rico **1.1**
puertorriqueño/a *adj.* Puerto
  Rican **1.3**
pues *conj.* well **1.2, 2.8**
puesto *m.* position; job **2.7**;
  p.p. put **2.5**

Q

que *conj.* that; which; who **2.3**
  ¡Qué…! How…! **1.3**
  ¡Qué dolor! What pain!
  ¡Qué ropa más bonita!
    What pretty clothes! **1.6**
  ¡Qué sorpresa! What a
    surprise!
¿qué? *pron.* what? **1.1**
  ¿En qué…? In which…? **1.2**
  ¿Qué día es hoy? What day
    is it? **1.2**
  ¿Qué hay de nuevo? What's
    new? **1.1**
  ¿Qué hora es? What time is
    it? **1.1**
  ¿Qué les parece? What do
    you (*pl.*) think?
  ¿Qué pasa? What's happening?;
    What's going on? **1.1**
  ¿Qué pasó? What happened?
    2.2
  ¿Qué precio tiene? What is
    the price?
  ¿Qué tal…? How are you?;
    How is it going? **1.1**; How
    is/are…? **1.2**
  ¿Qué talla lleva/usa? What
    size do you wear? *form.* **1.6**
  ¿Qué tiempo hace? How's
    the weather? **1.5**
quedar *v.* to be left over; to fit
  (*clothing*) **1.7**; to be left
  behind; to be located **2.5**

quedarse *v.* to stay; to
  remain **1.7**
quehaceres domésticos *m., pl.*
  household chores **2.3**
quemado/a *adj.* burned (out)
  2.2
querer (e:ie) *v.* to want; to
  love **1.4**
queso *m.* cheese **1.8**
quien(es) *pron.* who; whom;
  that **2.3**
  ¿quién(es)? *pron.* who?;
    whom? **1.1**
  ¿Quién es…? Who is…? **1.1**
  ¿Quién habla? Who is
    speaking? (*telephone*) **2.2**
química *f.* chemistry **1.2**
quince *n., adj.* fifteen **1.1**
  menos quince quarter to
    (*time*) **1.1**
  y quince quarter after
    (*time*) **1.1**
quinceañera *f.* young woman's
  fifteenth birthday celebration;
  fifteen-year old girl **1.9**
quinientos/as *n., adj.* five
  hundred **1.2**
quinto/a *n., adj.* fifth **1.5**
quisiera *v.* I would like **2.8**
quitar el polvo *v.* to dust **2.3**
quitar la mesa *v.* to clear the
  table **2.3**
quitarse *v.* to take off **1.7**
quizás *adv.* maybe **1.5**

R

racismo *m.* racism **2.9**
radio *f.* radio (*medium*) **1.2**;
  m. radio (set) **1.2**
radiografía *f.* x-ray **2.1**
rápido/a *adv.* quickly **2.1**
ratón *m.* mouse **2.2**
ratos libres *m., pl.* spare (free)
  time **1.4**
raya *f.* stripe **1.6**
razón *f.* reason **1.3**
rebaja *f.* sale **1.6**
recado *m.* (telephone) message
  2.2
receta *f.* prescription **2.1**
recetar *v.* to prescribe **2.1**
recibir *v.* to receive **1.3**
reciclaje *m.* recycling **2.4**
reciclar *v.* to recycle **2.4**
recién casado/a *m., f.*
  newlywed **1.9**
recoger *v.* to pick up **2.4**
recomendar (e:ie) *v.* to
  recommend **1.8, 2.3**
recordar (o:ue) *v.* to
  remember **1.4**
recorrer *v.* to tour an area
recurso *m.* resource **2.4**
  recurso natural *m.* natural
    resource **2.4**

red *f.* network; Web 2.2
reducir *v.* to reduce 2.4
refresco *m.* soft drink 1.8
refrigerador *m.* refrigerator 2.3
regalar *v.* to give (*a gift*) 1.9
regalo *m.* gift 1.6
regatear *v.* to bargain 1.6
región *f.* region; area 2.4
regresar *v.* to return 1.2
regular *adj.* so-so; OK 1.1
reído *p.p.* laughed 2.5
reírse (e:i) *v.* to laugh 1.9
relaciones *f., pl.* relationships
relajarse *v.* to relax 1.9
reloj *m.* clock; watch 1.2
renunciar (a) *v.* to resign (from) 2.7
repetir (e:i) *v.* to repeat 1.4
reportaje *m.* report 2.9
reportero/a *m., f.* reporter 2.7
representante *m., f.* representative 2.9
reproductor de DVD/CD *m.* DVD/CD player 2.2
reproductor de MP3 *m.* MP3 player 2.2
resfriado *m.* cold (*illness*) 2.1
residencia estudiantil *f.* dormitory 1.2
resolver (o:ue) *v.* to resolve; to solve 2.4
respirar *v.* to breathe 2.4
respuesta *f.* answer
restaurante *m.* restaurant 1.4
resuelto *p.p.* resolved 2.5
reunión *f.* meeting 2.7
revisar *v.* to check 2.2
    revisar el aceite to check the oil 2.2
revista *f.* magazine 1.4
rico/a *adj.* rich 1.6; tasty; delicious 1.8
ridículo/a *adj.* ridiculous 2.4
río *m.* river 2.4
riquísimo/a *adj.* extremely delicious 1.8
rodilla *f.* knee 2.1
rogar (o:ue) *v.* to beg 2.3
rojo/a *adj.* red 1.6
romántico/a *adj.* romantic 2.8
romper *v.* to break 2.1
    romper con *v.* to break up with 1.9
    romperse la pierna to break one's leg 2.1
ropa *f.* clothing; clothes 1.6
    ropa interior *f.* underwear 1.6
rosado/a *adj.* pink 1.6
roto/a *adj.* broken 2.1, 2.5
rubio/a *adj.* blond(e) 1.3
ruso/a *adj.* Russian 1.3
rutina *f.* routine 1.7
    rutina diaria *f.* daily routine 1.7

S

sábado *m.* Saturday 1.2
saber *v.* to know; to know how 1.6; to taste 1.8
    saber (a) to taste (like) 1.8
sabrosísimo/a *adj.* extremely delicious 1.8
sabroso/a *adj.* tasty; delicious 1.8
sacar *v.* to take out
    sacar fotos to take photos 1.5
    sacar la basura to take out the trash 2.3
    sacar(se) un diente to have a tooth removed 2.1
sacudir *v.* to dust 2.3
    sacudir los muebles to dust the furniture 2.3
sal *f.* salt 1.8
sala *f.* living room 2.3; room
    sala de emergencia(s) *f.* emergency room 2.1
salario *m.* salary 2.7
salchicha *f.* sausage 1.8
salida *f.* departure; exit 1.5
salir *v.* to leave 1.4; to go out 1.9
    salir (con) to go out (with); to date 1.9
    salir de to leave from
    salir para to leave for (*a place*)
salmón *m.* salmon 1.8
salón de belleza *m.* beauty salon 2.5
salud *f.* health 2.1
saludable *adj.* healthy 2.1
saludar(se) *v.* to greet (each other) 2.2
saludo *m.* greeting 1.1
    saludos a... greetings to... 1.1
sandalia *f.* sandal 1.6
sandía *f.* watermelon
sándwich *m.* sandwich 1.8
sano/a *adj.* healthy 2.1
se *ref. pron.* himself, herself, itself, themselves; *form.* yourself; *form.* yourselves 1.7
se *impersonal* one 2.1
    Se nos dañó... The... broke down. 2.2
    Se hizo... He/She/It became...
    Se nos pinchó una llanta. We had a flat tire. 2.2
secadora *f.* clothes dryer 2.3
secarse *v.* to dry oneself 1.7
sección de (no) fumar *f.* (non)smoking section 1.8
secretario/a *m., f.* secretary 2.7
secuencia *f.* sequence
sed *f.* thirst 1.3
seda *f.* silk 1.6
sedentario/a *adj.* sedentary 2.6
seguir (e:i) *v.* to follow; to continue 1.4

según *prep.* according to
segundo/a *n., adj.* second 1.5
seguro/a *adj.* sure; safe 1.5
seis *n., adj.* six 1.1
seiscientos/as *n., adj.* six hundred 1.2
sello *m.* stamp 2.5
selva *f.* jungle 2.4
semana *f.* week 1.2
    fin de semana *m.* weekend 1.4
    semana pasada *f.* last week 1.6
semestre *m.* semester 1.2
sendero *m.* trail; path 2.4
sentarse (e:ie) *v.* to sit down 1.7
sentir(se) (e:ie) *v.* to feel 1.7; to be sorry; to regret 2.4
señor (Sr.) *m.* Mr.; sir 1.1
señora (Sra.) *f.* Mrs.; ma'am 1.1
señorita (Srta.) *f.* Miss 1.1
separado/a *adj.* separated 1.9
separarse (de) *v.* to separate (from) 1.9
septiembre *m.* September 1.5
séptimo/a *n., adj.* seventh 1.5
ser *v.* to be 1.1
    ser aficionado/a (a) to be a fan (of) 1.4
    ser alérgico/a (a) to be allergic (to) 2.1
    ser gratis to be free of charge 2.5
serio/a *adj.* serious
servilleta *f.* napkin 2.3
servir (e:i) *v.* to serve 1.8; to help 1.5
sesenta *n., adj.* sixty 1.2
setecientos/as *n., adj.* seven hundred 1.2
setenta *n., adj.* seventy 1.2
sexismo *m.* sexism 2.9
sexto/a *n., adj.* sixth 1.5
sí *adv.* yes 1.1
si *conj.* if 1.4
SIDA *m.* AIDS 2.9
sido *p.p.* been 2.6
siempre *adv.* always 1.7
siete *n., adj.* seven 1.1
silla *f.* seat 1.2
sillón *m.* armchair 2.3
similar *adj.* similar
simpático/a *adj.* nice; likeable 1.3
sin *prep.* without 1.2, 2.4
    sin duda without a doubt
    sin embargo *adv.* however
    sin que *conj.* without 2.4
sino *conj.* but (rather) 1.7
síntoma *m.* symptom 2.1
sitio web *m.* website 2.2
situado *p.p.* located
sobre *m.* envelope 2.5; *prep.* on; over 1.2

sobrepoblación *f.* overpopulation 2.4

sobrino/a *m., f.* nephew; niece 1.3

sociología *f.* sociology 1.2

sofá *m.* couch; sofa 2.3

sol *m.* sun 1.4, 1.5, 2.4

solar *adj.* solar 2.4

soldado *m., f.* soldier 2.9

soleado/a *adj.* sunny

solicitar *v.* to apply (*for a job*) 2.7

solicitud (de trabajo) *f.* (job) application 2.7

solo/a *adj.* alone

sólo *adv.* only 1.3

soltero/a *adj.* single 1.9

solución *f.* solution 2.4

sombrero *m.* hat 1.6

Son las dos. It's two o'clock. 1.1

sonar (o:ue) *v.* to ring 2.2

sonreído *p.p.* smiled 2.5

sonreír (e:i) *v.* to smile 1.9

sopa *f.* soup 1.8

sorprender *v.* to surprise 1.9

sorpresa *f.* surprise 1.9

sótano *m.* basement; cellar 2.3

soy I am 1.1

   Soy yo. That's me. 1.1

   Soy de... I'm from... 1.1

su(s) *poss. adj.* his; her; its; *form.* your; their 1.3

subir(se) a *v.* to get on/into (*a vehicle*) 2.2

sucio/a *adj.* dirty 1.5

sucre *m.* former Ecuadorian currency 1.6

sudar *v.* to sweat 2.6

suegro/a *m., f.* father-in-law; mother-in-law 1.3

sueldo *m.* salary 2.7

suelo *m.* floor 2.3

sueño *m.* sleep 1.3

suerte *f.* luck 1.3

suéter *m.* sweater 1.6

sufrir *v.* to suffer 2.1

   sufrir muchas presiones to be under a lot of pressure 2.6

   sufrir una enfermedad to suffer an illness 2.1

sugerir (e:ie) *v.* to suggest 2.3

supermercado *m.* supermarket 2.5

suponer *v.* to suppose 1.4

sur *m.* south 2.5

sustantivo *m.* noun

suyo(s)/a(s) *poss. adj. and pron.* (of) his/her; (of) hers; (of) its; *form.* (of) your, (of) yours; (of) their, (of) theirs 2.2

T

tal vez *adv.* maybe 1.5

talentoso/a *adj.* talented 2.8

talla *f.* size 1.6

   talla grande *f.* large 1.6

taller mecánico *m.* garage; mechanic's repairshop 2.2

también *adv.* also; too 1.2, 1.7

tampoco *adv.* neither; not either 1.7

tan *adv.* so 1.5

   tan pronto como *conj.* as soon as 2.4

   tan... como as... as 1.8

tanque *m.* tank 2.2

tanto *adv.* so much

   tanto... como as much... as 1.8

   tantos/as... como as many... as 1.8

tarde *adv.* late 1.7; *f.* afternoon; evening; P.M. 1.1

tarea *f.* homework 1.2

tarjeta *f.* card

   tarjeta de crédito *f.* credit card 1.6

   tarjeta postal *f.* postcard

taxi *m.* taxi 1.5

taza *f.* cup 2.3

te *sing., fam., d.o. pron.* you 1.5; *sing., fam., i.o. pron.* to/for you 1.6

   ¿Te gusta(n)...? Do you like...? 1.2

   ¿Te gustaría? Would you like to? 2.8

   Te presento a... *fam.* I would like to introduce... to you. 1.1

té *m.* tea 1.8

   té helado *m.* iced tea 1.8

teatro *m.* theater 2.8

teclado *m.* keyboard 2.2

técnico/a *m., f.* technician 2.7

tejido *m.* weaving 2.8

teleadicto/a *m., f.* couch potato 2.6

teléfono (celular) *m.* (cell) telephone 2.2

telenovela *f.* soap opera 2.8

teletrabajo *m.* telecommuting 2.7

televisión *f.* television 1.2, 2.2

   televisión por cable *f.* cable television

televisor *m.* television set 2.2

temer *v.* to fear, to be afraid 2.4

temperatura *f.* temperature 2.1

temprano *adv.* early 1.7

tenedor *m.* fork 2.3

tener *v.* to have 1.3

   tener... años to be... years old 1.3

     Tengo... años. I'm... years old. 1.3

tener (mucho) calor to be (very) hot 1.3

tener (mucho) cuidado to be (very) careful 1.3

tener dolor to have pain 2.1

tener éxito to be successful 2.7

tener fiebre to have a fever 2.1

tener (mucho) frío to be (very) cold 1.3

tener ganas de (+ *inf.*) to feel like (*doing something*) 1.3

tener (mucha) hambre to be (very) hungry 1.3

tener (mucho) miedo (de) to be (very) afraid (of); to be (very) scared (of) 1.3

tener miedo (de) que to be afraid that

tener planes to have plans

tener (mucha) prisa to be in a (big) hurry 1.3

tener que (+ *inf.*) to have to (*do something*) 1.3

tener razón to be right 1.3

tener (mucha) sed to be (very) thirsty 1.3

tener (mucho) sueño to be (very) sleepy 1.3

tener (mucha) suerte to be (very) lucky 1.3

tener tiempo to have time 1.4

tener una cita to have a date; to have an appointment 1.9

tenis *m.* tennis 1.4

tensión *f.* tension 2.6

tercer, tercero/a *n., adj.* third 1.5

terminar *v.* to end; to finish 1.2

   terminar de (+ *inf.*) *v.* to finish (*doing something*) 1.4

terremoto *m.* earthquake 2.9

terrible *adj.* terrible 2.4

ti *pron., obj. of prep., fam.* you

tiempo *m.* time 1.4; weather 1.5

   tiempo libre free time

tienda *f.* shop; store 1.6

   tienda de campaña *f.* tent

tierra *f.* land; soil 2.4

tío/a *m., f.* uncle; aunt 1.3

tíos *m. pl.* aunts and uncles 1.3

título *m.* title

tiza *f.* chalk 1.2

toalla *f.* towel 1.7

tobillo *m.* ankle 2.1

tocar *v.* to play (*a musical instrument*) 2.8; to touch 2.4

todavía *adv.* yet; still 1.5

todo *m.* everything 1.5

   Todo está bajo control. Everything is under control. 1.7

todo(s)/a(s) *adj.* all **1.4;** whole **1.4**
  en todo el mundo throughout the world **2.4**
  todo derecho straight (ahead) **2.5**
  todos los días *adv.* every day **2.1**
todos *m., pl.* all of us; everybody; everyone
  ¡Todos a bordo! All aboard! **1.1**
tomar *v.* to take; to drink **1.2**
  tomar clases to take classes **1.2**
  tomar el sol to sunbathe **1.4**
  tomar en cuenta to take into account
  tomar fotos to take photos **1.5**
  tomar la temperatura to take someone's temperature **2.1**
tomate *m.* tomato **1.8**
tonto/a *adj.* silly; foolish **1.3**
torcerse (o:ue) (el tobillo) *v.* to sprain (one's ankle) **2.1**
torcido/a *adj.* twisted; sprained **2.1**
tormenta *f.* storm **2.9**
tornado *m.* tornado **2.9**
tortilla (de maíz) *f.* (corn) tortilla **1.8**
tos *f., sing.* cough **2.1**
toser *v.* to cough **2.1**
tostado/a *adj.* toasted **1.8**
tostadora *f.* toaster **2.3**
trabajador(a) *adj.* hard-working **1.3**
trabajar *v.* to work **1.2**
trabajo *m.* job; work **2.7**
traducir *v.* to translate **1.6**
traer *v.* to bring **1.4**
tráfico *m.* traffic **2.2**
tragedia *f.* tragedy **2.8**
traído *p.p.* brought **2.5**
traje (de baño) *m.* (bathing) suit **1.6**
tranquilo/a *adj.* calm; quiet **2.6**
  Tranquilo/a. Relax. **1.7**
transmitir *v.* to broadcast **2.9**
tratar de (+ *inf.*) *v.* to try (*to do something*) **2.6**
Trato hecho. You've got a deal. **2.8**
trece *n., adj.* thirteen **1.1**
treinta *n., adj.* thirty **1.1, 1.2**
  y treinta thirty minutes past the hour (*time*) **1.1**
tren *m.* train **1.5**
tres *n., adj.* three **1.1**
trescientos/as *n., adj.* three hundred **1.2**
trimestre *m.* trimester; quarter **1.2**
triste *adj.* sad **1.5**

tú *fam. sub. pron.* you **1.1**
  Tú eres... You are... **1.1**
tu(s) *fam. poss. adj.* your **1.3**
turismo *m.* tourism **1.5**
turista *m., f.* tourist **1.1**
turístico/a *adj.* touristic
tuyo(s)/a(s) *fam. poss. adj. and pron.* your; (of) yours **2.2**

U

u *conj.* (used instead of **o** before words beginning with **o** and **ho**) or
Ud. *form., sing., sub. pron.* you **1.1**
Uds. *form., pl., sub. pron.* you **1.1**
último/a *adj.* last
un, un(a) *indef. art.* a; an **1.1**
uno/a *n., adj.* one **1.1**
  a la una at one o'clock **1.1**
  una vez *adv.* once; one time **1.6**
  una vez más one more time **1.9**
unos/as *pl. indef. art.* some; *pron.* some **1.1**
único/a *adj.* only **1.3**
universidad *f.* university; college **1.2**
urgente *adj.* urgent **2.3**
usar *v.* to wear; to use **1.6**
usted (Ud.) *form., sing., sub. pron.* you **1.1**
ustedes (Uds.) *form., pl., sub. pron.* you **1.1**
útil *adj.* useful
uva *f.* grape **1.8**

V

vaca *f.* cow **2.4**
vacaciones *f. pl.* vacation **1.5**
valle *m.* valley **2.4**
vamos let's go **1.4**
vaquero *m.* cowboy **2.8**
  de vaqueros *m., pl.* western (*genre*) **2.8**
varios/as *adj., pl.* various; several **1.8**
vaso *m.* glass **2.3**
veces *f., pl.* times **1.6**
vecino/a *m., f.* neighbor **2.3**
veinte *n., adj.* twenty **1.1**
veinticinco *n., adj.* twenty-five **1.1**
veinticuatro *n., adj.* twenty-four **1.1**
veintidós *n., adj.* twenty-two **1.1**
veintinueve *n., adj.* twenty-nine **1.1**
veintiocho *n., adj.* twenty-eight **1.1**

veintiséis *n., adj.* twenty-six **1.1**
veintisiete *n., adj.* twenty-seven **1.1**
veintitrés *n., adj.* twenty-three **1.1**
veintiún, veintiuno/a *n., adj.* twenty-one **1.1**
vejez *f.* old age **1.9**
velocidad *f.* speed **2.2**
  velocidad máxima *f.* speed limit **2.2**
vendedor(a) *m., f.* salesperson **1.6**
vender *v.* to sell **1.6**
venir *v.* to come **1.3**
ventana *f.* window **1.2**
ver *v.* to see **1.4**
  a ver let's see **1.2**
  ver películas to see movies **1.4**
verano *m.* summer **1.5**
verbo *m.* verb
verdad *f.* truth
  ¿verdad? right? **1.1**
verde *adj.* green **1.6**
verduras *pl., f.* vegetables **1.8**
vestido *m.* dress **1.6**
vestirse (e:i) *v.* to get dressed **1.7**
vez *f.* time **1.6**
viajar *v.* to travel **1.2**
viaje *m.* trip **1.5**
viajero/a *m., f.* traveler **1.5**
vida *f.* life **1.9**
video *m.* video **1.1**
videoconferencia *f.* videoconference **2.7**
videojuego *m.* video game **1.4**
vidrio *m.* glass **2.4**
viejo/a *adj.* old **1.3**
viento *m.* wind **1.5**
viernes *m., sing.* Friday **1.2**
vinagre *m.* vinegar **1.8**
vino *m.* wine **1.8**
  vino blanco *m.* white wine **1.8**
  vino tinto *m.* red wine **1.8**
violencia *f.* violence **2.9**
visitar *v.* to visit **1.4**
  visitar monumentos to visit monuments **1.4**
visto *p.p.* seen **2.5**
vitamina *f.* vitamin **2.6**
viudo/a *m., f.* widower; widow **1.9;** *adj.* widowed **1.9**
vivienda *f.* housing **2.3**
vivir *v.* to live **1.3**
vivo/a *adj.* bright; lively; living
volante *m.* steering wheel **2.2**
volcán *m.* volcano **2.4**
vóleibol *m.* volleyball **1.4**
volver (o:ue) *v.* to return **1.4**
  volver a ver(te/lo/la) *v.* to see (you/him/her) again **2.9**

vos *pron.* you
vosotros/as *sub. pron., fam., pl.*
   you   **1.1**
votar *v.* to vote   **2.9**
vuelta *f.* return trip
vuelto *p.p.* returned   **2.5**
vuestro(s)/a(s) *poss. adj.,*
   fam. your   **1.3**; *poss. adj. and*
   pron., fam. (of) yours   **2.2**

W

walkman *m.* walkman

Y

y *conj.* and   **1.1**
   y cuarto   quarter after (*time*)
   1.1
   y media   half-past (*time*)   **1.1**
   y quince   quarter after (*time*)
   1.1
   y treinta   thirty (minutes past
   the hour)   **1.1**
   ¿Y tú? *fam.* And you?   **1.1**
   ¿Y usted? *form.* And you?
   1.1
ya *adv.* already   **1.6**
yerno *m.* son-in-law   **1.3**
yo *sub. pron.* I   **1.1**
   Yo soy...   I'm...   **1.1**
yogur *m.* yogurt   **1.8**

Z

zanahoria *f.* carrot   **1.8**
zapatería *f.* shoe store   **2.5**
zapatos de tenis *m., pl.* tennis
   shoes, sneakers   **1.6**

English-Spanish

A

a **un, uno/a** *m., f., sing.; indef. art.* 1.1
@ symbol **arroba** *f.* 2.2
A.M. **mañana** *f.* 1.1
able: be able to **poder (o:ue)** *v.* 1.4
aboard **a bordo** 1.1
accident **accidente** *m.* 2.1
accompany **acompañar** *v.* 2.5
account **cuenta** *f.* 2.5
  checking account **cuenta corriente** *f.* 2.5
  on account of **por** *prep.* 2.2
  savings account **cuenta de ahorros** *f.* 2.5
accountant **contador(a)** *m., f.* 2.7
accounting **contabilidad** *f.* 1.2
ache **dolor** *m.* 2.1
acid **ácido/a** *adj.* 2.4
acquainted: to be acquainted with **conocer** *v.* 1.6
action (*genre*) **de acción** *f.* 2.8
active **activo/a** *adj.* 2.6
actor **actor** *m.,* **actriz** *f.* 2.7
addict (*drug*) **drogadicto/a** *m., f.* 2.6
additional **adicional** *adj.*
address **dirección** *f.* 2.5
adjective **adjetivo** *m.*
adolescence **adolescencia** *f.* 1.9
adventure (*genre*) **de aventura** *f.* 2.8
advertise **anunciar** *v.* 2.9
advertisement **anuncio** *m.* 2.7
advice **consejo** *m.* 1.6
  give advice **dar consejos** 1.6
advise **aconsejar** *v.* 2.3
advisor **consejero/a** *m., f.* 2.7
aerobic **aeróbico/a** *adj.* 2.6
  aerobics class **clase de ejercicios aeróbicos** *f.* 2.6
  to do aerobics **hacer ejercicios aeróbicos** 2.6
affected **afectado/a** *adj.* 2.4
  be affected (by) **estar afectado/a (por)** 2.4
affirmative **afirmativo/a** *adj.*
afraid: be (very) afraid (of) **tener (mucho) miedo (de)** 1.3
  be afraid that **tener miedo (de) que; temer** *v.* 2.4
after **después de** *prep.* 1.7; **después de que** *conj.* 2.4
afternoon **tarde** *f.* 1.1
again **otra vez** *adv.*
age **edad** *f.* 1.9
agree **concordar (o:ue)** *v.;* **estar de acuerdo** 2.7
  I agree (completely). **Estoy (completamente) de acuerdo.** 2.7

I don't agree. **No estoy de acuerdo.** 2.7
agreement **acuerdo** *m.* 2.7
AIDS **SIDA** *m.* 2.9
air **aire** *m.* 2.4
  air pollution **contaminación del aire** *f.* 2.4
airplane **avión** *m.* 1.5
airport **aeropuerto** *m.* 1.5
alarm clock **despertador** *m.* 1.7
all **todo(s)/a(s)** *adj.* 1.4
  All aboard! **¡Todos a bordo!** 1.1
  all of us **todos** 1.1
  all over the world **en todo el mundo**
allergic **alérgico/a** *adj.* 2.1
  be allergic (to) **ser alérgico/a (a)** 2.1
alleviate **aliviar** *v.*
almost **casi** *adv.* 2.1
alone **solo/a** *adj.*
along **por** *prep.* 2.2
already **ya** *adv.* 1.6
also **también** *adv.* 1.2, 1.7
alternator **alternador** *m.* 2.2
although **aunque** *conj.*
aluminum **aluminio** *m.* 2.4
  (made) of aluminum **de aluminio** 2.4
always **siempre** *adv.* 1.7
American (*North*) **norteamericano/a** *adj.* 1.3
among **entre** *prep.* 1.2
amusement **diversión** *f.*
and **y** 1.1, **e** (*before words beginning with* **i** *or* **hi**) 1.4
  And you? **¿Y tú?** *fam.* 1.1; **¿Y usted?** *form.* 1.1
angry **enojado/a** *adj.* 1.5
  get angry (with) **enojarse** *v.* **(con)** 1.7
animal **animal** *m.* 2.4
ankle **tobillo** *m.* 2.1
anniversary **aniversario** *m.* 1.9
  wedding anniversary **aniversario de bodas** *m.* 1.9
announce **anunciar** *v.* 2.9
announcer (*TV/radio*) **locutor(a)** *m., f.* 2.9
annoy **molestar** *v.* 1.7
another **otro/a** *adj.* 1.6
answer **contestar** *v.* 1.2; **respuesta** *f.*
antibiotic **antibiótico** *m.* 2.1
any **algún, alguno(s)/a(s)** *adj., pron.* 1.7
anyone **alguien** *pron.* 1.7
anything **algo** *pron.* 1.7
apartment **apartamento** *m.* 2.3
  apartment building **edificio de apartamentos** *m.* 2.3
appear **parecer** *v.*
appetizers **entremeses** *m., pl.* 1.8
applaud **aplaudir** *v.* 2.8

apple **manzana** *f.* 1.8
appliance (electric) **electrodoméstico** *m.* 2.3
applicant **aspirante** *m., f.* 2.7
application **aplicación** (*program*) *f.* 2.2; **solicitud** *f.* 2.7
  job application **solicitud de trabajo** *f.* 2.7
apply (*for a job*) **solicitar** *v.* 2.7
  apply for a loan **pedir un préstamo** 2.5
appointment **cita** *f.* 1.9
  have an appointment **tener una cita** 1.9
appreciate **apreciar** *v.* 2.8
April **abril** *m.* 1.5
aquatic **acuático/a** *adj.* 1.4
archaeologist **arqueólogo/a** *m., f.* 2.7
architect **arquitecto/a** *m., f.* 2.7
area **región** *f.* 2.4
arm **brazo** *m.* 2.1
armchair **sillón** *m.* 2.3
army **ejército** *m.* 2.9
around **por** *prep.* 2.2
  around here **por aquí** 2.2
arrange **arreglar** *v.* 2.2
arrival **llegada** *f.* 1.5
arrive **llegar** *v.* 1.2
art **arte** *m.* 1.2
  arts **artes** *f., pl.* 2.8
  fine arts **bellas artes** *f., pl.* 2.8
article **artículo** *m.* 2.9
artist **artista** *m., f.* 1.3
artistic **artístico/a** *adj.* 2.8
as **como** *prep.* 1.8
  as… as **tan… como** 1.8
  as a child **de niño/a** 2.1
  as many… as **tantos/as… como** 1.8
  as much…as **tanto… como** 1.8
  as soon as **en cuanto** *conj.* 2.4; **tan pronto como** *conj.* 2.4
ask (*a question*) **preguntar** *v.* 1.2
  ask for **pedir (e:i)** *v.* 1.4
asparagus **espárragos** *m., pl.* 1.8
aspirin **aspirina** *f.* 2.1
at **a** *prep.* 1.1; **en** *prep.* 1.2
  at + *time* **a la(s) +** *time* 1.1
  at home **en casa** 1.7
  at least **por lo menos** 2.1
  at night **por la noche** 1.7
  at the end (of) **al fondo (de)** 2.3
  At what time…? **¿A qué hora…?** 1.1
  At your service. **A sus órdenes.** 2.2
ATM **cajero automático** *m.* 2.5
attend **asistir (a)** *v.* 1.3
attic **altillo** *m.* 2.3
attract **atraer** *v.* 1.4
audience **público** *m.* 2.8
August **agosto** *m.* 1.5

aunt **tía** *f.* 1.3
  aunts and uncles **tíos** *m., pl.* 1.3
automatic **automático/a** *adj.*
automobile **automóvil** *m.* 1.5;
  carro *m.*, **coche** *m.* 2.2
autumn **otoño** *m.* 1.5
avenue **avenida** *f.*
avoid **evitar** *v.* 2.4
award **premio** *m.* 2.8

B

backpack **mochila** *f.* 1.2
bad **mal, malo/a** *adj.* 1.3
  It's bad that… **Es malo
    que…** 2.3
  It's not at all bad. **No está
    nada mal.** 1.5
bag **bolsa** *f.* 1.6
bakery **panadería** *f.* 2.5
balanced **equilibrado/a** *adj.* 2.6
  eat a balanced diet **comer
    una dieta equilibrada** 2.6
balcony **balcón** *m.* 2.3
ball **pelota** *f.* 1.4
banana **banana** *f.* 1.8
band **banda** *f.* 2.8
bank **banco** *m.* 2.5
bargain **ganga** *f.* 1.6; **regatear**
  v. 1.6
baseball *(game)* **béisbol** *m.* 1.4
basement **sótano** *m.* 2.3
basketball *(game)* **baloncesto**
  m. 1.4
bathe **bañarse** *v.* 1.7
bathing suit **traje** *m.* **de baño** 1.6
bathroom **baño** *m.* 1.7; **cuarto
  de baño** *m.* 1.7
be **ser** *v.* 1.1; **estar** *v.* 1.2
  be… years old **tener… años** 1.3
beach **playa** *f.* 1.5
beans **frijoles** *m., pl.* 1.8
beautiful **hermoso/a** *adj.* 1.6
beauty **belleza** *f.* 2.5
  beauty salon **peluquería** *f.* 2.5;
    salón de belleza *m.* 2.5
because **porque** *conj.* 1.2
  because of **por** *prep.* 2.2
become (+ *adj.*) **ponerse (+ *adj.*)**
  v. 1.7; **convertirse (e:ie)** *v.*
bed **cama** *f.* 1.5
  go to bed **acostarse (o:ue)**
    v. 1.7
bedroom **alcoba** *f.*, **dormitorio**
  m. 2.3; **recámara** *f.*
beef **carne de res** *f.* 1.8
been **sido** *p.p.* 2.6
beer **cerveza** *f.* 1.8
before **antes** *adv.* 1.7; **antes
  de** *prep.* 1.7; **antes (de) que**
  conj. 2.4
beg **rogar (o:ue)** *v.* 2.3
begin **comenzar (e:ie)** *v.* 1.4;
  empezar (e:ie) *v.* 1.4

behalf: on behalf of **de parte
  de** 2.2
behind **detrás de** *prep.* 1.2
believe (in) **creer** *v.* **(en)** 1.3, 2.4
  not to believe **no creer** 2.4
believed **creído** *p.p.* 2.5
bellhop **botones** *m., f. sing.* 1.5
below **debajo de** *prep.* 1.2
belt **cinturón** *m.* 1.6
benefit **beneficio** *m.* 2.7
beside **al lado de** *prep.* 1.2
besides **además (de)** *adv.* 2.1
best **el/la mejor** *adj.* 1.8; **lo
  mejor** *neuter* 2.9
better **mejor** *adj.* 1.8
  It's better that… **Es mejor
    que…** 2.3
between **entre** *prep.* 1.2
beverage **bebida** *f.*
  alcoholic beverage **bebida
    alcohólica** *f.* 2.6
bicycle **bicicleta** *f.* 1.4
big **gran, grande** *adj.* 1.3
bill **cuenta** *f.* 1.9
billion **mil millones** *m.*
biology **biología** *f.* 1.2
bird **ave** *f.* 2.4; **pájaro** *m.* 2.4
birth **nacimiento** *m.* 1.9
birthday **cumpleaños** *m., sing.* 1.9
  have a birthday **cumplir
    años** 1.9
biscuit **bizcocho** *m.*
black **negro/a** *adj.* 1.6
blackberry **mora** *f.* 1.8
blackboard **pizarra** *f.* 1.2
blanket **manta** *f.* 2.3
block (city) **cuadra** *f.* 2.5
blond(e) **rubio/a** *adj.* 1.3
blouse **blusa** *f.* 1.6
blue **azul** *adj.* 1.6
boarding house **pensión** *f.*
boat **barco** *m.* 1.5
body **cuerpo** *m.* 2.1
bone **hueso** *m.* 2.1
book **libro** *m.* 1.2
bookcase **estante** *m.* 2.3
bookshelves **estante** *m.* 2.3
bookstore **librería** *f.* 1.2
boot **bota** *f.* 1.6
bore **aburrir** *v.* 1.7
bored **aburrido/a** *adj.* 1.5
  be bored **estar aburrido/a** 1.5
  get bored **aburrirse** *v.* 2.8
boring **aburrido/a** *adj.* 1.5
born: be born **nacer** *v.* 1.9
borrow **pedir prestado** 2.5
borrowed **prestado/a** *adj.*
boss **jefe** *m.*, **jefa** *f.* 2.7
bother **molestar** *v.* 1.7
bottle **botella** *f.* 1.9
  bottle of wine **botella de
    vino** *f.* 1.9
bottom **fondo** *m.*
boulevard **bulevar** *m.*
boy **chico** *m.* 1.1; **muchacho**
  m. 1.3

boyfriend **novio** *m.* 1.3
brakes **frenos** *m., pl.*
bread **pan** *m.* 1.8
break **romper** *v.* 2.1
  break (one's leg) **romperse (la
    pierna)** 2.1
  break down **dañar** *v.* 2.1
  break up (with) **romper** *v.*
    (con) 1.9
  The… broke down. **Se nos
    dañó el/la…** 2.2
breakfast **desayuno** *m.* 1.2, 1.8
  have breakfast **desayunar** *v.*
    1.2
breathe **respirar** *v.* 2.4
bring **traer** *v.* 1.4
broadcast **transmitir** *v.* 2.9;
  emitir *v.* 2.9
brochure **folleto** *m.*
broken **roto/a** *adj.* 2.1, 2.5
  be broken **estar roto/a** 2.1
brother **hermano** *m.* 1.3
  brothers and sisters **hermanos**
    m., pl. 1.3
brother-in-law **cuñado** *m.* 1.3
brought **traído** *p.p.* 2.5
brown **café** *adj.* 1.6; **marrón**
  adj. 1.6
browser **buscador** *m.* 2.2
brunet(te) **moreno/a** *adj.* 1.3
brush **cepillar** *v.* 1.7
  brush one's hair **cepillarse el
    pelo** 1.7
  brush one's teeth **cepillarse los
    dientes** 1.7
build **construir** *v.* 1.4
building **edificio** *m.* 2.3
bump into (*something
  accidentally*) **darse con** 2.1;
  (*someone*) **encontrarse** *v.* 2.2
burned (out) **quemado/a** *adj.* 2.2
bus **autobús** *m.* 1.1
  bus station **estación** *f.* **de
    autobuses** 1.5
business **negocios** *m. pl.* 2.7
  business administration
    administración *f.* **de
    empresas** 1.2
  business-related **comercial**
    adj. 2.7
businessperson **hombre/mujer
  de negocios** *m., f.* 2.7
busy **ocupado/a** *adj.* 1.5
but **pero** *conj.* 1.2; (rather) **sino**
  conj. (in negative sentences) 1.7
butcher shop **carnicería** *f.* 2.5
butter **mantequilla** *f.* 1.8
buy **comprar** *v.* 1.2
by **por** *prep.* 2.2; **para** *prep.* 2.2
  by means of **por** *prep.* 2.2
  by phone **por teléfono** 2.2
  by plane **en avión** 1.5
  by way of **por** *prep.* 2.2
bye **chau** *interj. fam.* 1.1

C

cabin **cabaña** *f.* 1.5
cable television **televisión** *f.*
   por cable
café **café** *m.* 1.4
cafeteria **cafetería** *f.* 1.2
caffeine **cafeína** *f.* 2.6
cake **pastel** *m.* 1.9
   chocolate cake **pastel de**
      chocolate *m.* 1.9
call **llamar** *v.* 2.2
   be called **llamarse** *v.* 1.7
   call on the phone **llamar por**
      teléfono
calm **tranquilo/a** *adj.* 2.6
calorie **caloría** *f.* 2.6
camera **cámara** *f.* 2.2
camp **acampar** *v.* 1.5
can *(tin)* **lata** *f.* 2.4;
   poder (o:ue) *v.* 1.4
Canadian **canadiense** *adj.* 1.3
candidate **aspirante** *m., f.* 2.7;
   candidato/a *m., f.* 2.9
candy **dulces** *m., pl.* 1.9
capital city **capital** *f.* 1.1
car **coche** *m.* 2.2; **carro**
   m. 2.2; **auto(móvil)** *m.* 1.5
caramel **caramelo** *m.* 1.9
card **tarjeta** *f.; (playing)*
   carta *f.* 1.5
care **cuidado** *m.* 1.3
   Take care! **¡Cuídense!** *form.*
      pl. 2.6
   take care of **cuidar** *v.* 2.4
career **carrera** *f.* 2.7
careful: be (very) careful **tener**
   (mucho) cuidado 1.3
caretaker **ama** *m., f.* **de casa** 2.3
carpenter **carpintero/a** *m., f.* 2.7
carpet **alfombra** *f.* 2.3
carrot **zanahoria** *f.* 1.8
carry **llevar** *v.* 1.2
cartoons **dibujos** *m, pl.*
   animados 2.8
case: in case (that) **en caso (de)**
   que *conj.* 2.4
cash *(a check)* **cobrar** *v.* 2.5
   cash **(en) efectivo** 1.6
   pay in cash **pagar al contado**
      2.5; **pagar en efectivo** 2.5
cash register **caja** *f.* 1.6
cashier **cajero/a** *m., f.*
cat **gato** *m.* 2.4
CD **disco** *m.* **compacto** 2.2
CD player **reproductor de CD**
   m. 2.2
CD-ROM **cederrón** *m.* 2.2
celebrate **celebrar** *v.* 1.9
celebration **celebración** *f.*
   young woman's fifteenth
      birthday celebration
      quinceañera *f.* 1.9
cellar **sótano** *m.* 2.3

cellular **celular** *adj.* 2.2
   cellular telephone **teléfono**
      celular *m.* 2.2
cereal **cereales** *m., pl.* 1.8
certain **cierto/a** *adj.;* **seguro/a**
   adj. 2.4
   it's (not) certain **(no) es**
      cierto/seguro 2.4
chalk **tiza** *f.* 1.2
champagne **champán** *m.* 1.9
change **cambiar** *v.* **(de)** 1.9
channel *(TV)* **canal** *m.* 2.2, 2.8
character *(fictional)* **personaje**
   m. 2.2, 2.8
   main character **personaje**
      principal *m.* 2.8
chat **conversar** *v.* 1.2; **chatear**
   v. 2.2
chauffeur **conductor(a)** *m., f.* 1.1
cheap **barato/a** *adj.* 1.6
check **comprobar (o:ue)** *v.;*
   revisar *v.* 2.2; *(bank)* **cheque**
   m. 2.5
   check the oil **revisar el aceite**
      2.2
checking account **cuenta** *f.*
   corriente 2.5
cheese **queso** *m.* 1.8
chef **cocinero/a** *m., f.* 2.7
chemistry **química** *f.* 1.2
chest of drawers **cómoda** *f.* 2.3
chicken **pollo** *m.* 1.8
child **niño/a** *m., f.* 1.3
childhood **niñez** *f.* 1.9
children **hijos** *m., pl.* 1.3
Chinese **chino/a** *adj.* 1.3
chocolate **chocolate** *m.* 1.9
   chocolate cake **pastel** *m.* **de**
      chocolate 1.9
cholesterol **colesterol** *m.* 2.6
choose **escoger** *v.* 1.8
chop *(food)* **chuleta** *f.* 1.8
Christmas **Navidad** *f.* 1.9
church **iglesia** *f.* 1.4
citizen **ciudadano/a** *m., f.* 2.9
city **ciudad** *f.* 1.4
class **clase** *f.* 1.2
   take classes **tomar clases** 1.2
classical **clásico/a** *adj.* 2.8
classmate **compañero/a** *m., f.* **de**
   clase 1.2
clean **limpio/a** *adj.* 1.5;
   limpiar *v.* 2.3
   clean the house **limpiar la casa**
      2.3
clear *(weather)* **despejado/a** *adj.*
   clear the table **quitar la**
      mesa 2.3
   It's (very) clear. *(weather)* **Está**
      (muy) despejado.
clerk **dependiente/a** *m., f.* 1.6
climate change **cambio climático**
   m. 2.4
climb **escalar** *v.* 1.4
   climb mountains **escalar**
      montañas 1.4

clinic **clínica** *f.* 2.1
clock **reloj** *m.* 1.2
close **cerrar (e:ie)** *v.* 1.4
closed **cerrado/a** *adj.* 1.5
closet **armario** *m.* 2.3
clothes **ropa** *f.* 1.6
clothes dryer **secadora** *f.* 2.3
clothing **ropa** *f.* 1.6
cloud **nube** *f.* 2.4
cloudy **nublado/a** *adj.* 1.5
   It's (very) cloudy. **Está (muy)**
      nublado. 1.5
coat **abrigo** *m.* 1.6
coffee **café** *m.* 1.8
coffeemaker **cafetera** *f.* 2.3
cold **frío** *m.* 1.5; *(illness)*
   resfriado *m.* 2.1
   be (feel) (very) cold **tener**
      (mucho) frío 1.3
   It's (very) cold. *(weather)* **Hace**
      (mucho) frío. 1.5
college **universidad** *f.* 1.2
collision **choque** *m.* 2.9
color **color** *m.* 1.3, 1.6
comb one's hair **peinarse** *v.* 1.7
come **venir** *v.* 1.3
comedy **comedia** *f.* 2.8
comfortable **cómodo/a** *adj.* 1.5
commerce **negocios** *m., pl.* 2.7
commercial **comercial** *adj.* 2.7
communicate (with) **comunicarse**
   v. **(con)** 2.9
communication **comunicación**
   f. 2.9
   means of communication **medios**
      m. pl. **de comunicación** 2.9
community **comunidad** *f.* 1.1
company **compañía** *f.* 2.7;
   empresa *f.* 2.7
comparison **comparación** *f.*
completely **completamente**
   adv. 2.7
composer **compositor(a)** *m., f.* 2.8
computer **computadora** *f.* 1.1
computer disc **disco** *m.*
computer monitor **monitor** *m.* 2.2
computer programmer
   programador(a) *m., f.* 1.3
computer science **computación**
   f. 1.2
concert **concierto** *m.* 2.8
conductor *(musical)* **director(a)**
   m., f. 2.8
confirm **confirmar** *v.* 1.5
   confirm a reservation **confirmar**
      una reservación 1.5
confused **confundido/a** *adj.* 1.5
congested **congestionado/a**
   adj. 2.1
Congratulations! *(for an event such*
   as a birthday or anniversary)
   ¡Felicidades! 1.9; *(for an*
   event such as an engagement
   or a good grade on a test)
   ¡Felicitaciones! 1.9

conservation **conservación** f. 2.4
conserve **conservar** v. 2.4
considering **para** prep. 2.2
consume **consumir** v. 2.6
container **envase** m. 2.4
contamination **contaminación** f.
content **contento/a** adj. 1.5
contest **concurso** m. 2.8
continue **seguir (e:i)** v. 1.4
control **control** m.; **controlar** v.
  2.4
  be under control **estar bajo
    control** 1.7
conversation **conversación** f. 1.1
converse **conversar** v. 1.2
cook **cocinar** v. 2.3; **cocinero/a**
  m., f. 2.7
cookie **galleta** f. 1.9
cool **fresco/a** adj. 1.5
  Be cool. **Tranquilo/a.** 1.7
  It's cool. (weather) **Hace
    fresco.** 1.5
corn **maíz** m. 1.8
corner **esquina** f. 2.5
cost **costar (o:ue)** v. 1.6
cotton **algodón** f. 1.6
  (made of) cotton **de algodón**
    1.6
couch **sofá** m. 2.3
couch potato **teleadicto/a**
  m., f. 2.6
cough **tos** f. 2.1; **toser** v. 2.1
counselor **consejero/a** m., f. 2.7
count (on) **contar** v. **(con)** 1.4, 2.3
country (nation) **país** m. 1.1
countryside **campo** m. 1.5
couple (married) **pareja** f. 1.9
course **curso** m. 1.2; **materia** f.
  1.2
courtesy **cortesía** f.
cousin **primo/a** m., f. 1.3
cover **cubrir** v.
covered **cubierto** p.p.
cow **vaca** f. 2.4
crafts **artesanía** f. 2.8
craftsmanship **artesanía** f. 2.8
crater **cráter** m. 2.4
crazy **loco/a** adj. 1.6
create **crear** v.
credit **crédito** m. 1.6
  credit card **tarjeta** f. **de
    crédito** 1.6
crime **crimen** m. 2.9
cross **cruzar** v. 2.5
culture **cultura** f. 2.8
cup **taza** f. 2.3
currency exchange **cambio** m. **de
  moneda**
current events **actualidades** f., pl.
  2.9
curtains **cortinas** f., pl. 2.3
custard (baked) **flan** m. 1.9
custom **costumbre** f. 1.1
customer **cliente/a** m., f. 1.6
customs **aduana** f. 1.5

customs inspector **inspector(a)**
  m., f. **de aduanas** 1.5
cybercafé **cibercafé** m. 2.2
cycling **ciclismo** m. 1.4

D

dad **papá** m. 1.3
daily **diario/a** adj. 1.7
  daily routine **rutina** f.
    diaria 1.7
damage **dañar** v. 2.1
dance **bailar** v. 2.1; **danza**
  f. 2.8; **baile** m. 2.8
dancer **bailarín/bailarina** m., f. 2.8
danger **peligro** m. 2.4
dangerous **peligroso/a** adj. 2.9
date (appointment) **cita** f. 1.9;
  (calendar) **fecha** f. 1.5;
  (someone) **salir** v. **con
  (alguien)** 1.9
  have a date **tener una cita** 1.9
daughter **hija** f. 1.3
daughter-in-law **nuera** f. 1.3
day **día** m. 1.1
  day before yesterday
    anteayer adv. 1.6
deal **trato** m. 2.8
  It's not a big deal. **No es para
    tanto.** 2.3
  You've got a deal! **¡Trato
    hecho!** 2.8
death **muerte** f. 1.9
decaffeinated **descafeinado/a**
  adj. 2.6
December **diciembre** m. 1.5
decide **decidir (+ inf.)** v. 1.3
decided **decidido/a** adj., p.p. 2.5
declare **declarar** v. 2.9
deforestation **deforestación** f. 2.4
delicious **delicioso/a** adj. 1.8;
  rico/a adj. 1.8; **sabroso/a**
  adj. 1.8
delighted **encantado/a** adj. 1.1
dentist **dentista** m., f. 2.1
deny **negar (e:ie)** v. 2.4
  not to deny **no negar** 2.4
department store **almacén** m. 1.6
departure **salida** f. 1.5
deposit **depositar** v. 2.5
describe **describir** v. 1.3
described **descrito** p.p. 2.5
desert **desierto** m. 2.4
design **diseño** m.
designer **diseñador(a)** m., f. 2.7
desire **desear** v. 1.2
desk **escritorio** m. 1.2
dessert **postre** m. 1.9
destroy **destruir** v. 2.4
develop **desarrollar** v. 2.4
diary **diario** m. 1.1
dictatorship **dictadura** f. 2.9
dictionary **diccionario** m. 1.1
die **morir (o:ue)** v. 1.8

died **muerto** p.p. 2.5
diet **dieta** f. 2.6; **alimentación** f.
  balanced diet **dieta
    equilibrada** f. 2.6
  be on a diet **estar a dieta** 2.6
difficult **difícil** adj. 1.3
digital/video camera **cámara** f.
  digital/de video 2.2
dining room **comedor** m. 2.3
dinner **cena** f. 1.2, 1.8
  have dinner **cenar** v. 1.2
direct **dirigir** v. 2.8
directions **indicaciones** f., pl. 2.5
  give directions **indicar cómo
    llegar** v. 2.5
director **director(a)** m., f. 2.8
dirty **sucio/a** adj. 1.5
  get (something) dirty **ensuciar**
    v. 2.3
disagree **no estar de acuerdo**
disaster **desastre** m. 2.9
discover **descubrir** v. 2.4
discovered **descubierto** p.p. 2.5
discrimination **discriminación** f.
  2.9
dish **plato** m. 1.8, 2.3
  main dish **plato principal** m. 1.8
dishwasher **lavaplatos** m., sing. 2.3
disk **disco** m.
disorderly **desordenado/a** adj. 1.5
dive **bucear** v. 1.4
divorce **divorcio** m. 1.9
divorced **divorciado/a** adj. 1.9
  get divorced (from) **divorciarse
    (de)** v. 1.9
dizzy **mareado/a** adj. 2.1
do **hacer** v. 1.4
  do aerobics **hacer ejercicios
    aeróbicos** 2.6
  do household chores **hacer
    quehaceres domésticos** 2.3
  do stretching exercises **hacer
    ejercicios de estiramiento**
    2.6
doctor **doctor(a)** m., f. 1.3, 2.1;
  médico/a m., f. 1.3
documentary (film) **documental**
  m. 2.8
dog **perro** m. 2.4
domestic **doméstico/a** adj.
  domestic appliance
    electrodoméstico m. 2.3
done **hecho** p.p. 2.5
door **puerta** f. 1.2
dormitory **residencia** f.
  estudiantil 1.2
double **doble** adj. 1.5
  double room **habitación** f.
    doble 1.5
doubt **duda** f. 2.4; **dudar** v. 2.4
  not to doubt **no dudar** 2.4
  there is no doubt...
    no cabe duda de... 2.4;
    no hay duda de... 2.4
down **abajo** adv.

download **descargar** *v.* 2.2
downtown **centro** *m.* 1.4
drama **drama** *m.* 2.8
dramatic **dramático/a** *adj.* 2.8
draw **dibujar** *v.* 1.2
drawing **dibujo** *m.* 2.8
dress **vestido** *m.* 1.6
 get dressed **vestirse (e:i)** *v.* 1.7
drink **beber** *v.* 1.3; **tomar**
 v. 1.2; **bebida** *f.* 1.8
drive **conducir** *v.* 1.6; **manejar**
 v. 2.2
driver **conductor(a)** *m., f.* 1.1
drug **droga** *f.* 2.6
drug addict **drogadicto/a** *m., f.*
 2.6
dry oneself **secarse** *v.* 1.7
during **durante** *prep.* 1.7; **por**
 prep. 2.2
dust **sacudir** *v.* 2.3; **quitar**
 el polvo 2.3
 dust the furniture **sacudir los**
 muebles 2.3
DVD player **reproductor** *m.* **de**
 DVD 2.2

E

each **cada** *adj.* 1.6
eagle **águila** *f.*
ear (outer) **oreja** *f.* 2.1
early **temprano** *adv.* 1.7
earn **ganar** *v.* 2.7
earthquake **terremoto** *m.* 2.9
ease **aliviar** *v.*
east **este** *m.* 2.5
 to the east **al este** 2.5
easy **fácil** *adj.* 1.3
eat **comer** *v.* 1.3
ecologist **ecologista** *m., f.* 2.4
ecology **ecología** *f.* 2.4
economics **economía** *f.* 1.2
ecotourism **ecoturismo** *m.* 2.4
Ecuador **Ecuador** *m.* 1.1
Ecuadorian **ecuatoriano/a** *adj.* 1.3
effective **eficaz** *adj.*
egg **huevo** *m.* 1.8
eight **ocho** *n., adj.* 1.1
eight hundred **ochocientos/as**
 n., adj. 1.2
eighteen **dieciocho** *n., adj.* 1.1
eighth **octavo/a** *n., adj.* 1.5
eighty **ochenta** *n., adj.* 1.2
either... or **o... o** *conj.* 1.7
eldest **el/la mayor** *adj.* 1.8
elect **elegir** *v.* 2.9
election **elecciones** *f. pl.* 2.9
electric appliance
 electrodoméstico *m.* 2.3
electrician **electricista** *m., f.* 2.7
electricity **luz** *f.* 2.3
elegant **elegante** *adj.* 1.6
elevator **ascensor** *m.* 1.5
eleven **once** *n., adj.* 1.1

e-mail **correo** *m.* **electrónico** 1.4
 e-mail address **dirrección** *f.*
 electrónica 2.2
 e-mail message **mensaje** *m.*
 electrónico 1.4
 read e-mail **leer el correo**
 electrónico 1.4
embarrassed **avergonzado/a**
 adj. 1.5
embrace (each other) **abrazar(se)**
 v. 2.2
emergency **emergencia** *f.* 2.1
 emergency room **sala** *f.* **de**
 emergencia 2.1
employee **empleado/a** *m., f.* 1.5
employment **empleo** *m.* 2.7
end **fin** *m.* 1.4; **terminar** *v.* 1.2
end table **mesita** *f.* 2.3
energy **energía** *f.* 2.4
engaged: get engaged (to)
 comprometerse *v.* **(con)** 1.9
engineer **ingeniero/a** *m., f.* 1.3
English *(language)* **inglés** *m.* 1.2;
 inglés, inglesa *adj.* 1.3
enjoy **disfrutar** *v.* **(de)** 2.6
enough **bastante** *adv.* 2.1
entertainment **diversión** *f.* 1.4
entrance **entrada** *f.* 2.3
envelope **sobre** *m.* 2.5
environment **medio ambiente**
 m. 2.4
equality **igualdad** *f.* 2.9
equipped **equipado/a** *adj.* 2.6
erase **borrar** *v.* 2.2
eraser **borrador** *m.* 1.2
errand **diligencia** *f.* 2.5
establish **establecer** *v.*
evening **tarde** *f.* 1.1
event **acontecimiento** *m.* 2.9
every day **todos los días** 2.1
everybody **todos** *m., pl.*
everything **todo** *m.* 1.5
 Everything is under control.
 Todo está bajo control. 1.7
exactly **en punto** 1.1
exam **examen** *m.* 1.2
excellent **excelente** *adj.* 1.5
excess **exceso** *m.* 2.6
 in excess **en exceso** 2.6
exchange **intercambiar** *v.*
 in exchange for **por** 2.2
exciting **emocionante** *adj.*
excursion **excursión** *f.*
excuse **disculpar** *v.*
 Excuse me. *(May I?)* **Con**
 permiso. 1.1; *(I beg your*
 pardon.) **Perdón.** 1.1
exercise **ejercicio** *m.* 2.6;
 hacer *v.* **ejercicio** 2.6
exit **salida** *f.* 1.5
expensive **caro/a** *adj.* 1.6
experience **experiencia** *f.* 2.9
explain **explicar** *v.* 1.2
explore **explorar** *v.*
expression **expresión** *f.*

extinction **extinción** *f.* 2.4
extremely delicious **riquísimo/a**
 adj. 1.8
extremely serious **gravísimo/a**
 adj. 2.4
eye **ojo** *m.* 2.1

F

fabulous **fabuloso/a** *adj.* 1.5
face **cara** *f.* 1.7
facing **enfrente de** *prep.* 2.5
fact: in fact **de hecho**
fall *(season)* **otoño** *m.* 1.5
factory **fábrica** *f.* 2.4
fall (down) **caerse** *v.* 2.1
 fall asleep **dormirse (o:ue)** *v.*
 1.7
 fall in love (with) **enamorarse**
 v. **(de)** 1.9
fallen **caído** *p.p.* 2.5
family **familia** *f.* 1.3
famous **famoso/a** *adj.* 2.7
fan **aficionado/a** *adj.* 1.4
 be a fan (of) **ser aficionado/a**
 (a) 1.4
far from **lejos de** *prep.* 1.2
farewell **despedida** *f.* 1.1
fascinate **fascinar** *v.* 1.7
fashion **moda** *f.* 1.6
 be in fashion **estar de moda**
 1.6
fast **rápido/a** *adj.*
fat **gordo/a** *adj.* 1.3; **grasa**
 f. 2.6
father **padre** *m.* 1.3
father-in-law **suegro** *m.* 1.3
favorite **favorito/a** *adj.* 1.4
fax (machine) **fax** *m.*
fear **miedo** *m.* 1.3; **temer** *v.* 2.4
February **febrero** *m.* 1.5
feel **sentir(se) (e:ie)** *v.* 1.7
 feel like *(doing something)* **tener**
 ganas de (+ *inf.*) 1.3
festival **festival** *m.* 2.8
fever **fiebre** *f.* 2.1
 have a fever **tener fiebre** 2.1
few **pocos/as** *adj., pl.*
 fewer than **menos de**
 (+ *number*) 1.8
field: major field of study
 especialización *f.*
fifteen **quince** *n., adj.* 1.1
 fifteen-year-old girl
 quinceañera *f.* 1.9
 young woman's fifteenth birthday celebration **quinceañera**
 f. 1.9
fifth **quinto/a** *n., adj.* 1.5
fifty **cincuenta** *n., adj.* 1.2
fight (for/against) **luchar** *v.* **(por/**
 contra) 2.9
figure *(number)* **cifra** *f.*
file **archivo** *m.* 2.2

fill **llenar** *v.* 2.2
 fill out (a form) **llenar (un formulario)** 2.5
 fill the tank **llenar el tanque** 2.2
finally **finalmente** *adv.* 2.6; **por último** 1.7; **por fin** 2.2
find **encontrar (o:ue)** *v.* 1.4
 find (each other) **encontrar(se)** *v.*
fine **multa** *f.*
 That's fine. **Está bien.** 2.2
fine arts **bellas artes** *f., pl.* 2.8
finger **dedo** *m.* 2.1
finish **terminar** *v.* 1.2
 finish (*doing something*) **terminar** *v.* **de (+ *inf.*)** 1.4
fire **incendio** *m.* 2.9; **despedir (e:i)** *v.* 2.7
firefighter **bombero/a** *m., f.* 2.7
firm **compañía** *f.* 2.7; **empresa** *f.* 2.7
first **primer, primero/a** *n., adj.* 1.5
fish (*food*) **pescado** *m.* 1.8; (*live*) **pez** *sing.,* **peces** *pl. m.* 2.4; **pescar** *v.* 1.5
fish market **pescadería** *f.* 2.5
fisherman **pescador** *m.*
fisherwoman **pescadora** *f.*
fishing **pesca** *f.* 1.5
fit (*clothing*) **quedar** *v.* 1.7
five **cinco** *n., adj.* 1.1
five hundred **quinientos/as** *n., adj.* 1.2
fix (*put in working order*) **arreglar** *v.* 2.2
fixed **fijo/a** *adj.* 1.6
flag **bandera** *f.*
flank steak **lomo** *m.* 1.8
flat tire: We had a flat tire. **Se nos pinchó una llanta.** 2.2
flexible **flexible** *adj.* 2.6
flood **inundación** *f.* 2.9
floor (*of a building*) **piso** *m.* 1.5; **suelo** *m.* 2.3
 ground floor **planta baja** *f.* 1.5
 top floor **planta alta** *f.*
flower **flor** *f.* 2.4
flu **gripe** *f.* 2.1
fog **niebla** *f.*
folk **folklórico/a** *adj.* 2.8
follow **seguir (e:i)** *v.* 1.4
food **comida** *f.* 1.8; **alimento** *m.*
foolish **tonto/a** *adj.* 1.3
foot **pie** *m.* 2.1
football **fútbol** *m.* **americano** 1.4
for **para** *prep.* 2.2; **por** *prep.* 2.2
 for example **por ejemplo** 2.2
 for me **para mí** 1.8
forbid **prohibir** *v.*
foreign **extranjero/a** *adj.* 2.8
 foreign languages **lenguas** *f. pl.* **extranjeras** 1.2
forest **bosque** *m.* 2.4

forget **olvidar** *v.* 2.1
fork **tenedor** *m.* 2.3
form **formulario** *m.* 2.5
forty **cuarenta** *n., adj.* 1.2
four **cuatro** *n., adj.* 1.1
four hundred **cuatrocientos/as** *n., adj.* 1.2
fourteen **catorce** *n., adj.* 1.1
fourth **cuarto/a** *n., adj.* 1.5
free **libre** *adj.* 1.4
 be free (of charge) **ser gratis** 2.5
 free time **tiempo libre**; 1.4 **ratos libres** 1.4
freedom **libertad** *f.* 2.9
freezer **congelador** *m.* 2.3
French **francés, francesa** *adj.* 1.3
French fries **papas** *f., pl.* **fritas**; **patatas** *f., pl.* **fritas** 1.8
frequently **frecuentemente** *adv.* 2.1; **con frecuencia** *adv.* 2.1
Friday **viernes** *m., sing.* 1.2
fried **frito/a** *adj.* 1.8
 fried potatoes **papas** *f., pl.* **fritas**; **patatas** *f., pl.* **fritas** 1.8
 platter of fried food **fuente** *f.* **de fritada**
friend **amigo/a** *m., f.* 1.3
friendly **amable** *adj.* 1.5
friendship **amistad** *f.* 1.9
from **de** *prep.* 1.1; **desde** *prep.* 1.6
 from the United States **estadounidense** *adj.* 1.3
 from time to time **de vez en cuando** 2.1
 He/She/It is from... **Es de...** 1.1
 I'm from... **Soy de...** 1.1
fruit **fruta** *f.* 1.8
fruit juice **jugo** *m.* **de fruta** 1.8
fruit store **frutería** *f.* 2.5
full **lleno/a** *adj.* 2.2
fun **divertido/a** *adj.* 1.7
 fun activity **diversión** *f.* 1.4
 have fun **divertirse (e:ie)** *v.* 1.9
function **funcionar** *v.*
furniture **muebles** *m., pl.* 2.3
furthermore **además (de)** *adv.* 2.1
future **futuro** *adj.* 2.7; **porvenir** *m.* 2.7
 Here's to the future! **¡Por el porvenir!** 2.7
 in the future **en el futuro** 2.7

G

gain weight **aumentar** *v.* **de peso** 2.6; **engordar** *v.* 2.6
game **juego** *m.*; (*match*) **partido** *m.* 1.4
game show **concurso** *m.* 2.8
garage (*in a house*) **garaje** *m.* 2.3; (*repair shop*) **garaje** *m.* 2.2; **taller (mecánico)** *m.* 2.2

garden **jardín** *m.* 2.3
garlic **ajo** *m.* 1.8
gas station **gasolinera** *f.* 2.2
gasoline **gasolina** *f.* 2.2
geography **geografía** *f.* 1.2
German **alemán, alemana** *adj.* 1.3
get **conseguir (e:i)** *v.* 1.4; **obtener** *v.* 2.7
 get along well/badly (with) **llevarse bien/mal (con)** 1.9
 get bored **aburrirse** *v.* 2.8
 get off/out of (a vehicle) **bajar(se)** *v.* **de** 2.2
 get on/into (a vehicle) **subir(se)** *v.* **a** 2.2
 get up **levantarse** *v.* 1.7
gift **regalo** *m.* 1.6
girl **chica** *f.* 1.1; **muchacha** *f.* 1.3
girlfriend **novia** *f.* 1.3
give **dar** *v.* 1.6, 1.9; (*as a gift*) **regalar** 1.9
glass (*drinking*) **vaso** *m.* 2.3; **vidrio** *m.* 2.4
 (made) of glass **de vidrio** 2.4
glasses **gafas** *f., pl.* 1.6
 sunglasses **gafas** *f., pl.* **de sol** 1.6
global warming **calentamiento global** *m.* 2.4
gloves **guantes** *m., pl.* 1.6
go **ir** *v.* 1.4
 be going to (*do something*) **ir a (+ *inf.*)** 1.4
 go away **irse** 1.7
 go by boat **ir en barco** 1.5
 go by bus **ir en autobús** 1.5
 go by car **ir en auto(móvil)** 1.5
 go by motorcycle **ir en motocicleta** 1.5
 go by taxi **ir en taxi** 1.5
 go by the bank **pasar por el banco** 2.5
 go down **bajar(se)** *v.*
 go on a hike (in the mountains) **ir de excursión (a las montañas)** 1.4
 go out **salir** *v.* 1.9
 go out (with) **salir** *v.* **(con)** 1.9
 go up **subir** *v.*
 go with **acompañar** *v.* 2.5
 Let's go. **Vamos.** 1.4
golf **golf** *m.* 1.4
good **buen, bueno/a** *adj.* 1.3, 1.6
 Good afternoon. **Buenas tardes.** 1.1
 Good evening. **Buenas noches.** 1.1
 Good idea. **Buena idea.** 1.4
 Good morning. **Buenos días.** 1.1
 Good night. **Buenas noches.** 1.1
 It's good that... **Es bueno que...** 2.3

good-bye **adiós** *m.* 1.1
say good-bye (to) **despedirse** *v.* **(e:i) (de)**
good-looking **guapo/a** *adj.* 1.3
government **gobierno** *m.* 2.4
GPS **navegador GPS** *m.* 2.2
graduate (from/in) **graduarse** *v.* **(de/en)** 1.9
grains **cereales** *m., pl.* 1.8
granddaughter **nieta** *f.* 1.3
grandfather **abuelo** *m.* 1.3
grandmother **abuela** *f.* 1.3
grandparents **abuelos** *m., pl.* 1.3
grandson **nieto** *m.* 1.3
grape **uva** *f.* 1.8
grass **césped** *m.* 2.4; **hierba** *f.* 2.4
grave **grave** *adj.* 2.1
gray **gris** *adj.* 1.6
great **fenomenal** *adj.* 1.5
great-grandfather **bisabuelo** *m.* 1.3
great-grandmother **bisabuela** *f.* 1.3
green **verde** *adj.* 1.6
greet (each other) **saludar(se)** *v.* 2.2
greeting **saludo** *m.* 1.1
Greetings to… **Saludos a…** 1.1
grilled (food) **a la plancha** 1.8
grilled flank steak **lomo a la plancha** *m.* 1.8
ground floor **planta baja** *f.* 1.5
guest (at a house/hotel) **huésped** *m., f.* 1.5; (invited to a function) **invitado/a** *m., f.* 1.9
guide **guía** *m., f.* 2.4
gymnasium **gimnasio** *m.* 1.4

H

hair **pelo** *m.* 1.7
hairdresser **peluquero/a** *m., f.* 2.7
half **medio/a** *adj.* 1.3
half-past… (time) **…y media** 1.1
half-brother **medio hermano** 1.3
half-sister **media hermana** 1.3
hallway **pasillo** *m.* 2.3
ham **jamón** *m.* 1.8
hamburger **hamburguesa** *f.* 1.8
hand **mano** *f.* 1.1
Hands up! **¡Manos arriba!**
handsome **guapo/a** *adj.* 1.3
happen **ocurrir** *v.* 2.9
happiness **alegría** *v.* 1.9
happy **alegre** *adj.* 1.5; **contento/a** *adj.* 1.5; **feliz** *adj.* 1.5
be happy **alegrarse** *v.* **(de)** 2.4
Happy birthday! **¡Feliz cumpleaños!** 1.9

hard **difícil** *adj.* 1.3
hard-working **trabajador(a)** *adj.* 1.3
hardly **apenas** *adv.* 2.1
haste **prisa** *f.* 1.3
hat **sombrero** *m.* 1.6
hate **odiar** *v.* 1.9
have **tener** *v.* 1.3
Have a good trip! **¡Buen viaje!** 1.1
have a tooth removed **sacar(se) un diente** 2.1
have time **tener tiempo** 1.4
have to (do something) **tener que (+ inf.)** 1.3; **deber (+ inf.)** *v.*
he **él** *sub. pron.* 1.1
head **cabeza** *f.* 2.1
headache **dolor de cabeza** *m.* 2.1
health **salud** *f.* 2.1
healthy **saludable** *adj.* 2.1; **sano/a** *adj.* 2.1
lead a healthy lifestyle **llevar una vida sana** 2.6
hear **oír** *v.* 1.4
heard **oído** *p.p.* 2.5
hearing (sense) **oído** *m.* 2.1
heart **corazón** *m.* 2.1
heat **calor** *m.* 1.5
Hello. **Hola.** 1.1; (on the telephone) **Aló.** 2.2; **¿Bueno?** 2.2; **Diga.** 2.2
help **ayudar** *v.* 2.3; **servir (e:i)** *v.* 1.5
help each other **ayudarse** *v.* 2.2
her **su(s)** *poss. adj.* 1.3; **suyo(s)/a(s)** *poss. adj.* 2.2; **la** *f., sing., d.o. pron.* 1.5
to/for her **le** *f., sing., i.o. pron.* 1.6
here **aquí** *adv.* 1.1
Here it is. **Aquí está.** 1.5
Here we are at/in… **Aquí estamos en…**
hers **suyo(s)/a(s)** *poss. pron.* 2.2
Hi. **Hola.** 1.1
highway **autopista** *f.* 2.2; **carretera** *f.* 2.2
hike **excursión** *f.* 1.4
go on a hike **hacer una excursión; ir de excursión** 1.4
hiker **excursionista** *m., f.*
hiking **de excursión** 1.4
him **lo** *m., sing., d.o. pron.* 1.5
to/for him **le** *m., sing., i.o. pron.* 1.6
hire **contratar** *v.* 2.7
his **su(s)** *poss. adj.* 1.3; (of) his **suyo(s)/a(s)** *poss. adj. and pron.* 2.2
history **historia** *f.* 1.2, 2.8
hobby **pasatiempo** *m.* 1.4
hockey **hockey** *m.* 1.4

holiday **día** *m.* **de fiesta** 1.9
home **casa** *f.* 1.2
home page **página** *f.* **principal** 2.2
homework **tarea** *f.* 1.2
hood **capó** *m.* 2.2; **cofre** *m.* 2.2
hope **esperar** *v.* (+ inf.) 1.2; **esperar** *v.* 2.4
I hope (that) **ojalá (que)** 2.4
horror (genre) **de horror** *m.* 2.8
hors d'oeuvres **entremeses** *m., pl.* 1.8
horse **caballo** *m.* 1.5
hospital **hospital** *m.* 2.1
hot: be (feel) (very) hot **tener (mucho) calor** 1.3
It's (very) hot. **Hace (mucho) calor.** 1.5
hotel **hotel** *m.* 1.5
hour **hora** *f.* 1.1
house **casa** *f.* 1.2
household chores **quehaceres** *m. pl.* **domésticos** 2.3
housekeeper **ama** *m., f.* **de casa** 2.3
housing **vivienda** *f.* 2.3
How…! **¡Qué…!** 1.3
how? **¿cómo?** *adv.* 1.1
How are you? **¿Qué tal?** 1.1; **¿Cómo estás?** *fam.* 1.1; **¿Cómo está usted?** *form.* 1.1
How can I help you? **¿En qué puedo servirles?** 1.5
How did it go for you…? **¿Cómo le/les fue…?** 2.6
How is it going? **¿Qué tal?** 1.1
How is/are…? **¿Qué tal?** 1.2
How is the weather? **¿Qué tiempo hace?** 2.6
How much/many? **¿Cuánto(s)/a(s)?** *adj.* 1.1
How much does… cost? **¿Cuánto cuesta…?** 1.6
How old are you? **¿Cuántos años tienes?** *fam.* 1.3
however **sin embargo**
hug (each other) **abrazar(se)** *v.* 2.2
humanities **humanidades** *f., pl.* 1.2
hundred **cien, ciento** *n., adj.* 1.2
hunger **hambre** *f.* 1.3
hungry: be (very) hungry **tener (mucha) hambre** 1.3
hunt **cazar** *v.* 2.4
hurricane **huracán** *m.* 2.9
hurry **apurarse** *v.* 2.6; **darse prisa** 2.6
be in a (big) hurry **tener (mucha) prisa** 1.3
hurt **doler (o:ue)** *v.* 2.1
It hurts me a lot… **Me duele mucho…** 2.1
husband **esposo** *m.* 1.3

I

I **yo** *sub. pron.* 1.1
  I am… **Yo soy…** 1.1
  I hope/wish (that) **Ojalá (que)** *interj.* 2.4
ice cream **helado** *m.* 1.9
  ice cream shop **heladería** *f.* 2.5
iced **helado/a** *adj.* 1.8
  iced tea **té** *m.* **helado** 1.8
idea **idea** *f.* 1.4
if **si** *conj.* 1.4
illness **enfermedad** *f.* 2.1
important **importante** *adj.* 1.3
  be important to **importar** *v.* 1.7
  It's important that… **Es importante que…** 2.3
impossible **imposible** *adj.* 2.4
  it's impossible **es imposible** 2.4
improbable **improbable** *adj.* 2.4
  it's improbable **es improbable** 2.4
improve **mejorar** *v.* 2.4
in **en** *prep.* 1.2; **por** *prep.* 2.2
  in a good/bad mood **de buen/mal humor** 1.5
  in front of **delante de** *prep.* 1.2
  in love (with) **enamorado/a (de)** *adj.* 1.5
  in search of **por** *prep.* 2.2
  in the afternoon **de la tarde** 1.1; **por la tarde** 1.7
  in the direction of **para** *prep.* 1.1
  in the early evening **de la tarde** 1.1
  in the evening **de la noche** 1.1; **por la tarde** 1.7
  in the morning **de la mañana** 1.1; **por la mañana** 1.7
increase **aumento** *m.* 2.7
incredible **increíble** *adj.* 1.5
inequality **desigualdad** *f.* 2.9
infection **infección** *f.* 2.1
inform **informar** *v.* 2.9
injection **inyección** *f.* 2.1
  give an injection **poner una inyección** 2.1
injure (oneself) **lastimarse** *v.* 2.1
  injure (one's foot) **lastimarse** *v.* **(el pie)** 2.1
inner ear **oído** *m.* 2.1
inside **dentro** *adv.*
insist (on) **insistir** *v.* **(en)** 2.3
installments: pay in installments **pagar a plazos** 2.5
intelligent **inteligente** *adj.* 1.3
intend to **pensar** *v.* **(+ inf.)** 1.4
interest **interesar** *v.* 1.7
interesting **interesante** *adj.* 1.3
  be interesting to **interesar** *v.* 1.7

international **internacional** *adj.* 2.9
Internet **Internet** *m., f.* 2.2
interview **entrevista** *f.* 2.7; **entrevistar** *v.* 2.7
interviewer **entrevistador(a)** *m., f.* 2.7
introduction **presentación** *f.*
  I would like to introduce (*name*) to you. **Le presento a…** *form.* 1.1; **Te presento a…** *fam.* 1.1
invest **invertir (e:ie)** *v.* 2.7
invite **invitar** *v.* 1.9
iron (clothes) **planchar** *v.* **(la ropa)** 2.3
it **lo/la** *sing., d.o., pron.* 1.5
  It's me. **Soy yo.** 1.1
Italian **italiano/a** *adj.* 1.3
its **su(s)** *poss. adj.* 1.3, **suyo(s)/a(s)** *poss. pron.* 2.2

J

jacket **chaqueta** *f.* 1.6
January **enero** *m.* 1.5
Japanese **japonés, japonesa** *adj.* 1.3
jeans **bluejeans** *m., pl.* 1.6
jewelry store **joyería** *f.* 2.5
job **empleo** *m.* 2.7; **puesto** *m.* 2.7; **trabajo** *m.* 2.7
  job application **solicitud** *f.* **de trabajo** 2.7
jog **correr** *v.*
journalism **periodismo** *m.* 1.2
journalist **periodista** *m., f.* 1.3
joy **alegría** *f.* 1.9
  give joy **dar alegría** 1.9
joyful **alegre** *adj.* 1.5
juice **jugo** *m.* 1.8
July **julio** *m.* 1.5
June **junio** *m.* 1.5
jungle **selva** *f.*; **jungla** *f.* 2.4
just **apenas** *adv.*
  have just (*done something*) **acabar de (+ inf.)** 1.6

K

key **llave** *f.* 1.5
keyboard **teclado** *m.* 2.2
kilometer **kilómetro** *m.* 2.2
kind: That's very kind of you. **Muy amable.** 1.5
kiss **beso** *m.* 1.9
  kiss each other **besarse** *v.* 2.2
kitchen **cocina** *f.* 2.3
knee **rodilla** *f.* 2.1
knife **cuchillo** *m.* 2.3
know **saber** *v.* 1.6; **conocer** *v.* 1.6
  know how **saber** *v.* 1.6

L

laboratory **laboratorio** *m.* 1.2
lack **faltar** *v.* 1.7
lake **lago** *m.* 2.4
lamp **lámpara** *f.* 2.3
land **tierra** *f.* 2.4
landlord **dueño/a** *m., f.* 1.8
landscape **paisaje** *m.* 1.5
language **lengua** *f.* 1.2
laptop (computer) **computadora** *f.* **portátil** 2.2
large **grande** *adj.* 1.3; (*clothing size*) **talla** *f.* **grande** 1.6
last **durar** *v.* 2.9; **pasado/a** *adj.* 1.6; **último/a** *adj.*
  last name **apellido** *m.* 1.3
  last night **anoche** *adv.* 1.6
  last week **semana** *f.* **pasada** 1.6
  last year **año** *m.* **pasado** 1.6
late **tarde** *adv.* 1.7
later (on) **más tarde** 1.7
  See you later. **Hasta la vista.** 1.1; **Hasta luego.** 1.1
laugh **reírse (e:i)** *v.* 1.9
laughed **reído** *p.p.* 2.5
laundromat **lavandería** *f.* 2.5
law **ley** *f.* 2.4
lawyer **abogado/a** *m., f.* 2.7
lazy **perezoso/a** *adj.*
learn **aprender** *v.* **(a + inf.)** 1.3
least: at least **por lo menos** *adv.* 2.1
leave **salir** *v.* 1.4; **irse** *v.* 1.7
  leave a tip **dejar una propina** 1.9
  leave behind **dejar** *v.* 2.7
  leave for (*a place*) **salir para**
  leave from **salir de**
left **izquierdo/a** *adj.* 1.2
  be left over **quedar** *v.* 1.7
  to the left of **a la izquierda de** 1.2
leg **pierna** *f.* 2.1
lemon **limón** *m.* 1.8
lend **prestar** *v.* 1.6
less **menos** *adv.* 2.1
  less… than **menos… que** 1.8
  less than **menos de (+ number)** 1.8
lesson **lección** *f.* 1.1
let **dejar** *v.* 2.3
  let's see **a ver** 1.2
letter **carta** *f.* 1.4, 2.5
lettuce **lechuga** *f.* 1.8
liberty **libertad** *f.* 2.9
library **biblioteca** *f.* 1.2
license (*driver's*) **licencia** *f.* **de conducir** 2.2
lie **mentira** *f.* 1.4
life **vida** *f.* 1.9
  of my life **de mi vida** 2.6
lifestyle: lead a healthy lifestyle **llevar una vida sana** 2.6

lift **levantar** v. 2.6
  lift weights **levantar pesas** 2.6
light **luz** f. 2.3
like **como** prep. 1.8; **gustar** v. 1.2
  Do you like… **¿Te gusta(n)…?** fam. 1.2
  I don't like them at all. **No me gustan nada.** 1.2
  I like… **Me gusta(n)…** 1.2
  like this **así** adv. 2.1
  like very much **encantar** v.; **fascinar** v. 1.7
likeable **simpático/a** adj. 1.3
likewise **igualmente** adv. 1.1
line **línea** f.; **cola** (queue) f. 2.5
listen (to) **escuchar** v. 1.2
  Listen! (command) **¡Oye!** fam., sing. 1.1; **¡Oiga/Oigan!** form., sing./pl. 1.1
  listen to music **escuchar música** 1.2
  listen to the radio **escuchar la radio** 1.2
literature **literatura** f. 1.2
little (quantity) **poco/a** adj. 1.5; **poco** adv. 2.1
live **vivir** v. 1.3
living room **sala** f. 2.3
loan **préstamo** m. 2.5; **prestar** v. 1.6, 2.5
lobster **langosta** f. 1.8
located **situado/a** adj.
  be located **quedar** v. 2.5
long **largo/a** adj. 1.6
look (at) **mirar** v. 1.2
  look for **buscar** v. 1.2
lose **perder (e:ie)** v. 1.4
  lose weight **adelgazar** v. 2.6
lost **perdido/a** adj. 2.5
  be lost **estar perdido/a** 2.5
lot: a lot **muchas veces** adv. 2.1
  a lot of **mucho/a** adj. 1.2, 1.3
love (another person) **querer (e:ie)** v. 1.4; (inanimate objects) **encantar** v. 1.7; **amor** m. 1.9
  in love **enamorado/a** adj. 1.5
  I loved it! **¡Me encantó!** 2.6
luck **suerte** f. 1.3
lucky: be (very) lucky **tener (mucha) suerte** 1.3
luggage **equipaje** m. 1.5
lunch **almuerzo** m. 1.8
  have lunch **almorzar (o:ue)** v. 1.4

M

ma'am **señora (Sra.)** f. 1.1
mad **enojado/a** adj. 1.5
magazine **revista** f. 1.4
magnificent **magnífico/a** adj. 1.5
mail **correo** m. 2.5; **enviar** v.,

mandar v. 2.5; **echar (una carta) al buzón** 2.5
mailbox **buzón** m. 2.5
mail carrier **cartero/a** m., f. 2.5
main **principal** adj. 1.8
maintain **mantener** v. 2.6
major **especialización** f. 2
make **hacer** v. 1.4
  make the bed **hacer la cama** 2.3
makeup **maquillaje** m. 1.7
  put on makeup **maquillarse** v. 1.7
man **hombre** m. 1.1
manager **gerente** m., f. 2.7
many **mucho/a** adj. 1.3
  many times **muchas veces** 2.1
map **mapa** m. 1.2
March **marzo** m. 1.5
margarine **margarina** f. 1.8
marinated fish **ceviche** m. 1.8
  lemon-marinated shrimp **ceviche de camarón** m. 1.8
marital status **estado** m. **civil** 1.9
market **mercado** m. 1.6
  open-air market **mercado** m. **al aire libre** 1.6
marriage **matrimonio** m. 1.9
married **casado/a** adj. 1.9
  get married (to) **casarse** v. **(con)** 1.9
marvelous **maravilloso/a** adj. 1.5
marvelously **maravillosamente** adv. 2.9
massage **masaje** m. 2.6
masterpiece **obra maestra** f. 2.8
match (sports) **partido** m. 1.4
  match (with) **hacer juego (con)** 1.6
mathematics **matemáticas** f., pl. 1.2
matter **importar** v. 1.7
maturity **madurez** f. 1.9
maximum **máximo/a** adj. 2.2
May **mayo** m. 1.5
maybe **tal vez** adv. 1.5; **quizás** adv. 1.5
mayonnaise **mayonesa** f. 1.8
me **me** sing., d.o. pron. 1.5; **mí** pron., obj. of prep. 1.9
  to/for me **me** sing., i.o. pron. 1.6
meal **comida** f. 1.8
means of communication **medios** m. pl. **de comunicación** 2.9
meat **carne** f. 1.8
mechanic **mecánico/a** m., f. 2.2
  mechanic's repair shop **taller** m. **mecánico** 2.2
media **medios** m., pl. **de comunicación** 2.9
medical **médico/a** adj. 2.1
medication **medicamento** m. 2.1
medicine **medicina** f. 2.1
medium **mediano/a** adj.

meet (each other) **encontrar(se)** v. 2.2; **conocerse(se)** v. 1.8
meeting **reunión** f. 2.7
menu **menú** m. 1.8
message (telephone) **recado** m. 2.2; **mensaje** m.
Mexican **mexicano/a** adj. 1.3
Mexico **México** m. 1.1
microwave **microonda** f. 2.3
  microwave oven **horno** m.**de microondas** 2.3
middle age **madurez** f. 1.9
midnight **medianoche** f. 1.1
mile **milla** f. 2.2
milk **leche** f. 1.8
million **millón** m. 1.2
  million of **millón de** m. 1.2
mine **mío(s)/a(s)** poss. pron. 2.2
mineral **mineral** m. 2.6
  mineral water **agua** f. **mineral** 1.8
minute **minuto** m. 1.1
mirror **espejo** m. 1.7
Miss **señorita (Srta.)** f. 1.1
miss **perder (e:ie)** v. 1.4
mistaken **equivocado/a** adj.
modem **módem** m.
modern **moderno/a** adj. 2.8
mom **mamá** f. 1.3
Monday **lunes** m., sing. 1.2
money **dinero** m. 1.6
monitor **monitor** m. 2.2
month **mes** m. 1.5
monument **monumento** m. 1.4
moon **luna** f. 2.4
more **más** 1.2
  more… than **más… que** 1.8
  more than **más de** (+ number) 1.8
morning **mañana** f. 1.1
mother **madre** f. 1.3
mother-in-law **suegra** f. 1.3
motor **motor** m.
motorcycle **motocicleta** f. 1.5
mountain **montaña** f. 1.4
mouse **ratón** m. 2.2
mouth **boca** f. 2.1
move (from one house to another) **mudarse** v. 2.3
movie **película** f. 1.4
  movie star **estrella** f. **de cine** 2.8
  movie theater **cine** m. 1.4
MP3 player **reproductor** m. **de MP3** 2.2
Mr. **señor (Sr.); don** m. 1.1
Mrs. **señora (Sra.); doña** f. 1.1
much **mucho/a** adj. 1.2, 1.3
  very much **muchísimo/a** adj. 1.2
municipal **municipal** adj.
murder **crimen** m. 2.9
muscle **músculo** m. 2.6
museum **museo** m. 1.4
mushroom **champiñón** m. 1.8

music **música** *f.* 1.2, 2.8
musical **musical** *adj.* 2.8
musician **músico/a** *m., f.* 2.8
must **deber** *v.* (+ *inf.*) 1.3
  It must be... **Debe ser...** 1.6
my **mi(s)** *poss. adj.* 1.3;
  mío(s)/a(s) *poss. adj. and
  pron.* 2.2

N

name **nombre** *m.* 1.1
  be named **llamarse** *v.* 1.7
  in the name of **a nombre de** 1.5
  last name **apellido** *m.*
  My name is... **Me llamo...** 1.1
napkin **servilleta** *f.* 2.3
national **nacional** *adj.* 2.9
nationality **nacionalidad** *f.* 1.1
natural **natural** *adj.* 2.4
  natural disaster **desastre** *m.*
    natural 2.9
  natural resource **recurso** *m.*
    natural 2.4
nature **naturaleza** *f.* 2.4
nauseated **mareado/a** *adj.* 2.1
near **cerca de** *prep.* 1.2
neaten **arreglar** *v.* 2.3
necessary **necesario/a** *adj.* 2.3
  It is necessary that... **Hay
    que...** 2.3, 2.5
neck **cuello** *m.* 2.1
need **faltar** *v.* 1.7; **necesitar** *v.*
  (+ *inf.*) 1.2
negative **negativo/a** *adj.*
neighbor **vecino/a** *m., f.* 2.3
neighborhood **barrio** *m.* 2.3
neither **tampoco** *adv.* 1.7
  neither... nor **ni... ni** *conj.* 1.7
nephew **sobrino** *m.* 1.3
nervous **nervioso/a** *adj.* 1.5
network **red** *f.* 2.2
never **nunca** *adv.* 1.7; **jamás**
  adv. 1.7
new **nuevo/a** *adj.* 1.6
newlywed **recién casado/a**
  m., f. 1.9
news **noticias** *f., pl.* 2.9;
  actualidades *f., pl.* 2.9
newscast **noticiero** *m.* 2.9
newspaper **periódico** *m.* 1.4;
  diario *m.* 2.9
next **próximo/a** *adj.* 2.7
  next to **al lado de** *prep.* 1.2
nice **simpático/a** *adj.* 1.3;
  amable *adj.* 1.5
niece **sobrina** *f.* 1.3
night **noche** *f.* 1.1
  night stand **mesita** *f.* **de
    noche** 2.3
nine **nueve** *n., adj.* 1.1
nine hundred **novecientos/as**
  n., adj. 1.2

nineteen **diecinueve** *n., adj.* 1.1
ninety **noventa** *n., adj.* 1.2
ninth **noveno/a** *n., adj.* 1.5
no **no** *adv.* 1.1; **ningún,
  ninguno/a(s)** *adj.* 1.7
  no one **nadie** *pron.* 1.7
  No problem. **No hay
    problema.** 1.7
  no way **de ninguna manera**
    2.7
nobody **nadie** *pron.* 1.7
none **ningún, ninguno/a(s)**
  pron. 1.7
noon **mediodía** *m.* 1.1
nor **ni** *conj.* 1.7
north **norte** *m.* 2.5
  to the north **al norte** 2.5
nose **nariz** *f.* 2.1
not **no** 1.1
  not any **ningún, ninguno/a(s)**
    adj. 1.7
  not anyone **nadie** *pron.* 1.7
  not anything **nada** *pron.* 1.7
  not bad at all **nada mal** 1.5
  not either **tampoco** *adv.* 1.7
  not ever **nunca** *adv.* 1.7;
    jamás *adv.* 1.7
  Not very well. **No muy bien.**
    1.1
  not working **descompuesto/a**
    adj. 2.2
notebook **cuaderno** *m.* 1.1
nothing **nada** *pron.* 1.1, 1.7
noun **sustantivo** *m.*
November **noviembre** *m.* 1.5
now **ahora** *adv.* 1.2
nowadays **hoy día** *adv.*
nuclear **nuclear** *adj.* 2.4
  nuclear energy **energía
    nuclear** *f.* 2.4
number **número** *m.* 1.1
nurse **enfermero/a** *m., f.* 2.1
nutrition **nutrición** *f.* 2.6
nutritionist **nutricionista** *m., f.* 2.6

O

obey **obedecer** *v.* 2.9
obligation **deber** *m.* 2.9
obtain **conseguir (e:i)** *v.* 1.4;
  obtener *v.* 2.7
obvious **obvio/a** *adj.* 2.4
  it's obvious **es obvio** 2.4
occupation **ocupación** *f.* 2.7
occur **ocurrir** *v.* 2.9
o'clock: It's... o'clock. **Son las...**
  1.1
  It's one o'clock. **Es la una.** 1.1
October **octubre** *m.* 1.5
  Of course. **Claro que sí.** 2.7;
    Por supuesto. 2.7
offer **oferta** *f.* 2.3; **ofrecer** *v.* 1.6

office **oficina** *f.* 2.3
  doctor's office **consultorio** *m.*
    2.1
often **a menudo** *adv.* 2.1
Oh! **¡Ay!**
oil **aceite** *m.* 1.8
OK **regular** *adj.* 1.1
  It's okay. **Está bien.**
old **viejo/a** *adj.* 1.3
  old age **vejez** *f.* 1.9
older **mayor** *adj.* 1.3
  older brother/sister **hermano/a
    mayor** *m., f.* 1.3
oldest **el/la mayor** *adj.* 1.8
on **en** *prep.* 1.2; **sobre**
  prep. 1.2
  on behalf of **por** *prep.* 2.2
  on the dot **en punto** 1.1
  on time **a tiempo** 2.1
  on top of **encima de** *prep.*
    1.2
once **una vez** 1.6
one **un, uno/a** *m., f., sing.
  pron.* 1.1
  one hundred **cien(to)** *n., adj.*
    1.2
  one million **un millón** *m.*
    1.2
  one more time **una vez más**
    1.9
  one thousand **mil** *n., adj.* 1.2
  one time **una vez** 1.6
onion **cebolla** *f.* 1.8
only **sólo** *adv.* 1.3; **único/a** *adj.*
  1.3
  only child **hijo/a único/a**
    m., f. 1.3
open **abierto/a** *adj.* 1.5, 2.5;
  abrir *v.* 1.3
open-air **al aire libre** 1.6
opera **ópera** *f.* 2.8
operation **operación** *f.* 2.1
opposite **enfrente de** *prep.* 2.5
or **o** *conj.* 1.7; **u** *conj. (before
  words beginning with* **o** *or* **ho***)*
orange **anaranjado/a** *adj.* 1.6;
  naranja *f.* 1.8
orchestra **orquesta** *f.* 2.8
order **mandar** 2.3; *(food)*
  pedir (e:i) *v.* 1.8
  in order to **para** *prep.* 2.2
orderly **ordenado/a** *adj.* 1.5
ordinal *(numbers)* **ordinal** *adj.*
other **otro/a** *adj.* 1.6
ought to **deber** *v.* (+ *inf.*) 1.3
our **nuestro(s)/a(s)** *poss. adj.*
  1.3
ours **nuestro(s)/a(s)** *poss. pron.*
  2.2
out of order **descompuesto/a**
  adj. 2.2
outskirts **afueras** *f., pl.* 2.3
oven **horno** *m.* 2.3
over **sobre** *prep.* 1.2

overpopulation **sobrepoblación** *f.* 2.4
own **propio/a** *adj.* 2.7
owner **dueño/a** *m., f.* 1.8

P

P.M. **tarde** *f.* 1.1
pack (one's suitcases) **hacer las maletas** 1.5
package **paquete** *m.* 2.5
page **página** *f.* 2.2
pain **dolor** *m.* 2.1
   have pain **tener dolor** 2.1
paint **pintar** *v.* 2.8
painter **pintor(a)** *m., f.* 2.7
painting **pintura** *f.* 2.3, 2.8
pair **par** *m.* 1.6
   pair of shoes **par de zapatos** *m.* 1.6
pants **pantalones** *m., pl.* 1.6
pantyhose **medias** *f., pl.* 1.6
paper **papel** *m.* 1.2
Pardon me. *(May I?)* **Con permiso.** 1.1; *(Excuse me.)* **Perdón.** 1.1
parents **padres** *m., pl.* 1.3; **papás** *m., pl.* 1.3
park **estacionar** *v.* 2.2; **parque** *m.* 1.4
parking lot **estacionamiento** *m.* 2.5
partner *(one of a married couple)* **pareja** *f.* 1.9
party **fiesta** *f.* 1.9
passed **pasado/a** *adj., p.p.*
passenger **pasajero/a** *m., f.* 1.1
passport **pasaporte** *m.* 1.5
past **pasado** *adj.* 1.6
pastime **pasatiempo** *m.* 1.4
pastry shop **pastelería** *f.* 2.5
path **sendero** *m.* 2.4
patient **paciente** *m., f.* 2.1
patio **patio** *m.* 2.3
pay **pagar** *v.* 1.6
   pay in cash **pagar al contado/ pagar en efectivo** 2.5
   pay in installments **pagar a plazos** 2.5
   pay the bill **pagar la cuenta** 1.9
pea **arveja** *m.* 1.8
peace **paz** *f.* 2.9
peach **melocotón** *m.* 1.8
pear **pera** *f.* 1.8
pen **pluma** *f.* 1.2
pencil **lápiz** *m.* 1.1
penicillin **penicilina** *f.* 2.1
people **gente** *f.* 1.3
pepper *(black)* **pimienta** *f.* 1.8
per **por** *prep.* 2.2
perfect **perfecto/a** *adj.* 1.5
perhaps **quizás; tal vez** *adv.*
permission **permiso** *m.*

person **persona** *f.* 1.3
pharmacy **farmacia** *f.* 2.1
phenomenal **fenomenal** *adj.* 1.5
photograph **foto(grafía)** *f.* 1.1
physical *(exam)* **examen** *m.* **médico** 2.1
physician **doctor(a)** *m., f.* 1.3; **médico/a** *m., f.* 1.3
physics **física** *f.* 1.2
pick up **recoger** *v.* 2.4
picture **cuadro** *m.* 2.3; **pintura** *f.* 2.3
pie **pastel** *m.* 9
pill *(tablet)* **pastilla** *f.* 2.1
pillow **almohada** *f.* 2.3
pineapple **piña** *f.* 1.8
pink **rosado/a** *adj.* 1.6
place **lugar** *m.* 1.4; **poner** *v.* 1.4
plaid **de cuadros** 1.6
plans **planes** *m., pl.*
   have plans **tener planes**
plant **planta** *f.* 2.4
plastic **plástico** *m.* 2.4
   (made) of plastic **de plástico** 2.4
plate **plato** *m.* 2.3
play **drama** *m.* 2.8; **comedia** *f.* 2.8; **jugar (u:ue)** *v.* 1.4; *(a musical instrument)* **tocar** *v.* 2.8
play cards **jugar a las cartas** 1.5
play sports **practicar deportes** 1.4
play a role **hacer el papel de** 2.8
player **jugador(a)** *m., f.* 1.4
playwright **dramaturgo/a** *m., f.* 2.8
pleasant **agradable** *adj.*
please **por favor** 1.1
   Pleased to meet you. **Mucho gusto.** 1.1; **Encantado/a.** *adj.* 1.1
pleasing: be pleasing to **gustar** *v.* 1.2, 1.7
pleasure **gusto** *m.* 1.1; **placer** *m.* 2.6
   It's a pleasure to... **Gusto de** (+ *inf.*) 2.9
   It's been a pleasure. **Ha sido un placer.** 2.6
   The pleasure is mine. **El gusto es mío.** 1.1
poem **poema** *m.* 2.8
poet **poeta** *m., f.* 2.8
poetry **poesía** *f.* 2.8
police *(force)* **policía** *f.* 2.2
political **político/a** *adj.* 2.9
politician **político/a** *m., f.* 2.7
politics **política** *f.* 2.9
polka-dotted **de lunares** 1.6
poll **encuesta** *f.* 2.9
pollute **contaminar** *v.* 2.4
polluted **contaminado/a** *adj.* 2.4

be polluted **estar contaminado/a** 2.4
pollution **contaminación** *f.* 2.4
pool **piscina** *f.* 1.4
poor **pobre** *adj.* 1.6
population **población** *f.* 2.4
pork **cerdo** *m.* 1.8
   pork chop **chuleta** *f.* **de cerdo** 1.8
portable **portátil** *adj.* 2.2
   portable computer **computadora** *f.* **portátil** 2.2
position **puesto** *m.* 2.7
possessive **posesivo/a** *adj.* 1.3
possible **posible** *adj.* 2.4
   it's (not) possible **(no) es posible** 2.4
postcard **postal** *f.*
poster **cartel** *m.* 2.3
post office **correo** *m.* 2.5
potato **papa** *f.* 1.8; **patata** *f.* 1.8
pottery **cerámica** *f.* 2.8
practice **practicar** *v.* 1.2
prefer **preferir (e:ie)** *v.* 1.4
pregnant **embarazada** *adj.* 2.1
prepare **preparar** *v.* 1.2
preposition **preposición** *f.*
prescribe *(medicine)* **recetar** *v.* 2.1
prescription **receta** *f.* 2.1
present **regalo** *m.;* **presentar** *v.* 2.8
press **prensa** *f.* 2.9
pressure **presión** *f.*
   be under a lot of pressure **sufrir muchas presiones** 2.6
pretty **bonito/a** *adj.* 1.3; **bastante** *adv.* 2.4
price **precio** *m.* 1.6
   fixed/set price **precio** *m.* **fijo** 1.6
print **estampado/a** *adj.;* **imprimir** *v.* 2.2
printer **impresora** *f.* 2.2
private *(room)* **individual** *adj.*
prize **premio** *m.* 2.8
probable **probable** *adj.* 2.4
   it's (not) probable **(no) es probable** 2.4
problem **problema** *m.* 1.1
profession **profesión** *f.* 1.3, 2.7
professor **profesor(a)** *m., f.*
program **programa** *m.* 1.1
programmer **programador(a)** *m., f.* 1.3
prohibit **prohibir** *v.* 2.1
promotion *(career)* **ascenso** *m.* 2.7
pronoun **pronombre** *m.*
protect **proteger** *v.* 2.4
protein **proteína** *f.* 2.6
provided (that) **con tal (de) que** *conj.* 2.4
psychologist **psicólogo/a** *m., f.* 2.7

psychology **psicología** *f.* 1.2
publish **publicar** *v.* 2.8
Puerto Rican **puertorriqueño/a** *adj.* 1.3
Puerto Rico **Puerto Rico** *m.* 1.1
pull a tooth **sacar una muela**
purchases **compras** *f., pl.* 1.5
purple **morado/a** *adj.* 1.6
purse **bolsa** *f.* 1.6
put **poner** *v.* 1.4; **puesto** *p.p.* 2.5
　put (a letter) in the mailbox **echar (una carta) al buzón** 2.5
　put on (*a performance*) **presentar** *v.* 2.8
　put on (*clothing*) **ponerse** *v.* 1.7
　put on makeup **maquillarse** *v.* 1.7

Q

quality **calidad** *f.* 1.6
quarter **trimestre** *m.* 1.2
　quarter after (*time*) **y cuarto** 1.1; **y quince** 1.1
　quarter to (*time*) **menos cuarto** 1.1; **menos quince** 1.1
question **pregunta** *f.* 1.2
quickly **rápido** *adv.* 2.1
quiet **tranquilo/a** *adj.* 2.6
quit **dejar** *v.* 2.7
quiz **prueba** *f.* 1.2

R

racism **racismo** *m.* 2.9
radio (*medium*) **radio** *f.* 1.2; radio (set) **radio** *m.* 2.2
rain **llover (o:ue)** *v.* 1.5; **lluvia** *f.* 2.4
　It's raining. **Llueve.** 1.5; **Está lloviendo.** 1.5
raincoat **impermeable** *m.* 1.6
rain forest **bosque** *m.* **tropical** 2.4
raise (*salary*) **aumento de sueldo** *m.* 2.7
rather **bastante** *adv.* 2.1
read **leer** *v.* 1.3; **leído/a** *p.p.* 2.5
　read a magazine **leer una revista** 1.4
　read a newspaper **leer un periódico** 1.4
　read e-mail **leer correo electrónico** 1.4
ready **listo/a** *adj.* 1.5
　(Are you) ready? **¿(Están) listos?** 2.6
reality show **programa de realidad** *m.* 2.8

reap the benefits (of) **disfrutar** *v.* **(de)** 2.6
receive **recibir** *v.* 1.3
recommend **recomendar (e:ie)** *v.* 1.8, 2.3
record **grabar** *v.* 2.2
recreation **diversión** *f.* 1.4
recycle **reciclar** *v.* 2.4
recycling **reciclaje** *m.* 2.4
red **rojo/a** *adj.* 1.6
red-haired **pelirrojo/a** *adj.* 1.3
reduce **reducir** *v.* 2.4
　reduce stress/tension **aliviar el estrés/la tensión** 2.6
refrigerator **refrigerador** *m.* 2.3
region **región** *f.* 2.4
regret **sentir (e:ie)** *v.* 2.4
relatives **parientes** *m., pl.* 1.3
relax **relajarse** *v.* 1.9; **Tranquilo/a.** 1.7
remain **quedarse** *v.* 1.7
remember **acordarse (o:ue)** *v.* **(de)** 1.7; **recordar (o:ue)** *v.* 1.4
remote control **control remoto** *m.* 2.2
rent **alquilar** *v.* 2.3; (*payment*) **alquiler** *m.* 2.3
repeat **repetir (e:i)** *v.* 1.4
report **informe** *m.* 2.9; **reportaje** *m.* 2.9
reporter **reportero/a** *m., f.* 2.7
representative **representante** *m., f.* 2.9
request **pedir (e:i)** *v.* 1.4
reservation **reservación** *f.* 1.5
resign (from) **renunciar (a)** *v.* 2.7
resolve **resolver (o:ue)** *v.* 2.4
resolved **resuelto** *p.p.* 2.5
resource **recurso** *m.* 2.4
responsibility **deber** *m.* 2.9; **responsabilidad** *f.*
rest **descansar** *v.* 1.2
restaurant **restaurante** *m.* 1.4
résumé **currículum** *m.* 2.7
retire (*from work*) **jubilarse** *v.* 1.9
return **regresar** *v.* 1.2; **volver (o:ue)** *v.* 1.4
　return trip **vuelta** *f.*
returned **vuelto** *p.p.* 2.5
rice **arroz** *m.* 1.8
rich **rico/a** *adj.* 1.6
ride: ride a bicycle **pasear en bicicleta** 1.4
　ride a horse **montar a caballo** 1.5
ridiculous **ridículo/a** *adj.* 2.4
　it's ridiculous **es ridículo** 2.4
right **derecha** *f.* 1.2
　be right **tener razón** 1.3
　right? (*question tag*) **¿no?** 1.1; **¿verdad?** 1.1
　right away **enseguida** *adv.* 1.9
　right here **aquí mismo** 2.2
　right now **ahora mismo** 1.5

right there **allí mismo** 2.5
　to the right of **a la derecha de** 1.2
rights **derechos** *m.* 2.9
ring (*a doorbell*) **sonar (o:ue)** *v.* 2.2
river **río** *m.* 2.4
road **camino** *m.*
roast **asado/a** *adj.* 1.8
　roast chicken **pollo** *m.* **asado** 1.8
rollerblade **patinar en línea** *v.*
romantic **romántico/a** *adj.* 2.8
room **habitación** *f.* 1.5; **cuarto** *m.* 1.2, 1.7
　living room **sala** *f.* 2.3
roommate **compañero/a** *m., f.* **de cuarto** 1.2
roundtrip **de ida y vuelta** 1.5
　roundtrip ticket **pasaje** *m.* **de ida y vuelta** 1.5
routine **rutina** *f.* 1.7
rug **alfombra** *f.* 2.3
run **correr** *v.* 1.3
　run errands **hacer diligencias** 2.5
　run into (*have an accident*) **chocar (con)** *v.*; (*meet accidentally*) **encontrar(se) (o:ue)** *v.* 2.2; (*run into something*) **darse (con)** 2.1; (*each other*) **encontrar(se) (o:ue)** *v.* 2.2
rush **apurarse** *v.* 2.6; **darse prisa** 2.6
Russian **ruso/a** *adj.* 1.3

S

sad **triste** *adj.* 1.5, 2.4
　it's sad **es triste** 2.4
safe **seguro/a** *adj.* 1.5
said **dicho** *p.p.* 2.5
salad **ensalada** *f.* 1.8
salary **salario** *m.* 2.7; **sueldo** *m.* 2.7
sale **rebaja** *f.* 1.6
salesperson **vendedor(a)** *m., f.* 1.6
salmon **salmón** *m.* 1.8
salt **sal** *f.* 1.8
same **mismo/a** *adj.* 1.3
sandal **sandalia** *f.* 1.6
sandwich **sándwich** *m.* 1.8
Saturday **sábado** *m.* 1.2
sausage **salchicha** *f.* 1.8
save (*on a computer*) **guardar** *v.* 2.2; (*money*) **ahorrar** *v.* 2.5
savings **ahorros** *m.* 2.5
　savings account **cuenta** *f.* **de ahorros** 2.5
say **decir** *v.* 1.4; **declarar** *v.* 2.9
　say that **decir que** *v.* 1.4, 1.9
　say the answer **decir la respuesta** 1.4

scan **escanear** *v.* 2.2
scarcely **apenas** *adv.* 2.1
scared: be (very) scared (of) **tener (mucho) miedo (de)** 1.3
schedule **horario** *m.* 1.2
school **escuela** *f.* 1.1
science **ciencia** *f.* 1.2
science fiction **ciencia ficción** *f.* 2.8
scientist **científico/a** *m., f.* 2.7
screen **pantalla** *f.* 2.2
scuba dive **bucear** *v.* 1.4
sculpt **esculpir** *v.* 2.8
sculptor **escultor(a)** *m., f.* 2.8
sculpture **escultura** *f.* 2.8
sea **mar** *m.* 1.5
season **estación** *f.* 1.5
seat **silla** *f.* 1.2
second **segundo/a** *n., adj.* 1.5
secretary **secretario/a** *m., f.* 2.7
sedentary **sedentario/a** *adj.* 2.6
see **ver** *v.* 1.4
   see (you/him/her) again **volver a ver(te/lo/la)** 2.9
   see movies **ver películas** 1.4
   See you. **Nos vemos.** 1.1
   See you later. **Hasta la vista.** 1.1; **Hasta luego.** 1.1
   See you soon. **Hasta pronto.** 1.1
   See you tomorrow. **Hasta mañana.** 1.1
seem **parecer** *v.* 1.6
seen **visto** *p.p.* 2.5
sell **vender** *v.* 1.6
semester **semestre** *m.* 1.2
send **enviar** *v.* 2.5; **mandar** *v.* 2.5
separate (from) **separarse** *v.* **(de)** 1.9
separated **separado/a** *adj.* 1.9
September **septiembre** *m.* 1.5
sequence **secuencia** *f.*
serious **grave** *adj.* 2.1
serve **servir (e:i)** *v.* 1.8
set *(fixed)* **fijo/a** *adj.* 1.6
   set the table **poner la mesa** 2.3
seven **siete** *n., adj.* 1.1
seven hundred **setecientos/as** *n., adj.* 1.2
seventeen **diecisiete** *n., adj.* 1.1
seventh **séptimo/a** *n., adj.* 1.5
seventy **setenta** *n., adj.* 1.2
several **varios/as** *adj. pl.* 1.8
sexism **sexismo** *m.* 2.9
shame **lástima** *f.* 2.4
   it's a shame **es una lástima** 2.4
shampoo **champú** *m.* 1.7
shape **forma** *f.* 2.6
   be in good shape **estar en buena forma** 2.6
   stay in shape **mantenerse en forma** 2.6
share **compartir** *v.* 1.3

sharp *(time)* **en punto** 1.1
shave **afeitarse** *v.* 1.7
shaving cream **crema** *f.* **de afeitar** 1.7
she **ella** *sub. pron.* 1.1
shellfish **mariscos** *m., pl.* 1.8
ship **barco** *m.*
shirt **camisa** *f.* 1.6
shoe **zapato** *m.* 1.6
   shoe size **número** *m.* 1.6
   shoe store **zapatería** *f.* 2.5
   tennis shoes **zapatos** *m., pl.* **de tenis** 1.6
shop **tienda** *f.* 1.6
shopping: to go shopping **ir de compras** 1.5
shopping mall **centro comercial** *m.* 1.6
short *(in height)* **bajo/a** *adj.* 1.3; *(in length)* **corto/a** *adj.* 1.6
short story **cuento** *m.* 2.8
shorts **pantalones cortos** *m., pl.* 1.6
should *(do something)* **deber** *v.* **(+ inf.)** 1.3
show **espectáculo** *m.* 2.8; **mostrar (o:ue)** *v.* 1.4
   game show **concurso** *m.* 2.8
shower **ducha** *f.* 1.7; **ducharse** *v.* 1.7
shrimp **camarón** *m.* 1.8
siblings **hermanos/as** *m., f. pl.* 1.3
sick **enfermo/a** *adj.* 2.1
   be sick **estar enfermo/a** 2.1
   get sick **enfermarse** *v.* 2.1
sign **firmar** *v.* 2.5; **letrero** *m.* 2.5
silk **seda** *f.* 1.6
   (made of) silk **de seda** 1.6
silly **tonto/a** *adj.* 1.3
since **desde** *prep.*
sing **cantar** *v.* 1.2
singer **cantante** *m., f.* 2.8
single **soltero/a** *adj.* 1.9
   single room **habitación** *f.* **individual** 1.5
sink **lavabo** *m.* 1.7
sir **señor (Sr.)** *m.* 1.1
sister **hermana** *f.* 1.3
sister-in-law **cuñada** *f.* 1.3
sit down **sentarse (e:ie)** *v.* 1.7
six **seis** *n., adj.* 1.1
six hundred **seiscientos/as** *n., adj.* 1.2
sixteen **dieciséis** *n., adj.* 1.1
sixth **sexto/a** *n., adj.* 1.5
sixty **sesenta** *n., adj.* 1.2
size **talla** *f.* 1.6
   shoe size **número** *m.* 1.6
skate (in-line) **patinar (en línea)** 1.4
skateboard **andar en patineta** *v.* 1.4
ski **esquiar** *v.* 1.4

skiing **esquí** *m.* 1.4
   waterskiing **esquí** *m.* **acuático** 1.4
skirt **falda** *f.* 1.6
sky **cielo** *m.* 2.4
sleep **dormir (o:ue)** *v.* 1.4; **sueño** *m.* 1.3
   go to sleep **dormirse (o:ue)** *v.* 1.7
sleepy: be (very) sleepy **tener (mucho) sueño** 1.3
slender **delgado/a** *adj.* 1.3
slim down **adelgazar** *v.* 2.6
slippers **pantuflas** *f., pl.* 1.7
slow **lento/a** *adj.* 2.2
slowly **despacio** *adv.* 2.1
small **pequeño/a** *adj.* 1.3
smart **listo/a** *adj.* 1.5
smile **sonreír (e:i)** *v.* 1.9
smiled **sonreído** *p.p.* 2.5
smoggy: It's (very) smoggy. **Hay (mucha) contaminación.**
smoke **fumar** *v.* 1.8, 2.6
   not to smoke **no fumar** 2.6
smoking section **sección** *f.* **de fumar** 1.8
   nonsmoking section *f.* **sección de no fumar** 1.8
snack **merendar (e:ie)** *v.* 1.8, 2.6
   afternoon snack **merienda** *f.* 2.6
   have a snack **merendar (e:ie)** *v.*
sneakers **zapatos de tenis** *m., pl.* 1.6
sneeze **estornudar** *v.* 2.1
snow **nevar (e:ie)** *v.* 1.5; **nieve** *f.*
snowing: It's snowing. **Nieva.** 1.5; **Está nevando.** 1.5
so *(in such a way)* **así** *adv.* 2.1; **tan** *adv.* 1.5
   so much **tanto** *adv.*
   so-so **regular** 1.1, **así así**
   so that **para que** *conj.* 2.4
soap **jabón** *m.* 1.7
soap opera **telenovela** *f.* 2.8
soccer **fútbol** *m.* 1.4
sociology **sociología** *f.* 1.2
sock(s) **calcetín (calcetines)** *m.* 1.6
sofa **sofá** *m.* 2.3
soft drink **refresco** *m.* 1.8
software **programa** *m.* **de computación** 2.2
soil **tierra** *f.* 2.4
solar **solar** *adj.* 2.4
   solar energy **energía** *f.* **solar** 2.4
soldier **soldado** *m., f.* 2.9
solution **solución** *f.* 2.4
solve **resolver (o:ue)** *v.* 2.4

some **algún, alguno(s)/a(s)** *adj., pron.* 1.7; **unos/as** *pron.; m., f., pl. indef. art.* 1.1

somebody **alguien** *pron.* 1.7

someone **alguien** *pron.* 1.7

something **algo** *pron.* 1.7

sometimes **a veces** *adv.* 2.1

son **hijo** *m.* 1.3

song **canción** *f.* 2.8

son-in-law **yerno** *m.* 1.3

soon **pronto** *adv.* 2.1 '

See you soon. **Hasta pronto.** 1.1

sorry: be sorry **sentir (e:ie)** *v.* 2.4

I'm sorry. **Lo siento.** 1.4

I'm so sorry. **Mil perdones** 1.4; **Lo siento muchísimo.** 1.4

soup **sopa** *f.* 1.8

south **sur** *m.* 2.5

to the south **al sur** 2.5

Spain **España** *f.* 1.1

Spanish *(language)* **español** *m.* 1.2; **español(a)** *adj.* 1.3

spare time **ratos libres** *m.* 1.4

speak **hablar** *v.* 1.2

spectacular **espectacular** *adj.* 2.6

speech **discurso** *m.* 2.9

speed **velocidad** *f.* 2.2

speed limit **velocidad** *f.* **máxima** 2.2

spelling **ortografía** *f.*; **ortográfico/a** *adj.*

spend *(money)* **gastar** *v.* 1.6

spoon *(table or large)* **cuchara** *f.* 2.3

sport **deporte** *m.* 1.4

sports-related **deportivo/a** *adj.* 1.4

spouse **esposo/a** *m., f.* 1.3

sprain (one's ankle) **torcerse (o:ue)** *v.* **(el tobillo)** 2.1

sprained **torcido/a** *adj.* 2.1

be sprained **estar torcido/a** 2.1

spring **primavera** *f.* 1.5

square (city or town) **plaza** *f.* 1.4

stadium **estadio** *m.* 1.2

stage **etapa** *f.* 1.9

stairs **escalera** *f.* 2.3

stairway **escalera** *f.* 2.3

stamp **estampilla** *f.* 2.5; **sello** *m.* 2.5

stand in line **hacer cola** 2.5

star **estrella** *f.* 2.4

start **establecer** *v.* 2.7; *(a vehicle)* **arrancar** *v.* 2.2

station **estación** *f.* 1.5

statue **estatua** *f.* 2.8

status: marital status **estado** *m.* **civil** 1.9

stay **quedarse** *v.* 1.7

stay in shape **mantenerse en forma** 2.6

steak **bistec** *m.* 1.8

steering wheel **volante** *m.* 2.2

step **etapa** *f.*

stepbrother **hermanastro** *m.* 1.3

stepdaughter **hijastra** *f.* 1.3

stepfather **padrastro** *m.* 1.3

stepmother **madrastra** *f.* 1.3

stepsister **hermanastra** *f.* 1.3

stepson **hijastro** *m.* 1.3

stereo **estéreo** *m.* 2.2

still **todavía** *adv.* 1.5

stockbroker **corredor(a)** *m., f.* **de bolsa** 2.7

stockings **medias** *f., pl.* 1.6

stomach **estómago** *m.* 2.1

stone **piedra** *f.* 2.4

stop **parar** *v.* 2.2

stop *(doing something)* **dejar de (+ inf.)** 2.4

store **tienda** *f.* 1.6

storm **tormenta** *f.* 2.9

story **cuento** *m.* 2.8; **historia** *f.* 2.8

stove **cocina** *f.* 2.3; **estufa** *f.* 2.3

straight **derecho** *adv.* 2.5

straight (ahead) **derecho** 2.5

straighten up **arreglar** *v.* 2.3

strange **extraño/a** *adj.* 2.4

it's strange **es extraño** 2.4

strawberry **frutilla** *f.*, **fresa** *f.*

street **calle** *f.* 2.2

stress **estrés** *m.* 2.6

stretching **estiramiento** *m.* 2.6

do stretching exercises **hacer ejercicios de estiramiento** 2.6

strike *(labor)* **huelga** *f.* 2.9

stripe **raya** *f.* 1.6

striped **de rayas** 1.6

stroll **pasear** *v.* 1.4

strong **fuerte** *adj.* 2.6

struggle (for/against) **luchar** *v.* **(por/contra)** 2.9

student **estudiante** *m., f.* 1.1, 1.2; **estudiantil** *adj.* 1.2

study **estudiar** *v.* 1.2

stuffed-up *(sinuses)* **congestionado/a** *adj.* 2.1

stupendous **estupendo/a** *adj.* 1.5

style **estilo** *m.*

suburbs **afueras** *f., pl.* 2.3

subway **metro** *m.* 1.5

subway station **estación** *f.* **del metro** 1.5

success **éxito** *m.* 2.7

successful: be successful **tener éxito** 2.7

such as **tales como**

suddenly **de repente** *adv.* 1.6

suffer **sufrir** *v.* 2.1

suffer an illness **sufrir una enfermedad** 2.1

sugar **azúcar** *m.* 1.8

suggest **sugerir (e:ie)** *v.* 2.3

suit **traje** *m.* 1.6

suitcase **maleta** *f.* 1.1

summer **verano** *m.* 1.5

sun **sol** *m.* 1.5, 2.4

sunbathe **tomar el sol** 1.4

Sunday **domingo** *m.* 1.2

sunglasses **gafas** *f., pl.* **de sol** 1.6

sunny: It's (very) sunny. **Hace (mucho) sol.** 1.5

supermarket **supermercado** *m.* 2.5

suppose **suponer** *v.* 1.4

sure **seguro/a** *adj.* 1.5

be sure **estar seguro/a** 1.5

surf (the Internet) **navegar** *v.* **(en Internet)** 2.2

surprise **sorprender** *v.* 1.9; **sorpresa** *f.* 1.9

survey **encuesta** *f.* 2.9

sweat **sudar** *v.* 2.6

sweater **suéter** *m.* 1.6

sweep (the floor) **barrer** *v.* **(el suelo)** 2.3

sweets **dulces** *m., pl.* 1.9

swim **nadar** *v.* 1.4

swimming **natación** *f.* 1.4

swimming pool **piscina** *f.* 1.4

symptom **síntoma** *m.* 2.1

T

table **mesa** *f.* 1.2

tablespoon **cuchara** *f.* 2.3

tablet *(pill)* **pastilla** *f.* 2.1

take **tomar** *v.* 1.2; **llevar** *v.* 1.6

take a bath **bañarse** *v.* 1.7

take a shoe size **calzar** *v.* 1.6

take a shower **ducharse** *v* 1.7

take care of **cuidar** *v.* 2.4

take off **quitarse** *v.* 1.7

take out the trash *v.* **sacar la basura** 2.3

take photos **tomar fotos** 1.5; **sacar fotos** 1.5

take someone's temperature **tomar la temperatura** 2.1

talented **talentoso/a** *adj.* 2.8

talk *v.* **hablar** 1.2

talk show **programa** *m.* **de entrevistas** 2.8

tall **alto/a** *adj.* 1.3

tank **tanque** *m.* 2.2

tape *(audio)* **cinta** *f.*

tape recorder **grabadora** *f.* 1.1

taste **probar (o:ue)** *v.* 1.8; **saber** *v.* 1.8

taste (like) **saber (a)** 1.8

tasty **rico/a** *adj.* 1.8; **sabroso/a** *adj.* 1.8

tax **impuesto** *m.* 2.9

taxi **taxi** *m.* 1.5

tea **té** *m.* 1.8

teach **enseñar** *v.* 1.2

teacher **profesor(a)** *m., f.* 1.1, 1.2; **maestro/a** *m., f.* 2.7

team **equipo** *m.* 1.4

technician **técnico/a** *m., f.* 2.7

telecommuting **teletrabajo** *m.* 2.7

telephone **teléfono** *m.* 2.2
cellular telephone **teléfono** *m.* **celular** 2.2
television **televisión** *f.* 1.2, 2.2
television set **televisor** *m.* 2.2
tell **contar (o:ue)** *v.* 1.4; **decir** *v.* 1.4
tell (that) **decir (que)** 1.4, 1.9
tell lies **decir mentiras** 1.4
tell the truth **decir la verdad** 1.4
temperature **temperatura** *f.* 2.1
ten **diez** *n., adj.* 1.1
tennis **tenis** *m.* 1.4
tennis shoes **zapatos** *m., pl.* **de tenis** 1.6
tension **tensión** *f.* 2.6
tent **tienda** *f.* **de campaña**
tenth **décimo/a** *n., adj.* 1.5
terrible **terrible** *adj.* 2.4
it's terrible **es terrible** 2.4
terrific **chévere** *adj.*
test **prueba** *f.* 1.2; **examen** *m.* 1.2
text message **mensaje** *m.* **de texto** 2.2
Thank you. **Gracias.** 1.1
Thank you very much. **Muchas gracias.** 1.1
Thank you very, very much. **Muchísimas gracias.** 1.9
Thanks (a lot). **(Muchas) gracias.** 1.1
Thanks again. **Gracias una vez más.** *(lit.* Thanks one more time.*)* 1.9
Thanks for everything. **Gracias por todo.** 1.9, 2.6
that **que, quien(es), lo que** *conj.* 2.3
that (one) **ése, ésa, eso** *pron.* 1.6; **ese, esa** *adj.* 1.6
that (over there) **aquél, aquélla, aquello** *pron.* 1.6; **aquel, aquella** *adj.* 1.6
that which **lo que** *conj.* 2.3
That's me. **Soy yo.** 1.1
That's not the way it is. **No es así.** 2.7
that's why **por eso** 2.2
the **el** *m., sing.* **la** *f., sing.,* **los** *m. pl.* **las** *f. pl.* 1.1
theater **teatro** *m.* 2.8
their **su(s)** *poss. adj.* 1.3; **suyo(s)/a(s)** *poss. adj.* 2.2
theirs **suyo(s)/a(s)** *poss. pron.* 2.2
them **los/las** *pl., d.o. pron.* 1.5; **ellos/as** *pron., obj. of prep.* 1.9
to/for them **les** *pl., i.o. pron.* 1.6
then **después** *(afterward) adv.* 1.7; **entonces** *(as a result) adv.* 1.7; **luego** *(next) adv.* 1.7; **pues** *adv.* 1.7
there **allí** *adv.* 1.5
There is/are... **Hay...** 1.1

There is/are not... **No hay...** 1.1
therefore **por eso** *adv.* 2.2
these **éstos, éstas** *pron.* 1.6; **estos, estas** *adj.* 1.6
they **ellos** *m. pron.,* **ellas** *f. pron.* 1.1
thin **delgado/a** *adj.* 1.3
thing **cosa** *f.* 1.1
think **pensar (e:ie)** *v.* 1.4; *(believe)* **creer** *v.*
think about **pensar en** *v.* 1.4
third **tercero/a** *n., adj.* 1.5
thirst **sed** *f.* 1.3
thirsty: be (very) thirsty **tener (mucha) sed** 1.3
thirteen **trece** *n., adj.* 1.1
thirty **treinta** *n., adj.* 1.1; 1.2
thirty *(minutes past the hour)* **y treinta; y media** 1.1
this **este, esta** *adj.;* **éste, ésta, esto** *pron.* 1.6
This is... *(introduction)* **Éste/a es...** 1.1
This is he/she. *(on the telephone)* **Con él/ella habla.** 2.2
those **ésos, ésas** *pron.* 1.6; **esos, esas** *adj.* 1.6
those *(over there)* **aquéllos, aquéllas** *pron.* 1.6; **aquellos, aquellas** *adj.* 1.6
thousand **mil** *m.* 1.6
three **tres** *n., adj.* 1.1
three hundred **trescientos/as** *n., adj.* 1.2
throat **garganta** *f.* 2.1
through **por** *prep.* 2.2
throughout: throughout the world **en todo el mundo** 2.4
Thursday **jueves** *m., sing.* 1.2
thus *(in such a way)* **así** *adj.*
ticket **boleto** *m.* 2.8; **pasaje** *m.* 1.5
tie **corbata** *f.* 1.6
time **vez** *f.* 1.6; **tiempo** *m.* 1.4
have a good/bad time **pasarlo bien/mal** 1.9
We had a great time. **Lo pasamos de película.** 2.9
What time is it? **¿Qué hora es?** 1.1
(At) What time...? **¿A qué hora...?** 1.1
times **veces** *f., pl.* 1.6
many times **muchas veces** 2.1
two times **dos veces** 1.6
tip **propina** *f.* 1.9
tire **llanta** *f.* 2.2
tired **cansado/a** *adj.* 1.5
be tired **estar cansado/a** 1.5
to **a** *prep.* 1.1
toast **pan** *m.* **tostado;** *(drink)* **brindar** *v.* 1.9
toasted **tostado/a** *adj.* 1.8
toasted bread **pan** *m.* **tostado** 1.8
toaster **tostadora** *f.* 2.3

today **hoy** *adv.* 1.2
Today is... **Hoy es...** 1.2
toe **dedo** *m.* **del pie** 2.1
together **juntos/as** *adj.* 1.9
toilet **inodoro** *m.* 1.7
tomato **tomate** *m.* 1.8
tomorrow **mañana** *f.* 1.1
See you tomorrow. **Hasta mañana.** 1.1
tonight **esta noche** *adv.* 1.4
too **también** *adv.* 1.2, 1.7
too much **demasiado** *adv.* 1.6
tooth **diente** *m.* 1.7
toothpaste **pasta** *f.* **de dientes** 1.7
tornado **tornado** *m.* 2.9
tortilla **tortilla** *f.* 1.8
touch **tocar** *v.* 2.4, 2.8
touch screen **pantalla táctil** *f.* 2.4
tour **excursión** *f.* 1.4
tour an area **recorrer** *v.*
tourism **turismo** *m.* 1.5
tourist **turista** *m., f.* 1.1; **turístico/a** *adj.*
toward **hacia** *prep.* 2.5; **para** *prep.* 2.2
towel **toalla** *f.* 1.7
town **pueblo** *m.* 1.4
trade **oficio** *m.* 2.7
traffic **circulación** *f.* 2.2; **tráfico** *m.* 2.2
traffic signal **semáforo** *m.*
tragedy **tragedia** *f.* 2.8
trail **sendero** *m.* 2.4
train **entrenarse** *v.* 2.6; **tren** *m.* 1.5
train station **estación** *f.* **de tren** 1.5
trainer **entrenador/a** *m., f.* 2.6
translate **traducir** *v.* 1.6
trash **basura** *f.* 2.3
travel **viajar** *v.* 1.2
travel agent **agente** *m., f.* **de viajes** 1.5
traveler **viajero/a** *m., f.* 1.5
traveler's check **cheque de viajero** *m.* 2.5
treadmill **cinta caminadora** *f.* 2.6
tree **árbol** *m.* 2.4
trillion **billón** *m.*
trimester **trimestre** *m.* 1.2
trip **viaje** *m.* 1.5
take a trip **hacer un viaje** 1.5
tropical forest **bosque** *m.* **tropical** 2.4
true **verdad** *adj.* 2.4
it's (not) true **(no) es verdad** 2.4
trunk **baúl** *m.* 2.2
truth **verdad** *f.*
try **intentar** *v.;* **probar (o:ue)** *v.* 1.8
try *(to do something)* **tratar de (+ inf.)** 2.6
try on **probarse (o:ue)** *v.* 1.7
t-shirt **camiseta** *f.* 1.6

Tuesday **martes** *m., sing.* 1.2
tuna **atún** *m.* 1.8
turkey **pavo** *m.* 1.8
turn **doblar** *v.* 2.5
  turn off (*electricity/appliance*)
  apagar *v.* 2.2
  turn on (*electricity/appliance*)
  poner *v.* 2.2; **prender** *v.*
  2.2
twelve **doce** *n., adj.* 1.1
twenty **veinte** *n., adj.* 1.1
twenty-eight **veintiocho** *n., adj.*
  1.1
twenty-five **veinticinco** *n., adj.*
  1.1
twenty-four **veinticuatro** *n., adj.*
  1.1
twenty-nine **veintinueve** *n., adj.*
  1.1
twenty-one **veintiún,**
  veintiuno/a *n., adj.* 1.1
twenty-seven **veintisiete** *n., adj.*
  1.1
twenty-six **veintiséis** *n., adj.* 1.1
twenty-three **veintitrés** *n., adj.*
  1.1
twenty-two **veintidós** *n., adj.* 1.1
twice **dos veces** *adv.* 1.6
twin **gemelo/a** *m., f.* 1.3
twisted **torcido/a** *adj.* 2.1
  be twisted **estar torcido/a** 2.1
two **dos** *n., adj.* 1.1
  two times **dos veces** 1.6
two hundred **doscientos/as**
  n., adj. 1.2

U

uncle **tío** *m.* 1.3
under **bajo** *adv.* 1.7; **debajo de**
  prep. 1.2
understand **comprender** *v.* 1.3;
  entender (e:ie) *v.* 1.4
underwear **ropa interior** *f.* 1.6
unemployment **desempleo** *m.*
  2.9
United States **Estados Unidos**
  (EE.UU.) *m. pl.* 1.1
university **universidad** *f.* 1.2
unless **a menos que** *conj.* 2.4
unmarried **soltero/a** *adj.*
unpleasant **antipático/a** *adj.* 1.3
until **hasta** *prep.* 1.6; **hasta**
  que *conj.* 2.4
up **arriba** *adv.* 2.6
urgent **urgente** *adj.* 2.3
  It's urgent that… **Es urgente**
  que… 2.3
us **nos** *pl., d.o. pron.* 1.5
  to/for us **nos** *pl., i.o. pron.* 1.6
use **usar** *v.* 1.6
used for **para** *prep.* 2.2
useful **útil** *adj.*

V

vacation **vacaciones** *f. pl.* 1.5
  be on vacation **estar de**
  vacaciones 1.5
  go on vacation **ir de vacaciones**
  1.5
vacuum **pasar la aspiradora** 2.3
vacuum cleaner **aspiradora** *f.*
  2.3
valley **valle** *m.* 2.4
various **varios/as** *adj. pl.* 1.8
vegetables **verduras** *pl., f.* 1.8
verb **verbo** *m.*
very **muy** *adv.* 1.1
  very much **muchísimo** *adv.* 1.2
  (Very) well, thank you. **(Muy)**
  bien, gracias. 1.1
video **video** *m.* 1.1
video camera **cámara** *f.* **de**
  video 2.2
videoconference
  videoconferencia *f.* 2.7
video game **videojuego** *m.* 1.4
vinegar **vinagre** *m.* 1.8
violence **violencia** *f.* 2.9
visit **visitar** *v.* 1.4
  visit monuments **visitar**
  monumentos 1.4
vitamin **vitamina** *f.* 2.6
voice mail **correo de voz** *m.* 2.2
volcano **volcán** *m.* 2.4
volleyball **vóleibol** *m.* 1.4
vote **votar** *v.* 2.9

W

wait (for) **esperar** *v.* (**+** *inf.*) 1.2
waiter/waitress **camarero/a**
  m., f. 1.8
wake up **despertarse (e:ie)** *v.*
  1.7
walk **caminar** *v.* 1.2
  take a walk **pasear** *v.* 1.4
  walk around **pasear por** 1.4
walkman **walkman** *m.*
wall **pared** *f.* 2.3
wallet **cartera** *f.* 1.6
want **querer (e:ie)** *v.* 1.4
  I don't want to. **No quiero.** 1.4
war **guerra** *f.* 2.9
warm (oneself) up **calentarse** *v.*
  2.6
wash **lavar** *v.* 2.3
  wash one's face/hands **lavarse**
  la cara/las manos 1.7
  wash oneself *v.* **lavarse** 1.7
  wash the floor, the dishes **lavar**
  el suelo, los platos 2.3
washing machine **lavadora** *f.* 2.3
wastebasket **papelera** *f.* 1.2
watch **mirar** *v.* 1.2; **reloj** *m.*
  1.2

watch television **mirar (la)**
  televisión 1.2
water **agua** *f.* 1.8
water pollution **contaminación**
  del agua *f.* 2.4
waterskiing **esquí acuático** *m.*
  1.4
way **manera** *f.* 2.7
we **nosotros(as)** *sub. pron.* 1.1
weak **débil** *adj.* 2.6
wear **llevar** *v.* 1.6; **usar** *v.* 1.6
weather **tiempo** *m.*
  The weather is bad. **Hace mal**
  tiempo. 1.5
  The weather is good. **Hace**
  buen tiempo. 1.5
weaving **tejido** *m.* 2.8
Web **red** *f.* 2.2
website **sitio** *m.* **web** 2.2
wedding **boda** *f.* 1.9
Wednesday **miércoles** *m., sing.*
  1.2
week **semana** *f.* 1.2
weekend **fin** *m.* **de semana** 1.4
weight **peso** *m.* 2.6
  lift weights **levantar pesas** 2.6
welcome **bienvenido(s)/a(s)** *adj.*
  2.3
well **pues** *adv.* 1.2, 2.8; **bueno**
  adv. 1.2, 2.8
  (Very) well, thanks. **(Muy)**
  bien, gracias. 1.1
  well organized **ordenado/a** *adj.*
well-being **bienestar** *m.* 2.6
west **oeste** *m.* 2.5
  to the west **al oeste** 2.5
western (*genre*) **de vaqueros** 2.8
what **lo que** *pron.* 2.3
  What a pleasure to… ! **¡Qué**
  gusto (+ *inf.*)…! 2.9
what? **¿qué?** *pron.* 1.1
  At what time…? **¿A qué**
  hora…? 1.1
  What day is it? **¿Qué día es**
  hoy? 1.2
  What do you guys think? **¿Qué**
  les parece? 1.9
  What happened? **¿Qué**
  pasó? 2.2
  What is today's date? **¿Cuál es**
  la fecha de hoy? 1.5
  What nice clothes! **¡Qué ropa**
  más bonita! 1.6
  What size do you take? **¿Qué**
  talla lleva (usa)? *form.* 1.6
  What time is it? **¿Qué hora**
  es? 1.1
  What's going on? **¿Qué**
  pasa? 1.1
  What's happening? **¿Qué**
  pasa? 1.1
  What's… like? **¿Cómo es…?**
  1.3
  What's new? **¿Qué hay de**
  nuevo? 1.1

What's the weather like? **¿Qué tiempo hace?** 1.5

What's wrong? **¿Qué pasó?** 2.2

What's your name? **¿Cómo se llama usted?** *form.* 1.1

What's your name? **¿Cómo te llamas (tú)?** *fam.* 1.1

when **cuando** *conj.* 1.7, 2.4

When? **¿Cuándo?** *adv.* 1.2

where **donde** *prep.*

where (to)? *(destination)* **¿adónde?** *adv.* 1.2; *(location)* **¿dónde?** *adv.* 1.1

Where are you from? **¿De dónde eres (tú)?** *fam.* 1.1; **¿De dónde es (usted)?** *form.* 1.1

Where is…? **¿Dónde está…?** 1.2

which **que** *pron.*, **lo que** *pron.* 2.3

which? **¿cuál?** *pron.* 1.2; **¿qué?** *adj.* 1.2

In which…? **¿En qué…?** 1.2

which one(s)? **¿cuál(es)?** *pron.* 1.2

while **mientras** *conj.*

white **blanco/a** *adj.* 1.6

white wine **vino blanco** *m.* 1.8

who **que** *pron.* 2.3; **quien(es)** *pron.* 2.3

who? **¿quién(es)?** *pron.* 1.1

Who is…? **¿Quién es…?** 1.1

Who is calling? *(on the telephone)* **¿De parte de quién?** 2.2

Who is speaking? *(on the telephone)* **¿Quién habla?** 2.2

whom **quien(es)** *pron.* 2.3

whole **todo/a** *adj. whose* **¿de quién(es)?** *pron., adj.* 1.1

why? **¿por qué?** *adv.* 1.2

widower/widow **viudo/a** *m., f., adj.* 1.9

wife **esposa** *f.* 1.3

win **ganar** *v.* 1.4

wind **viento** *m.* 1.5

window **ventana** *f.* 1.2

windshield **parabrisas** *m., sing.* 2.2

windy: It's (very) windy. **Hace (mucho) viento.** 1.5

wine **vino** *m.* 1.8

red wine **vino tinto** *m.* 1.8

white wine **vino blanco** *m.* 1.8

wineglass **copa** *f.* 2.3

winter **invierno** *m.* 1.5

wireless (connection) **conexión inalámbrica** *f.* 2.2

wish **desear** *v.* 1.2; **esperar** *v.* 2.4

I wish (that) **ojalá (que)** 2.4

with **con** *prep.* 1.2

with me **conmigo** 1.4; 1.9

with you **contigo** *fam.* 1.9

within (ten years) **dentro de** *prep.* **(diez años)** 2.7

without **sin** *prep.* 1.2, 2.4, 2.6; **sin que** *conj.* 2.4

woman **mujer** *f.* 1.1

wool **lana** *f.* 1.6

(made of) wool **de lana** 1.6

word **palabra** *f.* 1.1

work **trabajar** *v.* 1.2; **funcionar** *v.* 2.2; **trabajo** *m.* 2.7; *(of art, literature, music, etc.)* **obra** *f.* 2.8

work out **hacer gimnasia** 2.6

world **mundo** *m.* 2.4

worldwide **mundial** *adj.*

worried (about) **preocupado/a (por)** *adj.* 1.5

worry (about) **preocuparse** *v.* **(por)** 1.7

Don't worry. **No se preocupe.** *form.* 1.7; **No te preocupes.** *fam.* 1.7; **Tranquilo.**

worse **peor** *adj.* 1.8

worst **el/la peor** *adj.* **lo peor** *neuter* 1.8, 2.9

Would you like to…? **¿Te gustaría…?** *fam.* 1.4

write **escribir** *v.* 1.3

write a letter/e-mail message **escribir una carta/ un mensaje electrónico** 1.4

writer **escritor(a)** *m., f.* 2.8

written **escrito** *p.p.* 2.5

wrong **equivocado/a** *adj.* 1.5

be wrong **no tener razón** 1.3

X

x-ray **radiografía** *f.*

Y

yard **jardín** *m.* 2.3; **patio** *m.* 2.3

year **año** *m.* 1.5

be… years old **tener… años** 1.3

yellow **amarillo/a** *adj.* 1.6

yes **sí** *interj.* 1.1

yesterday **ayer** *adv.* 1.6

yet **todavía** *adv.* 1.5

yogurt **yogur** *m.* 1.8

you **tú** *fam.*, **usted (Ud.)** *form. sing.*, **vosotros/as** *m., f. fam.*, **ustedes (Uds.)** *form., pl.* 1.1; (to, for) you **te** *fam. sing.*, **os** *fam., pl.*, **le** *form. sing.*, **les** *form., pl.* 1.6

you **te** *fam., sing.*, **lo/la** *form., sing.*, **os** *fam., pl.*, **los/las** *form., pl, d.o. pron.* 1.5

You are… **Tú eres…** 1.1

You don't say! **¡No me digas!** *fam.;* **¡No me diga!** *form.* 2.2

You're welcome. **De nada.** 1.1; **No hay de qué.** 1.1

young **joven** *adj.* 1.3

young person **joven** *m., f.* 1.1

young woman **señorita (Srta.)** *f.*

younger **menor** *adj.* 1.3

younger brother/sister **hermano/a menor** *m., f.* 1.3

youngest **el/la menor** *adj.* 1.8

your **su(s)** *poss. adj. form.* 1.3; **tu(s)** *poss. adj. fam. sing.* 1.3; **vuestro(s)/a(s)** *poss. adj. form. pl.* 1.3; **suyo(s)/a(s)** *poss. adj. form.* 2.2; **tuyo(s)/a(s)** *poss. adj. fam. sing.* 2.2

yours **suyo(s)/a(s)** *poss. pron. form.* 2.2; **tuyo(s)/a(s)** *poss. pron. fam. sing.* 2.2; **vuestro(s)/a(s)** *poss. pron. fam.* 2.2

youth **juventud** *f.* 1.9

Z

zero **cero** *m.* 1.1

MATERIAS	ACADEMIC SUBJECTS
la administración de empresas	business administration
la agronomía	agriculture
el alemán	German
el álgebra	algebra
la antropología	anthropology
la arqueología	archaeology
la arquitectura	architecture
el arte	art
la astronomía	astronomy
la biología	biology
la bioquímica	biochemistry
la botánica	botany
el cálculo	calculus
el chino	Chinese
las ciencias políticas	political science
la computación	computer science
las comunicaciones	communications
la contabilidad	accounting
la danza	dance
el derecho	law
la economía	economics
la educación	education
la educación física	physical education
la enfermería	nursing
el español	Spanish
la filosofía	philosophy
la física	physics
el francés	French
la geografía	geography
la geología	geology
el griego	Greek
el hebreo	Hebrew
la historia	history
la informática	computer science
la ingeniería	engineering
el inglés	English
el italiano	Italian
el japonés	Japanese
el latín	Latin
las lenguas clásicas	classical languages
las lenguas romances	Romance languages
la lingüística	linguistics
la literatura	literature
las matemáticas	mathematics
la medicina	medicine
el mercadeo/ la mercadotecnia	marketing
la música	music
los negocios	business
el periodismo	journalism
el portugués	Portuguese
la psicología	psychology
la química	chemistry
el ruso	Russian
los servicios sociales	social services
la sociología	sociology
el teatro	theater
la trigonometría	trigonometry

LOS ANIMALES	ANIMALS
la abeja	bee
la araña	spider
la ardilla	squirrel
el ave (f.), el pájaro	bird
la ballena	whale
el burro	donkey
la cabra	goat
el caimán	alligator
el camello	camel
la cebra	zebra
el ciervo, el venado	deer
el cochino, el cerdo, el puerco	pig
el cocodrilo	crocodile
el conejo	rabbit
el coyote	coyote
la culebra, la serpiente, la víbora	snake
el elefante	elephant
la foca	seal
la gallina	hen
el gallo	rooster
el gato	cat
el gorila	gorilla
el hipopótamo	hippopotamus
la hormiga	ant
el insecto	insect
la jirafa	giraffe
el lagarto	lizard
el león	lion
el lobo	wolf
el loro, la cotorra, el papagayo, el perico	parrot
la mariposa	butterfly
el mono	monkey
la mosca	fly
el mosquito	mosquito
el oso	bear
la oveja	sheep
el pato	duck
el perro	dog
el pez	fish
la rana	frog
el ratón	mouse
el rinoceronte	rhinoceros
el saltamontes, el chapulín	grasshopper
el tiburón	shark
el tigre	tiger
el toro	bull
la tortuga	turtle
la vaca	cow
el zorro	fox

EL CUERPO HUMANO Y LA SALUD

THE HUMAN BODY AND HEALTH

El cuerpo humano

The human body

la barba	beard
el bigote	mustache
la boca	mouth
el brazo	arm
la cabeza	head
la cadera	hip
la ceja	eyebrow
el cerebro	brain
la cintura	waist
el codo	elbow
el corazón	heart
la costilla	rib
el cráneo	skull
el cuello	neck
el dedo	finger
el dedo del pie	toe
la espalda	back
el estómago	stomach
la frente	forehead
la garganta	throat
el hombro	shoulder
el hueso	bone
el labio	lip
la lengua	tongue
la mandíbula	jaw
la mejilla	cheek
el mentón, la barba, la barbilla	chin
la muñeca	wrist
el músculo	muscle
el muslo	thigh
las nalgas, el trasero, las asentaderas	buttocks
la nariz	nose
el nervio	nerve
el oído	(inner) ear
el ojo	eye
el ombligo	navel, belly button
la oreja	(outer) ear
la pantorrilla	calf
el párpado	eyelid
el pecho	chest
la pestaña	eyelash
el pie	foot
la piel	skin
la pierna	leg
el pulgar	thumb
el pulmón	lung
la rodilla	knee
la sangre	blood
el talón	heel
el tobillo	ankle
el tronco	torso, trunk
la uña	fingernail
la uña del dedo del pie	toenail
la vena	vein

Los cinco sentidos

The five senses

el gusto	taste
el oído	hearing
el olfato	smell
el tacto	touch
la vista	sight

La salud

Health

el accidente	accident
alérgico/a	allergic
el antibiótico	antibiotic
la aspirina	aspirin
el ataque cardiaco, el ataque al corazón	heart attack
el cáncer	cancer
la cápsula	capsule
la clínica	clinic
congestionado/a	congested
el consultorio	doctor's office
la curita	adhesive bandage
el/la dentista	dentist
el/la doctor(a), el/la médico/a	doctor
el dolor (de cabeza)	(head)ache, pain
embarazada	pregnant
la enfermedad	illness, disease
el/la enfermero/a	nurse
enfermo/a	ill, sick
la erupción	rash
el examen médico	physical exam
la farmacia	pharmacy
la fiebre	fever
la fractura	fracture
la gripe	flu
la herida	wound
el hospital	hospital
la infección	infection
el insomnio	insomnia
la inyección	injection
el jarabe	(cough) syrup
mareado/a	dizzy, nauseated
el medicamento	medication
la medicina	medicine
las muletas	crutches
la operación	operation
el/la paciente	patient
el/la paramédico/a	paramedic
la pastilla, la píldora	pill, tablet
los primeros auxilios	first aid
la pulmonía	pneumonia
los puntos	stitches
la quemadura	burn
el quirófano	operating room
la radiografía	x-ray
la receta	prescription
el resfriado	cold (illness)
la sala de emergencia(s)	emergency room
saludable	healthy, healthful
sano/a	healthy
el seguro médico	medical insurance
la silla de ruedas	wheelchair
el síntoma	symptom
el termómetro	thermometer
la tos	cough
la transfusión	transfusion

la vacuna	vaccination	el horario de clases	class schedule
la venda	bandage	la oración, las oraciones	sentence(s)
el virus	virus	el párrafo	paragraph
		la persona	person
cortar(se)	to cut (oneself)	presente	present
curar	to cure, to treat	la prueba	test, quiz
desmayar(se)	to faint	siguiente	following
enfermarse	to get sick	la tarea	homework
enyesar	to put in a cast		
estornudar	to sneeze	**Expresiones útiles**	Useful expressions
guardar cama	to stay in bed	**Abra(n) su(s) libro(s).**	Open your book(s).
hinchar(se)	to swell	**Cambien de papel.**	Change roles.
internar(se) en el hospital	to check into the hospital	**Cierre(n) su(s) libro(s).**	Close your book(s).
lastimarse (el pie)	to hurt (one's foot)	**¿Cómo se dice**	How do you say
mejorar(se)	to get better; to improve	___ **en español?**	___ in Spanish?
operar	to operate	**¿Cómo se escribe**	How do you write
quemar(se)	to burn	___ **en español?**	___ in Spanish?
respirar (hondo)	to breathe (deeply)	**¿Comprende(n)?**	Do you understand?
romperse (la pierna)	to break (one's leg)	**(No) comprendo.**	I (don't) understand.
sangrar	to bleed	**Conteste(n) las preguntas.**	Answer the questions.
sufrir	to suffer	**Continúe(n), por favor.**	Continue, please.
tomarle la presión	to take someone's	**Escriba(n) su nombre.**	Write your name.
a alguien	blood pressure	**Escuche(n) el audio.**	Listen to the audio.
tomarle el pulso a alguien	to take someone's pulse	**Estudie(n) la Lección tres.**	Study Lesson three.
torcerse (el tobillo)	to sprain (one's ankle)	**Haga(n) la actividad**	Do activity (exercise) number
vendar	to bandage	**(el ejercicio) número**	four.
		cuatro.	

EXPRESIONES ÚTILES PARA LA CLASE
USEFUL CLASSROOM EXPRESSIONS

Palabras útiles	Useful words	**Lea(n) la oración en voz alta.**	Read the sentence aloud.
ausente	absent	**Levante(n) la mano.**	Raise your hand(s).
el departamento	department	**Más despacio, por favor.**	Slower, please.
el dictado	dictation	**No sé.**	I don't know.
la conversación,	conversation(s)	**Páse(n)me los exámenes.**	Pass me the tests.
las conversaciones		**¿Qué significa ___?**	What does ___ mean?
la expresión,	expression(s)	**Repita(n), por favor.**	Repeat, please.
las expresiones		**Siénte(n)se, por favor.**	Sit down, please.
el examen, los exámenes	test(s), exam(s)	**Siga(n) las instrucciones.**	Follow the instructions.
la frase	sentence	**¿Tiene(n) alguna**	Do you have any
la hoja de actividades	activity sheet	**pregunta?**	questions?
		Vaya(n) a la página dos.	Go to page two.

COUNTRIES & NATIONALITIES
PAÍSES Y NACIONALIDADES

North America
Norteamérica

Canada	**Canadá**	*canadiense*
Mexico	**México**	*mexicano/a*
United States	**Estados Unidos**	*estadounidense*

Central America
Centroamérica

Belize	**Belice**	*beliceño/a*
Costa Rica	**Costa Rica**	*costarricense*
El Salvador	**El Salvador**	*salvadoreño/a*
Guatemala	**Guatemala**	*guatemalteco/a*
Honduras	**Honduras**	*hondureño/a*
Nicaragua	**Nicaragua**	*nicaragüense*
Panama	**Panamá**	*panameño/a*

The Caribbean	El Caribe	
Cuba	**Cuba**	*cubano/a*
Dominican Republic	**República Dominicana**	*dominicano/a*
Haiti	**Haití**	*haitiano/a*
Puerto Rico	**Puerto Rico**	*puertorriqueño/a*

South America	Suramérica	
Argentina	**Argentina**	*argentino/a*
Bolivia	**Bolivia**	*boliviano/a*
Brazil	**Brasil**	*brasileño/a*
Chile	**Chile**	*chileno/a*
Colombia	**Colombia**	*colombiano/a*
Ecuador	**Ecuador**	*ecuatoriano/a*
Paraguay	**Paraguay**	*paraguayo/a*
Peru	**Perú**	*peruano/a*
Uruguay	**Uruguay**	*uruguayo/a*
Venezuela	**Venezuela**	*venezolano/a*

Europe	Europa	
Armenia	**Armenia**	*armenio/a*
Austria	**Austria**	*austríaco/a*
Belgium	**Bélgica**	*belga*
Bosnia	**Bosnia**	*bosnio/a*
Bulgaria	**Bulgaria**	*búlgaro/a*
Croatia	**Croacia**	*croata*
Czech Republic	**República Checa**	*checo/a*
Denmark	**Dinamarca**	*danés, danesa*
England	**Inglaterra**	*inglés, inglesa*
Estonia	**Estonia**	*estonio/a*
Finland	**Finlandia**	*finlandés, finlandesa*
France	**Francia**	*francés, francesa*
Germany	**Alemania**	*alemán, alemana*
Great Britain (United Kingdom)	**Gran Bretaña (Reino Unido)**	*británico/a*
Greece	**Grecia**	*griego/a*
Hungary	**Hungría**	*húngaro/a*
Iceland	**Islandia**	*islandés, islandesa*
Ireland	**Irlanda**	*irlandés, irlandesa*
Italy	**Italia**	*italiano/a*
Latvia	**Letonia**	*letón, letona*
Lithuania	**Lituania**	*lituano/a*
Netherlands (Holland)	**Países Bajos (Holanda)**	*holandés, holandesa*
Norway	**Noruega**	*noruego/a*
Poland	**Polonia**	*polaco/a*
Portugal	**Portugal**	*portugués, portuguesa*
Romania	**Rumania**	*rumano/a*
Russia	**Rusia**	*ruso/a*
Scotland	**Escocia**	*escocés, escocesa*
Serbia	**Serbia**	*serbio/a*
Slovakia	**Eslovaquia**	*eslovaco/a*
Slovenia	**Eslovenia**	*esloveno/a*
Spain	**España**	*español(a)*
Sweden	**Suecia**	*sueco/a*
Switzerland	**Suiza**	*suizo/a*
Ukraine	**Ucrania**	*ucraniano/a*
Wales	**Gales**	*galés, galesa*

Asia	Asia	
Bangladesh	**Bangladés**	*bangladesí*
Cambodia	**Camboya**	*camboyano/a*
China	**China**	*chino/a*
India	**India**	*indio/a*
Indonesia	**Indonesia**	*indonesio/a*
Iran	**Irán**	*iraní*
Iraq	**Iraq, Irak**	*iraquí*
Israel	**Israel**	*israelí*

Japan	**Japón**	*japonés, japonesa*
Jordan	**Jordania**	*jordano/a*
Korea	**Corea**	*coreano/a*
Kuwait	**Kuwait**	*kuwaití*
Lebanon	**Líbano**	*libanés, libanesa*
Malaysia	**Malasia**	*malasio/a*
Pakistan	**Pakistán**	*pakistaní*
Russia	**Rusia**	*ruso/a*
Saudi Arabia	**Arabia Saudí**	*saudí*
Singapore	**Singapur**	*singapurés, singapuresa*
Syria	**Siria**	*sirio/a*
Taiwan	**Taiwán**	*taiwanés, taiwanesa*
Thailand	**Tailandia**	*tailandés, tailandesa*
Turkey	**Turquía**	*turco/a*
Vietnam	**Vietnam**	*vietnamita*

Africa / África

Algeria	**Argelia**	*argelino/a*
Angola	**Angola**	*angoleño/a*
Cameroon	**Camerún**	*camerunés, camerunesa*
Congo	**Congo**	*congolés, congolesa*
Egypt	**Egipto**	*egipcio/a*
Equatorial Guinea	**Guinea Ecuatorial**	*ecuatoguineano/a*
Ethiopia	**Etiopía**	*etíope*
Ivory Coast	**Costa de Marfil**	*marfileño/a*
Kenya	**Kenia, Kenya**	*keniano/a, keniata*
Libya	**Libia**	*libio/a*
Mali	**Malí**	*maliense*
Morocco	**Marruecos**	*marroquí*
Mozambique	**Mozambique**	*mozambiqueño/a*
Nigeria	**Nigeria**	*nigeriano/a*
Rwanda	**Ruanda**	*ruandés, ruandesa*
Somalia	**Somalia**	*somalí*
South Africa	**Sudáfrica**	*sudafricano/a*
Sudan	**Sudán**	*sudanés, sudanesa*
Tunisia	**Tunicia, Túnez**	*tunecino/a*
Uganda	**Uganda**	*ugandés, ugandesa*
Zambia	**Zambia**	*zambiano/a*
Zimbabwe	**Zimbabue**	*zimbabuense*

Australia and the Pacific / Australia y el Pacífico

Australia	**Australia**	*australiano/a*
New Zealand	**Nueva Zelanda**	*neozelandés, neozelandesa*
Philippines	**Filipinas**	*filipino/a*

MONEDAS DE LOS PAÍSES HISPANOS

CURRENCIES OF HISPANIC COUNTRIES

País / Country	**Moneda** / Currency
Argentina	el peso
Bolivia	el boliviano
Chile	el peso
Colombia	el peso
Costa Rica	el colón
Cuba	el peso
Ecuador	el dólar estadounidense
El Salvador	el dólar estadounidense
España	el euro
Guatemala	el quetzal
Guinea Ecuatorial	el franco
Honduras	el lempira
México	el peso
Nicaragua	el córdoba
Panamá	el balboa, el dólar estadounidense
Paraguay	el guaraní
Perú	el nuevo sol
Puerto Rico	el dólar estadounidense
República Dominicana	el peso
Uruguay	el peso
Venezuela	el bolívar

EXPRESIONES Y REFRANES

EXPRESSIONS AND SAYINGS

Expresiones y refranes con partes del cuerpo

Expressions and sayings with parts of the body

A cara o cruz	Heads or tails
A corazón abierto	Open heart
A ojos vistas	Clearly, visibly
Al dedillo	Like the back of one's hand
¡Choca/Vengan esos cinco!	Put it there!/Give me five!
Codo con codo	Side by side
Con las manos en la masa	Red-handed
Costar un ojo de la cara	To cost an arm and a leg
Darle a la lengua	To chatter/To gab
De rodillas	On one's knees
Duro de oído	Hard of hearing
En cuerpo y alma	In body and soul
En la punta de la lengua	On the tip of one's tongue
En un abrir y cerrar de ojos	In a blink of the eye
Entrar por un oído y salir por otro	In one ear and out the other
Estar con el agua al cuello	To be up to one's neck with/in
Estar para chuparse los dedos	To be delicious/To be finger-licking good
Hablar entre dientes	To mutter/To speak under one's breath
Hablar por los codos	To talk a lot/To be a chatterbox
Hacer la vista gorda	To turn a blind eye on something
Hombro con hombro	Shoulder to shoulder
Llorar a lágrima viva	To sob/To cry one's eyes out
Metérsele (a alguien) algo entre ceja y ceja	To get an idea in your head
No pegar ojo	Not to sleep a wink
No tener corazón	Not to have a heart
No tener dos dedos de frente	Not to have an ounce of common sense
Ojos que no ven, corazón que no siente	Out of sight, out of mind
Perder la cabeza	To lose one's head
Quedarse con la boca abierta	To be thunderstruck
Romper el corazón	To break someone's heart
Tener buen/mal corazón	Have a good/bad heart
Tener un nudo en la garganta	Have a knot in your throat
Tomarse algo a pecho	To take something too seriously
Venir como anillo al dedo	To fit like a charm/To suit perfectly

Expresiones y refranes con animales

Expressions and sayings with animals

A caballo regalado no le mires el diente.	Don't look a gift horse in the mouth.
Comer como un cerdo	To eat like a pig
Cuando menos se piensa, salta la liebre.	Things happen when you least expect it.
Llevarse como el perro y el gato	To fight like cats and dogs
Perro ladrador, poco mordedor./Perro que ladra no muerde.	His/her bark is worse than his/her bite.
Por la boca muere el pez.	Talking too much can be dangerous.
Poner el cascabel al gato	To stick one's neck out
Ser una tortuga	To be a slowpoke

Expresiones y refranes con alimentos

Expressions and sayings with food

Agua que no has de beber, déjala correr.	If you're not interested, don't ruin it for everybody else.
Con pan y vino se anda el camino.	Things never seem as bad after a good meal.
Contigo pan y cebolla.	You are all I need.
Dame pan y dime tonto.	I don't care what you say, as long as I get what I want.
Descubrir el pastel	To let the cat out of the bag
Dulce como la miel	Sweet as honey
Estar como agua para chocolate	To furious/To be at the boiling point
Estar en el ajo	To be in the know
Estar en la higuera	To have one's head in the clouds
Estar más claro que el agua	To be clear as a bell
Ganarse el pan	To earn a living/To earn one's daily bread
Llamar al pan, pan y al vino, vino.	Not to mince words.
No hay miel sin hiel.	Every rose has its thorn./There's always a catch.
No sólo de pan vive el hombre.	Man doesn't live by bread alone.
Pan con pan, comida de tontos.	Variety is the spice of life.
Ser agua pasada	To be water under the bridge
Ser más bueno que el pan	To be kindness itself
Temblar como un flan	To shake/tremble like a leaf

Expresiones y refranes con colores

Expressions and sayings with colors

Estar verde	To be inexperienced/wet behind the ears
Poner los ojos en blanco	To roll one's eyes
Ponerle a alguien un ojo morado	To give someone a black eye
Ponerse rojo	To turn red/To blush
Ponerse rojo de ira	To turn red with anger
Ponerse verde de envidia	To be green with envy
Quedarse en blanco	To go blank
Verlo todo de color de rosa	To see the world through rose-colored glasses

Refranes	Sayings
A buen entendedor, pocas palabras bastan.	A word to the wise is enough.
Ande o no ande, caballo grande.	Bigger is always better.
A quien madruga, Dios le ayuda.	The early bird catches the worm.
Cuídate, que te cuidaré.	Take care of yourself, and then I'll take care of you.
De tal palo tal astilla.	A chip off the old block.
Del dicho al hecho hay mucho trecho.	Easier said than done.
Dime con quién andas y te diré quién eres.	A man is known by the company he keeps.
El saber no ocupa lugar.	One never knows too much.
Lo que es moda no incomoda.	You have to suffer in the name of fashion.
Más vale maña que fuerza.	Brains are better than brawn.
Más vale prevenir que curar.	Prevention is better than cure.
Más vale solo que mal acompañado.	Better alone than with people you don't like.
Más vale tarde que nunca.	Better late than never.
No es oro todo lo que reluce.	All that glitters is not gold.
Poderoso caballero es don Dinero.	Money talks.

COMMON FALSE FRIENDS

False friends are Spanish words that look similar to English words but have very different meanings. While recognizing the English relatives of unfamiliar Spanish words you encounter is an important way of constructing meaning, there are some Spanish words whose similarity to English words is deceptive. Here is a list of some of the most common Spanish false friends.

actualmente ≠ actually
actualmente = nowadays, currently
actually = **de hecho, en realidad, en efecto**

argumento ≠ argument
argumento = plot
argument = **discusión, pelea**

armada ≠ army
armada = navy
army = **ejército**

balde ≠ bald
balde = pail, bucket
bald = **calvo/a**

batería ≠ battery
batería = drum set
battery = **pila**

bravo ≠ brave
bravo = wild; fierce
brave = **valiente**

cándido/a ≠ candid
cándido/a = innocent
candid = **sincero/a**

carbón ≠ carbon
carbón = coal
carbon = **carbono**

casual ≠ casual
casual = accidental, chance
casual = **informal, despreocupado/a**

casualidad ≠ casualty
casualidad = chance, coincidence
casualty = **víctima**

colegio ≠ college
colegio = school
college = **universidad**

collar ≠ collar (of a shirt)
collar = necklace
collar = **cuello (de camisa)**

comprensivo/a ≠ comprehensive
comprensivo/a = understanding
comprehensive = **completo, extensivo**

constipado ≠ constipated
estar constipado/a = to have a cold
to be constipated = **estar estreñido/a**

crudo/a ≠ crude
crudo/a = raw, undercooked
crude = **burdo/a, grosero/a**

divertir ≠ to divert
divertirse = to enjoy oneself
to divert = **desviar**

educado/a ≠ educated
educado/a = well-mannered
educated = **culto/a, instruido/a**

embarazada ≠ embarrassed
estar embarazada = to be pregnant
to be embarrassed = **estar avergonzado/a; dar/tener vergüenza**

eventualmente ≠ eventually
eventualmente = possibly
eventually = **finalmente, al final**

éxito ≠ exit
éxito = success
exit = **salida**

físico/a ≠ physician
físico/a = physicist
physician = **médico/a**

fútbol ≠ football
fútbol = soccer
football = **fútbol americano**

lectura ≠ lecture
lectura = reading
lecture = **conferencia**

librería ≠ library
librería = bookstore
library = **biblioteca**

máscara ≠ mascara
máscara = mask
mascara = **rímel**

molestar ≠ to molest
molestar = to bother, to annoy
to molest = **abusar**

oficio ≠ office
oficio = trade, occupation
office = **oficina**

rato ≠ rat
rato = while, time
rat = **rata**

realizar ≠ to realize
realizar = to carry out; to fulfill
to realize = **darse cuenta de**

red ≠ red
red = net
red = **rojo/a**

revolver ≠ revolver
revolver = to stir, to rummage through
revolver = **revólver**

sensible ≠ sensible
sensible = sensitive
sensible = **sensato/a, razonable**

suceso ≠ success
suceso = event
success = **éxito**

sujeto ≠ subject (topic)
sujeto = fellow; individual
subject = **tema, asunto**

LOS ALIMENTOS — FOODS

Frutas — Fruits

la aceituna	olive
el aguacate	avocado
el albaricoque, el damasco	apricot
la banana, el plátano	banana
la cereza	cherry
la ciruela	plum
el dátil	date
la frambuesa	raspberry
la fresa, la frutilla	strawberry
el higo	fig
el limón	lemon; lime
el melocotón, el durazno	peach
la mandarina	tangerine
el mango	mango
la manzana	apple
la naranja	orange
la papaya	papaya
la pera	pear
la piña	pineapple
el pomelo, la toronja	grapefruit
la sandía	watermelon
las uvas	grapes

Vegetales — Vegetables

la alcachofa	artichoke
el apio	celery
la arveja, el guisante	pea
la berenjena	eggplant
el brócoli	broccoli
la calabaza	squash; pumpkin
la cebolla	onion
el champiñón, la seta	mushroom
la col, el repollo	cabbage
la coliflor	cauliflower
los espárragos	asparagus
las espinacas	spinach
los frijoles, las habichuelas	beans
las habas	fava beans
las judías verdes, los ejotes	string beans, green beans
la lechuga	lettuce
el maíz, el choclo, el elote	corn
la papa, la patata	potato
el pepino	cucumber
el pimentón	bell pepper
el rábano	radish
la remolacha	beet
el tomate, el jitomate	tomato
la zanahoria	carrot

El pescado y los mariscos — Fish and shellfish

la almeja	clam
el atún	tuna
el bacalao	cod
el calamar	squid
el cangrejo	crab
el camarón, la gamba	shrimp
la langosta	lobster
el langostino	prawn
el lenguado	sole; flounder
el mejillón	mussel
la ostra	oyster
el pulpo	octopus
el salmón	salmon
la sardina	sardine
la vieira	scallop

La carne — Meat

la albóndiga	meatball
el bistec	steak
la carne de res	beef
el chorizo	hard pork sausage
la chuleta de cerdo	pork chop
el cordero	lamb
los fiambres	cold cuts, food served cold
el filete	fillet
la hamburguesa	hamburger
el hígado	liver
el jamón	ham
el lechón	suckling pig, roasted pig
el pavo	turkey
el pollo	chicken
el cerdo	pork
la salchicha	sausage
la ternera	veal
el tocino	bacon

Otras comidas — Other foods

el ajo	garlic
el arroz	rice
el azúcar	sugar
el batido	milkshake
el budín	pudding
el cacahuete, el maní	peanut
el café	coffee
los fideos	noodles, pasta
la harina	flour
el huevo	egg
el jugo, el zumo	juice
la leche	milk
la mermelada	marmalade, jam
la miel	honey
el pan	bread
el queso	cheese
la sal	salt
la sopa	soup
el té	tea
la tortilla	omelet (Spain), tortilla (Mexico)
el yogur	yogurt

Cómo describir la comida — Ways to describe food

a la plancha, a la parrilla	grilled
ácido/a	sour
al horno	baked
amargo/a	bitter
caliente	hot
dulce	sweet
duro/a	tough
frío/a	cold
frito/a	fried
fuerte	strong, heavy
ligero/a	light
picante	spicy
sabroso/a	tasty
salado/a	salty

DÍAS FESTIVOS — HOLIDAYS

enero — January
Año Nuevo (1) — New Year's Day
Día de los Reyes Magos (6) — Three Kings Day (Epiphany)
Día de Martin Luther King, Jr. — Martin Luther King, Jr. Day

febrero — February
Día de San Blas (Paraguay) (3) — St. Blas Day (Paraguay)
Día de San Valentín, Día de los Enamorados (14) — Valentine's Day
Día de los Presidentes — Presidents' Day
Carnaval — Carnival (Mardi Gras)

marzo — March
Día de San Patricio (17) — St. Patrick's Day
Nacimiento de Benito Juárez (México) (21) — Benito Juárez's Birthday (Mexico)

abril — April
Semana Santa — Holy Week
Pésaj — Passover
Pascua — Easter
Declaración de la Independencia de Venezuela (19) — Declaration of Independence of Venezuela
Día de la Tierra (22) — Earth Day

mayo — May
Día del Trabajo (1) — Labor Day
Cinco de Mayo (5) (México) — Cinco de Mayo (May 5th) (Mexico)
Día de las Madres — Mother's Day
Independencia Patria (Paraguay) (15) — Independence Day (Paraguay)
Día Conmemorativo — Memorial Day

junio — June
Día de los Padres — Father's Day
Día de la Bandera (14) — Flag Day
Día del Indio (Perú) (24) — Native People's Day (Peru)

julio — July
Día de la Independencia de los Estados Unidos (4) — Independence Day (United States)
Día de la Independencia de Venezuela (5) — Independence Day (Venezuela)
Día de la Independencia de la Argentina (9) — Independence Day (Argentina)
Día de la Independencia de Colombia (20) — Independence Day (Colombia)

Nacimiento de Simón Bolívar (24) — Simón Bolívar's Birthday
Día de la Revolución (Cuba) (26) — Revolution Day (Cuba)
Día de la Independencia del Perú (28) — Independence Day (Peru)

agosto — August
Día de la Independencia de Bolivia (6) — Independence Day (Bolivia)
Día de la Independencia del Ecuador (10) — Independence Day (Ecuador)
Día de San Martín (Argentina) (17) — San Martín Day (anniversary of his death) (Argentina)
Día de la Independencia del Uruguay (25) — Independence Day (Uruguay)

septiembre — September
Día del Trabajo (EE. UU.) — Labor Day (U.S.)
Día de la Independencia de Costa Rica, El Salvador, Guatemala, Honduras y Nicaragua (15) — Independence Day (Costa Rica, El Salvador, Guatemala, Honduras, Nicaragua)
Día de la Independencia de México (16) — Independence Day (Mexico)
Día de la Independencia de Chile (18) — Independence Day (Chile)
Año Nuevo Judío — Jewish New Year
Día de la Virgen de las Mercedes (Perú) (24) — Day of the Virgin of Mercedes (Peru)

octubre — October
Día de la Raza (12) — Columbus Day
Noche de Brujas (31) — Halloween

noviembre — November
Día de los Muertos (2) — All Souls Day
Día de los Veteranos (11) — Veterans' Day
Día de la Revolución Mexicana (20) — Mexican Revolution Day
Día de Acción de Gracias — Thanksgiving
Día de la Independencia de Panamá (28) — Independence Day (Panama)

diciembre — December
Día de la Virgen (8) — Day of the Virgin
Día de la Virgen de Guadalupe (México) (12) — Day of the Virgin of Guadalupe (Mexico)
Januká — Chanukah
Nochebuena (24) — Christmas Eve
Navidad (25) — Christmas
Año Viejo (31) — New Year's Eve

NOTE: In Spanish, dates are written with the day first, then the month. Christmas Day is **el 25 de diciembre**. In Latin America and in Europe, abbreviated dates also follow this pattern. Halloween, for example, falls on 31/10. You may also see the numbers in dates separated by periods: 27.4.16. When referring to centuries, roman numerals are always used. The 16th century, therefore, is **el siglo XVI**.

PESOS Y MEDIDAS

WEIGHTS AND MEASURES

Longitud

El sistema métrico
Metric system

milímetro = 0,001 metro
millimeter = 0.001 meter
centímetro = 0,01 metro
centimeter = 0.01 meter
decímetro = 0,1 metro
decimeter = 0.1 meter
metro
meter
decámetro = 10 metros
dekameter = 10 meters
hectómetro = 100 metros
hectometer = 100 meters
kilómetro = 1.000 metros
kilometer = 1,000 meters
U.S. system
**El sistema
estadounidense**
inch
pulgada
foot = 12 inches
pie = 12 pulgadas
yard = 3 feet
yarda = 3 pies
mile = 5,280 feet
milla = 5.280 pies

Length

**El equivalente
estadounidense**
U.S. equivalent

= 0.039 inch

= 0.39 inch

= 3.94 inches

= 39.4 inches

= 32.8 feet

= 328 feet

= .62 mile
Metric equivalent
El equivalente métrico

= 2.54 centimeters
= 2,54 centímetros
= 30.48 centimeters
= 30,48 centímetros
= 0.914 meter
= 0,914 metro
= 1,609 kilometers
= 1.609 kilómetros

Superficie

El sistema métrico
Metric system

metro cuadrado
square meter
**área = 100 metros
  cuadrados**
area = 100 square meters
hectárea = 100 áreas
hectare = 100 ares
U.S. system
**El sistema
estadounidense**

Surface Area

**El equivalente
estadounidense**
U.S. equivalent
= 10.764 square feet

= 0.025 acre

= 2.471 acres

Metric equivalent
El equivalente métrico

**yarda cuadrada = 9 pies cuadrados = 0,836 metros
  cuadrados**
square yard = 9 square feet = 0.836 square meters
acre = 4.840 yardas cuadradas = 0,405 hectáreas
acre = 4,840 square yards = 0.405 hectares

Capacidad

El sistema métrico
Metric system

mililitro = 0,001 litro
milliliter = 0.001 liter

Capacity

**El equivalente
estadounidense**
U.S. equivalent

= 0.034 ounces

centilitro = 0,01 litro
centiliter = 0.01 liter
decilitro = 0,1 litro
deciliter = 0.1 liter
litro
liter
decalitro = 10 litros
dekaliter = 10 liters
hectolitro = 100 litros
hectoliter = 100 liters
kilolitro = 1.000 litros
kiloliter = 1,000 liters
U.S. system
**El sistema
estadounidense**
ounce
onza
cup = 8 ounces
taza = 8 onzas
pint = 2 cups
pinta = 2 tazas
quart = 2 pints
cuarto = 2 pintas
gallon = 4 quarts
galón = 4 cuartos

= 0.34 ounces

= 3.4 ounces

= 1.06 quarts

= 2.64 gallons

= 26.4 gallons

= 264 gallons
Metric equivalent
El equivalente métrico

= 29.6 milliliters
= 29,6 mililitros
= 236 milliliters
= 236 mililitros
= 0.47 liters
= 0,47 litros
= 0.95 liters
= 0,95 litros
= 3.79 liters
= 3,79 litros

Peso

El sistema métrico
Metric system

miligramo = 0,001 gramo
milligram = 0.001 gram
gramo
gram
decagramo = 10 gramos
dekagram = 10 grams
hectogramo = 100 gramos
hectogram = 100 grams
kilogramo = 1.000 gramos
kilogram = 1,000 grams
**tonelada (métrica) = 1.000
  kilogramos**
metric ton = 1,000 kilograms
U.S. system
**El sistema
estadounidense**
ounce
onza
pound = 16 ounces
libra = 16 onzas
ton = 2,000 pounds
tonelada = 2.000 libras

Weight

**El equivalente
estadounidense**
U.S. equivalent

= 0.035 ounce

= 0.35 ounces

= 3.5 ounces

= 2.2 pounds

= 1.1 tons

Metric equivalent
El equivalente métrico

= 28.35 grams
= 28,35 gramos
= 0.45 kilograms
= 0,45 kilogramos
= 0.9 metric tons
**= 0,9 toneladas
  métricas**

Temperatura

Grados centígrados
Degrees Celsius
To convert from Celsius to
  Fahrenheit, multiply by $\frac{9}{5}$
  and add 32.

Temperature

Grados Fahrenheit
Degrees Fahrenheit
To convert from Fahrenheit
  to Celsius, subtract 32 and
  multiply by $\frac{5}{9}$

NÚMEROS

Números ordinales

primer, primero/a	1o/1a
segundo/a	2o/2a
tercer, tercero/a	3o/3a
cuarto/a	4o/4a
quinto/a	5o/5a
sexto/a	6o/6a
séptimo/a	7o/7a
octavo/a	8o/8a
noveno/a	9o/9a
décimo/a	10o/10a

Fracciones

$\frac{1}{2}$	un medio, la mitad
$\frac{1}{3}$	un tercio
$\frac{1}{4}$	un cuarto
$\frac{1}{5}$	un quinto
$\frac{1}{6}$	un sexto
$\frac{1}{7}$	un séptimo
$\frac{1}{8}$	un octavo
$\frac{1}{9}$	un noveno
$\frac{1}{10}$	un décimo
$\frac{2}{3}$	dos tercios
$\frac{3}{4}$	tres cuartos
$\frac{5}{8}$	cinco octavos

Decimales

un décimo	0,1
un centésimo	0,01
un milésimo	0,001

NUMBERS

Ordinal numbers

first	1st
second	2nd
third	3rd
fourth	4th
fifth	5th
sixth	6th
seventh	7th
eighth	8th
ninth	9th
tenth	10th

Fractions

one half
one third
one fourth (quarter)
one fifth
one sixth
one seventh
one eighth
one ninth
one tenth
two thirds
three fourths (quarters)
five eighths

Decimals

one tenth	0.1
one hundredth	0.01
one thousandth	0.001

OCUPACIONES   OCCUPATIONS

el/la abogado/a	lawyer
el actor, la actriz	actor
el/la administrador(a) de empresas	business administrator
el/la agente de bienes raíces	real estate agent
el/la agente de seguros	insurance agent
el/la agricultor(a)	farmer
el/la arqueólogo/a	archaeologist
el/la arquitecto/a	architect
el/la artesano/a	artisan
el/la auxiliar de vuelo	flight attendant
el/la basurero/a	garbage collector
el/la bibliotecario/a	librarian
el/la bombero/a	firefighter
el/la cajero/a	bank teller, cashier
el/la camionero/a	truck driver
el/la cantinero/a	bartender
el/la carnicero/a	butcher
el/la carpintero/a	carpenter
el/la científico/a	scientist
el/la cirujano/a	surgeon
el/la cobrador(a)	bill collector
el/la cocinero/a	cook, chef
el/la comprador(a)	buyer
el/la consejero/a	counselor, advisor
el/la contador(a)	accountant
el/la corredor(a) de bolsa	stockbroker
el/la diplomático/a	diplomat
el/la diseñador(a) (gráfico/a)	(graphic) designer
el/la electricista	electrician
el/la empresario/a de pompas fúnebres	funeral director
el/la especialista en dietética	dietician
el/la fisioterapeuta	physical therapist
el/la fotógrafo/a	photographer
el/la higienista dental	dental hygienist
el hombre/la mujer de negocios	businessperson
el/la ingeniero/a en computación	computer engineer
el/la intérprete	interpreter
el/la juez(a)	judge
el/la maestro/a	elementary school teacher
el/la marinero/a	sailor
el/la obrero/a	manual laborer
el/la obrero/a de la construcción	construction worker
el/la oficial de prisión	prision guard
el/la optometrista	optometrist
el/la panadero/a	baker
el/la paramédico/a	paramedic
el/la peluquero/a	hairdresser
el/la piloto	pilot
el/la pintor(a)	painter
el/la plomero/a	plumber
el/la político/a	politician
el/la programador(a)	computer programer
el/la psicólogo/a	psychologist
el/la quiropráctico/a	chiropractor
el/la redactor(a)	editor
el/la reportero/a	reporter
el/la sastre	tailor
el/la secretario/a	secretary
el/la supervisor(a)	supervisor
el/la técnico/a (en computación)	(computer) technician
el/la vendedor(a)	sales representative
el/la veterinario/a	veterinarian